『통전』의
한국고대사
인식 연구

송영대 宋永大, Song Young-dae

한국전통문화대학교에서 문화유적학으로 학사학위를 받고, 동 대학원 역사유산전공에서 석사학위와 박사학위를 받았다. 현재 중부대학교 학생성장교양학부 연구전임교수로 있으며, 건국대학교와 청주대학교, 한국전통문화대학교에서도 강의를 하고 있다. 한국고대사를 주제로 현재까지 19편의 연구 논문을 작성하였다. 공저로는 『육조고도 남경』(2014), 『고대 군사사와 동아시아』(2020) 등 7권이 있다.

『통전』의 한국고대사 인식 연구

초판발행 2025년 9월 10일

지은이 송영대

펴낸이 박성모
펴낸곳 소명출판
출판등록 제1998-000017호
주소 06641 서울시 서초구 사임당로14길 15 서광빌딩 2층
전화 02-585-7840
팩스 02-585-7848
이메일 somyungbooks@daum.net
홈페이지 www.somyong.co.kr

ISBN 979-11-5905-486-0 93910
정가 35,000원

(재)한국연구원은 학술지원사업의 일환으로 연구비를 지급, 그 성과를 신진한국학연구총서로 출간하고 있음.

신진한국학
연구총서
004

『통전』의
한국고대사
인식 연구

송영대
지음

STUDY OF TONGDIAN FOCUSED ON PERCEPTION
OF ANCIENT KOREAN HISTORY

저자 서문

『통전』은 대학원 수업을 들으면서 접하게 되었던 책이었다. 당시 박사과정 수업에서 『통전』이라는 역사서를 접하였고, 여태껏 번역되지 않았던 자료이기에, 일일이 번역을 하면서 그 내용을 살펴보는 방향으로 수업이 진행되었다. 처음에는 낯선 사료였지만, 삼국시대 말기와 동시기에 해당하는 당나라 때 작성된 사료라는 점에서 호기심이 갔으며, 이를 통해 당시 사람들의 인식을 살펴볼 수 있을 것이라 생각하여 수업에 임하게 되었다.

수업을 듣고 자료를 쌓아나가면서 어느덧 『통전』에 깊이 빠지게 되었다. 이왕 수업 시간에 모은 자료가 있는 만큼, 이를 바탕으로 논문을 써보자는 생각을 하게 되었다. 그 결과 2016년에 「『通典』「邊防門」東夷篇의 구조 및 찬술 목적」이라는 논문을 완성하게 되었고, 이후로도 『통전』의 분석을 주제로 여러 편의 논문을 작성하게 되었다.

『통전』에 대한 연구 성과가 많이 쌓이면서, 『통전』으로 박사논문을 쓰기로 마음먹게 되었다. 2016년의 논문 이후 4편의 논문을 더 작성하고, 「『通典』「邊防門」東夷目의 구성과 한국고대사 인식 研究」라는 제목으로 박사논문을 제출하여 박사학위를 취득하게 되었다. 박사학위를 받은 직후에도 연구를 게을리하지 않아, 『통전』과 관련하여 3편의 논문을 더 작성하였다.

박사논문을 책으로 발간해야겠다는 생각은 이전부터 가지고 있었으나, 학위 취득 직후 강사 생활을 하고 다른 연구를 진행하면서 미처 시간을 못내고 있었다. 그러던 중에 2021년에 한국연구원에서 '2021년도 우수박사학위논문 저술지원사업'이 있다는 소식을 알게 되었다. 언젠가는 책으로 발간해야겠다는 생각을 실현시킬 기회라고 생각하여 신청하게 되었고, 감사하게도 저술지원사업 대상자로 선정해주었다. 덕분에 이번에 책 출간 사업에 참여할 수 있었다.

『통전』에서 한국고대사 관련 기록이 있다는 것은 진즉부터 알려져 있는 사실이었다. 일제강점기 조선사편수회에서도 이를 인지하고, 중국의 한국고대사 사료집을 정리할 때 중국 정사와 함께 『통전』도 포함시켰을 정도였다. 다만 현재까지의 연구는 주로 중국 정사 조선전을 위주로 진행되면서 『통전』에 대한 깊은 고찰이 이뤄지지 못하였다. 『통전』의 한국사 관련 기록의 사료적 가치에 대한 검토가 이루어지지 않았다보니, 이번 저서는 그러한 사료적 가치를 탐구하고 이에 따른 중국인들의 인식을 고찰하는 것을 주요 목적으로 삼았다.

향후 이번 저서를 통해 다양한 연구가 진행되기를 기대한다. 이번 책을 통하여 『통전』의 사학적 가치에 대해 설명하였으니, 이제는 본격적으로 활용할 수 있도록 역주 작업이 이루어져야 할 것으로 보인다. 『통전』을 넘어서 『통지』와 『문헌통고』의 한국고대사 기록에 대해 다뤄지면 좋을 것이라 생각한다. 더 나아가 『통전』 「변방문」 이외에 유용한 기록들의 역주가 이루어진다면, 한국사는 물론 동양사 연구에도 큰 도움이 될 것이라 생각한다.

이번 저서가 나오기까지 수많은 분들의 도움이 있었다. 가장 먼저 학부 시절부터 석사학위와 박사학위를 받기까지 큰 도움을 주신 이도학 교수님께 감사의 말씀을 올린다. 또한 석사논문 심사에 참여하여 좋은 말씀을 해주신 박대재 교수님과 정석배 교수님께도 감사의 말씀을 드린다. 박사논문 심사에 참여하여 논문의 완성도를 더해주신 공석구 교수님, 여호규 교수님, 조법종 교수님, 김경택 교수님께도 감사의 말씀을 드린다.

『통전』의 세계에 안내해주시고, 늘 격려의 말을 아끼지 않았던 최진열

선생님께도 감사의 말씀을 드린다. 아울러 언제나 아들의 박사학위 취득을 위해 힘겹게 일하셨던 부모님께도 감사의 말씀을 드린다. 또한 박사논문을 작성할 때 여러 중국 고전 사이트를 알려주고, 옆에서 늘 뒷바라지를 해준 아내에게도 감사의 말을 전하고 싶다. 여기에 이름을 기재하지 못하였지만, 옆에서 늘 응원해주고 도움을 주었던 대학원 후배들, 학계 활동에 큰 도움을 주었던 동료 학자들에게도 감사의 말을 전하고 싶다. 끝으로 이번 기회를 마련해준 한국연구원에게도 다시 한 번 감사의 말을 전한다.

이번 저서 발간은 저자에게 있어 마지막이 아닌 시작점이라 생각한다. 앞으로도 더 많은 연구를 진행하여 사람들에게 도움이 될 수 있는 연구를 진행하고자 한다. 앞으로도 다양한 연구를 진행할 수 있도록 많은 지도편달 및 격려를 해주길 바라는 바이다.

2025년 9월
송영대

차례

제1장

들어가며

　『통전通典』은 당대唐代 중반의 재상宰相이었던 두우杜佑의 저작으로, 중국中國 역대歷代의 전장제도典章制度를 집대성한 책이다. 전장제도란 각국의 경제·정치·형법·군사 등의 제도를 의미한다. 『통전』 이전의 중국 사서史書는 편년체編年體와 기전체紀傳體로 작성되었으며, 주로 정치 흥망興亡과 군사 성패成敗 및 인물 중심으로 서술되었다. 기존 사서에서 각 시대의 전장제도 서술은 『사기史記』의 8서書와 『한서漢書』의 10지志와 같이 일부에 국한되었다. 두우는 기존의 정치사 중심의 역사 서술 방식에서 벗어나, 전장제도를 중심으로 역사를 서술하였다. 때문에 『통전』은 사서와 유서類書의 성격을 함께 지닌 정서政書로 분류되며, 중국사학사中國史學史에서는 처음으로 전장제도체 통사通史를 창립한 것으로 평가된다.[1]

　『통전』은 총 9문門으로 구성되었다. 각 문은 역대 전장제도를 체계적으로 정리하여 통치에 참고할 수 있도록 작성되었다. 9문 중에서 마지막에 배

1　何根海·汪高鑫, 『中國古代史學思想史』, 合肥 : 合肥工業大學出版社, 2004, 145쪽.

치된 문이 「변방문邊防門」이다. 이러한 배치의 의도는 먼저 내치內治를 정리하고, 외치外治에 대한 정리로 책을 마무리하려는 의도로 볼 수 있다. 「변방문」에는 한대漢代부터 당대까지 존속하였던 주변 민족에 대한 내용이 집약集約되었다.

『통전』은 당대 중반에 해당하는 801년경에 작성되었다.[2] 그 이전 당唐은 삼국과 다양한 문화교류를 하였으며, 고구려高句麗와 백제百濟를 멸망시키고 신라新羅와는 전쟁도 치렀다. 『통전』은 삼국통일三國統一과 나당전쟁羅唐戰爭이 일어난 시점으로부터 1세기가 지나 편찬되었다. 즉 삼국과 자주 교류하고 밀접한 관계에 있었던 당에서 발간된 서적이라는 점에서 사료적 가치가 높다. 그렇지만 한국의 기존 연구에서는 주된 사료로 이용되지는 못하였다. 저자는 그 이유를 크게 두 가지로 생각한다.

첫째는 역대 중국 정사正史에 『통전』이 포함되지 않는다는 점이다. 그동안 한국고대사 연구는 크게 『삼국사기三國史記』와 『삼국유사三國遺事』를 중심으로 한 국내 사료와 중국 정사로 대표되는 국외 사료를 위주로 연구되었다. 최근에는 중국 정사 이외의 여러 자료들이 활발하게 활용되고 있지만, 아직도 연구 자료의 중심은 중국 정사에 있다. 게다가 국역國譯 여부與否에 따른 사료의 접근성도 주요 원인으로 지목할 수 있다.

둘째는 『통전』의 사료적 가치를 높게 평가하지 않았기 때문이다. 『통전』 「변방문」에서는 기존 중국 정사의 내용을 답습하고 일부 새로운 기록들을

---

2 『통전』의 간행 시점에 대해서는 정원(貞元) 10년(794)설 · 17년(801)설 · 19년(803)설이 있다.(신승하, 『중국사학사』, 고려대 출판부, 1996, 144쪽, 주석 37) 『구당서(舊唐書)』 두우전(杜佑傳)의 「진통전표(進通典表)」에는 정원 17년으로 기재하고 있으므로, 본서에서는 이를 따랐다. 정원 10년(794)설과 19년(803)설에 대한 비판은 다음의 논문이 참고된다. 北川俊昭, 「『通典』編纂始末考-とくにその上獻の時期をめぐって」, 『東洋史研究』 57-1, 京都 : 東洋史研究會, 1998, 128~132쪽.

포함하였다. 중국 정사의 동이전東夷傳과 비교하면 좀 더 요약한 형태로 제시된 경우가 많다. 상세한 사료를 요구하는 연구자들에게 간략하게 중국 정사를 요약한 『통전』은 크게 참고할 대상으로 여겨지지 않았다. 물론 기존 사료에서 보이지 않는 내용에 주목하여 『통전』을 활용하기도 했으나 참고 자료 이상의 의미를 지니지는 못하였다.

『통전』은 당대의 인식을 기반으로 작성되었다. 『구당서舊唐書』와 『신당서新唐書』는 당의 멸망 이후인 오대五代와 북송대北宋代에 찬수되었다. 반면 『통전』은 당대 중반에 작성되었으므로 당의 입장과 인식을 당대當代에 반영한 1차 사료로 규정할 수 있다. 『통전』은 당대唐代에 작성되었다는 점에서 후대의 사서 즉 『구당서』・『신당서』에 영향을 미쳤을 가능성이 크다. 현재 『구당서』・『신당서』는 삼국시대 후반을 이해하는데 필수적인 사서인만큼, 그보다 앞선 기록인 『통전』의 가치를 좀 더 면밀히 고찰할 필요가 있다. 이러한 점에 초점을 맞추고 『통전』을 세밀하게 검토한다면, 당의 삼국에 대한 시각 즉 당의 한국고대사 인식 고찰이 가능하다고 생각한다.

『통전』「변방문」동이목東夷目은 당대를 기준으로 동이東夷의 역사와 인식을 포괄하여 서술되었다. 『통전』은 『사기』부터 『수서隋書』에 이르는 기존 중국 정사를 비롯하여, 현전現傳하지 않는 여러 자료를 반영하여 작성되었다. 이러한 『통전』의 기록을 제대로 파악하고 의미를 도출해내는 작업을 수행하기 위해, 『통전』의 편찬 배경 및 사료적 가치 구명에 대한 심도 있는 연구가 필요하다.

본서에서는 이러한 견지에서 『통전』을 연구하고, 「변방문」동이목을 고찰하고자 하였다. 이를 위해 우선 『통전』이 어떠한 책인지에 대해 사전의 연구 성과를 바탕으로 살펴보는 작업을 수행하였다. 현재까지 학계에 알려져 있는 두우의 일생을 살펴보고, 『통전』이라는 책이 어떠한 배경에서 성립된 책인지 고찰하였다. 아울러 『통전』과 관련한 다양한 연구 성과를 살펴보았다. 『통전』에 대한 연구는 주로 중국에서 이행된 사례가 많으며, 국내의 연구 성과는 아직 미진한 편에 해당한다. 중국에서 『통전』은 저명한 역사책이니만큼 다양한 연구 성과가 존재한다. 다만 그러한 연구 성과들은 당연하게도 중국을 중심으로 고찰한 사례가 많다.

당과 두우에 대해 긍정적인 견지에서 고찰하였다는 점은 이해할 수 있는 부분이지만, 두우가 적대하였던 외국에 대한 시선 역시 중국인의 관념에서 연구되었다. 두우와 당대의 시각을 이해하기 위해서는 그와 반대되는 즉 외국의 시선에서의 검토도 필요하다. 본서에서는 한국사 연구의 입장에서 당의 역사 서술을 반드시 순수하다고 생각하지 않고, 모종의 목적성이 있는 것이 아닌지 강한 의심을 하면서 『통전』을 철저히 고찰하고자 하였다. 이러한 문제의식에서 시작하여 『통전』을 고찰하였으며, 그 속에서 당 왕조의 인식을 엿볼 수 있었다.

『통전』은 당의 전성기에서 쇠퇴기로 가는 길목에 쓰였으며, 현실적인 문제점에 대해 성찰하면서도 자신들에게 유리한 방향으로 서술하고자 노력하였다. 이 과정에서 외국에 대한 인식은 배타적인 경향을 보였고, 자신들에게 불리한 내용을 감추려는 의도도 확인되었다. 이러한 중국의 의도를 경계하며 『통전』을 냉정하면서도 상세하게 검토하며, 당의 한국고대사 인식을 살펴보았다.

본격적인 검토에 앞서 어떻게 연구가 이루어졌는지와 어떻게 연구를 진행할 것인지를 밝히고자 한다. 그에 대한 내용을 제시하면 다음과 같다.

1. 어떻게 연구가 이루어졌나

『통전通典』은 사학사史學史에 있어서 중요한 사서 중 하나로 평가된다. 그렇지만 국내에서『통전』 연구는 아직 시작 단계에 불과하다. 반면 중국에서는『통전』과 관련하여 다방면에서 연구가 진행되었다. 중국사학사에 있어서의『통전』에 대한 의의나,『통전』 자체의 사료적 성격,『통전』에서 확인되는 두우杜佑의 사상 및『통전』의 기사를 분석한 연구 등이 있다. 일본에서의『통전』 연구는 중국에 비해 수량은 많지 않으나 심도 있게 접근하면서 고찰한 연구가 많으며, 다양한 방면에서 활용되었다.

『통전』은 일찍부터 그 사료적 가치를 인정받아, 이를 주목하여 활용한 한국고대사 연구자들도 적지 않다. 다만『통전』의 내용은 일부만 번역되었고, 사료적 성격에 대한 연구도 제대로 이루어지지 않았다. 때문에『통전』 자체를 주요 사서로 두고 분석한 연구는 소수에 불과하다. 본서에서는『통전』에 대한 연구를 크게 두 가지로 구분하였다. 즉『통전』에 대한 이해를 위하여『통전』 자체에 대한 연구, 그리고 본서의 주제와 관련하여『통전』「변방문邊防門」에 대한 연구를 중심으로 살펴보았다. 아울러『통전』에 대한 연구가 가장 활발한 중국과 일본의 연구 성과를 먼저 제시하고, 이후 국내의 연구 성과를 살펴보는 방식을 택하였다. 이에 따라 관련 연구 성과를 거론하면 다음과 같다.

중국 학계의『통전』 관련 연구는 광범위하게 이루어졌다. 본서에서는『통전』 자체에 대한 연구와 두우의 사상 연구를 중심으로 살펴보도록 하겠다. 중국사학사에서는 일찍부터『통전』을 높게 평가하였다.『통전』은 사통四通의 하나로『정전政典』과『개원례開元禮』를 참고하여 작성되었다고 하였다.

아울러『통전』의 분량과 구조, 서술 대상과 사료적 가치 등을『자치통감資治通鑑』과 비교하여 고찰하였다.[3]『통전』의 구성과 편찬 과정을 간략하게 설명한 중국사학사적 연구도 있다. 두우의 자서自序를 인용하여『통전』의 서술 목적을 설명하였으며 서술 기간 등도 기재하였다.[4]『통전』을 중세기中世紀의 첫 백과전서百科全書로 평가한 연구도 있다. 여기에서는『통전』이 기본적으로 역대 사서의 지志 사법寫法을 따랐다고 하였다.[5]

두우의 생애를 집중적으로 탐구하면서『통전』의 가치와 사상을 상세하게 고찰한 연구서도 간행되었다. 이 책에서는 상편上篇에서 두우의 생애를 정리하였고, 하편下篇에서는 두우의 사상을 고찰하였다. 두우의 생애를 청년기와 동난動亂 이후, 장년기와 재상으로 활동하였던 4시기로 구분하여 살펴보았다. 두우의 사상은『통전』의 편집 취지와 정치 사상, 경제 사상 및 사회 사상의 측면에서 고찰되었다.[6]

『통전』자체에 대한 간략한 연구들도 이행되었다.『통전』이 성립된 역사적 배경, 편찬학編纂學과 사학史學에 있어서의 가치와 결함 등에 대한 연구가 제기되었다.『통전』의 성립 배경은 다른 연구들과 비슷하게 거론하였는데, 「예문禮門」의 비중이 커진 원인을 안사의 난으로 생긴 예악禮樂 붕괴의 상황을 타개하려는 의도가 작용했다고 지적하였다.[7] 북송판北宋版『통전』을 명明 이후의 판본과 비교하여 고찰한 연구가 이행되었다. 또한 두우의 생애와 그

---

3 金毓黻,『中國史學史』, 石家莊 : 河北敎育出版社, 2000, 280~282쪽. 저자가 참고한 김육불(金毓黻)의『중국사학사(中國史學史)』는 20세기 중국 사학(史學) 명저(名著) 시리즈 중 하나로 하북교육출판사(河北敎育出版社)에서 간행된 것이다. 본래의 책은 '金毓黻,『中國史學史』, 重慶 : 重慶商務印書館, 1944'이다.

4 金靜庵,『中國史學史』, 臺北 : 鼎門書局, 1974, 234~235쪽.

5 朱維錚,『中國史學史講義稿』, 上海 : 復旦大學出版社, 2015, 215~220쪽.

6 郭鋒,『杜佑評傳』, 南京 : 南京大學出版社, 2004, 1~417쪽.

7 張鳳英, 「略論杜佑的《通典》」,『湘潭師範學院學報』2000年 1期(21), 湘潭 : 湘潭師範學院, 73~76쪽.

시대, 두우의 성격과 『통전』의 창작, 『통전』의 내용과 그 사료적 가치, 북송판 『통전』 고찰이 기술되었다.[8]

『통전』을 『관자管子』의 계승이라는 관점에서 파악한 연구도 있다. 여기에서는 『통전』에서 『관자』를 인용한 부분으로 31곳의 기록을 제시하였다. 『통전』의 『관자』 계승 특징으로 전면적으로 계승하되 유기적인 개조가 있었고, 당대 사회와 연계시켜 분류를 계승했다고 보았다.[9] 『통전』을 유질劉秩의 『정전』과 비교하여 연원淵源을 고찰한 연구도 이루어졌다. 두 책의 연원 관계는 크게 세 가지로, 즉 두우의 『통전』은 중국 정사의 지志를 참고한 것으로 『정전』에서 6부部로 분류한 것과는 달리 9문門으로 확장하였다는 점, 『통전』은 『정전』의 기록 특징을 계승했으나 당시 군사群士의 논의論意 득실得失을 수록하였다는 점, 『통전』의 「병문兵門」과 「선거문選擧門」의 부분 내용은 『정전』을 직접적으로 취하였을 가능성이 있다는 점으로 정리하였다.[10]

두우의 사상과 관련하여 역사·정치·경제·편집·군사 등의 방면에서 여러 연구가 진척되었다. 중국 고대의 사학 사상과 관련하여 『통전』의 역사 편찬 특징으로 세 가지가 거론되었다. 즉 기존 사서의 지志를 하나로 정리하고 전체적으로 융합하였다는 점, 여러 문門으로 구분하여 편집하였다는 점, 새로운 체례를 만들었다는 점을 『통전』의 특징으로 선정하였다.[11] 역사 사상과 관련하여 『사기史記』와 『통전』을 비교한 연구가 이행되었다. 사마천과 두우의 생활과 사회 배경 및 개인의 경력의 차이를 살펴보면서, 『사기』 흉

---

8 韓昇, 「杜佑及其名著《通典》新論」, 『傳統中國研究集刊』 2006年 1期(2), 上海 : 上海社會科學院, 113~138쪽.

9 趙偉, 「淺論《通典》對《管子》的繼承」, 『阜陽師範學院學報(社會科學版)』 2011年 1期(139), 阜陽 : 阜陽師範學院, 23~27쪽.

10 張軻風, 「《通典》與《政典》淵源考辨」, 『雲南大學學報(社會科學版)』 2017年 6期(16), 昆明 : 雲南大學, 69~75쪽.

11 何根海·汪高鑫, 『中國古代史學思想史』, 合肥 : 合肥工業大學出版社, 2004, 144~147쪽.

노열전匈奴列傳과 『통전』 흉노匈奴 상上의 서술을 비교하였다.[12] 『후한서後漢書』와 정치·변방 사상의 차이점을 비교한 연구도 이행되었다. 해당 연구에서는 『통전』 「변방문」의 오환절烏桓節·선비절鮮卑節과 『후한서』 오환烏桓·선비전鮮卑傳을 비교 대상으로 선정하여 분석하였다.[13] 『통전』의 편찬을 통해 본 두우의 주요 사상을 정리한 논고도 발표되었다. 정치복무 사상으로는 '장시유정將施有政' 즉 역사를 통해 정치를 펼치는 것과 국가를 경영하는데 활용함이 있어야 한다는 '경방치용經邦致用'의 사상으로 설명하였다.[14]

『통전』에 나타난 편집編輯 사상에 대한 연구도 시행되었다. 여기에서 두우의 편집 사상은 명확한 편집 의식, 독특하고 창의적인 편집 원칙, 엄밀하게 진실을 추구하는 편집 방법으로 설명되었다.[15] 『통전』의 편집 사상에 대한 다른 연구에서도 '장시유정'과 '경방치용'을 거론하여, 편집 작업에 시대정신이 반영되어 정치에 활용되어야 한다는 점이 강조되었다고 하였다.[16]

민본民本 사상을 파악한 논고도 있다. 여기에서는 『통전』의 「식화문食貨門」·「선거문」·「주군문州郡門」에 수록된 기사들을 제시하면서 두우의 민본 사상을 고찰하였다. 아울러 두우의 민본 사상은 이전 사람들의 사상을 기반으로 형성된 것이라 하면서, 맹자孟子의 민본 사상을 계승하고 발전시킨 것이라고 하였다.[17] 두우의 경제經濟 사상을 강조한 연구에서는 『통전』에서 「식

---

12 劉雅倩·馬曉娟, 「略談司馬遷與杜佑著史思想之差異－從《史記》與《通典》"匈奴"記載比較談起」, 『六盤水師範學院學報』 2017年 6期(29), 六盤水 : 六盤水師範學院, 54~57쪽.

13 陳俊文, 「《通典》與《後漢書》不同視角下的杜佑政治·邊防思想」, 『文物鑑定與鑑賞』 2017年 11期, 北京 : 文物鑑定與鑑賞雜志社, 64~65쪽.

14 宋永華·張慧, 「從《通典》的編纂看杜佑的主要思想」, 『編輯學刊』 2012年 6期, 上海 : 上海市編輯學會, 84~86쪽.

15 黎文麗, 「杜佑《通典》體現的編輯思想」, 『渭南師範學院學報』 2009年 3期(24), 渭南 : 渭南師範學院, 94~96쪽.

16 駱玉安, 「從《通典》看杜佑的編輯思想」, 『河南社會科學』 2015年 5期(15), 鄭州 : 河南省社會科學界聯合會, 143~144쪽.

화문」이 먼저 배치되었다는 점에 큰 의의를 두었다. 여기에서는 두우의 사상을 '중농안민重農安民'으로 정의하고, 그 사상의 핵심으로 '사민지저使民地著'를 들었다.[18] 경제 사상에 대한 다른 논고에서도「식화문」의 존재와 그 서술을 중시하였다. "이도理道의 우선은 교화를 행行하는 데에 있고, 교화의 근본은 의식衣食을 만족하게 하는 데에 있다[理道之先在乎行教化 教化之本在乎足衣食]"라는 구절은 두우의 경제 사상을 잘 표현해준 것으로 지적하였다.[19]

군사 사상에 대한 연구에서, 두우는 이론적으로 '덕주병보德主兵輔'의 원칙을 견지하였다고 하였다. 두우의 전략 사상으로 '강간약지强干弱枝'와 '중리경외重里經外'를 거론하여, 당 조정과 지방의 관계, 당과 변강민족邊疆民族의 관계로 파악하였다.[20] 『통전』의 예치禮治 사상을『자치통감』과 비교하여 고찰한 학위논문도 발간되었다. 전통 예치 이념이 당唐·송宋의 사서에 어떠한 영향을 미쳤는지 살펴보며,『통전』과『자치통감』을 대조하여 유가儒家 예치 이념의 계승과 구현을 고찰하였다.[21]

중국 학계에서는 두우의『통전』과 관련하여 '장시유정將施有政'과 '경방치용經邦致用'이라는 표현을 자주 사용한다. 이는 각각 '역사를 통해 정치를 펼친다'와 '학문은 실제 국가 운영에 이바지해야 한다'는 의미이다. 이는『통전』연구와 두우의 사상에서 편찬 의도를 알 수 있는 주요 기준점이다.

---

17 丁俊麗,「杜佑《通典》的民本思想」,『湖北廣播電視大學學報』2007年 3期(27), 武漢 : 湖北廣播電視大學, 48~50쪽.

18 李翠玉,「杜佑理道致用經濟思想淺說」,『濰坊學院學報』2011年 1期(11), 濰坊 : 濰坊學院, 93~94쪽.

19 李丹,「論《通典》中杜佑的經濟思想」,『黑龍江史志』2013年 12期(301), 哈爾濱 : 黑龍江省地方志辦公室, 48~52쪽.

20 尤學工,「從《通典·兵典》看杜佑的軍事思想」,『廊坊師範學院學報(社會科學版)』2015年 5期(31), 廊坊 : 廊坊師範學院, 51~55쪽.

21 崔京玉,「唐宋史書的禮治思想-以『通典』與『資治通鑑』爲中心」, 臺北 : 中國文化大學 博士學位論文, 1997, 1~261쪽.

중국사학사에서『통전』은 높은 위상을 차지하고 있다. 때문에 이에 대한 다양한 연구 성과가 존재하며, 다방면에서 분석이 이행되었다. 일본이나 한국에 비해 연구의 양이 압도적으로 많으며, 다양한 서적과의 비교가 이행되며 지속적으로 연구가 이루어지고 있다.

일본 학계에서도『통전』에 대해 다양한 연구가 진척되었다. 일본은 당대唐代『통전』의 원형에 가깝다고 여겨지는 북송간본北宋刊本을 소장하고 있다는 점을 강조하며 이를 연구의 중심에 두었다. 일본의『통전』연구는『통전』자체를 분석한 연구, 여러 자료와 상호 비교를 수행한 연구 및『통전』의 사료를 활용한 연구 등으로 분류할 수 있다.

일본의 중국사학사 연구에서『통전』은『구당서舊唐書』와『신당서新唐書』를 다루면서 함께 거론되었다. 두우의 이력을 간략하게 소개하고,『통전』의 구성과 영향에 대해서도 기술하였다. 아울러『사통史通』과『통전』에 대한 비교도 기술하였다. 즉『사통』「서지편書志篇」에서는 정사正史의 서지書志를 참고하여 도읍지都邑志 · 씨족지氏族志 · 방물지方物志를 기재하였으며, 이는『통지通志』도 유사하였다고 지적하였다.[22]『통전』의 여러 판본을 비교하는 연구가 이행되었다. 이 연구에서는『통전』을 연구할 때 일반적으로 무영전판계武英殿版系의 제본諸本이 사용되고 있다고 지적하였다. 아울러『통전』의 판본으로 북송간본 · 남송간본南宋刊本 · 원간본元刊本 · 명간본明刊本 · 무영전판계 제본諸本을 제시하였다. 북송간본은 궁내청宮內廳 서릉부書陵部에 소장되어 있으며, 본디 고려 숙종肅宗 6년1101에 인쇄되었다가 여말선초麗末鮮初에 일본으로 전해졌다고 하였다.[23]

22 增井經夫,『中國の歷史書－中國史學史』, 東京 : 刀水書房, 1984, 121~123쪽.
23 尾崎康,「通典の諸版本について」,『斯道文庫論集(森武之助先生退職記念論集)』14, 東京 : 慶應義塾大學附属研究所, 1977, 267~306쪽.

『통전』「식화문」을 분석하여 당대의 호세戶稅·지세地稅를 고찰한 연구도 이행되었다. 이 연구에 따르면『통전』「식화문」 부세절賦稅節에 있는 호세 기사와 자주自註의 내용은 당 천보연간天寶年間, 742~756에 전국 편민編民의 호세 총액을 기재한 것이라 하였다. 대력大曆 4년769에 제정된 호세액戶稅額을 소급하는 방식을 사용하여 천보연간 전호全戶의 호세액을 추정하였다.[24]

『통전』을 다른 자료와 비교하여 고찰한 연구도 여러 방면에서 진척되었다. 당송팔대가唐宋八大家로 유명한 유종원柳宗元과 두우의 사학을 상호 비교한 연구가 있다. 당 순종順宗 정권에서 두우가 재상에 있을 때 왕비王伾와 왕숙문王叔文의 아래에서 권력의 중추에 있었던 인물이 유종원이었다. 이 연구에서는 두우와 유종원의 사학 사상을 세勢, 주周의 봉건封建, 봉건제封建制의 쇠멸衰滅, 진秦의 멸망, 민본이라는 주제를 설정하여 비교하였다.[25] 『통전』의 내용을 바탕으로『예기禮記』의 일부를 해석한 연구도 이행되었다. 『예기』잡기雜記 하下에 수록된 "大功之末 可以冠子 可以嫁子 父小功之末 可以冠子 可以嫁子 可以取婦 己雖小功 既卒哭 可以冠 取妻 下殤之小功則不可"라는 구절의 원문原文과 역문譯文 및 이에 대한 금본今本 정주鄭注를 제시하였다.[26]

또한 두목杜牧의『주손자注孫子』와 두우의『통전』「병문」을 서로 비교하는 시도가 수행되었다. 두목은 당의 유명한 시인이자 두우의 손자였다. 두목은 당 쇠퇴기의 인물로, 그는 번진藩鎭의 할거割據와 이적夷狄의 침입 등을 염려하여『주손자』를 작성하였다. 논문에서는 두목의『주손자』를 먼저 소개하고,『통전』「병문」의 특수성을 고찰하였다. 아울러『통전』「병문」과『주손

---

24 西村元佑,「唐天宝年間の戸等と受田·墾田について－杜佑通典食貨賦税の戸稅·地稅記事とその自
    註にもとづいて(北村博士還曆記念特集)」,『龍谷史壇』79, 京都 : 龍谷大學史學會, 1981, 40~73쪽.
25 副島一郎,「『通典』の史學と柳宗元」,『日本中國學會報』47, 東京 : 日本中國學會, 1995, 75~89쪽.
26 古橋紀宏,「『通典』に見える『礼記』の解釈－雜記下「大功之末 可以冠子 可以嫁子」の一節の鄭注に
    ついて」,『中國文化論叢』10, 大阪狹山 : 帝塚山學院大學 中國文化研究會, 2001, 1~14쪽.

자』의 상호 비교를 통해 영향 관계를 분석하는 작업을 수행하였다.[27] 이와
유사하게 두목『주손자』의 고사와 두우『통전』의 관계를 고찰한 연구가 제
시되었다. 이 논문에서는 우선『통전』「병문」의 구성을 살펴보고,『주손
자』와『통전』에서『손자孫子』를 인용한 동일한 사례와 서로 다른 사례들을
비교하였다.[28]

　　기타가와 도시아키[北川俊昭]는『통전』연구에 깊은 관심을 두어 다양한 방
면에서 연구를 수행하였다. 그는『통전』의 편찬 과정을 살펴보고, 보정기사
補訂記事를 보고 상헌上獻 연대를 고찰하였다.『통전』의 상헌 연대와 관련하여
크게 세 가지 설, 즉 정원貞元 10년794, 17년801, 19년803을 제시하였다. 이
중에서 정원 17년801이 합당하다고 밝혔으며 상헌 전후의 상황을 파악하였
다.[29]『통전』「예문」에서 인사禋祀ㆍ사직社稷ㆍ칠묘제七廟制ㆍ순수巡狩ㆍ상복喪服
에 대한 평評, 試評 즉 비평批評한 사례를 소개하고, 평의 특징을 밝히는 연구
도 수행하였다. 두우는 평을 통해 예제禮制에서 유교 이데올로기에 따라 논
의된 의견을 정리하였고 보았다.[30] 또한『통전』「식화문」에 기술된 경중론
輕重論에 주목하여 그 의미를 파악하고『관자』와 비교한 연구도 이행되었다.
여기에서는『통전』에 기록된 경중론 관련 내용을 6단락으로 나누어서 살펴
보고, 두우의 재정경제론財政經濟論 특징을 살펴보는 작업을 하였다.[31]『통전』

27　坂野純子, 「杜牧『注孫子』と杜佑『通典』兵門について」, 『二松學舍大學大學院紀要』13, 二松 : 二松
　　學舍大學 大學院 文學研究科, 1999, 155~179쪽.
28　高橋未来, 「杜牧撰『注孫子』の故事と杜佑撰『通典』に関する一考察(松岡榮志教授 退職記念号)」, 『學
　　藝國語國文學』48, 東京 : 東京學藝大學國語國文學會, 2016, 123~133쪽.
29　北川俊昭, 『『通典』編纂始末考－とくにその上獻の時期をめぐって」, 『東洋史研究』57-1, 京都 : 東
　　洋史研究會, 1998, 125~148쪽.
30　北川俊昭, 『『通典』礼にみえる評について」, 『富山商船高等專門學校 研究集録』36, 富山 : 富山商船
　　高等專門學校, 2003, 104~112쪽.
31　北川俊昭, 「杜佑の軽重論」, 『富山商船高等專門學校 研究集録』40, 富山 : 富山商船高等專門學校,
　　2007, 29~39쪽.

권19 「직관문職官門」 제1에 기재된 역대관제총서歷代官制總序를 전반부와 후반부로 나누어 시석試釋하고 약간의 고찰도 시행되었다. 여기에서는 『통전』의 본문과 협주를 25번에 걸쳐 제시하고, 각 내용을 일역日譯하였다.[32]

『통전』을 활용한 연구는 주로 율령제律令制와 연관되어 이행되었다. 중국 율령제기律令制期의 잠상蠶桑에 대한 분석을 시행한 연구가 발표되었다. 여기에서는 주로 율령제기의 재상栽桑 경영 규모와 하잠夏蠶의 사랑飼養을 중심으로 한 검토가 이행되었다. 즉 『통전』 「식화문」과 『책부원귀冊府元龜』 「방계부邦計部」에 기록된 개원開元 25년737 전령문田令文의 영업전永業田 규정을 바탕으로 주요 논지가 전개되었다.[33] 송대宋代 천성령天聖令을 바탕으로 당령唐令과 송령宋令을 복원하고 『통전』과 비교하는 작업이 이행되었다. 본 연구에서는 「식화문」에서 3건, 「직관문」에서 1건, 총 4건의 당령 조문條文이 확인된다고 지적하였다.[34]

일본은 다양한 분야에서 『통전』 연구가 수행되었다. 『통전』의 가치를 인정하고 중국사 연구의 측면에서 주된 연구가 이행되었다. 가장 중심이 되던 분야는 「식화문」·「예문」·「직관문」이며, 「병문」과 「주군문」에 대한 연구도 이행되었다. 반면 「변방문」에 대해서는 제대로 연구되지 않았다는 점이 아쉽게 여겨진다.

국내에서의 『통전』 연구는 중국사학사에서의 고찰과 각 문門에 대한 분석을 들 수 있다. 아울러 연구의 기초가 되는 번역도 일부 수행되었다. 번역

---

32 北川俊昭, 「『通典』職官序試釈(上)」, 『富山商船高等專門學校 研究集録』 41, 富山 : 富山商船高等專門學校, 2008, 79~88쪽; 「『通典』職官序試釈(下)」, 『富山商船高等專門學校 研究集録』 42, 富山 : 富山商船高等專門學校, 2009, 192~198쪽.

33 松井秀一, 「中國律令制期の蠶桑に関する若干の問題について－栽桑の規模と夏蚕の飼養を中心に」, 『史學雜誌』 90-1, 東京 : 史學會, 1981, 1~35쪽.

34 服部一隆, 「日本における天聖令研究の現状－日本古代史研究を中心に」, 『古代學研究所紀要』 12, 東京 : 明治大學 日本古代學研究所, 2010, 31~52쪽.

과 관련하여서는 『통전』 중에서 「악문樂門」이 역주되었다. 『통전』 「악문」 권141~147까지 7권 전체가 번역되어 단행본으로 발간되었다.[35] 충청남도 역사문화연구원에서 백제 관련 사료를 정리하면서, 『사고전서四庫全書』 사부 史部의 정서류政書類로 『통전』을 제시하였는데, 백제와 관련된 번역으로 「변방문」의 마한절馬韓節과 백제절百濟節이 다루어졌다.[36] 한국학진흥연구원의 지원으로 예맥濊貊 관련 사료를 집성한 연구에서는 『통전』 일부의 번역이 제시되었다.[37]

『통전』의 중국사학사적 고찰 즉 사료적 성격에 대한 연구는 중국사학사 연구를 번역하여 소개된 사례가 주를 이룬다. 중국의 역사인식 즉 사상적 배경에 대한 연구에 따르면, 『통전』은 사서史書 편찬의 측면에서 새로운 제도를 창안하였다는 점, 사서에 저자의 주석을 다는 방식을 발전시켰다는 점, 고대의 진귀한 사료를 보존하였다는 점에서 높게 평가되었다.[38] 한국 고대 정치사 연구의 참고문헌 해설 자료에서 『통전』에 대해 설명하였으며, 『통전』의 구성 및 그 영향을 받은 구통九通에 대한 내용을 간략하게 기재하였다.[39] 수隋·당唐시대의 사학 중에서 제도사의 편찬이라는 부분에서 『통전』에 대해 기술하였다. 여기에서는 두우의 생애와 『통전』의 참고자료 및 구성 등에 관한 내용들을 서술하였다.[40]

당말唐末 오대五代 사학을 서술하면서 첫 번째로 『통전』이 거론되기도 하

---

35 杜佑, 이민홍 譯註, 『通典－樂典』, 박문사, 2011.
36 충청남도역사문화연구원, 『百濟史資料譯註集－中國篇』, 충청남도역사문화연구원, 2008, 246~254쪽.
37 윤용구·김락기·조우연·김영준·김경화·장종선, 『濊貊 史料集成 및 譯註』, 백산자료원, 2012, 430~431쪽.
38 陳光崇, 金裕哲 譯, 「通典의 歷史思想」, 『中國의 歷史認識』上, 創作과批評社, 1985, 369~382쪽.
39 兪向根, 『韓國古代政治史硏究 參考文獻解說』, 明知大學校 出版部, 1986, 39쪽
40 신승하, 『중국사학사』, 고려대 출판부, 1996, 143~148쪽.

였다. 두우의 일생과 『통전』의 편찬 과정 등에 대해 상세하게 서술하였다. 두우의 인생을 거론하여 『통전』의 형성에 어떠한 영향을 미치게 되었는지와 『통전』의 영향과 공헌 및 『통전』 서술에서 배제된 대상에 대해서도 거론하였다.[41] 전문역사 중 국가제도사의 항목에서 『통전』을 거론되기도 하였다. 여기에서는 두우의 자서自序와 『통전』의 구조가 간략하게 기술되었다.[42] 중국 사학사에서는 『통전』이 정서체政書體라는 새로운 사서 체례를 마련하였다는 점에서 긍정적으로 평가하는 의견이 많다. 비록 일부분에서 단점이 있다고 하더라도, 이는 시대적 한계 및 자료 취합 과정의 문제로 보았다.[43] 전반적으로 국내에서 중국 사학사 서적에 기술된 『통전』에 대한 설명들은 대동소이大同小異한 내용으로 구성되었다. 이 중에서도 고국항高國抗의 저서가 가장 상세하여, 『통전』 이해에 큰 도움을 준다.

『통전』에 대한 세부적인 연구도 일부 이루어졌다. 역사학이 아닌 원격탐사학遠隔探査學에서 『통전』「주군문」을 주요 자료로 삼아, 지리적 네트워크 Geographic Network를 구축하여 복원하는 시도가 이루어졌다.[44] 고려시대 정치 제도 변화에 있어서 『통전』이 어떤 영향을 미쳤는지에 대해 고찰한 연구도 있다. 이에 따르면 고려 성종의 3성 6부제 시행이 당의 제도를 참고한 결과물이며, 당시 고려가 확보할 수 있는 자료로 『통전』을 제시하였다.[45] 『통전』 기사 중에서 절도사節度使에 대한 내용을 일부 역주譯註한 연구도 있다. 『당회요唐會要』·『통전』·『신당서』에서 절도사 관련 기록들을 정리하였

41 高國抗, 오상훈·이개석·조병한 譯, 『중국사학사』下, 풀빛, 1998, 9~29쪽.
42 李宗侗, 조성을 譯, 『중국사학사』, 혜안, 2009, 245~246쪽.
43 이계명, 『中國史學史綱要』, 전남대 출판부, 2003, 148~156쪽.
44 Cho Seong Ik, 「Historical Geographic Network archived in Tongdian(通典)」, 『대한원격탐사학회 2002년도 Proceedings of International Symposium on Remote Sensing』, 대한원격탐사학회, 2002, 133~137쪽.
45 김대식, 「고려 초기 중앙관제의 성립과 변화」, 『역사와 현실』 68, 한국역사연구회, 2008, 29~57쪽.

다. 이 중에서『통전』은 「주군문 2」의 서목序目 하下에 기재된 역대 절도사의 변천 과정을 번역하였고, 각주를 달아 비교 자료 및 관련 연구 자료를 열거 하였다.[46]

이렇듯 국내에서의『통전』연구는 간략한 소개 위주이며, 한국사와 관련 하여 분석한 연구는 이제 시작 단계이다. 물론 기존의 한국고대사 연구 중 에서『통전』의 기록을 활용한 사례들은 다수 존재한다. 그렇지만『통전』을 활용하기 위해서는 사료 비판이 선행되어야 한다. 사료적 가치를 상세하게 고찰하는 작업을 이행한 다음, 향후『통전』을 본격적으로 활용하여 역사 연 구에 적용해야 한다.

『통전』「변방문」은 본서에서 주로 다룰 대상에 해당한다. 이에 대한 연 구 경향 또한 앞서 제시한 바와 같이 중국-일본-한국의 순으로 살펴보도록 하겠다. 「변방문」에 대한 연구도 중국에서 주로 다양한 연구 사례들이 확인 되고 있다.

중국 학계에서 「변방문」 관련 연구는 「변방문」 자체에 대한 연구, 「변방 문」에 수록된 각 종족이나 국가에 대한 연구, 「변방문」을 활용하여 외교 관 계를 파악한 연구가 있다.『통전』「변방문」과 관련하여 민족 사상 연구에서 는 두우가 중원 왕조와 소수민족의 관계를 발전된 각도에서 바라보았으며, 당 초의 민족정책을 계승한 것이라고 보았다.[47]『통전』「변방문」자체에 대 한 연구는 학위논문으로 발간되었다. 여기에서는 「변방문」의 성서成書와 관 련하여 사회적·역사적 배경으로 당 조정과 두우가 경험한 안사의 난을 제

---

46 정병준, 「『唐會要』·『通典』·『新唐書』의 '節度使' 기사 검토」, 『중국고중세사연구』 28, 중국고 중세사학회, 2012, 365~429쪽.

47 張文俊, 「從《通典·邊防》看杜佑民族思想」, 『唐山師範學院學報』 2009年 6期(31), 唐山 : 唐山師範 學院, 91~93쪽.

시하였다. 「변방문」의 특징으로 변경 관계를 전면적으로 총결總結하고, 사방四方으로 나누어 주변의 크고 작은 종족들을 총정리하였으며, 찬술撰述과 주석註釋을 조리 있게 배치하여 종합적으로 논술하고, 원방遠方의 국가까지 망라하였다고 정리하였다.[48] 중국인의 연구이기 때문에 『통전』을 중국의 관점에서 바라본 것은 일면 당연하다. 그렇지만 『통전』의 서술 상에 나타난 모순이나 문제를 제대로 직시하지 못하고, 중국의 변경 통치라는 시점에서만 고찰하였다는 점은 이 연구의 한계로 지목할 수 있다.

『통전』 「변방문」 중에서 동이목東夷目 · 서융목西戎目 · 북적목北狄目에 수록된 국가나 종족과 관련하여 세부적인 연구가 진척되었다. 서융목 중에서는 토번吐蕃 · 토화라吐火羅 · 강羌에 대한 연구가 이행되었다. 서융목 중에서 토번은 『통전』 이전의 중국 정사에서는 입전立傳되지 않았기 때문에, 『통전』 토번절吐蕃節이 토번에 대한 첫 저술에 해당한다. 토번절은 크게 세 가지 내용을 중심으로 기술되었다. 즉 첫째로는 토번의 족원族源 풍속과 전장제도, 둘째로는 토번과 관련된 큰 사건 및 당번唐蕃 관계의 주요 사건과 연대, 셋째로는 토번의 대상大相 논흠릉論欽陵과 당의 사자使者 곽원진郭元振이 나눈 장편長篇의 대화 및 곽원진의 상소문上疏文을 거론할 수 있다.[49]

중앙아시아 힌두쿠시산맥 북방의 아프가니스탄에 소재하였던 토화라Tokhara에 대해 다룬 연구도 있다. 여기에서는 먼저 『통전』 서융목의 토화라절吐火羅節 본문을 제시하고, 여기에 24개의 주석을 달았다. 주석에서는 『위서魏書』 · 『수서隋書』 · 『신당서』 · 『당회요』 · 『책부원귀』 · 『대당서역기大唐西域記』 등의 기록과 비교하여 각 내용을 고찰하였다. 또한 『서역도기西域圖

---

48 趙楊, 「《通典 · 邊防典》研究」, 合肥 : 安徽大學 碩士學位論文, 2012, 1~73쪽.

49 張雲, 「《通典 · 吐蕃傳)的史料價值」, 『中國邊疆史地研究』 2002년 3期(12), 北京 : 中國社會科學院, 104~108쪽.

記』에서 토화라국과 관련된 일문逸文을 복원하는 작업을 하였다.[50] 서용목 중에서 강절羌節에 대한 연구는 『후한서』와 『통전』의 비교를 중심으로 이행 되었다. 두 서적은 강족羌族에 대한 서술에만 그치지 않고 서강西羌의 역사 변천과 사회 조직, 생활 습속과 한대漢代의 한漢 · 강羌 관계에 대한 상세한 기 록이 남아 있다. 크게 세 가지를 다루었는데, 첫째로는 『통전』에서 석지析支 와 사지賜支의 용어 문제, 둘째로는 진시황秦始皇 때를 대상으로 "兵不西行"과 "兵務東向"이라는 서로 다른 기록이 나타나는 이유, 셋째로는 강란羌亂의 원 인과 통치 시책 기록 비교를 고찰하였다.[51]

북적목과 관련하여 6세기 중엽에서 9세기 내몽골 고원의 북아시아 종족 연구로 학위논문이 발간되었다. 위진남북조시대魏晉南北朝時代와 요금시대遼金 時代의 중간에 있는 이 시대는 북방민족 관련 사료는 많지 않으며, 천보연간 天寶年間, 742~756 이전을 기준으로 할 때 『통전』의 기록이 원전의 성격을 지 닌다. 『통전』 북적목은 6세기 중엽부터 9세기의 초원민족과 퉁구스족, 남 시베리아 민족의 사료를 간직하고 있는데, 이를 현대의 민족지와 대비하여 서로 다른 종족의 문명적 차이를 살펴보고, 서로 다른 특징을 고찰하며, 상 호 간의 영향 관계에 대한 연구를 수행하였다.[52]

『통전』 「변방문」 중에서 동이목과 관련하여 고구려를 연구한 학위논문 이 발간되었다.[53] 저자는 가장 먼저 『통전』 고구려절의 저술 배경을 먼저 고찰하였다. 즉 두우의 생애와 성격 및 『통전』의 주요 내용과 평가에 대한

---

50 李錦繡, 「《通典 · 邊防典》 "吐火羅" 條史料來源與《西域圖記》」, 『西域研究』 2005年 4期, 烏魯木齊 : 新疆社會科學院, 25~34쪽.

51 徐晨峰, 「淺析《後漢書》和《通典》有關羌的若干異同問題」, 『文物鑑定與鑑賞』 2017年 11期, 北京 : 文物鑑定與鑑賞雜志社, 66~67쪽.

52 李榮輝, 「六世紀中葉到九世紀蒙古高原-北亞族群研究-以《通典 · 北狄》記述族群爲中心」, 呼和浩 特 : 內蒙古大學 博士學位論文, 2017, 1~83쪽.

53 許佳, 「《通典 · 高句麗》研究」, 福州 : 福建師範大學碩士學位論文, 2014, 1~215쪽.

내용을 기술하였다. 다음으로 고구려절의 체례와 사료 내원來源을 분석하였다. 저자는 고구려절의 체례를 "전설傳說－개술槪述－세계世系－시사時事"로 구분하였다. 『통전』 고구려절을 중국 정사의 고구려전과 비교하는 작업을 수행하였으며, 당대 이전과 당대의 사료를 포괄하여 기술하였다고 보았다. 『통전』 고구려절의 사료 분석에서 당대 이전은 크게 세 가지, 즉 후한대後漢代에 고구려와 후한의 관계에 대한 문제, 축산업畜産業 관련 기록을 통한 고구려의 경제 연구, 서적 목록을 거론하여 고구려 문화의 상황을 고찰하였다. 당대 이후는 고구려와 당의 전쟁 및 관계에 대한 기록을 검토하였다. 해당 연구는 중국에서 『통전』을 적극적으로 활용하여 동이목의 내용을 분석하였다는 점에서 의의가 있다. 그렇지만 연구의 범위와 대상이 고구려절의 분석에만 국한되었다. 고구려절의 편집에 있어서 두우의 인식과 사상이 개입된 부분들이 있는데, 이 부분을 적극적으로 검토하는 노력이 부족하였다는 점은 아쉬운 대목이다.

『통전』 「변방문」에 대한 소수의 연구가 진행되었으나, 사료 분석을 위주로 이행되었다는 점이 아쉽다. 고구려절에 대한 분석 역시 두우가 고구려절을 저술하면서 개입된 사상을 제대로 반영하지 못하였다는 점도 한계점에 해당한다. 중국 학계에서는 『통전』을 분석하면서 당연히 중국을 중심으로 인지하였다. 때문에 『통전』이나 두우를 긍정적으로 인식하면서 연구를 진행하였다. 일부 사항이나 사상적인 측면에서 두우 또한 비판적으로 여겨질 부분들이 있다. 특히 변방邊防이라는 표현을 통해 알 수 있듯이, 두우는 외방外方을 적대적이면서 방어적인 관점에서 서술하였고, 그 과정에서 기록의 누락이나 왜곡도 있었다. 이러한 사항들에 대한 냉철하고 상세한 분석이 제대로 이루어지지 않았다는 점은 한계점이다. 따라서 두우의 『통전』 저술의 가치를 그대로 인정하면서도, 비판적인 시선을 견지하며 분석하는 태도가 필요하다.

일본에서『통전』「변방문」에 대한 연구는 많지 않다.「변방문」에 기재된 내용을 활용한 연구로 서돌궐西突厥 기원설起源說에 대해 여러 사료를 비교하여 검토한 사례가 있다. 본 연구에서는『통전』을 비롯하여『수서』·『자치통감』·『구당서』·『신당서』에서 서돌궐 기원설 관련 기록들을 정리하여, 기존『수서』의 기록과 유사하지만 대라편大邏便과 섭도攝圖의 대립이 돌궐의 동서 분열 원인이 되었다는 인상을 준다고 지적하였다.[54] 반면「변방문」에 대한 연구는 쉽게 찾아보기 어려웠다.『통전』을 연구하는 이들의 관심사가 다른 분야에 집중되었고,「변방문」에 대한 집중적인 검토가 제대로 이행되지 않았기 때문으로 생각된다.

국내에서『통전』「변방문」을 중심으로 연구한 논고는 중국에 비해 소수에 불과하다. 저자는 2016년에『통전』「변방문」동이목의 내용을 종합적으로 검토하였다.『통전』「변방문」의 구성을 먼저 살펴본 다음, 동이목의 비중 및 체제를 살펴보았다. 또한 동이목의 서략序略을 분석하여, 두우의 동이 관념을 고찰하였다.[55] 이후 동이목 고구려절의 내용에 대한 초보적인 검토가 이루어졌다. 고구려절의 구성과 가치라는 주제로 검토되었으며, 고구려절의 일부 기록을 대상으로 그 의의를 파악하였다.[56] 나당전쟁羅唐戰爭이라는 주제를 놓고 당대의 인식을 알 수 있는 주요 사료인『당회요』와『통전』을 분석한 연구도 이행되었다. 이 연구에서는『통전』이 고의적으로 주

---

54 池田知正,「「西突厥」起源説再考－前近代における漢文史書を中心として」,『史學雜誌』108-11, 東京 : 史學會, 1999, 43~62쪽.

55 송영대,「『通典』「邊防門」東夷篇의 구조 및 찬술 목적」,『史林』57, 首善史學會, 2016, 133~167쪽.

56 김지현,「『通典』「邊防典」高句麗 條의 考察」,『東아시아古代學』43, 동아시아고대학회, 2016, 111~139쪽.

변국의 역사를 그대로 기록하지 않고 왜곡했다고 지적하였으며, 나당전쟁에 대한 서술을 원천 배제하고 신라왕新羅王 김춘추金春秋가 내조來朝한 기록으로 종결되었다고 하였다.[57] 이후 신라절新羅節에 대한 연구가 별도로 이행되었으며, 김춘추를 왕이라고 기재한 부분은 '견遣'자가 탈락한 것으로 파악하였다.[58]

『통전』 백제절에 대한 연구도 이루어졌다. 백제절의 기사를 기록 유사도 분석이라는 방법을 이용하여, 『통전』의 기록과 주요 사서의 기록을 상호 비교하여 고찰하는 작업을 수행하였다. 각 기록 간의 비교를 통해 『통전』이 어떤 사서의 영향을 받았는지 확인하고, 독자적인 기록이 무엇이 있는지와 그 의미에 대해 알아보았다.[59] 또한 『통전』의 기록이 『삼국사기』와 『삼국유사』에 어떤 영향을 미치게 되었는지에 대해 알아본 연구도 이행되었다. 여기에서는 『삼국사기』에서 『통전』의 직접 인용과 간접 인용의 사례를 살펴보았으며, 『삼국유사』의 『통전』 인용 부분 중에서 잘못된 부분이 많다는 점을 논증하였다.[60] 『통전』에서 확인되는 '동이지지東夷之地'라는 문구에 주목하여, 그 의미를 파악한 연구도 진행되었다. 『구당서』에서는 동일한 기록에서 그 대상을 '고려·발해高麗·渤海'로 지목하였다. 『통전』은 발해에 대한 서술을 회피하고, 대신 동이로 표기하게 된 것으로 보았다.[61]

국내에서 『통전』에 대한 연구는 아직 소수에 불과하다. 반면 중국과 일

57 최진열, 「唐 前·後期 羅唐戰爭 서술과 인식−『唐會要』와 『通典』의 분석을 중심으로」, 『동북아역사논총』 56, 동북아역사재단, 2017, 136~192쪽.
58 김희만, 「『通典』「邊防」 신라條의 구성과 찬술자의 신라 인식」, 『신라문화』 60, 2022, 동국대 WISE캠퍼스 신라문화연구소, 175~194쪽.
59 송영대, 「『通典』 百濟節의 서술과 인식」, 『사학연구』 133, 한국사학회, 2019, 81~123쪽.
60 송영대, 「『삼국사기』·『삼국유사』 찬자의 『통전』 활용과 인식 고찰」, 『한국사연구』 186, 한국사연구회, 2019, 163~197쪽.
61 송영대, 「『通典』에 기재된 '東夷之地' 의미 분석」, 『한국동양정치사상사연구』 18-2, 한국동양정치사상사학회, 2019, 37~66쪽.

본에서는 다양한 방면에서 연구가 진척되었다. 중국에서는 사학사적 측면을 중심으로 『통전』을 분석한 논고가 많고, 두우의 사상을 고찰한 연구도 다수 확인된다. 「변방문」에 수록된 각 절節을 세부적으로 고찰한 연구나 북적목을 중심으로 한 연구는 이행되었으나, 동이목에 대한 상세한 분석은 고구려절 연구에만 국한되었다. 일본은 『통전』 연구는 비교사적 측면을 중심으로 이행된 경향이 강하며, 중국의 연구에 비해 심도 높게 검토되었다. 그렇지만 「변방문」 특히 동이목에 중점을 두고 분석한 연구는 보기 어려웠다.

2. 어떻게 연구할 것인가

『통전通典』「변방문邊防門」동이목東夷目은 당대까지의 한국고대사에 대한 지식이 집약되었다는 점에서 의미가 있다. 이에 대한 사료적 가치에 주목하여 개별 절節 단위로 종족이나 국가를 파악하는 연구가 진척될 필요가 있다. 아울러 당의 입장에서 당시 정세를 파악하며, 그 과정에서 당 조정이나 두우의 부적절한 인식의 개입되었는지에 대한 고찰도 이행되어야 한다. 본서에서는 「변방문」 중에서도 동이목을 중심으로 고찰하였다. 또한 당의 주변국 인식의 주요 대상을 한국 고대 국가들로 삼아 집중적으로 탐구하였다.

저자가 이용한 연구 방법 및 연구 방향은 다음과 같다. 기본적으로는 『통전』의 사료적 측면을 면밀히 고찰하고, 다른 사서와의 비교를 통해 의미를 파악하는 작업을 하였다. 여기에 『통전』과 관련된 인식 및 당시 시대상이 역사서에 미친 영향도 염두하며 본서를 서술하였다.

본서의 2장에서는 『통전』「변방문」 동이목의 구성과 내용을 분석하는 작업을 이행하였다. 가장 먼저『통전』에 대한 이해를 도모하기 위하여 두우의 생애와『통전』서술 배경을 고찰하는 작업을 하였다. 또한 두우가 왜 기존 기전체紀傳體 정사正史의 지志와 서書에 수록하지 않았던「변방문」을 수록하게 되었는지를 알아보았다. 1차적으로는『통전』과「변방문」의 구성이 어떻게 되었는지를 살펴보고, 그 의의를 탐색하였다. 즉「변방문」의 구성 요소에서 보이는 성격을 파악하는 작업을 수행하였는데, 기존 중국 정사의 사이전四夷傳과의 공통점과 차이점을 살펴보았다. 이 과정에서 통사적인 측면이 강한 것을 확인하고, 동이목에서의 적용 여부도 알아보았다. 두우의 동이東夷에 대한 관념은「변방문」과 동이목의 서문 내용 분석을 통해 알 수 있었다.「변방문」서문에서는 두우가 생각하는 중화와 이적의 관계에 대한 서술이 있었으며, 이를 통해 기존의 중화사상에서 바라본 대외관을 고수하였음을 알 수 있었다. 그렇지만 기존의 팽창주의적인 속성과는 다르게, 주변국을 인의仁義로 교화시켜야한다는 관념을 고수하였다는 사실을 확인하였다.

3장은 동이목 각국 기사 분석에 대한 내용이다. 해당 내용은「변방문」동이목 중에서도 한국사와 밀접한 관련이 있는 주요 국가를 선정하고, 이들에 대한 상세한 고찰을 실시하는 방식으로 이루어졌다. 주요 국가로는 조선朝鮮·삼한三韓, 馬韓·辰韓·弁辰·백제百濟·신라新羅·부여夫餘·고구려高句麗를 선정하였다. 각 기록 비교를 위해 '기록 유사도 분석 방법'이라는 연구 방법론을 적용하였다. 기록 유사도 분석 방법은『통전』의 기록을 바탕으로 이에 영향을 준 중국 정사 및 여러 사서의 기록과 대조하는 방법이다. 각 글자 수를 직접 비교·대조하여 공통점과 차이점을 파악하고, 공통점에 맞춰 유사도가 어떻게 되는지 수치를 백분율로 나타낸다.

최종적으로는 각 서술에 영향을 준 사서를 전체적으로 정리하여, 어떤 사서의 서술이 어느 부분에서 어느 정도의 영향을 미쳤는지 고찰하였다. 이를 통하여 두우가 어떤 사서를 참고하여 『통전』을 작성하였는지 확인하는 작업을 수행하였다. 그 결과 중국 정사뿐만 아니라 다양한 사서 또한 참고하였으며, 두우 스스로가 새롭게 삽입한 기록도 다수 있음을 확인하였다.

4장은 『통전』「변방문」동이목의 분석 내용을 바탕으로, 한국고대사에 대한 인식을 고찰하는 작업을 수행하였다. 가장 먼저 중국에서 한국고대사를 어떻게 인지하였는지를 『통전』을 통해 살펴보았다. 『통전』은 당대 중반의 저작이고 두우 또한 당의 재상이었기 때문에, 당의 시선이 고스란히 반영되어 있었다. 『통전』 곳곳에서 한국 고대 국가는 낙랑과 연계되어 파악된 경향이 다수 확인되었다. 기존 사서의 기록을 반영한 사례로 해석할 수 있으나, 수隋·당唐시대에 형성되었던 군현회복론郡縣回復論이 점차 발달하면서 정착한 상황으로도 해석할 수 있다.

당은 안사安史의 난 이래로 과거와 같은 팽창정책으로 회귀하기 어려워졌다. 때문에 대외정책 또한 직접 통치를 위주로 하기보다 교화를 통한 중화세계의 안정을 도모하였다. 『통전』은 이렇듯 변화한 외교정책을 반영한 결과물로 볼 수 있다. 수·당시대를 거치면서 '고조선→한사군→고구려'로 이어지는 인식이 정착되었다. 『통전』 이후에도 이러한 인식은 그대로 정착되며 한국고대사를 바라보는 인식으로 굳어지게 되었다. 이와 관련하여 여러 사서를 검토하며 고찰하는 작업을 수행하였다.

다음으로 『통전』 이전의 기자조선과 고구려 인식에 대해 살펴보았다. 한국사에서 고조선은 단군조선·기자조선·위만조선으로 구분하지만, 고려시대 이전 중국의 자료에서 조선은 기자조선과 위만조선으로 인식되는 경향이 강하였다. 각종 기록의 분석을 통해 수·당 이전의 조선에 대한 관념을 살펴보고, 이를 인식론적인 측면에서 고찰하였다. 특히 기자조선의 존재를 중국 측에서 강조하였는데, 이는 후에 한사군漢四郡과의 연계성과 더불어 군현회복론과 연계된다는 사실을 주목하였다. 중국에서는 고죽국의 존재를 거론하면서 고구려와의 연관성을 거론하였고, 결국 고조선의 영역에 한사군이 들어섰고, 다시 고구려가 그 영역을 차지하였다는 논리로 발전시켰다. 이러한 인식은 고구려의 인식과는 연관이 없는 것이지만, 중국에 의해 적극적으로 기록에 남게 되었다.

아울러 『통전』에 기재된 '동이지지東夷之地'라는 표현을 주목하여 분석하였다. 동이지지는 말 그대로 동이의 땅을 의미하는 것이며, 6번에 걸쳐 관련 표현이 사용되었다. 모두 두우의 협주에 사용되었으며 현재를 시점으로 작성된 것이 특징이다. 표현의 전체적인 맥락을 보아 동이지지에 해당하는 지역은 한사군의 영역 즉 한반도 서북부와 요동지역을 의미하는 경향이 강하였다. 이 지역이 동이의 영역이라고 하였는데, 당시 상황과 비교하였을 때 발해와의 연관성이 짙게 나타났다. 『구당서舊唐書』의 유사한 기록에서는 해당 지역을 고구려와 발해의 땅이라고 기록하였기 때문에, 『통전』에서는 의도적으로 발해를 기피하여 동이의 땅이라 기재한 것임을 알 수 있었다. 『구당서』와 『신당서新唐書』에서는 발해가 북적北狄으로 분류되지만, 『통전』을 계승한 책에서는 동이로 구분된다는 사실을 확인하였다. 이를 바탕으로 발해와 동이의 연관성과 관련한 고찰을 실시하였다.

5장은 『통전』이 『삼국사기三國史記』와 『삼국유사三國遺事』에 미친 영향을 검토한 내용이다. 『삼국사기』와 『삼국유사』에서 『통전』이 직접 거론된 사례를 살펴보고 각 인용된 문구의 성격을 파악하였다. 이 과정에서 『삼국사기』는 직접 인용과 간접 인용 사례로 나누어서 고찰하였으며,『삼국유사』는 직접 인용된 사례를 주로 살펴보는 작업을 이행하였다.『삼국사기』에서『통전』은 기존의 중국 정사와 동등한 위치에서 사료가 인용되었다. 반면『삼국유사』는『통전』을 인용하였다고 밝혔지만, 실제로는 다른 사서 기록이 기술되거나 다른 사서에서 수정된 내용을 기입한 사례들이 확인된다. 고려시대에『통전』에 대한 인식과 활용 사례를 살펴보면서,『삼국사기』와『삼국유사』의 찬자가 어떤 배경하에『통전』의 사료를 인용하게 되었는지도 고찰하였다.

6장에서는 후대의 서적에『통전』이 미친 영향과 한국고대사 인식에 대해 다루었다. 크게 두 가지 주제로 나누어,『당회요唐會要』에 미친 영향과 한국고대사 인식,『통지通志』·『문헌통고文獻通考』에 미친 영향과 한국고대사 인식에 대하여 고찰하였다. 이들은 모두 송대宋代부터 발간되었기에 당대唐代의 사서史書 혹은 정서政書에 해당하며,『통전』과의 연계성이 크게 나타난다. 특히나『당회요』의 각 국가 서술 및『통지』「사이전四夷傳」과『문헌통고』「사예고四裔考」의 서술은『통전』「변방문」의 서술과 연관성이 큰 부분들이 많다. 즉 두우의 서술이 후대 사서의 서술 체계에 영향을 미쳤고, 더 나아가 동이관東夷觀에도 영향을 미치게 된 것으로 해석할 수 있다. 이러한 관점에서 서로의 유사성 및 차별성에 대해 각 기사별로 비교하면서 검토하였다.

일련의 연구를 통하여 본서에서는『통전』의 구성은 기존 중국 정사를 바탕으로 하되 당대의 새로운 자료와 두우의 고찰이 함께 반영되었다는 사실을 밝혔다. 중국에서는 조선 특히 기자조선의 존재를 중시하였는데, 이는 동이의 영역에 대한 지배권을 정당화하기 위한 목적이 강하였다. 두우 또한 당의 재상으로서 당 조정의 관념을 대변하였다. 그는 도리어 동이의 역사를 기자조선 중심으로 파악하는 관념으로 정리하고 체계화하였으며, 후대의 정서와 사서에도 영향을 미치게 되었다. 본서에서는 『통전』의 사료적 성격을 분석하면서, 인식사적認識史的 입장에서 한국고대사를 고찰하였다.

제2장

『통전』「변방문」 동이목의 구성과 서문 분석

본서에서 『통전通典』의 내용을 본격적으로 고찰하기에 앞서 그 내용의 중심이 되는 『통전』「변방문邊防門」의 성격을 명확하게 파악할 필요가 있다. 이를 위해 우선 『통전』이란 어떤 서적인지에 대해 살펴보는 작업을 하였다. 두우杜佑의 생애와 『통전』의 서술 배경을 살펴보아서, 『통전』에 대한 기초적인 이해를 도모하였다. 다음으로 『통전』「변방문」 전체의 구성 즉 「변방문」 수록 국가와 종족이 어떻게 되는지 살펴보고, 중국 정사 동이전東夷傳의 구성과 「변방문」 동이목東夷目의 구조를 비교하였다. 아울러 「변방문」의 저술 목적을 살펴보기 위해 서序의 내용을 상세히 분석하였다. 또한 동이목 서략序略의 내용을 고찰하였으며, 이 과정에서 동이東夷의 인식을 선진시대先秦時代와 진秦·한漢-당대唐代로 구분하여 살펴보았다. 이러한 작업들을 통하여 두우가 동이에 대해 어떤 관념을 갖고 있는지 파악할 수 있다.

1. 두우의 생애와『통전』저술 배경

『통전通典』에 대한 이해를 위해서는『통전』을 작성하였던 두우의 생애를 살펴보고,『통전』의 편찬 경위도 알아볼 필요가 있다. 역사가歷史家의 생애는 역사서歷史書의 저술 경향과도 밀접하게 연관된다. 이를테면 사마천司馬遷은 궁형宮刑에 처해졌음에도 불구하고, 역사서 저술에 대한 필생의 목적을 달성하고자 노력하였다. 그 결과『사기史記』라는 역저力著가 나올 수 있었으며, 사마천의 사관史觀이 크게 반영되었다.『통전』은 관찬官撰이 아닌 사찬私撰으로 발간되었다. 때문에『통전』의 구성이나 관점은 두우의 사관이 바탕이 되었다. 다만 두우의 신분이 당의 재상이었기에 당 조정의 입장을 대변하였다고 볼 수 있다.

두우杜佑, 735~812의 자字는 군경君卿이며, 경조京兆 만년인萬年人이다. 당 현종唐玄宗 개원開元 23년735에 출생하여 당 헌종唐憲宗 원화元和 7년812에 78세의 나이로 사망하였다.[1] 두우의 본관은 양양襄陽으로, 그의 조상들은 6대에 걸쳐 관직에 올랐다.[2] 두우의 증조부曾祖父 두행민杜行敏은 형익이주도독부장사荊益二州都督府長史·남양군공南陽郡公을 지냈으며, 조부祖父 두각杜慤은 우사원외랑右司員外郎·상정학사詳正學士를 지냈다. 아버지 두희망杜希望은 홍려경鴻臚卿·긍주자사恆州刺史·서하태수西河太守를 역임하였고, 우복야右僕射에 추증되었다. 두우는 문음門蔭으로 입사入仕하여, 제남군참군濟南郡參軍·섬현승剡縣丞이 되었다.[3] 두우는 18세에 벼슬자리에 나아가서 60년에 걸쳐 지방 현리縣吏와

---

1   陳光崇, 金裕哲 譯,「通典의 歷史思想」, 閔斗基 編,『中國의 歷史認識』上, 創作과批評社, 1985, 369쪽.
2   朱維錚,『中國史學史講義稿』, 上海 : 復旦大學出版社, 2015, 216쪽.
3   『舊唐書』卷147,「杜佑傳」, 3978쪽. "杜佑字君卿 京兆萬年人 曾祖行敏 荊·益二州都督府長史·南陽郡公 祖慤 右司員外郎·詳正學士 父希望 歷鴻臚卿·恆州刺史·西河太守 贈右僕射 佑以蔭入仕 補濟南郡參軍·剡縣丞."

주자사州刺史, 중앙의 관료를 거쳐 절도사節度使의 직무를 맡았고, 결국에는 재상의 자리에까지 오르게 되었다. 두우는 당대 중엽의 중요한 정치가이자 사상가였으며, 중국사학사에서도 중요한 역사학자 중 한 명으로 손꼽힌다.[4]

두우는 강서청묘사江西靑苗使 · 강회수륙전운사江淮水陸轉運使 · 호부시랑판탁지戶部侍郞判度支 · 탁지염철사度支鹽鐵使 등 재정 부문의 직무를 역임하였으며, 형부刑部 · 예부禮部 · 공부工部에서 직무를 수행하였다. 어사중승御史中丞 · 어사대부御史大夫를 거치고, 무주자사撫州刺史 · 요주자사饒州刺史 · 영남절도사嶺南節度使 · 회남절도사淮南節度使 등 지방 군정장관軍政長官을 역임하였다.[5] 두우는 젊은 시절에 이치吏治에 재능을 보였다. 특히 회남절도사에 있을 때 농업 생산에 주의하여 회남淮南 일대의 사회 · 경제를 발전시켜 재정적 곤란을 해결하였으며, 군대도 정돈하여 조정에서 공로를 인정받았다.[6]

당시 당은 하북河北의 여러 진鎭에서 군사 활동을 전개하고 있었는데, 식량 운반 일은 모두 두우에게 맡길 정도로 능력을 인정받았다.[7] 결국 두우는 사도司徒를 배수받고 기국공岐國公에 봉封해졌다. 두우는 지방과 중앙의 여러 요직을 두루 역임하였기에 경제 · 정치 · 형법 · 군사 등의 방면에 관한 전장제도에 상당한 경험과 지식을 가지고 있었다.[8]

두우는 평생 학문을 좋아하고 저술하는 일에 게으르지 않았다. 두우가 생존했던 시기는 당의 국력이 전성기에서 쇠퇴기로 접어 들어간 때였다. 개원지치開元之治는 안사安史의 난으로 끝났고 그 영향으로 번진할거藩鎭割據와 혼란이 시작되었다.[9] 또한 집권통치와 연관되어 있던 균전제均田制와 부병제府

4 　郭鋒, 『杜佑評傳』, 南京 : 南京大學出版社, 2004, 3~4쪽.
5 　高國抗, 오상훈 · 이개석 · 조병한 譯, 『중국사학사』下, 풀빛, 1998, 10쪽.
6 　신승하, 『중국사학사』, 고려대 출판부, 1996, 144쪽.
7 　陳光崇, 金裕哲 譯, 「通典의 歷史思想」, 閔斗基 編, 『中國의 歷史認識』上, 創作과批評社, 1985, 369쪽.
8 　高國抗, 오상훈 · 이개석 · 조병한 譯, 『중국사학사』下, 풀빛, 1998, 10쪽.

兵制가 와해되는 등 정치·경제 방면에서 커다란 변화가 일어났다.[10]

두우의 유년기와 청년기는 당의 전성기인 개원연간開元年間, 713~741과 천보연간天寶年間, 742~756이었다. 당시는 경제가 번영하고 문화가 발달하였으며, 사회는 안정되고 국세國勢는 강대하였다. 반면 두우가 사회 활동을 하던 시기는 정치·경제·군사적 역량이 과거에 비해 크게 위축되었다. 뿐만 아니라 당 주변의 이민족들이 흥기興起하여 회흘回紇·토번吐蕃·남조南詔는 끊임없이 중원을 침입하며 위협이 되었다. 이러한 형세는 당의 통치자들에게 심각한 문제의식을 불러일으켰다. 즉 어떻게 해야 당을 풍전등화에서 구출하고, 이전의 강성함을 회복하여 안정된 통치를 하는 방안은 중요한 시대적 과제로 부상浮上하였다.[11]

두우는 역대 정치와 경제 제도의 연혁 변천을 종합하여 경험과 교훈을 찾고자 하였다. 그는 30여 년의 시간을 들여 『통전』을 완성하였다. 『통전』을 본 당 덕종唐德宗은 두우를 표창하고 책은 서부庶府에 보관하게 하였다. 두우는 『통전』이외에도 『이도요결理道要訣』 10권, 『관씨지략管氏指略』 2권, 『빈좌기賓佐記』 1권을 저술하였다.[12]

두우는 귀족가문 출신으로 순탄하게 관계官界에 진출하였으며 고위 관직에까지 승진하였다. 그가 임명되었던 사도는 당시 3공公의 으뜸이었다.[13] 당 헌종 시기에 그는 노환으로 퇴직을 요청하였으나 황제가 여러 차례 이를 만류하였다. 원화元和 7년812에 황제는 그를 표창하는 조서를 내리고 신하

---

9 신승하, 『중국사학사』, 고려대 출판부, 1996, 144쪽.
10 陳光崇, 金裕哲 譯, 「通典의 歷史思想」, 閔斗基 編, 『中國의 歷史認識』 上, 創作과批評社, 1985, 370쪽.
11 高國抗, 오상훈·이개석·조병한 譯, 『중국사학사』 下, 풀빛, 1998, 11쪽.
12 신승하, 『중국사학사』, 고려대 출판부, 1996, 144쪽.
13 朱維錚, 『中國史學史講義稿』, 上海 : 復旦大學出版社, 2015, 216쪽.

가 오를 수 있는 최고의 지위인 태보太保를 제수하였다.[14] 이듬해에 두우는 사망하였으니 향년 78세였다.[15] 두우에 대해 『구당서』에서는 "성품은 근면하고 게으름이 없으며, 비록 위位가 장상將相에 이르렀으나, 손에서 책을 놓은 적이 없었다. 동이 틀 무렵에 사무를 보고 빈객賓客을 접대하며, 저녁이면 등불 아래에서 독서하니 조금도 쉬는 게 없었다"고 평가하였다.[16]

두우는 일생동안 평탄한 삶을 살았다. 대대로 관직을 지낸 집안에서 태어나 벼슬자리에 오르게 되었고, 각종 관직을 맡으며 공직 생활을 하였다. 중앙 정계에 나가서도 중심에 섰으며, 최후에는 재상의 반열에 올랐다. 그렇지만 그의 평탄한 삶과는 다르게 당은 극심한 혼란기를 겪었다. 이러한 배경에서 지배계급에 있었던 두우는 난세亂世를 평안하게 하고, 원활한 통치가 이루어지기를 염원하였다. 『통전』의 편찬은 이러한 두우의 성향과 맞물려 고찰해야 한다.

두우가 활동하던 시기에 당은 급격한 사회변동을 겪었다. 두우는 당의 관리로서 혼란기를 극복하고자 고심하였다. 그는 해결책으로 역대 정치와 경제 제도의 변천을 종합하여 경험과 교훈을 찾아 통치에 적용하고자 하였다.[17] 그리하여 당 대종唐代宗 대력연간大曆年間, 766~799 초부터 저술에 착수하여, 30여 년의 시간을 들여 『통전』을 완성하였다.[18] 『통전』은 흔히 정서로 분류된다. 정서란 전장제도를 기재한 역사서의 한 분류로, 자료휘편資料彙編의 성격을 지니고 있어서, 공구서工具書이자 유서類書의 한 종류로 여겨지기

---

14 高國抗, 오상훈·이개석·조병한 譯, 『중국사학사』 下, 풀빛, 1998, 11쪽.
15 朱維錚, 『中國史學史講義稿』, 上海 : 復旦大學出版社, 2015, 216쪽.
16 『舊唐書』 卷147, 「杜佑傳」, 3983쪽. "佑性勤而無倦 雖位極將相 手不釋卷 質明視事 接對賓客 夜則燈下讀書 孜孜不忿."
17 신승하, 『중국사학사』, 고려대 출판부, 1996, 144쪽.
18 朱維錚, 『中國史學史講義稿』, 上海 : 復旦大學出版社, 2015, 216쪽.

도 한다.[19]

『통전』을 완성한 후, 두우는 「진통전표進通典表」를 작성하여 당 덕종에게 『통전』을 바쳤다. 완성 시점은 판본에 따라서 약간씩 차이를 보이는데, 정원貞元 10년794 혹은 정원 17년801으로 지목된다. 『구당서』 두우전杜佑傳에서는 801년에 두우가 『통전』을 헌상하자, 덕종이 "이를 가납嘉納하는 은혜깊은 조서를 내리고, 서부書府에서 소장하도록 명령하였다. 이 책은 대대로 크게 전해져서, 예악禮樂과 형정刑政의 근원으로, 천년에 걸친 모든 관직에서 관장하는 바를 기술하였으니, 사군자士君子가 크게 칭송하는 바가 되었다"고 기록하였다.[20]

두우는 『통전』의 집필을 위하여 수많은 자료들을 참고하였다. 그 중에서 가장 많은 영향을 미친 것은 유질劉秩의 『정전政典』이었다. 「사고전서총목제요四庫全書總目提要」에서 "유질은 주관周官의 법法을 본떠서, 백가百家를 거두어 모아 문門을 나누고 글을 순서에 맞춰 『정전』 35권을 지었다. 두우는 이게 아직 다 갖춰지지 못하였다고 여겨서, 거기에서 부족한 부분들을 확대해야 하는 생각에 말미암아, 새로운 예禮를 참고하고 더하여 이 책을 저술하게 되었다"고 하였다.[21]

유질은 유지기劉知幾의 넷째 아들로, 그에 일생은 양당서兩唐書의 유지기전劉知幾傳에 부가된 기록을 통해 알 수 있다. 유질은 개원開元 말에 헌부원외랑憲部員外郎과 농서사마隴西司馬를 역임하였다. 당 숙종唐肅宗을 옹립하였던 방관房琯은 『정전』의 의의를 높이 사서, 유질을 유향劉向에 비견하였다. 후에 급사

---

19 趙國璋·王長恭·江慶柏, 이동철 譯, 『문사공구서개론』, 한국고전번역원, 2015, 191쪽.

20 『舊唐書』 卷147, 「杜佑傳」, 3983쪽. "優詔嘉之 命藏書府 其書大傳於時 禮樂刑政之源 千載如指諸掌 大爲士君子所稱."

21 『通典』, 「附錄3」, 四庫全書總目提要, 5497쪽. "劉秩倣周官之法 撮拾百家 分門詮次 作政典三十五卷 佑以爲未備 因廣其所闕 參益新禮 勒爲此書."

중給事中과 양주자사閬州刺史를 역임하고 사망하였다.[22] 북송北宋의 소식蘇軾은 "세상에서 병가兵家를 말할 때 혹은 『통전』을 취한다. 『통전』은 비록 두우가 지은 것이나, 그 기원은 유질에게 있다"[23]고 하였다. 『정전』은 현전現傳하진 않으나 그 내용은 『주례周禮』의 6관六官, 즉 천天 · 지地 · 춘春 · 하夏 · 추秋 · 동冬으로 나누어 자료를 모아놓은 것으로 알려져 있다.[24] 두우는 『정전』의 체제에 착안하여 전장제도를 정리하되, 세부적인 책의 구성은 독자적인 방법을 창안하였다.

두우의 『통전』 발간 경위와 관련하여 『통전』 서문序文이 주로 참고된다. 『통전』의 서문은 두우의 「통전 자서通典自序」와 이한李翰의 「통전 서通典序」가 전해지고 있다.[25] 두우는 자서를 통하여 식화食貨 즉 경제를 가장 우선시하였다. 통치자가 행해야 할 우선 사항은 교화敎化인데, 이를 이루기 위해서는 백성들이 경제력을 갖춰야 한다고 판단한 것이다. 또한 교화를 이행하기 위하여 직관職官 · 선거選擧가 필요하며, 예악과 형벌刑罰은 수단으로 강조하였다. 이후 본격적인 내치內治를 위해 주군州郡에 업무를 분담한다고 하였으며, 외치外治를 위해 변방邊防을 해야 한다고 밝혔다.[26] 이처럼 두우는 교화를 통한 통치를 위해 다양한 수단을 강구하였고, 통치자를 위해 역대의 제도를

---

22 朱維錚, 『中國史學史講義稿』, 上海 : 復旦大學出版社, 2015, 215쪽.
23 『東坡志林』 卷4, 人物, 房琯陳濤斜事, 241쪽. "世之言兵者 或取通典 通典雖杜佑所集 然其源出於劉秩."
24 신승하, 『중국사학사』, 고려대 출판부, 1996, 145쪽.
25 참고로 이한(李翰)의 「통전 서(通典序)」는 「통전 원서(通典原序)」로도 지칭된다. 이한은 두우와 같은 시대 사람으로 그와 수십 일 동안 함께 논의한 적이 있어 『통전』의 취지에 자못 밝았으므로 서문을 지었다고 한다. (김형종 편역, 『서문으로 보는 중국의 역사 사상』, 위더스북, 2017, 131쪽, 주석 58)
26 杜佑, 『通典 序』. "夫理道之先在乎行敎化 敎化之本在乎足衣食 易稱聚人曰財 洪範八政 一曰食 二曰貨 管子曰 倉廩實知禮節 衣食足知榮辱 夫子曰 旣富而敎 斯之謂矣 夫行敎化在乎設職官 設職官在乎審官 才 審官才在乎精選擧 制禮以端其俗 立樂以和其心 此先哲王致治之大方也 故職官設然後興禮樂焉 敎化墮然後用刑罰焉 列州郡俾分領焉 置邊防遏戎狄焉."

총 망라하였다.

「통전 자서」에서는 『통전』이 총 8문門으로 구성되었으며, 각각 「식화문食貨門」·「선거문選擧門」·「직관문職官門」·「예문禮門」·「악문樂門」·「형문刑門」·「주군문州郡門」·「변방문邊防門」이라고 하였다.[27] 반면 『구당서』 두우전에 기재된 「진통전표」에서는 총 9문으로 밝혔다.[28] 이는 「형문」을 다시 「병문兵門」과 「형문」으로 구분하기 때문이다. 「형문」에 대한 협주夾註에서 확인할 수 있듯이, 두우는 대형大刑은 갑병甲兵으로, 소형小刑은 형벌로 다스린다고 하였다. 갑병은 병력 동원과 연관성이 깊으며, 대형의 대상은 국내의 반란이나 국외의 침입 등을 들 수 있다.

통치의 관점에 있어서 각 문의 배열은 시사하는 바가 크다. 통치의 전제조건으로 식화, 통치의 자체 수단으로 선거와 직관, 통치를 위한 교화 수단으로 예와 악, 교화가 통하지 않을 경우 형, 대내적인 통치를 위해 주군을, 대외적인 통치를 위해 변방을 설정한 것이다. 이러한 배열은 '조정朝廷-백성百姓-내지內地-외부外部' 순으로 맞춰진 틀이며, 원활한 통치를 목적으로 두었다.

『통전』의 각 문門 아래에는 목目이 있어 주제에 따라 구분하였다. 매 목의 아래에는 사건의 성질에 따라 다시 구분하여 저술하였다. 이를테면 「식화문」의 아래에는 전제田制 등의 목이 있고, 전제목田制目 아래에는 균전均田·둔전屯田 등의 절節로 구분되었다. 「예문」의 경우에는 길가빈군흉吉嘉賓軍凶 등의 목이 있는데, 각 목의 아래에는 또 약간의 절이 있다. 매 목의 서술은 모두

---

27 杜佑, 「通典 序」. "是以食貨爲之首【十二卷】選擧次之【六卷】職官又次之【二十二卷】禮又次之【百卷】樂又次之【七卷】刑又次之【大刑用甲兵 十五卷 其次五刑 八卷】州郡又次之【十四卷】邊防末之【十六卷】或覽之者庶知篇第之旨也【本初纂錄 止於天寶之末 其有要須議論者 亦便及以後之事】."

28 『舊唐書』 卷147, 「杜佑傳」, 3983쪽. "書凡九門 計貳百卷 不敢不具上獻 庶明鄙志所之 塵瀆聖聰 兢惶無措."

편년식編年式을 채용하였다. 예를 들어 「식화문」의 전제목에서 균전제均田制를 고찰하면, 고서古書와 구사舊史에 기록된 균전의 법령法令ㆍ조서詔書ㆍ주소奏疏 및 북조인北朝人들의 이에 대한 각종 논의를 시간의 순서에 맞춰서 배열하였다.[29] 아울러 내용과 관련된 전대인前代人의 논의를 설왈說曰ㆍ의왈議曰ㆍ논왈論曰ㆍ평왈評曰 등의 형식을 덧붙여 자신의 주장과 견해를 첨부하였다.[30]

『통전』의 시간적 범위에 대해 이한의 「통전 서」에서는 "그러므로 오경五經과 여러 역사서를 채록하여, 위로는 황제黃帝로부터 아래로는 우리 당 천보天寶 말에 이르기까지, 매사를 상종相從하여 분류하였다"고 하였다.[31] 「사고전서총목제요」에서는 "소재所載한 내용은 위로는 황제와 우순虞舜까지 올라가고, 당의 천보연간742~756까지 이르며, 숙종과 대종 이후 사이의 연혁 역시 기재된 주석에 첨부되었다"라고 하였다.[32] 즉 기본적으로는 천보연간까지의 연혁이 기재되었으나, 일부 내용은 이후의 시기가 기록되기도 하였다. 예를 들어 「식화문」에서 각고榷酤의 경우 덕종 건중建中 3년782까지, 잡세雜稅의 경우 정원 9년793까지 설명하였다.[33]

『통전』은 당 이전 기전체 정사의 지志 내용을 계통적으로 정리하였으며, 위魏ㆍ진晉 이후의 문집文集과 그 밖의 자료를 충분히 이용하였다. 당의 자료

---

29 朱維錚, 『中國史學史講義稿』, 上海 : 復旦大學出版社, 2015, 216~217쪽. "就編写形式看,《通典》基本采取历代史志的写法. 门下分若干目, 也就是若干专题. 每目下不再别列细目, 但实际按照所敍事的性质再加区分. 例如食货门, 下列'田制'等目, 而'田制'目下实分为均田ㆍ屯田等节 ; 礼门, 则列吉嘉宾军凶等目, 各目下又分若干节. 而每目敍事, 都采取编年式. 比如食货门田制一目考察均田制, 便广搜故书旧史所记均田的法令ㆍ诏书ㆍ奏疏以及北朝人有关此制的各种议论, 按照时间顺序编排." 본서에서는 주웨이정[朱維錚]의 구분에 따라 각 챕터를 '문(門)-목(目)-절(節)'로 구분하여 고찰하였음을 밝힌다.

30 高國抗, 오상훈ㆍ이개석ㆍ조병한 譯, 『중국사학사』下, 풀빛, 1998, 14쪽.

31 李翰, 「通典 序」. "故採五經群史 上自黃帝 至於我唐天寶之末 每事以類相從."

32 『通典』, 「附錄3」, 四庫全書總目提要, 5497쪽. "所載上溯黃虞 訖於唐之天寶 肅代以後閒有沿革 亦附載註中."

33 신승하, 『중국사학사』, 고려대 출판부, 1996, 146쪽.

는 실록實錄과 정부의 문서에서 취하였다. 이를테면 「예문」은 당시 『대당개원례大唐開元禮』를 크게 참고한 것으로, 여기에서 취한 것이 36권이나 되며 나머지는 역대에 걸쳐 변화된 예禮를 설명한 것이다. 두우는 나라를 잘 다스리고 좋은 국가를 만들기 위해 예제禮制를 잘 실천하는 게 중요하다고 여겨, 「예문」에 상당한 비중을 두었다. 『통전』은 역사편찬학歷史編纂學 분야에서 큰 공헌을 한 저작으로 평가된다. 『통전』 이전에 나온 제도 관련 서적으로 『주례』와 『예의禮儀』가 있다. 이 두 책은 유가儒家의 경전으로 '예서禮書'로 구분하며 훗날 전장제도사를 쓰는 기반이 되었다. 『사기』의 8서書와 『한서漢書』의 10지志는 역사가들이 전문적으로 전장제도를 서술한 것이다. 그러나 이는 정사의 지에 포함되었을 뿐이었다.[34]

『사기』와 『한서』 이래로 기전체 정사는 각종 전장제도를 기록하였다. 그러나 『통전』 이전 전장제도 기록은 경제·정치·문화 등 여러 방면을 횡적橫的으로 연계시키거나 상호 호응되지 못하였다. 일조일대一朝一代의 전장제도만 기록하였고, 천문天文·율력律曆·오행五行·서이瑞異처럼 잡다한 내용도 포함되었다.[35]

두우는 철저히 현실적인 관점에서 『통전』을 저술하였다. 「통전 자서」에서 언급하였듯이, 두우는 『통전』 찬술 목적을 "뭇 사람들의 말[群言]을 진실로 채록하고, 여러 사람들의 사적事跡을 모아서, 장차 정치에 도움이 되도록 하려는 데에 있다"고 하였다.[36] 때문에 그는 이전의 정사正史 지志에 수록되었더라도, 정치에 직접 도움이 되지 않는 천문·율력·오행·예문藝文·서이·석로釋老 등을 모두 『통전』에서 제외하였다.[37] 때문에 이한은 「통전 서」에서

---

34 신승하, 『중국사학사』, 고려대 출판부, 1996, 146~147쪽.
35 高國抗, 오상훈·이개석·조병한 譯, 『중국사학사』 下, 풀빛, 1998, 18~19쪽.
36 杜佑, 「通典 序」, "實采群言 徵諸人事 將施有政."

"사事에서 경국經國·예법禮法·정제程制가 아닌 것은 역시 수록하지 않았으며, 이익이 되지 않는 것은 버렸다"고 하였다.[38] 이는 『통전』 편찬을 위해 일련의 이론적 원칙을 세워두었음을 의미한다. 이로 인하여 『통전』은 사서 중 하나의 전문 체제로 발전하게 되었다. 이는 역사편찬학에 기여한 두우의 창조적 공헌이자, 중국의 사서 편찬에 새로운 길을 개척한 것이다.[39]

『통전』의 영향으로 3·9·10통通이 나오고, 회요會要와 회전會典도 등장하게 되었다. 『통전』을 비롯하여 정초鄭樵의 『통지通志』 200권과 마단림馬端臨의 『문헌통고文獻通考』 348권을 삼통三通이라고 한다. 여기에 왕기王圻의 『속문헌통고續文獻通考』 250권, 송백宋白의 『속통전續通典』 650권, 『속통지續通志』 640권을 속삼통續三通이라 일컫는다. 이후 청淸 초初에 다시 『황조문헌통고皇朝文獻通考』 266권, 『황조통전皇朝通典』 100권, 『황조통지皇朝通志』 126권을 청조삼통淸朝三通이라 불러 도합 9통으로 일컫는다. 마지막으로 1921년에 유금조劉錦藻가 편찬한 『청조속문헌통고淸朝續文獻通考』를 합하여 10통이라 한다.[40]

또한 사학사적으로 주석 표기 방식을 발전시킨 점이 중요하게 언급된다. 반고班固의 『한서』 이래로 저자의 주석이 사서에 달리기 시작하였다. 위·진 이후로는 사서에 주註,注를 다는 것이 점차 유행하였으나 주로 제3자가 주를 다는 사례가 많았다. 반면 두우는 『통전』에서 세주細注 즉 협주를 직접 달았을 뿐 아니라 다양하게 운용하였다. 두우의 주석은 크게 5종류로 나눌 수 있다. 첫째가 음音과 뜻의 해석, 둘째가 과거 문헌 제시, 셋째가 역사적

---

37 高國抗, 오상훈·이개석·조병한 譯, 『중국사학사』下, 풀빛, 1998, 20쪽.

38 李翰, 「通典 序」. "事非經國禮法程制 亦所不錄 棄無益也."

39 高國抗, 오상훈·이개석·조병한 譯, 『중국사학사』下, 풀빛, 1998, 20~21쪽.

40 兪尙根, 『韓國古代政治史硏究－參考文獻解說(補正版)』, 明志大學校 出版部, 1986, 39쪽; 신승하, 『중국사학사』, 고려대 출판부, 1996, 147쪽, 주석 41; 高國抗, 오상훈·이개석·조병한 譯, 『중국사학사』下, 풀빛, 1998, 21쪽.

사실 보충, 넷째가 이견異見을 명백히 밝힌 것, 다섯째가 사료의 고찰이다. 본문의 부족을 보충하고 자료 출처를 지적하여, 비교 고찰하기 편리하게 하였다. 그는 기존 사서의 기록을 쉽게 믿지 않아, 기록된 문헌을 고찰하고 널리 잘 아는 사람을 찾아가기도 하는 등 성실하게 탐구하였다.[41] 이러한 두우의 학문 정신과 방법은 후세에 큰 영향을 미쳤다. 사마광司馬光이『자치통감資治通鑑』을 저술하고 별도로『통감고이通鑑考異』를 지은 것은 두우의 편찬 방법 계승과 발전이라고 할 수 있다.[42]

『통전』에는 진귀한 사료가 다수 보존되었다. 두우는『통전』을 편찬하면서 오경과 여러 사서, 한위육조인漢魏六朝人의 문집과 주소를 널리 수집하였다. 두우가 인용한 서적은 적어도 248종種 정도라고 한다. 두우는 풍부한 문헌에 근거하여 역대 경제제도와 정치제도 및 변방 각 민족에 대한 사료를 체계적으로 정리하여, 학자들의 연구와 자료 보존에 편의를 주고 있다. 두우가 인용한 문헌 중에는 적지 않은 것이 이미 전해지지 않고 있는데,『통전』을 통해서만 편린片鱗이나마 그 대강을 살필 수 있기 때문에, 집일가輯佚家들에게 꾸준히 중시되었다.[43]

더불어 두우의『통전』은 사학史學 사상 분야에서 공헌하였다.『통전』의 사학 사상은 진화론적進化論的 관점을 갖고 있었으며, 경제를 위주로 하고 민중을 근본으로 삼는 사상을 갖고 있었다. 역사 연구의 목적을 경세치용經世致用의 사상에 두었다. 다만 지나치게 역대 흥망성쇠興亡盛衰의 교훈을 얻고자 하여 문화에 소홀하고 과학과 기술에 대한 언급이 없다는 게 단점으로 꼽힌다.

---

41 陳光崇, 金裕哲 譯, 「通典의 歷史思想」, 閔斗基 編, 『中國의 歷史認識』上, 創作과批評社, 1985, 374~375쪽.
42 이계명, 『中國史學史綱要』, 전남대 출판부, 2003, 151쪽.
43 陳光崇, 金裕哲 譯, 「通典의 歷史思想」, 閔斗基 編, 『中國의 歷史認識』上, 創作과批評社, 1985, 375쪽.

그렇지만 새로운 체제體制를 구상하는 상황에서 모든 것을 완벽하게 기하기는 힘들었다. 부족한 부분들은 후일 정초나 마단림에 의하여 보완되었다.[44]

『통전』에서는 수많은 진보적 역사관이 제기되어, 중국 사학 사상의 발전을 촉진시켰다. 두우는 경제가 정치와 문화의 근본이자 기초라는 관점에서 출발하여, 역대의 전제田制 · 부세賦稅 · 전폐錢弊 · 조운漕運 · 염철鹽鐵 등 제도의 연혁과 변천을 체계적으로 기술하였다. 또한 농업경제 상황을 국가의 치란治亂과 흥쇠興衰를 결정하는 요인으로 보았다. 더불어 「식화문」에서 두우는 진秦과 당唐의 흥쇠 근본 원인을 농토農土의 개간, 농업에 대한 인력人力의 집중 상태에서 찾았다. 이는 당이 직면하였던 실제적인 문제의 소재所在를 바로 짚은 것이다.[45]

두우는 『통전』을 통해 전前 왕조에서 '토지 생산력의 감퇴'와 '인력분산'의 여부가 성쇠의 근본 요인이라고 지적하였다. 기존의 천명론天命論이나 성군현상론聖君賢相論 등의 유심주의적唯心主義的 관점과는 완전히 다른 사상 경향을 나타낸 것이다.[46] 그렇지만 두우는 천명天命과 귀신에 대한 언급을 피하지 않았다. 『통전』「예문」 첫머리에서, 성인聖人은 하늘의 뜻에 따라 토벌하고, 오형五刑을 만들었다고 기술하였다. 그러나 이러한 기술은 주로 피통치자被統治者에 대한 언사言辭로, 당의 지배를 유지 · 옹호하려는 필요에서 나온 일종의 설교였다.[47]

두우의 진화론적인 역사관은 기존의 역사가들이 과거를 칭송하고 현재를 비판하는 것과는 달랐다. 상고시대上古時代가 소박하고 일이 간소한 것은

---

44 신승하, 『중국사학사』, 고려대 출판부, 1996, 147쪽.
45 高國抗, 오상훈 · 이개석 · 조병한 譯, 『중국사학사』下, 풀빛, 1998, 22~24쪽.
46 陳光崇, 金裕哲 譯, 「通典의 歷史思想」, 閔斗基 編, 『中國의 歷史認識』上, 創作과批評社, 1985, 378쪽.
47 이계명, 『中國史學史綱要』, 전남대 출판부, 2003, 155~156쪽.

좋지만 비속하고 퇴폐적인 풍속은 후세後世의 문명文明만 못하다고 하였다. 즉 비속하고 퇴폐한 풍속은 후세에 와서 겨우 없어졌으며, 세상 풍속이 날로 나빠지는 게 아닌 옛날이 현재만 못하다고 지적하였다.[48]

두우의 정치이론은 부양扶養을 먼저하고 교화를 나중에 하며, 예를 먼저 하고 형벌을 뒤로 했으며, 관官을 설치하여 백성을 다스리고, 안을 안정하게 하여 밖을 구축하게 하는 것인데, 이는 이후의 통치에 심원深遠한 영향을 미쳤다. 두우는 토지 문제에 대하여, 겸병을 억제하여야 재화가 족하고 양식이 풍족하며, 백성이 안정되고 정치가 두루 미치게 된다고 주장하면서, 지방 세력가의 토지겸병土地兼并이 과도해지는 것을 반대하였다. 부세 문제는 세금을 줄일 것을 주장하였다. 그는 관직에 대하여 일을 헤아려 관을 두고, 관을 헤아려 사람을 두며, 관으로 하여금 그 사람을 다스리고, 사람은 그 지위를 헛되게 해서는 안 된다고 하였다.[49]

이 외에도 군사 제도를 논할 때에는 근간이 되는 것을 강하게 하고, 지엽적인 것을 약하게 할 것을 강력히 주장하였다. 변방 문제를 논할 때에는 무력을 남용하는 것을 극히 경계하였다. 이 모든 점들은 두우가 현실정치에 정신을 쏟고 있음을 반영한다.[50]

다만 『통전』에 대한 비판점도 존재한다. 「사고전서총목제요」에서는 각 문에서 내용이 부족한 부분들을 지적하였다. 「식화문」의 경우 구공지법九貢 之法 · 사주전법四柱錢法 · 각주방법榷酒坊法이 기재되지 않았다. 「선거문」에서는 제 명제齊明帝 때에 제정한 사인품제士人品第 중 구품지과九品之科가 기재되지 않

---

48 陳光崇, 金裕哲 譯, 「通典의 歷史思想」, 閔斗基 編, 『中國의 歷史認識』 上, 創作과批評社, 1985, 378~379쪽.

49 이계명, 『中國史學史綱要』, 전남대 출판부, 2003, 152~153쪽.

50 陳光崇, 金裕哲 譯, 「通典의 歷史思想」, 閔斗基 編, 『中國의 歷史認識』 上, 創作과批評社, 1985, 371쪽.

았다. 「직관문」에서는 유송劉宋에 총명관장서總名觀藏書가 있다는 것도 기재되지 않았다. 때문에 "하나를 인용하고 만개를 빠뜨렸다[挂一漏萬]는 평가를 면피할 수 없게 되었다"라고 지적하였다. 이 외에 「병문」에서는 각 자목子目의 구분이 잘못되었다고 지적하였으며, 화수火獸・화조火鳥와 같은 유형은 희극戲劇에 가깝다고 비판하였다. 「주군문」에서 신도군信都郡은 당시 연주兗州에 속해 있었는데, 기주冀州로 잘못 기재하였다고 하였다. 「변방문」에 대해서도 "만리萬里 밖에서 중역重譯을 거쳐 통하는 나라들을 다수 기재하였다. 또한 그 이름만 겨우 전하고 조공을 통하지 않는 나라도 있는데, 주변에 임臨해 있지도 않아 역시 방어할 일이 없는데, 제목을 변방邊防이라고 하였으니 명실名實 역시 어그러진다"며 비판하였다.[51]

중화서국中華書局에서는 왕원진[王文錦]을 비롯하여 왕용싱[王永興]・리우준원[劉俊文]・쉬팅윈[徐庭雲]・시에팡[謝方]이 점교點校를 맡아 1988년에 5권의 분량으로 발간하였다. 이후 이때 발간하였던 『통전』을 더욱 보완하여 2016년 4월에 다시 12권의 분량으로 재판再版하였다.[52]

중화서국에서는 『통전』을 발간하면서 총 8종의 판본板本을 참고하였다.[53]

---

51 『通典』, 「附錄3」, 四庫全書總目提要, 5497~5498쪽. "其中如食貨門之賦稅 載周官貢賦 而太宰所掌九貢之法失載 載北齊租調之法 河淸三年令民十八受田輪租資調 而露田之數失載 錢幣不載陳永定元年制四柱錢法 榷酤不載後周榷酒坊法 選擧門不載齊明帝時制士人品第有九品之科 小人之官復有五等法 考績不載宋齊閒治民之官以三年六年爲小滿遷換法 職官門如周禮地官有舍人上士二人掌平宮中之政 乃云中書舍人魏置 又隋書大業時改內史監爲內書監 乃僅云改內史侍郎爲內書侍郎 又集賢殿書院載梁有文德殿藏書 不知宋已有總名觀藏書之所 似此之類 未免閒有挂漏 兵門所列諸子目 如分引退取之・引退佯敗取之爲二門 分出其不意・擊其不備・攻其不整爲三門 未免稍涉繁冗 而火獸・火鳥之類 尤近於戲劇 州郡門分九州以絃沿革 而信都郡冀州當屬兗而誤屬冀 又極詆水經及酈道元水經注爲僻書 詭誕不經 未免過當 邊防門所載多數萬里外重譯乃通之國 亦有僅傳其名不通朝貢者 旣不臨邊 亦無事於防 題曰邊防 名實亦舛."

52 저자는 이 중에서 후자 즉 2016년에 중화서국에서 발간한 재판본(再版本) 『통전』을 바탕으로 연구하였음을 밝힌다.

53 이하 중화서국(中華書局) 『통전』 판본(板本) 문제는 왕원진[王文錦]이 1986년 겨울에 쓴 「점교전언(點校前言)」 6~7쪽을 참고하여 작성하였음을 밝힌다.

8종의 판본을 열거하면 다음과 같다. 첫째는 북송본北宋本으로 일본 고전연구회古典研究會에 따르면 일본 궁내청宮內廳 서릉부書陵部에서 소장하고 있다. 총 23권이 결실되었지만 조선의 사본寫本으로 20권을 보완하였다.[54] 둘째는 부증상교본傅增湘校本, 이하 부교본(傅校本)으로 남송南宋 소흥간본紹興刊本을 확보한 것이며 현재 베이징도서관北京圖書館에 있다. 셋째는 송각원체수본宋刻元遞修本, 이하 송원본(宋元本)으로 잔본殘本은 현재 베이징도서관에 있다. 넷째는 명인초송본明人抄宋本, 이하 명초본(明抄本)으로 결문缺文이 많으며 현재 베이징도서관에 있다. 이상의 4본은 같은 계통에 속하며 문자의 차이가 크지 않다.

다섯째는 명가정무간기본明嘉定無刊記本, 이하 명각본(明刻本)으로, 이 본본과 송원본은 문자의 차이가 있으며, 현재 베이징도서관에 있다. 여섯째는 명의 왕덕일王德溢·오붕吳鵬의 교각본校刻本, 이하 왕오본(王吳本)으로, 이 역시 명각본과 마찬가지로 가정연간嘉定年間, 1522~1566에 판각되었으며, 현재 중화서국도서관에 있다. 일곱째는 무영전본武英殿本, 이하 무영본(武英本)으로 청淸 건륭乾隆 12년1747에 교각校刻된 것으로 소위 『흠정통전欽定通典』으로 일컬어지며, 기본적으로 왕오본으로 교각되엇다. 여덟째는 절강서국본浙江書局本으로, 청 말에 절강서국浙江書局에서 무영본을 번각飜刻한 것이다. 이상의 4본은 고본古本의 착자錯字를 적지 않게 개정한 것이다.

이후 중화서국에서는 절강서국본을 저본으로 삼고, 북송본·부교본·명각본·무영본을 취하여 통교通校하였으며, 송원본과 왕오본을 참교參校하여 『통전』을 발간하였다.

---

54 참고로 북송본(北宋本)을 일본 급고서원(汲古書院)에서 1980~1981년에 영인하였다. 이 북송본은 고려시대 숙종(肅宗) 6년(1101)에 송(宋)에서 수입하여, 조선 왕실에서 이어 소장하였다가, 중국에서 다시 영인되었다.(趙國璋·王長恭·江慶柏, 이동철 譯, 『문사공구서개론』, 한국고전번역원, 2015, 주석 62)

『통전』은 역대 전장제도를 통괄하였다는 점, 정서라는 새로운 체제를 성립하였다는 점에서 높은 평가를 받고 있다. 그러나 일부 내용의 경우에는 제대로 조사하지 못해 결여되거나 잘못 구분된 부분도 존재한다. 때문에 『통전』에 대한 연구는 그 가치를 인정하면서도, 비판적인 시각으로 철저하게 분석해야 한다.

2. 『통전』의 서술 체계와 「변방문」의 구성

총 200권인 『통전通典』은 「식화문食貨門」・「선거문選擧門」・「직관문職官門」・「예문禮門」・「악문樂門」・「병문兵門」・「형문刑門」・「주군문州郡門」・「변방문邊防門」 순으로 구성되었다.[55] 『통전』의 전체적인 구성은 기전체紀傳體 사서史書인 중국 정사의 「지志」 구성과 유사하다. 당대唐代까지의 중국 정사 중에서 『진서晉書』의 「지」는 천문지天文志・지리지地理志・율력지律曆志・예지禮志・악지樂志・직관지職官志・여복지輿服志・식화지食貨志・오행지五行志・형법지刑法志로, 『수서隋書』는 예의지禮儀志・음악지音樂志・율력지・천문지・오행지・식화지・형법지・백관지百官志・지리지・경적지經籍志로 구성되었다. 이러한 「지」는 전장제도典章制度에 해당하는 내용으로, 『통전』을 구성하는 기본 요소였다. 『통전』에서는 기존 정사의 「지」와 비교하여 추가적으로 「선거문」・「병문」・「변방문」이 포함되었다. 이 중에서도 「변방문」은 본래 중국 정사의 열전列傳에 포함되어 있었던 항목이다. 이는 두우가 내치內治와 함께 외치外治를 중요시하여 별도의

---

55 본격적인 논의에 앞서 본 절은 저자의 이전 논문을 바탕으로 작성하였음을 밝힌다. 송영대, 「『通典』 「邊防門」 東夷篇의 구조 및 찬술 목적」, 『史林』 57, 首善史學會, 2016, 136~142쪽.

문門으로 새로이 편성한 것으로, 이전 기전체 사서의 「지」와의 주요 차이점으로 지목할 수 있다.

『통전』과 함께 당대의 전장제도를 다룬 사서로는 『당회요唐會要』가 있다. 『당회요』는 현존現存하는 가장 오래된 회요체會要體 사서로, 단대斷代를 정하여 일대一代의 전장제도만을 기록하였다. 당대에 소면蘇冕이 당 고조唐高祖에서 당 덕종唐德宗에 이르기까지의 전장제도의 연혁沿革과 증감增減을 기재하였고, 당 선종唐宣宗 때에 최현崔鉉의 감수로 『속회요續會要』 40권을 지었다. 북송北宋 초에 왕부王溥가 소면의 『회요會要』와 최현의 『속회요』를 합한 뒤 부족하고 빠진 부분을 보충해서 『당회요』 100권을 편찬하였다.[56] 내용과 체례는 『통전』에 가깝지만 당대 제도의 연혁에 대한 기재가 더욱 상비되었고, 『구당서舊唐書』와 『신당서新唐書』에 기재되지 않은 사실이 많이 수록되었다.[57] 『당회요』는 『통전』과 마찬가지로 당대의 관문서官文書를 바탕으로 작성하고 원형을 그대로 유지하여 수록하였기 때문에 사료적 가치가 높다.

『당회요』는 총 540개의 세목細目으로 구분된다. 이를 다시 '제계帝系·예제禮制·여복輿服·음악音樂·학교學校·형법刑法·역수歷數·재이災異·봉건封建·종교宗教·직관職官·선거選擧·식화食貨·민정民政·사예외국四裔外國'의 15가지로 크게 분류할 수 있다.[58] 『통전』과 비교하여 '식화·선거·직관·예제·음악·형법'이 공통된 구성으로 확인되며, 『당회요』의 '사예외국'은 『통전』의 「변방문」과 대응된다. 또한 『당회요』 권70과 권71은 「주군문」에, 권72는 「병문」에 대응된다. 즉 『통전』은 9가지 문門에 각 사항들을 시대별로 포괄적으로 수

---

56 高國抗, 오상훈·이개석·조병한 譯, 『중국사학사』 下, 풀빛, 1998, 48쪽.
57 趙國璋·王長恭·江慶柏, 이동철 譯, 『문사공구서개론』, 한국고전번역원, 2015, 217쪽.
58 邢永革, 《唐會要》成書考略」, 『古籍整理研究學刊』 2004年 4期, 長春 : 東北師範大學古籍整理研究所, 36쪽.

록하였고, 『당회요』는 당대의 전장제도를 세밀하고 다양하게 기재하였다는 게 주요 차이점이다. 『당회요』도 『통전』「변방문」처럼 '사예외국'에 대한 사항을 기재하였으므로, 전장제도 중 외국 관련 내용은 필수적으로 포함되었다.

『한원翰苑』은 『통전』·『당회요』와는 다르게 유서類書로 분류된다. 『한원』은 저자 장초금張楚金의 자서自序에 따르면 당 고종唐高宗 현경顯慶 5년660 무렵에 성립된 뒤, 옹공예雍公叡가 주기注記하였다. 원래는 30권이었으나, 그 뒤 산일散逸되어 현재는 잔권殘卷 1권이 필사본으로 일본에 남아있다. 권두卷頭의 목차에는 흉노匈奴·오환烏桓·선비鮮卑·부여夫餘·삼한三韓·고려高麗, 高句麗·신라新羅·백제百濟·숙신肅愼·왜국倭國·남만南蠻·서남이西南夷·양월兩越·서강西羌·서역西域·후서後敍가 있다. 그러나 본문에는 말미의 서강과 서역이 별도의 제목 없이 양월 조條에 이어져 있기 때문에, 그 사이에 약간의 탈문脫文이 있는 것이 분명하다. 『한원』의 체제는 현존하는 부분만으로 보면 병려체騈儷體로 된 정문正文을 대서大書하고, 그 아래에 두 줄로 1행行 22~23자字에 이르는 협주夾註를 단 형식이다. 정문은 운문韻文으로 되어 있고, 협주에는 정문의 문헌적 근거를 제시하기 위하여 여러 문헌에서 정문과 관련된 기사를 인용하였다.[59]

『한원』의 저술은 동몽童蒙의 예문집例文集으로 찬술되었다는 지적이 있었다. 그렇지만 『한원』 서문敍文 어디에도 동몽에 대한 배려가 없다. 장초금과 옹공예의 관계 및 『한원』의 저술 과정에 대해 기존에는 두 가지 견해가 제기되었다. 정문과 주기가 모두 장초금에 의해 이뤄지고 송대宋代에 옹공예

---

[59] 金鍾完, 「『翰苑』의 문헌적 검토－夫餘·三韓·高句麗·新羅·百濟傳 기사의 검토」, 『한중관계 2000년』, 소나무, 2008, 296쪽. 『한원』에 대한 최근의 분석과 번역·주석 등은 다음의 책이 주로 참고된다. 동북아역사재단 한국고중세사연구소 編, 『譯註 翰苑』, 동북아역사재단, 2018.

가 일부 내용을 보주補注하였다고 보는 견해가 있다. 혹은 옹공예는 장초금보다 한 세대 정도 뒤의 인물인 고예高藝이며 전적으로 주기 작성을 하였다고 보는 견해가 있다. 그렇지만 『한원』의 주문注文에서 주목되는 점은 단문短文의 병문駢文만으로 문의文意를 이해할 수 없다는 점이다. 따라서 처음부터 정문正文과 전거典據가 되는 주문이 동시에 이루어졌다고 보는 의견도 제기되었다.[60] 『한원』에서 다루는 국가들은 당唐과 동시대 혹은 과거에 존재하였으며, 당의 인식이 반영되었다고 볼 수 있다. 더구나 다른 사서에서 확인되지 않는 내용들이 다수 수록되었기 때문에, 삼국시대를 연구하는 주요 사료로 거론되고 있다.

「변방문」은 제목 그대로 '변경邊境에 대한 방어防禦'라는 관점으로 서술되었다. 사이四夷를 공생共生의 대상이라기보다 잠재적인 적敵으로 인식한 경향이 기저基底에 내포되었다. 적을 상대하기에 앞서 최소한의 정보를 파악하고자 하여 정리한 게 「변방문」이다. 「변방문」은 권185부터 권200까지 총 16권으로 구성되었다. 「변방문」의 권별 구성은 〈표 1〉과 같다.

〈표 1〉 『통전(通典)』 「변방문(邊防門)」의 구성

권 수	구분	수록 국가 및 종족
권185	동이 상 (東夷 上)	邊防序 · 序略 · 朝鮮 · 濊[音穢] · 馬韓 · 辰韓 · 弁辰 · 百濟 · 新羅 · 倭 · 夫餘 · 蝦夷
권186	동이 하 (東夷 下)	高句麗 · 東沃沮[七余反] · 挹婁 · 勿吉【又曰靺鞨】 · 扶桑 · 女國 · 文身 · 大漢 · 流求 · 闍越
권187	남만 상 (南蠻 上)	序略 · 槃瓠種 · 廩君種 · 板楯蠻 · 南平蠻 · 東謝 · 西趙 · 牂牁 · 充州 · 獠 · 夜郎 · 滇[音顚] · 邛都 · 筰都[筰才各反] · 冉駹 · 附國 · 哀牢 · 焦僥 · 檻國 · 西爨 · 昆彌 · 尾濮 · 木綿濮 · 文面濮 · 折腰濮 · 赤口濮 · 黑㰋濮 · 松外諸蠻

60 윤용구, 「『翰苑』 蕃夷部의 注文構成에 대하여」, 『百濟文化』 45, 공주대 백제문화연구소, 2011, 157쪽.

권수	구분	수록 국가 및 종족
권188	남만 하	嶺南序略【蠻獠附】·海南序略·黃支·哥羅·林邑·扶南·頓遜·毗騫·干陀利·狼牙脩·婆利·槃槃·赤土·貞臘·羅利·投和·丹丹·邊斗·杜薄·薄剌·敎燓·火山·無論·婆登·烏萇·陀洹·訶陵·多篾·多摩長·哥羅舍分
권189	서융 1 (西戎 一)	序略·羌無弋·湟中月氏胡·氐·蔥茈羌
권190	서융 2	吐谷渾·乙弗敵·宕昌·鄧至·党項·白蘭·吐蕃·大羊同·悉立·章求拔·泥婆羅
권191	서융 3	西戎總序·樓蘭·且末·杅彌·車師【高昌附】·龜玆
권192	서융 4	焉耆·于闐·疏勒·烏孫·姑墨·溫宿·烏秅·難兜·大宛·莎車·罽賓·烏弋山離·條支·安息·大夏·大月氏·小月氏
권193	서융 5	康居·曹國·何國·史國【並附見】·奄蔡·滑國·嚈噠·挹怛同·天竺·車離·師子·高附·大秦·小人·軒渠·三童·澤散·驢分·堅昆·呼得·丁令·短人·波斯·悅般·伏盧尼·朱俱波·渴槃陀·粟弋·阿鉤羌·副貨·疊伏羅·賒彌·石國·女國·吐火羅·劫國·陀羅伊羅·越底延·大食
권194	북적 1 (北狄 一)	序略·匈奴上
권195	북적 2	匈奴下·南匈奴
권196	북적 3	烏桓·鮮卑·軻比能·宇文莫槐·徒河段【務勿塵附】·慕容氏·拓跋氏·蠕蠕
권197	북적 4	高車·稽胡·突厥上
권198	북적 5	突厥中
권199	북적 6	突厥下·鐵勒·薛延陀·僕骨·同羅·都波·拔野古·多濫葛·斛薛·阿跌·契苾羽·鞠國·俞楺·大漠·白霫[先立反]
권200	북적 7	庫莫奚·契丹·室韋·地豆于·烏落侯·驅度寐·霫·拔悉彌·流鬼·迴紇·骨利幹·結骨·駁馬·鬼國·鹽漠念

〈표 1〉에서 보는 바와 같이 『통전』 「변방문」은 동·남·서·북 순서대로 배열되었다. 이들은 각각 동이東夷·남만南蠻·서융西戎·북적北狄에 해당한다. 권185에는 「변방문」 전체의 서문序文에 해당하는 변방 서邊防序가 기재되었다. 그리고 권185·187·189·194에는 각각 동이·남만·서융·북적 서략序略이 수록되었다.

동이목東夷目과 남만목南蠻目은 2권으로 구성되어 상대적으로 비중이 작은 편이다. 반면 서융목西戎目은 5권으로 구성되었고, 북적목北狄目은 7권으로 구성되어 가장 많은 비중을 차지한다. 서융목은 중앙아시아의 오아시스 국가 수가 많기 때문에 5권으로 구성되었다. 북적목의 경우도 당 이전에 망한 나라들을 나열하고, 돌궐突厥과 그 휘하의 부족을 언급하느라 분량을 다수 차지하게 되었다.

「변방문」은 당대에 존재했던 여러 국가들을 적어 놓았다. 뿐만 아니라 그 이전에 이미 멸망하였던 역대 이민족 국가와 지역 또한 모두 망라하였다. 그 수는 192개의 종족과 지역에 이른다.[61] 또한 권196의 가비능軻比能·우문막괴宇文莫槐는 인명人名을 대표로 적시하여 선비鮮卑와 우문부宇文部의 역사를 기록하였다.

「변방문」 중에서도 권185와 권186의 동이목은 한국사와 밀접하게 연관된다. 〈표 1〉에서 보듯이 권185의 동이東夷 상에는 변방 서와 서략을 비롯하여 '조선朝鮮·예濊·마한馬韓·진한辰韓·변진弁辰·백제·신라·왜倭·부여·하이蝦夷'가, 권186의 동이 하에는 '고구려高句麗·동옥저東沃沮·읍루挹婁·물길勿吉·부상扶桑·여국女國·문신文身·대한大漢·유구流求·민월閩越'이 수록되었다. 수록 종족 및 국가 목록을 볼 때 한국사에서 익숙하게 다루어지는 대상도 존재하는 반면, 익숙하지 않은 종족 및 국가들도 확인된다.

당대까지 편찬된 중국 정사는 『사기史記』·『한서漢書』·『후한서後漢書』·『삼국지三國志』·『진서晉書』·『송서宋書』·『남제서南齊書』·『양서梁書』·『진서陳書』·『위서魏書』·『북제서北齊書』·『주서周書』·『남사南史』·『북사北史』·『수서隋書』로 총 15개의 서적이었다. 이 중에서 『진서陳書』와 『북제서』는 동이전을 수록하지 않았다. 『통전』과의 비교를 위해, 『진서』·『북제서』를 제외한 나머지 13개 서적에 수록된 동이전 구성을 살펴보면 〈표 2〉와 같다.[62]

---

61 趙楊, 「《通典·邊防典》研究」, 合肥: 安徽大學 碩士學位論文, 2012, 14쪽.
62 『사기(史記)』의 남월열전(南越列傳) 및 동월열전(東越列傳)은 본래 동이전과 무관하나, 『통전』에서 민월(閩越)을 동이(東夷)에 수록하였으므로, 〈표 2〉에서도 구성 부분에 기입하였음을

사서	권	구성
『사기』	권113 남월열전(南越列傳) 권114 동월열전(東越列傳) 권115 조선열전(朝鮮列傳)	南越・東越・朝鮮
『한서』	권95 서남이양월조선전 (西南夷兩粵朝鮮傳)	西南夷・南粵・閩粵・朝鮮
『후한서』	권85 동이열전(東夷列傳)	夫餘・挹婁・高句驪・東沃沮・濊・三韓・倭
『삼국지』	권30 위서 오환선비동이전 (魏書 烏丸鮮卑東夷傳)	烏丸・鮮卑・夫餘・高句麗・東沃沮・挹婁・濊・韓・倭
『진서(晉書)』	권97 사이열전(四夷列傳)	夫餘國・馬韓・辰韓・肅愼氏・倭人・裨離等十國 等
『송서』	권97 이만열전(夷蠻列傳)	高句驪國・百濟國・倭國 等
『남제서』	권58 만동남이열전 (蠻東南夷列傳)	高麗國・(百濟國)・加羅國・倭國 等
『양서』	권54 제이열전(諸夷列傳)	高句驪・百濟・新羅・倭・文身國・大漢國・扶桑國
『위서』	권100 열전(列傳)	高句麗・百濟國・勿吉國 等
『주서』	권49 이역열전 상 (異域列傳 上)	高麗・百濟 等
『남사』	권79 이맥열전 하 (夷貊列傳 下)	高句麗・百濟・新羅・倭國・文身國・大漢國・扶桑國 等
『북사』	권94 열전(列傳)	高句麗・百濟・新羅・勿吉・流求・倭 等
『수서』	권81 동이열전(東夷列傳)	高麗・百濟・新羅・靺鞨・流求國・倭國

〈표 2〉에서는 중국 왕조의 변천에 따라, 동이전 수록 국가 및 종족 구성
이 변화함이 확인된다. 또한 각 사서별로 공통된 국가들도 확인된다. 이를
테면 『사기』와 『한서』는 조선을 공동으로 서술하였다. 또한 『삼국지』의 구
성을 바탕으로 『후한서』와 『진서晉書』에는 부여・삼한・왜가 공동으로 수록
되었다.

〈표 2〉를 바탕으로 각국이 기재된 사서들을 살펴보자. 「변방문」 권185 동
이 상에 수록된 조선은 『사기』・『한서』의 2개 사서, 예는 『후한서』・『삼국
지』의 2개 사서, 마한・진한・변진 즉 삼한은 『후한서』・『삼국지』・『진서』의
3개 사서, 백제는 『송서』・『남제서』・『양서』・『위서』・『주서』・『남사』・『북

밝힌다. 이러한 견지에서 『한서(漢書)』 서남이양월조선전(西南夷兩粵朝鮮傳)의 구성에도 서남
이(西南夷)・남월(南粵)・민월(閩粵)을 기입하였다.

사』・『수서』의 8개 사서, 신라는 『양서』・『남사』・『북사』・『수서』의 4개 사서, 왜는 『후한서』・『삼국지』・『진서』・『송서』・『남제서』・『양서』・『남사』・『북사』・『수서』의 9개 사서, 부여는 『후한서』・『삼국지』・『진서』의 3개 사서에서 존재가 확인된다. 반면 하이蝦夷는 〈표 2〉의 13개 사서에 수록되지 않았으며, 두우가 『통전』을 서술하면서 새로이 삽입한 대상이다. 하이는 이후 『신당서』에서 하이蝦蛦라는 명칭으로 기록되었으며, 일본조日本條에서 부가적으로 설명되었다.[63]

또한 권186의 동이 하에 수록된 고구려는 『후한서』・『삼국지』・『송서』・『남제서』・『양서』・『위서』・『주서』・『남사』・『북사』・『수서』의 10개 사서, 동옥저와 읍루는 『후한서』・『삼국지』의 2개 사서, 물길은 『위서』・『수서』의 2개 사서, 부상・문신・대한은 『양서』・『남사』의 2개 사서, 유구는 『북사』・『수서』의 2개 사서, 민월은 『사기』・『한서』의 2개 사서에서 존재가 확인된다. 여국은 기존의 정사에는 별도로 입전立傳되지는 않았으나, 『양서』・『남사』 부상국扶桑國 조에서 혜심慧深의 언급을 통해 그 존재가 확인된다.[64]

『통전』「변방문」 동이목 수록 국가들을 당대 이전 중국 정사의 입전 정황과 상호 비교하면 〈표 3〉과 같다. 당대까지의 정사 중에서 가장 비중이 큰 국가는 고구려10개 사서・왜9개 사서・백제8개 사서였다. 이 외의 국가들은 각

---

63 『新唐書』卷220「東夷傳」, 日本, 6208쪽. "永徽初 其王孝德即位 改元曰白雉 獻虎魄大如斗 碼碯若五升器 時新羅爲高麗・百濟所暴 高宗賜璽書 令出兵援新羅 未幾孝德死 其子天豐財立 死 子天智立 明年 使者與蝦蛦人偕朝 蝦蛦亦居海島中 其使者鬚長四尺許 珥箭於首 令人戴瓠立數十步 射無不中 天智死 子天武立 死 子總持立 咸亨元年 遣使賀平高麗 後稍習夏音 惡倭名 更號日本 使者自言 國近日所出 以爲名 或云日本乃小國 爲倭所并 故冒其號 使者不以情 故疑焉 又妄夸其國都方數千里 南・西盡海 東・北限大山 其外即毛人云."

64 『梁書』卷54「諸夷傳」, 扶桑國, 809쪽. "慧深又云 扶桑東千餘里有女國 容貌端正 色甚潔白 身體有毛 髮長委地 至二・三月 競入水則任娠 六七月産子 女人胸前無乳 項後生毛 根白 毛中有汁 以乳子 一百日 能行 三四年則成人矣 見人驚避 偏畏丈夫 食鹹草如食獸 鹹草葉似邪蒿 而氣香味鹹 天監六年 有晉安人渡海 爲風所飄至一島 登岸 有人居止 女則如中國 而言語不可曉 男則人身而狗頭 其聲如吠 其食有小豆 其衣如布 築土爲墙 其形圓 其戶如竇云."

〈표 3〉「변방문」동이목과 중국 정사의 입전 정황 비교

	사기	한서	후한서	삼국지	진서	송서	남제서	양서	위서	주서	남사	북사	수서
조선	●	●											
예			●	●									
마한			●	●	●								
진한			●	●	●								
변진			●	●	●								
백제						●	●	●	●	●	●	●	●
신라								●			●	●	●
왜			●	●	●	●		●			●	●	●
부여			●	●	●								
고구려			●	●		●	●	●	●	●	●	●	●
동옥저			●	●									
읍루			●	●									
물길									●				●
부상								●			●		
문신								●			●		
여국								●			●		
대한								●			●		
유구												●	●
민월	●	●											

사서별로 입전 여부에서 차이를 보인다. 즉 존속 시기가 주요 기준이었고 멸망 이후에는 더 이상 기재되지 않았다.

『통전』에서는 중국 정사 동이전을 바탕으로 다시 동이 국가들을 분류하여, 상권上卷 즉 권185와 하권下卷 즉 권186에 반영하였다. 다만 여기에 포함되지 않는 국가나 종족도 있다. 『진서』의 비리등십국裨離等十國과 『남제서』의 가라국加羅國이 이에 해당한다. 이들은 정사에 1번씩만 입전되었고 기록도 소략하기 때문에 「변방문」에 수록되지 못하였다.

『통전』 동이목은 조선부터 기재되었다는 점에서 건국 순서에 따라 수록하였다고도 볼 수도 있다. 그렇지만 고구려는 중국 정사 중에서도 이른 시

기부터 동이전에 입전되었으나, 『통전』에서는 하권에 배치되었다. 또한 예와 동옥저가 서로 다른 권에, 부여도 상권의 마지막 부근에 배치되었다. 더구나 하권의 가장 마지막에는 민월이 수록되었다는 점 또한 의아하다. 이를 어떻게 해석해야 할까?

『통전』 동이목 수록 순서는 두우가 파악한 국가 계통 및 계승 관계와 연관이 있다고 판단된다. 예의 경우 "濊亦朝鮮之地"라고 하여, 조선에 이어 배치된 이유가 확인된다. 또한 삼한에 이어 백제와 신라를 배치하였는데, 이와 관련하여 『통전』 마한절馬韓節의 "或云百濟是其一國焉"과 신라절新羅節의 "其先本辰韓種也"라는 기록이 주목된다. 이 기록을 통해 마한 내內에 백제가 있고, 신라가 진한에 속하였음을 알 수 있다. 즉 두우는 국가 간의 연관성을 고려하여 『통전』 동이목에서 삼한 뒤에 백제와 신라를 배치하였던 것이다.

고구려는 동이 국가 중에서 중요도가 높고 그 기록이 상대적으로 다른 종족이나 국가보다 풍부하다. 상권에 배치하기에는 그 내용이 상대적으로 많기 때문에 일부러 하권에 배치하게 되었다. 동옥저는 언어·음식·거처·의복이 구려句麗와 유사하고 구려에 신속臣屬되었다고 하여,[65] 고구려와의 연관성이 확인되므로 고구려절高句麗節의 뒤에 배치되었다. 읍루·물길은 전기傳記를 상고詳考해 보니 읍루·물길·말갈靺鞨이 숙신肅愼의 후예라는 기록을 통해 알 수 있듯이,[66] 모두 숙신과 연관성 때문에 연이어 배치되었다. 부상·여국·문신·대한은 기록이 소략하여 그 다음으로 기재되었

---

[65] 『通典』 卷186, 「邊防門2」, 東夷 下, 東沃沮, 5011쪽. "言語·飲食·居處·衣服有似句麗 其葬 作大木槨 長十餘丈 開一頭爲戶 新死者先假埋之 令皮肉盡 乃取骨置槨中 家人皆共一槨 刻木如主 隨死者爲數焉 又有瓦缶 鎔也 音歷 置米其中 編懸之於槨戶邊 國小 迫於大國之間 遂臣屬句麗."

[66] 『通典』 卷186, 「邊防門2」, 東夷 下, 勿吉, 5014쪽. "詳考傳記 挹婁·勿吉·靺鞨俱肅愼之後裔."

다. 유구는 왜와는 별개의 세력으로 인식되었으므로 거의 마지막 부근에 배치되었다.

하권 마지막에는 민월이 기재되었는데, 이는 기존의 상식으로는 쉽게 이해가 되지 않는다. 민월은 〈표 2〉와 〈표 3〉을 통해 알 수 있듯이 『사기』와 『한서』에서 그 존재가 확인되며, 현재의 복건성福建省 일대에 해당한다. 때문에 민월에 대한 분류는 남만南蠻으로 구분되어야 타당하게 여겨진다. 민월을 하권 말미에 배치한 이유는 그 사람들을 강江·회淮의 사이에 옮겨 살게 하였다는 기록과 연관된다.[67] 즉 두우가 동이의 관념을 선진시대先秦時代의 동이 즉 산동山東과 회수淮水 일대까지 포괄하여 인식하였기 때문이었을 가능성이 높다. 아울러 두우가 살던 시대의 동이와 비교하여 지리적으로 거리 차가 있었기 때문에, 일부러 동이목의 가장 말미에 위치시켰다고도 볼 수 있다.

3. 「변방문」서 분석

『통전通典』 권185의 「변방문邊防門」 서두에는 다른 문門과 마찬가지로 서문序文이 기재되었다.[68] 「변방문」 성격을 파악하기 위해서는 먼저 서문을 살펴볼 필요가 있다. 「변방문」 서序의 내용을 번역하여 제시하면 대략 다음과 같다. 본서에서는 편의상 서의 내용을 3단락으로 나누어 고찰하면 다음과 같다.[69]

---

67 『通典』卷186,「邊防門2」, 東夷 下, 閩越, 5019쪽. "詔徙其人處江淮閒 東越地遂虛【即今閩川地也 爲封餘善爲東越王 遂謂之東越】."
68 「변방문(邊防門)」 서(序)는 원래 절강서국본(浙江書局本)에 서가 없지만 명각본(明刻本)과 왕오본(王吳本)에 따라 보완하였다. 『通典』卷185,「邊防門1」, 校勘記, 4990쪽, 1번. 본서에서 이하 원래의 본(本)으로 거론하는 판본은 절강서국본을 의미함을 일러둔다.

천지[覆載]의 안에 해와 달이 비추는 곳에서, 화하華夏는 땅의 중심에 거주하였으며, 생물은 기운을 바르게 받았다【이순풍李淳風이 이르길 "천天의 8가家를 말하자면, 그 7가로는 감씨甘氏 · 석씨石氏 · 혼천渾天의 종류가 있다"고 하였다. 도수度數로써 이를 추정하면 즉 화하는 천지天地의 중앙에 거주하는 것이다. 또 역대의 역사를 보면, 왜국倭國은 일명 일본日本으로 중국에서 곧장 동쪽에 있으며, 부상국扶桑國은 다시 왜국의 동쪽에 있으니, 대략 중국에서 3만 리里 정도 떨어져 있으며, 대개 해가 떠오르는 곳에 가깝다. 정관연간貞觀年間, 627~649에 골리간국骨利幹國에서 말을 바쳤는데, 사신이 이르길 그 나라는 경사京師에서 서북쪽으로 2만 여 리 정도의 거리에 있다고 하였다. 밤이 짧고 낮이 길어서, 하늘의 색깔이 어둑해 질 때에 양의 어깨뼈를 삶아, 밤색으로 익으면 동방에서 날이 밝아온다고 하니, 대개 해가 저무는 곳에 가깝다. 오늘날 애주崖州에서 곧장 남쪽으로 물을 따라 가고 바람을 타서 10여 일을 이동하면 적토국赤土國에 이르게 된다. 그 나라는 5월이 되면 정오亭午에 그림자가 남쪽에 있게 되는데, 하루에 3끼를 먹으며, 밥은 모두 휘저으면서 불을 땐다. 그렇지 않고 우물쭈물거리면서 시간이 지나버리면, 냄새나서 부패하기 쉬워진다. 열기熱氣가 특히 심해지면 대개 해에서 조금 가까워진 것이다. 그 땅이 점점 멀어지며 차갑게 바뀌게 되면, 대개 해에서 조금씩 멀어지는 것이다. 즉 낙양洛陽 고성현告成縣의 토규土圭는 천지의 중명中明에 있는 것이다. 오직 석씨釋氏 일가一家가 천지일월天地日月을 논論하였는데, 괴상하고 헛된 소리로 알 수 없는 것이다】.

그 사람들의 성품은 조화롭고 재능은 은혜로우며, 그 땅은 산물이 풍부하고 종류가 다양하다. 때문에 성현聖賢이 탄생하면 법法을 계승하고 가르침을 베풀며, 그때그때 폐단을 걷어내니 이에 물物을 이롭게 쓴다. 삼황三皇과 오제五帝 이후로 대대로 그 사람들이 있었다. 군신君臣과 장유長幼의 질서가 성립하고, 오상五常과 십륜十倫의 가르침이 완비되자, 효성과 자비가 생겨났고 은혜와 사랑이 돈독해졌다. 군주의 위엄이 길어야 아래

---

69 사료 본문의 협주를 본서에서는 서로 구분하여 기재하도록 하겠다. 본문의 내용과 연관되는 협주의 경우에는 '【 】' 표시를 사용하여 표시한다. 반면 음(音) 표기 방법과 같이 일반적으로 번역을 달지 않는 사례는 '[ ]' 표시를 사용하여 표시한다.

가 안전하며, 권력은 나눌 수 없고 법은 하나이다. 생인生人이 대뢰大賚하는 것은, 실제로 이러함에 있다【삼대三代 이전에 천하열국天下列國은 서로 정벌하였는데, 아직 잠시 동안의 평안함도 맛보지 못하였다. 배신陪臣이 제후諸侯를 억제하고 제후가 천자天子를 업신여기자, 사람들이 칼날과 화살촉으로 죽으면서, 월月을 소모하고 세월을 허비하였다. 진씨秦氏가 제후를 파罷하고 군수郡守를 설치하고부터, 양한兩漢 및 수隋·대당大唐의 호구戶口는 모두 주실周室의 이전보다 많아지게 되었다. 무릇 하늘이 백성[烝시]을 낳고 임금을 심어 사목司牧하게 하는데, 도道로써 다스리는 것을 말하는 자는 이에 마땅히 이미 서인庶人을 편안하게 함을 근본으로 삼아야 한다】.

옛 성현은 "도를 잃어버린 후에야 덕德이 생겨났고, 덕을 잃은 후에야 인仁이 생겨났으며, 인을 잃은 후에야 의義가 생겨났고, 의를 잃어버린 후에야 예禮가 생겨났다"고 말씀하셨으니, 진실로 두터운 것을 깎아 얇게 만드는 것이며, 진한 술을 풀어놓아 묽은 술로 만드는 것이다. 또 말씀하시길, "옛날의 사람들은 늙어서 죽을 때까지 서로 가고 오는 것을 하지 않았다"고 하여, 교류하지도 다투지도 않았으며, 스스로 구하고 만족하였다. 대개 질투할 때에는 경박하면서도 공교하고 아름다우며, 지난 지 썩 오래된 때에는 돈후하고 순박하였으니, 반드시 그 사모하면서 열망하는 것에 대해 격하게 면려勉勵해야 한다. 그러나 사람이면 누구나 갖고 있는 정서에서는 오늘날은 그르고 옛날은 옳다고 여기는데, 그 질박한 일은 적고 굳게 믿는 것은 아름답다고 하겠지만, 더럽고 폐해가 있는 풍속이거나 혹은 역시 그러한 풍속이 있었다.[70]

70 『通典』卷185,「邊防門1」, 序, 4969~4970쪽. "覆載之內 日月所臨 華夏居土中 生物受氣正【李淳風云 談天者八家 其七家 甘氏·石氏·渾天之類 以度數推之 則華夏居天地之中也 又歷代史 倭國一名日本 在中國直東 扶桑國復在倭國之東 約去中國三萬里 蓋近於日出處 貞觀中 骨利幹國獻馬 使云 其國在京師西北二萬餘里 夜短晝長 從天色暝時煮羊胛 纔熟而東方已曙 蓋近於日入處 今崖州直南水行便風 十餘日到赤土國 其國到五月 亭午物影卻在南 一日三食 飯皆旋炊 不然 逶巡過時 即便臭敗 熱氣特甚 蓋去日較近 其地漸遠轉寒 蓋去日稍遠 則洛陽告成縣土圭居覆載之中明矣 唯釋氏一家論天地日月 怪誕不可知也】其人性和而才惠 其地產厚而類繁 所以誕生聖賢 繼施法教 隨時拯弊 因物利用 三五以降 代有其人 君臣長幼之序立 五常十倫之教備 孝慈生焉 恩愛篤焉 主威張而下安 權不分而法一 生人大賚 實在於斯【三代以前 天下列國更相征伐 未嘗暫寧 陪臣制諸侯 諸侯陵成天子 人斃鋒鏑 月耗歲殲 自秦氏罷侯置守 兩漢及有隋·大唐 戶口皆多於周室之前矣 夫天生烝人 而樹君司牧 語治道者 固當以既庶而安爲本也】昔賢有言曰 失道而後德 失德而後仁 失仁而後義 失義而後禮 誠謂削厚爲薄 散醇爲醨 又曰 古

「변방문」 서의 첫 단락은 세상의 중심에 화하가 있다고 기술하였다. 변방邊防에 앞서 화하를 내세운 것은 내內-외外의 구도에 있어서, 우선 내에 대해 기술한 것이다. 내 즉 화하에 대한 고찰이 있어야 외 즉 이적夷狄에 대한 인식을 거론할 수 있기 때문이다. 두우는 중화사상의 관점에서 '화하-이적'을 바라보았고, 그러한 경향이 「변방문」 서의 첫 줄부터 고스란히 드러난다.

서의 문두에 보면 "覆載之內 日月所臨"이라는 문구가 보인다. 이는 『중용中庸』 31장章에서 "하늘에 덮이어 있는 곳과 땅에 실리어 있는 곳과 해와 달이 비추는 곳과 서리와 이슬이 내리는 곳[天之所覆 地之所載 日月所照 霜露所隊]"이라는 문장과 서로 상응하는 내용이다. 이 문장은 성인聖人을 좋아하고 칭송하는 소리가 미치는 범위를 의미한다.[71] 즉 '복재覆載'는 '덮어주고 실어준다'라는 뜻이지만 '천지天地'의 의미로 받아들일 수 있다.[72]

두우는 협주에서 이순풍의 발언을 거론하였다. 이순풍은 당 태종대唐太宗代의 천문학자로 길흉吉凶을 잘 점쳤으며, 『진서晉書』 「율력지律曆志」와 『전장문물지典章文物志』 등을 저술하였다.[73] 이순풍의 저서著書 중에서 『을사점乙巳占』을 보면 천체상天體像을 논하면서 8가家를 언급하였다.[74] 두우는 이순풍의 천문사상을 바탕으로 화하가 세상의 중심에 있다는 것을 밝히고 논의를 시작하였다.

者人至老死不相往來 不交不爭 自求自足 蓋娸時澆巧 美往昔敦淳 務以激勸勉其慕向也 然人之常情 非今是古 其朴質事少 信固可美 而鄙風弊俗 或亦有之."

71 李基東 譯解, 『대학·중용강설』, 성균관대 출판부, 2010, 255~259쪽.
72 한국고전용어사전 편찬위원회, 『한국고전용어사전』 2, 세종대왕기념사업회, 2001, 999~1000쪽.
73 임종욱, 『중국역대인명사전』, 이회문화사, 2010, 1410쪽.
74 『乙巳占』 卷1, 「天象1」. "論天體象者 凡有八家 一曰渾天 即今所載張衡靈憲是也 二曰宣夜 絕無師學 三曰蓋天 周髀所載 四曰軒天 姚信所說 五曰穹天 虞聳所擬 六曰安天 虞喜所述 七曰方天 王充所論 八曰四天 祆胡寓言 凡此八家 渾天最親 今獨取之 以載於此."

두우는 화하의 지리적인 위치를 '천지지중天地之中'으로 규정하였다. 지리학적으로 이에 대한 규명을 위해 일본과 부상국은 해가 뜨는 곳이고, 골리간국骨利幹國은 해가 지는 곳이라고 하여 상호 대비하였다.[75] 사실 기록과는 달리 골리간국은 당의 서북쪽이 아닌 북쪽에 소재한다. 정관貞觀 21년647에 골리간국에서 준마駿馬 10필을 보냈다는 기록이 있다. 위치는 회흘回紇 북방의 한해瀚海 북쪽으로 기재되었다.[76] 골리간국은 철륵鐵勒 유목민의 하나로, 고대 투르크어 쿠리칸Quriqan의 음사로 보고 있다. 골리간국은 용삭연간龍朔年間, 661~663에 여오주余吾州로 바뀌어 한해도호부瀚海都護府에 귀속되었다. 이후 원대元代의 문헌에 '화리火里'라고 불리는 것과 연결되는데, 지금 부리야트Buriyat 몽골의 조상으로 추정된다.[77]

적토국은 말레이반도에 있었던 국가로 여겨지는데, 태국이나 말레이시아, 슈리비자야Srivijaya 왕국으로 보는 등 여러 설이 있다.[78] 남만목에서 적토국은 다수의 흙 색깔이 적색赤色이기 때문에 명명命名되었다고 하였다.[79] 협주의 내용은 당대의 지리적 지식이 넓은 범위에 이르렀다는 사실과 주변국 인식을 바탕으로 자신을 중앙으로 설정하는 인식이 존재하였음을 알 수 있게 해준다.

두우는 석씨 일가가 천지일월을 논하였는데, 이는 괴상하고 헛된 소리라고 하면서 폄훼하였다. 여기에서 석씨는 석가모니釋迦牟尼를 의미한다. 당에

---

75 "양의 어깨뼈를 삶아[煮羊胛]"라는 부분 중에서 '갑(胛)'은 원래 '비(髀)' 즉 넓적다리로 나온다. 북송본(北宋本)·명각본·왕오본에서는 '족(足)'이라고 하였다. 본문은『통전』권200의 기록과『당회요(唐會要)』를 참고하여 수정하였다.『通典』卷185,「邊防門1」, 校勘記, 4990쪽, 3번.

76 『通典』卷200,「邊防門16」, 北狄 7, 骨利幹國, 5470~5471쪽.

77 동북아역사재단,『新唐書 外國傳 譯註 中』, 동북아역사재단, 2011, 519쪽, 주석 794.

78 동북아역사재단,『周書·隋書 外國傳 譯註』, 동북아역사재단, 2010, 189~190쪽, 주석 25.

79 『通典』卷188,「邊防門4」, 南蠻 下, 赤土國, 5088~5089쪽.

서는 불교佛教와 도교道教가 모두 융성하였지만, 당 황실皇室에서 스스로 노자老子의 후손이라고 하였으므로 도교가 더욱 강조되었다. 두우 또한 숭도억불崇道抑佛의 경향을 보인다. 이는 석가모니에 대한 비판적인 입장과 함께, 노자를 성현으로 칭하면서『도덕경道德經』즉『노자』를 자주 인용하는 것을 통해 알 수 있다. 두우는 화하가 성현에게 영향을 받고 교화되어 기존의 폐습을 걷어내었다고 하였다. 이는 주변국과 비교하여 문명이 크게 발달되었다는 점을 의미한다. 두우는 주변국이 성철聖哲이 태어나지 않아 문명의 교화가 제대로 이루어지지 않았다고 보았다. 이러한 관점은 '화하의 문화적 우위성'으로 규정할 수 있다.

  그 아래의 협주에서는 춘추전국시대春秋戰國時代의 어지러운 정세를 서술하고 진秦의 천하통일天下統一 이후와 대비시켰다. 전쟁을 멈추고 백성들을 편안하게 하자, 한漢과 당唐의 인구가 늘어나 크게 번성하였다고 기술하였다. 이는 두우의 전쟁에 대한 부정적인 인식을 여실히 반영하는 것으로, '왕도정치王道政治의 실현'으로 규정할 수 있다. 왕도정치는 패도정치覇道政治에 대립하는 개념으로, 무력보다는 평화 특히 교화를 이용하여 자국自國과 주변을 다스리자는 의미를 담았다. 왕도정치는 일체의 인위적인 장식이나 조작이 가해지지 않은 인간의 본원적 심성에 바탕을 둔, 만인이 속으로부터 기뻐하며 복종하는 정치이다.[80] 당은 주변국과의 전쟁을 통해 영토를 확장하는 패도정치를 펼쳐 강대한 제국으로 성장하였다. 그렇지만 안사安史의 난을 계기로 더 이상 확장정책을 펼치기 어려워졌다. 왕도정치 실현은 유가儒家에서도 이상적으로 여겼던 통치이념이었으며, 무력이 아닌 교화를 우선시하는 정책이었다. 두우는 현실적인 요건을 의식하면서 이민족에 대해 교

---

80 송인창,『천명(天命)과 유교적 인간학』, 심산, 2011, 233쪽.

화와 안정을 주장하였다.

두우는『노자』를 인용하여 예에 대해 기술하였다. 도를 가장 정점頂點에 두고 덕-인-의-예의 순서대로 도의 속성에서 멀어져가며, 최후에는 예라는 덕목만 남는다는 의미이다.[81] 현재의 상황에 만족하여 이웃 간의 교류가 없더라도 평화롭게 지낸다는 점에서 다시『노자』를 인용하였다.[82] 이 두 가지는 성현의 도가 중국에서 이루어졌다는 것을 의미한다. 앞서 두우가 성현이 탄생하여 가르침을 주는 것에 무게를 두었던 점을 상기한다면, 중화中華는 그러한 가르침을 직접 받은 혜택을 입은 셈이다. 그 성현의 존재는 노자이며, 당의 도교에 대한 존숭의식尊崇意識이 반영된 결과이다.

'화하의 문화적 우위성'과 '왕도정치의 실현'이라는 관점은「변방문」서의 주요 사상적 기저로 볼 수 있다. 후술하는 내용을 통해 이러한 사상은 더욱더 자세하게 드러난다.

아득하게 생각하건대 중화의 옛 모습은 다수가 지금 이적의 모습이다. 거처居處를 소혈巢穴에 두기도 하였다【상고上古시대에는 중화 역시 굴이나 들에서 거주하였는데, 후대後代에 성인이 이를 궁실宮室로 고치게 하였다. 오늘날 실위室韋國 및 검중黔中에 기미羈縻된 동쪽의 여러 오랑캐 및 부국附國에서는 모두 소혈에서 거처하고 있다. 여러 이적 중에서 소혈에 거처하는 자는 적지 않은데, 간략하게 한두 가지만 거론하였다】.

장례를 치를 때 봉토封土와 식수植樹를 하지 않았다【상고시대 중화의 장례를 보면, 옷가지를 땔감으로 쓰고 들 가운데에서 장사를 지냈으며 흙을 쌓거나 나무를 심지도 않았는데, 후대의 성

---

81 『老子』第38章. "故失道而後德 失德而後仁 失仁而後義 失義而後禮." 老子, 김경수 譯註, 『老子 譯註』, 문사철, 2010, 481~483쪽.
82 『老子』第80章. "鄰國相望 雞犬之聲相聞 民至老死 不相往來."

왕성王聖이 관곽棺槨을 쓰는 것으로 고치게 하였다. 오늘날 말갈국靺鞨國에서는 부모가 죽으면 이를 들 가운데에 버려 담비에게 먹이고, 유구국流求國에서는 죽으면 관곽이 없어, 풀로 시신을 얽어서 흙에 그대로 매장하고 위에 봉분을 만들지 않는다. 여러 이적의 빈장殯葬을 보면, 화장火葬하거나 혹은 물에 버리기도 한다. 담주潭州와 형주衡州의 사람들이 말하길, 단인蜑人은 죽은 사람의 뼈를 취해서 작은 상자에 모아 산의 암석 사이에 둔다고 한다. 대저 습속은 이미 다르며 그 법도 각각 다르니, 두루 거론할 수 없다].

손으로 덩어리지어 밥 먹었다[은주殷周의 시대에 중화인中華人은 항상 손으로 덩어리지어 밥을 먹었다. 그러므로 『예기禮記』에서 "남과 함께 밥을 먹을 때에는 손을 적시지 말아야 한다"고 하였으니, 대개 폐속弊俗은 점차 개선되었으나 여전히 미진한 점도 있다. 오늘날 오령五嶺의 남쪽에서는 백성들이 모두 손으로 덩어리지어 밥을 먹는다].

제사를 지낼 때 시尸를 세우기도 한다[삼대三代의 이전에 중화인들은 제사를 지낼 때 반드시 시를 세웠는데, 진·한대秦漢代부터 곧 폐지하였다. 후위後魏 문성제文成帝 탁발준拓跋濬 때를 살펴보면 고윤高允이 글을 바쳐 이르기를, "시에 제사를 지내는 것은 오래전에 폐지되었으나, 오늘날의 풍속에 부모가 돌아가시면 그 모습[狀貌]과 같은 사람을 취하여 시로 삼아서 제사를 지내고, 잔치를 부부와 같이 좋아하며, 이를 하는 것이 부모와 같으니, 풍속의 교화를 패손敗損하는 것이며, 정리情理와 예의를 더럽혀 욕되게 하는 것이다"라고 하였다. 또 주周와 수隋의 만이전蠻夷傳에서는 파巴와 양梁 사이의 풍속에 매 봄과 가을에 제사를 지내는데, 향리鄕里에서 용모가 아름다운 사람이 있으면, 번갈아 맞이하여 시로 삼아 제사를 지낸다. 오늘날의 침주郴州와 도주道州의 사람들은 매번 제사를 지낼 때마다, 동성同姓의 장부丈夫와 부인婦人의 부부신을 맞이하여 제사지내는데, 역시 시에 제사를 지내는 법이 남은 것이다].

대체로 한 두가지만 늘어놓으니, 두루 거론할 수 없다[하상夏商의 이전에는 신하가 임금의 이름을 피휘避諱하지 않았고, 아들이 아버지의 이름을 피휘하지 않았는데, 주대周代부터 피휘하였다. 오늘날 이적은 모두 피휘하지 않는다. 이러한 사례가 매우 많으니 두루 논할 수 없다].

그 땅은 치우쳐져 있고 그 기운은 막혀있으며, 성철이 태어나지 않아 옛 풍속이 고쳐지지 않았다. 이를 가르치고 타이르는 것도 불가능하고 이를 예의禮義로 대하는 것도 미치지 못한다. 밖이지 안은 아니며, 소통하더라도 친척은 될 수 없고, 온다면 이를 방어해야 하며, 간다면 이를 대비해야 한다. 전대前代의 뛰어난 지식을 가진 선비들 역시 이미 이에 상세하게 말하였다.[83]

두우는 중화의 옛 모습이 이적의 현재 모습이라고 하면서 각 사례들을 열거하였다. 크게 주거住居·장례葬禮·식생활食生活·제례의식祭禮儀式으로 구분하였다. 협주에는 과거 중국의 사례와 현재 각 주변민족의 사례를 비교하며 상술하였다.

주거와 관련하여 실위와 검중 부근의 이적 사례가 제시되었다. 북적목北狄目 실위절室韋節을 보면 금수禽獸와 모기를 피해 사람들이 모두 소거巢居한다고 기록되었다.[84] 검중 동쪽의 제이諸夷 및 부국은 정황상 동사東謝를 의미하는 것으로 여겨진다. 실제 남만목南蠻目 동사절東謝節에서도 소거한다고 기재

---

83 『通典』卷185,「邊防門1」, 序, 4970~4971쪽. "緬惟古之中華 多類今之夷狄 有居處巢穴焉【上古中華亦穴居野處 後代聖人易之以宮室 今室韋國及黔中羈縻東諸夷及附國 皆巢居穴處 諸夷狄處巢穴者非少 略擧一二】有葬無封樹焉【上古中華之葬 衣之以薪 葬之中野 不封不樹 後代聖王易之以棺槨 今靺鞨國父母死 棄之中野以哺貂 流求國死無棺槨 草褁尸以親土而葬 上不起墳 諸夷狄之殯葬 或以火焚 或棄水中 潭・衡州人曰 蠻取死者骨 小函子盛置山巖石閒 大抵習俗既殊 其法各異 不可遍擧矣】有手團食焉【殷周之時 中華人尙以手團食 故禮記云 共飯不澤手 蓋弊俗漸改仍未盡耳 今五嶺以南 人庶皆手團食】有祭立尸焉【三代以前 中華人祭必立尸 自秦漢則廢 按後魏文成帝拓跋濬時 高允獻書云 祭尸久廢 今風俗父母亡歿 取其狀貌類者以爲尸而祭焉 宴好如夫妻 事之如父母 敗損風化 黷亂情禮 又周隋蠻夷傳 巴梁閒風俗 每春秋祭祀 鄕里有美鬢面人 迭迎爲尸以祭之 今郴・道州人 每祭祀 迎同姓丈夫婦人伴神以享 亦爲尸之遺法】聊陳一二 不能遍擧【夏商以前 臣不諱君名 子不諱父名 自有周公諱耳 今夷狄則皆無諱 如此之類甚衆 不可殫論】其地偏 其氣梗 不生聖哲 莫革舊風 誥訓之所不可 禮義之所不及 外而不內 疏而不戚 來則禦之 去則備之 前代達識之士亦已言之詳矣."

84 『通典』卷200,「邊防門16」, 北狄7, 室韋, 5466쪽. "南室韋在契丹北三千里【後魏書云 自契丹路經啜水・蓋水・犢了山 其山周迴三百里 又經屈利水 始到其國】土地卑濕 至夏則移向西貸勃・欠對二山 多草木 饒禽獸 又多蚊蚋 人皆巢居 以避其患."

되었다.[85]

장례와 관련하여 말갈국과 유구국의 사례가 제시되었다. 말갈국에서는 부모가 죽으면 시신을 들에 버려서 포초哺貂한다고 하였다. 동이목東夷目 물길절勿吉節을 보면 부모가 가을이나 겨울에 죽으면 그 시신을 포초하는데 써서, 담비가 그 고기를 먹게 하여 많이 잡을 수 있다고 하였다.[86] 동이목 유구절流求節에서는 시신을 씻기고 포백布帛으로 감고 갈대로 얽어 잡토雜土에 묻는데 봉분을 올리지 않는다고 기록되었다.[87] 화장하는 사례로는 다마장多摩長, 수장水葬하는 사례로는 투화投和가 있다.[88]

식생활에 대한 협주에서 『예기』에 인용된 내용은 곡례曲禮 상에서 확인되는데, 식사 예절에 대한 내용이다.[89] 두우는 이 중에서 "남과 함께 밥을 먹을 때에는 손을 적시지 말아야 한다[共飯不澤手]"는 구절을 과거의 식습관을 표현한 것으로 파악하였다.

제례의식과 관련하여서는 시尸에 대한 언급이 확인된다. 고윤의 상소문上疏文이 인용되었는데, 「예문禮門」의 입시의立尸義에서 동일한 내용이 확인된다.[90] '입시立尸'에서 '시'는 시신尸身을 의미하는 것이 아닌, '죽은 사람을 대

---

85 『通典』卷187, 「邊防門3」, 南蠻 上, 東謝, 5040쪽. "東謝渠帥姓謝氏 南蠻別種 在黔中之東 地方千里 其俗無文字 刻木爲約 巢居 刀劍不離其身."

86 『通典』卷186, 「邊防門2」, 東夷 下, 勿吉, 5014쪽. "其父母春夏死 立埋之 拔上作屋 不令雨溼 若秋冬 死 以其屍捕貂 貂食其肉 則多得之."

87 『通典』卷186, 「邊防門2」, 東夷 下, 流求, 5017쪽. "浴其屍 以布帛纏之 裹以葦草 雜土而殯 上不起 墳." 유구(流求)는 원래 유구(琉球)라고 되어 있었고, 명각본에서는 유구(琉球)라고 되어 있었는데, 북송본에 의거하여 고치게 되었다. 당송대(唐宋代)의 전적(典籍)에서는 주로 유구(流求)로 기재되었다. 『通典』卷185, 「邊防門1」, 校勘記, 4990쪽, 7번.

88 『通典』卷188, 「邊防門4」, 南蠻 下, 多摩長, 5096쪽. "死亡無喪服之制 以火焚其屍"; 『通典』卷188, 「邊防門4」, 南蠻 下, 投和, 5091쪽. "死喪則祠祀哭泣 又焚屍以罌盛之 沈於水中."

89 『禮記』第1, 「曲禮 上」. "侍食於長者 主人親饋 則拜而食 主人不親饋 則不拜而食 共食不飽 共飯不澤 手." 李相玉 譯, 『新完譯 禮記』上, 明文堂, 2012, 89~92쪽.

90 『通典』卷48, 「禮門8」, 沿革 8, 吉禮 7, 立尸義, 1343쪽. "或有是古者 猶言祭尸禮重 亦可習之 斯豈非 甚滯執者乎【按後魏文成帝拓跋濬時 高允獻書云 祭尸久廢 今風俗則取其狀貌類者以爲尸 祭之宴好 敬

신하여 세워놓는 사람'을 의미한다. 조선 후기의 『상변통고常變通攷』에서 입시에 대한 자세한 설명이 확인되어 여러 참고가 된다.[91]

중국의 유교적 역사관을 관통하는 중요한 관념으로 상고사상尙古思想이 있다. 즉 고대古代가 옳고 좋았으며, 근대近代는 타락되고 못해지고 있다는 생각이다. 옛 것을 숭상하는 사고가 유교儒敎의 기본 관념이 된 것은 공자孔子에게서 유래한다. 공자는 그의 이상을 주공周公에게서 찾아내려 하였고, 이는 복고주의復古主義가 되었다. 하夏·은殷·주周 3대代는 정의와 윤리와 덕치주의德治主義가 이상적으로 행해지던 시대라는 관념이 형성되었다. 이후 역대 군왕君王의 시대와 인물을 현재와 비교하여 실제 이상의 미화美化를 가하는 경향이 생기게 되었다.[92]

「변방문」 서의 내용은 전통적인 상고사상과는 명백한 차이를 보인다. 과거를 이상향으로 설정하기는커녕, 현재에 비해 원시적인 사회였음을 다양한 사례로 제시하였다. 오히려 삼대를 거쳐 한대漢代와 당대唐代에 올수록 사회가 발전하는 모습, 즉 사회진화론적社會進化論的 측면에서 역사를 바라보았다. 즉 관념적인 과거 인식이 아닌 현실적 측면에서 과거를 인식하였던 것이다.

"그 땅은 치우쳐져 있고, 그 기운은 막혀 있다[其地偏 其氣梗]"는 앞서 "화하는 땅의 중심에 거주하였으며, 생물은 기운을 바르게 받았다[華夏居土中 生物受氣正]"와 대비되는 내용이다. '지편地偏'은 '토중土中'에 있는 화하와는 달리, 동서남북東西南北 사방四方에 이적이 존재한다는 의미로 받아들여진다. 천원

之如夫妻 事之如父母 敗損風化 黷亂情禮 據文成帝時 其國猶在代北 又按周隋蠻夷傳巴·梁間俗 每秋祭祀 鄕里美鬚面人 送迎爲尸以祭之 今郴·道州人 每祭祀 迎同姓丈夫·婦人伴神以享 亦爲尸之遺法 有以知古之中華則夷狄同也】."

91 『常變通攷』卷18,「喪禮」, 虞祭, 虞而立尸.
92 高柄翊,「儒敎思想에 있어서 進步觀」,『史觀이란 무엇인가』, 청람, 1988, 244~246쪽.

지방天圓地方의 관념하에서 사방은 각각 동서남북의 끝에 위치하기 때문에, 사방 각지는 세상의 끝이 치우쳐져 있다고 본 것이다.

또한 화하에 대해 "성현이 탄생하면 법을 계승하고 가르침을 베풀며, 그 때그때 폐단을 걷어내니, 이에 물物을 이롭게 쓴다[誕生聖賢 繼施法教 隨時拯弊 因物 利用]"라고 한 것과, "성철이 태어나지 않아, 옛 풍속이 고쳐지지 않았다. 이를 가르치고 타이르는 것도 불가능하고, 이를 예의로 대하는 것도 미치지 못한다[不生聖哲 莫革舊風 詰訓之所不可 禮義之所不及]"도 서로 대비되는 내용이다. 문화적 발전 여부가 성현 즉 성철의 존재에 따라 달라진다는 내용이다.

즉 두우의 사회진화론적 사상은 어디까지나 중화를 대상으로 하는 것이지, 주변민족 즉 이적을 대상으로 하지 않는다. 두우는 중화가 점진적으로 발전하여 오늘날에 이르렀다고 하였다. 반면 이적은 다양한 사례를 거론하여 성현의 부재라는 한계 때문에 중화의 옛 모습에 머물러 있다고 하였다. 이는 이른바 정체성론停滯性論으로도 해석이 가능하다. 즉 '화하의 문화적 우위성'을 강조하면서, 중화를 중심으로 주변을 인식하고 평가한 것이다.

두우는 주변 민족이나 국가와의 대외 관계에 대하여 "온다면 이를 방어해야 하며, 간다면 이를 대비해야 한다[來則禦之 去則備之]"고 하였다. 두우가 주변 민족이나 국가를 방어 대비의 대상으로 여긴다는 점은, 화하와 이적의 구분을 명확하게 하는 이분법적인 성향과 연계된다. 이러한 두우의 생각은 '변방문邊方門'이라는 명칭과도 연계된다. 즉 암묵적으로 주변 민족과 주변 국가를 적으로 설정하고, 이들을 방어하고 대비해야 한다는 의식이 반영된 것이다.

역대로 군대의 위세를 보이고 무예를 더럽히며 융이戎夷를 토벌하였는데, 이에 영진

嬴秦 이래로 화환禍患이 대대로 있었다. 시황제始皇帝는 백승百勝의 병위兵威에 의지하여 6국國을 평정하였지만, 마지막에는 호胡에 의하여 폐단이 생기게 되었다. 한 무제漢武帝는 문제文帝와 경제景帝의 적축積蓄을 써서 영토를 넓게 확장하는데 힘썼지만, 천하의 위태함은 깃발을 엮은 것과 같았다. 왕망王莽은 원시연간元始年間, A.D.1~5의 전실全實을 획득하여 흉노匈奴를 멸망시키려는 의지를 가졌으나, 해내海內에서 마침내 반란으로 무너지는데 이르게 되었다. 수 양제隋煬帝는 개황연간開皇年間, 581~600의 은성殷盛을 계승하여 세 번이나 요좌遼左에 수레를 몰고 갔으나, 모든 백성들이 원망하고 고통을 받게 되어 망하게 되었다.

무릇 지영持盈하는 것은 진실로 어려운 것으로 만족함을 아는 것이 바뀌지 않아야 하니, 오직 후한後漢의 광무제光武帝만 이치의 근원에 깊게 도달하였다. 건무建武 30년54에 사람들이 건강하고 민중들이 풍요로워지자, 장궁臧宮과 마무馬武가 흉노를 멸망시키겠다고 청하였다. 광무제가 대답하기를, "가까운 곳을 버리고 먼 곳을 도모하는 것은 애를 썼으나 공功이 없는 것이며, 먼 곳을 버리고 가까운 곳을 꾀하는 것은 편안하면서도 다함이 있는 것이다. 땅을 넓히려고 힘쓰는 자는 황폐해지고, 덕德을 넓히려고 힘쓰는 자는 강해진다. 덕을 넓히려는 자가 있어야 편안함이 있으며, 사람을 탐내는 자는 잔인함만 있다"고 하였다. 이로부터 여러 장수들은 감히 군대를 일으키자는 말을 다시는 하지 않았다.

아아! 지영을 알고 만족하는 것은, 어찌 치신治身의 근본이고, 역시 이내 치국治國의 요도要道일 뿐이겠는가【송 문제宋文帝 원가연간元嘉年間, 424~453을 서한西漢의 문제와 경제에 비교하자면, 여러 장수들에게 명령을 나누어 하남河南을 경략經略하게 하였지만, 탁발위拓跋魏가 과보瓜步에까지 군대를 보내자 이로 인하여 나라는 긴박해지고 몸은 시해되었다. 진 선제陳宣帝는 현명한 군주로 강호江湖를 평안하게 다스렸는데, 여량呂梁의 20만 군대가 모두 북주北周의 군대에게 사로잡히고, 이로 말미암아 힘과 재물이 다하게 되었으며, 오래지 않아 수씨隋氏에게 평정되었다. 이는 모두 지영에 어두운 것으로 만족함을 알지 못했기 때문이었다]!

우리나라의 개원연간開元年間, 713~741과 천보연간天寶年間, 742~756 즈음에 온 세상이 고요하였는데, 변방의 장수가 총애를 받기위해 앞 다투어 훈벌勳伐을 도모하였다. 서쪽 변경 청해靑海의 주둔군, 동북쪽 천문天門의 군대, 사막 서쪽의 탈라스[怛邏]의 전투, 운남雲南에서 노강瀘江을 건넌 전쟁으로, 이역異域에서 수십만의 사람들이 전몰하였다【천보연간에 가서한哥舒翰이 토번吐蕃을 청해에서 이겼는데, 청해의 가운데에 섬이 있어서, 2만의 병력을 주둔시켜 이곳을 지키게 하였다. 오래지않아 토번에 의해 공격당하였는데, 가서한이 구원하지 못하여 모두 몰살되었다. 안록산安祿山이 해奚와 거란契丹을 천문령天門嶺에서 토벌하였을 때, 10만의 병력이 모두 몰살되었다. 고선지高仙芝가 석국石國을 정벌할 때, 탈라스강[怛邏斯川]에서 7만의 병력이 모두 몰살되었다. 양국충楊國忠이 만족蠻族의 합라봉閤羅鳳을 공격하였을 때, 10여 만의 병력이 모두 몰살되었다】. 만일 유주幽州의 도적을 안에서 평정하지 않고 천하의 사방 정벌을 쉬지 않는다면, 떠나고 무너지는 형세를 어찌 헤아릴 수 있겠는가! 예전 일을 본보기로 삼고 은감殷鑒으로 삼아 중시해야 한다.93

---

93 『通典』卷185, 「邊防門1」, 序, 4971~4972쪽. "歷代觀兵黷武 討伐戎夷 爰自嬴秦 禍患代有 始皇恃百勝之兵威 旣平六國 終以事胡爲弊 漢武資文景之積蓄 務恢封略 天下危若綴旒 王莽獲元始之全實 志滅匈奴 海內遂至潰叛 隋煬帝承開皇之殷盛 三駕遼左 萬姓怨苦而亡 夫持盈固難 知足非易 唯後漢光武 深達理源 建武三十年人康俗阜 臧宮・馬武請珍匈奴 帝報曰 捨近而圖遠 勞而無功 捨遠而謀近 逸而有終 務廣地者荒 務廣德者强 有其有者安 貪人有者殘 自是諸將莫敢復言兵事 於戲 持盈知足 豈特治身之本 亦乃治國之要道歟【宋文元嘉中 比西漢文景 分命諸將 經略河南 致拓跋瓜步之師 因而國蹙身弒 陳宣令主 江湖乂安 呂梁二十萬卒 悉爲周師所虜 由是力殫財竭 旋爲隋氏削平 是皆昧持盈不能知足故也】! 我國家開元・天寶之際 宇內謐如 邊將邀寵 競圖勳伐 西陲青海之戍 東北天門之師 磧西怛邏之戰 雲南渡瀘之役 沒於異域數十萬人【天寶中哥舒翰尅吐蕃青海 青海中有島 置二萬人戍之 旋爲吐蕃所攻 翰不能救而全沒 安祿山討奚・契丹於天門嶺 十萬衆盡沒 高仙芝伐石國 於怛邏斯川七萬衆盡沒 楊國忠討蠻閤羅鳳 十餘萬衆全沒】 向無幽寇內侮 天下四征未息 離潰之勢豈可量耶! 前事之元龜 足爲殷鑒者矣."

이후 두우는 중국의 역대 사례를 거론하며 '왕도정치의 실현'을 주장하였다. 그는 영진 즉 전국시대戰國時代 진秦 이래로 진 시황제秦始皇帝 · 한 무제漢武帝 · 신 왕망新王莽 · 수 양제隋煬帝의 사례를 들어, 대외 원정遠征에 몰두하여 국력을 쇠하게 하거나 국가를 몰락시킨 사례를 열거하였다. 특히나 수 양제가 요좌 즉 고구려 원정으로 인하여 망하게 되었다고 언급하였다는 점은 당대인唐代人의 관점이라는 점에서 주목된다. 두우는 불필요한 전쟁으로 백성들이 고통받는다며, 섣부른 전쟁에 대한 반대 입장을 명확히 밝혔다.

두우는 이상적인 군주상君主像으로 후한 광무제를 손꼽았다. 두우는 광무제가 신하들에게 한 발언을 인용하여, 대외 원정의 불필요함을 역설하였다. 이는 『후한서後漢書』 장궁전臧宮傳에서도 그대로 확인된다.[94] 실제로 후한 광무제는 건무 8년[31]에 일반 농민들의 병역의무 제도를 폐지하였다. 또한 조세租稅를 1/10에서 1/30으로 경감輕減하여, 백성들의 생활을 안정시켰다.[95]

두우는 '지영持盈'을 강조하였다. '지영'이란 '이미 이루어진 공업功業을 보전하여 지킨다'는 뜻이다.[96] 『노자』와 『시경詩經』에서 그 용례가 확인된다. 『노자』 제9장에서는 "이미 가득 찬 것을 계속 지키려는 것은 제때에 그만둠만 못하고, 이미 날카로워진 것을 부단히 측량하려는 것은 오래 보존할 수 없다[持而盈之 不如其已 揣而銳之 不可長保]"고 하였다.[97] "이미 가득 찬 것을 계속 지키려는 것[持而盈之]"에서 '지영'이 유래하였으며, 기존에 이루어진 공업을 보

---

94 『後漢書』 卷18, 「吳蓋陳臧列傳」, 臧宮, 695~696쪽. "詔報曰 黃石公記曰 柔能制剛 弱能制彊 柔者德也 剛者賊也 弱者仁之助也 彊者怨之歸也 故曰有德之君 以所樂樂人 無德之君 以所樂樂身 樂人者其樂長 樂身者不久而亡 舍近謀遠者 勞而無功 舍遠謀近者 逸而有終 逸政多忠臣 勞政多亂人 故曰務廣地者荒 務廣德者彊 有其有者安 貪人有者殘 殘滅之政 雖成必敗 今國無善政 災變不息 百姓驚惶 人不自保而復欲遠事邊外乎? 孔子曰 吾恐季孫之憂 不在顓臾."

95 이춘식, 『중국 고대의 역사와 문화』, 신서원, 2007, 408~409쪽.

96 한국고전용어사전 편찬위원회, 『한국고전용어사전』 4, 세종대왕기념사업회, 2001, 1126쪽.

97 『老子』第9章, "持而盈之 不如其已 揣而銳之 不可長保 金玉滿堂 莫之能守 富貴而驕 自遺其咎 功遂身退 天之道." 老子, 김경수 譯註, 『老子 譯註』, 문사철, 2010, 121쪽.

전하여 지킨다는 의미로 주로 사용된다. 『시경』에서는 "태평太平한 군자君子는 지영을 수성守成할 수 있다"라는 구절이 대표적인 사례에 해당한다.[98]

두우에게 우선시되는 과업課業은 영토의 개척이 아닌, 기존의 공업을 보전하는 것이었다. 이는 당의 현실과도 연계하여, 더 이상의 확장정책은 불필요하다는 의미로 받아들여진다. 두우가 지내던 시기의 당은 전성기가 지났으며, 서서히 내실內實이 무너져가고 있었다. 두우는 섣부른 군사 운용이 도리어 위기를 초래할 수 있다고 판단하여 '지영'을 강조하게 되었다.

마지막으로 두우는 당이 사방의 민족이나 국가들과 전쟁한 사례들을 열거하였다. 모두 크게 패배한 사실들만 열거하였고, 그 중에서는 고선지의 탈라스전투도 포함되었다. 당이 기억하고 싶지 않은 패배들을 거론한 것은 일종의 경고로 해석된다. 지영하지 않고 함부로 전쟁을 행하면 패배를 당하게 된다는 것을 말하고자 한 것이다. 또한 주변 민족과 주변 국가에 대해서는 기본적으로 방어적인 자세를 취해야한다는 점을 주장하려는 의도로 볼 수 있다. 두우는 예전 일을 본보기로 은감으로 삼아야한다고 하였다. 여기에서 은감殷鑒 즉 은감殷鑑은 전대의 실패를 보아 오늘날의 귀감龜鑑과 경계警戒로 삼는다는 뜻이다.[99] 즉 두우는 지금까지의 역사로 보았을 때 함부로 전쟁을 발생시키지 말아야 하는 게 역사적 교훈이라고 주장한 것이다.

현재 중국에서도 위에서 언급한 바와 유사한 측면에서 두우의 대외관을 해석하고 있다. 즉 문명 발전 전개 과정에서 보았을 때 화이華夷의 관계는 역사 발전에 있어서 민족 관계를 반영하며, 당의 개방적인 민족 관념이 내포되었다고 보았다. 다만 중국 초기의 민족 정책에 일종의 수정이 가해졌다고

---

98 『詩經』, 「大雅」, 生民之什, 凫鷖 序. "太平之君子 能持盈守成."
99 한국고전용어사전 편찬위원회, 『한국고전용어사전』 4, 세종대왕기념사업회, 2001, 263쪽.

해석하였다. 중앙 정권이 쇠약해지고 지방 절도사와 주변 민족의 역량이 커지면서, 중앙은 각종 세력의 도전을 받게 되었다. 중앙에서는 그 위신이 점차 하강하자, 엄격한 화이의 구별을 통해, 당의 문화적 정통 지위를 확립하고자 한 것으로 해석하였다. 즉 중앙의 권위를 회복하며 점차 실력을 키워나가려는 의도가 반영된 결과로 보았다.[100]

「변방문」서에는 두우의 대외관對外觀이 요약되었다. 두우는 당의 재상으로서, 당 조정의 입장을 대변하는 위치에 있었다. 두우는 '화하의 문화적 우위성'과 '왕도정치의 실현'을 사상적 기저基底에 두었다. 그는 잦은 전쟁으로 인하여 국력이 쇠약해지거나 위태로워지는 것을 극도로 경계하였다. 주변 민족과 주변 국가를 동등한 입장에서 대하지 않고, 문화적으로 뒤떨어진 존재로 파악하였다. 이적에 적대적이면서도 경계하는 입장을 보이며, 대비와 방어를 해야 하는 존재로 인식하였다. 「변방문邊防門」이라는 명칭 즉 '변경邊境의 방어防禦'는 당 조정을 대변하는 두우의 대외관념對外觀念을 응축한 것으로 규정할 수 있다.

4. 동이목 서략 분석

「변방문邊防門」 序의 고찰에 이어서, 동이목東夷目 서략序略을 분석하도록 하겠다.[101] 『통전通典』「변방문」에서는 사이四夷의 서두마다 서략을 배치하

---

100 張文俊, 「從《通典‧邊防》看杜佑民族思想」, 『唐山師範學院學報』 2009年 6期(31), 唐山 : 唐山師範學院, 93쪽.

101 본격적인 논의에 앞서 본 절은 저자의 이전 논문을 바탕으로 작성되었음을 밝힌다. 송영대, 「『通典』「邊防門」 東夷篇의 구조 및 찬술 목적」, 『史林』 57, 首善史學會, 2016, 143~151쪽.

여, 두우의 이민족 인식을 엿볼 수 있다. 『통전』 권185에는 동이목 서략이 기재되었다.

동이목 서략은 크게 두 가지 내용, 즉 동이東夷에 대한 선진시대先秦時代의 서술과 진·한秦-당대唐代의 서술로 구분할 수 있다. 전자前者는 동이에 대한 설명과 선진시대 동이와 중국과의 관계사를 화이론적華夷論的 관점에서 기술하였고, 후자後者는 진·한부터 당대에 이르는 동이 각국의 흥망興亡을 간략하게 기재하였다. 이를 번역하여 내용을 분석하면 다음과 같다.

동이는【백호통白虎通에서 이르길, "이夷란 몸을 웅크린 채, 예의禮儀를 차리지 않은 것을 말한다"고 하였다. 혹은 이르기를, "이란 근본이다. 어질어서 생명을 좋아하므로 만물萬物이 땅에 근본하여 산출産出되는 것과 같다는 말이다. 그러므로 천성天性이 유순하여 도리道理로 다스리기 쉽다"고 하였다】9종種이 있는데, 견이畎夷·방이方夷·우이于夷·황이黃夷·백이白夷·적이赤夷·현이玄夷·풍이風夷·양이陽夷라고 하며, 대체로 모두 토착생활을 하고 음주飮酒와 가무歌舞를 즐기며, 혹은 변弁을 쓰고 비단옷을 입으며 그릇으로는 조두俎豆를 사용하니, 이른바 중국이 예禮를 잃으면 사이四夷에게서 구하라고 하였다【무릇 만蠻·이·융戎·적狄의 전체를 사이라고 이름하는데, 공公·후侯·백伯·자子·남男을 모두 제후諸侯로 일컫는 것과 같다】.

옛날 요堯임금이 희중羲仲에게 명命하여 우이嵎夷에 머무르게 하였는데, 양곡暘谷이라는 곳으로 대략 해가 떠오르는 곳이다. 하후씨夏后氏 태강太康이 덕德을 잃자 이인夷人이 처음으로 배반하였고, 그 후에 후발后發이 즉위即位할 때까지 왕문王門에 복종하면서 악무樂舞를 바쳤다. 걸桀이 포학暴虐하자 제이諸夷가 내침內侵하였다. 상탕商湯이 혁명革命을 일으키고 그들을 정벌하여 평정하였다. 중정仲丁에 이르러서 남이藍夷가 침입하였다. 이때부터 혹은 복종하고 혹은 배반하기를 300여 년간 하였다. 무을武乙이 쇠하고 약해지자 동이가 자주 침략하였으며, 마침내 회淮·대岱 일대에 나누어 이동하고 점차 중토中土

에 거주하였다.

　주周 초初에 상商의 태사太師를 조선朝鮮이라는 나라에 봉封하였다【태사는 주를 위해 홍범洪範을 펼쳤다. 그 땅은 지금의 안동부安東府의 동쪽으로, 모두 동이가 근거로 한 곳이다】. 이때 관숙管叔과 채숙蔡叔이 주를 배반하였고, 이내 회이淮夷를 초유招誘하여 난亂을 일으키자 주공周公이 이를 정벌하였다. 그 후에 서이徐夷가 참람하게 일컫자, 목왕穆王이 초楚에 명령하여 이를 멸망시켰다【서언왕徐偃王이다】. 초영왕楚靈王이 신申에서 회맹會盟하였을 때에 이르러 또한 와서 동맹同盟하였다. 후에 월越이 낭야琅邪로 옮겨가자 드디어 제하諸夏를 업신여기고, 침입하여 소국小國을 멸망시켰다. 진秦이 천하를 병탄하자, 그 회淮·사이泗夷가 모두 흩어져 인호人戶가 되었다.[102]

　『통전』의 선진시대 동이에 대한 서술은 『후한서後漢書』 동이열전東夷列傳 서序와 매우 유사한 내용으로 구성되었다. 두우는 범엽范曄의 화이론華夷論 인식에 크게 영향을 받아 「변방문」 동이목을 저술한 것으로 보인다. 다만 일부 범엽의 인식과는 다른 부분도 확인된다.

　『후한서』에서는 동이열전 서의 처음 부분에 『예기禮記』 왕제편王制篇을 인용하여 "동방東方을 이夷라고 한다[東方曰夷]"고 하였다. 반면 『통전』에서는 동

102　『通典』卷185,「邊防門1」, 東夷 上, 序略, 4975~4976쪽. "東夷【白虎通云 夷者蹲也 言無禮儀 或云 夷者抵也 言仁而好生 萬物抵地而出 故天性柔順 易以道禦】有九種 曰畎夷·方夷·于夷·黃夷·白夷·赤夷·玄夷·風夷·陽夷 率皆土著[遲略反] 喜飮酒[喜 許利反]·歌舞 或冠弁衣錦 器用俎豆 所謂中國失禮 求之四夷者也【凡蠻·夷·戎·狄 總名四夷者 猶公·侯·伯·子·男 皆號諸侯】昔堯命羲仲宅嵎夷 曰暘谷 蓋日之所出也 夏后氏太康失德 夷人始叛 其後至后發即位 賓於王門 獻其樂舞 桀爲暴虐 諸夷內侵 商湯革命 伐而定之 至於仲丁 藍夷作寇 自是或服或叛 三百餘年 武乙衰弊 東夷浸盛 遂分遷淮·岱 漸居中土 周初封商太師國於朝鮮【太師爲周陳洪範 其地 今安東府之東 悉爲東夷所據】時管·蔡畔周 乃招誘淮夷作亂 周公征定之 其後徐夷僭號 穆王命楚滅之【徐偃王也】至楚靈王會申 亦來同盟 後越遷琅邪 遂陵暴諸夏 侵滅小國 秦並天下 其淮·泗夷皆散爲人戶." 음(音)에 대한 협주(夾註)는 번역을 생략하였다. 중화서국(中華書局)에서 출간한 『통전』에서는 "秦並天下" 이하의 구절을 다음 문단에 배치하였으나, 본서에서는 내용 흐름상 앞의 문단으로 삽입하였다.

이에 협주를 달아『백호통』을 인용하였다.『백호통』에서는 "이란 몸을 웅크린 채, 예의를 차리지 않은 것을 말한다[夷者蹲也 言無禮儀]"고 하였다.[103] 다만 여기에서는 이夷에 대한 정의를 예악禮樂과 관련하여 다양하게 기록하였으나, 유독 가장 마지막에서 단점을 명명하여 그들의 이름을 지었다는 부분을 인용하였다. 이는 두우가 동이에 대해 긍정적인 인식보다는 부정적인 인식을 바탕으로 기술하였기 때문으로 추측된다.

두우는『백호통』이후 부분의 협주 내용 출처를 명기하지 않았지만, 이는『후한서』의 기록을 동일하게 적시한 것이다.[104]『후한서』동이열전 서는『예기』왕제편을 인용하여 "왕제王制에서 이르길 동방을 이라고 한다[王制 云 東方曰夷]"고 기록하였는데,[105] 이 부분이『통전』에서는 생략되었다.

구우九夷에 대한 내용은『후한서』와 비교해 볼 때,[106] 방이와 우이의 배열이 도치倒置되었다는 것을 제외하고는 동일하다.[107] 다만『후한서』에서는 말미에 "때문에 공자孔子가 구이에 거주하고 싶어 하였다[故孔子欲居九夷也]"고 기재하였지만,『통전』에서는 이 부분이 생략되었다.

동이의 생활 모습도 간략히 서술되었는데, 이는 본래『후한서』동이열전 서의 가장 마지막 부분에 해당한다.[108] 생활 모습, 사이에서 예를 찾으라는

---

103 班固, 신정근 譯,『백호통의』, 소명출판, 2005, 113쪽; 김만원 譯,『백호통의 역주』, 역락, 2018, 90쪽.

104 『後漢書』卷85,「東夷列傳」, 2807쪽. "夷者 柢也 言仁而好生 萬物柢地而出 故天性柔順 易以道御 至有君子 · 不死之國焉."

105 『禮記』,「王制」. "中國戎夷 五方之民 皆有其性也 不可推移 東方曰夷 被髮文身 有不火食者矣."

106 『後漢書』卷85,「東夷列傳」, 2807쪽. "夷有九種 曰畎夷 于夷 方夷 黃夷 白夷 赤夷 玄夷 風夷 陽夷 故孔子欲居九夷也."

107 우이(于夷)를 원래 북송본(北宋本) · 명초본(明抄本) · 명각본(明刻本) · 무영본(武英本)에서는 '간이(干夷)'라고 하였고, 왕오본(王吳本)에서는 '천이(千夷)'라고 하였다. 여기에서는『후한서』동이열전을 참고하여 고쳐졌다.『通典』卷185,「邊防門1」, 校勘記, 4991쪽, 19번.

108 『後漢書』卷85,「東夷列傳」, 2810쪽. "自中興之後 四夷來賓 雖時有乖畔 而使驛不絕 故國俗風土 可得略記 東夷率皆土著 憙飲酒歌舞 或冠弁衣錦 器用俎豆 所謂中國失禮 求之四夷者也 凡蠻 · 夷 ·

내용, 사이에 대한 설명이 협주로 작성되었다. "이른바 중국이 예를 잃으면 사이에게서 구하라고 하였다[所謂中國失禮 求之四夷者也]"는 구절은 본래 『춘추좌씨전春秋左氏傳』과 『공자가어孔子家語』의 기록을 바탕으로 하였다.[109] 『삼국지三國志』에서 본래의 표현을 수정하였고,[110] 『후한서』가 다시 따른 것이다.

동이에 대한 설명이 끝난 다음부터는 동이와 중국 간의 연혁을 서술하였다. 이 또한 『후한서』의 내용과 대동소이大同小異하다.[111] 요를 비롯하여 하夏·상의 군주였던 태강·후발·걸·상탕·중정·무을 시기의 동이 연혁을 전쟁이나 화친을 중심으로 기재하였다. 요가 희중에게 명령한 기록은 『사기史記』에서도 확인된다.[112] 『후한서』에서는 본래 후발 관련 내용 대신 소강少康을 거론하여, "소강 이후부터는 대대로 왕화王化에 감복되어 왕실에 복종하고 그들의 음악과 춤을 바치게 되었다[自少康已後 世服王化 遂賓於王門 獻其樂舞]"고 하였다. 후발 즉 발發은 하의 16대 군주이고, 소강은 하의 6대 군주이다. 두우는 범엽의 서술이 사실과 다르다고 생각하여 소강 대신 후발로 서술한 것이다.

상의 태사란 기자箕子를 일컫는다. 기자와 조선에 대한 내용은 협주로 부가 설명을 달아 놓았다. 그 중에서도 "지금의 안동부의 동쪽으로, 모두 동이가 근거로 한 곳이다[安東府之東 悉爲東夷所據]"라는 기록은 안동도호부安東都護府 즉 요서遼西 고군성故郡城의 동쪽을 조선 영역으로 인식하였던 것이다.[113] 또한

戎·狄總名四夷者 猶公·侯·伯·子·男皆號諸侯云."

109 『春秋左氏傳』, 昭公 17년. "仲尼聞之 見於郯子而學之 既而告人曰 吾聞之 天子失官 學在四夷 猶信";『孔子家語』, 辯物. "孔子聞之 遂見郯子而學焉 既而告人曰 吾聞之 天子失官 學在四夷 猶信."

110 『三國志』卷30,「烏丸鮮卑東夷傳」, 840~841쪽. "雖夷狄之邦 而俎豆之象存 中國失禮 求之四夷 猶信."

111 『後漢書』卷85,「東夷列傳」, 2807~2808쪽. "昔堯命羲仲宅嵎夷 曰暘谷 蓋日之所出也 夏后氏太康失德 夷人始畔 自少康已後 世服王化 遂賓於王門 獻其樂舞 桀爲暴虐 諸夷內侵 殷湯革命 伐而定之 至于仲丁 藍夷作寇 自是或服或畔 三百餘年 武乙衰敝 東夷濅盛 遂分遷淮·岱 漸居中土."

112 『史記』卷1,「五帝本紀」, 帝堯, 16쪽. "乃命羲·和 敬順昊天 數法日月星辰 敬授民時 分命羲仲居郁夷 曰暘谷 敬道日出 便程東作 日中 星鳥 以殷中春 其民析 鳥獸孳微."

『후한서』에서는 주 무왕周武王이 은주殷紂를 멸滅하고 숙신이 석노石砮와 호시楛矢를 바친 내용이 기술되었다.[114] 동이목 서략에서는 이 내용을 뒷부분으로 옮겨 기재하였다. 뒷부분에서는 동이의 각국과의 연혁이 기재되었는데, 그 통일성을 위하여 기록의 위치를 변경한 것이다.

주대周代와 춘추전국시대春秋戰國時代의 동이 기술은 관숙과 채숙의 난부터 서술되었다. 『후한서』와 비교하면 전반적으로 축약되었다.[115] 『후한서』에서는 관숙과 채숙이 이적을 초유하였다고 기재되었다. 『통전』에서는 좀 더 구체적으로 회이가 작란作亂하자 주공이 그들을 정정征定하였다고 기재하였는데, 『사기』의 영향으로 추측된다.[116] 『후한서』에서 숙신이 다시 내조來朝한 것과 목왕이 서이를 멸망시키라고 명령하였다는 내용은 『통전』에서 대폭 생략되었다.

초 영왕楚靈王의 회맹會盟에 대한 내용 이하의 부분도 『후한서』와 거의 동

---

113 『구당서(舊唐書)』에서는 안동도호부(安東都護府)가 의봉(儀鳳) 2년(677)에 신성(新城)으로 옮겨졌고, 다시 개원(開元) 2년(714)에 평주(平州)로 옮겨졌으며, 천보(天寶) 2년(743)에는 평주에서 요서고군성(遼西故郡城)으로 이동하였다고 적시하였다.(『舊唐書』卷39 「地理志2」, 十道郡國2, 河北道, 安東都護府, 1526~1527쪽. "儀鳳二年 又移置於新城 聖曆元年六月改爲安東都督府 神龍元年 復爲安東都護府 開元二年 移安東都護於平州 天寶二年 移於遼西故郡城置 至德後廢 初置領羈縻州十四 戶一千五百八十二.") 참고로 쓰다 소우키치[津田左右吉]는 안동도호부가 개원 22년(734)에 이미 요서(遼西)로 옮겨졌을 것으로 보았다.(津田左右吉, 정병준 譯, 「安東都護府考」, 『高句麗渤海硏究』 42, 고구려발해학회, 2012, 296쪽)

114 『後漢書』卷85 「東夷列傳」, 2808쪽. "及武王滅紂 肅愼來獻石砮·楛矢."

115 『後漢書』卷85 「東夷列傳」, 2808~2809쪽. "管·蔡畔周 乃招誘夷狄 周公征之 遂定東夷 康王之時 肅愼復至 後徐夷僭號 乃率九夷以伐宗周 西至河上 穆王畏其方熾 乃分東方諸侯 命徐偃王主之 偃王處潢池東 地方五百里 行仁義 陸地而朝者三十有六國 穆王後得驥騄之乘 乃使造父御以告楚 令伐徐 一日而至 於是楚文王大擧兵而滅之 偃王仁而無權 不忍鬪其人 故致於敗 乃北走彭城武原縣東山下 百姓隨之者以萬數 因名其山爲徐山 厲王無道 淮夷入寇 王命虢仲征之 不克 宣王復命召公伐而平之 及幽王淫亂 四夷交侵 至齊桓修霸 攘而卻焉 及楚靈會申 亦來豫盟 後越遷琅邪 與共征戰 逐陵暴諸夏 侵滅小邦 秦幷六國 其淮·泗夷皆散爲民戶."

116 『史記』卷32 「齊太公世家」, 1480~1481쪽. "太公至國 修政 因其俗 簡其禮 通商工之業 便魚鹽之利 而人民多歸齊 齊爲大國 及周成王少時 管蔡作亂 淮夷畔周 乃使召康公命太公曰 東至海 西至河 南至穆陵 北至無棣 五侯九伯 實得征之."

일하지만, 세부 표현에서 약간의 차이를 보인다. 당대의 표현 및 인식을 바탕으로 수정된 것으로 보인다. 이를테면 '소방小邦'을 '소국小國'으로, '육국六國'을 '천하天下'로 표현한 점을 들 수 있다. 또한 "與共征戰"이라는 문구가 제외되었다. '민호民戶'를 '인호人戶'로 개정하였는데, 이는 당 태종唐太宗 이세민李世民을 피휘避諱한 것이다.[117]

『통전』의 동이 인식은 『후한서』의 동이 인식이 바탕이 되었다. 『후한서』는 중국 사서 중에서 최초로 체계적인 동이관東夷觀을 제시하였다는 점에서 사학사적史學史的 의의가 있다. 범엽은 춘추시대 이후 한漢 초初에 동이로 빈번히 언급된 회이淮夷와, 『사기』・『한서漢書』에서 동이의 대표 격으로 지목된 조선과의 관계에 대해서, 문화적 또는 종족적인 친연성親緣性을 염두에 두지 않았다. 오히려 그는 시대에 따른 중국인의 동이 개념 변화를 서술한 것으로 보인다. 즉 진대秦代 회수淮水・사수泗水 유역의 제이諸夷가 일반 군현郡縣의 편호編戶로 흡수・편성되면서 삼대三代 이래 전통적인 동이가 소멸되고, 그 주변의 제민족諸民族을 동이로 재편하여 인식하였던 것으로 해석할 수 있다. 다만 범엽의 서술은 진대 이전의 동이사東夷史를 동이전東夷傳 서에 포함시켜 동이전에 수록된 동이와 혼동될 여지를 남기게 되었다.[118] 두우 또한 선진시대의 동이와 한대漢代 이후의 동이를 동일하거나 유사한 개념으로 파악하여 서략을 작성하였고, 이 때문에 『통전』에서는 『후한서』와 달리 상의 태사에 대한 기록이 삽입되었다. 아울러 민월閩越을 동이에 포함시킨 것 또

---

117 당(唐)의 사서에서 세(世)는 대(代)라 하고, 민(民)은 모두 인(人)이라고 하였다. 민부(民夫)는 호부(戶部)가 되었는데, 태종(太宗)의 이름인 세민(世民)을 피한 것이다. 또한 글자에서 '민(民)'자가 붙은 것은 일부를 삭제해 모두 씨(氏)로 만들었으며, 예컨대 '혼(昏)'은 '혼(昏)'이 되었다.(張舜徽, 오항녕 譯, 『역사문헌교독법』, 한국고전번역원, 2015, 256~257쪽)
118 李成珪, 「先秦 文獻에 보이는 '東夷'의 성격」, 韓國古代社會研究所 編, 『韓國古代史論叢』 1, 駕洛國史蹟開發研究院, 1991, 98~100쪽.

한 이러한 오해에서 비롯되었다고 볼 수 있다.

그 조선朝鮮은 천여 년을 지나, 한 고제漢高帝 때에 이르러 멸망하였다. 무제武帝 원수연간元狩年間, B.C. 122~B.C.117에 그 땅을 개척하여 낙랑樂浪 등의 군군郡을 설치하였다. 후한後漢 말에 이르러 공손강公孫康이 소유所有하였다. 위魏·진晉이 또 그 땅을 얻었다. 그 삼한三韓의 땅은 해도海島에 있는데, 조선의 동남쪽에 백제百濟와 신라新羅가 있어서, 위·진 이후에 나뉘어져 한지韓地에서 왕 노릇을 하였다.

신라는 또 백제의 동남쪽에 있으며, 왜倭는 또 동남쪽에 있고, 월越과는 대해大海를 사이에 두고 떨어져 있다. 부여夫餘는 고려高麗의 북쪽과 읍루挹婁의 남쪽에 있다. 왜 및 부여는 후한대後漢代부터, 백제와 신라는 위대魏代부터, 역대로 나란히 중국에 대한 조공이 끊이지 않았다. 백제는 대당大唐 현경연간顯慶年間, 656~660에 소정방蘇定方이 멸망시켰다.

고려는 본래 조선의 땅으로 한 무제 때 현縣을 설치하여 낙랑군樂浪郡에 속하였는데, 이때는 매우 미약하였다. 후한 이후에 누대累代로 모두 중국의 봉작封爵을 받았으며, 도읍한 평양성平壤城은 즉 옛 조선국朝鮮國 왕험성王險城이다. 후위後魏·북주北周·북제北齊 때 점차 강성해졌다. 수 문제隋文帝 때에 요서遼西를 침략하자, 한왕 량漢王諒이 군대를 이끌고 이를 토벌하였는데, 요수遼水에 이르러 돌림병을 만나 돌아오게 되었다. 양제煬帝가 3번에 걸쳐 친정親征을 하였는데, 처음에는 요수를 건넜지만 패적敗績하였고, 다시 갔을 때엔 요수에서 양현감楊玄感의 반란을 만나 분퇴奔退하였으며, 또 갔을 때에는 무릇 탁군涿郡에 도착하였을 때 천하에 도적이 일어나고 기근으로 인하여 군대를 되돌렸다. 정관연간貞觀年間, 627~649에 태종太宗이 또 친정하였는데, 요遼를 건너서 그들을 격파하였다. 고종高宗 총장연간總章年間, 668~670 초에 영국공英國公 이적李勣이 비로소 그 나라를 멸망시켰다.

옛날의 숙신肅愼은 아마도 위대魏代의 읍루로, 주周 초부터 호시와 석노를 바쳤으며,

조위曹魏의 상도향공常道鄕公 말과 동진東晉 원제元帝 초 및 석계룡石季龍 때에 이르러 처음으로 모두 이를 바쳤다. 후위 이후에 물길勿吉國으로 불렸으며, 지금은 즉 말갈靺鞨이라 한다. 무릇 동이의 서문書文은 화하와 나란히 동일하다.

그 민월의 땅은 진秦이 천하를 평정하였을 때 군이 되었는데, 진에서 난이 일어나자 그 우두머리가 또 스스로 옛 땅에서 왕을 자칭하였다. 무제 원봉연간元封年間, B.C.110~B.C.105 초에 양복楊僕이 그 나라를 멸망시키고, 그 사람들은 강회江淮로 옮겨졌으며 그 땅은 비게 되었다. 후에 사람들이 다시 모여들자, 드디어 군현으로 삼았다.[119]

동이목 서략에는 조선·백제·신라·왜·부여·고구려·읍루물길·민월의 연혁을 간략하게 기술하였다. 서술 순서는 동이목 구성 국가 순서와 유사하다.

조선에 대한 기록을 보면 한 고제漢高帝, 즉 한 고조漢高祖, 재위 B.C.202~B.C.195 때에 멸망하였다고 하였다. 주지하듯이 『사기』에서는 조선 멸망 시점이 한 무제 원봉 3년B.C.108으로 기록되어 차이를 보인다.[120] 이 시기는 원수연간B.C.122~B.C.117이 아니므로, '원수元狩'는 원봉연간元封年間, B.C.110~B.C.105을 의미하는 '원봉元封'의 오기誤記로 생각된다.

---

[119] 『通典』卷185, 「邊防門1」, 東夷 上, 序略, 4976쪽. "其朝鮮歷千餘年 至漢高帝時滅 武帝元狩中開其地 置樂浪等郡 至後漢末 爲公孫康所有 魏晉又得其地 其三韓之地在海島之上 朝鮮之東南百濟·新羅 魏晉以後分王韓地 新羅又在百濟之東南 倭又在東南[倭 烏和反] 隔越大海 夫餘在高麗之北 挹婁之南 其倭及夫餘自後漢 百濟·新羅自魏 歷代並朝貢中國不絶 而百濟 大唐顯慶中 蘇定方滅之 高麗本朝鮮地 漢武置縣 屬樂浪郡 時甚微弱 後漢以後 累代皆受中國封爵 所都平壤城 則故朝鮮國王險城也 後魏·周·齊漸强盛 隋文帝時寇盜遼西 漢王諒帥兵討之 至遼水遭癘疫而返 煬帝三度親征 初渡遼水敗績 再行 次遼水 會楊玄感反 奔退 又往 將達逐郡 屬天下賊起及饑饉 旋師 貞觀中 太宗又親征 渡遼 破之 高宗總章初 英國公李勣逐滅其國 古之肅愼 宜即魏時挹婁 自周初貢楛矢·石砮[楛音戶] 至魏常道鄕公末·東晉元帝初及石季龍時始皆獻之 後魏以後曰勿吉國 今則曰靺鞨焉 大抵東夷書文並同華夏 其閩越之地 秦平天下以爲郡 及秦亂 其帥又自稱王於故地 武帝元封初 楊僕滅其國 遷其人於江淮 虛其地 自後雖人庶復集 逐爲郡縣矣."

[120] 『史記』卷115 「朝鮮列傳」, 2989쪽. "元封三年夏 尼谿相參乃使人殺朝鮮王右渠來降 王險城未下 故右渠之大臣成巳又反 復攻吏 左將軍使右渠子長降·相路人之子最告諭其民 誅成巳 以故逐定朝鮮 爲四郡."

한 고제 때 멸망하였다는 기록은 한 무제의 오기라고 생각할 수도 있다. 그러나 바로 뒤이어 무제 기록이 나오기 때문에, 여기에서의 조선은 기자조선箕子朝鮮을 의미하는 것으로 보는 게 자연스럽다. 이러한 서술에서 위만衛滿은 배제되었다. 이는 두우가 조선의 정통성을 기자에게서 찾았고, 위만은 찬탈자로 인식했기 때문으로 추측된다. 즉 서략에서는 위만조선衛滿朝鮮을 반란 세력으로 취급하여 크게 의미를 두지 않았고, 한 무제 때 다시 그 땅을 개척하여 중국의 영역이 되었다고 본 것이다. 또한 천여 년을 지났다는 조선은 기자조선으로 여겨진다. 기자조선의 건국 연대를 명확히 알 수 없지만, 주周의 건국과 비슷한 시기로 설정하여, 천여 년으로 기록하였을 가능성이 크다.[121] 낙랑 등의 군 설치의 기록으로 볼 때 기자조선 멸망 이후의 조선은 국명國名이 아닌 지명地名의 의미, 즉 한반도 북부 일대를 지칭하는 용어로 사용되었다.

조선 다음으로 기록한 삼한은 '해도海島'로 표현하였다. 사실과는 다른 부분이지만, 역대로 중국인들은 육로陸路가 아닌 해로海路를 통해 한반도 남부 지역과 왕래를 하였으므로, 한반도 남부를 해도로 인식한 것으로 추측된다. 위진시대魏晉時代에 백제와 신라가 한지韓地에서 왕 노릇을 하였다고 밝혀 놓았다.[122] 그 시점은 『삼국지』 저술 시기 혹은 그 이후에 해당하므로, 당대인唐代人은 대략 3~4세기 경에 삼한이 백제와 신라로 분할되었다고 인식하였

---

121 참고로 『동사강목(東史綱目)』에서는 기자가 봉해진 시점을 주 무왕(周武王) 13년이라고 하였다. 서력(西曆)으로 환산하면 B.C.1122년이 된다. 이 시기를 원수연간(B.C.122~B.C.117)과 비교하면 대략 1천여 년의 시차(時差)가 확인된다.

122 "朝鮮之東南百濟·新羅 魏晉以後分王韓地"에서 '남(南)'자 아래에는 원래 '야(也)'자가 있었으나, 청인(淸人)이 멋대로 끼워 넣은 것이다. 북송본·명초본·명각본·왕오본을 참고하여 삭제하였다. '왕(王)'자는 본래 '삼(三)'자였으나, 북송본에 의거하여 개정되었다. 『通典』 卷185, 「邊防門1」, 校勘記, 4991쪽, 20번.

음을 알 수 있다. 왜와 부여는 후한대부터, 백제와 신라는 위대魏代부터 중국과 교류했다고 기록되었다.[123] 중국과의 교류 사항은 각 절節에서 다시 언급된다. 다만 백제는 진대晉代부터 교류했다고 기록되었고, 신라 또한 전진대前秦代부터 교류하였는데, 이를 제대로 반영하지 않은 점은 다소 의아하다.

고구려에 대한 서술은 조선과의 연관성부터 시작한다. 고구려가 낙랑군에 속했다고 기록하였다. 이는 조선의 땅을 낙랑이 차지하였고, 낙랑을 비롯한 한사군漢四郡의 영역 내에 고구려가 소재했다는 식으로 연결하려는 의도로 파악된다. 평양성을 언급하면서 옛 조선국 왕험성을 일컫는 것도 조선과의 연계성을 의식한 서술이다. 서략의 평양성 기록은 『삼국사기三國史記』에서 동천왕대東川王代에 평양平壤을 설명할 때 협주로 "평양은 본래 선인仙人왕검王儉의 택宅이다. 혹은 왕의 도읍이었던 왕험王險이다"라고 일컫은 기록을 연상시킨다.[124] 서략의 평양성 기록은 이후 고구려절高句麗節에서도 다시 유사한 형태로 제시되었다.[125] 김부식金富軾은 『삼국사기』를 저술하면서 『통전』을 참고하였고, 평양에 대해 고조선古朝鮮과의 연관성을 염두에 두어 선인왕검을 거론한 것으로 여겨진다.

서략에서는 고구려와 수隋·당唐 간의 전쟁 원인을 수 문제대隋文帝代에 고구려가 요서를 침략하였기 때문이라고 밝혔다. 이후 수 양제隋煬帝의 3차에 걸친 원정이 모두 실패로 끝났다고 서술하였다. 반면 당의 공격은 2차에 걸쳐 기술하였는데 모두 승리한 것으로 서술하였다. 즉 수의 패배와 대비對比하여 당의 승리를 드높여 기술하였다. 당 태종唐太宗은 실제 고구려 원정을

---

123 "歷代並朝貢中國不絕"에서 본래 '중국(中國)'은 빠졌으나, 북송본·명초본·명각본·왕오본을 참고하여 보완되었다. 『通典』 卷185, 「邊防門1」, 校勘記, 4991쪽, 21번.

124 『三國史記』 卷17, 東川王 21년. "平壤者本仙人王儉之宅也 或云王之都王險."

125 『通典』 卷186, 「邊防門2」, 東夷 下, 高句麗, 5004쪽. "自東晉以後 其王所居平壤城【即漢樂浪郡王險城 自爲慕容皝來伐 後徙國內城 移都此城】亦曰長安城."

실패하였음에도 불구하고 성공한 것처럼 기록하여,『통전』이 철저히 당의 입장에서 서술되었음을 보여준다. 고구려에 대한 기술은 다른 종족이나 국가에 비해 상세한 편인데, 전쟁이나 교섭을 통해 비교적 많은 정보를 확보하였기 때문이다.

숙신에 대한 기술은『후한서』동이열전 서의 내용을 약간 수정한 것이다. 주 무왕을 주周 초로 기재하고, 숙신을 읍루와 유사한 종족으로 보았다. 또한 "읍루挹婁-물길勿吉-말갈靺鞨"이 모두 유사한 존재로 기술되었으며, 시대별로 명칭이 변동하였음을 밝혔다. 서략의 마지막에는 민월을 기술하였는데, 이는 민월이 동이의 다른 국가나 종족과는 연관성이 떨어진다고 판단했기 때문으로 추측된다. 또한 민월은 멸망하고서 강회로 옮겨지게 되었는데, 강회는 선진시대 동이의 활동 범위에 해당한다.

『통전』「변방문」동이목 서략은 크게 2부분으로 구분된다. 앞부분은 선진시대 동이에 대한 기술이 주를 이루며, 다수의 내용이『후한서』를 기반으로 작성되었다. 다만 전반적으로 동이에 대한 입장은 긍정적인 면이 크지 않으며, 도리어 약간 부정적으로 수정한 흔적이 확인된다. 또한 조선에 대한 내용을 일부 삽입시킴으로써 다음 부분과의 연결을 자연스럽게 처리하고, 동시에 기자의 유구성도 강조하였다.

뒷부분은 동이의 대략적인 역사를 서술한 것이며, 두우가 직접 작성하였다고 판단된다. 각국에 대해 간략하게 서술하였지만, 고구려에 가장 큰 비중을 두었다. 이는 동이의 세력 중 당이 가장 경계했던 국가가 바로 고구려였기 때문이다.

『통전』은 당대의 재상이었던 두우가 저술한 서적이다. 두우는 귀족 가문 출신으로 안정적인 삶을 살았지만, 그가 살던 시대는 수많은 변화가 있었다. 안사의 난을 계기로 당은 전성기에서 쇠퇴기로 접어들었으며, 외부의 위협도 갈수록 커져갔다. 두우는 역대 정치와 경제 제도의 연혁 변천을 종합하여 경험과 교훈을 얻고자 하여 『통전』을 집필하게 되었다. 『통전』은 총 9문門으로 구성되었으며, 통치의 관점에 따라 각 문의 배열이 결정되었다. 당 이전의 기전체 정사의 지志 내용을 계통적으로 정리하고, 다양한 자료를 확보하여 내용을 보강하였다. 현실적인 관점에서 사료를 서술하였으며, 이 과정에서 불필요하다고 여겨지는 내용들은 제외되었다. 『통전』은 진귀한 사료를 보존하였다는 점에서도 의미가 있으며, 진보적 역사관을 제기하였다는 점에서도 높은 평가를 받는다.

『통전』은 총 9문으로 구성되었으며, 그 중에서도 제일 마지막에 「변방문」이 배치되었다. 「변방문」은 기본적으로 변경 방어를 목적으로 설정한 것이다. 여기에서 변경의 방어는 단순한 군사적인 방어를 의미하는 것이 아니다. 이적夷狄을 우선 교화시키고, 교화가 통하지 않을 경우에는 방어를 하라는 의미이다. 이러한 방침은 초당시기初唐時期에 주변국과의 수많은 전쟁을 수행하였던 당의 방침과는 차이가 나는 부분이다.

『통전』 「변방문」의 인식은 그 구조를 통해 먼저 알 수 있다. 『통전』은 기존까지 존재하였던 수많은 중국 정사의 사이전四夷傳을 정리하여 기술하였다. 동이목은 동이의 국가 중에서 비중이 있는 국가를 중심으로 서술되었으며, 조선을 비롯하여 삼한과 부여, 고구려·백제·신라가 등이 포함되었다.

「변방문」 서를 통해 두우의 이적에 대한 인식을 살펴볼 수 있다. 두우는 중국의 옛 모습이 이적이라고 하여 사회진화론적인 시각을 보인다고 지적되었다. 그렇지만 이는 중국에만 해당되는 것이며, 이적에게까지 해당되는 것은 아니다. 도리어 중국과 이적의 차이를 구분하고, 중국을 우위에 두어 기존의 중화사상에서 크게 벗어나지 않았다. 두우의 이적에 대한 인식은 크게 '화하華夏의 문화적 우위성'과 '왕도정치王道政治의 실현'으로 요약이 가능하다.

동이목 서략을 보면 동이에 대한 인식이 선진시대와 한대 이후로 구분됨을 알 수 있다. 주로『후한서』동이열전의 서를 참고하되, 선진시대 관련 서술에서 기자에 대한 내용을 삽입하였다. 당대까지의 동이 연혁을 서술하되 중국과의 연관성을 중심으로 서술하였다. 동이의 역사가 중국에 의하여 시작되었다거나 중국의 교화를 받아 동이의 문화가 성숙하게 되었다는 방향으로 서술된 점이 특징이다. 이는 곧 두우의 동이에 대한 인식을 고스란히 보여주는 것으로 판단된다.

제3장

동이목 각국 기사의 전거 자료와 내용 분석

이번 장에서는 『통전通典』 「변방문邊防門」 동이목東夷目 중에서 주요 국가들을 선정하여, 각 기록의 형성 과정을 고찰하는 작업을 하겠다. 두우杜佑가 기존의 사서史書를 어떻게 참고하여 반영하였는지 알아보고, 개중에는 두우가 자체적으로 작성한 기록도 있는지 구분하도록 하겠다. 제반의 작업을 통하여 사료 형성 과정을 파악하고, 그에 담긴 의미도 알아볼 수 있을 것으로 기대된다. 기록 형성 과정을 고찰하기 위해 본서에서는 '기록 유사도 분석 방법'을 통해 각 사료를 정량화하여 비교하고 분석하는 시도를 하였다.[1]

기록 유사도 분석 방법은 본서를 서술하면서 정량화를 도모한 시도이다. 사서의 기록 구성 및 전거자료를 알아보기 위해, 분석 대상 사료를 원전原典으로 추정되는 사서의 기록들과 대조·분석하였다. 먼저 각 기록을 세부적

---

[1] '기록 유사도 분석 방법'은 저자가 『통전』 백제절(百濟節) 분석을 시행하면서 사료 비교 및 정량화를 시도한 것이다. 해당 방법에 대한 설명은 다음의 논문을 참고하길 바라며, 본서에서도 다시 설명하였음을 밝힌다. 송영대, 2019, 「『通典』 百濟節의 서술과 인식」, 『사학연구』 133, 한국사학회, 88~91쪽.

으로 구분하고 기존 사서의 원문原文과 대조한다. 여기에서 기존 사서는 각 국과 관련된 기록이 있는 사서 중에서 당대唐代 초반까지 편찬된 서적을 주 대상으로 삼았다. 사전 작업을 통해 유사도가 높은 사서를 미리 선별하고, 각 기록은 각 절節의 해당 기록과 직접 대조하였다. 여기에서 세부적으로 구 분한 각 절의 개별 문구文句를 분모로 삼고, 기존 사서의 문구와 비교하여 동 일한 내용을 분자로 설정하였으며, 유사도 수치를 백분율로 표시하였다.

가장 유사한 기록의 선정 과정을 일일이 제시하면 본서의 분량이 자못 방대해질 수 있기에 이를 제외하게 되었다. 백분율로 표기할 때 소수점 아 래 2번째 자리는 버림하고, 소수점 아래 1번째 자리까지만 표시하였다. 또 한 각 표에서 세부적인 기사 출전도 분량의 비대함을 피하기 위해 표기하지 않았고, 필요한 경우 본문에서 관련 내용을 설명하여 주석으로 표기하였다.

각 절의 원문은 중화서국中華書局에서 2016년에 간행한 서적을 참고하여 작성하였다. 교감기校勘記도 일부 내용에 반영하거나 특이사항을 주석에 기 재하였다. 전체적으로 내용의 통일성을 기하기 위하여 본서에서는 중화서 국판中華書局版 『통전』 원문을 주요 기준으로 삼아 기술하였음을 밝힌다.

분석 과정 이후 표로 작성한 내용 중에서 백분율로 낸 수치를 바탕으로 유사도를 판단한다. 본서에서는 유사도의 50% 미만은 '유사도 낮음', 50% 이상부터 70% 미만은 '유사도 중간', 70% 이상을 '유사도 높음'으로 구분 하였다. 이러한 원칙하에 각 절에 대한 분석을 이행하였다. 동이목 중에서 조선절朝鮮節, 마한馬韓 · 진한辰韓 · 변진절弁辰節, 백제절百濟節, 신라절新羅節, 부 여절夫餘節, 고구려절高句麗節을 분석 대상으로 삼았다. 먼저 각 기록의 원전에 연번을 매겨 구분을 하고, 해당 내용을 상세히 고찰하였다. 조선절 분석부 터 제시하면 다음과 같다.

1. 조선절

조선절朝鮮節의 기록은 크게 3개의 문단으로 구분할 수 있다. A-1은 기자조선箕子朝鮮에 대한 내용, A-2는 위만조선衛滿朝鮮으로의 교체, A-3은 조선朝鮮의 멸망이라는 주제로 구분하였다. 각 기록들을 제시하고 세부 주제별로 다시 문장을 구분하면 다음과 같다.

A-1. ① 朝鮮【晉張華曰 朝鮮有泉水・洌水・汕水 三水合爲洌水 疑樂浪・朝鮮取名於此也 汕 所晏反】② 周封殷之太師之國 太師教以禮義・田蠶 作八條之教 無門戶之閉 而人不爲盜 其後四十餘代 至戰國時 朝鮮侯亦僭稱王 ③ 始全燕時嘗略屬焉 爲置吏 築障塞 秦滅燕 屬遼東外徼【秦遼東郡 今安東府之東地】④ 及秦亂 中國人往避地者數萬口 ⑤ 漢興 爲其遠難守 復修遼東故塞 至浿水爲界[浿音滂拜反]屬

A-2. ① 燕王盧綰反 入匈奴 燕人衛滿亡命 聚黨千餘人 魋結[魋 杜回反]蠻夷服而東走出塞 度浿水 擊破朝鮮王準 居秦故空地上下障 稍役屬眞蕃・朝鮮諸夷 及故燕・齊亡命者 王之 都王險【在浿水之東】② 會孝惠・高后時 天下初定 遼東太守即約滿爲外臣 保塞外 ③ 以故滿得兵威財物 侵降其旁小邑 眞蕃・臨屯皆來服屬 地方數千里 傳子至孫右渠 所誘漢亡人滋多

A-3. ① 武帝元封三年 遣樓船將軍楊僕從齊浮渤海 兵五萬 左將軍荀彘出遼東 討之 ② 朝鮮人相與殺王右渠來降 ③ 遂以朝鮮爲眞蕃・臨屯・樂浪[音郎]・玄菟四郡【今悉爲東夷之地】④ 昭帝時罷臨屯・眞蕃以並樂浪・玄菟 ⑤ 自內屬以後 風俗稍薄 法禁亦浸多 至於六十餘條

A-1은 5문장, A-2는 3문장, 다시 A-3은 5문장으로 나눌 수 있다. 각 문

장은 주제를 중심으로 구분하되, 사서 별로 출전이 다른 경우에도 별도의
문장으로 구분하였다. 각 문장의 출전을 비교하여 조선절의 구성을 고찰하
도록 하겠다. 위에서 제시한 조선절 원문은 다시 문장별로 구분하였다. 즉
A-1-①, A-1-②와 같이 연번을 매기고 원문을 제시하였다. 각 기록은 앞
서 설명한 기록 유사도 분석 방법에 따라 분석을 진행하였다.

표에서는 밑줄과 음영의 표시를 통해 상호 공통점이 있는 기록들을 비교
하였다. 아울러 유사성이 높은 서명書名과 해당 기록을 제시하였으며, 『통
전』의 기록을 기준으로 비교 사서의 기록의 자수字數를 살펴보고, 백분율로
도 표시하였다. 이러한 작업을 통해 상호 유사성의 차이가 어떻게 나타나는
지를 일목요연하게 살펴볼 수 있다.

우선 A-1의 사례를 바탕으로 기존 중국 사서의 내용과 상호 비교하여 표
로 제시하면 〈표 4〉와 같다.

〈표 4〉에서 A-1-①·④·⑤는 유사도 높음으로 나오지만, A-1-②·③
은 유사도 중간으로 나온다. 이는 A-1-①·④·⑤가 기존 사료를 크게 참고
하며 반영하였음에 비해, A-1-②·③은 두우에 의해 문장이 수정되거나 새
로 기입된 내용이 많다는 것을 의미한다. 실제로 A-1-③에서는 두우가 직
접 기술한 협주가 부가되었다.

A-1-①은 『사기집해史記集解』, A-1-②·④는 『후한서後漢書』 예조濊條, A-
③·⑤는 『사기史記』의 기록을 바탕으로 하였다. A-1의 기록은 이 외에도
『한서漢書』 지리지地理志 연지燕地와 조선전朝鮮傳, 『삼국지三國志』 예조의 기록과
도 공통점들이 확인된다. 다만 앞서 거론한 서적들의 공통점이 다른 사서에
비해 좀 더 큰 편이다.

조선절은 전반적으로 다른 사서의 내용을 축약하여 기술되었으며, 연혁

연번	조선절 기록	중국 사서의 유사 기록		기록 유사도	
		서명	기록	자수	백분율
A-1-①	朝鮮【晋張華曰 朝鮮有泉水·洌水·汕水 三水合爲洌水 疑樂浪·朝鮮取名於此也 汕 所晏反】	史記集解	[集解]張晏曰 朝鮮有濕水·洌水·汕水 三水合爲洌水 疑樂浪·朝鮮取名於此也	26/35	74.2
A-1-②	周封殷之太師之國 太師教以禮義·田蠶 作八條之教 無門戶之閉 而人不爲盜 其後四十餘代 至戰國時 朝鮮侯亦僭稱王	後漢書	昔武王封箕子於朝鮮 箕子教以禮義田蠶 又制八條之教 其人終不相盜 無門戶之閉 其後四十餘世 至朝鮮侯準 自稱王	29/48	60.4
A-1-③	始全燕時嘗略屬焉 爲置吏 築障塞 秦滅燕 屬遼東外徼【秦遼東郡 今安東府之東地】	史記	自始全燕時嘗略屬眞番·朝鮮 爲置吏 築鄣塞 秦滅燕 屬遼東外徼	21/33	63.6
A-1-④	及秦亂 中國人往避地者數萬口	後漢書	漢初大亂 燕·齊·趙人往避地者數萬口	9/12	75
A-1-⑤	漢興 爲其遠難守 復修遼東故塞 至浿水爲界[浿音滂拜反]屬	史記	漢興 爲其遠難守 復修遼東故塞 至浿水爲界 屬燕	19/24	79.1
합계 및 평균				104/152	68.4

을 중심으로 간략하게 작성되었다. 『사기』 조선열전朝鮮列傳과 『한서』 조선
전과 비교하면 기존의 상세한 전쟁기록이 대폭적으로 삭제되었다.

조선절 가장 앞에는 조선이 은殷의 태사太師가 분봉 받은 나라라는 문구를
내세워 중국의 영향력을 강조하였다. A-1-①에서는 협주夾註로 서진대西晉
代의 문장가文章家이자 『박물지博物志』의 저자로 유명한 장화張華의 말을 인용
하여,[2] 조선의 강과 명칭 유래를 설명하였다. A-1-①은 본래 『사기』의 해
설서인 『사기집해』에 수록된 기록인데, 두우는 장안張晏이 아닌 장화의 발
언으로 기록하였다.

A-1-②의 기록에 따르면 조선은 은의 태사가 분봉 받은 나라로, 그 후손
이 40여 대까지 전해졌다고 하였다.[3] 이 기록은 『사기』 조선열전과 『한

---

2 임종욱, 『중국역대인명사전』, 이회문화사, 2010, 1545쪽.

3 "朝鮮侯亦僭稱王"에서 원래 '기(侯)'자의 아래에는 '준(準)'이 있었지만, 북송본(北宋本)·명
초본(明抄本)·명각본(明刻本)에 의거하여 삭제하였다. 『通典』 卷185, 「邊防門1」, 校勘記,

서』조선전에서는 확인되지 않는 기록이다. 다만『한서』「지리지」연지에서 해당 기록과 관련하여 기자箕子가 조선에 가서 예의禮義와 전잠田蠶을 가르쳤다는 기록이 있다.[4]

『한서』「지리지」보다 A-1-②의 원전原典에 가까운 기록은『삼국지』와『후한서』의 예조에서 확인된다. 예의·전잠 기록의 유무로 보았을 때, 두우는『후한서』예조를 참고하여 A-1-②를 작성하였던 것으로 보인다. 아울러 "其後四十餘代"가 아닌 "其後四十餘世"로 기재한 이유는 피휘避諱가 이루어졌기 때문이다.[5]

A-1-③의 기록은『사기』조선열전과『한서』조선전과 유사하게 기술되었는데, '전全'자字와 '새塞'자의 존재를 통해『사기』조선열전을 참고하였을 가능성이 더 큰 것으로 볼 수 있다. 다만 본래의 기록에서 '진번眞番·조선朝鮮'의 존재는 삭제되었고, 협주로 진秦의 요동군遼東郡이 지금의 안동부安東府 동지東地라는 내용이 추가되었다는 점에서 차이를 보인다.

A-1-④는 다시『삼국지』와『후한서』의 예조를 참고하여 작성되었는데, 이 중에서도『후한서』예조와 비교하면 '한초대란漢初大亂'이 '진란秦亂', '연·제·조인燕·齊·趙人'이 '중국인中國人'으로 기재되었다는 점에서 차이점이 확인된다.『삼국지』의 기록과 비교하면, 진에 대항하여 반란을 일으켰다는 사실과 연燕·제齊·조趙의 사람들이 조선으로 수만 명이 피신하였다는 내용이

4991쪽, 22번.

4　『漢書』卷28下,「地理志8下」, 燕地, 1658쪽, "教其民以禮義 田蠶織作 樂浪朝鮮民犯禁八條 相殺以當時償殺 相傷以穀償 相盜者男沒入爲其家奴 女子爲婢 欲自贖者 人五十萬 雖免爲民 俗猶羞之 嫁取無所讎 是以其民終不相盜 無門戶之閉 婦人貞信不淫辟."

5　A-1-②에서 '대(代)'를 '세(世)'로 기재한 것은 당 태종(唐太宗) 이세민(李世民)을 피휘하였기 때문이다. 王彦坤 編著, 1997,『歷代避諱字匯典』, 鄭州 : 中州古籍出版社, 390쪽. 피휘로 인하여 글자가 다르게 표기된 경우에는 동일한 기록의 영향 관계로 볼 수 있으므로 유사도 계산에 포함시켰음을 밝힌다.

나와 있다.[6] A-1-④와 비교하면 진에서 반란이 일어났다는 내용은 동일하지만, 이후에 이어지는 내용들에서 표현 상 차이점들이 확인된다.

A-1-⑤는『사기』조선열전과『한서』조선전과 유사한 기록으로 나타난다. 시기상으로 볼 때『한서』의 기록은『사기』의 기록을 바탕으로 작성되었으며, 『한서』의 "爲遠難守"가 A-1-⑤와『사기』에서는 "爲其遠難守"로 기록되었다는 점에서 차이를 보인다. 아울러『사기』·『한서』에서는 "屬燕"이 적혀있는데, 조선절에서는 빠져 있다는 점에서는 차이를 보인다.[7]

이렇듯 A-1의 기록은 전체적으로『사기』조선열전과『후한서』예조를 교차로 참고하여 작성된 경향을 보인다.『한서』조선전을 참고한 사례들도 있지만, 이 또한『사기』조선열전의 영향으로 작성된 사료이며, 두우는 A-1을 작성하면서『사기』에 좀 더 비중을 두었다. 152자 중에서 104자가 기존 사료와 동일한 것으로 나와서 유사도는 중간으로 분류할 수 있다. 이는 기존 사서를 여러모로 참고하였지만, 두우의 판단하에 새로이 삽입되거나 보완된 사항이 많다는 점을 의미한다.

〈표 5〉에서 파악한 바에 따르면 A-2-①~③은 모두 유사도가 높게 나오는 것이 특징이다. 아울러 A-2-①~③ 모두『사기』조선열전과의 공통점이 크게 나타난다. 이는 전반적으로『사기』조선열전을 크게 참고하여 기록을 작성하였다는 점을 의미한다.

---

6 『三國志』卷30,「魏書」, 烏丸鮮卑東夷傳, 濊, 848쪽. "天下叛秦 燕·齊·趙民避地朝鮮數萬口."

7 『통전』조선절의 원문을 보면『사기』조선전과는 달리 '속(屬)'자까지만 확인되는데, 이 때문에 '屬'의 위치를 어디에 두어야 하는지가 문제가 된다. 중화서국(中華書局)에서 간행한『통전』에서는 "屬燕王盧綰反"으로 되어 있지만, 해석에 따라 "至浿水爲界屬"도 가능하다. 조선절의 원문을 그대로 나열하면 "至浿水爲界屬燕王反"이 되는데, 기존 기록에서 '연(燕)'이 2번 반복되어 나오게 된다. 때문에 두우(杜佑)가 '연(燕)'자 하나를 삭제하여 의미가 약간 불명확해지는 혼동이 발생하였다. 저자는 이러한 점들을 감안하여, 기존 중화서국에서 간행한『통전』에서의 "至浿水爲界 屬燕王盧綰反"이라는 원문의 띄어 읽기를 "至浿水爲界屬 燕王盧綰反"으로 수정하였다.

〈표 5〉 조선절의 A-2-①～③과 중국 사서의 유사도 비교

연번	조선절 기록	중국 사서의 유사 기록		기록 유사도	
		서명	기록	자수	백분율
A-2-①	燕王反 入匈奴 燕人衛滿亡命 聚黨 千餘人 魋結[魋 杜回反]蠻夷服而 東走出塞 度浿水 擊破朝鮮王準 居 秦故空地上下障 稍役屬眞番·朝 鮮諸夷 及故燕·齊亡命者王之 都 王險【在浿水之東】	史記	朝鮮王滿者 故燕人也 (…중략…) 燕王盧綰反 入匈奴 滿亡命 聚黨 千餘人 魋結蠻夷服而東走出塞 渡 浿水 居秦故空地上下鄣 稍役屬 眞番·朝鮮蠻夷及故燕·齊亡命 者王之 都王險	56 /74	75.6
A-2-②	會孝惠·高后時 天下初定 遼東太 守即約滿爲外臣 保塞外	史記	會孝惠·高后時天下初定 遼東太 守即約滿爲外臣 保塞外蠻夷 無使 盜邊 無使盜邊 諸蠻夷君長欲入見 天子 勿得禁止 以聞 上許之	23 /23	100
A-2-③	以故滿得兵威財物 侵降其旁小邑 眞番·臨屯皆來服屬 地方數千里 傳子至孫右渠 所誘漢亡人滋多	史記	以故滿得兵威財物侵降其旁小邑 眞番·臨屯皆來服屬 方數千里 傳 子至孫右渠 所誘漢亡人滋多 又未 嘗入見 眞番旁國欲上書見天子 又 擁閼不通	38 /40	95
합계 및 평균				117 /137	85.4

A-2-①의 기록은『사기』외에『한서』와도 유사성이 크다.[8] 다만 A-2-①에서 '퇴결魋結'로 표시한 기록이『사기』에서도 동일하게 나타남에 비해,『한서』에서는 '추결椎結'이라고 하여 자형字形에서 차이를 보인다. 때문에 A-2-①의 문구는『사기』조선열전의 영향이 좀 더 크게 작용했다고 볼 수 있다. A-2-①에서는 '연왕燕王 노관盧綰'을 '연왕燕王'이라고만 표기하여 구체적인 인명人名을 제외하였다. 반면에 위만衛滿은 '연인燕人'을 붙여 부가적으로 설명하였다. 이는 두우가 '연왕燕王'과 '연인燕人 위만衛滿'이 서로 다른 인물이자, 상호 관계가 없음을 밝히려는 의도로 보인다.

A-2-①의 기록은『사기』와『한서』이외에『삼국지』와『후한서』에서도 유사한 기록이 확인된다. 다만 그 내용은 매우 요약되었다.『삼국지』에서는

---

8 『漢書』卷95,「西南夷兩粵朝鮮傳」, 朝鮮, 3863~3864쪽. "朝鮮王滿 燕人 (…중략…) 燕王盧綰反 入匈奴 滿亡命 聚黨千餘人 椎結蠻夷服而東走出塞 度浿水 居秦故空地上下障 稍役屬眞番·朝鮮蠻夷 及故燕·齊亡在者王之 都王險."

연인 위만이 퇴결과 이복夷服을 입고 와서 왕이 되었다고 하였으며,[9] 『후한서後漢書』에서는 이보다 조금 더 구체적으로 준왕準王과 조선을 거론하여 기술하였다.[10] 참고로 A-2-①의 말미에 왕험王險의 위치와 관련하여 "在浿水之東"이라는 협주가 기재되었다. 이는 『사기색은史記索隱』에서 서진대西晉代의 학자 신찬臣瓚이 언급한 "王險城在樂浪郡浿水之東"이라는 표현을 참고하여 기재한 것으로 보인다.[11]

A-2-②도 『사기』와 『한서』의 기록을 참고하여 작성되었다. 다만 『사기』에서는 '고후시高后時'라고 하여 시점을 밝혔는데, 『한서』에서는 동일한 기록에서 '시時'자를 제외하였다는 차이점이 확인된다.[12] 이 외의 내용은 『사기』와 『한서』의 기록이 모두 동일하니, 약간의 차이를 통해 볼 때 A-2-②는 『사기』 조선열전의 영향이 더 컸다고 판단할 수 있다. 아울러 원전에서는 뒤에 만이蠻夷 군장君長이 천자天子를 알현謁見하고 싶어하였다고 기록되었으나, 조선절에서는 생략되었다.

A-2-③ 또한 『사기』와 『한서』를 바탕으로 하되,[13] 『사기』 조선열전과의 유사성이 더 크게 확인된다. 『한서』에서는 "以故滿得" 다음에 '이以'자를 기재하였지만, A-2-③과 『사기』에서는 확인되지 않는다는 점에서 차이를 보인다.

A-2는 전반적으로 『사기』 조선열전과의 공통점이 크게 나타난다. 『한서』

---

9 『三國志』卷30, 「魏書」, 烏丸鮮卑東夷傳, 濊, 848쪽. "燕人衛滿 魋結夷服 復來王之."

10 『後漢書』卷85, 「東夷列傳」, 濊, 2817쪽. "而燕人衛滿擊破準而自王朝鮮 傳國至孫右渠."

11 『史記』卷70, 「朝鮮列傳」, 2985쪽. "朝鮮蠻夷及故燕·齊亡命者王之 都王險【集解】徐廣曰 昌黎有險瀆縣也【索隱】韋昭云 古邑名 徐廣曰 昌黎有險瀆縣 應劭注 地理志遼東險瀆縣 朝鮮王舊都 臣瓚云 王險城在樂浪郡浿水之東也)."

12 『漢書』卷95, 「西南夷兩粤朝鮮傳」, 朝鮮, 3864쪽. "會孝惠·高后天下初定 遼東太守即約滿爲外臣 保塞外蠻夷 毋使盜邊 蠻夷君長欲入見天子 勿得禁止 以聞 上許之."

13 "稍役屬眞蕃·朝鮮諸夷"에서 '초(稍)'자 위에 원래 '후(後)'자가 있었는데, 북송본과 명각본에 의거하여 삭제하였다. 『通典』卷185, 「邊防門1」, 校勘記, 4991쪽, 24번.

조선전 또한 A-2와의 공통점이 크게 나타나지만, 『사기』를 원전으로 삼았고 세부적인 표현에서 차이를 보인다. A-2-①의 『사기』와의 공통점은 75.6%로 나타나기 때문에 상대적으로 A-2-②·③의 100%나 95%보다 부족한 편이다. 이는 기록의 구성 및 협주의 존재에서 차이를 보이기 때문이다.

그럼에도 불구하고 A-2는 137자 중에서 117자가 『사기』와 동일하게 나와 유사도가 85.4%로 나타난다. 즉 A-2의 기록 구성에 있어서 『사기』의 영향이 절대적이었다는 사실을 여실히 보여준다.

〈표 6〉 조선절의 A-3-①~⑤와 중국 사서의 유사도 비교

연번	조선절 기록	중국 사서의 유사 기록		기록 유사도	
		서명	기록	자수	백분율
A-3-①	武帝元封三年　遣樓船將軍楊僕從齊浮渤海　兵五萬　左將軍荀彘出遼東 討之	史記	元封二年 漢使涉何譙諭右渠 終不肯奉詔 (…중략…) 其秋 遣樓船將軍楊僕從齊浮渤海 兵五萬人 左將軍荀彘出遼東 討右渠	27/31	87.0
A-3-②	朝鮮人相與殺王右渠來降	史記	朝鮮相路人·相韓陰·尼谿相參·將軍王唊相與謀曰 (…중략…) 元封三年夏 尼谿相參乃使人殺朝鮮王右渠來降	11/11	100
A-3-③	遂以朝鮮爲眞蕃·臨屯·樂浪[音郎]·玄菟四郡【今悉爲東夷之地】	漢書	故遂定朝鮮爲眞番·臨屯·樂浪·玄菟四郡	13/24	54.1
A-3-④	昭帝時罷臨屯·眞蕃以並樂浪·玄菟	後漢書	至昭帝始元五年 罷臨屯·眞番以并樂浪·玄菟	12/14	85.7
A-3-⑤	自內屬以後 風俗稍薄 法禁亦浸多 至於六十餘條	後漢書	自內屬已後 風俗稍薄 法禁亦浸多 至有六十餘條	18/20	90
합계 및 평균				81/100	81

A-3은 조선과 전한前漢의 전쟁 및 조선 멸망 이후의 사항을 기록한 것이다. A-3-③을 제외하고 모두 백분율이 80%를 넘겨 유사도 높음으로 나타난다. 〈표 6〉에서 정리한 A-3-①~⑤의 기록 비교 사항은 앞서 살펴본

A-2와는 달리 여러 사서와의 공통점이 확인된다. 앞의 사례와 마찬가지로 이와 관련하여 상세히 검토하면 다음과 같다.

가장 앞에 제시된 A-3-①은 원봉元封 3년B.C.108의 전쟁 기록이다. 정작 이 기록은 『사기』와 『한서』의 기록에서는 원봉 2년B.C.109으로 기록되어 차이를 보인다.[14] 이는 두우가 전쟁 시점을 전쟁 개시 연대가 아닌 완료 연대로 기술하였기 때문이다. A-3-①은 기본적으로 『사기』·『한서』를 참고하여 작성하되, 본래의 기록과 비교하여 전쟁 관련 상세 내용이 대폭 삭제되었다. 발단·경과·결과가 모두 최소한으로 기재되었다. 『사기』조선열전에서는 전쟁의 발단으로 섭하涉河가 조선의 비왕 장裨王長을 죽였고, 이후 살해되었다고 하였다. 조선절에서는 이에 대한 언급이 아예 없고 양복楊僕과 순체荀彘를 보내 조선을 정벌하였다는 내용만 기재되었다.

A-3-①의 원전을 『사기』로 파악한 이유는 앞서 거론한 바와 같이 『한서』의 원전이 『사기』이며, 세부적인 표현에서 『사기』와의 유사성이 더 크게 나타나기 때문이다. 이를테면 순체가 요동遼東에서 나와서 조선을 공격한 것을 A-3-①에서는 "荀彘出遼東 討之"라고 하였는데, 『사기』에서는 "荀彘出遼東 討右渠"이라고 하였다. 반면 『한서』에서는 "荀彘出遼東 誅右渠"라고 하여 '토討'자와 '주誅'자의 차이가 확인된다.

A-3-②에서는 조선인이 우거右渠를 살해하였다는 기록이 이어진다. 이 역시 『사기』·『한서』의 기록을 요약하여 제시한 것이다. 다만 『사기』·『한서』의 기록을 온전히 반영하여 A-3-②를 작성한 것이 아니라, 당시 정황과

---

14 『漢書』卷95, 「西南夷兩粵朝鮮傳」, 朝鮮, 3864~3867쪽. "元封二年 漢使涉何譙諭右渠 終不肯奉詔 何去至界 臨浿水 使駅刺殺送何者朝鮮裨王長 即渡水 馳入塞 遂歸報天子曰 殺朝鮮將 上爲其名美 弗詰 拜何爲遼東東部都尉 朝鮮怨何 發兵攻襲 殺何 天子募罪人擊朝鮮 其秋 遣樓船將軍楊僕從齊浮勃海 兵五萬 左將軍荀彘出遼東 誅右渠 (…중략…) 左將軍已并兩軍 即急擊朝鮮."

관련된 각종 기록들을 재조합 혹은 수정하여 기술한 것이다. 때문에 〈표 6〉에서는 『사기』의 영향이 크게 반영된 것이라 기술하긴 하였지만, 실질적으로는 두우가 기존 기록을 조합하여 새로 작성하다시피한 문장이라고도 할 수 있다.

조선절에서는 당시 전쟁에서의 복잡한 상황들을 모두 최소한으로 기술하였다. 즉 전쟁의 발단·경과·결과 중에서 발단에 대한 내용 없이 출전出戰한 장수만 언급되었고, 경과는 모두 제외되었으며, 결과 또한 소략하게 작성되었다. 이러한 기술은 두우가 당시 전쟁 서술에 크게 비중을 두지 않았던 것으로 해석할 수 있다.

A-3-③은 한사군漢四郡 관련 기록으로, 4군郡의 명칭이 모두 기재되었다. 문장 구성으로 보아 『한서』 조선전과의 공통점이 크게 확인된다. 다만 두우가 협주를 삽입하여 『한서』와 비교하여 유사도가 높지 않은 것처럼 나타난다. 조선절 작성의 주요 참고 대상이었던 『사기』에서는 조선이 '사군四郡'이 되었다고만 기재되었지 별도로 4군의 명칭을 기술하진 않았다.[15] 4군의 명칭이 모두 기재된 기록으로는 『한서』 무제기武帝紀와 『후한서』 예조濊條가 있다.[16] 아울러 A-3-③에서는 협주로 지금은 모두 동이지지東夷之地가 되었다고 기재되었다.

A-1의 내용부터 A-3-③까지는 조선의 존재하고 멸망하였던 전한대前漢代까지의 기록이라면, 이후에 이어지는 A-3-④·⑤는 조선 이후 한사군의 변천이 이루어진 후한대後漢代의 기록이다. 때문에 A-3-④·⑤의 기록은 『사기』·『한서』에서는 확인되지 않고 모두 『후한서』 예조에서 확인된다.

---

15 『史記』 卷70, 「朝鮮列傳」, 2989쪽. "以故遂定朝鮮 爲四郡."
16 『漢書』 卷6, 「本紀」, 武帝 元封 3년 夏, 194쪽. "以其地爲樂浪·臨屯·玄菟·眞番郡"; 『後漢書』 卷85, 「東夷列傳」, 濊, 2817쪽. "分置樂浪·臨屯·玄菟·眞番四郡."

두우는 『후한서』의 기록을 참고하여 요약하여 A-3-④·⑤의 기록을 작성하였다.

A-3-④는 한 소제漢昭帝 때의 일을 기재하였는데 별도의 시기를 명확히 밝히지 않았다. 반면 『후한서』에서는 당시 시점을 시원始元 5년B.C.82이라 표기하였다. 또한 『후한서』에서는 한사군과 주변의 정황 및 변화에 대한 기록이 이어지나,[17] A-3-④에서는 이에 대한 내용들이 기술되지 않았다. 이는 두우가 『후한서』에서 이어지는 기록들이 본래의 주제 즉 조선에 대한 내용에서 벗어난다고 판단했기 때문이다.

A-3-⑤ 역시 『후한서』 예조의 기록을 바탕으로 작성되었다. 다만 『후한서』 예조의 해당 기록은 『한서』 지리지 연지의 기록을 참고하여 기술한 것이다.[18] 두우는 『한서』 지리지를 참고하여 A-3-⑤를 서술할 수도 있었지만, A-3-④와 이어서 서술하는 과정에서 『후한서』를 그대로 참고하여 기술하였다.

즉 A-3은 조선 멸망까지는 『사기』를 주요 저본底本으로 삼았고, 한사군 관련 기록은 『한서』, 이후 변천 과정은 『후한서』 예조를 참고하여 보완한 것이다. 100자 중에서 81자가 유사한 것으로 나타나기 때문에 유사도는 높은 편에 해당한다. A-3-③의 유사도가 비록 다른 기록에 비해 떨어지긴 하지만, 협주를 제외할 경우 이 역시 유사도 높음으로 나타난다.

현재까지 살펴본 사항들을 바탕으로 조선절과 주요 사서의 유사도를 비교하도록 하겠다. 앞서 제시한 표를 통해서 유사도를 보이는 사서로 『사기』·『사기집해』·『한서』·『후한서』를 설정하였다.

---

17 『後漢書』卷85,「東夷列傳」, 濊, 2817쪽. "玄菟復徙居句驪 自單單大領已東 沃沮·濊貊悉屬樂浪 後以境土廣遠 復分領東七縣 置樂浪東部都尉."
18 『漢書』卷28下,「地理志」, 燕地, 1658쪽. "俗稍益薄 今於犯禁寖多 至六十餘條 可貴哉 仁賢之化也."

〈표 4~6〉에서 사용하였던 방식과 마찬가지로 기록 유사도를 자수와 백분율로 나누었다. A-1·2·3에서 사용하였던 연번을 표에 표시하고, 각 연번을 합산하여 자수와 백분율을 계산하여 분석하였다. 분석 과정은 지면 관계상 생략하였음을 밝힌다. 이러한 분석을 바탕으로 산출된 사항들을 바탕으로 다시 정리하여 표로 제시하면 〈표 7〉과 같다.

〈표 7〉 조선절과 주요 사서 유사도 비교

서명	해당 연번			기록 유사도	
	A-1	A-2	A-3	자수	백분율
사기	③·⑤	①·②·③	①·②	195/236	82.6
사기집해	①			26/35	74.2
한서			③	13/24	54.1
후한서	②·④		④·⑤	68/94	72.3

　〈표 7〉의 분석 결과에 따르면 조선절의 원전으로 가장 큰 비중을 차지한 사서가 『사기』이며, 그 다음이 『후한서』로 나타난다. 사실 이 분석 결과와 관련하여 한 가지 유념해야 할 사항이 있다. 〈표 7〉에서는 『한서』의 비중이 크지 않게 나타난다. 그렇지만 조선절과 『한서』의 기록을 서로 비교하면 『사기』와 비슷한 수준의 유사도가 확인된다. 저자 또한 이 점을 조사 단계에서부터 인지하였지만, 별도로 표에 해당 내용을 제시하지는 않았다.

　이는 『사기』와 『한서』의 사서 성격 차이 때문이다. 주지하듯이 『한서』 조선전은 『사기』 조선열전을 크게 참고하여 작성되었다. 이 때문에 둘의 유사성이 크게 나타나는 것은 당연한 일이다. 다만 세부적인 표현의 차이를 볼 때 두우는 『사기』에 좀 더 비중을 높여 서술하였음이 확인된다. 아울러 『한서』의 원전이 『사기』이고 내용의 유사성도 큰 만큼, 조선절의 분석과 관련해서도 『사기』를 주요 원전으로 삼는 것이 옳다고 판단되었다.

　아울러 앞서 본문에서도 제시한 내용이지만 『사기정의』 외에 『사기색은』에 기재된 내용 중에서도 조선절과 유사한 내용이 확인된다. 다만 해당 내용을 별도로 표기하여 분류하기에는 양이 많지 않아서 본문에서 언급하는 수준으로 넘어갔으며, 표에도 별도로 표시하지 않았다. 다만 두우는 당唐代의 인물로서 『사기』 외에도 다양한 서적을 참고하여 조선절을 저술하게 되었다고 볼 수 있다.

조선절의 내용은 크게 기자조선과 위만조선, 한사군에 대한 내용으로 구분할 수 있다. 이 중에서 기자조선과 한사군에 관련된 내용은 『후한서』의 비중이 높고, 위만조선에 대한 내용은 『사기』의 비중이 높게 확인된다. 전반적으로 보았을 때, 『사기』의 참고 비중이 가장 높을 뿐 아니라 기록 유사도도 82.6%로 높게 나타난다. 즉 두우가 조선절을 작성하면서 『사기』의 기록을 최대한 유사한 방향으로 참고하며 저술하였다는 점을 알 수 있다.

2. 마한·진한·변진절

마한절馬韓節·진한절辰韓節·변진절弁辰節은 모두 개별적으로 작성된 절節이 아닌 상호 연관성이 있는 절이므로, 이들에 대한 검토는 함께 이루어져야 한다. 마한절의 초반부에는 삼한三韓의 구성이 어떠한지에 대해 기술되었으며, 변진절에서는 초반의 짧은 내용 이외에는 삼한의 연혁이 기술되었다.

본서에서는 각 기록들의 성격에 맞춰 각 절의 내용을 구분하였다. 그 결과 마한절은 B-1·2, 진한절은 B-3·4, 변진절은 B-5·6으로 구분할 수 있었다. 조선절 분석과 마찬가지로 우선 각 절의 내용을 구분하고, 해당 기록별로 연번을 부여하여 제시하면 다음과 같다.

B-1. ① 馬韓 後漢時通焉 有三種 一曰馬韓 二曰辰韓 三曰弁辰 馬韓在西 五十有四國 其北與樂浪・南與倭接 ② 辰韓在東 十有二國 其北與濊貊接 弁辰在辰韓之南 亦十有二國 其南亦與倭接 凡七十八國 或云百濟是其一國焉 ③ 大者萬餘戶 小者數千家 各在山海間 地合方四千餘里 東西以海爲限 皆古之辰國也 馬韓最大 ④ 共立其種爲辰王 都目支國 盡王三韓之地 其諸國王先皆是馬韓種人焉

B-2. ① 馬韓人知田蠶 作綿布 ② 出大栗如梨 又出細尾雞 其尾皆長五尺餘 ③ 邑落雜居 亦無城郭 作草屋土室形如塚 開戶在上 ④ 不知跪拜 無長幼男女之別 ⑤ 少綱紀 國邑雖有王帥 不能相制御 ⑥ 其葬有棺無槨 不知騎牛馬 牛馬盡於送死 ⑦ 不貴金寶錦罽 唯重瓔珠 以綴衣爲飾 及懸頸垂耳 ⑧ 大率皆魁頭露紒【魁頭猶科頭也 謂以髮縈繞成科結也 紒音計】布袍草履 ⑨ 其人壯勇 少年有築室作力者 輒以繩貫脊皮 縋以大木 讙呼爲健[讙音喚] ⑩ 善用弓・楯・矛・櫓 雖有鬪爭攻戰 而貴相屈服 ⑪ 俗信鬼神 常以五月耕種畢 晝夜酒會 群聚歌舞 數十人俱起相隨踏地 低昂手足 相應爲節 十月農功畢 亦復如之 ⑫ 諸國邑各以一人主祭天神 號爲天君 又立蘇塗【蘇塗有似浮屠】建大木以懸鈴鼓 事鬼神 ⑬ 其南界近倭 亦有文身者 ⑭ 又有州胡 在馬韓之西海中大島上 其人差短小 言語不與韓同 皆髡頭如鮮卑 但衣韋衣 有上無下 略如裸勢 養牛豕 乘船往來貨市韓中

B-3. ① 辰韓 耆老自言秦之亡人 避苦役來適韓國 馬韓割其東界地與之 ② 有城柵 其言語有類秦人 由是或謂之爲秦韓 ③ 其王常用馬韓人作之 世世相係襲 辰韓不得自立爲王 明其爲流移之人故也 ④ 其名國爲邦 弓爲弧 賊爲寇 行酒爲行觴 相呼皆爲徒 ⑤ 諸小邑各有渠帥 大者名臣智 次有險側 次有樊濊 次有殺奚 次有邑借【皆其官名】

B-4. ① 土地肥美 宜五穀 知蠶桑 作縑布 乘駕牛馬 ② 嫁娶以禮 其俗男女有別 以大鳥羽送死 其意欲使死者飛揚 ③ 國出鐵 韓・濊・倭皆從取之 諸市買皆用鐵 如中國用錢 又以供給二郡 ④ 俗喜歌舞・飲酒・鼓琴瑟 其瑟形似筑 彈之亦有音曲 ⑤ 兒生便以石厭

其頭 欲其扁 故辰韓人皆扁頭[扁音補典反] ⑥ 男女近倭 亦文身 ⑦ 便步戰 兵杖與馬
韓同 ⑧ 其俗 行者相逢 皆住讓路

B-5. ① 弁辰與辰韓雜居 亦有城郭 ② 衣服居處與辰韓同 言語風俗相似 ③ 祠祭鬼神有異
施竈皆在戶西

B-6. ① 初 朝鮮王準爲衛滿所破 乃將其餘衆數千人走入海 攻馬韓 破之 自立爲韓王 準後滅
絕 馬韓人復自立爲辰王 ② 後漢光武建武中 韓人廉斯人蘇馬諟等詣樂浪貢獻[諟音是]
帝封蘇馬諟爲漢廉斯邑君 使屬樂浪郡 四時朝謁 ③ 靈帝末 韓·濊並盛 郡縣不能制
百姓苦亂 多流亡入韓者 ④ 獻帝建安中 公孫康分屯有·有鹽縣【屯有·有鹽並漢遼東
屬縣 並今東夷之地】以南荒地爲帶方郡 遣公孫模·張敞等收集遺民 興兵伐韓·濊 舊
民稍出 是後倭韓遂屬帶方 ⑤ 魏景初中 明帝密遣帶方太守劉昕·樂浪太守鮮于嗣越
海定二郡 諸韓國臣智加賜邑君印綬 其次與邑長 其俗好衣幘 下戶詣郡朝謁 皆假衣幘
自服印綬衣幘千有餘人 部從事吳林以樂浪本統韓國 分割辰韓八國以與樂浪 ⑥ 晉武
帝咸寧中 馬韓王來朝 自是無聞 三韓蓋爲百濟·新羅所呑並

위에서 제시한 B-1·2는 마한절의 기록으로, 각각 삼한의 구분과 지리적
위치, 마한의 풍속에 대한 내용이다. B-3·4는 진한절의 기록으로 각각 진
한의 유래와 정체성, 진한의 풍속에 대한 내용이다. B-5·6은 변진절의 기
록으로 각각 변진의 풍속과 삼한의 연혁을 서술하였다. 앞서 조선절에서는
각 기록간의 비교를 통해 해당 기록의 원전을 파악하는 작업을 하였다. 마
찬가지로 이번에도 동일한 방법론을 사용하여 분석을 이행하도록 하겠다.

우선 B-1의 사례를 바탕으로 기존 중국 사서의 내용과 상호 비교하여 표
로 제시하면 〈표 8〉과 같다.

〈표 8〉에서는 마한절의 내용을 B-1-①~④까지로 구분하였다. B-1-

<표 8> 마한절의 B-1-①~④와 중국 사서의 유사도 비교

연번	마한절 기록	중국 사서의 유사 기록		기록 유사도	
		서명	기록	자수	백분율
B-1-①	馬韓 後漢時通焉 有三種 一曰馬韓 二曰辰韓 三曰弁辰 馬韓在西 五十有四國 其北與樂浪·南與倭接	後漢書	韓有三種 一曰馬韓 二曰辰韓 三曰弁辰 馬韓在西 有五十四國 其北與樂浪 南與倭接	33/40	82.5
B-1-②	辰韓在東 十有二國 其北與濊貊接 弁辰在辰韓之南 亦十有二國 其南亦與倭接 凡七十八國 或云百濟是其一國焉	後漢書	辰韓在東 十有二國 其北與濊貊接 弁辰在辰韓之南 亦十有二國 其南亦與倭接 凡七十八國 伯濟是其一國焉	43/46	93.4
B-1-③	大者萬餘戶 小者數千家 各在山海閒 地合方四千餘里 東西以海爲限 皆古之辰國也 馬韓最大	後漢書	大者萬餘戶 小者數千家 各在山海閒 地合方四千餘里 東西以海爲限 皆古之辰國也 馬韓最大	38/38	100
B-1-④	共立其種爲辰王 都目支國 盡王三韓之地 其諸國王先皆是馬韓種人焉	後漢書	共立其種爲辰王 都目支國 盡王三韓之地 其諸國王先皆是馬韓種人焉	29/29	100
합계 및 평균				143/153	93.4

①~④는 모두 유사도가 높게 나타난다. 이는 기존 사료의 내용을 충실히 반영하였고, 두우가 일부분만 수정하였음을 의미한다.

B-1-①에서는 마한이 후한대後漢代부터 통하였다고 하였는데, 이는 기존 중국 정사正史에서 확인되는 내용이 아닌 두우가 임의로 작성한 것이다. 마한절 서두의 문장 구성은 마한을 먼저 거론하고 삼한을 설명하였다는 점에서 다소 어색하다. 좀 더 자연스러운 문장 구성은 삼한을 먼저 거론하고, 그 중에서 마한의 존재를 드러내는 것이다. 마한절에서는 마한의 존재에 무게를 두어 그 연원으로 삼한을 언급하였다.

B-1-①의 원전은 『삼국지三國志』 혹은 『후한서後漢書』로 볼 수 있다. 이 외에 『진서晉書』·『양서梁書』·『남사南史』에서도 공통되는 기록이 확인되나, 이는 『삼국지』나 『후한서』를 전거典據로 삼아 작성된 것이다. B-1-①의 기사 배치로 보았을 때 가장 공통점이 크게 나타나는 사서는 『후한서』이다. 『후

한서』의 기록은 『삼국지』를 바탕으로 작성되었으나, 전반적으로 기사 배치를 새로 수정하였다. B-1-①과 관련된 『삼국지』의 기록을 살펴보면 B-1-①과 관련된 다양한 기록이 산개된 형태로 기록되어 대비를 보인다.[19] 이후의 내용들도 전반적으로 유사한 형태를 보인다.

삼한에 해당하는 국가를 마한·진한·변진으로 서술하였는데, 이 또한 『후한서』와 『위략魏略』을 참고하여 작성된 것이다.[20] 『삼국지』와 이를 참고하여 서술된 『진서』·『양서』·『남사』에서는 마한馬韓·진한辰韓·변한弁韓이라고 하여 '변진弁辰' 대신 '변한弁韓'으로 기재한 점에서 차이를 보인다.[21] 또한 마한절에서는 『삼국지』와는 달리 마한에 소속된 각 소국小國의 명칭도 모두 생략되었다.

B-1-②의 내용은 『후한서』의 기록과 거의 일치하지만, '백제百濟'를 '백제伯濟'로 표기하였다는 점과 일부 표현에서는 차이를 보인다. 두우는 『양서』·『남사』와 마찬가지로 '百濟'로 표기하였다. 이는 '百濟'와 '伯濟'를 기본적으로 동일한 나라로 보아서 '百濟'로 표기하게 된 것이다.

B-1-③과 B-1-④의 기록 또한 『후한서』와 동일한 문장으로 되어 있다. 즉 B-1의 기록은 두우가 전반적으로 『후한서』의 기록을 고스란히 반영하게 형성한 것임을 알 수 있다. 일부 차이점은 있으나 큰 편은 아니다. 본래 『후한서』의 기록은 『삼국지』를 바탕으로 작성된 것이다. 그렇지만 『후한

---

19 『三國志』卷30,「魏書」, 烏丸鮮卑東夷傳, 韓, 849~850쪽. "韓在帶方之南 東西以海爲限 南與倭接 方可四千里 有三種 一曰馬韓 二曰辰韓 三曰弁韓 辰韓者 古之辰國也 馬韓在西 (…중략…) 乾馬國·楚離國 凡五十餘國."

20 『翰苑』卷30,「蕃夷部」, 三韓, 32쪽. "境連鯷壑 地接鼇波【魏略曰 韓在帶方南 東西以海爲限 地方四千里 一曰馬韓 二曰辰韓 三曰弁韓】."

21 『晉書』卷97,「四夷傳」, 東夷, 馬韓, 2533쪽. "韓種有三 一曰馬韓 二曰辰韓 三曰弁韓"; 『梁書』卷54, 「諸夷傳」, 東夷, 百濟, 804쪽. "其先東夷有三韓國 一曰馬韓 二曰辰韓 三曰弁韓 弁韓·辰韓各十二國 馬韓有五十四國"; 『南史』卷79,「夷貊傳」下, 東夷, 百濟, 1971~1972쪽. "其先東夷有三韓國 一曰馬韓 二曰辰韓 三曰弁韓 弁韓·辰韓各十二國 馬韓有五十四國."

서』에서는『삼국지』의 기록 구성을 대폭 수정하고, 주제에 맞춰 기록을 재정리하였다. 두우는『후한서』의 방식을 좀 더 간결하다고 생각하여 B-1에 최대한 반영한 것으로 볼 수 있다.

B-1의 유사도는 153자字 중에서 143자가 동일하여 93.4%로 나타난다. 즉 두우는『후한서』의 내용을 최대한 반영하여 B-1을 구성하였던 것이다.

〈표 9〉 마한절의 B-2-①~⑭와 중국 사서의 유사도 비교

연번	마한절 기록	중국 사서의 유사 기록		기록 유사도	
		서명	기록	자수	백분율
B-2-①	馬韓人知田蠶 作綿布	後漢書	馬韓人知田蠶 作緜布	8/9	88.8
B-2-②	出大栗如梨 又出細尾雞 其尾皆長五尺餘	三國志	出大栗 大如梨 又出細尾雞 其尾皆長五尺餘	17/17	100
B-2-③	邑落雜居 亦無城郭 作草屋土室形如塚 開戶在上	後漢書	邑落雜居 亦無城郭 作土室 形如冢 開戶在上	17/20	85
B-2-④	不知跪拜 無長幼男女之別	後漢書	不知跪拜 無長幼男女之別	11/11	100
B-2-⑤	少綱紀 國邑雖有王師 不能相制御	三國志	其俗少綱紀 國邑雖有主帥 邑落雜居 不能善相制御	12/14	85.7
B-2-⑥	其葬有棺無槨 不知騎牛馬 牛馬盡於送死	三國志	其葬有槨無棺 不知乘牛馬 牛馬盡於送死	16/17	94.1
B-2-⑦	不貴金寶錦罽 唯重瓔珠 以綴衣爲飾 及懸頸垂耳	後漢書	不貴金寶錦罽 不知騎乘牛馬 唯重瓔珠 以綴衣爲飾 及縣頸垂耳	19/20	95
B-2-⑧	大率皆魁頭露紒【魁頭猶科頭也 謂以髮縈繞成科結也 紒音計】布袍草履	後漢書	大率皆魁頭露紒【魁頭猶科頭也 謂以髮縈繞成科結也　紒音計】布袍草履	29/29	100
B-2-⑨	其人壯勇 少年有築室作力者 輒以繩貫脊皮 縋以大木 嚾呼爲健[嚾音喚]	後漢書	其人壯勇 少年有築室作力者 輒以繩貫脊皮 縋以大木 嚾呼爲健	26/29	89.6
B-2-⑩	善用弓・楯・矛・櫓 雖有鬪爭攻戰 而貴相屈服	晉書	善用弓楯矛櫓 雖有鬪爭攻戰 而貴相屈服	17/17	100

연번	마한절 기록	중국 사서의 유사 기록		기록 유사도	
		서명	기록	자수	백분율
B-2-⑪	俗信鬼神 常以五月耕種畢 晝夜酒會 群聚歌舞 數十人俱起相隨踏地低昂手足 相應爲節 十月農功畢 亦復如之	三國志	常以五月下種訖 祭鬼神 羣聚歌舞 飲酒晝夜無休 其舞 數十人俱起相隨 踏地低昂 手足相應 節奏有似鐸舞 十月農功畢 亦復如之 信鬼神	41/45	91.1
		後漢書	常以五月田竟祭鬼神 晝夜酒會 羣聚歌舞 舞輒數十人相隨蹋地爲節 十月農功畢 亦復如之	31/45	68.8
		晉書	俗信鬼神 常以五月耕種畢 羣聚歌舞以祭神 至十月農事畢 亦如之	23/45	51.1
B-2-⑫	諸國邑各以一人主祭天神 號爲天君 又立蘇塗【蘇塗有似浮屠】建大木以懸鈴鼓 事鬼神	後漢書	諸國邑各以一人主祭天神 號爲天君 又立蘇塗【魏志曰 諸國各有別邑 爲蘇塗 諸亡逃至其中 皆不還之 蘇塗之義 有似浮屠】建大木以縣鈴鼓 事鬼神	34/35	97.1
B-2-⑬	其南界近倭 亦有文身者	後漢書	其南界近倭 亦有文身者	10/10	100
B-2-⑭	又有州胡 在馬韓之西海中大島上 其人差短小 言語不與韓同 皆髡頭如鮮卑 但衣韋衣 有上無下 略如裸勢 養牛豕 乘船往來貨市韓中	三國志	又有州胡在馬韓之西海中大島上 其人差短小 言語不與韓同 皆髡頭如鮮卑 但衣韋 好養牛及豬 其衣有上無下 略如裸勢 乘船往來 市買韓中	52/54	96.2
합계 및 평균				309/327	94.4

　B-2는 마한절의 풍속 기사로, 〈표 9〉에서는 B-2-①~⑭까지의 기록으로 구분하였다. 조선절의 경우에는 『사기』와 『한서』에서 조선의 풍속 기사가 기재되지 않았으므로, 『통전通典』의 조선절에도 풍속 기사가 없다. 반면 이어지는 예절濊節부터는 풍속 관련 기사가 확인되며, 마한절 또한 마찬가지이다.

　B-2 중에서 B-2-⑪은 3개의 사서 즉 『삼국지』·『후한서』·『진서』와 비교를 하였으며 유사도는 각기 다르게 나타난다. 이 외의 기록들은 주로 『삼

국지』·『후한서』와 비교가 이행되었으며, 전반적으로 유사도는 높게 나타난다.

B-1에서 가장 유사도가 높은 사서는 『후한서』였다. B-2에서도 『후한서』와의 일치도가 높게 나타나지만, 『삼국지』의 내용을 참고한 사례들도 적지 않게 확인된다. 마한절에서는 풍속 기사를 기재하면서 두 사서에 무게를 두고 교차로 참고하며 작성한 것으로 생각된다. 개별 사례를 통해 이에 대해 검토하면 다음과 같다.

우선 B-2-①은 『후한서』를 참고하여 작성되었다. 다만 B-2-①에서는 "作綿布"라고 하였는데, 『후한서』에서는 "作縣布"라고 하여 자형字形에서 약간의 차이를 보인다. B-2-②의 기록은 『후한서』보다 『삼국지』와의 유사성이 더 크게 나타난다. B-2-②와는 달리 『삼국지』에서는 '대율大栗' 다음으로 '대大'자가 들어간 것이 특징이다. 아울러 "又出細尾雞"를 『후한서』에서는 "有長尾雞"라고 하여 역시 차이를 보인다.[22]

B-2-③과 B-2-④는 『후한서』의 기록과 유사하게 작성되었다. B-2-③에서는 초옥草屋과 토실土室을 만드는데 그 모습이 무덤 같다고 기재하였다. 이 부분에서 '초옥'이 『후한서』에서는 제외되었고, 『삼국지』에서 확인된다.[23] 즉 B-2-④의 기록은 『후한서』의 기록을 고스란히 가져와 제시한 것이다.

B-2-⑤의 기록은 『후한서』에서는 확인되지 않고, 『삼국지』에서 확인된다.[24] B-2-⑤의 기록은 『삼국지』와 비교하여 일부 내용을 요약한 형태로

---

22 『後漢書』 卷85, 「東夷列傳」, 三韓, 2819쪽. "出大栗如梨 有長尾雞 尾長五尺."

23 『三國志』 卷30, 「魏書」, 烏丸鮮卑東夷傳, 韓, 852쪽. "居處作草屋土室 形如冢 其戶在上 擧家共在中."

24 중화서국판(中華書局版) 『통전』에서는 표점(標點)을 할 때 "不知跪拜 無長幼男女之別 少綱紀"라고 하여 한 문장으로 파악하였다. 다만 『삼국지』에서는 다음 부분과 아울러 표점을 하였으므로, 본서에서도 『삼국지』의 기록에 따랐다.

작성되었다. 아울러 『삼국지』에서는 국읍國邑에 '주수主帥'가 있다고 하였는데, B-2-⑤에서는 '왕사王師'가 있다고 하여 차이를 보인다. B-2-⑥은 마한의 장례에 대한 기록인데, 이 기록 역시 『삼국지』와의 유사성이 크게 나타난다. 『삼국지』에서는 '승乘'자를 쓴 것이, B-2-⑥에서는 '기騎'자로 기재되었다는 점이 주요 차이점이다.

B-2-⑦·⑧·⑨의 기록은 『후한서』의 기록과 유사성이 크게 나타난다. B-2-⑦에서는 '현懸'자와 '현縣'자의 차이점만 확인되므로 사실상 동일한 기록이라 볼 수 있다. 다만 해당 기록이 원전이 된 『후한서』에서는 중간에 "不知騎乘牛"이라는 기록이 중간에 삽입되어 있다는 점에서 차이를 보인다. B-2-⑧의 기록은 본문과 협주의 구성까지 모두 『후한서』와 일치되어 나타나는 점이 특징이다. B-2-⑨ 또한 본문만 두고 보면 『후한서』와 서로 동일한 기록이라 할 수 있다.

B-2-⑩은 『후한서』와 『삼국지』에서 모두 확인되지 않는 기록이다. 이는 『진서』 마한항馬韓項을 참고하여 서술한 것이다. 본래 진대晉代의 자료에 남아 있었던 기록을 당대唐代에 『진서』를 발간하면서 보강한 내용으로 추측된다.

B-2-⑪의 기록과 가장 유사한 사서는 『삼국지』의 기록이다.[25] 다만 확인되는 내용이 서로 유사한 뿐이지, 기록 구성의 측면에서는 『삼국지』해당 기록의 중간 즈음에 수십명이 모여 춤을 춘다는 내용 외에는 차이점이 크게 나타난다. 기록 구성의 면에서 초반에 귀신鬼神을 믿고 5월에 파종播種한다는 내용은 『진서』와의 공통점이 더 크고, 주야晝夜를 가리지 않고 음주가무를 하는 것과 10월에 농사를 마치는 기록과 관련해서는 『후한서』와의 공통

---

[25] 참고로 표에 두 가지 이상의 사료가 제시된 경우 표 하단의 자수(字數) 계산은 유사도가 좀 더 높은 것을 선택하여 계산하였다. 즉 B-2-⑪에서는 『삼국지』를 선정하여 계산에 반영하였다. 이후의 사례 또한 유사도가 높은 사례를 하단의 자수 계산에 반영하였음을 밝힌다.

점이 크게 나타난다.

B-2-⑫·⑬은『후한서』의 영향이 크게 작용하여 작성된 기록이다. 협주의 내용 또한『후한서』에서 협주로 쓰인 내용을 반영하여 작성되었다.『후한서』에서는 위지魏志 즉『삼국지』를 별도로 인용하여 협주를 작성하였는데,『삼국지』의 원래 기록과 비교하면 요약되어 제시된 내용에 해당한다.[26]

B-2-⑭는 주호州胡에 대한 내용으로,『삼국지』의 기록을 전반적으로 크게 반영하여 작성되었다. 다만『삼국지』에서의 "好養牛及豬"가 B-2-⑭에서는 "養牛豕"로 기재되었다는 점에서 차이를 보인다. 이는『후한서』에서 "好養牛豕"라고 한 표현을 참고한 결과로 생각된다.[27]

이처럼 마한절의 풍속 기사는 두우가『삼국지』와『후한서』를 상호 참고하면서 작성된 것이다. 기록의 배치 및 구성은『후한서』를 주로 참고하였지만, 세부적인 내용은『삼국지』를 참고한 사례가 많다. 또한 일부 기록에서는『진서』를 참고한 사례가 확인된다.

총 327자 중에서 309자가 기존 기록과 동일한 것으로 나타난다. 백분율로 환산하면 94.4%로 앞의 B-1과 함께 매우 높은 수치에 해당한다. 이는 두우가 별도로 자신의 뜻에 따라 삽입한 기록보다는 기존의 사서를 최대한 반영하려는 노력이 반영되었음을 의미한다.

---

26 『三國志』卷30,「魏書」, 烏丸鮮卑東夷傳, 韓, 852쪽. "國邑各立一人主祭天神 名之天君 又諸國各有別邑 名之爲蘇塗 立大木 縣鈴鼓 事鬼神 諸亡逃至其中 皆不還之 好作賊 其立蘇塗之義 有似浮屠."

27 『後漢書』卷85,「東夷列傳」, 三韓, 2820쪽. "馬韓之西 海島上有州胡國 其人短小 髡頭 衣韋衣 有上無下 好養牛豕 乘船往來 貨市韓中."

연번	진한절 기록	중국 사서의 유사 기록		기록 유사도	
		서명	기록	자수	백분율
B-3-①	辰韓 耆老自言秦之亡人 避苦役 來適韓國 馬韓割其東界地與之	後漢書	辰韓 耆老自言秦之亡人 避苦役 適韓國 馬韓割東界地與之	24/26	92.3
B-3-②	有城柵 其言語有類秦人 由是或 謂之爲秦韓	晉書	立城柵 言語有類秦人 由是或謂 之爲秦韓	16/18	88.8
B-3-③	其王常用馬韓人作之 世世相係 襲 辰韓不得自立爲王 明其流 移之人故也	梁書	又辰韓王常用馬韓人作之 世相 係 辰韓不得自立爲王 明其流移 之人故也	27/31	87.0
B-3-④	其名國爲邦 弓爲弧 賊爲寇 行酒 爲行觴 相呼皆爲徒	後漢書	其名國爲邦 弓爲弧 賊爲寇 行酒 爲行觴 相呼皆爲徒	21/21	100
B-3-⑤	諸小邑各有渠帥 大者名臣智 次 有險側 次有樊濊 次有殺奚 次有 邑借[皆其官名]	後漢書	諸小別邑 各有渠帥 大者名臣智 次有儉側 次有樊祇 次有殺奚 次 有邑借[皆其官名]	30/32	93.7
합계 및 평균				118/129	91.4

B-3은 진한의 유래와 정체성에 대한 내용이다. B-3-①~⑤ 모두 유사도
가 80%를 넘기므로 '유사도 높음'에 해당한다. 앞서 살펴본 마한절에서는
『후한서』의 비중이 가장 큰 것으로 나타났다. 진한절 또한 마찬가지로『후
한서』의 비중이 가장 크게 나타나는지 혹은 다른 사서의 비중도 그에 못지
않게 나타나는지 확인할 필요가 있다.

B-3-①은 진한의 기원에 대한 기록으로,『후한서』의 기록과 유사도가
높게 나타난다. 이 기록도 앞의 사례들과 마찬가지로『삼국지』를 원전으로
한다. 『삼국지』에서는 해당 기록이 좀 더 구체적으로 나오며,『후한서』에
서 제외된 '내來'자와 '기其'자도 확인된다. 두우는 두 사서를 참고하면서도,
좀 더 간략한『후한서』의 기록 구성을 참고하여 서술한 것으로 생각된다.[28]

---

28 『三國志』卷30,「魏書」, 烏丸鮮卑東夷傳, 韓, 852쪽. "辰韓在馬韓之東 其耆老傳世 自言古之亡人避
秦役來適韓國 馬韓割其東界地與之."

B-3-②에서 성책城柵과 진한의 유래에 대한 내용은 본래 서로 다른 주제에 해당하였다. 두 주제에 대한 기록은 『삼국지』와 『후한서』에서도 서로 별개의 기록으로 나타난다. 다만 『진서』에서는 기록 구성이 B-3-②와 유사하게 나타나므로 영향 관계를 추측할 수 있다. 즉 앞서 B-2-⑩·⑪의 사례에 이어, B-3-②도 두우가 『진서』를 참고하였음을 보여주는 사례로 지목할 수 있다.

B-3-③의 기록은 『후한서』에서는 관련 기록이 확인되지 않고, 대신 『삼국지』에서 유사한 기록이 확인된다. 『삼국지』에서는 협주에 있는 『위략魏略』과 함께 보면 해당 기록의 구성과 유사한 형태의 기록으로 되어 있다.[29] 다만 세부적인 부분에서 차이를 보인다. B-3-③과 유사한 내용으로 구성된 기록은 『양서』 신라항新羅項의 기록의 기록이다. 『양서』의 "辰韓王"과 "世世相係襲"이 B-3-③에서는 "其王"과 "世相係"로 기술되었다는 점에서 차이를 보인다. 이 외에 『진서』 진한항辰韓項과 『북사北史』 신라전新羅傳에서도 유사한 기록이 확인되지만,[30] 『양서』가 가장 공통점이 크게 나타난다.

B-3-④는 『후한서』의 기록과 동일하게 나타난다. B-3-⑤ 또한 『후한서』와의 유사성이 크게 나타난다. 심지어 읍차邑借 뒤의 협주 또한 『후한서』와 동일하게 기재되었다. 다만 세부적인 관명官名에서는 차이점들이 일부 확인된다. 즉 B-3-⑤의 '험측險側'과 '번예樊濊'가 『후한서』에서는 '검측儉側'과 '번지樊秖'로 기재되어 나타난다. 이는 해당 관명이 『삼국지』를 참고하여 수정되었기 때문이다.[31]

---

29 『三國志』卷30,「魏書」, 烏丸鮮卑東夷傳, 韓, 853쪽. "辰王常用馬韓人作之 世世相繼 辰王不得自立爲王【魏略曰 明其爲流移之人 故爲馬韓所制】."

30 『晉書』卷97,「四夷傳」, 東夷, 辰韓, 2534쪽. "辰韓常用馬韓人作主 雖世世相承 而不得自立 明其流移之人 故爲馬韓所制也";『北史』卷94,「新羅傳」, 3122쪽. "又辰韓王常用馬韓人作之 世世相傳 辰韓不得自立王 明其流移之人故也."

B-3의 기록은 마한절과 마찬가지로 주로 『후한서』의 기록 구성을 참고하여 작성되었다. 다만 필요한 경우에는 『삼국지』를 참고한 사례가 많으며, 일부 기록은 『진서』·『양서』에서 유사한 기록이 확인되기도 한다. 전체 129자 중에서 118자가 기존 사서와 동일한 것으로 나타난다. 두우는 『후한서』·『진서』·『양서』를 참고하여 기록을 작성하였으며 모두 유사도가 높게 나타난다. 가장 유사도가 떨어지는 B-3-③도 87.0%로 유사도가 결코 낮지 않은 편이다.

〈표 11〉은 B-4에 기재된 진한의 풍속을 정리한 것으로 B-4-①~⑧로 구분할 수 있다. B-2가 마한의 풍속을 정리하였다는 점에서 서로 비교가 된다. B-4-⑤를 제외하고는 유사도가 80% 이상으로 모두 높게 나타나며, B-4-⑤는 『삼국지』·『후한서』의 기록과 비교한 사항을 기재하였다. 표에 제시된 내용을 통해 알 수 있듯이 B-4는 『삼국지』의 영향이 더 크게 확인된다. 이와 관련하여 상세하게 살펴보면 다음과 같다.

B-4-①은 진한인의 삶의 모습 및 환경을 간략하게 작성한 것이다. 앞의 사례들과 마찬가지로 『삼국지』보다 『후한서』의 기록과 공통점이 더 크게 나타난다. 『삼국지』에서도 유사한 내용이 있지만 세부적인 표현에서 차이점들이 확인된다.[32]

B-4-②와 유사성이 있는 기록으로 『삼국지』 한조韓條의 기록을 제시하였다. B-4-②에서 "嫁娶以禮"는 『후한서』에서 유사한 기록이 확인되지만 기록 구성 방식에서는 차이점이 커서 제외하였다. 도리어 이 기록은 『후한서』와의 유사성보다는 『한원翰苑』에 인용된 『위략』의 유사성이 더 크게 확

---

31 『三國志』卷30, 「魏書」, 烏丸鮮卑東夷傳, 韓, 852~853쪽. "又有諸小別邑 各有渠帥 大者名臣智 其次 有險側 次有樊濊 次有殺奚 次有邑借."
32 『三國志』卷30, 「魏書」, 烏丸鮮卑東夷傳, 韓, 853쪽. "土地肥美 宜種五穀及稻 曉蠶桑 作縑布 乘駕牛馬."

연번	진한절 기록	중국 사서의 유사 기록		기록 유사도	
		서명	기록	자수	백분율
B-4-①	土地肥美 宜五穀 知蠶桑 作縑布 乘駕牛馬	後漢書	土地肥美 宜五穀 知蠶桑 作縑布 乘駕牛馬	17/17	100
B-4-②	嫁娶以禮 其俗男女有別 以大鳥羽送死 其意欲使死者飛揚	三國志	嫁娶禮俗 男女有別 以大鳥羽送死 其意欲使死者飛揚	22/24	91.6
B-4-③	國出鐵 韓·濊·倭皆從之 諸市買皆用鐵 如中國用錢 又以供給二郡	三國志	國出鐵 韓·濊·倭從取之 諸市買皆用鐵 如中國用錢 又以供給二郡	27/27	100
B-4-④	俗喜歌舞·飲酒·鼓琴瑟 其瑟形似筑 彈之亦有音曲	三國志	俗喜歌舞飲酒 有瑟 其形似筑 彈之亦有音曲	17/20	85
B-4-⑤	兒生便以石厭其頭 欲其扁 故辰韓人皆扁頭[扁音補典反]	三國志	兒生 便以石厭其頭 欲其褊 今辰韓人皆褊頭	15/23	65.2
		後漢書	兒生欲令其頭扁 皆押之以石[扁音補典反]	12/23	52.1
B-4-⑥	男女近倭 亦文身	三國志	男女近倭 亦文身	7/7	100
B-4-⑦	便步戰 兵杖與馬韓同	三國志	便步戰 兵仗與馬韓同	8/9	88.8
B-4-⑧	其俗 行者相逢 皆住讓路	三國志	其俗 行者相逢 皆住讓路	10/10	100
합계 및 평균				123/137	89.7

인된다.[33] "嫁娶" 기록의 위치 차이 외에는 B-4-②와 거의 흡사한 형태로 작성되었다.

B-4-③과 『삼국지』는 서로 동일한 내용으로 작성되었다. B-4-④ 또한 『삼국지』와 유사성이 크게 나타나지만 음주飮酒 뒤의 기록에서 서로 차이를 보인다. 이는 두우가 각종 자료를 참고하면서 보완한 내용으로 볼 수 있다.

B-4-⑤는 편두에 대한 기록으로 『삼국지』를 바탕으로 작성되었다. 다만 『삼국지』에서는 '편두扁頭'를 '편두褊頭'로 기재하였다는 점에서 차이를 보이며, 『통전』의 북송본北宋本·명각본明刻本·왕오본王吳本에서도 '편두褊頭'로 기재되었다.[34] 기록의 유사성은 『삼국지』가 더 크지만 협주의 존재와 내용

---

33 『翰苑』 卷30, 「蕃夷部」, 三韓, 35쪽. "鳥羽攸設 方盡送往之儀【魏略曰 辰韓人常用馬韓人作主 代代相承 其宜五穀 若作縑布 服牛乘馬 其俗 嫁娶男女有別 以大鳥羽送死 其意欲使死者飛颺】."

34 『後漢書』 卷85, 「東夷列傳」, 三韓, 2819쪽. "兒生欲令其頭扁 皆押之以石[扁音補典反]." 본문 중에

은『후한서』와의 공통점도 확인된다. 또한 진한인辰韓人을 서술할 때 그 시점을 '고故'자와 '금今'자로 달리 표기하였다는 점도 차이점이다.

B-4-⑥·⑦·⑧은 모두『삼국지』와의 공통점이 크게 나타난다. 특히 B-4-⑥·⑧은『삼국지』와 아예 동일한 내용으로 작성되었다. 다만『삼국지』에서 "兵仗"을 B-4-⑦에서 "兵杖"으로 기록한 점은 차이점으로 지목된다.

이처럼 B-4는 전반적으로『삼국지』를 참고한 경향이 강하게 나타나며, 이는 B-2와의 주요 차이점이기도 하다. 즉 두우는 특정 사서에만 치우쳐서 기록을 정리하는 것이 아닌, 좀 더 체계적으로 잘 정리되었다고 생각하는 부분을 주로 참고하여 기록을 작성하였음을 알 수 있다. 총 137자 중에서 123자가 공통되는 것으로 나타나, 전반적으로 유사도가 높은 편이다.

B-5는 변진의 풍속에 대한 기록으로 마한절이나 진한절에 비해서는 상대적으로 짧은 내용으로 구성되었다. 또한 세 가지 기록 모두『삼국지』와의 공통점이 크게 나타난다는 점도 특징이다.

B-5-①의 기록은『삼국지』와 비교하여 동일하게 작성되었다. 반면『후한서』에서는 성곽과 의복이 모두 동일하다고 하였으며, 언어와 풍속에서만 차이점이 있다고 기록하였다.[35] B-5-②의 기록도『삼국지』와 비교하여 '풍속風俗'과 '법속法俗'의 표기에서 차이를 보이되 그 외에는 동일하게 작성되었다. 도리어『후한서』에서는 '풍속風俗'으로 기재하였는데, 이 부분을 두우가 B-5-②에 반영한 것으로 보인다.

서 "欲其扁"의 '편(扁)'자는 원래 '변(匾)'으로 적혀있었으며, 북송본(北宋本)·명각본(明刻本)·왕오본(王吳本)에서는 '편(褊)'으로 기재하였다. 현재의 본문은『후한서』동이열전(東夷列傳)을 비롯하여『태평어람(太平御覽)』과『태평환우기(太平寰宇記)』를 참고하여 '편(扁)'으로 고쳤다.『통전』정문본(正文本)에서도 본래 '편(扁)'자로 썼을 것으로 여겨진다.『통전』卷185,「邊防門1」, 校勘記, 4993쪽, 38번.

35 『後漢書』卷85,「東夷列傳」, 三韓, 2820쪽. "弁辰與辰韓雜居 城郭衣服皆同 言語風俗有異 其人形皆長大 美髮 衣服絜清 而刑法嚴峻 其國近倭 故頗有文身者."

연번	변진절 기록	중국 사서의 유사 기록			기록 유사도	
		서명	기록		자수	백분율
B-5-①	弁辰與辰韓雜居 亦有城郭	三國志	弁辰與辰韓雜居 亦有城郭		11/11	100
B-5-②	衣服居處與辰韓同 言語風俗相似	三國志	衣服居處與辰韓同 言語法俗相似		12/13	92.3
B-5-③	祠祭鬼神有異 施竈皆在戶西	三國志	祠祭鬼神有異 施竈皆在戶西		12/12	100
합계 및 평균					35/36	97.2

B-5-③의 기록은 『삼국지』와 동일하게 나타나나, 『후한서』에서는 관련 내용이 확인되지 않는다. 『삼국지』와 『후한서』에서는 이 외에도 체형體型이나 의복 청결 등에 대한 기록이 수록되었으나, 두우는 이를 반영하지 않았다. 36자 중 35자가 동일하다는 점에서 유사도는 매우 높은 편에 해당한다.

B-6은 변진절에 포함된 기록이지만 사실상 삼한의 연혁에 대한 내용으로, 〈표 13〉에서는 B-6-①~⑥까지의 기록으로 구분하였다. 이 중에서 B-6-④에서는 두우의 협주가 포함되어 유사도 중간으로 나타난다. B-6-⑥은 서로 유사한 사료가 없으므로, 비교 사료를 제시하지 않았으며, 대신 『책부원귀冊府元龜』에서 유사 기록이 확인된다는 점을 밝혔다.

B-6-①은 준왕準王이 위만에게 쫓겨난 후 한韓으로 내려온 내용으로, 『후한서』의 해당 기록과 동일하게 작성되었다.[36] 『삼국지』에서 유사한 기록이 있지만, 문장 구성 등에서는 여러모로 차이를 보인다.[37]

B-6-②의 기록은 후한後漢 광무제光武帝 건무연간建武年間, 25~45을 시점으로 하였는데, 『후한서』에서는 건무建武 20년44으로 지목하였다. 실제 『후한서』

---

[36] "初 朝鮮王準爲衛滿所破"부터 "三韓蓋爲百濟·新羅所呑並"에 이르는 기록은 변한(弁韓)에 대한 서술이 아니다. 때문에 왕오본에서는 이를 모두 삭제하였다. 『通典』 卷185, 「邊防門1」, 校勘記, 4993쪽, 41번.

[37] 『三國志』卷30, 「魏書」, 烏丸鮮卑東夷傳, 韓, 850쪽. "侯準旣僭號稱王 爲燕亡人衛滿所攻奪 將其左右宮人走入海 居韓地 自號韓王 其後絶滅 今韓人猶有奉其祭祀者 漢時屬樂浪郡 四時朝謁."

연번	변진절 기록	중국 사서의 유사 기록		기록 유사도	
		서명	기록	자수	백분율
B-6-①	初 朝鮮王準爲衛滿所破 乃將其餘衆數千人走入海 攻馬韓 破之 自立爲韓王 準後滅絶 馬韓人復自立爲辰王	後漢書	初 朝鮮王準爲衛滿所破 乃將其餘衆數千人走入海 攻馬韓破之 自立爲韓王 準後滅絶 馬韓人復自立爲辰王	44/44	100
B-6-②	後漢光武建中 韓人廉斯人蘇馬諟詣樂浪貢獻[諟音是] 帝封蘇馬諟爲漢廉斯邑君 使屬樂浪郡 四時朝謁	後漢書	建武二十年 韓人廉斯人蘇馬諟等詣樂浪貢獻[廉斯 邑名也 諟音是] 光武封蘇馬諟爲漢廉斯邑君 使屬樂浪郡 四時朝謁	38/44	86.3
B-6-③	靈帝末 韓・濊並盛 郡縣不能制 百姓苦亂 多流亡入韓者	後漢書	靈帝末 韓・濊並盛 郡縣不能制 百姓苦亂 多流亡入韓者	22/22	100
B-6-④	獻帝建安中 公孫康分屯有・有鹽縣【屯有・有鹽並漢遼東屬縣 並今東夷之地】以南荒地爲帶方郡 遣公孫模・張敞等收集遺民 興兵伐韓・濊 舊民稍出 是後倭韓遂屬帶方	三國志	建安中 公孫康分屯有縣以南荒地爲帶方郡 遣公孫模・張敞等收集遺民 興兵伐韓濊 舊民稍出 是後倭韓遂屬帶方	46/66	69.6
B-6-⑤	魏景初中 明帝密遣帶方太守劉昕・樂浪太守鮮于嗣越海定二郡 諸韓國臣智加賜邑君印綬 其次與邑長 其俗好衣幘 下戶詣郡朝謁 皆假衣幘 自服印綬衣幘千有餘人 部從事吳林以樂浪本統韓國 分割辰韓八國以與樂浪	三國志	景初中 明帝密遣帶方太守劉昕・樂浪太守鮮于嗣越海定二郡 諸韓國臣智加賜邑君印綬 其次與邑長 其俗好衣幘 下戶詣郡朝謁 皆假衣幘 自服印綬衣幘千有餘人 部從事吳林以樂浪本統韓國 分割辰韓八國以與樂浪	88/89	98.8
B-6-⑥	晉武帝咸寧中 馬韓王來朝 自是無聞 三韓蓋爲百濟・新羅所吞並		『진서』에 유사 기록 없음 『책부원귀』에서 유사 기록 확인됨	0/26	0
합계 및 평균				238/291	81.7

광무제기光武帝紀에서도 조공 기록은 건무 20년조에서 확인된다.[38] B-6-②는 광무제 때의 일이기 때문에 『삼국지』에서는 관련 기록이 확인되지 않는다.

B-6-③은 후한 말의 상황이므로 『후한서』와 『삼국지』의 시대에 모두 포함된다. B-6-③은 후한 영제靈帝 말의 상황이므로, 그 기록은 『후한서』를

---

[38] 『後漢書』卷1下,「光武帝紀」, 建武 20년, 72쪽. "秋 東夷韓國人率衆詣樂浪內附【東夷有辰韓・卞韓・馬韓 謂之三韓國也】."

따랐다. 반면 B-6-④에 해당하는 헌제獻帝 건안연간建安年間, 196~219의 기록은 『후한서』에서 확인되지 않고, 『삼국지』의 기록에 해당한다. B-6-④는 『삼국지』를 참고하되, 일부분에서 차이점이 확인된다. 즉 『삼국지』에서는 공손강公孫康이 둔유현屯有縣을 나누어 그 남쪽의 황지荒地를 대방군帶方郡으로 삼았다고 하였는데, B-6-④에서는 둔유현 외에 유염현有鹽縣의 존재가 확인된다. 아울러 둔유屯有와 유염有鹽은 한漢 요동군遼東郡의 속현屬縣으로 지금의 동이지지東夷之地에 해당한다는 협주가 삽입되었다.[39]

B-6-⑤는 조위曹魏 경초연간景初年間, 237~239에 대한 기록으로 『삼국지』의 기록을 반영하여 작성되었다.[40] 『책부원귀』에서는 경초景初 2년238에 왜왕倭王이 보낸 난승미難升米 기록 다음으로 유흔劉昕과 선우사鮮于嗣의 파견 내용이 기술되었다. '시년是年'이라 밝혔다는 점에서 238년에 일어났던 일임을 알 수 있다.[41]

B-6-⑥은 진대의 기록이기 때문에 『삼국지』와 『후한서』에서는 모두 확인되지 않는다. 문제는 정작 『진서』 마한항에서도 동일한 기록이 확인되지 않는다는 점이다.[42] 『진서』 마한항에서는 진 무제대晉武帝代에 마한과의 교류로 태강太康 원년280·2년281·7년286·8년287·10년289, 태희太熙 원년290에 조공을 왔으며, 마지막으로 함녕咸寧 3년277에 다시 왔고 이듬해에 또 내부來附하길 청했다고 하였다.

---

39 "並今東夷之地"는 원래 "今並爲東夷地"라고 되어 있었으나, 북송본·명초본(明抄本)·명각본에 의거하여 바꾸었다. 『通典』 卷185, 「邊防門1」, 校勘記, 4993쪽, 44번.

40 "其次與邑長"에서 '여(與)'자는 원래 '위(爲)'자로 잘못 기재되었으나, 북송본에 의거하여 고쳤다. 『삼국지』 동이전에서도 '여(與)'자로 되어 있다. 『通典』 卷185, 「邊防門1」, 校勘記, 4993쪽, 45번.

41 『冊府元龜』 卷963, 「外臣部」, 封冊, 11159쪽. "是年 遣帶方太守劉昕·樂浪太守鮮于嗣 越海定二郡 諸韓國臣智 加賜邑君印綬 其次與邑長."

42 『晉書』 卷97, 「四夷傳」, 東夷, 馬韓, 2533쪽. "武帝太康元年·二年 其主頻遣使入貢方物 七年·八年·十年 又頻至 太熙元年 詣東夷校尉何龕上獻 咸寧三年復來 明年又請內附."

『진서』에서는 마한왕의 내조에 대한 기록은 없으나, 『책부원귀』에서 진무제晉武帝 함녕연간咸寧年間, 275~279에 마한왕이 내조하였다고 기재되었다.[43] 『진서』 마한항에서는 마한과의 교류에서 함녕 3년277이 별도로 기재되었는데, 이 기록과 마한왕의 내조가 연관되었을 가능성이 있으나 그 이상의 사실을 추론하기는 쉽지 않다.

B-6은 삼한의 연혁 기록으로 시간 순서에 맞춰 『후한서』와 『삼국지』를 참고하여 기재하였으며, 마한왕의 내조에 대한 기록은 두우가 별도로 확보한 자료를 통해 작성된 것으로 보인다. B-6-⑥이 서로 유사한 사료가 없지만 다른 사서들의 유사도가 높기 때문에 전체 유사도는 81.7%로 나타난다.

저자는 마한절을 B-1·2, 진한절을 B-3·4, 변진절을 B-5·6으로 구분하고 중국 정사와 비교·대조하는 작업을 하였다. 이 중에서 B-6-⑥은 기존의 사료를 참고한 것이 아닌, 두우가 새롭게 작성한 기록으로 볼 수 있다. 때문에 이를 제외한 다른 기록들을 대상으로, 어떤 사서를 참고하였는지 다시 정리하여 제시하면 〈표 14〉와 같다.

〈표 14〉를 보면 마한·진한·변진절이 어떤 책을 주로 참고하였으며 어떻게 영향력이 나타나는지를 바로 확인할 수 있다. 주로 『후한서』와 『삼국지』를 크게 참고하였음이 드러나는데, 가장 비중이 큰 사서는 『후한서』이다.

또한 일부지만 『진서』와 『양서』도 참고한 흔적이 확인된다. 『후한서』와 『삼국지』의 유사도는 각각 90.8%와 90.1%로 높게 나타나는 편이다. 이는 두우가 이들 기록을 최대한 반영하려고 노력하였음을 의미한다.

『진서』의 경우 70%이기 때문에 유사도 높음에 해당하지만 다른 사서들

---

43 『冊府元龜』 卷999, 「外臣部」, 入覲, 11554쪽. "晉武帝咸寧中 馬韓王來朝 太康二年 辰韓王復來朝貢 七年又來."

〈표 14〉 마한절·진한절·변진절과 주요 사서 유사도 비교

서명	해당 연번						기록 유사도	
	B-1	B-2	B-3	B-4	B-5	B-6	자수	백분율
후한서	①·②·③·④	①·③·④·⑦·⑧·⑨·⑪·⑫·⑬	①·④·⑤	①·⑤		①·②·③	536/590	90.8
삼국지		②·⑤·⑥·⑪·⑭		②·③·④·⑤·⑥·⑦·⑧	①·②·③	④·⑤	413/458	90.1
진서		⑩·⑪	②				56/80	70
양서			③				27/31	87.0

에 비해서는 낮은 편이다. 이는 B-2-⑪을 분석대상으로 넣으면서 수치가 낮게 표시되었기 때문이다.

B-1에서는 『후한서』의 기록을 그대로 사용하였다. 반면 B-2부터는 여러 사서를 참고하여 작성한 흔적이 나타난다. 앞서도 살펴보았듯이 풍속 기사에서 『삼국지』의 기사를 다수 반영한 사례들이 확인된다. 기사 배치는 『후한서』를 따르더라도 『삼국지』의 기록이 좀 더 구체적이기 때문에 이를 활용한 것으로 볼 수 있다.

B-3에서도 『후한서』가 주로 인용되었지만 다른 사서들도 참고한 흔적이 보인다. B-4는 『삼국지』의 비중이 크게 나타나서, 두우가 마한절과 진한절의 풍속 기록 작성 시 비중을 둔 사서가 서로 달랐음을 알려준다. 아울러 B-5는 『삼국지』를 거의 그대로 제시하는 식으로 작성되었다.

B-6은 시대별로 참고 사서가 다르다. 즉 후한대까지의 연혁은 『후한서』를 참고하고, 후한 말부터는 『삼국지』를 참고하였기 때문이다. 마찬가지로 진대는 『진서』를 참고해야하는데, 실제 내용을 비교하면 두우가 보완

하고 수정한 내용이 많아서, 해당 문장은 사실상 새로 쓰다시피 하였다.

종합하자면 삼한절은『후한서』와『삼국지』를 크게 참고하여 작성되었다. 현재 학계에서 원 사료인『삼국지』의 사료적 가치를 더 높게 치지만, 두우는 도리어 간략하게 정리된『후한서』를 조금 더 선호하였음을 알 수 있다.

3. 백제절

백제百濟는 당대唐代에도 존속하였으며, 당唐과 활발한 교류를 하였던 국가이다. 백제의 멸망 또한 나당연합군羅唐聯合軍에 의한 것이었으며, 당에 의해 웅진도독부熊津都督府가 설치되기도 하였다. 이처럼 당과 백제는 상호 밀접한 관련이 있는 국가였다. 때문에 백제절에는 당의 시각도 일부 개입되었다고 파악할 수 있다.[44]

백제절의 기록은 주제에 따라 총 네 가지로 구분할 수 있다. 앞서 살펴본 절들과 마찬가지로 백제절을 내용에 따라 구분한 다음, 원문에 다시 세부적으로 연번을 부여하여 살펴보면 다음과 같다.

C-1. ① 百濟 即後漢末夫餘王尉仇台之後 ②【後魏時百濟王上表云 臣與高麗先出夫餘】③ 初

以百家濟海 因號百濟 ④ 晉時句麗旣略有遼東 百濟亦據有遼西・晉平二郡【今柳城・

北平之間】⑤ 自晉以後 吞幷諸國 據有馬韓故地 ⑥ 其國東西四百里 南北九百里 南接

新羅 北拒高麗千餘里 西限大海 處小海之南 ⑦ 國西南海中有三島 出黃漆樹 似小榎

---

44 이하 백제절에 대한 분석은 저자의 이전 논문을 참고하여 작성하고 보완하였음을 밝힌다. 송영대, 「『通典』百濟節의 서술과 인식」, 『사학연구』133, 한국사학회, 2019, 88~118쪽.

樹而大 六月取汁 漆器物若黃金 其光奪目 ⑧自晉代受蕃爵 自置百濟郡 ⑨義熙中以百濟王夫餘腆[佗典反]爲使持節・都督百濟諸軍事 ⑩宋・齊並遣使朝貢 授官封其人

C-2. ①土著地多下濕 率皆山居 ②其都理建居拔城 ③王號於羅瑕 百姓呼爲鞬吉支[鞬音乾] 夏言並王也 王妻號於陸 夏言妃也 ④官有十六品 左平一品 達率二品 恩率三品 德率四品 扞率五品 柰率六品 以上冠飾銀花 將德七品 紫帶 施德八品 皁帶 固德九品 赤帶 季德十品 青帶 對德十一品 文督十二品 皆黃帶 武督十三品 佐軍十四品 振武十五品 克虞十六品 皆白帶 ⑤統兵以達率・德率・扞率爲之 人庶及餘小城咸分隷焉

C-3. ①其衣服 男子略同於高麗 拜謁之禮以兩手據地爲敬 ②婦人衣似袍而袖微大 在室者編髮盤於首 後垂一道爲飾 出嫁者乃分爲兩道焉 ③兵有弓・箭・刀・矟 俗重騎射 兼愛墳史 其秀異者頗解屬文 又解陰陽五行 ④用宋元嘉曆 以建寅月爲歲首 亦解醫藥・卜筮・占相之術 有投壺・樗蒲等雜戲 然尤尙弈碁 ⑤僧尼寺塔甚多 而無道士 賦稅以布・絹・麻・米等 ⑥婚娶之禮略同華俗 父母及夫死者三年持服 餘親則葬訖除之 ⑦氣候溫暖 五穀・雜果・菜蔬及酒醴・餚饌・樂器之屬多同於內地 ⑧唯無駝・騾・驢・羊・鵝・鴨等云 ⑨其王以四仲之月祭天 又每歲四祠其始祖仇台之廟 ⑩大姓有八族 沙氏・燕氏・劦氏[劦音俠]・解氏・眞氏・國氏・木氏・苩[音白]氏 ⑪國西南人島居者十五所 皆有城邑

C-4. ①後魏孝文遣衆征破之 ②後其王牟大爲高句麗所破 衰弱累年 遷居南韓地 ③隋文開皇初 其王夫餘昌遣使貢方物 拜爲帶方郡公・百濟王 ④大唐武德・貞觀中 頻遣使朝貢 ⑤顯慶五年 遣蘇定方討平之 舊有五部 分統三十七郡・二百城・七十六萬戶 至是以其地分置熊津・馬韓・東明等五都督府 仍以其酋渠爲都督府刺史 ⑥其舊地沒於新羅 城傍餘衆後漸寡弱 散投突厥及靺鞨 其主夫餘崇竟不敢還舊國 土地盡沒於新羅・靺鞨 夫餘氏君長遂絕

백제절 원문原文의 원활한 파악을 위하여 C-1·2·3·4로 구분하였다. C-1은 국가 기원과 송宋·제대齊代까지의 연혁, C-2는 백제의 정치 체제, C-3은 각종 풍속, C-4는 북위대北魏代부터 당대까지의 연혁에 대한 내용이다. 백제절 원문 C-1을 다시 세부적으로 구분하고 분석하여 표로 제시하면 〈표 15〉와 같다.

〈표 15〉에서는 각 기록을 C-1-①~⑩으로 구분하여 제시하였다. 아울러 비교 사서史書로는 『송서宋書』·『양서梁書』·『위서魏書』·『남사南史』·『북사北史』·『수서隋書』·『건강실록建康實錄』 및 『한원翰苑』에 인용된 『동이기東夷記』를 설정하였다. C-1-⑦과 C-1-⑩은 유사 사료를 제시하지 않았다. C-1-⑦의 경우에는 기존 사서에서 보이지 않고 『통전通典』에서 처음 확인되는 내용이며, C-1-⑩은 두우杜佑가 기존 사서의 내용을 참고하여 창작한 문장이기 때문이다. 또한 C-1-⑤와 C-1-⑥은 2개의 사서와 비교하였다. 이는 두우가 두 사료 혹은 그 이상의 사료를 참고하여 백제절을 작성하였다고 판단되었기 때문이다.

C-1-⑦과 C-1-⑩을 제외하고 살펴보면 유사도는 최소 21.4% 즉 C-1-⑤의 『한원』에 인용된 『동이기』, 최고는 100% 즉 C-1-③으로 나왔다. 이에 맞춰 분류하면 유사도 낮음은 C-1-①·⑤, 유사도 중간은 C-1-②, 유사도 높음은 C-1-③·④·⑧·⑨로 확인된다. 아울러 C-1-⑥의 경우 『수서』는 유사도 중간, 『북사』는 유사도 높음으로 나타난다.

C-1-①을 보면 백제절의 기록과 가장 유사한 기록이 『수서』 백제조百濟條의 기록임에도 불구하고, 두 기록을 비교하면 유사한 면이 다소 부족하게 나타난다. 백제절에서는 백제가 후한後漢 말 부여왕夫餘王 위구태尉仇台의 후예라고 하였음에 비해, 『수서』 백제조에서는 동명東明의 후예로 구태仇台가

연번	백제절 기록	중국 사서의 유사 기록		기록 유사도	
		서명	기록	자수	백분율
C-1-①	百濟 即後漢末夫餘王尉仇台之後	隋書	夫餘人共奉之 東明之後 有仇台者	6/14	43.8
C-1-②	【後魏時百濟王上表云 臣與高麗先出夫餘】	魏書	百濟國 其先出自夫餘…(中略)…又云 臣與高句麗源出夫餘	11/17	64.7
C-1-③	初以百家濟海 因號百濟	隋書	初以百家濟海 因號百濟	10/10	100
C-1-④	晉時句麗既略有遼東 百濟亦據有遼西·晉平二郡【今柳城·北平之間】	南史	晉世句麗既略有遼東 百濟亦據有遼西·晉平二郡地矣	19/27	70.3
C-1-⑤	自晉以後 吞并諸國 據有馬韓故地	梁書	馬韓有五十四國 大國萬餘家 小國數千家 總十餘萬戶 百濟即其一也 後漸强大 兼諸小國	4/14	28.5
		翰苑東夷記	國鎮馬韓地 苞狗素【東夷記曰 百濟治建居狄城 本馬韓之地】	3/14	21.4
C-1-⑥	其國東西四百里 南北九百里 南接新羅 北拒高麗千餘里 西限大海 處小海之南	隋書	其國東西四百五十里 南北九百餘里 南接新羅 北拒高麗	20/32	62.5
		北史	其國東極新羅 北接高句麗 西南俱限大海 處小海南 東西四百五十里 南北九百餘里	25/32	78.1
C-1-⑦	國西南海中有三島 出黃漆樹 似小榎樹而大 六月取汁 漆器物若黃金 其光奪目	『통전』에서 처음 확인되는 기록		0/32	0
C-1-⑧	自晉代受蕃爵 自置百濟郡	建康實錄	起晉世受蕃爵 自置百濟郡	10/11	90.9
C-1-⑨	義熙中 以百濟王夫餘腴[佗典反]爲使持節·都督百濟諸軍事	宋書	義熙十二年 以百濟王餘映爲使持節·都督百濟諸軍事·鎭東將軍·百濟王	18/24	75
C-1-⑩	宋·齊並遣使朝貢 授官 封其人	기존 기록을 단순화하여 서술		0/12	0
합계 및 평균				103/193	53.3

있었다고 하였다.

C-1-⑤의 경우 기존 정사正史에서는 '마한고지馬韓故地'를 연상시키는 기록이 없으며, 『양서』 백제항百濟項의 사례처럼 백제의 기원 관련하여 마한이 언급되는 게 전부이다. 참고로 『한원』에 인용된 『동이기』에서 '마한지지馬韓之地'라는 유사한 표현이 보인다.

C-1-①·⑤처럼 유사도 낮음에 해당하는 사례들은 두우가 기존 사서를 참고하되 스스로의 판단에 따라 개작改作하였다고 볼 수 있다. 이로 인하여 양쪽 기록에서 동일한 요소가 보이지만, 실제 적용에서 차이점이 크다는 점을 알 수 있다.

C-1-②에서는 후위後魏 때의 백제왕百濟王이 보낸 상표上表라고 하여 사실상 『위서』를 참고하였음을 밝혔다. 『위서』에서는 백제의 기원이 부여에 있음을 백제에 대한 설명과 개로왕蓋鹵王의 상표문上表文에서 기재되었으며, 둘의 내용을 비교하면 서로 비슷하게 나타난다. 다만 일부 표현에서 약간의 차이가 있어서 유사도 중간으로 분류하게 되었다.

C-1-③·④·⑧·⑨ 중에서 C-1-③은 『수서』의 기록을 그대로 전사傳寫한 것이다. 이 외의 기록은 기존 사서 기록을 최대한 반영한 경향이 강하다. 다만 C-1-⑥은 기록 배치라는 측면에서 백제절이 『수서』 백제조를 참고하였지만, 내용이라는 측면에서는 『북사』 백제전百濟傳을 참고하였음이 확인된다.[45] 이렇듯 두우는 두 가지 이상의 사서를 조합하여 문장을 작성하기도 하였다. C-1-⑧은 『건강실록』과 거의 유사한 내용으로 나타나며, 피휘避諱 여부에서만 차이를 보일 뿐이다.

C-1-⑦은 백제의 특산물이었던 황칠黃漆을 상세히 기록한 것으로, 『신당서新唐書』의 해당 기록과 비교해도 훨씬 상세하다는 점에서 주목된다.[46] 기존 정사正史의 백제전에서는 수록되지 않았던 정보이기 때문에, 당대에 확보된 정보로 볼 수 있다. 또한 특산물의 산지産地에 대한 기록은 특수한 사례

---

45 본서에서는 장손무기(長孫無忌)와 위징(魏徵)의 『수서』가 이연수(李延壽)의 『남사(南史)』와 『북사(北史)』보다 먼저 작성되었다는 점에 착안하여, 동일한 기록의 경우 『수서(隋書)』를 우선하여 표에 기재하였다.

46 『新唐書』 卷220, 「東夷傳」, 百濟, 6199쪽. "有三島 生黃漆 六月刺取瀋 色若金."

에 해당하기 때문에 백제 멸망 직후 웅진도독부를 통해 확보된 정보로 추정할 수 있다.

백제의 황칠 관련 기록은『신당서』뿐만 아니라『태평환우기太平寰宇記』와 『태평어람太平御覽』의 서술에도 영향을 미쳤다.[47]『책부원귀冊府元龜』에서는 백제에서 채취한 금칠金漆로 철갑鐵甲을 칠한다고 하였는데,[48] 여기에서의 금칠을 황칠로 지목할 수 있다.[49]

조선시대에도 C-1-⑦ 기록이 참고가 되어,『성호사설星湖僿說』에서는『통전』을 인용하면서 황칠의 산지로 제주도濟州島를 지목하였고, 삼도三島는 삼좌산三座山에서 유래하였다고 보았다.[50] 반면『해동역사海東繹史』에서는 황칠이 강진康津의 가리포도加里浦島 즉 완도莞島에서 생산된다고 하였다.[51] 이 외에도 여러 연구에서도 황칠수黃漆樹에 대해 다루면서 백제절의 기록을 인용하여 소개하였다.[52] 이처럼 C-1-⑦은 백제의 특산물인 황칠을 처음으로 기재하였다는 점에서 사료적 의의가 큰 것으로 평가할 수 있다.

C-1-⑩은 두우가 백제의 외교 관련 자료들을 확인한 후, 압축하여 서술하였다. 세부적으로 당시에 수여되었던 책봉호冊封號를 상세히 열거할 수도

---

47 『太平寰宇記』卷172,「四夷1」, 東夷 1, 百濟, 3301쪽. "西南海中有三島 其上出黃漆樹 似小棕樹 而大 六月 輒取其汁 漆器物 如黃金 其光奪目";『太平御覽』卷781,「四夷部2」, 東夷 2, 百濟, 3460쪽. "其國西南海中 有三島 其上出黃漆樹 似小楄樹而大 六月取其汁漆器物 色如黃金 其光自奪目."

48 『冊府元龜』卷117,「帝王部」, 親征 2, 1280쪽. "初 太宗遣使於百濟國中採取金漆 用塗鐵甲 皆黃紫引 曜色邁兼金 又以五采染玄金製爲山文甲 並從將軍."

49 洪思俊,「文獻에 나타난 百濟産業－黃漆·人蔘·苧에 對하여」,『百濟研究』3, 충남대 백제연구소, 1972, 50쪽.

50 『星湖僿說』卷20,「經史門」, 徐市. "通典云 百濟海中有三島 出黃楪樹 六月取汁 柒器物若黃金 此乃今 之黃漆 而惟濟州産 此物則三島者 即濟州之稱 又或島中有三座山 而云爾也."

51 『海東繹史』卷26,「物産志1」, 竹木類, 黃漆.

52 權兌遠,「百濟의 社會構造와 生活文化系統」,『百濟研究』26, 충남대 백제연구소, 1996, 44쪽; 李道學,「公山城 出土 漆甲의 性格에 대한 再檢討」,『인문학논총』28, 경성대 인문과학연구소, 2012, 323쪽; 김지은,「통일신라 黃漆의 일본 전래와 金漆」,『신라문화』41, 동국대 신라문화연구소, 2013, 261쪽.

있었다. 그렇지만 두우는 「변방문邊防門」을 서술하면서 각 국가 관련 기록을 최대한 압축하여 작성하는 방식을 취하였다. 이 과정에서 외교에 대한 서술은 왕래 관련 내용이 많기 때문에 간략하게 언급하는 선에서 그쳤다.

C-1의 합계 및 평균을 보면 193자字 중에서 103자가 동일하여, 기존 사료와의 유사도는 53.3%로 나왔다. C-1에서는 전반적으로 참고 사료 및 기록의 유사도가 다양하게 나타난다. 즉 기존 사서를 다양하게 참고하되, 이를 바탕으로 두우가 당대 중반의 인식에 맞춰 백제사百濟史를 재구성한 것으로 해석할 수 있다.

〈표 16〉의 C-2-①~⑤의 기사는 〈표 15〉와는 다르게 거의 모든 기사가 '유사도 높음'으로 나온다. 다만 C-2-②에서 『한원』에 인용된 『동이기』는 유사도가 조금 낮은 것으로 나타난다. 유사도 평균은 162자 중에서 152자가 일치하여 93.8%로 계산하였다. 이는 C-1에서 두우가 기존 사료를 바탕으로 개작한 사례가 많음에 비해, C-2에서는 가급적 기존 사료를 그대로 전사하였다는 것을 의미한다.

C-2-①에서 백제절의 기록은 『위서』 백제국전百濟國傳의 기록을 습록襲錄한 것으로, '기민其民'의 여부에서만 차이난다. 다만 『위서』 백제국전의 문구가 백제절 그대로 반영되었으므로 유사도를 100%로 설정하였다.

C-2-②는 건거발성建居拔城을 다스렸다는 짧은 기록이나 『위서』 백제국전에서는 보이지 않고, 대신 『북사』 백제전과 『수서』 백제조에서 동일하게 확인된다. 참고로 C-2-②에서 '이理'자는 본래 '치治'자이지만 당 고종唐高宗 이치李治를 피휘하여 '이理'자로 기재되었다.[53] 즉 C-2-②는 문장 구조는

---

53 王彦坤 編著, 王彦坤 編著, 『歷代避諱字匯典』, 鄭州 : 中州古籍出版社, 1997, 649쪽; 張舜徽, 오항녕 譯, 『역사문헌교독법』, 한국고전번역원, 2015, 257쪽.

연번	백제절 기록	중국 사서의 유사 기록			기록 유사도	
		서명	기록		자수	백분율
C-2-①	土著地多下濕 率皆山居	魏書	其民土著 地多下濕 率皆山居		10/10	100
C-2-②	其都理建居拔城	隋書	其都曰居拔城		5/7	71.4
		翰苑 東夷記	國鎭馬韓地 苞狗素【東夷記曰 百 濟治建居狄城 本馬韓之地】		3/7	42.8
C-2-③	王號於羅瑕 百姓呼爲鞬吉支 [鞬音乾] 夏言並王也 王妻號 於陸 夏言妃也	周書	王姓餘氏 號於羅瑕 百姓呼爲鞬 吉支 夏言並王也 王妻號於陸 夏 言妃也		25/29	86.2
C-2-④	官有十六品 左平一品 達率二 品 恩率三品 德率四品 扞率五 品 奈率六品 以上冠飾銀花 將 德七品 紫帶 施德八品 皁帶 固 德九品 赤帶 季德十品 青帶 對 德十一品 文督十二品 皆黃帶 武督十三品 佐軍十四品 振武 十五品 克虞十六品 皆白帶	周書	官有十六品 左平五人一品 達率 三十人二品 恩率三品 德率四品 扞率五品 奈率六品 六品已上 冠 飾銀華 將德七品 紫帶 施德八品 皁帶 固德九品 赤帶 季德十品 青 帶 對德十一品 文督十二品 皆黃 帶 武督十三品 佐軍十四品 振武 十五品 克虞十六品 皆白帶		93/95	97.8
C-2-⑤	統兵以達率・德率・扞率爲之 人庶及餘小城咸分隸焉	北史	部統兵五百人 五方各有方領一人 以達率爲之 方佐貳之 方有十郡 郡有將三人 以德率爲之 統兵一千 二百人以下 七百人以上 城之內外 人庶及餘小城 咸分隸焉		19/21	90.4
합계 및 평균					152/162	93.8

『수서』 백제조를 참고하였고, 그 내용은 『동이기』를 조합하여 작성된 것으로 추정할 수 있다.[54]

　　C-2-③과 C-2-④는 모두 『주서』 백제조를 참고하여 작성되었다. 『주서』의 원래 기록을 일부 삭제하여 간략화한 다음에 백제절에 반영한 것으로 이해할 수 있다. 특히 C-2-④에서는 좌평左平과 달솔達率의 숫자를 구체적으로 기재하였지만 두우는 이를 과다한 정보라 판단하고, 다른 관등官等과의 전반적인 통일성을 위해 생략하였다.

54　『한원(翰苑)』의 백제 도성에 대한 기록이 『통전』에 영향을 미쳤다는 것은 이전 연구에서도 지적된 바가 있다. 정동준, 「『한원(翰苑)』 백제전(百濟傳) 인용 『괄지지(括地志)』의 사료적 성격」, 『동아시아 속의 백제 정치제도』, 일지사, 2013, 349쪽, 주석 18.

C-2-⑤는『북사』백제전의 기록을 바탕으로 한 것이다.『주서』백제조에도 유사한 기록이 있지만,[55] "人庶及餘小城"에서 '인人'자 대신 '민民'자를 썼다는 점에서 차이를 보인다. 이는 당 태종唐太宗 이세민李世民의 '민民'자를 피휘한 것이다.

C-2의 기록들은 전반적으로 6세기 후반의 사실을 반영한 것으로, 북조北朝 계통 사서와의 연관성이 크게 나타난다. 이는 C-3의 사례에서도 마찬가지이다. 두우는 C-2를 서술하면서 최대한 기존 사료를 반영하여 기술하였지만, 그의 판단에 따라 불필요하다고 생각되는 내용은 생략하며 기록을 정리하였다.

〈표 17〉에서는 C-3의 기록을 C-3-①~⑪로 제시하였다. 전반적으로 C-2의 사례와 마찬가지로 '유사도 높음'으로 나온다. C-3-⑧·⑩·⑪을 제외한 모든 기록이『주서』백제조와 동일한 것으로 나타난다는 점이 주목된다. 또한 C-3-①·②·③·⑤·⑨에서는 백제절의 기록이『주서』의 해당 기록과의 일치도가 100%로 나타난다.

C-3-④·⑤·⑥·⑦·⑨에서는『주서』의 기록을 일부 수정하여 반영하였다. C-3-⑤의 경우에는 본래의 기록을 소략하게 하고, 풍검豐儉에 따라 차등을 두었다는 내용이 제외되었다. C-3-⑦에서는 '약품藥品' 대신 '악기樂器'로 기재되었으며, C-3-⑨에서는『주서』에 있는 오제지신五帝之神 관련 기록이 제외되었다는 점에서 차이점이 확인된다.

C-3-⑩의 기록과 관련하여『수서』백제조와『북사』백제전의 기록은 서로 약간씩 차이를 보인다. 또한『한원』에 인용된『괄지지括地志』에서는

---

[55] 『周書』卷49, 「異域傳」上, 百濟. "統兵五百人 五方各有方領一人 以達率爲之 郡將三人 以德率爲之 方統兵一千二百人以下 七百人以上 城之內外民庶及餘小城 咸分隸焉."

〈표 17〉 백제절의 C-3-①~⑪과 중국 사서의 유사도 비교

연번	백제절 기록	중국 사서의 유사 기록		기록 유사도	
		서명	기록	자수	백분율
C-3-①	其衣服 男子略同於高麗 拜謁之禮以兩手據地爲敬	周書	其衣服 男子畧同於高麗 拜謁之禮以兩手據地爲敬	21/21	100
C-3-②	婦人衣似袍而袖微大 在室者編髮盤於首 後垂一道爲飾 出嫁者乃分爲兩道焉	周書	婦人衣似袍而袖微大 在室者編髮盤於首 後垂一道爲飾 出嫁者乃分爲兩道焉	32/32	100
C-3-③	兵有弓·箭·刀·殯 俗重騎射兼愛墳史 其秀異者頗解屬文 又解陰陽五行	周書	兵有弓·箭·刀·殯 俗重騎射 兼愛墳史 其秀異者頗解屬文 又解陰陽五行	28/28	100
C-3-④	用宋元嘉曆 以建寅月爲歲首 亦解醫藥·卜筮·占相之術 有投壺·樗蒲等雜戲 然尤尙弈碁	周書	用宋元嘉曆 以建寅月爲歲首 亦解醫藥·卜筮·占相之術 有投壺·樗蒲等雜戲 然尤尙奕某	33/35	94.2
C-3-⑤	僧尼寺塔甚多 而無道士 賦稅以布·絹·麻·米等	周書	僧尼寺塔甚多 而無道士 賦稅以布·絹絲·麻及米等 量歲豐儉 差等輸之	18/18	100
C-3-⑥	婚娶之禮略同華俗 父母及夫死者三年持服 餘親則葬訖除之	周書	婚娶之禮畧同華俗 父母及夫死者三年治服 餘親則葬訖除之	24/25	96
C-3-⑦	氣候溫暖 五穀·雜果·菜蔬及酒醴·餚饌·樂器之屬多同於內地	周書	氣候溫暖 五穀·雜果·菜蔬及酒醴·餚饌·藥品之屬多同於內地	22/24	91.6
C-3-⑧	唯無駝·騾·驢·羊·鵝·鴨等云	北史	唯無駝·騾·驢·羊·鵝·鴨等	9/10	90
C-3-⑨	其王以四仲之月祭天 又每歲四祠其始祖仇台之廟	周書	其王以四仲之月 祭天及五帝之神 又每歲四祠其始祖仇台之廟	21/21	100
C-3-⑩	大姓有八族 沙氏·燕氏·刕氏[刕音俠]·解氏·眞氏·國氏·木氏·苩[音白]氏	隋書	國中大姓有八族 沙氏·燕氏·刕氏·解氏·貞氏·國氏·木氏·苗氏	18/26	69.2
		北史	國中大姓有八族 沙氏·燕氏·刕氏·解氏·眞氏·國氏·木氏·苗氏	18/26	69.2
C-3-⑪	國西南人島居者十五所 皆有城邑	隋書	國西南人島居者十五所 皆有城邑	14/14	100
합계 및 평균				240/254	94.4

"沙氏·燕氏·劦氏·解氏·眞氏·木氏·首氏"라고 하여 역시 차이점이 확인된다.[56] 백제절에서는 『괄지지』에 의거하여 '이씨劦氏'가 아닌 '협씨劦氏', 『수서』를 참고하여 "大姓有八族", 『북사』를 따라 '진씨眞氏'로 기재하였다. 아울러 두우는 음주音註를 달아 독자가 참고할 수 있게 하였다.

백제의 풍속에 대한 기록 중 백제절과 흡사한 기록은 『주서』 외에 『수서』와 『북사』에서도 확인된다. 다만 『수서』·『북사』의 해당 내용을 백제절과 비교하면 기사 배치 및 기록 구성에서 차이점들이 드러난다. 즉 두우는 전반적으로 『주서』 백제조를 참고하여 백제의 풍속 기사를 작성한 것이며, 풍속 기사 말미에는 『수서』·『북사』를 참고하여 보강하였다고 이해할 수 있다.

〈표 18〉의 기록은 크게 C-4-①·②·③과 C-4-④·⑤·⑥으로 구분할 수 있다. C-4-①·②·③은 북위北魏와 수대隋代의 기록이며, C-4-④·⑤·⑥은 당대의 기록이다. 아울러 C-4-①·②·③은 그 출전出典이 확인되지만, C-4-④·⑤·⑥은 당대의 기록이기 때문에 『통전』 이전의 사서에서는 확인되지 않는다는 점에서 차이를 보인다.

C-4-①은 짧지만 중요한 내용을 담고 있다. 후위 즉 북위의 효문제孝文帝가 군대를 보내 백제를 공격하였다는 내용이다. 북위와 백제의 전쟁 기록은 『남제서南齊書』·『자치통감資治通鑑』·『삼국사기三國史記』에서도 확인된다.[57] 이 중에서 『남제서』에서는 영명永明 8년490의 전쟁에서 백제가 북위를 상대로

---

56 『翰苑』 卷30, 「蕃夷部」, 百濟. "八族殊胤 五部分司【括地志曰 隋開皇中 其王名昌 昌死子餘宣 子死餘 惇立 其國有沙氏·燕氏·劦氏·解氏·眞氏·木氏·首氏 此八族 其大姓也】."

57 북위와 백제와의 전쟁은 백제의 요서경략(遼西經略)과 관련되어 이해되고 있다. 이와 관련하여 한성백제박물관에서 학술회의가 개최되었으며, 이를 정리하여 백제학연구총서로 발간되어 여러모로 참고가 된다. 한성백제박물관, 『백제와 요서지역』, 한성백제박물관, 2015. 이 외에도 백제의 요서 경략과 관련하여서는 다음의 연구도 큰 참고가 된다. 이도학, 『한국고대사 최대 쟁점 백제 요서경략』, 서경문화사, 2021.

<표 18> 백제절의 C-4-①~⑥과 중국 사서의 유사도 비교

연번	백제절 기록	중국 사서의 유사 기록		기록 유사도	
		서명	기록	자수	백분율
C-4-①	後魏孝文遣衆征破之	建康實錄	魏虜征之 大破百濟王牟都	4/9	44.4
C-4-②	後其王牟大爲高句麗所破 衰弱累年 遷居南韓地	南史	都死 立子牟大 齊永明中 除大都督百濟諸軍事·鎮東大將軍·百濟王 梁天監元年 進大號征東大將軍 尋爲高句麗所破 衰弱累年 遷居南韓地	17/20	85
C-4-③	隋文開皇初 其王夫餘昌遣使貢方物 拜爲帶方郡公·百濟王	隋書	開皇初 其王餘昌遣使貢方物 拜昌爲上開府·帶方郡公·百濟王	21/24	87.5
C-4-④	大唐武德·貞觀中 頻遣使朝貢	당대의 기록을 단순화하여 서술		0/12	0
C-4-⑤	顯慶五年 遣蘇定方討平之 舊有五部 分統三十七郡·二百城·七十六萬戶 至是以其地分置熊津·馬韓·東明等 五都督府 仍以其酋渠爲都督府刺史	당대의 기록 『구당서』·『신당서』에서 유사 기록 확인		0/58	0
C-4-⑥	其舊地沒於新羅 城傍餘衆後漸寡弱 散投突厥及靺鞨 其主夫餘崇竟不敢 還舊國 土地盡沒於新羅·靺鞨 夫餘 氏君長遂絕	당대의 기록 『구당서』·『신당서』에서 유사 기록 확인		0/49	0
합계 및 평균				42/172	24.4

승리하였다고 기재하였다.[58] 『자치통감』에서는 영명永明 6년488에 북위 군
대가 백제를 공격하였으나 패배하였다고 기록하였으며,[59] 이는 『삼국사
기』에도 고스란히 반영되었다.[60] C-4-①의 기록은 북위가 승리하였다고
기록한 점에서 맥락의 차이가 확인된다.

　C-4-①과 가장 유사성이 높은 사료는 『건강실록』의 기록이다. 그렇지
만 유사도는 44.4%로 나타난다. 때문에 『건강실록』의 기록은 C-4-①과
상호 연관 있는 기록으로 볼 수는 있으나, 그 영향력이 강하게 작용했다고

---

58 『南齊書』卷58,「東夷傳」, 百濟國. "牟大又表曰 臣所遣行建威將軍·廣陽太守·兼長史臣高達 行建威
將軍·朝鮮太守·兼司馬臣楊茂 行宣威將軍·兼參軍臣會邁等三人 志行清亮 忠款夙著 (…중략…) 是
歲 魏虜又發騎數十萬攻百濟 入其界 牟大遣將沙法名·贊首流·解禮昆·木干那率衆襲擊虜軍 大破之
建武二年 牟大遣使上表曰 臣自昔受封 世被朝榮 忝荷節鉞 剋攘列辟 往姐瑾等並蒙光除 臣庶咸泰 去庚
午年 獫狁弗悛 擧兵深逼 臣遣沙法名等領軍逆討 宵襲霆擊 匈梨張惶 崩若海蕩."

59 『資治通鑑』卷136,「齊紀2」, 齊 武帝 永明 6년. "魏遣兵擊百濟 爲百濟所敗."

60 『三國史記』卷26, 東城王 10년. "十年 魏遣兵來伐 爲我所敗."

확언하기는 어렵다. 즉 동일한 기록을 다른 계통으로 파악하였거나, 두우에 의해 수정된 기록으로 받아들일 수 있다. 참고로『건강실록』은 당대 허숭許嵩에 의해 8세기 중반에 편찬되었기에 두우가 여러모로 참고할 가능성은 크다. 그렇지만 구체적인 기록의 적용에서는 C-4-①의 사례처럼 일부 차이점을 보이고 있다.

C-4-②는 C-4-①에 이어서 기술되었다. C-4-①과 C-4-②의 사건은 직접적인 연관성은 떨어지지만, 백제가 북위와 고구려에 밀리면서 남한지南韓地로 천거遷居하게 되었다고 받아들일 수 있다. 해당 기록은『남사』와의 연관성의 가장 크게 나타나며, 영명연간永明年間과 천감연간天監年間의 기록을 C-4-②에서 제외하고, 모대牟大를 '남한지南韓地 천거遷居'와 연결시키는 방식으로 기록이 작성되었다.

C-4-③은 수대의 기록으로, 부여창夫餘昌 즉 위덕왕威德王에 대한 기록이다. 위덕왕이 중국에게 책봉된 내용을 담았으며 '상개부上開府'를 제외하고는 책봉호冊封號를 거의 그대로 반영하였다. 이는『수서』의 영향을 받아 작성된 기록으로 볼 수 있으며,『북사』의 해당 기록도 유사하게 구성되었다.

C-4-④·⑤·⑥은 모두 당대의 기록으로, C-4-④는 백제의 조공, C-4-⑤는 백제의 멸망, C-4-⑥은 백제의 멸망 이후 변화로 구분할 수 있다. 이 기록들은 두우가 당대에 확보한 자료를 바탕으로 작성된 것으로, 이후 사서나 정서政書에 영향을 미친 기록들이다. 아울러 백제에 대한 당의 인식과 시각이 반영되었다는 점에서도 중요한 기록이다.

C-4-④는 후대의 사서 즉『구당서舊唐書』·『신당서新唐書』와 비교해 보았을 때 동일하게 나오지 않으며, 당대의 기록을 간략화하여 서술한 경향이 확인된다. 반면 C-4-⑤·⑥과 관련된 내용은『구당서』·『신당서』에서 상

세하게 확인된다.[61] 백제절과 『구당서』·『신당서』 모두 동일한 전거를 바탕으로 작성되었을 가능성이 크다. 다만 두우는 최대한 간략하게 기술하였기 때문에, 세부적인 내용은 가급적 생략하고 서술하게 되었다.

이처럼 백제절은 전체적으로 어느 한 사서만을 전범典範으로 삼은 것이 아닌, 다양한 사서를 참고하여 서술되었다. 또한 두우가 새롭게 확보하여 기술한 기록들도 더러 확인된다. 당대의 백제에 기록은 두우가 직접 확보한 기록을 바탕으로 서술한 것이며, 후대의 사서에도 영향을 미쳤다.

앞서 시행하였던 기록 유사도 분석 작업을 바탕으로, 다시 각 참고 사서 자료를 분석하도록 하겠다. 아울러 앞에서 살펴보았던 내용 중에서 기존 사서의 영향을 받지 않았다고 판단되는 C-1-⑦과 C-1-⑩의 기록과 당대의 자료를 바탕으로 작성된 C-4-④·⑤·⑥을 이번 분석에서 제외하였다.

두우는 여러 기록을 참고하면서 백제절을 작성하였고, 이로 인하여 2개의 사서 기록을 참고하여 내용을 보완하여 반영하는 사례도 있었다. 이러한 점에 착안하여 C-1-⑤의 『양서』와 『한원』에 인용된 『동이기』, C-1-⑥의 『수서』와 『북사』, C-2-②의 『수서』와 『한원』에 인용된 『동이기』, C-3-⑩의 『수서』와 『북사』를 다시 분석 대상에 포함시켰다. 분석 결과를 표로 제시하면 〈표 19〉와 같다.

두우는 C-1의 기록을 작성하면서 8종의 사서를 다양하게 참조하였음을 알 수 있다. 다만 이러한 경향은 C-2·3·4의 서술에서는 달라지는 모습을

---

61 『舊唐書』卷199上,「東夷傳」, 百濟國, 5331~5334쪽. "顯慶五年 命左衛大將軍蘇定方統兵討之 大破其國 虜義慈及太子隆·小王孝演·僞將五十八人等送於京師 上責而有之 其國舊分爲五部 統郡 三十七 城二百 戶七十六萬 至是乃以其地置熊津·馬韓·東明等五都督府 各統州縣 立其酋渠爲都 督·刺史及縣令 命右衛郎將王文度爲熊津都督 總兵以鎭之 (…중략…) 時百濟本地荒毀 漸爲新羅所 據 隆竟不敢還舊國而卒 其孫敬 則天朝襲封帶方郡王·授衛尉卿 其地自此爲新羅及渤海靺鞨所分 百 濟之種遂絶."

서명	해당 연번				기록 유사도	
	C-1	C-2	C-3	C-4	지수	백분율
송서	⑨				18/24	75
양서	⑤				4/14	28.5
위서	②	①			21/27	77.7
주서		③·④	①·②·③·④·⑤·⑥·⑦·⑨		317/328	96.6
남사	④			②	36/47	76.5
북사	⑥	⑤	⑧·⑩		71/86	82.5
수서	①·③·⑥	②	⑩·⑪	③	94/127	74.0
건강실록	⑧			①	14/20	70
동이기	⑤	②			6/21	28.5

보인다. C-2에서는 5종의 사서를, C-3과 C-4에서는 3종의 사서를 참고하였기 때문이다.

백분율로 보았을 때 가장 낮게 나타나는 사서는 『양서』와 『동이기』로, 사료 간 유사도는 둘 다 28.5%로 나타난다. 이는 사실상 『양서』와 『동이기』를 참고하여 백제절을 서술하였다고 보기는 어렵고, 유사한 요소가 나타난다는 정도 혹은 참고의 대상으로 삼았다는 정도로 지적할 수 있다.

이 외의 사서는 모두 70% 이상의 유사성을 보이고 있다. 이 중에서 가장 높은 유사도를 보이는 사서는 『주서』로 96.6%에 달한다. 사실상 『주서』의 내용을 그대로 반영하여 백제절에 서술한 셈이다. 『주서』의 기록은 주로 C-3과 C-4의 풍속 관련 기록에서 확인되므로, 백제절의 풍속 기록은 『주서』에 의존하여 작성되었다고 해도 과언이 아니다.

전체적으로 보았을 때 두우는 남조계南朝系 사서보다 북조계北朝系 사서를 주로 참고하였음이 확인된다. 백제절에 인용된 남조계 사서로는 『송서』·『양서』·『남사』·『건강실록』이 있다. 앞서 거론하였듯이 『양서』는 유사도가 다른 사서에 비하여 부족한 편으로 나타나, 일부 기록이 인용되는 데에 그쳤다. 반면 북조계 사서에 해당하는 『위서』·『주서』·『북사』·『수서』는 C-1~4까지 전체에서 고루 확인되고 있으며, 풍속 기록의 경우에는 의존도가 높게 나타난다.

두우는 백제절을 서술하면서 여러 사서의 내용을 종합하여 서술하였다. 남조와 북조 계통의 사서 중에서는 풍속과 관련하여 크게 참고가 되었던 『주서』를 제외한다고 해도, 북조계 사서의 비중이 남조계 사서보다 높게 나타난 경향을 보인다. 백제절은 단순한 기존의 몇몇 사서를 습록하여 형성된 사료가 아니라, 두우가 주체적으로 각양각색의 사료를 섭렵하며 저술한 것으로 평가할 수 있다.

아울러 백제절을 분석한 결과 그 특징으로는 두 가지를 거론할 수 있다. 첫째는 백제와 부여의 연관성을 자연스럽게 받아들였다는 점, 둘째는 백제의 영토 변화에 대해 유동적流動的이라고 인지하였다는 점이다.

백제절의 서두序頭에서 두우는 백제의 기원을 부여로 보았다. 이는 백제가 부여왕 위구태의 후손이라고 한 내용을 통해 알 수 있으며, 그 뒤에 협주夾註로 『위서』에 기재된 백제왕의 상표문에서 백제가 고구려와 함께 부여에서 나왔다고 기술하며 근거를 들었다. 백제에서는 부여를 자신들의 기원이라고 하였지만, 왕성王姓이나 국명國名의 경우에 '부여夫餘'가 아닌 부여씨扶餘氏나 남부여南扶餘와 같이 '부여扶餘'로 표기하였다는 점에서 차이를 보인다.

반면 두우는 왕성의 사례에도 '부여夫餘'로 계속 표기하여, 백제절에서는 부여전夫餘腆·부여창夫餘昌·부여숭夫餘崇이 언급되었다. 이는 기존의 사서에서 확인되는 백제 왕명王名 표기법과는 다른 사례들이다. 두우는 의도적으로 왕성을 '부여씨扶餘氏'가 아닌 '부여씨夫餘氏'로 표기하였다. 두우는 백제의 기원을 부여로 인지하면서 자연스럽게 왕성을 부여씨夫餘氏로 판단하였고, 이를 백제절에 반영하였다.

두우는 백제의 영토 변화를 유동적으로 인지하였다. 백제절에서 백제의 영토 변화에 대한 기록은 크게 세 가지로 확인되는데, 진대의 영토를 서술한 C-1-④, 진대 이후의 영토 변화를 기술한 C-1-⑤, 고구려의 영향 이후의 영토 변화를 서술한 C-4-②가 있다. 아울러 명확하게 적시하지 않았지만 백제의 영토가 신라와 말갈의 영역이 되었다고 서술한 C-4-⑥도 관련 기록으로 지목할 수 있다. 즉 백제의 영토에 대한 기록은 시간의 흐름에 따라 'C-1-④ → C-1-⑤ → C-4-② → C-4-⑥' 순으로 기재된 것이다.

C-1-④는 두우가 기록한 백제 영토에 대한 처음 기록이다. 이 전에 백제의 위치가 어디였는지는 명확하게 알 수 없다. C-1-④에서 '거據'자는 『양서』와 『남사』의 기록을 참고하여 작성된 것이다.[62] 『양서』와 『남사』에서는 백제의 '선先'을 동이의 삼한국三韓國으로 기재하였다. 이어지는 기록에서 『양서』에서는 백제가 구려句驪와 함께 요동遼東의 동쪽에 있었다고 하였고, 『남사』에서는 요동 동쪽의 천여리에 있었다고 기록하였다. 두우는 이 기록을 취하진 않았지만, 『양서』와 『남사』에서 일컫는 지역을 부여와 비슷하게 받아들인 것으로 생각된다. 때문에 '거據'자를 써서 점거占據하였다는 식으로 기록하였다.

더불어 두우는 요서遼西와 진평晉平을 유성柳城과 북평北平으로 지목하였으

---

62 『梁書』卷54,「諸夷傳」, 東夷, 百濟. "其國本與句驪在遼東之東 晉世句驪旣略有遼東 百濟亦據有遼西 ·晉平二郡地矣";『南史』卷79,「夷貊傳」下, 東夷, 百濟. "其國本與句麗俱在遼東之東千餘里 晉世句麗旣略有遼東 百濟亦據有遼西·晉平二郡地矣."

며, 이는 오늘날을 기준으로 각각 조양朝陽과 북경北京 일대에 해당한다. 이는 기존 기록에서 보이지 않는 내용으로, 두우가 새롭게 삽입한 내용이다. 때문에 이 기록은 두우의 백제 영토에 대한 인식을 명확히 보여주는 사례로 지목할 수 있다. 두우는 「변방문」 작성에 앞서 『통전』에 「주군문州郡門」을 서술하고 배치하였다. 이는 두우가 역사지리학적歷史地理學的으로도 조예가 깊었음을 의미한다. 「주군문」에서 북평군北平郡과 유성군柳城郡에 대해 그 위치와 주변 지역과의 관계 등이 서술되었다.[63] 즉 당대의 두우는 북평군과 유성군의 사이가 과거에 백제의 영역이었다고 인지하였음을 의미한다.

일반적으로 백제의 요서 영유領有 기록은 『송서』·『남제서』·『양서』·『남사』·「양직공도梁職貢圖」와 같은 남조계 사서에만 기재되었다고 지적된다.[64] 이 연장선에서 『통전』 또한 남조계 사서의 기록을 답습하여 기록하게 되었다고 보기도 한다.[65] 다만 앞서 언급하였듯이 백제절의 내용은 전반적으로 남조계 사서보다 북조계 사서의 영향력이 더 크게 나타났다. 백제의 요서 경략經略과 관련하여 두우는 남조계 사서의 기록을 역사적 사실로 받아들여 서술한 것이며, 이는 당대의 인식으로 볼 수 있다.

두우는 『양서』와 『남사』의 기록에서 백제 영토의 변화를 다르게 파악하

---

63 『通典』 卷178, 「州郡門8」, 古冀州 上, 北平郡, "北平郡【東至柳城郡七百里 南至海二百里 西至漁陽郡三百里 北至上洛口八十里 東南到臨榆關一百八十里 西南到馬城縣一百八十里 西北到石城縣一百四十里 東北到柳城郡七百里 去西京四千三百二十里 去東京三千五百二十里 戶三千三十一 口一萬三千七百七十五】"; 『通典』 卷178, 「州郡門8」, 古冀州 上, 柳城郡, "柳城郡【東至遼河四百八十里 南至海二百六十里 西至北平郡七百里 北至契丹界五十里 東南到安東府二百七十里 西南到北平郡七百里 西北到契丹界七十里 東北到契丹界九十里 契丹衙帳四百里 去西京五千里 去東京四千一百十里 戶八百七十四 口三千】."

64 兪元載, 「「百濟略有遼西」 기사의 분석」, 『百濟硏究』 20, 충남대 백제연구소, 1989, 90쪽.

65 『양서』와 『통전』 등 당대(唐代) 편찬사서는 모두 『송서』와 『남제서』를 답습함으로써 요서 영유에 대한 기사는 오직 남조계 사서에만 기록하게 되었다는 지적이 있다.(兪元載, 「백제의 대외관계」, 『신편 한국사 6 - 삼국의 정치와 사회 II 백제』, 국사편찬위원회, 2002, 150쪽)

여 기술하였다. 이는 아무래도 두우가 『양서』와 『남사』의 "其國本"이라 쓰면서 서술된 백제의 영역 기록에 무게를 두었기 때문으로 생각된다. 두우가 기존 기록을 답습하거나 비판 없이 받아들였다면 C-1-⑤의 내용이 먼저 거론되고, 다음으로 C-1-④가 서술되었을 것이다. 그렇지만 두우는 백제가 본래 부여의 땅 혹은 다른 지역에 있다가 요서 일대로 진출하고, 이후 마한고지馬韓故地로 세력이 뻗힌 것으로 해석하여, C-1-④ 다음으로 C-1-⑤가 오는 기록 배치를 하게 되었다. 아울러 이 과정에서 C-1-⑤에서는 마한고지를 거据하였다고 기재하였는데, 이러한 기록 구조는 C-1-④의 기록 구조를 그대로 반영한 것이다. 즉 C-1-④의 '거据'자를 점거의 의미로 받아들인다면, 마찬가지로 C-1-⑤의 '거据'자도 점거의 의미로 받아들이는 게 자연스럽다.

C-4-②의 기록은 C-4-①의 기록과 상호 연관된다. C-4-①에서는 북위에게 백제가 공격당했다고 하였으며, C-4-②는 그 이후의 시점을 기록한 것이다. C-4-②에서 남한지南韓地는 고구려에게 격파된 이후의 시점을 삼았기 때문에 웅진熊津을 의미하는 것으로 받아들일 수 있다. 다만 이는 역사적 사실과 비교하면 미묘하게 다르다. 고구려에게 공격당해 천도하게 된 인물은 모대牟大 즉 동성왕東城王이 아닌 모도牟都 즉 문주왕文周王이다. 이 부분은 두우가 『양서』와 『남사』의 기록을 비판 없이 그대로 받아들이면서 생긴 문제이다. 『양서』와 『남사』에서는 모도가 죽고 모태牟太, 牟大가 왕위에 올랐다는 기록 다음으로 남제南齊와 소량蕭梁에게 봉직封爵을 받은 기록이 이어지며, 이후 백제가 고구려에 격파되어 남한지로 천거遷居하게 되었다고 기술되었다.[66] 두우는 봉작을 받은 내용을 생략하고 모대가 왕위에 오른 것에

---

66 『梁書』卷54, 「諸夷傳」, 東夷, 百濟, "慶死 子牟都立 都死 立子牟太 齊永明中 除太都督百濟諸軍事・

이어서 남한지로의 천거를 기록하였다. 이로 인하여 결과적으로 두우는 오류가 있는 기록을 작성하게 되었다.

C-4-⑥의 기록은 웅진도독부가 건안고성建安故城으로 옮겨지게 된 상황을 반영한 것이다. 이 시기는 676년으로 두우가 활동하면서『통전』을 저술하던 시기와는 불과 100여 년 정도 밖에 차이가 나지 않는다. 두우는 웅진도독부의 이치移置를 자연스럽게 받아들여 특이한 사항으로 여기지 않았다. 더구나 당 현종唐玄宗 개원開元 13년725의 태산泰山 봉선의식封禪儀式 기록을 살펴보면 내신지번內臣之番으로 고려조선왕高麗朝鮮王과 백제대방왕百濟帶方王의 존재가 확인된다.[67] 즉 8세기 초반까지 백제의 존재가 확인되기 때문에, 두우에게 있어 백제는 이질적인 존재가 아니었다. 이러한 제반 상황 때문에 두우는 백제절에서 웅진도독부 이치와 관련하여 굳이 상세하게 기술하지 않은 것으로 추정할 수 있다. 혹은 건안고성에 소재하였던 웅진도독부의 영역이 발해渤海에게 넘어갔다는 사실을 기술하지 않기 위해, 의도적으로 건안고성 언급을 피하고 백제의 영역이 신라와 말갈에 편입되었다고만 기재한 것으로도 볼 수 있다.

두우는 백제의 영역 변화가 매우 유동적이라고 인지하였다. "요서·진평 2군郡 → 마한고지 → 남한지 → (건안고성)"의 순으로 영토가 변화하였다고 보았다. 이러한 영토 변화는 다소 이질적으로 보일수도 있지만, 당인唐人의 입장에서는 크게 이상하지 않았을 가능성도 있다. 중국 주변의 세계에 존재하는 북방민족의 경우에 국가의 영토 변화 혹은 중심지가 이동하는 사례가

鎮東大將軍·百濟王 天監元年 進太號征東將軍 尋爲高句驪所破 衰弱者累年 遷居南韓地";『南史』卷 79,「夷貊傳」下, 東夷, 百濟, "慶死 立子牟都 都死 立子牟大 齊永明中 除大都督百濟諸軍事·鎮東大將軍·百濟王 梁天監元年 進大號征東將軍 尋爲高句麗所破 衰弱累年 遷居南韓地."

67『舊唐書』卷23,「志3」, 禮儀 3. "內臣之番 高麗朝鮮王 百濟帶方王 十姓摩阿史那那昔可汗 三十姓左右賢王 日南·西竺·鑿齒·雕題·牂柯·烏滸之酋長 咸在位."

매우 많았으며, 중국 내에서도 군현郡縣이 교치僑置된 사례가 헤아릴 수 없었다. 영토가 고정적이라고 보지 않았던 사람들이었기 때문에 백제의 시대별 영역 변화는 충분히 가능한 일로 여겨졌던 것이다.

4. 신라절

신라新羅는 백제百濟나 기존의 절節에 수록된 나라와는 달리, 두우杜佑가 살던 시대에도 존재하였던 나라이다. 신라는 당唐과 전쟁의 경험이 있을 뿐만 아니라, 상호 교류와 재당在唐 신라인新羅人의 활동 또한 모두 활발하였다. 때문에 신라사新羅史는 두우에게 있어 현재적 의미도 있었다. 앞선 사례와 마찬가지로 신라절新羅節의 원문을 제시하면 다음과 같다.

D-1. ① 新羅國 魏時新盧國焉 ② 其先本辰韓種也 ③ 辰韓始有六國 稍分爲十二 新羅則其一也 ④【初曰新盧 宋時曰新羅 或曰斯羅】⑤ 其國在百濟東南五百餘里【亦在高麗東南 兼有漢時樂浪郡之地】東濱大海 ⑥ 魏將毌丘儉討高麗 破之 奔沃沮 其後復歸故國 留者遂爲新羅焉 故其人雜有華夏・高麗・百濟之屬 兼有沃沮・不耐・韓・濊之地 其王本百濟人 自海逃入新羅 遂王其國 ⑦ 其國小 不能自通使聘

D-2. ① 苻堅時 其王樓寒遣使衛頭朝貢 堅曰 卿言海東之事與古不同 何也 答曰 亦猶中國時代變革 名號改易 今焉得同 ② 梁武帝普通二年 王姓慕名秦 始使人隨百濟獻方物 ③ 其俗呼城曰健牟羅 其邑在內曰啄評[啄 呼穢反] 在外曰邑勒 亦中國之言郡縣也 國有六啄評・五十二邑勒 ④ 土地肥美 宜植五穀 多桑麻 ⑤ 果菜・鳥獸・物産略與華同

D-3. ① 至隋文帝時 遣使來貢 其王姓金名眞平【隋東蕃風俗記云 金姓相承三十餘葉】 文帝拜

爲樂浪郡公・新羅王【其王至今亦姓金 按梁史云姓慕 未詳中間易姓之由】 ② 其先附屬

於百濟 後因百濟征高麗 人不堪戎役 相率歸之 遂致強盛 因襲加羅・任那諸國 滅之

【並三韓之地】 其西北界犬牙出高麗・百濟之間 ③ 官有十六等 其一曰伊罰于 貴如相

次伊尺干 次迎于 次破彌于 次大河尺干 次河尺于 次乙吉干 次沙咄于[咄 都骨反] 次

及伏于 次大奈摩 次大舍 次小舍 次吉士 次大鳥 次小鳥 次達位 ④ 外有郡縣 文字・

甲兵同於中國 選人壯健者悉入軍 烽・戍・邏[郎佐反]俱有屯營部伍 風俗・刑政・

衣服略與高麗・百濟同 ⑤ 大唐貞觀二十二年 其王金春秋來朝 拜爲特進 請改章服

以從華制

　　신라절 기사는 D-1~3으로 구분할 수 있다. 이 중에서 D-1은 신라의 국
가 기원, D-2는 전진前秦・양梁과의 통교, D-3은 관직 체계 및 수隋・당대唐
代의 연혁에 해당한다. 신라는 두우와 동시기同時期에 공존共存하였던 국가였
음에도 불구하고 당대의 기록이 매우 소략한 게 특징이다. D-1의 기록을
중국 사서史書와 비교하여 고찰하면 〈표 20〉과 같다.

〈표 20〉 신라절의 D-1-①~⑦과 중국 사서의 유사도 비교

연번	신라절 기록	중국 사서의 유사 기록			기록 유사도	
		서명	기록		자수	백분율
D-1-①	新羅國 魏時新盧國焉	梁書	魏時曰新盧		4/9	44.4
D-1-②	其先本辰韓種也	梁書	其先本辰韓種也		7/7	100
D-1-③	辰韓始有六國 稍分爲十二 新羅則其一也	梁書	辰韓始有六國 稍分爲十二 新羅則其一也		17/17	100
D-1-④	【初曰新盧 宋時曰新羅 或曰斯羅】	梁書	魏時曰新盧 宋時曰新羅 或曰斯羅		12/13	92.3

연번	신라절 기록	중국 사서의 유사 기록		기록 유사도	
		서명	기록	자수	백분율
D-1-⑤	其國在百濟東南五百餘里【亦在高麗東南 兼有漢時樂浪郡之地】東濱大海	梁書	其國在百濟東南五千餘里 其地東濱大海 南北與句驪・百濟接	14/30	46.6
		隋書	新羅國 在高麗東南 居漢時樂浪之地	10/30	33.3
D-1-⑥	魏將毌丘儉討高麗 破之奔沃沮 其後復歸故國 留者遂爲新羅焉 故其人雜有華夏・高麗・百濟之屬 兼有沃沮・不耐・韓・濊之地 其王本百濟人 自海逃入新羅 遂王其國	隋書	魏將毌丘儉討高麗 破之奔沃沮 其後復歸故國 留者遂爲新羅焉 故其人雜有華夏・高麗・百濟之屬 兼有沃沮・不耐・韓・濊之地 其王本百濟人 自海逃入新羅 遂王其國	65/65	100
D-1-⑦	其國小 不能自通使聘	梁書	其國小 不能自通使聘	9/9	100
합계 및 평균				128/150	85.3

〈표 20〉에서는 D-1-①~⑦까지로 내용을 구분하여 비교작업을 하였다. D-1-⑤는 기록의 특성상 『양서梁書』・『수서隋書』와 비교를 이행하였다. 이외에는 D-1-⑥을 제외하고는 모두 『양서』와 비교하였다. D-1-①과 D-1-⑤는 유사도가 50%를 넘지 않아 '유사도 낮음'에 해당하지만, D-1-②・③・⑥・⑦은 기존 기록과 완전히 일치하는 모습을 보인다.

D-1-①은 신라의 명칭에 대한 내용으로 위시魏時에는 신로국新盧國이었다고 하였다. 이는 『양서』를 참고하여 작성된 것으로, 『남사南史』에서도 동일한 기록이 확인된다.[68] 이 기록은 두우가 삽입한 것으로, 본래는 D-1-④에 언급될 내용을 별도로 가져와서 삽입한 것이다.

D-1-②에서는 신라의 기원으로 진한을 거론하였다. 이와 동일한 기록

---

68 『양서(梁書)』와 『남사(南史)』에서는 신라 관련 기록 중에 공통적인 기록이 많다. 이는 사서 간의 영향 관계 때문으로, 주로 『남사』가 『양서』를 참고한 것으로 보고 있다. 발간 시기가 『양서』가 빠르기 때문에, 본서에서 『양서』와 『남사』 중에 공통되는 기록이 있으면, 『양서』를 먼저 표에 제시하였음을 밝힌다.

은 『양서』와 『북사北史』에서 확인된다.[69] 다만 이후의 기록에서는 일말의
변화가 확인된다. 우선 『한원翰苑』에서는 신라의 위치를 "宅壤疏疆 創趾卜辰
之域"라고 한 다음, 신라는 진한과 변진의 땅에 해당한다고 고찰하였다.[70]
이후 『당회요唐會要』・『구당서舊唐書』・『신당서新唐書』에서는 변한弁韓의 땅 혹
은 변한의 묘예苗裔라고 하여 인식의 변화를 보여주고,[71] 이러한 양상은 『신
오대사新五代史』에까지 이어진다.[72]

D-1-③은 진한의 변화에 대한 내용으로, 이와 유사한 기록은 『양서』에
서 확인된다. 참고로 『양서』의 원래 기록과 D-1-②・③의 해당 기록을 비
교하면, 중간에 여러 기사가 생략되어 있음을 알 수 있다. 『양서』를 예로 들
면 진한辰韓이 진秦의 유망민流亡民에 의해 건국되었다는 점과 그 공통점 등에
대한 내용이 서술되어 있는데,[73] 두우는 이를 모두 제외하였다. 이는 앞서
진한절에서 설명했던 내용들이기 때문으로 보인다.

D-1-⑤는 신라의 지리적 위치에 대한 기록으로, 『양서』・『수서隋書』의
기록과 유사하다. 우선 백제와의 거리에 대한 내용과 동쪽으로 대해大海에
이른다는 내용은 『양서』를 바탕으로 하였다. 여기에서 『양서』에서는 백제
에서 동남쪽으로 5천여 리에 신라가 있다고 하였으나, 두우는 이게 잘못된
정보라고 파악하고 5백여 리로 수정하였다. 백제와의 거리 내용 다음으로

---

69 『北史』卷94,「新羅傳」, 3122쪽. "新羅者 其先本辰韓種也."
70 『翰苑』卷30,「蕃夷部」, 新羅, 48쪽. "宅壤疏疆 創趾卜辰之域【括地志曰 新羅治金城 本三韓之故地
   (…중략…) 今案 新羅・百濟 共有三韓之地 百濟在卽馬韓之地 新羅在東 卽辰韓・卜辰之地也】."
71 『唐會要』卷95,「新羅傳」, 1710쪽. "新羅者 本弁韓之地";『舊唐書』卷199上,「東夷傳」, 新羅國,
   5334쪽. "新羅國 本弁韓之苗裔也";『新唐書』卷220,「東夷傳」, 新羅, 6202쪽. "新羅 弁韓苗裔也."
72 『新五代史』卷74,「四夷附錄3」, 新羅, 920쪽. "新羅 弁韓之遺種也 其國地・君世・物俗見於唐."
73 『梁書』卷54,「諸夷傳」, 東夷, 新羅, 805쪽. "新羅者 其先本辰韓種也 辰韓亦曰秦韓 相去萬里 傳言秦
   世亡人避役來適馬韓 馬韓亦割其東界居之 以秦人 故名之曰秦韓 其言語名物有似中國人 名國爲邦 弓
   爲弧 賊爲寇 行酒爲行觴 相呼皆爲徒 不與馬韓同 又辰韓王常用馬韓人作之 世相係 辰韓不得自立爲王
   明其流移之人故也 恒爲馬韓所制 辰韓始有六國 稍分爲十二 新羅則其一也."

는 고구려의 동남쪽에 있으며 낙랑군樂浪郡의 땅이라고 하였는데,[74] 이는 『수서』의 기록을 참고하여 작성한 것이다.

D-1-⑥은 옥저沃沮에 남은 고구려인高句麗人이 신라를 이루었으며, 그 왕은 본래 백제인이었다는 내용이다. 이 기사는 『수서』의 해당 기록과 그대로 일치한다. 『당회요』에서도 유사한 기록이 확인되지만 좀 더 소략한 편이다.[75]

D-1-⑦ 역시 『양서』의 기록과 동일하다. 다만 당대의 신라를 연상한다면 사실과는 거리가 먼 기록으로 지적할 수 있다. 주지하듯이 당대에는 신라가 자력自力으로 당과 활발한 교류를 하였다. D-1은 전반적으로 신라 국가 형성에 대한 기록이었으며, 실제 이 당시에 통사通使할 수 있는 능력은 부족하였다. 뒤에서 이어지는 기록은 전진前秦과의 교류에 대한 내용인데, 아무래도 이 전제前提라는 관점에서 D-1-⑦이 작성된 것으로 추정된다.

D-1의 기록은 『양서』·『남사』·『북사』·『수서』를 모두 참고하여 작성하였지만, 이 중에서도 가장 참고가 된 기록은 『양서』였다. 다만 두우는 기록의 구조를 모두 다르게 배치하였다. 또한 신라의 기원과 관련하여 『수서』의 기록을 참고하여 고구려와 백제의 역할을 기술하였다. D-1의 사료 유사도는 150자字 중에 128자가 일치하기에, 85.3%에 해당한다. D-1-①은 기존 기록을 수정하여 배치하였다보니 유사도가 44.4%로 낮게 나타나며, D-1-⑤는 두 사서의 기록을 조합하여 작성하였다보니 역시 유사도가 낮게 나타난다. 반면 이 외에는 『양서』와 『수서』의 기록과 거의 동일하게 나타난다.

〈표 21〉은 전진·양과의 교류 및 지방제도와 산물産物에 대한 내용을 다

---

74 신라절(新羅節) 원문에서 '고려(高麗)'라는 두 글자 사이에는 원래 '구(句)'자(字)가 있었는데, 북송본(北宋本)·명초본(明抄本)·명각본(明刻本)에 의거하여 삭제하였다. 『通典』 卷185, 「邊防1」, 校勘記, 4995쪽, 58번.

75 『唐會要』 卷95, 「新羅傳」, 1711쪽. "其先出高麗 魏將毋邱儉之破高麗也 其衆遁保沃沮 後歸故國 其留者號新羅."

<표 21> 신라전의 D-2-①~⑤와 중국 사서의 유사도 비교

연번	신라전 기록	중국 사서의 유사 기록		기록 유사도	
		서명	기록	자수	백분율
D-2-①	苻堅時 其王樓寒遣使衛頭朝貢 堅曰 卿言海東之事與古不同 何也 答曰 亦猶中國 時代變革 名號改易 今焉得同		『통전』에서 처음 확인되는 기록 『태평어람』에서는 『진서(秦書)』를 인용하여 서술	0 /45	0
D-2-②	梁武帝普通二年 王姓慕名秦 始使人隨百濟獻方物	梁書	普通二年 王姓募名秦 始使使隨百濟奉獻方物	16 /21	76.1
D-2-③	其俗呼城曰健牟羅 其邑在內曰啄評[啄 呼穢反] 在外曰邑勒 亦中國之言郡縣也 國有六啄評·五十二邑勒	梁書	其俗呼城曰健牟羅 其邑在內曰啄評 在外曰邑勒 亦中國之言郡縣也 國有六啄評五十二邑勒	36 /42	85.7
D-2-④	土地肥美 宜植五穀 多桑麻	梁書	土地肥美 宜植五穀 多桑麻	11 /11	100
D-2-⑤	果菜·鳥獸·物産略與華同	隋書	其五穀·果菜·鳥獸物産 略與華同	10 /10	100
합계 및 평균				73 /129	56.5

루었으며, D-2-①~⑤까지의 기록으로 구분할 수 있다. D-2-①은 기존 사서에서 동일한 내용이 확인되지 않으며, D-2-②·③·④는 『양서』, D-2-⑤는 『수서』와 유사성이 높은 편이다.

　D-2-①은 전진과 신라의 교류에 대한 기록으로, 기존의 중국 정사에서는 해당 기록이 확인되지 않는다. 현전現傳하는 사서 중에서는 『통전通典』이 가장 앞선 기록이라 할 수 있다. 『통전』 이후의 서적 중에서 『태평환우기太平寰宇記』·『태평어람太平御覽』·『삼국사기三國史記』에서 해당 기록과 유사한 내용이 확인된다. 반면 후대에 편찬되었던 『태평환우기』의 기록은 사실상 D-2-①과 거의 동일하게 구성되었다.[76]

---

76 『太平寰宇記』 卷174, 「四夷3」, 東夷 3, 新羅, 3325~3326쪽. "使騁苻堅 時其王樓寒 遣使衛頭朝貢 堅曰 卿言海東之事與古不同 何也 答曰 亦猶中國 時代變革 名號改易 今之與古焉 得同之."

다만 D-2-①에서 "今焉得同"이라고 한 부분을 『태평환우기』에서는 "今之與古焉 得同之"라고 하였다는 점에서 차이를 보인다. D-2-①과 관련된 사서로 『태평어람』을 들 수 있다. 여기에서는 출전을 『진서秦書』로 기재하였고, 위두衛頭의 조공 당시 미녀 헌상에 대한 기록도 별도로 확인된다.[77] 『태평어람』에서는 D-2-①처럼 "名號改易 今焉得同"이라 하지 않고 "名號改易"라고만 하였다는 점에서 차이를 보인다. 아울러 『삼국사기』는 일부 표현에서는 차이를 보이지만 전반적으로 D-2-①의 기록과 비슷하다.[78] 즉 『삼국사기』의 해당 기록 출전은 기존의 견해와는 달리,[79] 『통전』으로 보는 게 사실로 가깝다고 생각한다.

D-2-②는 양 무제梁武帝 보통普通 2년521의 교류 기록으로, 『양서』의 기록을 참고하여 작성하였다. D-2-②와 『양서』의 차이점을 거론하자면, D-2-②에서 연호 앞에 '무제武帝'를 붙였다는 점을 들 수 있다. 또한 D-2-②에서는 왕성王姓을 '모慕', 이름을 '진秦'이라고 하였는데, 『양서』에서는 왕성을 '모慕', 이름을 '진秦'이라 하였다.

D-2-③ 역시 전체적으로 『양서』의 해당 기록과 유사하다. 차이점을 거론하자면 『양서』의 '탁평啄評'을 D-2-③에서는 '훼평喙評'으로 기재한 점이다. 참고로 『신당서』에서는 D-2-③를 따라 '훼평喙評'으로 기재하였지만, '건모라健牟羅'를 '침모라侵牟羅'로 기술하였다는 점에서는 차이를 보인다.[80]

---

[77] 『太平御覽』卷781, 「四夷部2」, 東夷 2, 新羅, 3461쪽. "秦書曰 苻堅建元十八年 新羅國王樓寒遣使衛頭獻美女 國在百濟東 其人多美髮 髮長丈餘 又曰 苻堅時 新羅國王樓寒遣使衛頭朝貢 堅曰 卿言海東之事 與古不同 何也 答曰 亦猶中國 時代變革 名號改易."

[78] 『三國史記』卷3, 奈勿尼師今 26년. "二十六年 春夏旱 年荒民飢 遣衛頭入苻秦 貢方物 苻堅問衛頭曰 卿言海東之事與古不同 何耶 答曰 亦猶中國 時代變革 名號改易 今焉得同

[79] 金暎玉, 「三韓의 形成과 文化的 背景」, 『國史館論叢』 13, 國史編纂委員會, 1990, 7쪽; 정구복·노중국·신동하·김태식·권덕영, 『역주 삼국사기 3 - 주석편(상)』, 한국학중앙연구원출판부, 2012, 86쪽, 주석 21. 여기에서는 건원(建元) 18년(382)에 신라왕(新羅王) 누한(樓寒)이 사신 위두(衛頭)를 보내 미녀를 바쳤다고 하여 연대 상 1년의 차이를 보인다고 지적하였다.

D-2-④와 D-2-⑤는 각각『양서』·『수서』의 기록을 그대로 반영하여 작성되었다.[81]

D-2의 기록 중 전진과의 교류에 대한 내용은 두우가 확보한 자료를 바탕으로 작성되었으며, 후대 사서에도 영향을 미친 것으로 보인다. 두우는 당대의 재상이었기 때문에 다양한 자료를 섭렵할 수 있었다. 이를테면 이임보李林甫의『당육전唐六典』, 이연수李延壽의『태종정전太宗政典』, 구양순歐陽詢의『예문유취藝文類聚』, 우세남虞世南의『북당서초北堂書鈔』, 유질劉秩의『정전政典』 등의 자료를 참고하였다는 연구가 제시되었다.[82] 전거를 밝히지 않은 서적 중에서도 여러 서적들이 참고되었을 것으로 보이며, 그 과정에서 기존에 서술되지 않은 내용을 새로이 삽입하여 내용을 보강할 수 있었다.

이 외의 내용은 주로『양서』의 기록을 기반으로 작성하였으며, 일부 기록은『수서』를 참고하였다. D-2는 전체적으로 사료 유사도가 56.5%로 나타난다. 그 이유는 D-2-①과 대응하는 사료가 없고, D-2-②·③의 유사도가 상대적으로 높지 않기 때문이다.

〈표 22〉는 수대隋代부터 당대에 이르는 신라의 연혁을 정리한 것으로, D-3-①~⑤의 기록으로 구분할 수 있다. 이 중에서 D-3-①은『북사』·『한원翰苑』과 비교하였으며, D-3-⑤는 당대의 사실이기 때문에 기존의 사서에서는 확인되지 않는 내용이다. D-3-③·④만 유사도 높음으로 나타나는

---

80 『新唐書』卷220,「東夷傳」, 新羅, 6202쪽. "謂城爲侵牟羅 邑在內曰喙評 外曰邑勒 有喙評六 邑勒五十二 朝服尚白 好祠山神."

81 중화서국(中華書局)에서 간행한『통전(通典)』에서는 "土地肥美 宜植五穀 多桑麻果菜鳥獸 物産略與華同"으로 띄어쓰기를 하였다. 이를『양서(梁書)』·『남사(南史)』·『북사(北史)』·『수서(隋書)』와 비교한다면, "土地肥美 宜植五穀 多桑麻 果菜·鳥獸·物産略與華同"로 표기하는 것이 더 자연스럽다. 때문에 본서에서는 저자의 수정안으로 원문을 띄어쓰기하였다.

82 黎文麗,「杜佑《通典》體現的編輯思想」,『渭南師範學院學報』24, 2009年 3期, 渭南 : 渭南師範學院, 95쪽; 신승하,『중국사학사』, 고려대 출판부, 1996, 144쪽.

연번	신라절 기록	중국 사서의 유사 기록		기록 유사도	
		서명	기록	자수	백분율
D-3-①	至隋文帝時 遣使來貢 其王姓金名眞平【隋東蕃風俗記云 金姓相承三十餘葉】文帝拜爲樂浪郡公·新羅王【其王至今亦姓金 按梁史云姓慕 未詳中間易姓之由】	北史	傳世三十 至眞平 以隋開皇十四年 遣使貢方物 文帝拜眞平上開府·樂浪郡公·新羅王	18/63	28.5
		翰苑	擁叛卒以稱强 承附金而得姓【括地志曰 新羅王姓金氏 其先所出未之詳也 隋東蕃風俗記云 金姓相承卅餘代】	15/63	23.8
D-3-②	其先附屬於百濟 後因百濟征高麗 人不堪戎役 相率歸之 遂致强盛 因襲加羅·任那諸國 滅之【並三韓之地】其西北界犬牙出高麗·百濟之間	隋書	其先附庸於百濟 後因百濟征高麗 高麗人不堪戎役 相率歸之 遂致强盛 因襲百濟附庸於迦羅國	31/55	56.3
D-3-③	官有十六等 其一曰伊罰于 貴如相次伊尺于 次迎于 次破彌于 次大河尺于 次河尺于 次乙吉于 次沙咄于[咄 都骨反] 次及伏于 次大奈摩 次大舍 次小舍 次吉士 次大烏 次小烏 次達位	隋書	其官有十七等 其一曰伊罰干 貴如相國 次伊尺干 次迎干 次破彌干 次大阿尺干 次阿尺干 次乙吉干 次沙咄干 次及伏干 次大奈摩干 次奈摩 次大舍 次小舍 次吉士 次大烏 次小烏 次造位	55/72	76.3
D-3-④	外有郡縣 文字·甲兵同於中國 選人壯健者悉入軍 烽·戍·邏[郎佐反]俱有屯營部伍 風俗·刑政·衣服略與高麗·百濟同	隋書	外有郡縣 其文字·甲兵同於中國 選人壯健者悉入軍 烽·戍·邏俱有屯管部伍 風俗·刑政·衣服與高麗·百濟同	42/45	93.3
D-3-⑤	大唐貞觀二十二年 其王金春秋來朝 拜爲特進 請改章服以從華制	당대의 기록 『구당서』·『책부원귀』와 비교됨		0/27	0
합계 및 평균				146/262	55.7

게 특징이다.

D-3-①은 수대에 진평왕眞平王이 사신을 보냈다는 내용이 기술되었다. 이 기록과 유사한 기록은 『북사』와 『한원』에서 확인된다. 다만 두우는 어느 한 기록을 바탕으로 작성한 것이 아닌, 여러 사서를 참고하면서 나름대로 다시 재구성하여 작성한 것으로 생각된다. 김진평金眞平이 사신을 보냈다는 기록은 『북사』·『수서』·『한원』에서 모두 확인되지만 각자 세부적인 표현은 약간씩 다르게 기재되었다.

D-3-①에서 진평眞平이라는 이름 아래에는 수隋의 『동번풍속기東蕃風俗記』가 인용되었는데, 약간 자형字形은 다르지만 『한원』에 인용된 수의 『동번풍속기東藩風俗記』에도 유사한 내용이 제시되었다. 문제文帝가 김진평을 낙랑군공樂浪郡公 신라왕新羅王에 임명하였다는 내용은 『북사』·『수서』에서도 동일하게 확인되는데,[83] D-3-①에서는 '상개부上開府'가 제외되었다. 아울러 봉호封號 뒤에 기재된 협주는 『양사梁史』 즉 『양서』와 비교하였을 때, 신라왕이 모씨慕氏였다가 김씨金氏로 바뀌었다고 하였다. 이는 『양서』와 D-2-②에서 신라 법흥왕法興王의 이름이 모진募秦, 慕秦으로 기재되어 있었던 것에 착안하여 지적한 것이다. 참고로 D-3-①의 문장은 이후 『구당서』에 영향을 미친 것으로 생각된다.[84]

D-3-②는 신라와 백제의 관계에 대한 기록이다. 이는 『수서』와 『한원』에 인용된 『동번풍속기』에서도 유사한 기록이 확인된다.[85] D-3-②는 『수서』와 비교하여 다른 점들도 확인된다. 대표적으로 『수서』의 "因襲百濟附庸於迦羅國"을 D-3-②에서는 "因襲加羅·任那諸國"이라고 하여, 백제에 부용되었다는 것과 '가라국迦羅國'과 '가라·임나제국加羅·任那諸國'으로의 표기에서 차이를 보인다. 아울러 협주로 '삼한지지三韓之地'라고 한 내용이 덧붙여졌다.

D-3-②에서는 서북쪽 경계가 '견아犬牙'처럼 고구려와 백제 사이에 있다고 하였다. 이와 유사한 표현은 『구당서』 백제국조百濟國條와 『신당서』 백제조百濟條에 인용된 당 고종唐高宗의 조서詔書에서 확인된다.[86] 즉 두우는 당대

---

83 『隋書』卷81, 「東夷傳」, 新羅, 1820쪽. "傳祚至金眞平 開皇十四年 遣使貢方物 高祖拜眞平爲上開府·樂浪郡公·新羅王."

84 『舊唐書』卷199上, 「東夷傳」, 新羅國, 5334쪽. "其王金眞平 隋文帝時授上開府·樂浪郡公·新羅王."

85 "其先附屬於百濟"에서 '속(屬)'자를 『북사』 신라전과 『수서』 동이전을 비롯한 『태평어람』·『태평환우기』에서는 '용(庸)'으로 기재하였다. 『通典』卷185, 「邊防門1」, 校勘記, 4995쪽, 59번.

의 자료에서 신라의 영토를 '견아犬牙'와 같다고 한 표현을 파악하여 D-3-②에 적용하였다.

D-3-③은 신라의 관등官等에 대한 기록으로, 가장 유사도가 높은 사서는 『수서』이다. D-3-③에서는 총 16등等이 있다고 하였다. 신라의 관등제官等制 관련 기록은 『수서』를 비롯하여 『북사』·『한원』·『구당서』·『신당서』 등에서도 확인된다. 다만 D-3-③을 제외하고는 모두 17등으로 기재하여 차이를 보인다. 더구나 고위 관등의 명칭 또한 D-3-③에서는 '이벌우伊罰于'나 '이척우伊尺于'와 같이 '우于'자가 기재되었지만, 『북사』·『수서』·『한원』에서는 '이벌간伊罰干'이나 '이척간伊尺干'과 같이 '간干'자로 표기되었다. 이는 두우가 '간干'자를 '우于'자로 혼동하여 실수한 것으로 생각된다.

아울러 『북사』·『수서』에서는 '대나마간大奈摩干' 다음에 '나마奈摩'를 기재하였으나, D-3-③에서는 '대나마大奈摩'라고만 표기하고 '나마'를 기재하지 않았다. 여기에서 차이가 생겨 D-3-③에서 16등으로 기재하게 된 것이다.

D-3-④는 신라의 풍속을 전반적으로 다룬 기록이다. 앞서 마한절·진한절·백제절과 비교하면 다소 소략하게 작성된 것이 특징이다. D-3-④는 『수서』의 기록을 바탕으로 작성되었다. 『수서』의 "其文字·甲兵同於中國"에서 '기其'자가 빠졌다는 것을 제외하고 다른 내용은 동일하며, D-3-④의 '라邏'에 음주音註가 추가되었다. 풍속과 의복이 고구려나 백제와 동일하다는 기록은 이후 『당회요』와 『신당서』에 그대로 반영되었다.[87]

---

86 『舊唐書』卷199上, 「東夷傳」, 百濟國, 5330쪽. "高宗嗣位 永徽二年 始又遣使朝貢 使還 降璽書與義慈曰 至如海東三國 開基自久 並列疆界 地實犬牙 近代已來 遂構嫌隙 戰爭交起 略無寧歲"; 『新唐書』卷220, 「東夷傳」, 百濟, 6199쪽. "高宗立 乃遣使者來 帝詔義慈曰 海東三國 開基舊矣 地固犬牙 比者隙爭侵校無寧歲 新羅高城重鎭皆爲王幷 歸窮于朕 丐王歸地."

87 『唐會要』卷95, 「新羅傳」, 1710쪽. "其風俗衣服與高麗·百濟略同 而朝服尚白 好祭山神"; 『舊唐書』卷199上, 「東夷傳」, 新羅國, 5334쪽. "其風俗·刑法·衣服 與高麗·百濟略同 而朝服尚白."

D-3-⑤는 신라절에서 유일하게 당대의 사항을 기재한 것이다. 다만 이 기록에서는 당시 왕이 아니었던 김춘추金春秋를 왕으로 기술하였다는 점에서 의문의 여지가 있다. 『구당서』에서 김춘추의 내조來朝 기록에서는 김춘추를 국상國相 이찬간伊贊干으로 기재하였다.[88] 『책부원귀冊府元龜』「외신부外臣部」에서도 김춘추를 상相 이찬伊贊으로 기록하였다.[89] 이러한 기록들을 보았을 때 D-3-⑤는 나중에 신라의 왕이 된 김춘추를 소급하여 기록한 것으로도 볼 수 있다.

그렇지만 이 기록은 신라의 장복章服을 화제華制로 바꾸었다는 목적성이 있으며, 두우 당대當代에도 존속하였던 신라에 대한 마지막 기록이라는 점에서 의문이 있다. 때문에 고의적인 목적성, 즉 중국의 권위를 높이기 위한 목적이 개입된 기록으로 볼 수도 있다.[90] 아울러 『책부원귀』「제왕부帝王部」에서도 당시 당에 온 김춘추를 왕으로 표기한 기록도 있어 주목된다.[91]

D-3은 주로 『수서』의 기록을 바탕으로 작성되었다. 기록 과정에서 두우가 임의로 추가하거나 수정한 내용들도 있다. 특히 협주에서 기술한 내용들

---

88 『舊唐書』卷199上,「東夷傳」, 新羅國, 5335쪽. "二十二年 眞德遣其弟國相·伊贊干金春秋及其子文王來朝 詔授春秋爲特進 文王爲左武衛將軍."

89 『冊府元龜』卷974,「外臣部」, 褒異, 貞觀 22년, 11275쪽. "十二月 新羅國遣其相伊贊於金春秋及其子文王來朝 帝遣光祿卿柳亨持節郊勞之 旣至 以春秋爲特進 文王爲左武衛將軍 春秋仍請改其章服 以從中華製 於是 內出珍服賜春秋等 令府給其將從."

90 송영대,「『通典』「邊防門」東夷篇의 구조 및 찬술 목적」, 『史林』57, 首善史學會, 2016, 158~159쪽; 최진열,「唐 前·後期 羅唐戰爭 서술과 인식－『唐會要』와『通典』의 분석을 중심으로」, 『동북아역사논총』56, 동북아역사재단, 2017, 175~176쪽. 현대 중국의 연구에서도 이 기록을 가지고 중국의 문화적 영향력이 주변국에 미친 사례로 해석하기도 한다. 趙楊,『『通典·邊防典』研究』, 合肥 : 安徽大學 碩士學位論文, 2012, 18~19쪽. 참고로 이와 관련하여 최근에 반론도 제기되었다. 김희만,「『通典』「邊防」 신라條의 구성과 찬술자의 신라 인식」, 『신라문화』60, 2022, 동국대 WISE캠퍼스 신라문화연구소, 175~194쪽. 그렇지만 앞서 언급한대로 단순한 혼동으로 보기보단, 찬자(撰者)가 의도적으로 기록의 마감으로 중국의 권위를 드높이려는 목적에서 해당 기록을 작성하였을 가능성이 크다고 여겨진다.

91 『冊府元龜』卷109,「帝王部」, 宴享, 1193쪽. "二十三年二月癸巳 特進新羅王金春秋還國 令三品以上 宴餞之 優禮甚備."

은 두우가 다른 사서를 보고 참고하여 덧붙이거나 나름대로 고찰한 내용들이 포함되었다. 당대의 기록으로 김춘추의 내조가 기재되었지만, 이후로도 150여 년의 연혁이 있었으나 모두 생략되었다는 점이 특이하다.

〈표 23〉 신라절과 주요 사서 유사도 비교

서명	해당 연번			기록 유사도	
	D-1	D-2	D-3	자수	백분율
양서	①·②·③ ·④·⑤·⑦	②·③·④		126/159	79.2
수서	⑤·⑥	⑤	②·③·④	213/277	76.8
북사			①	18/63	28.5
한원			①	15/63	23.8

　신라절은 전체적으로 『양서』와 『수서』의 기록을 주로 모두 참고하여 기술되었다. 『양서』·『수서』의 기록은 『남사』·『북사』와의 공통점도 다수 나타난다. 그렇지만 D-1~3까지의 비교와 관련해서는 『양서』·『수서』가 『남사』·『북사』보다 좀 더 일찍 편찬되었으므로, 이를 우선으로 삼아 비교하였다. 본서에는 상세히 표기하지 않았으나 신라절 기록은 『남사』·『북사』와의 공통점도 다수 있음을 밝힌다.

　『양서』는 D-1·2에 주로 인용되었으며 유사도는 79.2%이기 때문에 '유사도 높음'에 해당한다. 두우가 기록을 작성하면서 수정하거나 새로이 삽입한 내용들이 있긴 하지만, 『양서』의 기록을 최대한 반영하였다고 볼 수 있다. 『수서』는 신라절 전체에 인용된 모습을 보이며 가장 큰 비중을 차지한다. 유사도가 76.8%이기 때문에 역시 '유사도 높음'으로 분류할 수 있다. 『북사』와 『한원』은 D-3-① 기록 비교에서 사용되었다. 앞서도 밝혔듯이 『북사』는 실제로 『수서』와 유사한 내용이 많으므로, 신라절과 단독으로 비교하면 더 많은 공통점들이 확인된다는 점을 유의할 필요가 있다.

신라절에서는 기존 사서에서 없는 내용들이 일부 포함되었다. 전진과의 교류에 대한 내용은 기존 사서에서는 없었던 내용이며, 후대 사서에 영향을 미친 기록으로 볼 수 있다. 당대에 확보된 신라 관련 자료가 많았을 것으로 추정되며, 실제로도『당회요』나『책부원귀』에서는 다양한 사료가 전해진다. 그럼에도 불구하고 신라절에서는 김춘추를 왕으로 기재하고, 그가 내조하여 장복을 화제로 바꾸기를 청했다고 하였다. 이는 신라가 중화의 교화를 받아들인다는 의미를 내포한 것으로 해석할 수 있으며, 이후의 기록은 나당전쟁羅唐戰爭의 실패를 가리기 위한 의도로 추정할 수 있다.

5. 부여절

두우杜佑가 동이목東夷目 서략序略에서 밝혔듯이 부여夫餘는 왜倭와 더불어 후한대後漢代부터 중국과 통교通交한 국가였다. 부여는 중국을 기준으로 하였을 때 동북방東北方에 위치한 강국強國이었다. 일부 군사적 대립도 있었지만, 부여와 중국은 전반적으로 우호적인 관계를 맺고 있었다. 앞서 살펴본 사례들과 마찬가지로 부여절夫餘節의 원문을 구분하고 연번을 매겨 제시하면 다음과 같다.

E-1. ① 夫餘國 後漢通焉 初 北夷橐離國王【按後漢・魏二史皆云 夫餘國在高句麗北 又案 後魏及隋史 高句麗在夫餘國南 而隋史云百濟出於夫餘 夫餘出於高句麗國子東明之後也 又謂橐離國即高麗國 乃夫餘國當在句麗之南矣 若詳考諸家所說 疑橐離在夫餘之北 別是一國 然未詳孰是】有子曰東明 長而善射 王忌其猛而欲殺之 東明奔走 南渡掩㴲水 因

至夫餘而王之 ② 順帝永和初 其王始來朝 帝作黃門鼓吹・角抵戲以遣之 ③ 夫餘本

屬玄菟 至漢末公孫度雄張海東 威服外夷 ④ 其王始死 子尉仇台立 更屬遼東 時句麗

・鮮卑強 度以夫餘在二虜之間 妻以宗女 ⑤ 至孫位居嗣立 正始中 幽州刺史毌丘儉

將兵討句麗 遣玄菟太守王頎[音其]詣夫餘 位居遣大加郊迎 供軍糧 ⑥ 自後漢時夫餘

王葬用玉匣 常先以付玄菟郡 王死則迎取以葬 及公孫淵伏誅 玄菟庫猶得玉匣一具 ⑦

晉時夫餘庫有玉璧珪瓚 數代之物 傳以爲寶 耆老言先代之所賜也 ⑧ 其印文言濊王

之印 國有故城 名濊城 蓋本濊貊之地

E-2. ① 其國在長城之北 去玄菟千里 南與高句麗・東與挹婁・西與鮮卑接 北有弱水 地可

方二千里 有戶八萬 ② 土宜五穀 不生五果 有宮室・倉庫・牢獄 多山陵廣澤 ③ 其人

性強勇謹厚 不寇抄 ④ 以六畜名官 有馬加・牛加・豬加・狗加・犬使・犬使者・

使者 邑落有豪民 名下戶皆爲奴僕 ⑤ 諸加別主四出 道大者數千家 小者數百家 ⑥ 會

同拜爵 揖讓升降 有似中國 以臘月祭天 ⑦ 譯人傳辭 皆跪手據地竊語 ⑧ 用刑嚴急

殺人者死 沒其家人爲奴婢 竊盜一責十二 男女淫 婦人妒 皆殺之 ⑨ 兄死妻嫂 與北狄

同俗 ⑩ 出名馬・赤玉 美珠大者如酸棗 ⑪ 以弓矢刀矛爲兵 家家自有鎧仗 ⑫ 作城柵

皆圓 有似牢獄 ⑬ 行人無晝夜好歌吟 通日聲不絕 ⑭ 有軍事亦祭天 殺牛觀蹄 以占吉

凶 蹄解者爲凶 合者爲吉 有敵 諸加自戰 下戶但擔糧食[音嗣]之 ⑮ 其死 夏月皆用冰

殺人殉葬 多者百數 厚葬 有棺無槨【其居喪 男女皆純白 婦人著布面衣 去環珮 大體與中

國彷彿】

E-3. ① 至太康六年 爲慕容廆所襲破[廆 呼罪反] 其王依慮自殺 子弟走保沃沮 ② 武帝以何

龕爲護東夷校尉 ③ 明年 夫餘後王依羅遣使詣龕 求率見人還復舊國 龕遣督郵賈沈以

兵送之 ④ 爾後每爲廆掠其種人 賣於中國 帝又以官物贖還 禁市夫餘之口 自後無聞

부여절에서 E-1은 후한대의 연혁, E-2는 부여의 각종 풍속과 산물, E-3

은 진대晉代의 부여 연혁에 대해 서술하였다. 다른 절節에 비하여 연혁과 풍속이 상대적으로 상세하게 기술된 것이 특징이다. E-1부터 다른 사서와 대조·분석을 하면 〈표 24〉와 같다.

〈표 24〉 부여절의 E-1-①~⑧과 중국 사서의 유사도 비교

연번	부여절 기록	중국 사서의 유사 기록		기록 유사도	
		서명	기록	자수	백분율
E-1-①	夫餘國 後漢通焉 初 北夷橐離國王【按後漢·魏二史皆云 夫餘國在高句麗北 又案 後魏及隋史 高句麗在夫餘國南 而隋史云百濟出於夫餘 夫餘出於高句麗國王子東明之後也 又謂橐離國即高麗國 乃夫餘國當在句麗之南矣 若詳考諸家所說 疑橐離在夫餘之北 別是一國 然未詳孰是】有子曰東明 長而善射 王忌其猛而欲殺之 東明奔走 南渡掩㴲水 因至夫餘而王之	後漢書	初 北夷索離國王出行[索或作橐 音度洛反] 其侍兒於後娠身[娠音人焗反] 王還 欲殺之 侍兒曰 前見天上有氣 大如雞子 來降我 因以有身 王囚之 後遂生男 王令置於豕牢[牢 圈也] 豕以口氣噓之 不死 復徙於馬蘭[蘭即欄也] 馬亦如之 王以爲神 乃聽母收養 名曰東明 東明長而善射 王忌其猛 復欲殺之 東明奔走 南至掩㴲水[今高麗中有蓋斯水 疑此水是也] 以弓擊水 魚鼈皆聚浮水上 東明乘之得度 因至夫餘而王之焉	35/147	23.8
E-1-②	順帝永和初 其王始來朝 帝作黃門鼓吹·角抵戲以遣之	後漢書	順帝永和元年 其王來朝京師 帝作黃門鼓吹·角抵戲以遣之	20/22	90.9
E-1-③	夫餘本屬玄菟 至漢末公孫度雄張海東 威服外夷	三國志	夫餘本屬玄菟 漢末 公孫度雄張海東 威服外夷	19/20	95
E-1-④	其王始死 子尉仇台立 更屬遼東 時句麗·鮮卑強 度以夫餘在二虜之間 妻以宗女	三國志	夫餘王尉仇台更屬遼東 時句麗·鮮卑彊 度以夫餘在二虜之間 妻以宗女	25/32	78.1
E-1-⑤	至孫位居嗣立 正始中 幽州刺史毌丘儉將兵討句麗 遣玄菟太守王頎[音其]詣夫餘 位居遣大加郊迎 供軍糧	三國志	尉仇台死 簡位居立 無適子 有孽子麻余 位居死 諸加共立麻余 牛加兄子名位居 爲大使 輕財善施 國人附之 歲歲遣使詣京都貢獻 正始中 幽州刺史毌丘儉討句麗 遣玄菟太守王頎詣夫餘 位居遣大加郊迎 供軍糧	37/43	86.0
E-1-⑥	自後漢時夫餘王葬用玉匣 常先以付玄菟郡 王死則迎取以	三國志	漢時 夫餘王葬用玉匣 常豫以付玄菟郡 王死則迎取以葬 公孫淵	35/40	87.5

연번	부여절 기록	중국 사서의 유사 기록		기록 유사도	
		서명	기록	지수	백분율
	葬 及公孫淵伏誅 玄菟庫猶得 玉匣一具		伏誅 玄菟庫猶有玉匣一具		
E-1-⑦	晉時夫餘庫有玉璧珪瓚 數代 之物 傳以爲寶 耆老言先代 之所賜也	三國志	今夫餘庫有玉璧・珪・瓚數代之 物 傳世以爲寶 耆老言先代之所 賜也	25 /27	92.5
E-1-⑧	其印文言濊王之印 國有故城 名濊城 蓋本濊貊之地	三國志	其印文言濊王之印 國有故城名 濊城 蓋本濊貊之地 而夫餘王其 中 自謂亡人 抑有以也	22 /22	100
합계 및 평균				218 /353	61.7

E-1의 기록은 다시 E-1-①~⑧로 구분할 수 있다. E-1-①은 유사도가 낮게 나타나지만, 이를 제외한 E-1-②~⑧은 모두 유사도 높음으로 나타난 다. 다만 E-1 중에서 E-1-①의 비중이 가장 큰 편이다보니, 전체적인 유사 도가 중간 정도 수준으로 나타난다.

E-1-①은 동명설화東明說話에 대한 기록이다. 이보다 앞서 부여국夫餘國이 후한대부터 통교했다고 기록되었는데, 이는 동이목 서략에서도 확인되며, 『후한서後漢書』에서는 광무제光武帝 때부터 외교 관계가 있었다고 기재되었 다. 북이北夷 탁리국왕橐離國王의 아들로 동명東明이 있었다고 하였으며, 부여 를 탈출한 내용이 기록되었다.[92] 주지하듯이 동명설화는 『논형論衡』에서부 터 그 존재가 확인되는데,[93] E-1-①에서는 소략하게 기재되었다. 『삼국지

---

[92] "北夷橐離國王"에서 '탁(橐)'자(字)를 원래 '색(索)'자로 기록하였는데, 북송본(北宋本)・명초 본(明抄本)・명각본(明刻本)에 의거하여 수정하였다. 『通典』 卷185, 「邊防門1」, 校勘記, 4998 쪽, 93번.

[93] 『論衡』 卷2, 「吉驗」. "北夷橐離國王侍婢有娠 王欲殺之 婢對曰 有氣大如雞子 從天而下 我故有娠 後産 子 捐於豬溷中 豬以口氣噓之 不死 復徙置馬欄中 欲使馬藉殺之 馬復以口氣噓之 不死 王疑以爲天子 令其母收取 奴畜之 名東明 令牧牛馬 東明善射 王恐奪其國也 欲殺之 東明走 南至掩淲水 以弓擊水 魚 鱉浮爲橋 東明得渡 魚鱉解散 追兵不得渡 因都王夫餘 故北夷有夫餘國焉 東明之母初妊時 見氣從天下 及生 棄之 豬馬以氣吁之而生之 長大 王欲殺之 以弓擊水 魚鱉爲橋 天命不當死 故有豬馬之救 命當都王 夫餘 故有魚鱉爲橋之助也."

三國志』에 인용된 『위략魏略』과 『후한서』에서도 동명설화가 기술되었는데,[94] 이 중에서 『후한서』의 기록이 부여절과 비교하여 유사성이 가장 크게 나타난다.

E-1-①의 동명설화는 매우 축약된 형태로 제시되었다. 또한 축약 과정에서 사실 관계를 잘못 기술한 사례도 확인된다. 이를테면 본래 동명은 시비侍婢의 아들이지, 탁리국왕과는 별도의 관계가 없었는데, E-1-①에서는 이 부분을 밝히지 않고 동명이 탁리국왕의 아들이라고 기술되었다. 또한 시비의 아들로 태어나서 온갖 박해를 받아 동물들이 보호해주었는데, 이 내용이 생략되었다. 동명의 탈출 과정에서 어별魚鼈이 다리를 이루어 주었다는 신이神異한 내용도 모두 삭제되었다. 동명이 건넌 강 이름은 『후한서』를 따라 '엄사수掩㴲水'로 기록되었는데, 『논형』에서는 '엄호수掩淲水', 『위략』에서는 '시엄수施掩水'로 기록되어 차이를 보인다.

탁리국왕의 아래에는 협주가 있는데, 두우가 여러 사서를 참고하여 부여의 위치를 고찰한 것이다.[95] 『후한사後漢史』·『위사魏史』·『후위사後魏史』·『수사隋史』가 인용되었는데, 이들은 각각 『후한서』·『삼국지』·『위서魏書』·『수서隋書』와 비교할 수 있다. 그렇지만 각 사서의 내용과 대조하면 상호 일치하는 기록이 제대로 확인되지 않는다. E-1-①에서 부여국이 고구려의 북쪽에 위치한다는 기록은 『후한서』·『삼국지』에서 그대로 확인되지는 않으나, 기존 기록을 바탕으로 추론하고 변형시켜 적용하였을 가능성은 있다. 『후한

---

94 『三國志』卷30, 「魏書30」, 烏丸鮮卑東夷傳, 東夷, 夫餘, 842쪽, "而夫餘王其中 自謂亡人 抑有以也 【魏略曰 舊志又言 昔北方有高離之國者 其王者侍婢有身 王欲殺之 婢云 有氣如雞子來下 我故有身 後生子 王捐之溷中 豬以喙噓之 徙至馬閑 馬以氣噓之 不死 王疑以爲天子也 乃令其母收畜之 名曰東明 常令牧馬 東明善射 王恐奪其國也 欲殺之 東明走 南至施掩水 以弓擊水 魚鼈浮爲橋 東明得度 魚鼈乃解散 追兵不得渡 東明因都王夫餘之地】."

95 "詳考諸家所說"에서 '설(說)'자를 원래 '출(出)'자로 잘못 기재하였는데, 북송본에 의거하여 수정하였다. 『通典』卷185, 「邊防門1」, 校勘記, 4998쪽, 94번.

서』·『삼국지』의 기록과 부여의 지리적 위치에 대해서는 차후 E-2-①의 기록을 살펴보면서 다루겠다.

두우는 『후위사』·『수사』에 "高句麗在夫餘國南"이라는 문장이 있다고 하였고, 다시 『수사』를 인용하여 "百濟出於夫餘 夫餘出於高句麗國王子東明之後也"라고 하였다. 앞의 문장부터 먼저 살펴보면 『후위사』에 대비되는 『위서』에는 부여전夫餘傳이 없고 고구려전高句麗傳만 있는데, 여기에서는 고구려의 영역이 북쪽으로 옛 부여에 이른다고만 기술하였다.[96] 『수서』에서도 고려전高麗傳만 있는데, 여기에서는 고구려의 영역과 관련하여 북쪽에 무엇이 있는지에 대한 언급이 없다.[97] 즉 이 기록은 앞의 기록과 마찬가지로 동일한 기록이 없을 뿐만 아니라, 『수서』와 관련해서 공통되는 기록이 없다. 때문에 두우가 인용한 『후한사』·『위사』·『후위사』·『수사』는 현존하는 중국 정사의 이칭異稱이 아닌 전혀 다른 별개의 사서일 가능성이 있다.

참고로 E-1-①에서 『수사』에 기재되었다는 "百濟出於夫餘 夫餘出於高句麗國王子東明之後也"라는 기록은 역시 『수서』 백제조百濟條와 여러 차이를 보인다. 백제가 부여에서 나왔다고 지목한 것은 역사적 사실에 해당하지만, 부여가 고구려 왕자 동명의 후예에서 나왔다는 것은 옳지 않다. 두우는 이른바 『수사』에 인용된 부여 출자出自에 대한 기록을 보고 혼동에 빠졌던 것으로 보인다. 두우는 '탁리국槀離國'을 '고려국高麗國'으로 해석하였고, "乃夫餘國當在句麗之南矣"라는 문구를 작성하게 되었다. 이러한 기록의 형성은 두우의 실수일 가능성이 제일 높지만, 그 실수에도 원인이 있기 마련이

---

96 『魏書』 卷100, 「高句麗傳」, 2215쪽. "放至其所居平壤城 訪其方事 云 遼東南一千餘里 東至柵城 南至小海 北至舊夫餘 民戶參倍於前."

97 『隋書』 卷81, 「東夷傳」, 高麗, 1814쪽. "其國東西二千里 南北千餘里 都於平壤城 亦曰長安城 東西六里 隨山屈曲 南臨浿水."

다. 그 원인으로는『수사』에서 부여와 백제를 혼동하였으며, 다양한 기록의 혼재 때문에 "然未詳孰是"로 기재하게 된 것으로 여겨진다. 실제『수서』백제조를 보면 중국의 역사가들이 동명설화와 주몽설화를 혼동하여 기재한 경향을 보인다. 이는 백제가 부여를 표방하며 국호를 남부여로 개칭改稱하였고,[98] 고구려 또한 선조를 부여로 주장하면서 중국인들에게 혼동을 초래한 것으로 여겨진다. 그 결과『수사』와『수서』에 잘못된 기록이 나타나게 되었고, 이게 부여절에도 부정적인 영향을 미치게 된 것이다.

이어지는 E-1-②는 영화연간永和年間. 136~141 초의 일을 다루었으며,『후한서』의 기록을 요약하여 제시하였다.『후한서』에서는 부여왕夫餘王 시始의 존재가 안제安帝 영초永初 5년111에 보기步騎 7, 8천을 이끌고 낙랑을 구초寇鈔하였다는 기록부터 확인된다. E-1-②와 동일한 기록은 순제順帝 영화永和 원년136의 기록에서 확인되며,『후한서』순제기順帝紀에서도 부여왕이 내조하였다고 기재되었다. 다만 당시의 왕이 '시始'인지는 명확히 알 수 없다. 이는『후한서』를 인용한『한원翰苑』에서도 왕명王名을 기재하지 않았다. 두우가 당시 왕을 '시始'로 기재한 것은 추측에서 말미암은 것으로 생각되며, 당시 시점이 명확함에도 불구하고 영화永和 초로 기술한 점은 의아하게 여겨진다.

E-1-③의 기록부터는『후한서』보다『삼국지』와의 공통점이 더 크게 확인된다. 실제 내용을 비교하면 "夫餘本屬玄菟"라는 표현은『후한서』와『삼국지』에서 모두 등장하지만, '한말漢末' 이하의 기록은『후한서』에서 확인되지 않는다. E-1-③은『삼국지』와 비교하여 '지至'자字의 유무有無에서만 차이를 보일 뿐, 나머지는 모두 동일하게 기록되었다. 이는 기록 시점이 '한말'을 언급하면서『삼국지』의 배경에 해당하는 후한과 삼국으로 넘어갔기

---

98 『三國史記』卷26, 聖王 16년. "十六年 春 移都於泗沘【一名所夫里】國號南扶餘."

때문이다.

E-1-④에서는 부여왕 시始가 죽고 위구태尉仇台가 왕위에 올랐다고 하였다. 이 기록에서 부여왕 시가 죽었다는 내용은 기존 사서史書에서 확인되지 않는 내용이다. 위구태의 즉위를 자연스럽게 이어지게 하기 위해 부여왕 시가 죽었다고 두우가 기술한 것으로 생각된다. 문제는 여기에서 위구태가 어떤 인물인가라는 것이다. 위구태의 존재는 『후한서』와 『삼국지』에서 모두 확인된다. 다만 그 활동 시기의 격차가 크기 때문에 현재 학계에서는 두 사람을 동일인으로 보지 않는 경향이 강하다. E-1-④에서는 위구태를 『삼국지』와 연관하여 인지하였다. E-1-④를 『삼국지』의 해당 기록과 상호 비교하면 거의 동일하게 작성되었음을 알 수 있다.

E-1-⑤에서는 손孫 위거位居가 왕위를 계승했다고 하였는데, 『삼국지』에서는 손자라는 언급이 없으며 이름 또한 간위거簡位居로 기재하였다. 다만 이후 내용에서는 위거로 표기하는 등 일부 혼동도 확인된다. 두우는 간위거와 위거를 동일인으로 인지하고, 위구태와 위거를 조손祖孫 관계로 파악한 것으로 생각된다. 기존 기록을 바탕으로 판단한 것이며, 이후의 E-1-⑤ 기사는 전체적으로 『삼국지』를 바탕으로 작성되었다.

E-1-⑥은 부여왕의 장례葬禮에 대한 기록으로, 옥갑玉匣을 사용하였다고 기재하였다. 이 기록은 『삼국지』의 해당 기록을 바탕으로 작성되었으나, 일부 세부적인 표현에서 약간씩 차이를 보인다. 아울러 『후한서』에서도 왕의 장례에 옥갑이 사용되었다고 하였으며, 『삼국지』와 E-1-⑥의 기록과는 달리 공손연公孫淵 격파 이후 현도고玄菟庫에서 옥갑 1구具가 발견되었다는 내용은 제외되었다.[99]

---

[99] 『後漢書』卷85,「東夷列傳」, 夫餘國, 2811쪽. "其王葬用玉匣 漢朝常豫以玉匣付玄菟郡 王死則迎取

E-1-⑦은 진대晉代를 다룬 내용으로 부여고夫餘庫에 있었던 보물을 기재하였다. 이 역시『삼국지』의 기록을 바탕으로 작성되었으며, 본래의 '금今'을 '진시晉時'로 수정하였다는 점은 차이점에 해당한다. 또한『삼국지』에서는 "傳世以爲寶"이라 하였으나, E-1-⑦에서는 당 태종 이세민의 피휘로 "傳以爲寶"라고만 기재하였다. 이 기록은 E-1-⑧과도 연관된다. E-1-⑧에서는 예왕지인濊王之印에 대해 다루었으며, 부여가 예맥지지濊貊之地에 해당한다고 하였다.『진서晉書』에서도 유사한 기록이 확인되나, '예濊'를 '예穢'로 기술하였다는 점에서 차이를 보인다.[100]

E-1은 353자 중에서 218자가 유사한 것으로 나타나, 유사도는 61.7%에 해당한다. 이는 E-1-①의 내용이『후한서』와 차이가 크게 나타나기 때문이다. E-1-①을 제외하고 E-1-②~⑧까지의 사료 유사도를 살펴보면 206자 중에서 183자로 사료 유사도는 88.8%로 높게 나타난다. 즉 E-1-①을 제외하고는『후한서』와『삼국지』를 거의 그대로 제시하였다는 뜻이 된다.

E-1에서는 후한부터 조위대曹魏代에 이르는 부여의 연혁을 기술하였다. 동명설화는 기존 사서와 비교하여 너무 압축시키면서, 사실 관계가 뒤바뀌는 문제가 발생하였다. 후한대에서 부여왕 시始에 대한 기록은『후한서』를 참고한 경향이 강하다. 다만 위구태로 넘어오면서 후한 말의 연혁을 다루는 기록들은 주로『삼국지』를 참고하여 작성되었다. 두우는 '시始 → 위구태 → 위거'로 이어지는 계보로 부여의 왕들을 설명하였으나, 위구태에 대한 상고詳考를 밝히지 않았다는 점이 아쉽게 생각된다. 기존 기록들에서 시기적으

以葬焉."
100 『晉書』卷97,「四夷傳」, 東夷, 夫餘國, 2532쪽. "其王印文稱穢王之印 國中有古穢城 本穢貊之城也."

로 혼란스러운 부분들이 있기 때문에, 두우도 나름대로의 복안을 내세운 것이나, 이 또한 실제와 부합하는지에 대해서는 의문의 소지가 있다.

〈표 25〉 부여절의 E-2-①∼⑧과 중국 사서의 유사도 비교

연번	부여절 기록	중국 사서의 유사 기록		기록 유사도	
		서명	기록	자수	백분율
E-2-①	其國在長城之北　去玄菟千里　南與高句麗・東與挹婁・西與鮮卑接　北有弱水　地可方二千里　有戶八萬	三國志	夫餘在長城之北　去玄菟千里　南與高句麗　東與挹婁　西與鮮卑接　北有弱水　方可二千里　戶八萬	36/40	90
E-2-②	土宜五穀　不生五果　有宮室・倉庫・牢獄　多山陵廣澤	三國志	有宮室・倉庫・牢獄　多山陵・廣澤　於東夷之域最平敞　土地宜五穀　不生五果	20/20	100
E-2-③	其人性強勇謹厚　不寇抄	三國志	其人麤大　性彊勇謹厚　不寇鈔	9/10	90
E-2-④	以六畜名官　有馬加・牛加・豬加・狗加・犬使・犬使者・使者　邑落有豪民　名下戶皆爲奴僕	三國志	國有君王　皆以六畜名官　有馬加・牛加・豬加・狗加・大使・大使者・使者　邑落有豪民　名下戶皆爲奴僕	31/33	93.9
E-2-⑤	諸加別主四出道　大者數千家　小者數百家	三國志	諸加別主四出道　大者主數千家　小者數百家	17/17	100
E-2-⑥	會同拜爵　揖讓升降　有似中國　以臘月祭天	後漢書	會同拜爵洗爵　揖讓升降　以臘月祭天	13/17	76.4
		晉書	會同揖讓之儀有似中國	8/17	47.0
E-2-⑦	譯人傳辭　皆跪手據地竊語	三國志	譯人傳辭　皆跪　手據地竊語	11/11	100
E-2-⑧	用刑嚴急　殺人者死　沒其家人爲奴婢　竊盜一責十二　男女淫　婦人妒　皆殺之	三國志	用刑嚴急　殺人者死　沒其家人爲奴婢　竊盜一責十二　男女淫　婦人妒　皆殺之尤憎妒　已殺　尸之國南山上　至腐爛　女家欲得　輸牛馬乃與之	30/30	100
E-2-⑨	兄死妻嫂　與北狄同俗	三國志	兄死妻嫂　與匈奴同俗　其國善養牲	7/9	77.7
E-2-⑩	出名馬・赤玉　美珠大者如酸棗	三國志	出名馬・赤玉・貂狖・美珠　珠大者如酸棗	12/12	100
E-2-⑪	以弓矢刀矛爲兵　家家自有鎧仗	三國志	以弓矢刀矛爲兵　家家自有鎧仗	13/13	100

연번	부여절 기록	중국 사서의 유사 기록		기록 유사도	
		서명	기록	자수	백분율
E-2-⑫	作城柵皆圓 有似牢獄	三國志	作城柵皆員 有似牢獄	8/9	88.8
E-2-⑬	行人無晝夜好歌吟 通日聲不絶	三國志	行道晝夜無老幼皆歌 通日聲不絶	10/13	76.9
		後漢書	行人無晝夜 好歌吟 音聲不絶	11/13	84.6
E-2-⑭	有軍事亦祭天 殺牛觀蹄 以占吉凶 蹄解者爲凶 合者爲吉 有敵 諸加自戰 下戶但擔糧食[音餉]之	三國志	有軍事亦祭天 殺牛觀蹄以占吉凶 蹄解者爲凶 合者爲吉 有敵 諸加自戰下戶俱擔糧飲食之	35/38	92.1
E-2-⑮	其死 夏月皆用冰 殺人殉葬 多者百數 厚葬 有棺無槨【其居喪 男女皆純白 婦人著布面衣 去環珮 大體與中國髣髴】	三國志	其死 夏月皆用冰 殺人徇葬 多者百數 厚葬 有槨無棺【魏略曰 其俗停喪五月 以久爲榮 其祭亡者 有生有熟 喪主不欲速而他人彊之 常諍引以此爲節 其居喪 男女皆純白 婦人着布面衣 去環珮 大體與中國相彷彿也】	41/45	91.1
합계 및 평균				294/317	92.7

　　E-2는 부여의 각종 풍속을 기술한 내용이다. 그 내용을 살펴보면 부여의 지리적 위치, 관직 체계, 제사 의례, 각종 산물産物 등 매우 다양한 주제로, E-2-①~⑮로 구성되었다. 전반적으로 『삼국지』의 기록을 그대로 게재한 경향이 강하게 나타나며, 유사도가 높은 편에 해당한다. E-2-⑥과 E-2-⑬은 2개의 사서에서 유사성이 확인된다.

　　E-2-①은 부여의 지리적 위치를 서술한 것으로, 앞서 E-1-①의 협주 기록과도 연관된다. 부여의 지리적 위치 기록은 『삼국지』의 기록과 가장 유사하게 나타난다. 이 외에 『후한서』·『진서』와 『한원』에 인용된 어환魚豢의 『위략』에서 부여 위치에 대한 기록이 확인된다.[101]

101　『後漢書』卷85,「東夷列傳」, 夫餘國, 2810쪽. "夫餘國 在玄菟北千里 南與高句驪 東與挹婁 西與鮮卑接 北有弱水 地方二千里 本濊地也";『晉書』卷97,「四夷傳」, 東夷, 夫餘國, 2532쪽. "夫餘國在玄菟北千餘里 南接鮮卑 北有弱水 地方二千里 戶八萬";『翰苑』卷30,「蕃夷部」, 夫餘, 31쪽. "南接句

E-2-②는 부여의 환경에 대한 내용으로『삼국지』의 기록을 바탕으로 작성되었다. 다만 기록 순서에 있어서『삼국지』에서는 오곡五穀에 대한 언급이 뒤에 배치되었다는 점에서 차이를 보인다. 또한 동이에서 제일 평창平敞하다는 내용이 E-2-②에서는 제외되었다. E-2-③은 부여인의 성정性情에 대한 기록으로,『삼국지』는 물론『후한서』에서도 유사한 기록이 확인된다.[102] 다만『삼국지』를 기준으로 '추대麤大'의 유무와 '강용强勇'과 '강용彊勇'의 표기 정도에서 차이점을 보인다.

E-2-④는 부여의 관명官名 및 계급에 대한 내용이며『삼국지』를 바탕으로 작성되었다. 다만『삼국지』의 "大使 · 大使者"를 E-2-④에서는 "犬使 · 犬使者"로 기재하였다는 점에서 차이가 있다.[103] E-2-⑤의 기록은 사출도四出道에 대한 내용으로, 이 역시『삼국지』를 바탕으로 작성되었다.

E-2-⑥은 회동會同에서의 예절과 제천祭天에 대한 내용인데, 여러 예법 관련 기록은『후한서』를 참고하였으나, 중국과 유사하다는 기록은『진서』의 해당 기록에서 확인되는 내용이다. 제천에 대한 내용 또한『후한서』의 배치와 유사하다.『삼국지』에서도 유사한 기록이 확인되나 제천과 관련하여 '납월臘月' 대신 '은정월殷正月'로 기재하였다.[104] E-2-⑦의 기록은 통역에 대한 내용으로『삼국지』를 참고하여 작성되었다.『한원』에 인용된『위략』에서도 유사한 기록이 있으나 '절어竊語'라는 표현이 확인되지 않는다.[105]

驪 東隣肅愼【魚豢魏略曰 夫餘國在玄菟長城北 去玄菟千餘里 南接句驪 東接挹婁 卽肅愼國者也】."

102 『後漢書』卷85, 「東夷列傳」, 夫餘國, 2811쪽. "其人麤大彊勇而謹厚 不爲寇鈔."

103 다만 이는『통전(通典)』의 판본 차이 문제로도 볼 수 있다. 현재 발간된 중화서국(中華書局) 『통전』의 교감기(校勘記)에서는 본래 '대(大)'자로 잘못 써져 있었는데, 북송본 · 명초본 · 명각본에 의거하여 수정하였다고 기재하였다.(『通典』卷185, 「邊防門1」, 校勘記, 4999쪽, 98번)

104 『三國志』卷30, 「魏書30」, 烏丸鮮卑東夷傳, 東夷, 夫餘, 841쪽. "會同 · 拜爵 · 洗爵 揖讓升降 以殷正月祭天."

105 『翰苑』卷30, 「蕃夷部」, 夫餘, 31쪽. "魏略曰 衣尙白 白衣錦繡文罽 白黑狗爲表 譯人傳辭 皆跪手據地."

E-2-⑧은 부여의 형법刑法에 대한 기록으로,[106] 『삼국지』·『후한서』·『진
서』·『위략』에서 모두 유사한 기록이 확인된다. 다만 이 문구는『삼국지』의 기
록을 그대로 제시하되, 투기한 부인의 시신 처리 문제에 대한 내용은 제외되었
다. E-2-⑨는 형사취수제兄死娶嫂制에 대한 기록으로, 유사한 기록은『삼국지』와
『후한서』에서 확인된다. 이 중에서도 두우는『삼국지』를 참고한 것으로 보인
다. 다만 본래의 '흉노匈奴'라는 표현을 두우는 '북적北狄'으로 수정하였다. 이는
형사취수제가 단순히 흉노에서만 확인되는 풍습이 아니며, 당대를 기준으로
흉노는 더 이상 존재하지 않기 때문에 북적으로 표현한 것으로 생각된다.

E-2-⑩은 부여의 각종 산물에 대한 기록이다.[107] 『삼국지』를 비롯하여
『후한서』·『진서』·『위략』에서 모두 유사한 기록이 확인된다. E-2-⑪은 부
여의 무기, E-2-⑫는 부여의 성책城柵에 대한 기록이다. 이들과 유사한 기록
역시『삼국지』를 비롯한『후한서』·『위략』에서 확인된다. E-2-⑬은 부여
인의 생활 모습에 대한 기록인데, 이는『후한서』의 기록과 유사하지만『삼
국지』에서 보이는 "通日聲不絕"의 기록이 반영되었다. E-2-⑭는 군사軍事
제의祭儀와 대적對敵에 대한 기록이다.『삼국지』를 비롯하여『후한서』·『진
서』·『위략』에서 유사한 기록이 확인된다.

E-2-⑮는 상장례喪葬禮에 대한 기록으로,[108] 『삼국지』는 물론『후한서』

---

106 "竊盜一責十二."에서 '도(盜)'자는 원래 빠졌으나, 북송본·명초본·명각본을 참고하여 보완
하였다.『通典』卷185,「邊防門1」, 校勘記, 4999쪽, 99번.

107 중화서국판『통전』원문에서는 "出名馬·赤玉·貂豽 美珠大者如酸棗"으로 기재되었다. 이 중
에서 '초눌(貂豽)'이라는 2글자는 북송본·명초본·명각본·왕오본(王吳本)에는 없었으나,
『후한서』동이전(東夷傳)에 있는 기록을 덧붙인 것이다.『通典』卷185,「邊防門1」, 校勘記,
4999쪽, 100번. 따라서 본서에서는 '초눌(貂豽)' 2자를 부여절 원문에서 제외하고 사서 기록
대조를 행하였음을 밝힌다.

108 "其居喪 男女皆純白"에서 왕오본과 무영본(武英本)은 '상(喪)'자 아래에 '일(日)'자가 있으며,
"皆純白"을 "不婚娶"라고 하였다. 북송본·명초본에 따라 다시 수정되었으며, 명각본에서는
'순(純)'자를 '종(從)'자로 기재하였다.『通典』卷185,「邊防門1」, 校勘記, 4999쪽, 101번.

·『진서』에서도 유사한 기록이 확인된다. 『삼국지』와 『한원』에 인용된 『위략』의 내용도 일부 포함되었고, E-2-⑮에도 적용되었다. E-2-⑮에서는 '유관무곽有棺無槨'이라고 하여, 『삼국지』·『후한서』의 '유곽무관有槨無棺'과 차이를 보인다. 다만 『책부원귀冊府元龜』에서는 E-2-⑮와 마찬가지로 '유관무곽有棺無槨'으로 기술되었다.[109]

E-2는 부여의 각종 풍속을 광범위하게 다루었다. 『삼국지』·『후한서』·『진서』 및 『한원』에 인용된 『위략』에서도 모두 유사한 기록들이 확인된다. 이 중에서도 각 기사의 내용과 구성의 측면에서 『삼국지』와의 공통점이 가장 많다. 다른 사서 또한 두우가 참고하면서 보완한 것으로 생각된다. 총 317자 중에서 294자가 일치하여 92.7%의 높은 사료 유사도를 보여준다.

〈표 26〉에서는 E-3에 기재된 진대의 부여 연혁을 E-3-①~④까지로 정리하였다. 진대의 기록이기 때문에 기존 『삼국지』와 『후한서』에서는 유사한

〈표 26〉 부여절의 E-3-①~⑧과 중국 사서의 유사도 비교

연번	부여절 기록	중국 사서의 유사 기록		기록 유사도	
		서명	기록	자수	백분율
E-3-①	至太康六年 爲慕容廆所襲破[廆 呼罪反] 其王依慮自殺 子弟走保沃沮	晉書	至太康六年 爲慕容廆所襲破 其王依慮自殺 子弟走保沃沮	24/28	85.7
E-3-②	武帝以何龕爲護東夷校尉	晉書	有司奏護東夷校尉鮮于嬰不救夫餘 失於機略 詔免嬰 以何龕代之	8/11	72.7
E-3-③	明年 夫餘後王依羅遣使詣龕 求率見人還復舊國 龕遣督郵賈沈以兵送之	晉書	明年 夫餘後王依羅遣詣龕 求率見人還復舊國 仍請援 龕上列 遣督郵賈沈以兵送之	29/30	96.6
E-3-④	爾後每爲廆掠其種人 賣於中國 帝又以官物贖還 禁市夫餘之口 自後無聞	晉書	爾後每爲廆掠其種人 賣於中國 帝愍之又發詔以官物贖還　　下司·冀二州禁市夫餘之口	26/30	86.6
합계 및 평균				87/99	87.8

109　『冊府元龜』卷959, 「外臣部」, 土風, 11107쪽. "其死 夏月皆用冰 殺人殉葬 多者百餘 厚葬 有棺無槨."

기록이 확인되지 않으며, 모두 『진서』 부여국항夫餘國項을 바탕으로 작성되었다. 유사도는 높은 편에 해당하나, 일부 두우의 수정이 들어간 부분도 있다.

E-3-①은 태강太康 6년285에 모용외慕容廆의 침입으로 부여왕 의려依慮가 자살한 내용을 기술하였다. 이는 『진서』 모용외재기慕容廆載記에도 그대로 기록되었으며, 이후에 작성된 『자치통감資治通鑑』에서도 유사한 내용이 확인된다.110 『진서』 부여국항에서는 E-3-①에 포함되지 않는 내용이 더 확인된다. 즉 진 무제晉武帝가 조서를 내려 부여왕을 도와 복국復國시키라는 명령을 했다는 내용이다.

E-3-②는 진 무제가 하감何龕을 호동이교위護東夷校尉로 임명했다고만 기재하였다. 이 또한 본래의 기록에 해당하는 『진서』 부여국항과 비교하면 일부 내용이 제외되었다. 즉 호동이교위 선우영鮮于嬰에게 부여를 구원하라고 지시하였지만, 제대로 시행되지 못하여 하감으로 교체하였다는 내용이다. 두우는 선우영의 존재를 거론하는 게 불필요하다고 판단하여 E-3-②에 포함시키지 않은 것으로 생각된다.

E-3-③은 명년明年 즉 태강 7년286에 새롭게 왕이 된 의라依羅가 하감에게 사신을 보내 구국舊國의 복구를 요청한 내용이다.111 『진서』 부여국항과 비교하면 일부 내용이 제외되었다. 즉 가침賈沈이 모용외와 싸운 내용이 본래 기록되어 있었지만 E-3-③에서는 이를 삭제하였다. 이러한 당시의 정황은 『진서』 모용외재기와 『자치통감』의 해당 기록에서도 확인할 수 있다.112

---

110 『晉書』卷108, 「慕容廆載記」, 2804쪽. "又率衆東伐扶餘 扶餘王依慮自殺 廆夷其國城 驅萬餘人而歸";『資治通鑑』卷81, 「晉紀3」, 晉 武帝 太康 6년, 2590쪽. "扶餘王依慮自殺 子弟走保沃沮 廆夷其國城 驅萬餘人而歸."

111 "求率見人還復舊國"에서 '솔(率)'자는 원래 '색(索)'으로 잘못 적혀있었는데, 북송본·명초본·명각본·왕오본 및 『진서』 사이전(四夷傳)을 참고하여 고쳤다. 『通典』卷185, 「邊防門1」, 校勘記, 4999쪽, 102번.

112 『晉書』卷108, 「慕容廆載記」, 2804쪽. "東夷校尉何龕遣督護賈沈將迎立依慮之子爲王 廆遣其將

E-3-④ 또한『진서』부여국항의 기록을 바탕으로 작성된 것으로, 부여가 회복한 이후에도 부여인이 약탈되어 매매의 대상이 되자, 황제가 속환贖還시켜 주었다는 기록이다. 아울러 이후로는 소식이 들리지 않았다고 하였다.『진서』부여국항에서는 당시 부여인夫餘人을 매매하던 지역을 "下司·冀二州"로 기재하였는데, E-3-④에서는 이 내용을 제외하였다.

E-3-④에서 더 이상 부여에 대한 소식이 들리지 않는다고 하였지만, 이는 사실과 다르다. 서진西晉을 기준으로 하였다면 모르겠으나, 모용선비慕容鮮卑와 부여는 이후로도 여러 사건이 발생하였다.『진서』모용황재기慕容皝載記에 따르면 모용황慕容皝이 세자世子 모용준慕容儁과 모용각慕容恪에게 기병 17,000명을 이끌고 동쪽으로 부여를 습격하여 이긴 다음에, 그 왕 및 부중部衆 5만을 이끌고 돌아왔다고 하였다.[113] 또한『진서』모용각재기에서는 모용준이 전연前燕의 2대 왕으로 즉위하면서 부여 공격 당시의 모용준과 모용각의 활약상을 기술하였다.[114]

『자치통감』에서는 부여가 백제의 침입을 받아 쇠락해져서 전연의 근처로 이동하게 되었고, 모용준慕容俊과 모용군慕容軍·모용각·모여근慕興根 3장군이 이끄는 군대의 침입을 받아 왕이 포로가 되고 부락部落 5만 여 명이 끌려갔다고 기술되었다.[115] 즉 346년의 공격으로 부여는 사실상 멸망하다시

孫丁率騎邀之 沈力戰斬丁 遂復扶餘之國";『資治通鑑』卷81,「晉紀3」, 晉 武帝 太康 7년 여름, 2591쪽. "故扶餘王依慮子依羅求帥見人還復舊國 請援于東夷校尉何龕 龕遣督護賈沈將兵送之 廆遣其將孫丁帥騎邀之於路 沈力戰 斬丁 遂復扶餘."

[113] 『晉書』卷109,「慕容皝載記」, 2826쪽. "三年 遣其世子儁與恪率騎萬七千東襲夫餘 克之 虜其王及部衆五萬餘口以還."

[114] 『晉書』卷111,「慕容恪載記」, 2858~2859쪽. "慕容恪字玄恭 皝之第四子也 幼而謹厚 沈深有大度 母高氏無寵 皝未之奇也 年十五 身長八尺七寸 容貌魁傑 雄毅嚴重 每所言及 輒經綸世務 皝始異焉 乃授之以兵 數從皝征伐 臨機多奇策 使鎮遼東 甚有威惠 高句麗憚之 不敢爲寇 皝使恪與儁俱伐夫餘 儁居中指授而已 恪身當矢石 推鋒而進 所嚮輒潰."

[115] 『資治通鑑』卷97,「晉紀19」, 晉 穆帝 永和 2년 정월, 3069쪽. "初 夫餘居于鹿山 爲百濟所侵 部落

피 하였으며, 이후 494년에 고구려에 항복하면서 사라지게 되었다.[116] 두
우는 적어도 『진서』의 기록을 확보하여 당시 부여의 정황을 알 수 있었을
것으로 생각되지만, 소식이 끊겼다는 식으로 마무리한 점은 다소 의아하다.

지금까지 살펴본 사항들을 바탕으로 앞의 절처럼 각 사료 인용 정황을
정리하여 표로 제시하면 〈표 27〉과 같다.

〈표 27〉 부여절과 주요 사서 유사도 비교

서명	해당 연번			기록 유사도	
	E-1	E-2	E-3	자수	백분율
후한서	①·②	⑥·⑬		79/199	39.6
삼국지	③·④·⑤·⑥·⑦·⑧	①·②·③·④·⑤·⑦·⑧·⑨·⑩·⑪·⑫·⑬·⑭·⑮		443/484	91.5
진서		⑥	①·②·③·④	95/116	81.8

가장 많은 비중을 차지하는 사서는 『삼국지』이며, 이 외에 『후한서』와 『진
서』도 인용되었다. 다만 유의해야 할 사항은 『후한서』의 기록 중에서도 부여
절과 유사한 내용들이 다수 확인된다는 점이다. 『후한서』 역시 『삼국지』를
바탕으로 작성되었으므로, 『삼국지』를 우선으로 두고 파악하게 되었다.

또한 『후한서』는 실제보다 사료 유사도가 많이 떨어지는 것처럼 보인다.
이는 동명설화 인용에 대한 내용 즉 E-1-① 때문이다. 두우는 각종 사서와
의 고찰을 한 내용을 기재하였고, 이 때문에 실제보다 유사도가 떨어지게
나타나게 되었다. 협주를 제외하고 E-1-①을 분석하면 47자에 해당한다.
여기에서 다시 두우가 작성한 "夫餘國 後漢通焉"을 다시 제외하면 총 40자
가 된다. 이를 『후한서』와 비교하면 40자 중에서 35자가 일치하니, 유사도
는 87.5%로 높게 나오게 된다. E-1-① 기록과 『후한서』의 유사도는 이러

衆散 西徙近燕 而不設備 燕王就遣世子俊帥慕容軍·慕容恪·慕輿根三將軍·萬七千騎襲夫餘 俊
居中指授 軍事皆以任恪 遂拔夫餘 虜其王玄及部落五萬餘口而還 觥以玄爲鎭軍將軍 妻以女."
116　『三國史記』卷19, 文咨明王 3년. "二月 扶餘王及妻孥 以國來降."

한 점들을 고려하여 살펴볼 필요가 있다.

두우는 부여절을 작성하면서 진대를 기준으로 그 이전과 이후의 연혁을 서술하였으며, 중간에는 부여의 각종 풍속을 기술하였다. 연혁은 후한 초순에서 중순, 후한 말기에서 조위대, 진대로 구분할 수 있으며, 각각 『후한서』· 『삼국지』· 『진서』의 기록을 참고하여 작성하였다. 풍속 관련 기록은 다수가 『삼국지』의 구성과 내용을 따라 서술하였으며, 일부의 사례에서는 『후한서』와 『진서』를 참고한 사례들도 확인된다. 전쟁 관련 내용들은 기존 절의 사례에서 확인하였듯이 제대로 서술을 하지 않는 경향을 보인다.

또한 부여절에서는 부여의 복국과 부여인의 속환까지만 서술하고 이후 소식이 들리지 않았다고 마무리하였다. 이는 이른바 중화中華의 은혜가 부여에 긍정적인 영향을 미쳤다는 내용으로 종결하려는 의도가 개입된 것이 아닌가란 생각이 든다.

6. 고구려절

지금까지는 『통전通典』 권185 동이목東夷目 상上에 기술된 국가 중에서 중요도가 높다고 생각되는 조선·삼한·백제·신라·부여의 기사를 역대 사서 기록과 대조·분석하는 작업을 하였다. 고구려高句麗는 앞서 거론한 국가들과는 다르게 『통전』 권186 동이목 하下에 기재되었다. 또한 동이목 전체를 통틀어 가장 많은 분량을 차지한다. 본격적인 검토를 위하여 고구려절高句麗節의 원문을 제시하면 다음과 같다.

F-1. ① 高句麗 後漢朝貢 云本出於夫餘先祖朱蒙 朱蒙母河伯女 爲夫餘王妻 爲日所照 逐有孕而生 及長 名曰朱蒙 俗言善射也 國人欲殺之 朱蒙棄夫餘 東南走渡普述水 至紇升骨城 逐居焉 號曰句麗 以高爲氏 ② 及漢武滅朝鮮 以高句麗爲縣 屬玄菟郡 ③ 賜以衣幘・朝服・鼓吹 常從玄菟郡受之 後稍驕恣 不復詣郡 但於東界築小城以受之 逐名此城爲幘溝漊 溝漊者 句麗名城也 ④ 王莽時 發句麗兵以伐匈奴 其人不欲行 皆亡出塞爲寇盜 莽更名高句麗王爲下句麗侯 於是貊人寇邊愈甚 ⑤ 光武建武八年 遣使朝貢 帝復其王號

F-2. ① 其國在遼東之東千里 南與朝鮮・濊貊 東與沃沮 北與夫餘接 地方二千里 ② 多大山深谷 無原澤 隨山谷而爲居 ③ 少田業 力作不足以自資 其俗節於飮食 而好修宮室 ④ 以夫餘別種 而言語法則多同 而跪拜申一脚 行步皆走 ⑤ 凡有五族 有消奴部・絶奴部・順奴部・灌奴部・桂婁部 本消奴部爲王 稍微弱 後桂婁部代之 ⑥ 其置官有相加・對盧・沛者・古雛大加・主簿・優台・使者・皂衣先人 ⑦ 其俗淫 皆潔淨 國中邑落男女 每夜群聚爲倡樂 ⑧ 好祠鬼神・社稷・零星 以十月祭天 大會 名曰東盟 其國東有大穴 號禭神 亦以十月迎而祭之 ⑨ 其公會衣服皆錦繡 金銀以自飾 大加・主簿皆著幘 如冠幘而無後 其小加著折風 形如弁 ⑩ 無牢獄 有罪 諸加評議便殺之 沒入妻子爲奴婢 ⑪ 婚娶之禮略無財幣 若受財者謂之賣婢 俗甚恥之 ⑫ 父母及夫喪 其服制同於華夏 兄弟則限以三月 ⑬ 兵器有甲・弩・弓・箭・戟・矟・矛・鋋 ⑭ 樂有五弦琴・箏・篳篥・橫吹・簫・鼓之屬 ⑮ 賦税則絹布及粟 隨其所有 量貧富差等輸之 ⑯ 其馬皆小 便登山【本朱蒙所乘馬種 即果下也】畜有牛・豕 豕多白色 ⑰ 其人性凶急 有氣力 習戰鬪 好寇抄 沃沮・東濊皆屬焉 ⑱ 又有小水貊 句麗作國 依大水而居【漢遼東郡西安平縣北有小水 南流入海 句麗之別種 依小水作居 因名之爲小水貊】出好弓 所謂貊弓是也

F-3. ① 至其王宮 生而開目能視 國人憎之 ② 及長勇壯 ② 和帝時 頻掠遼東玄菟等郡 ③ 宮死

玄菟太守姚光上言 欲因其喪發兵擊之 尙書陳忠曰 宮前桀黠 光不能討 死而擊之 非義也 宜遣弔問 因責讓前罪 安帝從之 明年 宮子遂成還漢生口 詣玄菟降 詔曰 自今以後 不與縣官戰鬪而自以親附送生口者 皆與贖直 縑人四十四 小口牛之 自爾率服 康陲少事 ④ 其後王伯固死 有二子 長曰拔奇 小曰伊夷模 拔奇不肖 國人共立伊夷模爲王 自伯固時數寇遼東 又受亡胡五百餘家 ⑤ 獻帝建安中 拔奇怨爲兄而不得立 與消奴加各將下戶三萬餘口詣公孫康降 還住沸流水 降胡亦叛伊夷模 伊夷模更作新國 都於丸都山下 拔奇遂往遼東 有子留句麗國 古雛加駁位居是也 ⑥ 伊夷模死 子位宮立 以曾祖名宮 生能開目視 及長大 果凶虐[殟音凶] 今王生亦能視 句麗呼相似爲位 似其祖 故名之爲位宮 宮有勇力 便 鞍馬 ⑦ 魏齊王正始三年 位宮寇西安平【在遼東】 ⑧ 五年 幽州刺史毌丘儉將萬人出玄菟討之 戰於沸流 位宮敗走 儉追至頹峴 懸車束馬 登丸都山 屠其所都 斬首虜萬餘級 ⑨ 六年 毌丘儉復討之 位宮輕將諸加奔沃沮 儉使王頎追之 絕沃沮千餘里 到肅愼南界 刻石紀功 又刊丸都山 銘不耐城而還

F-4. ① 至位宮五葉孫釗 晉康帝建元初 慕容皝[音晃]率兵伐之 大敗 單馬奔走 皝乘勝追至 丸都 焚其宮室 掠男女五萬餘口以歸 釗後爲百濟所殺 ② 其後慕容寶以句麗王安爲平 州牧 封遼東・帶方二國王 安始置長史・司馬・參軍官 後略有遼東郡 ③ 至孫高璉 東晉安帝義熙中 遣長史高翼獻赭白馬 以璉爲營州諸軍事・高麗王・樂浪郡公 宋元 嘉中 又獻馬八百四 ④ 自東晉・宋至於齊・梁・後魏・後周 其主皆受南北兩朝封爵 分遣貢使 ⑤ 初後魏時 置諸國使邸 齊使第一 高麗次之 ⑥ 南齊武帝永明中 高麗使至 服窮袴 冠折風 中書郞王融戲之曰 服之不衷 身之災也 頭上定是何物 答曰 此即古弁 之遺像也 ⑦ 自東晉以後 其王所居平壤城【即漢樂浪郡王險城 自爲慕容皝來伐 後徙國 內城 移都此城】亦曰長安城 隨山屈曲 南臨浿水 在遼東南千餘里 ⑧ 城內唯積倉儲器 械 寇賊至 方入固守 王別爲宅於其側 ⑨ 其外有國內城及漢城 亦別都也 復有遼東・ 玄菟等數十城 皆置官司以相統攝焉⑩【其地後漢時方二千里 至魏南北漸狹 纔千餘里

至隋漸大 東西六千里】⑪ 其國中書籍 有五經・三史・三國志・晉陽秋・玉篇・字統・字林

F-5. ① 自璉七葉至元 隋文帝時 率鞨鞨之衆萬餘騎寇遼西 隋遣漢王諒總兵討之 次遼水 大遭疾疫 又乏糧 元復惶懼 遣使請罪 遂班師 ② 至煬帝徵元入朝 不至 大業七年 帝親征元 師度遼水 東城分道出師 頓兵於其城下 高麗嬰城固守 帝命諸軍攻之 又敕諸將 高麗若降者 即宜撫納 不得縱兵 城將陷 賊輒言請降 諸將奉旨 不敢赴機 先令馳奏 比報至 賊守禦亦備 隨出拒戰 如此者再三 帝不悟 食盡師老 輸糧不繼 諸軍敗績 還者千人而已 是行也 唯於遼水西拔賊武列邏而已 還 九年 帝復親征 乃敕諸軍以便宜從事 諸將分道攻城 賊勢日蹙 會楊玄感作亂 反書至 帝班師 兵部侍郎斛斯政 玄感之黨 亡入高麗 高麗具知事實 悉銳兵來追 殿軍多敗 ③ 十年 又發天下兵 會盜賊蜂起 所在阻絶 軍多失期 少至遼水 ④ 又屬饑饉 六軍遞相掠奪 復多疾疫 自黃龍以東 骸骨相屬 止泊之處 軍人皆積屍以禦風雨 死者十八九 ⑤ 高麗亦困弊於守禦 遣使乞降 囚送斛斯政以贖罪 帝許之 頓於懷遠鎭 受其降款 旋師 仍徵元入朝 不至 帝更圖後舉 會天下大亂 不克復行

F-6. ① 大唐武德四年 遣使朝貢 ② 其國建官有九等 其一曰吐捽[昨沒反] 舊名大對盧 總知國事 次曰太大兄 次鬱折[之悅反] 華言主簿 次太大夫使者 次皀衣頭大兄 東夷相傳所謂皀衣先人者也 以前五官掌機密 謀政事 徵發兵馬 選授官爵 ③ 次大使者 次大兄 次收位使者 次上位使者 次小兄 次諸兄 次過節 次不過節 次先人 又有狀古雛加 掌賓客 比鴻臚卿 以大夫使者爲之 又有國子博士・大學博士・舍人・通事・典書客 皆以小兄以上爲之 ④ 又 其諸大城置傉[內屋反]薩 比都督 諸城置處閭近支 比刺史 亦謂之道使 其武官曰大模達 比衛將軍 以皀衣頭大兄以上爲之 次末客 比中郎將 以大兄以上爲之 其次領千人以下 各有差等 ⑤ 又其國有五部 皆貴人之族也 一曰內部 即後漢時桂婁部也 二曰北部 即絕奴部也 三曰東部 即順奴部也 四曰南部 即灌奴部也 五曰西

部 即消奴部也 ⑥ 碣石山在漢樂浪郡遂成縣 長城起於此山 今驗長城東截遼水而入高

麗 遺址猶存【按尙書云 夾右碣石入於河 右碣石即河赴海處 在今北平郡南二十餘里 則高

麗中爲左碣石】 ⑦ 又平壤城東北有魯陽山 魯城在其上 西南二十里有葦山 南臨浿水

⑧ 其大遼水源出靺鞨國西南山 南流至安市 ⑨ 小遼水源出遼山 西南流與大梁水會

大梁水在國西 出塞外 西南流注小遼水 ⑩ 馬訾水[則移反]一名鴨綠水 水源出東北靺

鞨白山 水色似鴨頭 故俗名之 去遼東五百里 經國內城南 又西與一水合 即鹽難水也

二水合流 西南至安平城 入海 高麗之中 此水最大 波瀾清澈 所經津濟 皆貯大船 其國

恃此以爲天塹 水闊三百步 在平壤城西北四百五十里 遼水東南四百八十里 ⑪【漢樂浪

・玄菟郡之地 自後漢及魏 爲公孫氏所據 至淵滅 西晉永嘉以後 復陷入高麗 其不耐 屯有

・帶方・安市・平郭・安平・居就・文城皆漢二郡諸縣 則朝鮮濊貊・沃沮之地】 ⑫ 又

遣使請道教 詔沈叔安將天尊像并道士至其國 講五千文 開釋玄宗 自是始崇重之 化行

於國 有踰釋典

F-7. ① 其後東部大人蓋蘇文弒其王高武【其王元在位十八年 高武即元異母弟】立其姪藏爲主

自爲莫離支 此官總選兵 猶吏部・兵部尙書也 於是號令遠近 遂專國命 ② 蘇文鬚面

甚偉 形體魁傑 衣服冠履皆飾以金綵 身佩五刀 常挑臂高步 意氣豪逸 左右莫敢仰視

常令武官貴人俯伏於地 登背上下馬 ③ 七年二月 遣使內附 受正朔 請頒曆 許之 ④

八年三月 高祖謂群臣曰 名實之間 理須相副 高麗稱臣於隋 終拒煬帝 此亦何臣之有

朕敬於萬物 不欲驕貴 但據有土宇 務共安人 何必令其稱臣以自尊大 可即詔述朕此

懷也 ⑤ 裴矩・溫彥博進曰 遼東之地 周爲箕子之國 漢家之玄菟郡耳 魏晉以前 近

在提封之內 不可許以不臣 若以高麗抗禮 四夷必當輕漢 且中國之於夷狄 猶太陽之

於列星 理無降尊 俯同藩服 乃止

F-8. ① 貞觀十八年二月 太宗謂侍臣曰 高麗莫離支賊殺其主 盡誅大臣 夫出師弔伐 須有其

名 因其殺君虐下 取之爲易 ② 諫議大夫褚遂良進曰 兵若度遼 事須尅捷 萬一不獲 無

以威柔遠方 必更發怒 再動兵衆 若至於此 安危難測 太宗然之 ③兵部尚書李勣曰 近者薛延陀犯邊 必欲追擊 但爲魏徵苦諫遂止 向若討伐 延陀無一人生還 可五十年間邊境無事 ④至十一月 以刑部尚書張亮爲平壤道行軍大總管 自萊州泛海趣平壤 又以特進李勣爲遼東道行軍大總管 趣遼東 兩軍合勢 三十日 征遼東之兵集於幽州 ⑤十九年 太宗親征渡遼 四月 李勣攻拔蓋牟城 獲口二萬 以其城置蓋州 勣又攻遼東城 拔之 以其城爲遼州 ⑥六月 攻拔白巖城 以其城爲巖州 ⑦遂引軍次安市城 進兵以攻之 會高麗北部傉薩高延壽・南部高惠眞率靺鞨之衆十五萬來援 於安市城東南八里依山爲陣 上令所司張受降幕於朝堂之側 夜召文武躬自指揮 是夜有流星墜賊營中 明日及戰大破之 ⑧延壽・惠眞率三萬六千八百人來降 上以酋首三千五百人授以戎秩 遷之內地 餘三萬人悉放還平壤城 靺鞨三千人幷坑之 獲馬五萬匹 牛五萬頭 甲一萬領 因名所幸山爲駐驆山 命許敬宗爲文 勒石以紀其跡 ⑨遂移軍於安市城南 久不尅 九月 遂班師 先遣遼・蓋二州戶口渡遼 乃召兵馬歷於城下而旋 城主升城拜辭 太宗嘉其堅守 賜縑百匹以勵事君者 ⑩二十一年 李勣復大破高麗於南蘇 班師至頗利城 渡白狼・黃巖二水 皆由膝以下 勣怪二水狹淺 問契丹遼源所在 云 此二水更行數里 合而南流 即稱遼水 更無遼源可得也 旋師之後 更議再行

F-9. ①二十二年 司空房玄齡病亟 乃謂諸子曰 當今天下清謐 咸得其宜 唯東討不庭 方爲國害 主上含怒意決 臣下莫敢犯顔 吾若不言 可謂銜恨入地 遂封表切諫曰 ②臣聞兵惡不戢 武貴止戈 當今聖化所覃 無遠不服 自上古所不臣者 陛下皆能臣之 所不制者 皆能制之 ③詳觀古今爲中國患害 無過突厥 遂能坐運神冊 不下殿堂 大小可汗 相次束手 分典禁衛 執戟行間 其後延陀鴟張 尋就夷滅 鐵勒慕義 請置州縣 沙漠之北 萬里無塵 至如高昌叛渙於流沙 吐渾首竄於積石 偏師薄伐 俱從平蕩 ④高麗逋誅 莫能討擊 陛下責其逆亂 殺主虐人 親總六軍 問罪遼碣 未經旬日 即拔遼東 此聖主之所自知 微臣安敢備說 且陛下仁風被於率土 孝德彰於配天 ⑤兼衆美而有之 靡不畢具 微臣深爲

陛下惜之重之 愛之寶之 ⑥ 易曰 知進而不知退 知存而不知亡 又曰 知進退存亡而不

失其正者 其唯聖人乎 由此言之 進有退之義 存是亡之機 得有喪之理 老臣所以爲陛下

惜之 蓋謂此也 老子曰 知足不辱 知止不殆 臣謂陛下威名功德亦可足矣 拓地開疆亦可

止矣 ⑦ 彼高麗者 邊夷賤類 不足待以仁義 不可責以常禮 古來以魚鼈畜之 宜從闊略

若必欲絶其種類 深恐獸窮則搏 且陛下每決死囚 必命三覆 進素食 停音樂 蓋以人命所

重 感動聖慈 ⑧ 況今兵士之徒 無一罪戾 無故驅之於遼城之間 委之於鋒刃之下 使肝

腦塗地 魂魄無歸 令其老父·孤兒·寡婦·慈母 覦轊[音衛]車而掩泣 抱枯骨而摧心

足以變動陰陽 感傷和氣 實天下之冤痛也 ⑨ 伏願陛下遵皇祖老子止足之誡 以保萬代

巍巍之名 許高麗自新 罷應募之衆 自然華夷慶賴 遠肅邇安 臣老病三公 朝夕入地 謹

罄殘魂餘息結草之誠 儻蒙錄此哀鳴 即臣死且不朽

F-10. ① 蓋蘇文死 其子男生嗣立 爲其弟男建所逐 使其子獻誠詣闕 ② 高宗總章元年 遣司

空李勣伐高麗 破其都平壤城 擒其王高藏幷男建等 平其國 下城百七十六 戸六十九萬

七千 ③ 二年 移高麗戸二萬八千二百配江淮以南·山南·京西 ④ 咸亨元年四月 其

餘類有酋長劍牟岑者率衆叛 立高藏外孫安舜爲王 令左衛大將軍高偘討平之 ⑤ 其後

餘衆不能自保 散投新羅·靺鞨舊國 土盡入於靺鞨 高氏君長遂絶 ⑥ 武太后聖曆二

年 鸞臺侍郎·平章事狄仁傑上表請拔安東 復其君長 曰 臣聞先王疆理天下 皆是封域

之內 制井田 出兵賦 其有逆命者因而誅焉 罪其君 弔其人 存其社稷 不奪其財 非欲土

地之廣 非貪玉帛之貨 ⑦ 至漢孝武籍四帝之資儲 於是定朝鮮 討西域 平南越 擊匈奴

府庫皆空 賊盜蜂起 百姓嫁妻賣子 流離於道路者萬計 於是榷沽市利 算及舟車 籠天

下貨財而財用益屈 末年覺悟 息兵罷役 封丞相爲富人侯 然而漢室中分 蓋由此起 豈

不戒哉 ⑧ 人有四支者 所以捍頭目也 君有四方者 所以衛中國也 然以蝮蛇在手 既以

斷節全身 狼戾一隅 亦宜棄之 存國 漢元帝罷珠崖之郡 宣帝棄車師之田 非惡多而好少

也 知難即止 是爲愛人 ⑨ 今以海中分爲兩運 風波漂蕩 沒溺至多 準兵計糧 猶苦不足

且中國之與蕃夷 天文自隔 遼東所守 已是石田 靺鞨遐方 更爲雞肋 今欲肥四夷而瘠

中國 恐非通典 且得其地不足以耕織 得其人不足以賦稅 臣請罷薛訥 廢安東鎭 三韓

君長 高氏爲其主 誠願陛下體存亡繼絶之義 復其故地 此之美名 高於堯舜遠矣

　　고구려절의 기사는 F-1~10으로 구분할 수 있다. F-1은 건국과 후한^{後漢}
초까지의 연혁, F-2는 각종 풍속, F-3은 후한대^{後漢代}부터 조위대曹魏代의 연
혁, F-4는 진대晉代 연혁 및 평양성平壤城, F-5는 수隋와의 전쟁, F-6은 관직
체계 및 지리 정보, F-7은 연개소문淵蓋蘇文의 정변, F-8은 당唐과의 전쟁,
F-9는 방현령房玄齡의 상소, F-10은 멸망과 적인걸狄仁傑의 상소로 나눌 수
있다. 분류한 기사들을 바탕으로 F-1부터 차례대로 사서 기록 대조 및 유
사도 분석 작업을 시행하도록 하겠다.

　　〈표 28〉의 기사는 고구려의 건국부터 전한과 후한대의 연혁을 다루었으
며, F-1-①~⑤까지로 구성되었다. 기존 사서와 비교하였을 때 모두 유사
도가 높게 나타나며, 다양한 사서를 참고하여 서술되었다.

　　F-1-①은 고구려가 후한에 조공했다는 기록으로 시작된다. 이는 부여의
사례와 마찬가지로 후한대부터 통교하였다는 의미를 담은 기록이며, 두우
가 임의로 기재한 것으로 생각된다. 다만 F-1-②에서 확인되듯이, 이미 전
한대부터 고구려와 중국과의 관계가 서술되었다. F-1-①에서 다루는 주요
기록은 바로 주몽설화朱蒙說話이다. 주몽朱蒙이 고구려를 건국한 사항을 요약
하여 제시한 것이 특징이다. 다만 그 과정에서 상당한 내용이 생략되었다.

　　F-1-①과 유사한 기록은『위서魏書』·『주서周書』·『북사北史』·『수서隋書』가
있는데, 이 중에서『위서』의 기록이 가장 유사도가 높게 나타난다. 다만 차
이점도 기존 주몽설화와 F-1-①을 비교하였을 때 차이점도 확인된다. 가장

〈표 28〉 고구려절의 F-1-①~⑤와 중국 사서의 유사도 비교

연번	고구려절 기록	중국 사서의 유사 기록		기록 유사도	
		서명	기록	자수	백분율
F-1-①	高句麗 後漢朝貢 云本出於夫餘 先祖朱蒙 朱蒙母河伯女 爲夫餘 王妻 爲日所照 遂有孕而生 及長 名曰朱蒙 俗言善射也 國人欲殺 之 朱蒙棄夫餘 東南走渡普述水 至紇升骨城 遂居焉 號曰句麗 以 高爲氏	魏書	高句麗者 出於夫餘 自言先祖朱蒙 朱蒙母河伯女 爲夫餘王閉於室中 爲日所照 引身避之 日影又逐 既而 有孕 生一卵 大如五升 (…중략…) 其母以物裹之 置於暖處 有一男破 殼而出 及其長也 字之曰朱蒙 其俗 言朱蒙者 善射也 夫餘人以朱蒙非 人所生 將有異志 (…중략…) 夫餘之 臣又謀殺之 朱蒙母陰知 告朱蒙曰 國將害汝 以汝才略 宜遠適四方 朱 蒙乃與烏引·烏違等二人 棄夫餘 東南走 中道遇一大水 欲濟無梁 夫 餘人追之甚急 (…중략…) 於是魚鼈 並浮 爲之成橋 朱蒙得渡 魚鼈乃解 追騎不得渡 朱蒙遂至普述水 遇見 三人 其一人著麻衣 一人著納衣 一 人著水藻衣 與朱蒙至紇升骨城 遂 居焉 號曰高句麗 因以爲氏焉	68 /81	83.9
F-1-②	及漢武滅朝鮮 以高句麗爲縣 屬 玄菟郡	後漢書	武帝滅朝鮮 以高句驪爲縣 使屬玄 菟	12 /16	75
F-1-③	賜以衣幘·朝服·鼓吹 常從玄 菟郡受之 後稍驕恣 不復詣郡 但 於東界築小城以受之 遂名此城 爲幘溝漊 溝漊者 句麗名城也	北史	漢時賜衣幘朝服鼓吹 常從玄菟郡 受之 後稍驕 不復詣郡 但於東界 築小城受之 遂名此城爲幘溝漊 溝 漊者 句麗名城也	46 /49	93.8
F-1-④	王莽時 發句麗兵以伐匈奴 其人 不欲行 皆亡出塞爲寇盜 莽更名 高句麗王爲下句麗侯 於是貊人 寇邊愈甚	後漢書	王莽初 發句驪兵以伐匈奴 其人不 欲行 彊迫遣之 皆亡出塞爲寇盜 遼 西大尹田譚追擊 戰死 莽令其將嚴 尤擊之 誘句驪侯騶入塞 斬之 傳首 長安 莽大說 更名高句驪王爲下句 驪侯 於是貊人寇邊愈甚	40 /43	93.0
F-1-⑤	光武建武八年 遣使朝貢 帝復其 王號	後漢書	建武八年 高句驪遣使朝貢 光武復 其王號	12 /15	80
합계 및 평균				178 /204	87.2

큰 차이는 주몽의 어머니인 하백녀河伯女가 F-1-①에서는 부여왕의 처妻로 기재되었다는 점이다. 기존 사서에서는 부여왕과 주몽 사이에 혈연관계가 없다고 하였지만, 두우는 혈연관계로 기재하였다. 이는 부여절에 기재된 동명설화에서도 확인된다. 이는 두우가 기존 기록을 압축하여 제시하면서 일부 사항들을 생략하였고, 설화를 자연스럽게 기술하기 위해 일부 개작改作하면서 사실 관계에 변동이 이루어진 것이 아닌가 싶다.

아울러 F-1-①에서는 국인國人이 주몽을 죽이고자 했다는 표현이 사용되었다. 이는 중국 정사에서 확인되지 않는 내용이지만, 『한원翰苑』에 인용된 위수魏收의 『위서』에서는 부여국인夫餘國人 혹은 부여지신夫餘之臣이 주몽을 제거해야 한다고 말했고, 죽이고자 했다는 내용이 기재되었다.[117] 또한 F-1-①에서는 주몽이 동남쪽으로 달아나서 보술수普述水를 건넜다고 하였다. 반면에 주몽이 건너간 강을 『위서』·『주서』·『수서』에서는 모두 일대수一大水라 하였으며, 『위서』·『수서』에서 보술수는 마의麻衣·납의納衣, 裑衣·수조의水藻衣를 입은 세 사람을 만난 장소로 기재되었다는 점에서 차이를 보인다.

F-1-②는 고구려현高句麗縣 설치에 대한 기록이다. 고구려현 설치 기록은 『후한서後漢書』·『양서梁書』·『북사』에서 확인되는데, 기본적인 문장 구조는 『후한서』를 참고하였다. 다만 '고구려高句麗'라는 표기는 『북사』의 영향으로

---

117 『翰苑』卷30,「蕃夷部」, 高麗, 36~37쪽. "靈河演眹 照日暈以含胎 伏鼈搞祥 叩骨城而關壤【魏收魏書曰 高句驪者 出於夫餘 自言 先祖朱蒙 母河伯女 夫餘王閉於室中 爲日所照 引身避之 日影又逐 旣而有孕 生一卵 大如五升 夫餘王棄之與犬 犬不食 棄之與豕 豕又不食 棄之於路 牛馬避之 又棄之於野 鳥以毛茹之 夫餘王剖之 不能破 遂還其母 其母以物裹之 置於暖處 有一男破殼而出 其長也 字之曰朱蒙 其俗言朱蒙者善射也 夫餘國人以朱蒙非人所生 將有異志 請之 王不聽 命之養馬 朱蒙私試 知有善惡 駿者減食瘦 駑者善養令肥 夫餘王以肥者自乘 以瘦者給朱蒙 後狩于田 以朱蒙善射 限之一矢 朱蒙雖一矢 殪獸甚多 夫餘之臣又謀殺之 母陰知以告朱蒙 蒙與烏引·烏違等二人 棄夫餘東南走 中道遇有大水 欲濟無梁 夫餘人追之甚急 蒙告水曰 我是日子 河伯外孫 今日逃走 追兵垂及 如何得濟 於是魚鼈並浮 爲之成橋 朱蒙得渡 魚鼈乃解 追騎不得渡 朱蒙至逃水 遇見三人 其一人著麻衣 一人著裑衣 一人著水藻衣 與朱蒙至紇升骨城 遂居焉 號曰高句驪 因以爲氏焉】."

생각된다.[118] 고구려현의 존재는 『한서漢書』 지리지地理志의 현도군에 대한 내용에서 가장 먼저 확인된다.[119] 고구려의 기원인 동명설화 다음에 고구려현 설치를 기재한 것은 두우의 시각에서 고구려의 시작이 고구려현에 있다는 점을 의미한다.

F-1-③은 현도군이 고구려에게 정기적으로 물품을 사여하고 이후 책구루幘溝漊를 설치하였다는 기록으로,[120] 『삼국지三國志』・『후한서』・『양서』・『북사』에서 유사한 내용이 확인된다. 이 기록은 본래 『삼국지』가 가장 상세하고,[121] 후대 기록의 원전原典이 되었다. 다만 F-1-③의 직접적인 바탕이 된 사료는 『북사』로, 일부 표현을 제외하면 거의 동일한 내용으로 나타난다. 두우는 F-1-③을 F-1-②의 뒤에 기술하여 현도군과 고구려의 연계성으로 파악하였다.

F-1-④는 왕망대王莽代에 있었던 일로 고구려군을 흉노匈奴 정벌에 끌어들이는 과정에서 생긴 갈등을 기술한 것이다. 이 기록은 『삼국지』・『후한서』・『양서』・『북사』에서 확인되나, 『후한서』와의 연관성이 가장 크게 나타난다. 본래 『한서』 왕망전王莽傳의 시건국始建國 4년A.D.12조에서 처음 확인되며, 여기에서는 고구려와 신新의 분쟁이 상세하게 기록되었다.[122] 『후한

---

118 『北史』 卷94, 「高句麗傳」, 3111쪽. "漢武帝元封四年 滅朝鮮 置玄菟郡 以高句麗爲縣以屬之."

119 『漢書』 卷28下, 「地理志8下」, 玄菟郡, 1626~1627쪽. "玄菟郡【武帝元封四年開 高句驪 莽曰下句驪 屬幽州】戶四萬五千六 口二十二萬一千八百四十五 縣三 高句驪【遼山 遼水所出 西南至遼隊入大遼水 又有南蘇水 西北經塞外】上殷台【莽曰下殷】西蓋馬【馬訾水西北入鹽難水 西南至西安平入海 過郡二 行二千一百里 莽曰玄菟亭】."

120 "溝漊者"에서 원래 '구(溝)'자(字) 위에 '책(幘)'자가 있었다. 청인(淸人)이 멋대로 넣은 것으로, 북송본(北宋本)・명초본(明抄本)・명각본(明刻本)・왕오본(王吳本)을 참고하여 삭제하였다. 『삼국지』 동이전(東夷傳)에도 '책(幘)'자가 없다. 『通典』 卷186, 「邊防門」, 校勘記, 5020쪽, 1번.

121 『三國志』 卷30, 「魏書30」, 烏丸鮮卑東夷傳, 東夷, 高句麗, 843쪽. "漢時賜鼓吹技人 常從玄菟郡受朝服衣幘 高句麗令主其名籍 後稍驕恣 不復詣郡 于東界築小城 置朝服衣幘其中 歲時來取之 今胡猶名此城爲幘溝漊 溝漊者 句麗名城也."

서』에서는 다른 사서에서 '호胡'라고 기술한 것과는 달리 '흉노匈奴'로 기재하였으며, "其人不欲行"이라 기록하여 F-1-④와 공통된 모습이 확인된다.

F-1-⑤의 기록은 후한後漢 광무제대光武帝代의 일을 기록한 것으로, 『후한서』 광무제기光武帝紀에서는 건무建武 8년A.D.32 2월에 고구려왕高句麗王이 사신을 보내 조공하였다고 기술하였다.[123] 『삼국지』·『후한서』·『양서』·『북사』에서 F-1-⑤와 유사한 기록이 확인된다. 세부적인 표현으로 볼 때, 두우는 『후한서』의 해당 기록을 참고하여 작성한 것으로 생각된다.

F-1은 고구려 건국 및 초기 관련 기록으로 다양한 사서를 전거典據로 삼아 작성되었다. 유사도의 측면에서는 『후한서』·『위서』·『북사』와의 공통점이 주로 확인된다. 전체 204자字 중에서 178자가 일치하기에 유사도는 87.2%로 높은 편에 해당한다. 특히 『후한서』와의 연관성이 가장 크게 나타난다. 주몽설화의 경우 기존 설화의 내용을 대폭 축소하였지만, 기본적인 틀은 『위서』와 흡사하기에 유사도가 높게 나왔다. 또한 고구려 초기 기록임에도 불구하고 『북사』와의 유사도가 높게 나타난 사례도 있다는 점을 상기한다면, 두우의 사료 참조가 다양하게 이행되었음을 알 수 있다.

〈표 29〉는 고구려의 각종 풍속을 기록한 F-2의 기록을 다른 사서와 비교한 것이다. F-2-①~⑱까지로 구분이 가능하다. 다양한 사서를 참고하였으며, 유사도는 모두 높게 나타난다. 다만 F-2-⑦은 『삼국지』와 『후한서』,

---

122　『漢書』卷99中,「王莽傳」中, 始建國 4년, 4130쪽. "先是 莽發高句驪兵 當伐胡 不欲行 郡強迫之 皆亡出塞 因犯法爲寇 遼西大尹田譚追擊之 爲所殺 州郡歸咎於高句驪侯騶 嚴尤奏言 貉人犯法 不從 騶起 正有它心 宜令郡且尉安之 今猥被以大罪 恐其遂畔 夫餘之屬必有和者 匈奴未克 夫餘·穢貉 復起 此大憂也 莽不尉安 穢貉遂反 詔尤擊之 尤誘高句驪侯騶至而斬焉 傳首長安 莽大說 下書曰 乃者 命遣猛將 共行天罰 誅滅虜知 分爲十二部 或斷其右臂 或斬其左腋 或潰其胸腹 或紬其兩脅 今年 刑在東方 誅貉之部先縱焉 捕斬虜騶 平定東域 虜知殄滅 在于漏刻 此乃天地羣神社稷宗廟佑助之福 公卿大夫士民同心將率虓虎之力也 予甚嘉之 其更名高句驪爲下句驪 布告天下 令咸知焉 於是貉人 愈犯邊 東北與西南夷皆亂云."

123　『後漢書』卷1下,「光武帝紀」, 建武 8년, 54쪽. "十二月 高句麗王遣使奉貢."

연번	고구려절 기록	중국 사서의 유사 기록		기록 유사도	
		서명	기록	자수	백분율
F-2-①	其國在遼東之東千里　南與朝鮮·濊貊 東與沃沮 北與夫餘接 地方二千里	後漢書	高句驪 在遼東之東千里 南與朝鮮·濊貊 東與沃沮 北與夫餘接 地方二千里	27/29	93.1
F-2-②	多大山深谷 無原澤 隨山谷而爲居	三國志	多大山深谷 無原澤 隨山谷以爲居	13/14	92.8
F-2-③	少田業 力作不足以自資 其俗節於飮食 而好修宮室	後漢書	少田業 力作不足以自資 故其俗節於飮食 而好修宮室	21/21	100
F-2-④	以夫餘別種　而言語法則多同而跪拜申一脚 行步皆走	後漢書	東夷相傳以爲夫餘別種 故言語法則多同 而跪拜曳一脚 行步皆走	20/22	90.9
F-2-⑤	凡有五族 有消奴部·絕奴部·順奴部·灌奴部·桂婁部 本消奴部爲王 稍微弱 後桂婁部代之	後漢書	凡有五族 有消奴部·絕奴部·順奴部·灌奴部·桂婁部 本消奴部爲王 稍微弱 後桂婁部代之	35/35	100
F-2-⑥	其置官有相加·對盧·沛者·古雛大加·主簿·優台·使者·皀衣先人	後漢書	其置官 有相加·對盧·沛者·古鄒大加·主簿·優台·使者·帛衣先人	22/24	91.6
F-2-⑦	其俗淫 皆潔淨 國中邑落男女每夜群聚爲倡樂	三國志	其民喜歌舞 國中邑落 暮夜男女羣聚 相就歌戲	9/19	47.3
		後漢書	其俗淫 皆絜淨自憙 暮夜輒男女羣聚爲倡樂	13/19	68.4
F-2-⑧	好祠鬼神·社稷·零星 以十月祭天 大會 名曰東盟 其國東有大穴 號䄠神 亦以十月迎而祭之	後漢書	好祠鬼神·社稷·零星　以十月祭天大會 名曰東盟 其國東有大穴 號䄠神 亦以十月迎而祭之	36/36	100
F-2-⑨	其公會衣服皆錦繡　金銀以自飾 大加·主簿皆著幘 如冠幘而無後 其小加著折風 形如弁	後漢書	其公會衣服皆錦繡　金銀以自飾 大加·主簿皆著幘 如冠幘而無後 其小加著折風 形如弁	35/35	100
F-2-⑩	無牢獄 有罪 諸加評議便殺之 沒入妻子爲奴婢	後漢書	無牢獄 有罪 諸加評議便殺之 沒入妻子爲奴婢	19/19	100
F-2-⑪	婚娶之禮略無財幣　若受財者 謂之賣婢 俗甚恥之	周書	婚娶之禮 畧無財幣 若受財者 謂之賣婢 俗甚恥之	20/20	100
F-2-⑫	父母及夫喪　其服制同於華夏 兄弟則限以三月	周書	父母及夫喪　其服制同於華夏 兄弟則限以三月	19/19	100

연번	고구려절 기록	중국 사서의 유사 기록		기록 유사도	
		서명	기록	자수	백분율
F-2-⑬	兵器有甲·弩·弓·箭·戟· 矟·矛·鋋	周書	兵器有甲弩弓箭戟矟矛鋋	11/11	100
F-2-⑭	樂有五弦琴·箏·篳篥·橫吹·簫·鼓之屬	隋書	樂有五絃琴·箏·篳篥·橫吹·簫·鼓之屬 吹蘆以和曲	13/14	92.8
F-2-⑮	賦稅則絹布及粟 隨其所有 量貧富差等輸之	周書	賦稅則絹布及粟 隨其所有 量貧富差等輸之	18/18	100
F-2-⑯	其馬皆小 便登山【本朱蒙所乘馬種即果下也】畜有牛·豕 豕多白色	三國志	其馬皆小 便登山	7/26	26.9
		魏書	出三尺馬 云本朱蒙所乘 馬種即果下也	12/26	46.1
F-2-⑰	其人性凶急 有氣力 習戰鬪 好寇抄 沃沮·東濊皆屬焉	後漢書	其人性凶急 有氣力 習戰鬪 好寇鈔 沃沮·東濊皆屬焉	21/21	100
F-2-⑱	又有小水貊 句麗作國 依大水而居【漢遼東郡西安平縣北有小水 南流入海 句麗之別種 依小水作居 因名之爲小水貊】出好弓 所謂貊弓是也	三國志	又有小水貊 句麗作國 依大水而居 西安平縣北有小水 南流入海 句麗別種依小水作國 因名之爲小水貊 出好弓 所謂貊弓是也	50/56	89.2
합계 및 평균				405/439	92.2

F-2-⑯은 『삼국지』와 『위서』를 함께 참고하여 작성되었다.

　F-2-①은 고구려의 강역疆域에 대한 기록으로, 유사한 구조로 구성된 사서로는 『삼국지』·『후한서』·『양서』·『남사南史』 및 『한원』에 인용된 『위략魏略』이 있다. 이 중에서도 『후한서』의 기록을 바탕으로 작성되었으며, '기국其國'의 유무有無를 제외하고는 동일하게 기재되었다. F-2-②는 거주 환경에 대한 기록으로 『삼국지』·『후한서』·『양서』·『남사』에서 유사한 기록이 확인된다. 이 중에서도 두우는 『삼국지』의 기록을 참고하여 해당 기록을 작성하였다.

　F-2-③은 농사가 잘 되질 않아 음식을 아끼고 대신 궁실宮室을 화려하게

지었다는 내용이고, F-2-④는 부여와의 공통점 및 인사 예법에 대한 기록이다.[124] 이들은 모두 『후한서』의 기록과 유사하다.

F-2-⑤는 오족五族에 대한 설명으로, 『삼국지』·『후한서』·『양서』·『남사』 및 『한원』에 인용된 『위략』에서 흡사한 기록이 확인되며, 이 중에서도 『후한서』의 기록이 동일하다. 『삼국지』는 '연노부涓奴部', 『양서』는 '관노부雚奴部', 『남사』는 '신노부愼奴部'로 표기하여 소노부消奴部·관노부灌奴部·순노부順奴部와 각각 차이를 보인다. 참고로 오족에 대한 서술은 이후 F-6-⑤에서 다시 나타난다.

F-2-⑥은 고구려의 관직 체계에 대한 기록으로,[125] F-2-⑥과 흡사한 기록은 『삼국지』·『후한서』·『양서』·『남사』에서 확인되며, 이 중에서도 『후한서』와 거의 동일하다. 『후한서』의 '고추대가古鄒大加'를 F-2-⑥에서는 '고추대가古雛大加'로 기재하였는데, 이는 『삼국지』에 기재된 '고추가古雛加'의 영향으로도 볼 수 있다.[126] 참고로 고구려 관등 문제는 추후 F-6-②·③·④에서 다시 관련 기록들이 제시된다.

F-2-⑦은 고구려인의 생활과 남녀관계에 대한 기록으로,[127] 각 사서마다 모두 비슷한 기록들이 확인되나 완전히 동일한 구조의 기록은 없다. 유

124　"而跪拜申一脚"에서 '신(申)'자는 원래 '예(曳)'자로 기록되었으며, 왕오본과 무영본(武英本)도 동일하다. 북송본·명초본·명각본에 의거하여 수정하였다. 『후한서』 동이열전(東夷列傳)에는 '예(曳)'자로, 『삼국지』 동이전에는 '신(申)'자로 기재되었다. 『通典』 卷186, 「邊防門2」, 校勘記, 5020쪽, 2번.

125　"古雛大加"는 북송본과 왕오본에서도 동일하게 보인다. 무영본에서는 '추(鄒)'자로 기재하였다. 『通典』 卷186, 「邊防門2」, 校勘記, 5020쪽, 3번.

126　『三國志』 卷30, 「魏書30」, 烏丸鮮卑東夷傳, 東夷, 高句麗, 843쪽. "其官有相加·對盧·沛者·古雛加·主簿·優台丞·使者·皁衣先人 尊卑各有等級."

127　"其俗淫 皆潔淨 國中邑落男女"에서 원래 '음(淫)'자를 '인(人)'자로, '결정(潔淨)'은 반대로, '국중(國中)'은 '자회(自薈)'로 되어 있으나, 북송본·명초본·명각본을 참고하여 수정하였다. 『通典』 卷186, 「邊防門2」, 校勘記, 5020쪽, 4번.

사한 기록으로 『삼국지』와 『후한서』가 있는데, 풍속이 음란하고 청결한 것을 좋아한다는 내용은 『후한서』를, 남녀가 저녁에 모이길 좋아한다는 것은 『삼국지』와 『후한서』를 참고하여 작성한 것으로 생각된다.

F-2-⑧은 고구려 신앙에 대한 기록이다.[128] 『후한서』의 기록을 그대로 전재全載하였으며, 『삼국지』의 '수신隧神'과는 달리 『후한서』를 따라 '수신禭神'으로 기재하였다. 『후한서』의 원전에 해당하는 『삼국지』의 해당기록을 살펴보면 주제별로 고구려의 여러 신, 동맹東盟, 수신제禭神祭의 세 가지 기록이 각각 따로 기술되었다. 이는 『삼국지』를 참고하여 작성된 『양서』·『남사』에도 마찬가지로, 여기에서는 여러 신과 제천대회祭天大會라는 2개의 기록으로 나뉘어 기술되었다.

F-2-⑨는 의복 관련 기록으로, 유사한 기록은 『삼국지』·『후한서』·『양서』·『위서』·『남사』·『북사』에서 확인된다. 이 중에서 F-2-⑨와 동일한 내용은 『후한서』에서 확인된다. F-2-⑩은 고구려의 형법刑法에 대한 내용으로, 이 또한 『후한서』에서 동일한 기록이 확인된다.

F-2-⑪은 고구려의 혼례婚禮에 대한 기록이다. 『삼국지』·『후한서』에는 서옥제壻屋制로 대표되는 데릴사위제와 결혼할 때 수의壽衣를 준비한다는 내용이 기술되었다.[129] F-2-⑪에서는 이러한 기록이 보이지 않으며, 『주서』의 내용을 그대로 전재하였다는 점에서 기존 서술 양상과는 차이를 보인다. F-2-⑫는 상장례喪葬禮,[130] F-2-⑬은 병기兵器에 대한 기록으로 모두

128　"號禭神"에서 '수(禭)'자는 원래 '수(隧)'자로 기재되었으나 북송본에 의거하여 수정하였다. 『通典』 卷186, 「邊防門2」, 校勘記, 5020쪽, 6번.

129　『三國志』 卷30, 「魏書30」, 烏丸鮮卑東夷傳, 東夷, 高句麗, 844쪽. "其俗作婚姻 言語已定 女家作小屋於大屋後 名壻屋 壻暮至女家戶外 自名跪拜 乞得就女宿 如是者再三 女父母乃聽使就小屋中宿 傍頓錢帛 至生子已長大 乃將婦歸家 其俗淫 男女已嫁娶 便稍作送終之衣."

130　"兄弟則限以三月"에서 '한(限)'자는 원래 '복(服)'자였으나, 북송본·명각본에 의거하여 수정하였다. 『通典』 卷186, 「邊防門2」, 校勘記, 5020쪽, 7번.

『주서』의 기록을 참고하여 그대로 기술하였다.

F-2-⑭는 악기樂器 종류를 나열한 기록으로, 『수서』와 거의 동일하게 작성되었다. 참고로 『북사』·『수서』에는 "吹蘆以和曲"이 추가적으로 기재되었다. F-2-⑮는 고구려의 세금에 대한 기록으로, 『주서』의 내용이 동일하게 나타난다. 참고로 『북사』·『수서』에서는 세금 규정이 구체적으로 기재되었다.[131]

F-2-⑯은 고구려의 가축에 대한 기록으로, 고구려 말의 특징과 과하마果下馬, 돼지 관련 기록으로 구분할 수 있다. 말에 대한 기록 중 본문은 『삼국지』, 과하마가 주몽이 탄 말이라는 협주는 『위서』를 참고하여 작성된 것이다. 돼지 관련 기록은 기존 사서에서는 보이지 않으며, 두우가 새로 확보한 기록을 바탕으로 작성되었다. 돼지의 다수가 백색白色이라는 기록은 중국의 고사故事 중에서 '요동백시遼東白豕'를 연상시킨다.[132]

F-2-⑰은 고구려인의 성정性情에 대한 내용으로 『후한서』의 기록을 그대로 전재하여 작성되었다. F-2-⑱은 소수맥小水貊에 대한 기록으로,[133] 『삼국지』의 기록을 바탕으로 작성되었으며, 두우가 임의로 일부 내용을 협주로 구분하여 기술하였다.

F-2는 고구려의 풍속 관련 기록들이 망라되었으며, 두우가 다양한 사료를 섭렵하여 작성하였다. 439자 중에서 405자가 유사성을 띄는 것으로 나타나, 유사도는 92.2%로 확인된다. F-2-⑦·⑯은 2개의 사서를 조합하여

---

131 『北史』 卷94, 「高句麗傳」, 3116쪽. "稅 布五疋·穀五石 游人則三年一稅 十人共細布一疋 租 戶一石 次七斗 下五斗"; 『隋書』 卷81, 「東夷傳」, 高麗, 1814쪽. "人稅布五匹 穀五石 遊人則三年一稅 十人共細布一匹 租戶一石 次七斗 下五斗."

132 『後漢書』 卷33, 「朱馮虞鄭周列傳」, 朱浮, 1139쪽. "往時遼東有豕 生子白頭 異而獻之 行至河東 見群豕皆白 懷慙而還 若以子之功論於朝廷 則爲遼東豕也."

133 "依大水而居"에서 원래 '대(大)'자는 없었으나 『삼국지』 동이전에 의거하여 보완하였다. 『通典』 卷186, 「邊防門2」, 校勘記, 5020쪽, 8번.

작성하였다보니 해당 기록의 유사도는 다른 기록에 비해 떨어지는 편이다.

F-2의 기록은 크게 두 가지로 구분할 수 있다. 하나는『삼국지』와『후한서』를 참고한 사례로 F-2-①~⑩과 F-2-⑯~⑱이며, 다른 하나는『주서』와『수서』를 참고한 F-2-⑪~⑮이다. 전자의 사례가 고구려절의 풍속 기록에서 다수를 차지하고 있다는 점에서, 후자의 기록들은 기존 기록을 보완하여 서술한 성격이 강하다. F-2-⑪~⑮는 혼례 · 상례喪禮 · 무기武器 · 악기 · 부세賦稅에 대한 내용으로, 이 중에서는『삼국지』와『후한서』를 비롯한 다른 사서에 유사한 주제들이 기록되기도 하였다.

혼례와 관련하여『삼국지』에서는 서옥제가 기록되었으며, 이후『후한서』·『양서』·『남사』에서는 이를 간략하게 기술하였다. 상례와 관련하여『삼국지』에서는 후장厚葬을 하고 적석積石으로 봉하며 송백松柏을 심는다고 하였으며, 『후한서』·『양서』·『남사』에서도 이와 비슷한 맥락으로 기술되었다. 무기에 대해『양서』·『남사』에서도 기록되어 있지만, 궁弓 · 시矢 · 도刀 · 모矛와 개갑鎧甲을 나열하여『통전』과는 차이를 보인다. 악기는『북사』·『수서』에서 유사한 기록이 보이는 반면, 부세는『북사』·『수서』의 기록과는 차이가 나도록 보인다.

이를 종합하여 본다면, 일반적으로 고구려의 풍속은『후한서』를 중심에 두고 서술하였지만, 시대가 지나면서 변경되었다고 판단되는 사항은 후대의 사서 중에서도『주서』와『수서』를 참고하여 서술하였다.

〈표 30〉은 후한부터 조위에 이르는 고구려의 연혁이 기재된 F-3을 주요 사서와 비교한 것으로, F-3-①~⑨까지로 구분하였다. 이 중에서 F-3-①·②는 궁宮, F-3-③은 수성遂成, F-3-④·⑤는 이이모伊夷模, F-3-⑥·⑦·⑧·⑨는 위궁位宮에 대한 기록이다. 주로 위궁 이전이 후한대에, 위궁은 조위

〈표 30〉 고구려절의 F-3-①~⑨와 중국 사서의 유사도 비교

연번	고구려절 기록	중국 사서의 유사 기록		기록 유사도	
		서명	기록	자수	백분율
F-3-①	至其王宮 生而開目能視 國人憎之 及長勇壯	後漢書	後句驪王宮生而開目能視 國人懷之 及長勇壯	15/18	83.3
F-3-②	和帝時 頻掠遼東玄菟等郡	後漢書	和帝元興元年春 復入遼東 寇略六縣 太守耿夔擊破之 斬其渠帥 (…중략…) 元初五年 復與濊貊寇玄菟 攻華麗城	6/11	54.5
F-3-③	宮死 玄菟太守姚光上言 欲因其喪發兵擊之 尙書陳忠曰 宮前桀黠 光不能討 死而擊之 非義也 宜遣弔問 因責讓前罪 安帝從之 明年 宮子遂成還漢生口詣玄菟降 詔曰 自今以後 不與縣官戰鬪而自以親附送生口者 皆與贖直 縑人四十匹 小口半之 自爾率服 康陲少事	後漢書	是歲宮死 子遂成立 姚光上言欲因其喪發兵擊之 議者皆以爲可許 尙書陳忠曰 宮前桀黠 光不能討 死而擊之 非義也 宜遣弔問 因責讓前罪 赦不加誅 取其後善 安帝從之 明年 遂成還漢生口詣玄菟降 詔曰 遂成等桀逆無狀 (…중략…) 自今已後 不與縣官戰鬪而自以親附送生口者 皆與贖直 縑人四十匹 小口半之 遂成死 子伯固立 其後濊貊率服 東垂少事	98/107	91.5
F-3-④	其後王伯固死 有二子 長曰拔奇 小曰伊夷模 拔奇不肖 國人共立伊夷模爲王 自伯固時數寇遼東 又受亡胡五百餘家	三國志	伯固死 有二子 長子拔奇 小子伊夷模 拔奇不肖 國人便共立伊夷模爲王 自伯固時 數寇遼東 又受亡胡五百家	42/47	89.3
F-3-⑤	獻帝建安中 拔奇怨爲兄而不得立 與消奴加各將下戶三萬餘口詣公孫康降 還住沸流水 降胡亦叛伊夷模 伊夷模更作新國 都於丸都山下 拔奇遂往遼東 有子留句麗 古雛加駮位居是也	三國志	建安中 公孫康出軍擊之 破其國 焚燒邑落 拔奇怨爲兄而不得立 與涓奴加各將下戶三萬餘口詣康降 還住沸流水 降胡亦叛伊夷模 伊夷模更作新國 今日所在是也 拔奇遂往遼東 有子留句麗國 今古雛加駮位居是也	64/76	84.2
F-3-⑥	伊夷模死 子位宮立 以曾祖名宮 生能開目視 及長大 果殂虐[殂音凶] 今王亦能視 句麗呼相似爲位 似其祖 故名之爲位宮 宮有勇力 便鞍馬	三國志	伊夷模無子 淫灌奴部 生子名位宮 伊夷模死 立以爲王 今句麗王宮是也 其曾祖名宮 生能開目視 其國人惡之 及長凶虐 數寇鈔 國見殘破 今王生墮地 亦能開目視人 句麗呼相似爲位 似其祖 故名之爲位宮 位宮有力勇 便鞍馬 善獵射	52/56	92.8
F-3-⑦	魏齊王正始三年 位宮寇西安平【在遼東】	北史	正始三年 位宮寇遼西安平	11/16	68.7

연번	고구려절 기록	중국 사서의 유사 기록		기록 유사도	
		서명	기록	지수	백분율
F-3-⑧	五年 幽州刺史毌丘儉將萬人 出玄菟討之 戰於沸流 位宮敗 走 儉追至頹峴 懸車束馬 登丸 都山 屠其所都 斬首虜萬餘級	梁書	五年 幽州刺史毌丘儉將萬人出玄 菟討位宮 位宮將步騎二萬人逆軍 大戰於沸流 位宮敗走 儉軍追至峴 懸車束馬 登丸都山 屠其所都 斬首 虜萬餘級 位宮單將妻息遠竄	46 /48	95.8
F-3-⑨	六年 毌丘儉復討之 位宮輕將 諸加奔沃沮 儉使王頎追之 統 沃沮千餘里 到肅慎南界 刻石 紀功 又刊丸都山・銘不耐城 而還	梁書	六年 儉復討之 位宮輕將諸加奔沃 沮 儉使將軍王頎追之 絶沃沮千餘 里 到肅慎南界 刻石紀功 又到丸都 山 銘不耐城而還	45 /49	91.8
합계 및 평균				379 /428	88.5

대曹魏代에 해당한다. F-3-①은 태조왕 궁의 출생에 대한 기록으로,[134] 『후한서』와 『위서』에서 유사한 기록이 확인된다. 이 중에서도 『후한서』의 기록을 참고하여 해당 기록이 작성된 것으로 생각된다. 다만 약간의 차이점을 거론하자면, F-3-①의 "國人憎之"를 『후한서』에서는 "國人懷之", 『위서』에서는 "國人惡之"라고 하였다는 점을 들 수 있다.[135]

 F-3-②는 후한 화제和帝, 재위 88~105 때에 요동과 현도를 자주 약탈하였다는 내용으로, 이와 유사한 맥락의 기사는 『삼국지』와 『후한서』에서 확인된다. 『삼국지三國志』에서는 '상・안지간殤・安之間'이라고 하여, 상제殤帝, 재위 105~106와 안제安帝, 재위 106~125 때의 활동을 기술하였다. 『후한서』는 화제 원흥元興 원년105에 궁이 요동을 공격한 점을 기록하고, 이후 안제 영초永初 5년111의 조공 및 그 이후 궁의 활동 등을 기술하였다. 두우는 『후한서後漢書』에서 "數犯邊境"이라는 기록과 화제 때 요동을 공격하였다는 기록을 참고하여 F-3-

---

134 "國人憎之"에서 '증(憎)'자는 원래 '회(懷)'자로 기재되었는데, 북송본・명각본・명초본・왕오본에 의거하여 수정하였다. 『通典』卷186, 「邊防門2」, 校勘記, 5021쪽, 9번.

135 『魏書』卷100, 「高句麗傳」, 2214쪽. "至裔孫宮 生而開目能視 國人惡之 及長凶虐 國以殘破."

②를 작성한 것으로 생각된다.

F-3-③은 궁의 사망 이후 요광姚光의 공격 요청에 대한 진충陳忠의 발언, 수성의 행동과 조서詔書의 내용을 기술한 것이다. 궁이 사망하였다는 사실은 『삼국지』·『후한서』·『양서』·『북사』에 기재되었지만, 『후한서』를 제외하고 모두 궁이 죽고 아들 백고伯固가 즉위했다고만 기재하였다. 반면 『후한서』의 기록은 F-3-③의 기록과 거의 동일하게 나타난다.

다만 일부 사항에서는 차이점을 보인다. 예컨대 『후한서』에서는 '시세是歲'라고 하였는데, 앞의 기록으로 보아 그 시점은 건광建光 원년121을 의미한다. 『후한서』에서 수성이 즉위하였다는 사실과 진충의 발언 중 일부 내용은 모두 F-3-③에서 제외되었다. 반면 F-3-③에서 요광을 현도태수玄菟太守로 기술한 것은 『후한서』 건광 원년의 기록 중에서 풍환馮煥·요광·채풍蔡諷의 출병出兵 기록에 기재된 관명官名을 참고하여 보충한 것이다. 아울러 이듬해 122에 수성이 생구生口를 송환한 것은 F-3-③에 그대로 기재되었지만, 『후한서』에 기재된 조서의 내용 중에서 어조가 강한 표현들은 F-3-③에서 제외되었다. 또한 『후한서』에서는 수성이 죽고 백고가 왕이 된 이후에 "自爾率服 康隍少事"라고 하였지만, F-3-③에서는 수성의 죽음과 백고의 즉위에 대한 언급을 하지 않았다.

F-3-④는 백고의 사망 이후 발기拔奇와 이이모의 대립에 대한 기록이다. 이와 유사한 기록은 『삼국지』·『양서』·『북사』에서 확인되는데, 이 중에서 『양서』·『북사』는 『삼국지』의 기록을 요약하여 제시한 것이다. F-3-④의 내용은 『삼국지』와 거의 동일하게 작성되었다. 『삼국지』의 '이이모伊夷模'를 『양서』·『북사』에서는 '이이모伊夷摸'로 기재하였는데, F-3-④는 『삼국지』를 따라 그대로 '이이모伊夷模'로 기재하였다.

F-3-⑤는 후한 헌제獻帝 건안연간建安年間, 196~220에 발기가 소노가消奴加와 함께 공손강公孫康에게 항복하였으며, 이이모는 신국新國을 세웠다는 내용이다.[136] 이 기록에는 환도산丸都山 아래에 도읍하였다는 기록도 확인된다. F-3-⑤와 유사한 기록은 『삼국지』·『양서』·『남사』·『북사』에서 확인되는데, 이 중에서도 『삼국지』가 저본底本이 되었다고 생각된다. 다만 환도 아래에 도읍하였다는 기록은 두우가 임의로 배치를 수정한 것으로 이해할 수 있다. 참고로 『삼국사기三國史記』에 기술된 발기의 난 기록에서는 발기에게 동조한 세력을 '소노가消奴加'로 기재하였는데, 이는 고구려절의 해당 기록 즉 F-3-④·⑤를 참고하여 작성한 것으로 볼 수 있다.[137]

F-3-⑥은 이이모의 뒤를 이어 즉위한 위궁에 대한 기록으로, 위궁이 태어났을 때의 모습이 증조 궁과 유사하다는 내용이 기술되었다. F-3-⑥은 『삼국지』의 기록을 바탕으로 재구성하여 작성되었으며, 일부 불필요하다고 판단되는 표현들은 제외되었다. 이 외에도 유사한 기록으로 『양서』·『북사』에서 확인된다.

F-3-⑦은 위궁의 서안평西安平 공격에 대한 내용으로, 그 시점을 조위 제왕齊王 정시正始 3년242으로 기재하였다. 서안평 공격에 대한 기록은 『삼국지』·『양서』·『위서』·『북사』·『수서』에서 확인된다. F-3-⑦에서는 짧게 협주로 "在遼東"이라 기술하였는데, 이는 『북사』에서 "遼西安平"이라 기술한 것을 보고 참고하면서, 독자들이 혼동을 일으킬 수 있으니 수정한 기록으로 생각된다.

---

136 "古雛加駁位居是也"에서 '추(雛)'자는 원래 '추(鄒)'자인데, 북송본과 왕오본에 의거하여 수정하였다. 『通典』 卷186, 「邊防門2」, 校勘記, 5021쪽, 11번.

137 정구복·노중국·신동하·김태식·권덕영, 『역주 삼국사기 3 – 주석편(상)』, 2012, 한국학중앙연구원출판부, 468쪽, 주석 25번.

『삼국지』의 기록을 참고한다면 F-3-⑦ 앞에 경초景初 2년238의 기록이 위치해야 한다.138 두우는 이를 제외하였는데, 그 이유는 차후 서술할 서안 평 공격 기사의 원인이, 자칫하면 공손연公孫淵 공격에 협조한 대가를 받지 못했기 때문으로 해석할 수 있기 때문이었다. 즉 관구검毌丘儉의 침공을 서 술하기에 앞서 경초 2년의 기사를 삭제하고 정시 3년 기사의 서술을 앞세 워서, 관구검의 침공 원인이 고구려에게 있는 것처럼 보이게 한 것으로 해 석할 수 있다.

F-3-⑧은 정시 5년244에 있었던 관구검의 고구려 침공에 대한 기사이 다. 이 중에서 가장 유사한 기록은 『양서』이다. 본래는 『삼국지』 동이전을 참고하였을 것으로 여겨지지만, 정작 『삼국지』에서는 관구검전毌丘儉傳을 살 펴보라고만 하였고 짧게 기술되었다.139 전체적인 관구검의 침공은 F-3- ⑨에서도 함께 확인되며,140 정시 6년245의 일로 기재되었다. 『양서』의 기 록과 유사하게 확인된다.

F-3은 후한대와 조위대의 고구려 연혁을 정리한 것으로, 고구려의 왕으 로는 궁·수성·이이모·위궁을 다루었다. 428자 중에서 379자가 공통되게 나타나 유사도는 88.5%에 해당한다. 시기별로 『후한서』·『삼국지』·『북 사』·『양서』의 기록과 공통점을 보이며, 『북사』를 제외하고는 모두 유사도 높음으로 나온다. 『북사』의 기록은 짧게 기재되어서 유사도가 중간으로 나

---

138 『三國志』卷30,「魏書30」, 烏丸鮮卑東夷傳, 東夷, 高句麗, 845쪽. "景初二年 太尉司馬王率衆討 公孫淵 宮遣主簿大加將數千人助軍 正始三年 宮寇西安平."

139 『三國志』卷30,「魏書30」, 烏丸鮮卑東夷傳, 東夷, 高句麗, 845~846쪽. "其五年 爲幽州刺史毌丘 儉所破 語在儉傳."

140 "絶沃沮千餘里"에서 '절(絶)'자는 원래 '통(統)'자로 잘못 기재되었으며, 『태평환우기(太平寰 宇記)』에서는 '통(統)'자로 기재되었다. 왕오본에서는 '과(過)'자로 기재되었는데, 중화서국 판에서는 『삼국지』 관구검전(毌丘儉傳)을 참고하여 고쳤다. 『通典』卷186,「邊防門2」, 校勘 記, 5021쪽, 13번. 본서에서는 본래의 기록대로 표기하였다.

타났으며, 두우가 임의로 협주를 표기하였다.

궁과 수성은 후한대의 인물로 주로『후한서』의 내용을 바탕으로 기록되었다. 이이모는 건안중建安中이라는 표현으로 보아 후한 말의 인물로,『삼국지』의 기록이 저본이 되었다. 위궁은 조위와 직접적인 상관관계에 있으므로『삼국지』의 기록이 중심이 될 것으로 볼 수도 있고 실제로도 위궁 즉위 및 묘사는『삼국지』를 바탕으로 작성되었다. 그렇지만 관구검의 침공 기록은『양서』를 저본으로 삼아 기술되었다.

〈표 31〉 고구려절의 F-4-①~⑪과 중국 사서의 유사도 비교

연번	고구려절 기록	중국 사서의 유사 기록		기록 유사도	
		서명	기록	자수	백분율
F-4-①	至位宮五葉孫釗 晉康帝建元初 慕容跳[音晃]率兵伐之 大敗 單馬奔走 跳乘勝追至丸都 焚其宮室 掠男女五萬餘口以歸 釗後爲百濟所殺	梁書	弗利死 子劉代立 康帝建元元年 慕容庖子晃率兵伐之 劉與戰 大敗 單馬奔走 晃乘勝追至丸都 焚其宮室 掠男子五萬餘口以歸	35/55	63.6
		魏書	其玄孫乙弗利 利子釗 烈帝時與慕容氏相攻擊 建國四年 慕容元真率衆伐之 入自南陝 戰於木底 大破釗軍 乘勝長驅 遂入丸都 釗單馬奔竄 元真掘釗父墓 載其屍 并掠其母妻·珍寶·男女五萬餘口 焚其宮室 毀丸都城而還 自後釗遣使來朝 阻隔寇讎 不能自達 釗後爲百濟所殺	31/55	56.3
F-4-②	其後慕容寶以句麗王安爲平州牧 封遼東·帶方二國王 安始置長史·司馬·參軍官 後略有遼東郡	北史	垂子寶以句麗王安爲平州牧 封遼東·帶方二國王 始置長史·司馬·參軍官 後略有遼東郡	34/38	89.4
F-4-③	至孫高璉 東晉安帝義熙中 遣長史高翼獻赭白馬 以璉爲營州諸軍事·高麗王·樂浪郡公	南史	晉安帝義熙九年 高麗王高璉遣長史高翼奉表 獻赭白馬 晉以璉爲使持節·都督營州諸軍事·征東將軍·高麗王·樂浪公	30/35	85.7
F-4-④	自東晉·宋至於齊·梁·後周 其主皆受南北兩朝封爵 分遣貢使	기존 사서의 기록을 간략하게 서술		0/26	
F-4-⑤	初後魏時 置諸國使邸 齊使第一 高麗次之	南齊書	亦使魏虜 然彊盛不受制 虜置諸國使邸 齊使第一 高麗次之	14/17	82.3

연번	고구려절 기록	중국 사서의 유사 기록		기록 유사도	
		서명	기록	자수	백분율
F-4-⑥	南齊武帝永明中 高麗使至 服窮袴 冠折風 中書郎王融戲之曰 服之不衷 身之災也 頭上定是何物 答曰 此即古弁之遺像也	南齊書	高麗俗服窮袴 冠折風一梁 謂之幘 知讀五經 使人在京師 中書郎王融戲之曰 服之不衷 身之災也 頭上定是何物 答曰 此即古弁之遺像也	39/49	79.5
F-4-⑦	自東晉以後 其王所居平壤城【即漢樂浪郡王險城 自爲慕容皝來伐 後徙國內城 移都此城】亦曰長安城 隨山屈曲 南臨浿水 在遼東南千餘里	北史	故至其所 居平壤城 訪其方事 云去遼東南一千餘里 東至柵城 南至小海 北至舊夫餘	12/56	21.4
		隋書	都於平壤城 亦曰長安城 東西六里 隨山屈曲 南臨浿水	16/56	28.5
F-4-⑧	城內唯積倉儲器械 寇賊至 方入固守 王別爲宅於其側	周書	城內唯積倉儲器備 寇賊至曰 方入固守 王則別爲宅於其側 不常居之	22/22	100
F-4-⑨	其外有國內城及漢城 亦別都也 復有遼東·玄菟等數十城 皆置官司以相統攝焉	周書	其外有國內城及漢城 亦別都也 復有遼東·玄菟等數十城 皆置官司以相統攝	31/32	96.8
F-4-⑩	其地後漢時方二千里 至魏南北漸狹 纔千餘里 至隋漸大 東西六千里	後漢書	地方二千里 多大山深谷	5/28	17.8
		魏書	其國東西二千里 南北千餘里	5/28	17.8
F-4-⑪	其國中書籍 有五經·三史·三國志·晉陽秋·玉篇·字統·字林	周書	書籍有五經·三史·三國志·晉陽秋	13/22	59.0
합계 및 평균				239/380	62.8

〈표 31〉은 고구려의 연혁 관련하여 쇠釗·안安·연璉에 대한 기록 및 평양성 등에 대한 내용을 다루었으며 F-4-①~⑪까지로 구분하였다. F-4-①은 『양서』와 『위서』, F-4-⑦은 『북사』와 『수서』, F-4-⑩은 『후한서』와 『위서』를 참고하여 작성하였으며, F-4-④는 두우가 별도로 작성한 기록으로 생각된다.

F-4-①은 쇠釗에 대한 기록으로, 여러 사서에서 유사한 기록들이 확인된다. 〈표 31〉에서는 그 중에서도 『양서』와 『위서』의 기록과 비교하였다. 전체적인 기록의 구조와 내용은 『양서』와의 공통점이 크게 나타난다. 다만

'쇠釗'를 '유劉'로 표기한 점과 백제에 의해 죽임을 당했다는 기록이 없다는 점은 중요한 차이점에 해당한다. 참고로 『위서』·『북사』는 당시 고구려 왕 명王名을 그대로 '쇠釗'로 기재하였지만, 『양서』와 『한원』에 인용된 『십육국춘추十六國春秋』의 「전연록前燕錄」에서는 '유劉'로, 『수서』에서는 '소열제昭列帝'로 기술하여 차이를 보인다. F-4-①에서 '쇠釗'로의 표기와 백제에 의해 죽임을 당했다는 점은 『위서』를 참고하여 보완한 내용이다. 아울러 위궁의 '오엽손五葉孫'이 쇠라고 하였는데, 이는 『수서』의 '현손玄孫'이라는 표현을 수정하여 반영한 것으로 생각된다.[141]

F-4-②는 안安에 대한 기록으로 모용보慕容寶에게 봉封해진 사실과 관직을 설치하고 요동군을 경략한 기록이 수록되었다. 이와 유사한 기록은 『양서』와 『북사』에서 확인된다. 『양서』는 안을 '구려왕句驪王'이라 기재한 반면, 『북사』에서는 '구려왕句麗王'으로 기재하였다는 점에서 차이를 보인다. 두우는 이 중에서 『북사』의 기록을 좇았다.

F-4-③은 연璉에 대한 기록으로,[142] 『송서』·『양서』·『위서』·『주서』·『남사』·『북사』·『수서』에서 관련 기록들이 확인되는데, 두우는 이 중에서 『남사』를 참고하여 해당 기록을 작성한 것으로 보인다. 다만 『남사』에 기재된 연의 봉작封爵은 '사지절·도독영주제군사·정동장군·고구려왕·낙랑공使持節·都督營州諸軍事·征東將軍·高句驪王·樂浪公'인데, F-4-③에서는 '영주제군사·고려왕·낙랑군공營州諸軍事·高麗王·樂浪郡公'으로 표기되어 차이를 보인다. 참고로 기존 사서에서는 연을 '낙랑공樂浪公'으로 기재한 반면, F-4-③에서는

---

141 『隋書』卷81, 「東夷傳」, 高麗, 1813~1814쪽. "位宮玄孫之子曰昭列帝 爲慕容氏所破 遂入丸都 焚其宮室 大掠而還 昭列帝後爲百濟所殺."

142 '고련(高璉)'에서 '연(璉)'자를 원래 '연(連)'자로 기재하였는데, 여러 판본(板本)을 참고하여 고쳤다. 『송서』이만전(夷蠻傳)에서도 '연(璉)'으로 썼다. 『通典』卷186, 「邊防門2」, 校勘記, 5021쪽, 14번.

'낙랑군공樂浪郡公'으로 기재하였으며, 이는 이후『삼국사기』에 영향을 미쳐 '낙랑군공'으로 표기하게 되었다.[143]

F-4-④는 고구려가 동진 이래로 중국 역대 왕조들로부터 봉작을 받고 사신을 보냈다는 내용이다. 이는 두우가 창작한 문장이다. 다만『양서』에서는 고련高璉이 역대로 송宋·제齊로부터 작위爵位를 받았다는 기록이 있는데, 두우가 이를 보고 착안着眼하여 해당 문장을 작성하였을 가능성도 있다.[144]

F-4-⑤는 후위後魏 즉 북위北魏 때 고구려 사신이 제齊의 사신 다음의 대우를 받았다는 내용으로,『남제서南齊書』의 건원建元 3년481 기록을 바탕으로 작성되었다. 참고로 이 기사는 이후『책부원귀冊府元龜』에서는 그대로 건원 3년의 일로 파악하였으나,[145]『자치통감資治通鑑』에서는 영명永明 2년484,[146]『삼국사기』에서는 장수왕長壽王 72년484으로 파악하여 차이를 보인다.[147]

F-4-⑥은 남제南齊 무제武帝 영명연간永明年間, 483~493에 고구려 사신의 방문과 복장으로 인한 언쟁을 기록한 것이다.[148] 당시 고구려 사신이 썼던 관모冠帽는 절풍折風으로,『삼국지』·『후한서』·『양서』·『위서』·『남사』·『북사』 및『한원』에 인용된『위략』에서도 절풍에 대한 설명이 기재되었다. F-4-⑥의 기록은『남제서』를 바탕으로 작성되었다. F-4-⑥에서는 왕융王

---

143 『三國史記』卷18, 長壽王 원년. "元年 遣長史高翼入晉奉表 獻赭白馬 安帝封王高句麗王樂浪郡公."

144 『梁書』卷54, 「諸夷傳」, 東夷, 高句驪, 803쪽. "至孫高璉 晉安帝義熙中 始奉表通貢職 歷宋·齊並授爵位 年百餘歲死."

145 『冊府元龜』卷1000, 「外臣部」, 强盛, 11569쪽. "南齊 東夷高麗王樂浪公高璉 高祖建元三年遣使貢獻 乘舶泛海 嘗亦通使于魏 然强盛不受制 魏置諸國使邸 齊使第一 高麗次之."

146 『資治通鑑』卷136, 「齊紀2」, 南齊 武帝 永明 2년 10월, 4263쪽. "高麗王璉遣使入貢於魏 亦入貢於齊 時高麗方彊 魏置諸國使邸 齊使第一 麗次之."

147 『三國史記』卷18, 長壽王 72년. "七十二年 冬十月 遣使入魏朝貢 時 魏人謂我方强 置諸國使邸 齊使第一 我使者次之."

148 "冠折風"에서 '관(冠)'자는 원래 없었으나, 북송본·명각본에 의거하여 보완하였다.『通典』卷186, 「邊防門2」, 校勘記, 5021쪽, 15번.

融이 절풍을 가리켜 "服之不衷 身之災也"이라 하였는데,[149] 이는 『춘추좌씨전春秋左氏傳』을 활용하여 희롱한 외교적 결례였다.[150] 이에 고구려 사신은 절풍이 "古弁之遺像"이라고 맞대응하였는데, 이는 『예기禮記』 등에 나오는 옛 변弁의 흔적을 모르느냐는 반문反問의 의미로 대답한 것이다.[151]

F-4-⑦은 고구려의 도읍 평양성에 대한 설명이다. 『위서』·『주서』·『북사』·『수서』에서도 평양성에 대한 기록이 확인된다. 이 중에서 요동 남쪽으로 1천리에 위치한다는 기록은 『북사』를 참고한 것이고, 장안성長安城으로도 불린다는 것과 지형을 묘사한 기록은 『수서』를 참고한 것으로 여겨진다. F-4-⑦에서는 평양성 아래에 협주가 기재되었는데, 한 낙랑군의 왕험성王險城이라고 하였다. 이는 후대에 발간된 『구당서舊唐書』·『신당서新唐書』에도 영향을 미쳤다.[152] 『삼국사기』 동천왕東川王 21년247의 기록에서는 환도성 함락 이후 평양성을 쌓고 묘사廟社를 옮겼다고 하였으며, 협주를 달아 평양이 본래 선인仙人 왕검王儉의 택宅이며 왕험王險이라고 기록하였다.[153] 이는 김부식金富軾이 F-4-⑦을 참고하여 반영한 결과로 추정할 수 있다.

F-4-⑧은 평양성에 대한 보충 설명의 의미를 담고 있으며, F-4-⑨는 별도別都로 국내성國內城과 한성漢城이 있었다는 기록이다. 이 두 기록 모두 『주

---

149 "服之不衷 身之災也"에서 '충(衷)'자는 북송본·명각본·왕오본에서는 '장(章)'자로 기재되었으나 잘못이다. 『남제서』 동남이전(東南夷傳)에서 '충(衷)'자로 기재하였다. 『通典』 卷186, 「邊防門2」, 校勘記, 5021쪽, 16번.

150 『春秋左氏傳』, 僖公 24년. "鄭子華之弟子臧出奔宋 好聚鷸冠 鄭伯聞而惡之 使盜誘之 八月 盜殺之 于陳宋之間 君子曰 服之不衷 身之災也 詩曰 彼己之子 不稱其服 子臧之服 不稱也夫 詩曰 自詒伊慼 其子臧之謂矣 夏書曰 地平天成 稱也."

151 『禮記』, 「郊特牲」. "周弁 殷冔 夏收 三王共皮弁素積."

152 『舊唐書』 卷199上, 「東夷傳」, 高麗, 5319쪽. "高麗者 出自扶餘之別種也 其國都於平壤城 即漢樂浪郡之故地"; 『新唐書』 卷220, 「東夷傳」, 高麗, 6185쪽. "其君居平壤城 亦謂長安城 漢樂浪郡也."

153 『三國史記』 卷17, 東川王 21년. "二十一年 春二月 王以丸都城經亂 不可復都 築平壤城 移民及廟社【平壤者本仙人王儉之宅也 或云王之都王險】."

서周書』를 바탕으로 작성되었다.

F-4-⑩은 협주로 기술되었는데, 후한대後漢代-위대魏代-수대隋代의 고구려 영토에 대한 내용이다. 이는 두우가 각 자료를 참고하여 작성한 내용으로 볼 수 있다. 여기에서 후한대에 해당하는 기록은 『후한서』, 위대는 『위서』에서 관련 기록이 확인된다. 다만 『수서』에서의 영토 기록과 F-4-⑩에 기록된 수대의 영토 인식은 서로 다르게 나타난다.[154] 『수서』는 『위서』의 기록대로 작성한 것으로, 수대의 인식이 제대로 반영되지 않았을 가능성이 있다. 오히려 당대 중반에 고구려 멸망 이후, 고구려의 다양한 정보를 확보하면서 수대의 영역이 기존의 인식과는 달랐다는 점을 두우가 반영하였을 가능성이 크다. 아울러 『구당서』에서는 동서東西로 3,100리里라고 하였는데, 이는 당대의 고구려 영토를 반영한 기록이므로 수대의 고구려 영역 기록과 차이를 보인다.

F-4-⑪은 고구려의 서적을 나열한 것으로, 『주서』를 참고하여 작성되었다. 다만 여기에서는 『옥편玉篇』·『자통字統』·『자림字林』이 추가로 기재되었으며, 두우가 별도로 확보한 자료를 바탕으로 부가적으로 서술된 내용이다. 이는 이후 『구당서』에도 영향을 미쳤다. 참고로 『구당서』에서는 추가적으로 『문선文選』도 기재되었다.[155]

F-4는 기존 사례와 비교하여 여러 사서를 참고하여 작성된 점이 특징이다. 유사도가 높은 사서들로는 『후한서』·『남제서』·『양서』·『위서』·『주서』·『남사』·『북사』·『수서』가 있다. 참고 사서가 많다는 점은 두우가 F-4를 작성할 때 이를 다시 복합적으로 엮어서 재구성하였다는 것을 의미한다.

---

154 『隋書』卷81, 「東夷傳」, 高麗, 1814쪽. "其國東西二千里 南北千餘里."
155 『舊唐書』卷199上, 「東夷傳」, 高麗, 5320쪽, "其書有五經及史記·漢書·范曄後漢書·三國志·孫盛晉春秋·玉篇·字統·字林 又有文選 尤愛重之."

때문에 380자 중에서 239자가 유사한 것으로 나와 유사도는 63.8%에 해당한다. 이는 두우가 자체적으로 편집하거나 새로이 서술한 내용이 많다는 것을 의미한다. 두우가 새로이 작성한 기록들은 이후 중국의 여러 서적에 반영되는 것은 물론, 『삼국사기』에도 영향을 미친 것으로 판단된다.

〈표 32〉는 고구려와 수隋와의 전쟁을 다룬 것으로, F-5-①~⑤로 구분할 수 있다. 주로 『북사』·『수서』의 기록과 서로 비교되며, 본래 사서에서 수록되지 않은 기록들도 확인된다. 특히 F-4-④는 기존 사료에서는 확인되지 않는 기록이다.

F-5-①은 고구려가 수와의 전쟁에 앞서 선제공격으로 요서를 공격한 내용을 기술하였다. F-5-①에서는 원元을 연璉의 칠엽七葉이라 기재하였는데, 이는 『북사』를 참고한 것으로 생각된다. 『북사』에서는 연 다음에 "운雲 → 안安 → 연延 → 성成 → 탕湯" 순서대로 왕위에 올랐다.[156] 여기에서 운雲은 연璉의 손자이기 때문에 "연璉 → 연璉의 아들 → 운雲 → 안安 → 연延 → 성成 → 탕湯 → 원元"의 순서대로 계보가 완성된다.

F-5-①에서는 원元이 수 문제隋文帝 때 말갈군靺鞨軍 1만 기騎를 이끌고 요서를 약탈했다고 하였다. 『북사』·『수서』에서는 이 내용에 앞서 수 문제가 원을 책봉冊封한 내용이 기재되었다. 또한 F-5-①에서는 원이 공격하자 위세충韋世沖, 韋沖이 대적對敵하였다는 내용이 생략되었다. 가장 큰 차이점은 기록의 배치에 있다. F-5-①에서는 한왕漢王 량諒의 군대가 요수遼

156　『北史』卷94, 「高句麗傳」, 3113~3115쪽, "太和十五年 璉死 年百餘歲 孝文擧哀於東郊 遣謁者僕射李安上策贈車騎大將軍·太傅·遼東郡公·高句麗王 諡曰康 又遣大鴻臚拜璉孫雲使持節·都督遼海諸軍事·征東將軍·領護東夷中郎將·遼東郡公·高句麗王 (…중략…) 神龜中 雲死 靈太后爲擧哀於東堂, 遣使策贈車騎大將軍·領護東夷校尉·遼東郡公·高麗王 又拜其世子安爲鎭東將軍·領護東夷校尉·遼東郡公·高麗王 (…중략…) 安死 子延立 (…중략…) 延死 子成立 (…중략…) 成死 子湯立."

연번	고구려절 기록	중국 사서의 유사 기록		기록 유사도	
		서명	기록	자수	백분율
F-5-①	自璉七葉至元 隋文帝時 率靺鞨之衆萬餘騎寇遼西 隋遣漢王諒總兵討之 次遼水 大遭疾疫 又乏糧 元復惶懼 遣使請罪 遂班師	北史	子元嗣 文帝使拜元爲上開府儀同三司 襲爵遼東公 (…중략…) 明年 率靺鞨萬餘騎寇遼西 營州總管韋世沖擊走之 帝大怒 命漢王諒爲元帥 總水陸討之 下詔黜其爵位 時餽運不繼 六軍乏食 師出臨渝關 復遇疾疫 王師不振 及次遼水 元亦惶懼 遣使謝罪	30/51	58.8
F-5-②	至煬帝徵元入朝 不至 大業七年 帝親征元 師度遼水 東城分道出師 頓兵於其城下 高麗嬰城固守 帝命諸軍攻之 又敕諸將 高麗若降者 即宜撫納 不得縱兵 城將陷 賊輒言請降 諸將奉旨 不敢赴機 先令馳奏 比報至 賊守禦亦備 隨出拒戰 如此者再三 帝不悟 食盡師老 輸糧不繼 諸軍敗績 還者千人而已 是行也 唯於遼水西拔賊武列邏而已 還	隋書	煬帝嗣位 天下全盛 高昌王・突厥啟人可汗並親詣闕貢獻 於是徵元入朝 元懼 藩禮頗闕 大業七年 帝將討元之罪 車駕渡遼水 上營於遼東城 分道出師 各頓兵於其城下 高麗率兵出拒 戰多不利 於是皆嬰城固守 帝令諸軍攻之 又敕諸將 高麗若降者 即宜撫納 不得縱兵 城將陷 賊輒言請降 諸將奉旨 不敢赴機 先令馳奏 比報至 賊守禦亦備 隨出拒戰 如此者再三 帝不悟 由是食盡師老 輸不繼 諸軍多敗績 於是班師 是行也 唯於遼水西拔賊武厲邏 置遼東郡及通定鎮而還	120/136	88.2
F-5-③	十年 又發天下兵 會盜賊蜂起 所在阻絶 軍多失期 少至遼水	北史	十年 又發天下兵 會盜賊蜂起 所在阻絶 軍多失期 至遼水	23/24	95.8
F-5-④	又屬饑饉 六軍遞相掠奪 復多疾疫 自黃龍以東 骸骨相屬 止泊之處 軍人皆積屍以禦風雨 死者十八九	두우가 새롭게 확보하여 서술한 기록			0/41	0
F-5-⑤	高麗亦困弊於守禦 遣使乞降 因送斛斯政以贖罪 帝許之 頓於懷遠鎭受其降款 旋師 仍徵元入朝 不至 帝更圖後舉 會天下大亂 不克復行	北史	高麗亦困弊 遣使乞降 因送斛斯政贖罪 帝許之 頓懷遠鎭受其降 仍以俘囚軍實歸 至京師 以高麗使親告太廟 因拘留之 仍徵元入朝 元竟不至 帝更圖後舉 會天下喪亂 遂不復行	50/55	90.9
합계 및 평균				223/307	72.6

水에 이르러 전염병과 식량 부족을 겪었다고 하였다. 반면 『북사』・『수서』에서는 이미 전염병과 식량 부족으로 고생하는 상황에서 요수까지 온 것으로 기재되었다는 점에서 차이를 보인다. 또한 F-5-①에서는 원이 상표上表를 하였다는 내용이 제외되었고, 청죄請罪를 하자 군대를 물리게 되

었다는 식으로 기술하였다.

　F-5-②는 고구려와 수의 제2차 전쟁을 기술하였으며,[157] 『수서』와의 공통점이 좀 더 크게 나타나지만, 『북사』와의 공통점도 적지 않게 나타난다. 제일 앞에는 양제煬帝가 원에게 입조入朝를 요구하였으나 오지 않았다는 내용이 기재되었다. 『북사』·『수서』에서는 이에 앞서 고창왕高昌王과 계민가한啓民可汗의 입조 사실을 기재하였는데, F-5-②에서는 이를 생략하였다. 대업大業 7년611에 황제가 친정親征했다는 표현은 두우가 기존 기록을 변경한 것이다.

　또한 요수를 건넌 다음 '동성東城'에서 길을 나누어 출사出師했다고 하였는데, 이를 『북사』에서는 '요동지遼東地'로, 『수서』에서는 '요동성遼東城'으로 기재하였다. 아울러 요동성전투 이후 퇴각할 때 F-5-②에서는 돌아온 사람이 1,000명이라고 하였으나, 『북사』·『수서』에서는 "於是班師"라고만 하였다. 『북사』·『수서』에서는 수의 성과로 요서의 '무려라武厲邏'를 빼앗았다고 하였는데, F-5-②에서는 이를 '무열라武列邏'로 기재하였다. 또한 F-5-②에서는 대업 9년612의 연혁을 제외하여 『북사』·『수서』와 차이를 보인다.

　F-5-③는 대업 10년613에 있었던 사실을 기재한 것이다.[158] 이에 대한 여러 정황은 『북사』양제기煬帝紀에 상세하게 기술되었다.[159] 여기에서는 요

157　"帝命諸軍攻之"에서 '군(軍)'자는 원래 '장(將)'자였으나, 북송본·명각본·왕오본에 의거하여 수정하였다. 『通典』卷186, 「邊防門2」, 校勘記, 5021쪽, 17번.

158　"死者十八九"에서 '십(十)'자의 아래에는 원래 '유(有)'자가 있었는데, 북송본·명각본·왕오본에 의거하여 삭제하였다. 『通典』卷186, 「邊防門2」, 校勘記, 5021쪽, 20번.

159　『北史』卷12, 「隋本紀」, 煬帝, 大業 9년, 461쪽. "九年春正月丁丑 徵天下兵 募民爲驍果 集于涿郡 (…중략…) (二月) 壬午 復宇文述等官爵 又徵兵討高麗 (…중략…) (三月) 丁丑 發丁男十萬城大興 戊寅 幸遼東 以越王侗·工部尙書樊子蓋鎭東都 (…중략…) 夏四月庚午 車駕度遼 壬申 遣宇文述·楊義臣趣平壤城 六月乙巳 禮部尙書楊玄感反於黎陽 丙辰 玄感逼東都 河南贊理裴弘策拒之 反爲賊所敗 戊辰 兵部侍郞斛斯政奔于高麗 庚午 上班師 高麗犯後軍 救右武衛大將軍李景爲後拒 遣左翊衛大將軍宇文述·左候衛將軍屈突通等馳傳發兵 以討玄感."

수에 이르렀다는 기록은 『북사北史』의 기록과 거의 동일하게 나타난다. 『수서』에는 중간에 사람들이 많이 유망流亡하였다고 기록되었다.

F-5-④는 수군隋軍이 퇴각하는 모습을 비참하면서도 상세하게 기록한 내용으로, 죽은 이가 열 중에서 여덟아홉이 되었다고 하였다. 이 기록은 기존 사서 즉 『북사』·『수서』에서는 확인되지 않는 내용으로, 두우가 새롭게 자료를 확보하여 추가한 기술로 볼 수 있다.

F-5-⑤는 고구려와 수의 전쟁을 마무리하는 내용으로,[160] 『북사』와의 공통점이 좀 더 크게 나타난다. 고구려가 방어에 힘겨워하여 항복을 청하고 곡사정斛斯政을 보냈다는 내용 등으로 구성되었다. 항복을 받았다는 내용 다음 부분은 본래 『북사』·『수서』에서는 경사京師에 이르러 고구려 사신이 태묘太廟에 고告하게 하고 억류시켰다고 하였는데, F-5-⑤에서는 이를 생략하였다. 이후 다시 고구려를 공격하려고 하였으나, 시행하지 못하였다면서 마무리되었다.

F-5는 전반적으로 『북사』·『수서』의 기록을 바탕으로 작성하되, 그 내용을 축약하여 제시하였다. 두우는 두 사서를 모두 참고하였지만, 저자의 유사도 파악 작업에서는 조금이라도 유사도가 높은 사서를 주된 비교로 삼았다. 유사도는 307자 중에서 223자가 일치하는 것으로 나와 72.6%에 해당한다. '유사도 높음'에 해당하나 기존의 다른 사서에서 보이는 '유사도 높음' 사례에 비해서는 낮은 편에 해당한다. 이는 두우가 새롭게 확보한 자료가 포함되었다는 점을 의미한다. 이에 대한 단적인 사례가 수의 원정 실패와 관련해 당시 상황을 상세하게 기술한 F-5-④이다.

160　"不克復行"에서 '복(復)'자는 원래 빠졌었으나, 북송본·명각본·왕오본에 의거하여 보완하였다. 『通典』 卷186, 「邊防門2」, 校勘記, 5022쪽, 21번.

〈표 33〉 고구려절의 F-6-①~⑫와 중국 사서의 유사도 비교

연번	고구려절 기록	중국 사서의 유사 기록		기록 유사도	
		서명	기록	자수	백분율
F-6-①	大唐武德四年 遣使朝貢	당대(唐代)의 기록		0/10	0
F-6-②	其國建官有九等 其一曰吐捽[昨沒反] 舊名大對盧 總知國事 次有太大兄 次鬱折[之悅反] 華言主簿 次太大夫使者 次皂衣頭大兄 東夷相傳 所謂皂衣先人者也 以前五官掌機密 謀政事 徵發兵馬 選授官爵	高麗記	高麗記曰 其國建官有九等 其一曰吐捽 比一品 舊名大對盧 惣知國事 三年一代 若稱職者不拘年限 交替之日 或不相祇服 皆勒兵相攻 勝者爲之 其王但閉宮自守 不能制禦 次曰太大兄 比二品 一名莫何何羅支 次鬱折 比從二品 華言主簿 次大夫使者 正正三品 亦名謂謁奢 次皂衣頭大兄 比從三品 一名中裏皂衣頭大兄 東夷相傳 所謂皂衣先人者也 以前五官 掌機密謀政事 徵發兵 選授官爵	72/81	88.8
F-6-③	次大使者 次大兄 次收位使者 次上位使者 次小兄 次諸兄 次過節 次不過節 次先人 又有狀古雛加 掌賓客 比鴻臚卿 以大夫使者爲之 又有國子博士·大學博士·舍人·通事·典書客 皆以小兄以上爲之	高麗記	次大使者 比正四品 一名大奢 次大兄加 比正五品 一名纈支 次拔位使者 比從五品 一名儒奢 次上位使者 比正六品 一名契達奢使者 一名乙奢 次小兄 比正七品 一名失支 次諸兄 比從七品 一名翳屬 一名伊紹 一名河紹還 次過節 比正八品 次不節 比從八品 次先人 比正九品 一名失元 一名庶人 又有拔古鄒大加 掌賓客 比鴻臚卿 以大夫使者爲之 又有國子博士·大學士·舍人·通事·典容 皆以小兄以上爲之	71/78	91.0
F-6-④	又 其諸大城置傉[內屋反]薩 比都督 諸城置處閭近支 比刺史 亦謂之道使 其武官曰大模達 比衛將軍 以皂衣頭大兄以上爲之 次末客 比中郎將 以大兄以上爲之 其次領千人以下 各有差等	高麗記	又其諸大城置傉薩 比都督 諸城置處閭匹刺史 亦謂之道使 道使治所名之曰備 諸小城置可邏達 比長史 又城置婁肖 比縣令 其武官曰大模達 比衛將軍 一名莫何邏繡支 一名大幢主 以皂衣頭大兄以上爲之 次末若 比中郎將 一名郡頭 以大兄以上爲之 其領千人以下各有等級	66/75	88
F-6-⑤	又其國有五部 皆貴人之族也 一曰內部 即後漢時桂婁部也 二曰北部 即絕奴部也 三曰東部 即順奴部也 四曰南部 即灌奴部也 五曰西部 即	魏略	魏略曰 其國大有五族 有消奴部·絕奴部·順奴部·灌奴部·桂婁部 本消奴部爲王 稍微弱 桂樓部代之 五部皆貴人之族也 一云內部	52/60	86.6

연번	고구려절 기록	중국 사서의 유사 기록		기록 유사도	
		서명	기록	자수	백분율
	消奴部也		即後漢書曰 桂婁部 一名黃部 一名黃部 二曰北部 即絶奴部 卽名後部 一名黑部 三曰東部 即順奴部 一名左部 一名上部 一名靑部 四曰南部 即灌奴部 一名前部 一名赤部 五曰西部 即消奴部也 一名右部 其北部 如燕內部		
F-6-⑥	碣石山在漢樂浪郡遂成縣 長城起於此山 今驗長城東截遼水而入高麗遺址猶存【按尙書云 夾右碣石入於河 右碣石即河赴海處 在今北平郡南二十餘里 則高麗中爲左碣石】	史記	夾右碣石【集解】孔安國曰 碣石 海畔之山也 入于海【集解】徐廣曰 海 一作河 【索隱】地理志云 碣石山在北平驪城縣西南 太康地理志云 樂浪遂成縣有碣石山 長城所起 又水經云 在遼西臨渝縣南水中 蓋碣石山有二 此云 夾右碣石 入于海 當是北平之碣石】	23/70	32.8
F-6-⑦	又平壤城東北有魯陽山 魯城在其上西南二十里有葦山 南臨浿水	두우가 새롭게 확보하여 서술한 기록		0/22	
F-6-⑧	其大遼水源出靺鞨國西南山 南流至安市	漢書	望平【大遼水出塞外 南至安市入海 行千二百五十里 莽曰長說】	8/17	47.0
F-6-⑨	小遼水源出遼山 西南流與大梁水會 大梁水在國西 出塞外 西南流注小遼水	水經注	小遼水所出【縣 故高句麗 胡之國也 漢武帝元封二年 平右渠 置玄菟郡于此 王莽之下句麗 水出遼山 西南流逕陽縣與大梁水會 水出出塞外 西南流至遼陽縣入小遼水】西南至遼隊縣 入於大遼水也	24/31	77.4
F-6-⑩	馬訾水[則移反]一名鴨綠水 水源出東北靺鞨白山 水色似鴨頭 故俗名之 去遼東五百里 經國內城南 又西與一水合 即鹽難水也 二水合流 西南至安平城 入海 高麗之中 此水最大 波瀾淸澈 所經津濟 皆貯大船 其國恃此以爲天塹 水闊三百步 在平壤城西北四百五十里 遼水東南四百八十里	漢書	西蓋馬【馬訾水西北入鹽難水 西南至西安平入海 過郡二 行二千一百里 莽曰玄菟亭】	13/116	11.2
F-6-⑪	漢樂浪·玄菟郡之地 自後漢及魏 爲公孫氏所據 至淵滅 西晉永嘉以後 復陷入高麗 其不耐 屯有·帶方·安市·平郭·安平·居就·文城皆漢二郡諸縣 則朝鮮濊貊·沃沮之地	두우가 새롭게 확보하여 서술한 기록		0/65	0

연번	고구려절 기록	중국 사서의 유사 기록		기록 유사도	
		서명	기록	자수	백분율
F-6-⑫	又遣使請道教 詔沈叔安將天尊像幷道士至其國 講五千文 開釋玄宗 自是始崇重之 化行於國 有踰釋典	두우가 새롭게 확보하여 서술한 기록. 『구당서』·『신당서』와는 내용에서 차이		0/42	0
합계 및 평균				329/667	49.3

〈표 33〉에서는 F-6을 F-6-①~⑫로 구분하였다. F-6부터는 당대唐代의 기록에 해당하기 때문에 기존 사서와의 비교보다는 새로운 자료의 반영이 좀 더 높게 나타난다. 실제로 F-6-①·⑦·⑪·⑫는 기존 사서에서는 보이지 않는 내용으로, 두우가 새롭게 기입한 기록에 해당한다. F-6에서는 고구려의 관직 체계 및 산과 강에 대한 내용을 상술하여, 당대에 파악한 고구려에 대한 정황을 기록하였음을 알 수 있다.

F-6-①은 무덕武德 4년621에 사신을 보내 조공했다는 기록이다. 『구당서』에서는 무덕 2년619과 4년에 사신을 보내 조공하였고, 『신당서』에서는 무덕연간武德年間, 618~626 초에 다시 사신을 보내 입조入朝했다고 기술하였다.

F-6-②는 고구려의 관직 체계에 대한 내용이다.[161] F-6에서는 고구려 관직 체계를 F-6-②·③·④로 구분하였다. F-6-②는 토졸吐捽부터 조의두대형皂衣頭大兄까지에 해당하며 고구려절에서는 '전오관前五官'이라 명명하였다. F-6-③은 대사자大使者부터 선인先人에 이르는 9개의 관직 및 고추가 및 기타 관직을 기술하였다. F-6-④는 외직外職에 대한 설명으로 녹살傉薩과

---

161 "次太大夫使者"에서 북송본과 명각본은 '부(夫)'자 아래에 '인(人)'자가 있었는데 오류이다. 『태평환우기』에서는 '인(人)'자가 없으며, 『문헌통고(文獻通考)』도 마찬가지이다. 『수서』 동이전(東夷傳)·『북사(北史)』 고려전(高麗傳)·『신당서』 동이전·『책부원귀』에서는 모두 '태대사자(太大使者)'로 기록하였다. 『通典』卷186, 「邊防門2」, 校勘記, 5022쪽, 23번. "次皁衣頭大兄"에서 '조(皁)'자는 『신당서』 동이전과 『책부원귀』에서 '조(皂)'자로 기재되었다. 『通典』卷186, 「邊防門2」, 校勘記, 5022쪽, 24번.

처려근지處間近支 등에 대해 기재하였다. 참고로 고구려 관등에 대해서는 이미 F-2-⑥에서 기술한 바 있다.

F-6-②·③·④와 같이 관직을 기술한 기록은 『주서』·『남사』·『북사』·『수서』에서도 확인되나, F-6-②·③·④에서 보이는 관직명官職名이 혼재되어 있다는 점에서 차이를 보인다. 아울러 관직의 수에 대해 F-6-②에서는 9등等이 있다고 한 반면, 『주서』에서는 13등, 『북사』·『수서』에서는 12등으로 기재하였다. F-6-②·③·④와 같은 구도로 작성된 기록은 『한원』에 인용된 『고려기高麗記』가 있다. 또한 후대에 편찬된 『구당서』와 『신당서』도 비슷한 구도로 기사가 배치되었다. F-6-②·③·④는 전체적으로 『고려기』의 내용을 요약하여 제시한 경향이 강하다. 다만 일부 내용에서는 『고려기』와 차이를 보인다. 『구당서』·『신당서』도 전반적인 기록은 『고려기』를 참고하되 명칭이나 일부 표현은 F-6-②·③·④를 참고한 흔적이 확인된다.[162]

F-6-⑤는 오부五部에 대한 설명이다. 이 또한 앞서 F-2-⑤에서 오족五族으로 거론하였다. F-6-⑤는 전반적으로 『위략』의 해당 기록을 참고하여 작성되었다. 『위략』에서는 각 부部를 방위명方位名-본명本名-방향명方向名, 前後左右-색명色名 순으로 설명하였는데, 두우는 이를 더 축약하여 방위명과 본명을 주로 제시하였다. 이러한 서술은 『신당서』에서도 확인된다.

---

162 『舊唐書』卷199上, 「東夷傳」, 高麗, 5319쪽. "其官大者號大對盧 比一品 總知國事 三年一代 若稱職者 不拘年限 交替之日 或不相祇服 皆勒兵相攻 勝者爲之 其王但閉宮自守 不能制禦 次曰太大兄 比正二品 對盧以下官 總十二級 大城置傉薩一 比都督 諸城置道使 比刺史 其下各有僚佐 分掌曹事"; 『新唐書』卷220, 「東夷傳」, 高麗, 6186쪽. "官凡十二級 曰大對盧 或曰吐捽 曰鬱折 主圖簿者 曰太大使者 曰帛衣頭大兄 所謂帛衣者 先人也 秉國政 三歲一易 善職則否 凡代日 有不服則相攻 王爲閉宮守 勝者聽爲之 曰大使者 曰大兄 曰上位使者 曰諸兄 曰小使者 曰過節 曰先人 曰古鄒大加 其州縣六十 大城置傉薩一 比都督 餘城置處間近支 亦號道使 比刺史 有參佐 分幹 有大模達 比衛將軍 末客 比中郎將."

F-6-⑥부터는 고구려의 지리에 대한 내용으로 주로 산수山水를 다루었다. F-6-⑥에서는 갈석산碣石山의 존재를 거론하였으며, 해당 기록은『사기』하본기夏本紀의 본문 및『사기색은史記索隱』에 인용된『태강지리지太康地理志』의 기록과 공통점이 확인된다. 갈석산이 낙랑군의 수성현遂城縣에 있으며,『상서尚書』를 인용한 내용도 협주로 기재하였다. 두우는 고구려의 영역이 한대의 낙랑군에 해당한다고 인지하여 갈석산을 다루게 되었다. '금今'이라는 시점이 있는 기록은 당대에 확보한 자료를 바탕으로 보충한 기록으로 볼 수 있다.

F-6-⑦은 평양성 주변에 이는 노양산魯陽山과 위산葦山에 대한 기록이다. 노양산과 위산에 대한 기록은 기존 사서에서 확인되지 않는 내용이다. 전후 사정으로 보았을 때, 여기에서의 평양성은 장안성으로 볼 수 있으며, 노양산에 있는 노성魯城은 대성산성大城山城에 해당한다.[163] 이 기록은 국내의 사서에도 영향을 미쳤다.『고려사高麗史』에서는 대성산大城山을 노양산이라고 한다며『문헌통고文獻通考』를 인용하였다. 실제『문헌통고』에서도 노양산 위치에 대한 기록이 확인되는데,[164] 이는 F-6-⑦를 참고하여 작성한 것이다. 이후『세종실록世宗實錄』지리지에도『문헌통고』를 인용하여 해당 기록이 고스란히 반영되었다.[165]

F-6-⑧은 대요수大遼水에 대한 기록으로,『한서』지리지의 요동군 망평현望平縣에 대한 설명과 비교된다.『한서』에서는 그 출원出源을 새외塞外로 기술

---

163 李道學,「『三國史記』의 高句麗 王城 記事 檢證」,『韓國古代史研究』79, 한국고대사학회, 2015, 163쪽.

164 『文獻通考』卷325,「四裔考2」, 高句麗. "又平壤城東北有魯陽山 魯城在其上 西南二十里有葦山 南臨水貝水."

165 『世宗實錄』, 卷154,「地理志」, 平安道. "大川曰大同江 卽古之浿江【文獻通考曰 平壤城東北 有魯陽山 魯城在其上 西南二十里 有葦山 南臨浿水】."

하였음에 반해, F-6-⑧에서는 말갈국의 서남쪽에 있는 산이라고 하였다.

F-6-⑨는 소요수小遼水 및 대량수大梁水에 대한 기록으로『수경주水經注』와 비교된다.『한서』에서는 대량수에 대한 기록도 있는데 서남쪽으로 흘러 요양遼陽에서 요遼로 들어간다고 하였다. 여기에서 요는 F-6-⑨의 소요수로 볼 수 있다.『수경주』에서는 대요수와 소요수에 대해 기술하였으며, 소요수에 대한 내용에서 대량수 기록도 함께 확인된다. 두우의 기술은 후에『신당서』에도 영향을 미쳤다. 이는 대요수의 출원지를 말갈의 서남쪽 산으로 기재한 것을 통해 확실히 알 수 있다.[166]

F-6-⑩은 마자수馬訾水와 염난수鹽難水에 대한 기록이다.『한서』지리지의 현도군 서개마현西蓋馬縣에 대한 기록을 참고하여 작성되었으나, 안평安平을 지나 바다로 들어간다는 내용 외에는 거의 다르게 작성되었다. 주로 두우가 당대에 확보한 자료를 바탕으로 작성되었으며, 이를 요약하여 제시한 것이『신당서』의 기록이다.[167] 두우는『한서』의 참고 과정에서 '서안평西安平'을 '안평安平'으로 기재하였다. 앞서 F-3-⑦에서는 '서안평'이 요동에 있다고 기술하였는데, F-6-⑩에서 '안평'으로만 기재한 사실은 다소 의아하다.

F-6-⑪은 다른 사서에는 없는 기록이며, 앞서 마자수나 염난수에 대한 협주도 아니다. 고구려의 지리를 설명하면서, 그 연원을 중국과 연관시키는 내용이다. 두우가 본인의 지식을 바탕으로 작성한 것이다. 본래 고구려가 한의 낙랑·현도군의 땅이었고, 이후로도 중국의 영토였지만, 고구려가 강점强占하였다는 듯이 기술하였다. 이는 당대의 고구려에 대한 인식을 극명

166　『新唐書』卷220,「東夷傳」, 高麗, 6185쪽. "水有大遼·少遼 大遼出靺鞨西南山 南歷安市城 少遼 出遼山西 亦南流 有梁水出塞外 西行與之合."

167　『新唐書』卷220,「東夷傳」, 高麗, 6185쪽. "有馬訾水出靺鞨之白山 色若鴨頭 號鴨淥水 歷國內城 西 與鹽難水合 又西南至安平 入于海 而平壤在鴨淥東南 以巨艫濟人 因恃以爲塹."

하게 보여주는 사례이다.

F-6-⑫는 다시 당대의 연혁으로 넘어와서, 당에서 고구려에 도교道敎를 전파했다는 내용을 담고 있다. 『구당서』에서는 이 시점을 무덕 7년624으로 기록하였지만,[168] F-6-⑫에서는 그 시점을 제대로 명기하지 않았다. 다만 이후에 살펴볼 F-7-③의 시점은 무덕 7년으로 나타난다. F-6-①에서도 기록 시점을 무덕 4년621으로 기재하였다는 점을 상기한다면, 두우가 도교 전파 시점을 무덕 4년에서 7년 사이로 인지하여 해당 기록을 작성하였을 가능성도 배제할 수 없다. 다만 후대의 기록과 시점 상에서 차이를 보인다 는 점, F-7에서 상술하겠지만 사건 시점이 실제와 다른 점들도 있다는 사 실들을 고려한다면, 두우가 기사 배치를 잘못하였을 가능성이 크다.

F-6은 당대의 고구려 연혁 사이에 고구려의 관등 체계나 지리 정보 등을 기술하였다. 667자 중에서 329자가 유사한 것으로 나타나서, 유사도는 49.3%로 '유사도 낮음'에 해당한다. 이는 다양한 사서를 참고한 것도 있지 만, 두우가 자체적으로 확보한 자료가 다수 포함되었기 때문이기도 하다.

관등체계와 관련해서는 『고려기』와의 유사성이 크게 나타나며, 주로 두 우가 이를 참고한 다음 축약하여 제시한 것이다. 지리 정보는 두우가 기존 에 발간되었던 각종 지리지를 파악하여 서술한 것으로 생각되나, 당대의 현 황에 맞게 여러 사항들을 개작하였다고 볼 수 있다.

〈표 34〉는 연개소문의 정변政變 및 당 고조唐高祖의 고구려에 대한 논의를 기재한 것으로 F-7-①~⑤로 구분하였다. 〈표 34〉부터는 기존 사서에서는 보이지 않는 내용으로 구성되어 있다. 때문에 각 기록별로 구분하고, 해당

---

[168] 『舊唐書』卷199上, 「東夷傳」, 高麗, 5321쪽. "七年 遣前刑部尙書沈叔安往冊建武爲上柱國·遼 東郡王·高麗王 仍將天尊像及道士往彼 爲之講老子 其王及道俗等觀聽者數千人."

연번	고구려절 기록	자수
F-7-①	其後東部大人蓋蘇文弒其王高武【其王元在位十八年 高武卽元異母弟】立其姪藏爲主 自爲莫離支 此官總選兵 猶吏部·兵部尙書也 於是號令遠近 遂專國命	63
F-7-②	蘇文鬚面甚偉 形體魁傑 衣服冠履皆飾以金綵 身佩五刀 常挑臂高步 意氣豪逸 左右莫敢仰視 常令武官貴人俯伏於地 登背上下馬	53
F-7-③	七年二月 遣使內附 受正朔 請頒曆 許之	16
F-7-④	八年三月 高祖謂群臣曰 名實之間 理須相副 高麗稱臣於隋 終拒煬帝 此亦何臣之有 朕敬於萬物 不欲驕貴 但據有土宇 務共安人 何必令其稱臣以自尊大 可卽詔述朕此懷也	70
F-7-⑤	裴矩·溫彥博進曰 遼東之地 周爲太師之國 漢家之玄菟郡耳 魏晉以前 近在提封之內 不可許以不臣 若與高麗抗禮 四夷必當輕漢 且中國之於夷狄 猶太陽之於列星 理無降尊 俯同藩服 乃止	76
자수 합계		278

기록의 자수字數를 파악하는 방식으로 표를 제작하였다. 이러한 방식은 〈표 37〉까지 적용하였다.[169]

F-7-①은 연개소문이 고무高武를 살해하고 왕의 조카 장藏을 왕으로 삼았다는 내용이다. F-7-①에서는 연개소문이 동부대인東部大人이라 하였는데, 『신당서』와 『자치통감』도 마찬가지이다.[170] 반면 『구당서』에서는 서부대인西部大人이라 하였다.[171] 막리지莫離支에 대한 설명으로 "此官總選兵"이라고 하였는데, 이는 다른 데에서는 확인되지 않는 기록이다. 이부吏部·병부상서兵部尙書로 비유한 것도 사서마다 차이를 보이는데, 『자치통감』은 F-7-

---

169 앞에서 사용하였던 유사도 분석법과 유사하게 『통전』이 영향을 미친 사서를 중심으로 고찰하는 방법도 제시할 수 있다. 다만 이를 표로 제작하기에는 어려운 점이 있었다. 우선 『통지(通志)』와 『문헌통고』는 『통전』의 기록을 거의 그대로 받아들였다. 또한 『태평환우기』와 같은 서적도 유사한 부분들이 많이 나타난다. 이 외에 『당회요(唐會要)』와 『책부원귀』는 『통전』과 유사점이 많지만, 동일한 사료를 바탕으로 작성되었기 때문인지 영향 관계 때문인지를 명확히 판단하기 어렵다. 때문에 F-7~10까지는 본문 내에서 『통전』과 이후 발간된 사서들의 공통점을 고찰하고, 주석으로 관련 기록을 제시하는 방식을 사용하였다.

170 『新唐書』卷220, 「東夷傳」, 高麗, 6187~6188쪽. "有蓋蘇文者 或號蓋金 姓泉氏 自云生水中以惑衆 性忍暴 父爲東部大人·大對盧 死 蓋蘇文當嗣 (…중략…) 馳入宮殺建武 殘其尸投諸溝 更立建武弟之子藏爲王 自爲莫離支 專國 猶唐兵部尙書·中書令職云."

171 『舊唐書』卷199上, 「東夷傳」, 高麗, 5322쪽. "西部大人蓋蘇文攝職有犯 諸大臣與建武議欲誅之 (…중략…) 殺建武 立建武弟大陽子藏爲王 自立爲莫離支 猶中國兵部尙書兼中書令職也 自是專國政."

①을 참고하여 유사하게 기술하였다.[172]

F-7-②에서는 연개소문의 용모容貌와 복식服飾 및 행동 등이 기재되었다. 후대 사서의 기록들과 비교하여 유사한 점도 있지만, 차이점도 존재하였다. 대표적인 차이점으로는 "常挑臂高步 意氣豪逸"이라는 기록이 다른 사서에서 확인되지 않는다는 점이었다. 또한 출행出行할 때 백성들이 그를 피해 구덩이에 들어간다는 식의 표현은 확인되지 않는다.

연개소문의 정변 시점을 F-7-①·②에서는 명확하게 밝히지 않았다. 다만 고구려절로만 파악한다면, 앞서 F-6-①의 기록 시점은 무덕 4년621이고, F-7-③의 기록 시점은 무덕 7년624이니, 그 사이의 어느 시점으로 보았다고도 생각할 수 있다. 그렇지만 주지하듯이 『구당서』와 『자치통감』에서는 정변의 시점을 정관貞觀 16년642으로 기재하였다. 즉 F-7-①·②의 기록이 실제 역사적 사건의 순서와는 맞지 않게 배치되었다고 볼 수 있다.

F-7-③은 고구려의 사신이 와서 정삭正朔을 받고 반력頒曆을 청했다는 기록이다. 『당회요唐會要』·『책부원귀』·『자치통감』에서 이와 유사한 기록들이 확인된다.[173] 『구당서』에서도 무덕 7년624의 기사가 있으나, 도교 전파에 대한 내용만 기재되어 차이를 보인다.

F-7-④는 이듬해인 무덕 8년625에 당 고조가 고구려를 어떻게 대할지에 대해 신하들과 논의한 내용이다. F-7-④에서는 당 고조, F-7-⑤에서는 배구裴矩와 온언박溫彦博의 발언을 제시하였다. 이와 유사한 기록으로는 『당회

---

172 『資治通鑑』卷196, 「唐紀12」, 太宗 貞觀 16년, 6181쪽. "丁巳 營州都督張儉奏高麗東部大人泉蓋蘇文弒其王武, 蓋蘇文凶暴 多不法 其王及大臣議誅之 (…중략…) 手弒其王 斷爲數段 棄溝中 立王弟子藏爲王 自爲莫離支 其官如中國吏部兼兵部尙書也 於是號令遠近 專制國事."

173 『唐會要』卷95, 「高句麗傳」, 1704쪽. "武德七年二月七日 遣使內附 受正朔 請頒曆 許之"; 『冊府元龜』卷977, 「外臣部」, 降附, 11310쪽. "七年二月 高句麗遣使內附 受正朔 請班曆 許之"; 『資治通鑑』卷190, 「唐紀6」, 高祖 武德 7년 2월, 5976쪽. "丁未 高麗王建武遣使來請班曆 遣使冊建武爲遼東郡王·高麗王."

요』·『구당서』·『신당서』·『책부원귀』가 있는데, 이 중에서 『신당서』의 기록이 상대적으로 소략하며, 『구당서』·『책부원귀』의 기록이 F-7-④와 유사하다.[174] F-7-④와 각 사서 기록을 대비하였을 때, 요동지지遼東之地를 '태사지국太師之國'으로 쓰는지 혹은 '기자지국箕子之國'으로 쓰는 지가 주요 차이점이다. F-7-⑤를 비롯한 『통전』 전반에서는 기자箕子로 지칭하기보다 은 태사殷太師로 기재하는 경향이 더 강하게 나타난다. 아울러 일부 차이점을 제외하고는 F-7-⑤의 기록은 전체적으로 『당회요』와 유사하게 기술되었다.[175]

F-7은 당 고조 때 고구려와의 관계를 서술하였다. 후대의 사서와 비교하여 주요 차이점은 연개소문 관련 기록과 당 고조 때의 기록이 서로 도치倒置되었다는 점을 들 수 있다. 이는 두우가 당시의 정황 파악에 오류가 있었던 것으로 볼 수 있다. 연개소문에 대한 기록에서는 후대 사서에서 확인되지 않는 내용들이 보인다는 점에서 사료적 가치가 있다.

〈표 35〉는 고구려와 당의 전쟁을 기술한 것으로, F-8-①~⑩까지로 구분하였다. 정관 18년644 2월의 고구려 정벌 논의, 같은 해 11월의 고구려 정벌 준비, 정관 19년645 6월까지의 고구려로의 진격과 전투, 같은 해에 있었던 주필산駐蹕山 전투, 같은 해에 벌어진 안시성安市城 전투 후 퇴각, 정관 21년647 이적李勣의 재침再侵과 고구려의 지리 정보 등으로 세분할 수 있다.

F-8-①은 정관 18년644에 당 태종唐太宗이 연개소문에 대한 소식을 듣고

---

174 『舊唐書』卷199上,「東夷傳」, 高麗, 5321쪽. "高祖嘗謂侍臣曰 名實之間 理須相副 高麗稱臣於隋 終拒煬帝 此亦何臣之有 朕敬於萬物 不欲驕貴 但據有土宇 務共安人 何必令其稱臣 以自尊大 即爲詔述朕此懷也";『冊府元龜』卷990,「外臣部」, 備禦 3, 11470쪽. "五月己酉 帝謂群臣曰 名實之間 理須相副 高麗稱臣於隋 終拒煬帝 此亦何臣之有 朕敬於萬物 不欲驕貴 但據此土宇 務共安人 何必令其稱臣 以自尊大 可爲詔述朕此懷也."

175 『唐會要』卷95,「高句麗傳」, 1705쪽. "裴矩溫彦博進曰 遼東之地 周爲箕子之國 漢家元菟郡耳 魏晉以前 近在提封之內 不可許以不臣 若與高麗抗禮 四夷必當輕漢 且中國之於夷狄 猶太陽之於列星 理無降尊 俯同藩服 乃止."

〈표 35〉 고구려절의 F-8-①~⑩ 기록 구분

연번	고구려절 기록	자수
F-8-①	貞觀十八年二月 太宗謂侍臣曰 高麗莫離支賊殺其主 盡誅大臣 夫出師弔伐 須有其名 因其殺君虐下 取之爲易	45
F-8-②	諫議大夫褚遂良進曰 兵若度遼 事須尅捷 萬一不獲 無以威柔遠方 必更發怒 再動兵衆 若至於此 安危難測 太宗然之	47
F-8-③	兵部尚書李勣曰 近者薛延陀犯邊 必欲追擊 但爲魏徵苦諫遂止 向若討伐 延陀無一人生還 可五十年間邊境無事	46
F-8-④	至十一月 以刑部尚書張亮爲平壤道行軍大總管 自萊州泛海趣平壤 又以特進李勣爲遼東道行軍大總管 趣遼東 兩軍合勢 三十日 征遼東之兵集於幽州	62
F-8-⑤	十九年 太宗親征渡遼 四月 李勣攻拔蓋牟城 獲口二萬 以其城置蓋州 勣又攻遼東城 拔之 以其城爲遼州	42
F-8-⑥	六月 攻拔白巖城 以其城爲巖州	13
F-8-⑦	遂引軍次安市城 進兵以攻之 會高麗北部傉薩高延壽・南部高惠眞率靺鞨之衆十五萬來援 於安市城東南八里依山爲陣 上令所司張受降幕於朝堂之側 夜召文武躬自指揮 是夜有流星墜賊營中 明日及戰 大破之	86
F-8-⑧	延壽・惠眞率三萬六千八百人來降 上以酋首三千五百人授以戎秩 遷之內地 餘三萬人悉放還平壤城 靺鞨三千人幷坑之 獲馬五萬匹 牛五萬頭 甲一萬領 因名所幸山爲駐蹕山 命許敬宗爲文 勒石以紀其跡	83
F-8-⑨	遂移軍於安市城南 久不尅 九月 遂班師 先遣遼・蓋二州戶口渡遼 乃召兵馬曆於城下而旋 城主升城拜辭 太宗嘉其堅守 賜縑百匹以勵事君者	57
F-8-⑩	二十一年 李勣復大破高麗於南蘇 班師至頗利城 渡白狼・黃巖二水 皆由膝以下 勣怪二水狹淺 問契丹遼源所在 云 此二水更行數里 合而南流 即稱遼水 更無遼源可得也 旋師之後 更議再行	76
자수 합계		557

고구려를 공격해야겠다는 의사를 밝힌 부분이다. 『당회요』에서는 F-8-①과 흡사한 내용이 확인되지만 "用刑有同坑阱"의 유무에서 차이를 보인다.[176] 『구당서』에 해당 기록이 있지만 F-8-①과 비교하여 세부 표현에서 차이점이 크며,[177] 『신당서』는 소략하게 작성되었다.[178] 참고로 『구당서』에서는 당시의 논의와 관련하여 당 태종의 발언만 기재하였으며, F-8-

---

176 『唐會要』卷95,「高句麗傳」, 1705쪽. "貞觀十八年二月 太宗謂侍臣曰 高麗莫離支賊殺其主 盡誅大臣 用刑有同坑阱 夫出師弔伐 須有其名 因其殺虐下人 取之爲易."

177 『舊唐書』卷199上,「東夷傳」, 高麗, 5322쪽. "太宗顧謂侍臣曰 莫離支賊弑其主 盡誅大臣 用刑有同坑穽 百姓轉動輒死 怨痛在心 道路以目 夫出師弔伐 須有其名 因其弑君虐下 敗之甚易也."

178 『新唐書』卷220,「東夷傳」, 高麗, 6189쪽. "帝曰 莫離支殺君 虐用其下如擭穽 怨痛溢道 我出師無名哉."

②·③에서 확인되는 저수량褚遂良과 이적의 발언은 생략되었다.

F-8-②는 당 태종의 발언에 대해 저수량이 나아가 반론을 제기하는 내용이다. 『당회요』에서도 이와 비교하여 거의 동일한 기록이 확인된다.[179] 『신당서』는 내용의 구성과 표현 등의 측면에서 기존 기록과 여러 차이를 보인다. F-8-③은 저수량의 발언에 이적이 반론을 제기한 내용이다.[180] 이역시 『당회요』에서도 유사한 기록이 확인되지만, 약간씩 표현은 다르게 나타난다. 『신당서』에서는 다른 사서와는 달리 50년간 무사하였을 것이라는 표현이 없으며, 대신 황제의 대답이 기재되어 차이를 보인다.[181] 참고로 『책부원귀』에서도 당시 상황에 대한 기록이 확인되는데, 다른 사서와 비교하여 가장 상세하기 때문에 원형에 가까운 기록으로 볼 수 있다.[182]

F-8-④는 11월에 전쟁 준비를 하는 기사로 장량張亮을 평양도행군대총관平壤道行軍大總管으로, 이적을 요동도행군대총관遼東道行軍大摠管으로 임명한 내용이 기재되었다. 『당회요』에서는 이보다 약간 더 상세하지만 기사 배치는 전반적으로 유사하게 구성되었다.[183] 『구당서』·『신당서』에서는 병력과 함

---

179 『唐會要』 卷95, 「高句麗傳」, 1705쪽. "諫議大夫褚遂良進曰 兵若渡遼 事須剋捷 萬一不獲 無以威示遠方 必更發怒 再動兵衆 若至於此 安危難測 太宗然之."

180 "延陀無一人生還"에서 '연타(延陀)'는 원래 없었으나, 『당회요』를 참고하여 보완하였다. 『通典』 卷186, 「邊防門2」, 校勘記, 5022쪽, 29번.

181 『新唐書』 卷220, 「東夷傳」, 高麗, 6189쪽. "兵部尚書李勣曰 不然 曩薛延陀盜邊 陛下欲追擊 魏徵苦諫而止 向若擊之 一馬不生返 後復畔擾 至今恨 帝曰 誠然 但一慮之失而尤之 後誰爲我計者."

182 『冊府元龜』 卷991, 「外臣部」, 備禦 4, 唐 太宗 貞觀 18년, 11477쪽. "十八年 九月乙巳 相里玄奬使高麗還 玄奬初至平壤 蓋蘇文破新羅兩城 帝顧謂侍臣曰 高麗莫離支賊殺其主 盡誅大臣 用刑有同坑穽 百姓動轉輒死 怨痛在心 道路以目 天子出師吊伐 湏有其名 因其弒君虐下 取之爲易 諫議大夫褚遂良進曰 陛下兵機神算 人莫能知 昔隋末亂離 手平寇難 及北狄侵邊 西蕃失禮 陛下欲命將擊之 群臣莫不苦諫 唯陛下明略獨斷 卒垃誅夷 海內之人 徼外之國 畏威讋服爲此也 今聞陛下將伐高麗 意皆熒惑 然陛下神武英聲 不比周·隋之主 兵若渡遼 事湏克捷 萬一不獲 無以威示遠方 更發怒 再興衆兵 若至於此 安危難測 帝然之 兵部尚書李勣曰 近者延陀犯邊 陛下必欲追擊 但爲魏徵苦諫 所以遂用其言 此之失機 亦由徵之誤計 而若仰中堅策 延陀無一人生還 可五十餘年間邊境無事矣 帝曰 魏徵此諫 良爲失中 然一計不當 隨而尤之 後有良策 安肯更發 我亦隨知其誤 而竟不能涉言耳."

183 『唐會要』 卷95, 「高句麗傳」, 1705쪽. "至十一月十六日 以刑部尙書張亮爲平壤道行軍大總管 自

선 및 다른 장수들의 명칭 등까지 상세하게 기술되어 차이를 보인다.

F-8-⑤부터는 본격적으로 당시 전쟁에 대한 내용이 기재되었으며, 개모성蓋牟城과 요동성에서의 전투 및 당 태종의 친정이 기술되었다.[184] 참고로 『구당서』에서는 장군의 임명 등에 대한 내용이 정관 19년645으로 기재되어 차이를 보인다. 『당회요』에서는 4월과 5월의 기사가 구분되었음에 반해, F-8-⑤에서는 별다른 구분 없이 기술되었다는 점이 주요 차이점이다.[185] 『구당서』·『신당서』에서는 당시의 전쟁 상황이 매우 상세하게 기록되었다. 이는 이후의 전쟁 기록 또한 마찬가지이다.

F-8-⑥은 백암성白巖城전투 기록으로 앞의 사례와 마찬가지로 매우 소략하게 기재되었다. 『당회요』 또한 동일한 내용으로 소략하게 기술되었다. 반면『구당서』에서는 당시 전쟁 상황이 매우 상세하게 기술되었다.[186] 『신당서』는 그에 미치지 못하지만 손대음孫伐音의 항복 등에 대한 내용이 확인된다.

F-8-⑦·⑧은 당 태종이 대승大勝을 거두었던 주필산전투에 대한 내용으로, F-8-⑦은 전투의 경과, F-8-⑧은 전투 이후의 결산에 대해 기록하였다. 두우는 그 의미를 높게 사서 기존 전쟁 기록에 비해 상세하게 서술하였

萊州泛海趨平壤 又以特進李勣爲遼東道行軍大總管 趨遼東 兩軍合勢 以其月之三十日 征遼之兵 集於幽州 安州人彭惠通請出布帛五千段 以資征人 上嘉之 比漢之卜式 拜宣義郎."

184 '개모성(蓋牟城)'에서 '개(蓋)'자를 원래 '합(盍)'자로 기재하였으나, 『구당서』 동이전과 『자치통감』을 참고하여 고쳤다. 고적(古籍)에서 '개(蓋)'자와 '합(盍)'자는 많이 통용되었다. 『通典』 卷186, 「邊防門2」, 校勘記, 5022쪽, 30번.

185 『唐會要』 卷95, 「高句麗傳」, 1705쪽. "十九年四月 李勣攻拔蓋牟城 獲口二萬 以其城置蓋州 五月上渡遼水 詔撤橋梁 以堅士卒之心 上親率甲騎 與李勣攻遼東城 拔之 以其城爲州."

186 『舊唐書』 卷199上, 「東夷傳」, 高麗, 5323~5324쪽. "師次白崖城 命攻之 右衛大將軍李思摩中弩矢 帝親爲吮血 將士聞之 莫不感勵 (…중략…) 遂受降 獲士女一萬 勝兵二千四百 以其城置巖州 授孫伐音爲巖州刺史 我軍之渡遼也 莫離支遣加尸城七百人戍蓋牟城 李勣盡虜之 其人並請隨軍自効 (…중략…) 悉令放還."

다. 그렇지만 이 역시 후대의 서술인『구당서』·『신당서』에 비해서는 상대적으로 소략한 편에 해당한다. F-8-⑦·⑧의 내용은 전반적으로『당회요』와 유사하게 작성되었다.[187] 다만『당회요』에서는 주필산전투에 앞서 당 태종의 발언이 기록되었으나, F-8-⑦에서는 이를 생략하였다.

F-8-⑨는 안시성전투 및 회군回軍에 대한 기록으로, 매우 짧게 기술되어 오랫동안 이기지 못했다고만 하였다. 도리어 회군할 때 당 태종이 안시성주安市城主에게 사례의 뜻으로 비단을 사여한 것에 좀 더 비중을 두었다.『당회요』와 내용을 비교하면 거의 동일하게 나타난다. 다만『당회요』에서는 11월의 기록 및 전쟁 결산에 대한 내용이 나오는데,[188] F-8-⑨에서는 이에 대한 내용이 기재되지 않았다.『구당서』·『신당서』에서는 기존 기록과 비교가 안 될 정도로 상세한 내용이 기술되었다.

F-8-⑩은 정관 21년647에 이적이 고구려를 공격하고 돌아오는 내용을 기술한 것이다. 여기에서는 백랑수白狼水와 황암수黃巖水 및 요원遼源에 대한 내용도 포함되었다.『당회요』의 기록과 비교하면 상호 유사하게 나타난다. 다만 F-8-⑩에 기재된 "旋師之後 更議再行"은『당회요』에서 확인되지 않는다.[189]『구당서』·『신당서』에서는 F-8-⑩에 해당하는 기록 자체가 확인

---

187 『唐會要』卷95,「高句麗傳」, 1705~1706쪽. "遂引軍次安市城 進兵以攻之 會高麗北部耨薩高
延壽・南部高惠眞率靺鞨之衆十五萬來援 於安市城東南八里 依山爲陣 上令所司張授降幕於朝堂
之側 曰 明日午時 納自指麾 是夜 有流星墜賊營中 明日 及戰 大破之 延壽
・惠眞率三萬六千八百人來降 上以酋首三千五百人授以戎秩 遷之內地 餘三萬人悉放還平壤城
收靺鞨三千三百人 並坑之 獲馬五萬匹 牛五萬頭 甲一萬領 因名所幸山爲駐蹕山 命許敬宗爲文 勒
石 以紀其跡."

188 『唐會要』卷95,「高句麗傳」, 1706쪽. "遂移軍於安市城南 久不剋 九月 遂班師 先遣遼・蓋二州戶
口渡遼 乃召兵馬歷于城下而還 城主昇城拜辭 太宗嘉其堅守 賜縑百疋 以勸事君者 十一月 至幽州
初入遼也 將十萬人 各有八駄 兩軍戰馬四萬匹 及還 死者一千二百人 八駄及戰死者十七八 張亮水軍
七萬人 沉海溺死數百人 凡徒遼・蓋・二州戶口入內地 前後七萬餘人."

189 『唐會要』卷95,「高句麗傳」, 1706쪽. "二十一年 李勣復大破高麗於南蘇 班師至頗利城 渡白狼・
黃巖二水 皆由膝已下 勣怪二水狹淺 問契丹遼源所在 云此二水更行數里即合 南流即稱遼水 更無遼

되지 않는다. 참고로 "旋師之後 更議再行"은 다시 당이 고구려 원정을 준비하였다는 내용에 해당하며, 이어지는 정관 22년648 기록에서 방현령이 상소문上疏文을 작성하게 되는 원인에 해당한다.

F-8은 고구려와 당의 전쟁을 기재하였다. 두우는 『통전』에서 전쟁 기록을 가급적 소략하게 기술하는 경향을 보였다. 그렇지만 F-8의 경우에는 상대적으로 상세하게 기술하였다는 점에서 기존의 서술과는 차이를 보인다. 다만 이후에 발간되었던 『구당서』·『신당서』 등에 비해서는 그 내용이 전체적으로 소략한 편이다. 오히려 『당회요』의 기록과 상당 부분 유사하게 나타나는 것이 특징이다. 이는 『당회요』가 『통전』을 참고하였거나, 둘 다 동일한 사료를 바탕으로 작성되었기 때문으로 볼 수 있다.

〈표 36〉은 정관 22년648에 방현령이 올린 상소문을 F-9-①~⑨까지로 구분한 것이다. 상소문의 내용을 다른 사서와 비교하여 총 9개의 구절로 나누어 보았다.

F-9-①은 방현령이 죽기 전에 아들들을 모아 상소문을 작성하겠다는 말을 한 내용이다. 『정관정요貞觀政要』에서는 당 태종이 고구려 정벌에 신경 쓰고 있을 때라는 배경이 제시되었으며,[190] 『당회요』에서는 방현령의 관직을 명기하고, 그의 발언을 짧게 수록하였다.[191] 『구당서』 방현령전房玄齡傳에서는 당 태종이 방현령이 병이 났다는 소식을 듣고 명의名醫를 보냈다는 내용 등 당시 배경이 가장 상세하게 기술되었다. 다만 『구당서』는 『신당서』와 마찬가지로 이 내용이 동이전 고구려조高句麗條에 기재되지 않고, 둘 다 방현

源可得也."
190 『貞觀政要』卷9, 「征伐35」, "貞觀二十二年 太宗將重討高麗 是時 房玄齡寢疾增劇 顧謂諸子曰 當今天下淸謐 咸得其宜 惟欲東討高麗 主爲國害 吾知而不言 可謂銜恨入地 遂上表諫曰."
191 『唐會要』卷95, 「高句麗傳」, 1706쪽. "二十二年七月 太子太傅·知門下省房元齡事謂諸子曰 吾自度危篤 以東討不停 豈可使吾銜恨入地 遂封表上諫曰."

연번	고구려절 기록	자수
F-9-①	二十二年 司空房玄齡病亟 乃謂諸子曰 當今天下清謐 咸得其宜 唯東討不庭 方爲國害 主上含怒意決 臣下莫敢犯顏 吾若不言 可謂銜恨入地 遂封表切諫曰	63
F-9-②	臣聞兵惡不戢 武貴止戈 當今聖化所覃 無遠不服 自上古所不臣者 陛下皆能臣之 所不制者 皆能制之	41
F-9-③	詳觀古今爲中國患害 無過突厥 遂能坐運神冊 不下殿堂 大小可汗 相次束手 分典禁衛 執戟行間 其後延陀鴟張 尋就夷滅 鐵勒慕義 請置州縣 沙漠之北 萬里無塵 至如高昌叛渙於流沙 吐渾首竄於積石 偏師薄伐 俱從平蕩	89
F-9-④	高麗逋誅 莫能討擊 陛下責其逆亂 殺主虐人 親總六軍 問罪遼碣 未經旬日 即拔遼東 此聖主之所自知 微臣安敢備說 且陛下仁風被於率土 孝德彰於配天	62
F-9-⑤	兼衆美而有之 靡不畢具 微臣深爲陛下惜之重之 愛之寶之	24
F-9-⑥	易曰 知進而不知退 知存而不知亡 又曰 知進退存亡而不失其正者 其唯聖人乎 由此言之 進有退之義 存是亡之機 得有喪之理 老臣所以爲陛下惜之 蓋謂此也 老子曰 知足不辱 知止不殆 臣願陛下威名功德亦可足矣 拓地開疆亦可止矣	95
F-9-⑦	彼高麗者 邊夷賤類 不足待以仁義 不可責以常禮 古來以魚鼈畜之 宜從闊略 若必欲絶其種類 深恐獸窮則搏 且陛下每決死囚 必命三覆 進素食 停音樂 蓋以人命所重 感動聖慈	71
F-9-⑧	況今兵士之徒 無一罪戾 無故驅之於遼城之間 委之於鋒刃之下 使肝腦塗地 魂魄無歸 令其老父·孤兒·寡婦·慈母 覰輀[音衛]車而掩泣 抱枯骨而摧心 足以變動陰陽 感傷和氣 實天下之冤痛也	76
F-9-⑨	伏願陛下遵皇祖老子止足之誡 以保萬代巍巍之名 許高麗自新 罷應募之衆 自然華夷慶賴 遠肅邇安 臣老病三公 朝夕入地 謹罄殘魂餘息結草之誠 儻蒙錄此哀鳴 即臣死且不朽	72
자수 합계		593

령전에 제시되었다. 『자치통감』에서는 『구당서』의 기록 방향과 유사하나 소략하게 작성되었다.

F-9-②는 방현령의 상소문을 제시한 것으로 제일 먼저 "兵惡不戢 武貴止戈"라고 기재하였다. 이는 방현령 상소문의 전체 의미를 8자로 함축한 것이다. F-9-②의 기록은 『정관정요』·『구당서』와 비슷한 문장으로 구성되었으며,[192] 『신당서』에서는 "兵惡不戢 武貴止戈"를 비롯하여 일부 표현이 제외되었다.[193] 또한 『당회요』와 『자치통감』에서는 F-9-②에 해당하는 표

---

[192] 『舊唐書』 卷66, 「房玄齡傳」, 2464쪽. "臣聞兵惡不戢 武貴止戈 當今聖化所覃 無遠不屆 泊上古所不臣者 陛下皆能臣之 所不制者 皆能制之."

[193] 『新唐書』 卷96, 「房玄齡傳」, 3856쪽. "上古所不臣者 陛下皆臣之 所不制者 陛下能制之矣."

현이 확인되지 않는다. 참고로『자치통감』의 방현령 상소문은 F-9-②·③·④·⑤에 해당하는 문구가 모두 보이지 않는다.

F-9-③은 당 태종의 업적과 관련하여 돌궐突厥·설연타薛延陀·철륵鐵勒·고창古昌·토혼吐渾, 土谷渾을 제압한 내용이 서술되었다. 방현령은 우선 당 태종의 위업偉業을 칭송하고, 이후 본인의 의사를 표현하기 위하여 이러한 서술을 하게 되었다. F-9-③의 기록은『정관정요』·『당회요』·『구당서』에서 유사한 문장이 확인되며,[194]『신당서』는 이를 축약하여 제시하였다.

F-9-④는 당 태종이 고구려를 제압하였다는 칭송을 기재하였다.『정관정요』·『당회요』·『구당서』를 보면 요동을 정벌하였다는 표현 다음에는 고구려군 포로 수십만을 잡았다는 것과 이들을 여러 주州에 분배하였고, 기존 중국 병사들의 시신을 수습하여 숙치宿恥 즉 수대隋代의 치욕을 씻어냈다는 내용이 있는데, 이를 F-9-④에서는 제외하였다. F-9-⑤의 내용은 당 태종에 대한 방현령의 마음을 기술한 것으로『정관정요』·『구당서』의 기록과 거의 유사하며,[195]『당회요』에서는 축약하여 기재되었다.

F-9-⑥은『주역周易』과『도덕경道德經』을 인용하여 당 태종에게 간언諫言하는 내용이다.『정관정요』·『당회요』·『구당서』·『신당서』에서도『주역』과『도덕경』의 내용이 확인되며,[196]『자치통감』에서는『도덕경』만 인용하여 기술하였다.[197] F-9-⑥은 『정관정요』·『구당서』의 내용과 유사하나,

---

194 『貞觀政要』卷9,「征伐35」. "詳觀古今 爲中國患害 無過突厥 遂能坐運神策 不下殿堂 大小可汗 相次束手 分典禁衛 執戟行間 其後延陀鴟張 尋就夷滅 鐵勒慕義 請置州縣 沙漠已北 萬里無塵 至如 高昌叛渙於流沙 吐渾首鼠於積石 偏師薄伐 俱從平蕩."

195 『貞觀政要』卷9,「征伐35」. "陛下兼衆美而有之 靡不備具 微臣深爲陛下惜之重之 愛之寶之."

196 『貞觀政要』卷9,「征伐35」. "周易曰 知進而不知退 知存而不知亡 知得而不知喪 又曰 知進退存亡 而不失其正者 其惟聖人乎 由此言之 進有退之義 存有亡之機 得有喪之理 老臣所以爲陛下惜之者 蓋謂此也 老子曰 知足不辱 知止不殆 臣謂陛下威名功德 亦可足矣 拓地開疆亦可止矣."

197 『資治通鑑』卷199,「唐紀15」,唐 太宗 貞觀 22년 7월, 6260쪽. "以爲 老子曰 知足不辱 知止不殆 陛下功名威德亦可足矣 拓地開疆亦可止矣."

F-9-⑥에서는 『주역』에서 "知進而不知退 知存而不知亡"을 인용하였음에 반해, 『정관정요』·『구당서』에서는 "知得而不知喪"까지 인용하였다는 점에서 차이를 보인다.

F-9-⑦은 방현령이 고구려를 폄하하고, 목숨의 소중함을 당 태종의 사형 처결에 빗대어 언급하였다. 이 기록은 『정관정요』·『당회요』·『구당서』와 유사하게 기재되었으며,[198] 『신당서』는 압축하여 기재하였고, 『자치통감』에서는 더 압축하면서 고구려에 대한 내용이 제외되었다. 아울러 여러 사서에서는 모두 사형 처결에는 반드시 '삼복오주三覆五奏'한다고 하였는데, F-9-⑦에서는 '삼복三覆'으로만 기재하였다.

F-9-⑧은 전쟁에 끌려가는 병사와 가족들의 고충을 기재한 것이다. 생생한 상황 묘사로 전쟁의 비극을 제대로 표현하였다. 이 기록은 『정관정요』·『당회요』·『구당서』에서 유사한 내용이 확인되며, 『신당서』·『자치통감』에서는 소략하게 기술되었다. 『정관정요』·『당회요』·『구당서』에서는 F-9-⑧에서 제시된 내용 외에도 더 많은 내용들이 포함되었으며, 개중에는 전쟁을 해야 할 세 가지 이유에 대한 언급도 있지만,[199] 두우는 이 내용을 제외하였다.

F-9-⑩은 방현령이 상소문을 마무리하면서 노자의 가르침인 '지족지계止足之誡'를 따르라고 간언하는 내용이다. 이와 유사한 내용은 앞과 마찬가지

---

[198] 『唐會要』 卷95, 「高句麗傳」, 1707쪽. "彼高麗者 邊夷之賤類 不足待以仁義 不可責以常理 古來以魚鱉畜之 宜從闊略 若必欲絶其種類 恐獸窮則搏 陛下每決死囚 必命三覆五奏 進素食 停音樂 蓋以人命所重 感動聖慈也."

[199] 『舊唐書』 卷66, 「房玄齡傳」, 2466쪽. "況今兵士之徒 無一罪戾 無故驅之於行陣之間 委之於鋒刃之下 使肝腦塗地 魂魄無歸 令其老父孤兒·寡妻慈母 望輤車而掩泣 抱枯骨而摧泣 足以變動陰陽 感傷和氣 實天下冤痛也. 且兵者凶器 戰者危事 不得已而用之 向使高麗違失臣節 陛下誅之可也 侵擾百姓 而陛下滅之可也 久長能爲中國患 而陛下除之可也 有一於此 雖日殺萬夫 不足爲愧 今無此三條 坐煩中國 內爲舊王雪恥 外爲新羅報讎 豈非所存者小 所損者大."

로『정관정요』·『당회요』·『구당서』에서 확인되며,[200] 『신당서』·『자치통감』에서는 간략하게 제시되었다. 『정관정요』·『구당서』에서는 당 태종이 표문表文을 받은 다음에 한탄하며 충신이라고 탄복하는 내용도 기재되었지만, F-9-⑩에서는 이 내용이 제외되었다.

F-9는 방현령이 당 태종에게 고구려 정벌에 대해 간언하는 내용을 기재한 것이다. 당시 당의 여러 신료들도 방현령의 의견에 동조하였으나, 차마 표문을 올리지 못하는 것을 방현령이 대표하여 간언한 것이었다. 방현령의 상소문 원본은 『정관정요』와 『구당서』에 기재된 것으로 볼 수 있다. 두우는 원본을 참고하면서도 일부 군더더기로 판단되거나 장황한 문장은 제외하여 고구려절에 전사傳寫하였다.

〈표 37〉은 고구려의 멸망과 적인걸의 상소문을 기재한 것으로, F-10-①~⑨로 구분할 수 있다. F-10-①~⑤는 고구려 멸망에 대한 기록이고, F-10-⑥~⑨는 적인걸의 상소문에 해당한다.

F-10-①은 연개소문의 사후死後에 남생男生이 뒤를 이었으나 축출되었다는 내용으로, 『구당서』·『신당서』·『자치통감』에서 유사한 기록이 확인된다. F-10-①에서는 당시 상황에 대한 상세한 기록이 없음에 반하여, 다른 사서에서는 당대當代 정황을 상세히 기술하였다. 특히 『자치통감』의 기록이 가장 상세한 편이다.[201]

200　『唐會要』卷95,「高句麗傳」, 1707쪽. "願陛下遵皇祖老子止足之誡 保後代巍巍之名 發沛然之恩 降寬大之詔 順陽春以布澤 許高麗以自新 臣老病三公 朝夕入地 所恨竟無塵露 微增海嶽 謹罄殘魂餘息 先代結草之誠 倘蒙錄此哀鳴 即臣死且不朽."

201　『資治通鑑』卷201,「唐紀17」, 唐 高宗 乾封 원년, 6347쪽. "高麗泉蓋蘇文卒 長子男生代爲莫離支 初知國政 出巡諸城 使其弟男建·男產知留後事 或謂二弟曰 男生惡二弟之逼 意欲除之 不如先爲計 二弟初未之信 又有告男生者曰 二弟恐兄還奪其權 欲拒兄不納 男生潛遣所親往平壤伺之 二弟收掩 得之 乃以王命召男生 男生懼 不敢歸 男建自爲莫離支 發兵討之 男生走保別城 使其子獻誠詣闕求救."

연번	고구려절 기록	자수
F-10-①	蓋蘇文死 其子男生嗣立 爲其弟男建所逐 使其子獻誠詣闕	24
F-10-②	高宗總章元年 遣司空李勣伐高麗 破其都平壤城 擒其王高藏幷男建等 平其國 下城百七十六 戶六十九萬七千	45
F-10-③	二年 移高麗戶二萬八千二百配江淮以南・山南・京西	21
F-10-④	咸亨元年四月 其餘類有酋長劍牟岑者率衆叛 立高藏外孫安舜爲王 令左衛大 將軍高偘討平之	39
F-10-⑤	其後餘衆不能自保 散投新羅・靺鞨舊國 土盡入於靺鞨 高氏君長遂絶	28
F-10-⑥	武太后聖歷二年 鸞臺侍郞・平章事狄仁傑上表請拔安東 復其君長 曰 臣聞先 王疆理天下 皆是封域之內 制井田 出兵賦 其有逆命者因而誅焉 罪其君 弔其人 存其社稷 不奪其財 非欲土地之廣 非貪玉帛之貨	83
F-10-⑦	至漢孝武籍四帝之資儲 於是定朝鮮 討西域 平南越 擊匈奴 府庫皆空 賊盜蜂起 百姓嫁妻賣子 流離於道路者萬計 於是榷沽市利 算及舟車 籠天下貨財而財用 益屈 末年覺悟 息兵罷役 封丞相爲富人侯 然而漢室中分 蓋由此起 豈不戒哉	95
F-10-⑧	人有四支者 所以捍頭目也 君有四方者 所以衛中國也 然以蝮蛇在手 旣以斷節 全身 狼戾一隅 亦宜棄之存國 漢元帝罷珠崖之郡 宣帝棄車師之田 非惡多而好 少也 知難卽止 是爲愛人	74
F-10-⑨	今以海中分爲兩運 風波漂蕩 沒溺至多 準兵計糧 猶苦不足 且中國之與蕃夷 天 文自隔 遼東所守 已是石田 靺鞨遐方 更爲雞肋 今欲肥四夷而瘠中國 恐非通典 且得其地不足以耕織 得其人不足以賦稅 臣請罷辭訥 廢安東鎭 三韓君長 高氏 爲其主 誠願陛下體存亡繼絶之義 復其故地 此之美名 高於堯舜遠矣	124
자수 합계		533

F-10-②는 고구려 멸망에 대한 기록이다. 그 시점은 총장總章 원년668으로 기재되었지만 『구당서』에서는 이적이 요동도행군대총관遼東道行軍大總管이 되어 고구려로 출병한 것은 건봉乾封 원년666 11월이며, 건봉 2년667 2월에 요수를 넘어 신성新城을 공격하였다고 기록되었다. 또한 총장 원년 9월에 평양성 남쪽으로 갔으며, 11월에 평양성을 함락시켜 보장왕寶藏王과 남건男建을 붙잡았다고 하였다. 즉 F-10-②는 3년간에 걸쳐 있었던 일을 축약시켜 기재한 것이며, 때문에 『당회요』・『구당서』・『신당서』・『자치통감』과 비교하면 매우 소략한 편에 해당한다. 참고로 F-10-②에서는 고구려 멸망 당시 인구를 69만 7천 호戶로 기재하였는데, 『통전』「식화문」의 역대성쇠호구歷代盛衰戶口와 『책부원귀』에서는 170성城 697,200호로 기록되어 호의 숫자가

더 구체적이다.[202]

　F-10-③은 총장 2년669에 고구려 유민遺民을 이주시켰다는 내용이다.[203] 유민 천사遷徙 기록은 『당회요』·『신당서』·『자치통감』에서도 확인되는데, 그 인원은 모두 다르게 나타난다. F-10-③에서는 28,200호라고 한 반면, 『당회요』에서는 28,000호戶, 『신당서』에서는 3만호, 『자치통감』에서는 38,200호라고 기재하였다. 참고로 『삼국사기』에서는 38,300호라 기술하였다.[204] 『자치통감』의 해당 기록은 가장 이른 시기에 해당하는 F-10-③의 기록을 바탕으로 작성되었으나, '이二'자와 '삼三'자의 표기에서 오류가 발생한 것이 아닌가 생각된다.

　F-10-④는 함형咸亨 원년670에 검모잠劍牟岑이 고구려 회복을 도모하였다는 내용으로,[205] 『신당서』와 『자치통감』에서 유사한 기록이 확인된다.[206] 다른 사례와 마찬가지로 여기에서도 당대 정황을 간략하게 기술되는 데에 그쳤다. F-10-⑤는 고구려의 사람들과 영토가 결국 신라와 말갈로 가거나 편입되었으며 고씨高氏 군장君長이 끊기게 되었다는 내용이다. 이는 『당회요』·『구당서』·『신당서』·『자치통감』에서 확인되는 내용이다. 이 중에서 『자

202　『通典』卷7, 「食貨門7」, 歷代盛衰戶口, 大唐, 149쪽. "總章元年十月 司空李勣破高麗國 虜其王 下城百七十 戶六十九萬七千二百 二年 徙高麗民三萬 配江淮以南·山南·京西"; 『冊府元龜』卷 486, 「邦計部」, 戶籍, 5511쪽. "總章元年十月 司空李勣破高麗國 虜其王 下城百七十 戶六十九萬 七千二百 配江·淮以南·山南·京西."

203　"移高麗戶二萬八千二百配江以南·山南·京西"에서 '이백(二百)'은 원래 '삼백(三百)'이었고, '이(以)'자는 '영(嶺)'자로 잘못 기재되었으나, 북송본·명각본에 의거하여 수정하였다. 왕오본 역시 '이백(二百)'이라 하였고, '이(以)'자를 '영(嶺)'자로 잘못 기재하였다. 『通典』卷186, 「邊防門2」, 校勘記, 5023쪽, 42번.

204　『三國史記』卷22, 寶藏王 下 27년. "二年己巳 二月 王之庶子安勝 率四千餘戶 投新羅 夏四月 高宗 移三萬八千三百戶於江淮之南及山南·京西諸州空曠之地."

205　'검모잠(劍牟岑)'에서 '검(劍)'자는 원래 '겸(鉗)'자로 기재되었으나, 북송본·명각본·왕오본을 참고하여 수정하였다. 『通典』卷186, 「邊防門2」, 校勘記, 5023쪽, 43번.

206　『資治通鑑』卷201, 「唐紀17」, 唐 高宗 咸亨 원년 4월, 6363쪽. "高麗酋長劍牟岑反 立高藏外孫安舜爲主 以左監門大將軍高侃爲東州道行軍總管 發兵討之 安舜殺劍牟岑 奔新羅."

치통감』은 고씨뿐만 아니라 부여씨扶餘氏도 함께 언급하였다.[207]

　F-10-⑥부터는 다른 내용으로 넘어가서 무주武周 성력聖曆 2년697의 적인걸 상소문이 제시되었다. F-10-⑥~⑨는『당회요』안동도호부조安東都護府條에 수록된 적인걸의 상소문과『전당문全唐文』에 수록된「청발안동표請拔安東表」와 비교된다.[208] F-10-⑥에서는 적인걸이 상소를 올린 목적이 "請拔安東 復其君長"라는 8자로 드러난다.[209]『당회요』에서는 이 문구를 '발拔'자 대신 '수收'자로 기술하였는데, 의미상 큰 차이가 없다. 또한『당회요』에서는 "以爲民極"과 "樹之風聲"이라는 표현이 확인된다는 점에서 F-10-⑥과 차이를 보인다.[210]『전당문』에서는 적인걸에 대한 소개 없이 바로 표문이 제시되었으며, 그 내용은 F-10-⑥과 거의 동일하다. -10-⑦은 한 무제 때에 사방을 정벌하면서 국고를 탕진하였다는 사실을 거론하였다.『당회요』에서는 그 배경으로 "逞高祖之宿憤"이라고 하였으나, F-10-⑦에서는 한 무제가 말년에 자신의 행보가 잘못되었음을 깨닫고 승상丞相을 부인후富人侯로 봉했다고 하였는데,『당회요』에서는 그대로 부민후富民侯로 기재하였

207　『資治通鑑』卷202,「唐紀18」, 唐 高宗 儀鳳 2년 2월, 6383쪽. "高麗舊城沒於新羅 餘衆散入靺鞨及突厥 隆亦竟不敢還故地 高氏・扶餘氏遂亡."

208　『전당문(全唐文)』은 청대(淸代)의 동고(董誥)・완원(阮院)・서송(徐松) 등이 칙명을 받들어 편찬한 책이다. 내부 구장(舊藏)의 초본(初本)인『당문(唐文)』160책을 남본(藍本)으로 하고『문원영화(文苑英華)』및 기타 유서(類書)・총집(總集)・문집(文集)과 금석비판(金石碑版)에서 당(唐)의 문장을 채집하여 만든 것이다. 당대(唐代)와 오대(五代)의 문장 18,488편을 수록하였으며, 작자는 3,042명으로 모두 약전(略傳)을 붙였다.(趙國璋・王長恭・江慶柏, 이동철 譯,『문사공구서개론』, 한국고전번역원, 2015, 69~70쪽)

209　"上表請拔安東"에서 '발(拔)'자는 왕오본에서 '투(投)'자로 되어 있으며, 무영본에서는 '연(捐)'자로 되어 있는데 모두 억측으로 바꾼 것이다. 북송본・명각본을 참고하여 본래대로 바꾸었다. '발(拔)'자는 떼놓는다는 뜻이며,『태평환우기』에도 '발(拔)'자로 기재하였다.『通典』卷186,「邊防門2」, 校勘記, 5024쪽, 45번.

210　『唐會要』卷73,「安東都護府」, 1318~1319쪽. "聖曆二年 鸞臺侍郞狄仁傑上表 請收安東 復其君長 臣聞先王疆理天下 以爲民極 皆是封域之內 樹之風聲 於是制井田 出兵賦 其逆命者 因而誅焉 罪其君 弔其民 存其社稷 不奪其財 非欲土地之廣也 非貪玉帛之貨也."

다.[211] 『전당문』의 「청발안동표」에서는 F-10-⑦에 해당하는 내용이 확인되지 않는다.

F-10-⑧은 사람에게 있어서 사지四支가 임금에게 있어서 사방四方에 해당한다며, 이들이 존재해야 하는 이유를 설명하였다. 또한 한 무제와는 다르게 한 원제漢元帝와 선제宣帝가 주애군珠崖郡을 철폐하고 거사車師의 전田을 버린 사례를 들어 올바른 결정이었다고 지적하였다. 이 기록은 『당회요』와 『전당문』의 해당 기록에서 거의 동일하게 보이며 일부 표현에서만 차이를 보인다.[212]

F-10-⑨는 적인걸 상소문의 마지막 부분에 해당한다. 여기에서는 당시 무주의 상황에서 안동도호부를 그대로 유지하기 어렵다는 내용들을 기재하였다. 안동진安東鎭을 유지하여 얻을 수 있는 이익이 적고 오히려 비용이 많이 든다는 점을 지적하였다. 이 기록과 관련하여 『당회요』에서는 더욱 구체적인 내용들이 확인되지만, 두우는 이를 불필요한 내용으로 판단하여 제외한 것으로 보인다.[213] 반면 『전당문』의 해당 기록에서는 F-10-⑨의 기록보다 더욱 소략하게 작성하였다는 점에서 차이를 보인다.[214] 결과적으

---

211 『唐會要』卷73, 「安東都護府」, 1319쪽. "至漢孝武皇帝 遑高祖之宿憤 籍四帝之資儲 於是定朝鮮 討西域 平南越 擊匈奴 府庫皆空 盜賊蜂起 百姓嫁妻賣子 流離於道路者萬計 於是榷酤市利 算及舟車 籠天下貨財 而財用益屈 末年覺悟 息兵罷役 封丞相爲富民侯 然而漢室中衰 釁由此起 不可與覆車同軌 豈不戒哉."

212 『全唐文』卷169, 狄仁傑, 請拔安東表. "人有四支者 所以頭目也 君有四方者 所以衛中國也 然而蝮蛇在手 既以斷節全身 狼戾一隅 亦宜棄之存國 漢元帝罷沃郡 宣帝棄車師之田 非惡多而好少也 知難即止 是爲愛人."

213 『唐會要』卷73, 「安東都護府」, 1319쪽. "今海中分爲兩運 風波飄蕩 沒溺至多 准兵計糧 猶且不足 中國之與蕃夷 天文自隔 遼東所守 已是石田 觕鞜逅方 更爲雞肋 弱枝强幹 有國通規 今欲肥四夷而瘠中國 恐非通典 且得其地不足以耕織 得其人不足以賦稅 此乃前王之所棄 陛下勞師而取之 恐非天意 臣請罷薛仁貴 廢安東鎭 陛下允臣所請 即天啓其謀 非人力也 三韓君長 高氏誠爲其主 願陛下 以存亡繼絶之義 復其故地 此之美名 高於堯舜 遠矣."

214 『全唐文』卷169, 狄仁傑, 請拔安東表. "今以海中分爲兩運 風波飄蕩 沒溺至多 准兵計糧 猶苦不足 且得其地不足以耕織 得其人不足以賦稅 臣請罷薛訥 廢安東鎭 三韓君長 高氏爲其主 誠願陛下存亡

로 무주 조정에서는 이러한 적인걸의 주장을 수용하지 않았다. 『구당서』 지리지에서는 성력 원년698 6월에 안동도독부로 고쳤다가, 신룡神龍 원년 705에 안동도호부로 복귀시켰다고 하였다. 이후 개원開元 2년714에 안동도 호부를 평주平州에 옮겨 설치하였고, 천보天寶 2년743에 요서고군성遼西故郡城 에 옮겨 설치했다고 하였으며, 지덕연간至德年間, 756~758 이후에 폐지했다고 하였다.[215]

아울러 적인걸의 상소문도 기재하였는데, 정작 이 상소문은 『구당 서』·『신당서』의 적인걸전狄仁傑傳에는 확인되지 않는 내용이다. 비슷한 시 기의 적인걸 상소문으로는 『신당서』에서는 만세통천년萬歲通天年, 696, 『구당 서』·『책부원귀』·『자치통감』에서는 신공神功 원년697으로 기록된 상소문 이 있으며, 이를 『전당문』에서는 「청파백성서수소륵등사진소請罷百姓西戌疏勒 等四鎭疏」라고 하였다. 그렇지만 이 상소문은 안동도호부만을 대상으로 한 것 이 아닌 서융西戎 소륵疏勒 등을 대상으로 하였다는 점에서 고구려절에 기재 된 상소문과는 성격이 다른 것으로 보아야 한다.

F-10은 고구려 멸망과 관련한 기록이다. 두우는 이를 최대한 간략하게 작성하는 방법을 취하였다. 후대에 작성된 『당회요』의 서술과 일치하는 부 분도 있지만, 그보다도 소략한 점이 특징이다. 또한 『구당서』와 『신당 서』의 사례를 상기한다면, 더욱 상세하게 기술할 수 있지만, 일부러 두우는 간략하게 작성하는 방안을 선택한 것으로 볼 수 있다. 두우는 적인걸의 상 소문으로 고구려절을 마무리하였다. 이는 두우의 외방外方에 대한 인식이

繼絕之義 復其故地 此之美名 高於堯舜遠矣."

215 『舊唐書』卷39, 「地理志2」, 十道郡國 2, 河北道, 安東都護府, 1526~1527쪽. "聖曆元年六月 改爲安東都督府 神龍元年 復爲安東都護府 開元二年 移安東都護於平州置 天寶二年 移於遼西故郡 城置 至德後廢 初置領羈縻州十四 戶一千五百八十二 去京師四千六百二十五里 至東都三千八百二 十里."

적인걸의 생각과 상통하였기 때문에, 적인걸의 말을 통해 본인의 생각을 드러내고자하는 기사배치로 해석할 수 있다.

고구려절은 앞서 살펴보았던 다른 절節과 비교하여 매우 다양한 사서를 참고하여 작성되었다. 고구려는 후한시대부터 관련 기록들이 남아 있으므로, 다른 절에 비해 그 내용이 풍부한 편에 해당한다. 더욱이 중국과 직접 접촉하였기 때문에 중국으로서는 고구려의 다양한 정보를 확보하였고, 이를 간략하게 정리한 결과물이 『통전』 고구려절이다.

다만 고구려절 전부가 기존 사료를 바탕으로 작성되지는 않았다. 저자는 편의상 고구려절을 F-1~10까지 구분하였는데, F-1~6까지가 기존 사서에서 확인되는 내용들과 유사성을 보이는 부분이며, 나머지 F-7~10은 두우가 당대에 확보한 자료를 바탕으로 만든 것이다.

참고로 고구려절의 분량에서 F-1~6까지를 보면, F-1은 204자, F-2는 439자, F-3은 428자, F-4는 380자, F-5는 307자, F-6은 667자로 도합 2,425자에 이른다. F-7~10까지를 보면, F-7은 278자, F-8은 557자, F-9는 593자, F-10은 533자로 도합 1,961자에 이른다. 고구려절은 전체 4,386자인데, 이 중에서 F-1~6의 비중은 55.2%에 해당하며, 기존 사서의 반영은 대략 절반 정도로 볼 수 있다. 반대로 말하자면 두우가 새롭게 창작하거나 당대에 확보한 자료의 분량 역시 절반 정도에 해당하므로, 두우가 별도로 활발한 자료 수집을 행하여 고구려절을 저술하였다는 점을 알 수 있다.

〈표 38〉은 고구려절에 영향을 미친 것으로 생각되는 사서의 빈도 및 유사도를 일괄적으로 정리한 것이다. 주지하듯이 중국 정사는 편찬 시기에 따라 기존 사서의 기록을 답습하여 작성되는 경향이 강하다. 다만 그 중에서

<표 38> 고구려절과 주요 사서 유사도 비교

서명	해당 연번						기록 유사도	
	F-1	F-2	F-3	F-4	F-5	F-6	자수	백분율
사기						⑥	23/70	32.8
한서						⑧·⑩	21/133	15.7
후한서	②·④·⑤	①·③·④·⑤·⑥·⑦·⑧·⑨·⑩·⑰	①·②·③	⑩			437/499	87.5
삼국지		②·⑦·⑯·⑱	④·⑤·⑥				237/294	80.6
위략						⑤	52/60	86.6
남제서				⑤·⑥			53/66	80.3
양서			⑧·⑨	①			126/152	82.8
위서	①	⑯		①·⑩			116/190	61.0
주서		⑪·⑫·⑬·⑮		⑧·⑨·⑪			134/144	93.0
남사				③			30/35	85.7
북사	③		⑦	②·⑦	①·③·⑤		206/289	71.2
수서		⑭		⑦	②		149/206	72.3
수경주						⑨	24/31	77.4
고려기						②·③·④	209/234	89.3

영향력이 큰 사서를 선별하여 고찰한 결과라는 점을 염두하고 살펴보아야 한다.

두우가 가장 크게 참고한 사서는 『후한서』이다. 『삼국지』가 원 사료에 해당하고, 『후한서』는 이를 답습한 사서이다. 그렇지만 두우는 『후한서』의 내용이 좀 더 축약되어 있다고 판단하여 주된 사료로 활용하였다. 특히 고구려의 풍습과 관련하여 『후한서』의 구조를 따라 서술한 경향이 강하게 나타난다. 다만 『후한서』 다음으로 비중이 높은 사서가 『삼국지』인데, 이는 『후한서』 못지않게 『삼국지』를 상호 대조하며 기록에 반영하였기 때문이다. 그 다음으로 비중이 높은 사서는 『북사』이다. F-1·3·4·5에 고루 반영되어 있는 점이 특징이다. 이 외에 『한원』에 인용된 『고려기』도 다수 참고한 흔적이 나타나며, 『수서』 또한 크게 참고하였다.

사료 유사도를 볼 때 『사기』와 『한서』는 유사도 낮음에 해당한다. 이는 두우가 두 사서를 참고하되, 그 내용을 그대로 반영하는 게 아닌 당대의 정황에 맞춰 수정한 내용들이 많다는 점을 의미한다. 이러한 점은 『위서』도 마찬가지이다. 두우는 후한대의 연혁은 『후한서』, 조위대의 연혁은 『삼국지』를 참고하였는데, 관구검의 침공은 『양서』를 저본으로 삼았다. 진대에 해당하는 쇠·안·연의 연혁 및 평양성에 대한 기록은 다양한 사료를 참고하고, 이를 다시 복합적으로 엮어서 재구성하였다. 수와의 전쟁 기록은 『북사』·『수서』의 기록을 바탕으로 하되, 내용을 축약하여 서술하였다.

두우는 당대의 기록부터 자체적으로 확보한 사료를 다수 활용하여 서술하였다. 연개소문 관련 기록은 당 고조 때에 확인되는데, 이는 두우가 고구려절 서술을 하면서 순서에 오류를 보인 것으로 생각된다. 당과의 전쟁 기록은 후대의 기록에 비해 매우 소략한 편에 속하며, 『당회요』의 기사 구성과 유사한 부분이 많다. 방현령의 상소문 원본은 『정관정요』와 『구당서』에서 확인되는데, 두우는 이를 축약하여 제시하였다. 고구려 멸망 기록 역시 소략한 편이며, 적인걸 상소는 두우의 의도를 잘 나타낸다고 판단되어 마지막에 배치된 것으로 볼 수 있다.

본 장에서는 「변방문」 동이목 중에서 조선절·삼한마한절·진한절·변진절·백제절·신라절·부여절·고구려절의 구성을 분석하고, 두우가 참고한 사서가 무엇인지 살펴보는 작업을 수행하였다. 그 결과 두우는 『통전』을 기술하면서 일방적으로 하나의 사서에 의존하여 작성하지 않고, 다양한 사료를 취합하여 작성하였다는 점을 알 수 있었다. 연혁의 경우 그 시점의 변화에 따라 적절한 사서를 활용하였으며, 풍습의 경우에는 다른 사서와의 비교를 통해 보완해나가는 방식을 사용하였다. 이를 통해 각 절의 구성을 간략하면서도, 최대한 주요 내용들이 수록될 수 있도록 하였다.

조선절에서 가장 큰 비중을 차지하는 사서는 『사기』이다. 위만조선과 관련된 내용은 『사기』를 참고하여 기술되었고, 기자조선과 한사군에 대한 내용은 『후한서』를 참고하여 기술하였다. 두우는 조선절을 작성하면서 '기자조선 → 위만조선 → 한사군'으로 이어지는 계승 관계를 설정하여 적용하였다. 기존에도 이러한 인식은 있었지만, 조선이라는 국가를 별도의 절로 편성하여 관계를 정리하였다는 점에서 의의가 있다. 이러한 두우의 서술과 인식은 차후 여러 역사서에서 조선에 대한 중국의 인식에 막대한 영향을 미치게 되었다.

마한절·진한절·변진절은 삼한이라는 큰 틀에서 규정할 수 있다. 마한절과 진한절은 각각의 풍습에 대한 내용이 서술되었으며, 변진절에서는 풍습 관련 기록이 짧게 기재되고, 이후로는 삼한의 연혁이 기재되었다. 전체적으로 『후한서』를 크게 참고하여 삼한에 대해 서술하였으며, 『삼국지』의 기록도 참고하면서 내용을 보완하였다. 마한왕이 내조하였다는 기록은 기존의 사서에서 보이지 않는 기록으로, 두우가 새롭게 확보한 자료를 바탕으로 서술된 것으로 생각된다.

백제절은 기존의 사서들과 비교하여 다양한 사료를 섭렵하여 작성된 점이 특징이다. 이는 백제가 오랜 기간 동안 다양한 국가들과 교류하며 다양한 사서에 입전되었기 때문이다. 백제절의 내용 중 가장 큰 비중을 차지하는 사서는 『주서』로, 백제의 풍습 관련 기록에서 공통점이 크게 확인된다. 다음으로 비중이 높은 사서는 『수서』로, 백제절 전반에 걸쳐 참고되었다. 백제절은 기존 기록과 비교하여 확인되지 않는 기록들이 더러 확인된다. 이는 두우가 새롭게 확보한 기록들이 반영된 것이며, 특히 역사지리학적인 측면에서 백제의 이동을 거론하였다는 점이 주목된다.

신라절은 『수서』와 『양서』의 기록이 주요 저본이 되어 기술되었다. 신라에 대한 기술은 길지 않은 편이며, 삼국통일 이전까지 서술되었다. 신라왕 김춘추가 당에 내조하여 장복을 하사받은 기록으로 마무리되었다. 고구려와 백제에 비해 신라의 연혁이 더 짧게 기술되었다는 점은 다소 의아한 대목이다. 이는 당의 입장에서 나당전쟁 패배와 같은 부정적인 기록을 기술하지 않고 회피하려는 의도가 반영된 결과물로 해석할 수 있다.

부여절은 전반적으로 『삼국지』의 기록을 크게 참고하여 기술되었다. 연혁에 따라 『후한서』와 『진서』를 참고하여 기술한 사례도 확인된다. 부여의 연혁과 관련하여 가장 마지막에는 중국의 도움으로 부여가 회복하였다고 기재되었다. 이후 부여의 연혁은 다른 사서에서도 관련 내용이 확인되지만,

의도적으로 중국 덕분에 나라를 되찾게 되었다는 식으로 마무리하였다.

고구려절은 동이목에서도 가장 많은 내용이 기술되어 있다. 이는 중국과 오랫동안 교류하거나 전쟁을 하였던 상황이 반영된 것으로, 중국에서도 고구려에 대한 정보가 다수 확보되었기 때문에 가능하였다. 고구려절은 『후한서』를 가장 많이 참고하여 서술되었으며, 뒤이어 『삼국지』·『고려기』·『북사』의 기록도 여럿 참고한 것으로 확인된다. 고구려절의 전체 기록으로 보았을 때 절반 정도는 기존의 기록을, 다른 절반은 새롭게 확보한 기록을 바탕으로 서술되었다. 당대에 전쟁을 통해 확보한 자료 및 지리와 관련된 정보, 고구려와 관련된 상소문 등이 포함되었다. 전쟁이나 확장정책을 반대하는 상소문은 두우의 의도와도 연관되기 때문에 인용된 것으로 생각해 볼 수 있다.

제4장

동이목의 한국고대사 인식과 '동이지지'의 의미

3장에서는『통전通典』에 기재된 주요 국가들의 기록을 살펴보아 그 전거 자료를 분석하고, 어떤 과정을 통해 서술하게 되었는지, 새롭게 삽입된 사료가 무엇인지 살펴보는 작업을 수행하였다. 이번 장에서는 앞에서 확보한 정보를 바탕으로『통전』「변방문邊防門」동이목東夷目을 고찰하도록 하겠다. 특히 동이목에 대한 상세한 검토를 통하여 한국고대사에 대한 인식을 살펴보고자 한다.

본 장에서는 크게 3절로 나누어 한국고대사 인식에 대한 분석을 수행하겠다. 우선『통전』에서 확인되는 한국고대사 인식을 고찰하는 작업을 진행하였다.『통전』각 기록에서 한국 고대 국가에 대해 어떠한 인식이 확인되며, 두우杜佑의 사상과 관련하여『통전』이 그의 대외관對外觀에 어떻게 반영되었는지에 대해서도 살펴보았다. 아울러『통전』이후에 발간된 사서史書와 정서政書에,『통전』이 어떻게 영향을 미치게 되었는지에 대해 알아보았다.

한국고대사 인식과 관련하여 몇 가지 사례를 심도 있게 분석하는 작업도 수행하였다. 이와 관련하여 크게 두 가지 키워드, 즉 기자조선箕子朝鮮과 동이지지東夷之地에 대한 고찰을 시행하였다. 기자조선은 중국에서 한국고대사를 인식하는 가장 주요한 존재로서, 한국사의 시작을 중국사와 연계시키는 인식이 반영된 것이다. 기자조선에 대한 기록은『통전』이전부터 확인이 되는데, 주로 수隋·당대唐代에 군현회복론郡縣回復論과 관련하여 논의되었다.『통전』이전 즉 수·당 이전과 수·당대의 기자조선 관념 및 고구려에서의 기자조선 인식에 대해 살펴보는 작업을 수행하였다. 후술하겠지만『통전』에서 동이에 대한 인식은 결국 기자조선에 대한 관념과 연관성이 깊게 나타난다.『통전』의 한국고대사 인식 형성을 고찰하기 위해서라도, 이전의 기자조선 논의를 살펴볼 필요가 있다.

『통전』의 기록을 분석하면서 저자는 '동이지지東夷之地' 혹은 '동이소거東夷所據'라는 표현에 주목하였다. 동이지지에 대한 기록은『구당서舊唐書』와『신당서新唐書』에서도 유사하게 확인되는데, 동이東夷 대신 고려高麗·발해渤海로 기록되었다는 점에서 차이를 보인다. 이는 근본적으로 동이에 대한 당唐의 관념이『통전』에 어떻게 반영되었는지 알 수 있는 대목이다. 발해에 대한 당대의 인식을 고찰함과 함께,『구당서』·『신당서』에서 발해를 북적北狄으로 구분하였다는 점도 상기하였다.『통전』에서 발해를 동이로 대신 기술한 것과 달리, 후대에 왜 북적으로 구분하였는지에 대하여, 여러 정황을 바탕으로 추측하고,『통전』을 계승한 서적에서는 동이로 고찰하게 되었다는 사실을 밝히게 되었다.

제반의 논의에 앞서『통전』을 통해 본 중국의 한국고대사 인식에 대해 먼저 거론하도록 하겠다.

1. 『통전』의 한국고대사 인식과 두우의 중화사상

중국은 수隋·당대唐代에 들어 한국 고대 국가 특히 고구려를 자국사自國史
와 연관시켜 해석하는 인식을 보여주었다.[1] 중국은 한대漢代에 설치하였던
낙랑樂浪과 현도玄菟를 거론하며 동이東夷 지역의 역사가 자신들과 연관된다
고 기록하였다. 수대隋代부터 중국은 자신들이 한사군漢四郡의 영역 즉 한반
도 서북부와 요동지역의 소유권을 지니며, 이곳을 다시 회복해야 한다고 주
장하였다. 이른바 군현회복론郡縣回復論이 이러한 논의에 해당한다.[2]

중국의 한국고대사 인식과 관련하여 학계에서는 그동안 여러 연구가 이
행되었다. 본 장에서 주로 다루는 시대인 당대를 기준으로 하면, 수대 이전
과 수·당대, 수·당 이후부터 현대까지로 구분할 수 있다. 각종 사서나 여
러 서적의 기록을 바탕으로 한국고대사 인식에 대한 연구가 수행되었다. 특
히 동북공정東北工程 이후로 중국 학계에서의 연구 성과를 분석하는 사례도
여럿 확인된다. 각 주제별 주요 연구 성과를 거론하면 다음과 같다.

수대 이전의 한국고대사 인식에 대한 연구는 다양한 방면으로 이행되었
다. 『후한서後漢書』 동이열전東夷列傳에 기재된 내용을 바탕으로 중국의 한국
고대사 인식에 대해 살펴본 논고가 있었으며,[3] 조위曹魏와 양진대兩晉代의 고
구려와 중국의 관계 및 관련 기사의 이중성에 대해 고찰한 연구가 있다.[4]
남북조시대를 대상으로도 여러 연구가 이행되었다. 책봉冊封 문제를 바탕으

---

1 본 절은 저자의 논문인 '송영대, 「『通典』의 한국고대사 인식과 杜佑의 중화사상」, 『한국고대사탐
   구』 35, 한국고대사탐구학회, 2020'의 내용을 일부 수정하여 기재한 것임을 밝힌다.
2 윤용구, 「隋唐의 對外政策과 高句麗 遠征−裴矩의 '郡縣回復論'을 중심으로」, 『북방사논총』 5,
   동북아역사재단, 2005.
3 기수연, 「『後漢書』 「東夷列傳」에 나타난 韓國古代史의 인식」, 『단군학연구』 7, 단군학회, 2002.
4 李貞子, 「魏晉時代 高句麗−中國 관계 인식」, 『忠北史學』 14, 충북사학회, 2005.

로 인식 연구를 진행한 사례가 있으며,[5] 『위서魏書』와 『남제서南齊書』에서 나타나는 고구려에 대한 인식을 살펴본 연구도 있고,[6] 외교적인 측면에서의 고찰도 이행되었다.[7]

수·당대의 한국고대사 인식에 대한 연구도 다양한 방면에서 수행되었는데, 특히 대외정책과 관련하여 여러 연구가 제시되었다. 고구려와 관련하여서는 6세기 후반의 정세,[8] 6세기 말에서 7세기 초반,[9] 7세기 후반을 대상으로 고구려의 대외관계에 대한 상세한 연구가 진행되었다.[10] 백제와 관련하여 주로 의자왕대의 대외정책을 바탕으로 연구가 진행되었다.[11] 당대에 간행된 정사正史를 비롯한 여러 사서를 바탕으로 백제에 대한 인식을 파악한 연구가 있다.[12] 신라와 관련하여서는 초기 왕계 문제에 대한 중국 기록에 대한 분석을 주제로 한 연구,[13] 계림주鷄林州 설치에 대한 의도 분석 연구가

---

5 임기환, 「南北朝期 韓中 冊封·朝貢 관계의 성격―고구려·백제의 冊封·朝貢에 대한 인식을 중심으로」, 『한국고대사연구』 32, 한국고대사학회, 2003; 정동준, 「6세기 동아시아에서의 책봉호의 정치적 의미―국제정세의 변동과 백제의 책봉호에 반영된 인식을 중심으로」, 『사림』 66, 수선사학회, 2018.

6 李貞子, 「고구려에 대한 중국 정사의 이중인식문제 연구―남북조시대를 중심으로」, 『숭실사학』 23, 숭실대 사학회, 2009.

7 方香淑, 「5~7世紀 中國王朝들의 百濟에 대한 認識과 外交 戰略의 變化」, 『百濟硏究』 57, 충남대 백제연구소, 2013.

8 이정빈, 「570년대 후반~580년대 전반 요서지역의 情勢와 고구려의 대외관계」, 『동북아역사논총』 44, 동북아역사재단, 2014.

9 여호규, 「6세기말~7세기초 동아시아 국제질서와 고구려 대외정책의 변화―대수관계(對隋關係)를 중심으로」, 『역사와 현실』 46, 한국역사연구회, 2002; 김진한, 「嬰陽王代 高句麗의 政局動向과 對隋關係」, 『高句麗渤海硏究』 33, 고구려발해학회, 2009.

10 여호규, 「7세기 중엽 국제정세 변동과 고구려 대외관계의 추이」, 『大丘史學』 133, 대구사학회, 2018.

11 양종국, 「백제 의자왕대의 정치와 對中外交 성격 검토」, 『百濟文化』 47, 공주대 백제문화연구소, 2012; 정동준, 「의자왕대 백제에 대한 당의 인식 변화―외교문서의 분석을 중심으로」, 『사림』 55, 수선사학회, 2016.

12 張榮芳, 「唐代 史書의 百濟에 對한 記錄과 認識」, 『百濟硏究』 21, 충남대 백제연구소, 1990.

13 金炳坤, 「中國 正史 新羅傳에 記錄된 新羅 初期 王系 및 主要 集團의 出自」, 『史學硏究』 91, 한국사학회, 2008.

이행되었다.[14] 당대의 문학에 기재된 신라에 대한 인식 연구가 있으며,[15] 唐詩를 통해 고구려와 발해의 인식을 고찰한 연구도 있다.[16]

당대 이후 중국에서의 한국고대사 인식과 관련하여 가장 큰 파장을 일으킨 사건은 동북공정이다. 한국과 중국의 역사인식 차이를 명확히 보여준 사건으로, 이를 계기로 중국 학계의 연구 동향을 파악하는 연구가 상당수 제기되었다. 한국고대학회에서는 학술대회를 개최하여, '동북공정 전후의 중국 한국고대사 인식'을 주제로 2008년에 연구 성과를 집약하기도 하였다.[17] 중국의 한국고대사 인식 중에서 주요 대상이 된 국가는 고조선을 들수 있다.[18] 아울러 한사군 문제도 거론되었으며,[19] 부여사 인식을 고찰한연구도 있다.[20] 또한 고구려사 인식 문제와 관련하여서도 국내에서 중국 학계의 경향을 분석한 연구가 다수 수행되었다.[21] 또한 동북아역사재단에서

---

14 정병준, 「당의 한반도 정책과 대응」, 『新羅史學報』 45, 신라사학회, 2019.

15 姜必任, 「唐 文人의 新羅에 대한 認識 樣相 小考」, 『中國文學研究』 38, 한국중문학회, 2009; 徐盛, 「당대 문인의 신라 인식 – 당시 속에 나타난 신라 관련 시를 중심으로」, 『中國學論叢』 36, 고려대 중국학연구소, 2012.

16 禹成旼, 「唐詩를 중심으로 본 唐代 文人들의 高句麗, 渤海에 대한 認識」, 『中國史研究』 120, 중국사학회, 2019.

17 박경철, 「中國 古文獻 資料에 비쳐진 韓國古代史像」, 『先史와 古代』 29, 한국고대학회, 2008; 鄭雲龍, 「中國 正史 4史에 보이는 韓國古代史 認識」, 『先史와 古代』 29, 한국고대학회, 2008; 篠原啓方, 「중국 학계의 韓國上古史 인식 – 古朝鮮史·夫餘史를 중심으로」, 『先史와 古代』 29, 한국고대학회, 2008; 최광식, 「동북공정 이후 중국 연구서에 보이는 고구려·발해 인식」, 『先史와 古代』 29, 한국고대학회, 2008.

18 조법종, 「중국학계의 고조선연구 검토 – 동북공정 전후시기 연구를 중심으로」, 『韓國史學報』 25, 고려사학회, 2006; 박선미, 「동북공정에 나타난 고조선사 인식논리 검토」, 『高句麗研究』 29, 고구려연구회, 2007; 조법종, 「2000년대 이후 중국학계의 고조선연구 – 단군, 기자조선 연구를 중심으로」, 『先史와 古代』 54, 한국고대학회, 2017.

19 기수연, 「중국학계의 고조선, 한사군 인식에 대한 비판적 검토」, 『단군학연구』 23, 단군학회, 2010.

20 李鍾洙, 「中國의 夫餘史 認識과 研究現況 檢討」, 『高句麗研究』 28, 고구려연구회, 2007.

21 余昊奎, 「중국의 東北工程과 高句麗史 인식체계의 변화」, 『韓國史研究』 126, 한국사연구회, 2004; 尹輝鐸, 「現代 中國의 高句麗·渤海 認識과 限界」, 『한국독립운동사연구』 23, 독립기념관 한국독립운동사연구소, 2004; 강준영, 「中國의 高句麗史 認識이 韓中關係에 미치는 影響 – "東北工程"을 둘러싼 양국의 歷史 認識을 중심으로」, 『中國研究』 36, 한국외대 중국연구소, 2005; 李成制, 「中國學界의 '唐征高句麗論'과 歷史認識의 諸問題」, 『高句麗渤海研究』 36, 고구려발해학회,

전근대와 근현대의 한국고대사 인식에 대해 상세하게 검토한 연구서를 발간하여 여러모로 참고가 된다.[22]

현재까지의 연구는 주로 정사 자료를 바탕으로 한국고대사 인식 및 당시 정확 파악을 중심으로 이루어졌다. 또한 동북공정을 전후하여 중국 학계의 인식을 고찰한 연구가 다수 확인된다. 중국에서의 역사 인식 완성의 시점은 당대라 생각한다. 고구려를 멸망시키고 안동도호부를 세워서 요동의 영역을 자기들에게 편입시켰기 때문이다. 영토 확보의 정당성뿐만 아니라 현지 주민들의 제어를 위해서도 고유 영유권임을 강조할 필요가 있었다. 이러한 의식은 당대의 서적을 통해 알 수 있다. 본 절에서는 당대의 서적 중 당 중기까지의 인식이 반영된 『통전通典』을 주목하였다.

『통전』을 저술한 두우杜佑는 당대의 인물이었으며, 당唐 조정의 재상이기도 하였다. 그는 당의 입장을 대변하는 위치에 있었기에, 당의 입장에서 역사를 인식하였다. 중국 외부의 국가와 역사 또한 마찬가지였다. 특히 동이 지역에 대한 역사 인식은 오히려 기존에 형성된 군현회복론보다 더 체계화되고 심화되는 경향을 보였다. 기존에는 신하와 황제의 발언 정도에서 확인되었다면, 『통전』에 이르러서는 국가 변천에 대한 기술을 통해 그 인식이 명확해졌기 때문이다.

본 절에서는 『통전』을 통해 중국의 한국 고대 국가에 대한 인식을 고찰하도록 하겠다. 우선 『통전』에서 나타나는 한국 고대 국가에 대한 인식 특히 한사군과 연계되는 인식이 어떤 게 있는지를 구체적으로 살펴보도록 하

2010; 이준성, 「동북공정 종료 후 중국학계의 고구려 '대외관계사' 연구 동향」, 『先史와 古代』 53, 한국고대학회, 2017.

22 임상선 편, 『한국고대사 계승 인식 I - 전근대 편』, 동북아역사재단, 2019; 『한국고대사 계승 인식 II - 근현대 편』, 동북아역사재단, 2019.

겠다. 두우가 중화사상을 『통전』에 어떻게 반영하였고, 당대의 대외관對外觀과 어떤 연관성이 있는지 알아보겠다. 나아가 『통전』에서 형성된 인식이 이후에 어떤 영향을 미쳤는지에 대해 검토하겠다.

1) 『통전』 「주군문」의 한국고대사 인식

두우의 한국 고대 국가 인식은 『통전通典』의 「주군문州郡門」과 「변방문邊防門」을 통해 확인할 수 있다. 「주군문」은 역대의 중국 정사正史 지리지地理志를 두우가 다시 정리한 것으로, 주州·군郡의 연혁 변화 및 현황을 서술한 것이다. 여기에 적혀 있는 내용은 곧 중국의 영토 내의 정황에 해당한다.[23] 반면 「변방문」은 주변국에 대한 서술이다. 즉 「주군문」은 중국의 대내對內 정보를, 「변방문」은 대외對外 정보를 집약해 놓은 것에 해당한다.

두우는 한국고대사와 관련하여 낙랑을 선두에 세워 동이와 연계시켰다. 이러한 그의 인식은 「주군문」을 통해 드러난다. 본 항에서는 『통전』의 서술 순서에 맞춰 「주군문」의 한국 고대 국가 관련 기록을 먼저 살펴보고, 이어서 「변방문」에 수록된 두우의 한국 고대 국가 인식 관련 기록을 살펴보도록 하겠다.

〈표 39〉는 『통전』 「주군문」에서 한국 고대 국가와 관련된 기록을 정리한 것이며, 전반적인 이해를 위하여 한국고대사와 연관되는 낙랑의 기록도 함께 수록하였다. G-1~3은 「주군문」 서목序目에 수록된 내용이며, G-4는 고기주古冀州, G-5·6은 고청주古靑州와 관련된 기록이다. 각 기록의 전후맥락과 의미를 살펴보면 다음과 같다.

---

23 『통전(通典)』 「주군문(州郡門)」의 구성과 의의에 대해서는 다음의 논문이 주로 참고된다. 崔蘭海, 《通典·州郡典》硏究」, 合肥 : 安徽大學 碩士學位論文, 2010.

연번	구분	기록
G-1	서목 상	**卷171,「州郡門」1, 序目 上, 後漢** 東樂浪郡 西燉煌郡 南日南郡 北鴈門郡 西南永昌郡 四履之盛 亦如前漢
G-2	서목 하	**卷172,「州郡門」2, 序目 下, 唐 天寶** 南北如前漢之盛 東則不及 西則過之【漢之東境有樂浪郡 西境有燉煌郡 今東極安東府 則漢遼東郡也 其漢之玄菟・樂浪二郡 並在遼東郡之東 今悉爲東夷之地矣 今西極安東府 其伊吾・交河・北庭・安西 則漢代戌胡所據 皆未得而詳】
G-3	서목 하	**卷172,「州郡門」2, 序目 下, 燕地** 燕地 尾・箕之分野 得漢之漁陽・右北平・遼西・遼東・上谷・代郡・鴈門 涿郡之易・容城・范陽・北新城・故安・涿縣・良鄉・新昌 及渤海之安次 皆燕分野 樂浪・玄菟亦宜屬焉【今上谷・范陽・順義・歸化・歸德・嬀川・漁陽・密雲・北平・柳城・安東・馬邑・安邊 鴈門之東境 接樓煩之北是也 樂浪・玄菟 今爲東夷所據】
G-4	고기주	**卷178,「州郡門」8, 古冀州 上, 幽州** 其後開東邊 置玄菟・樂浪等郡 亦皆屬焉【玄菟・樂浪等郡 並今遼水之東 宜在禹貢青州之域】
G-5	고청주	**卷180,「州郡門」10, 古青州** 禹貢曰 海岱惟青州【孔安國以爲東北據海 西南距岱 此則青州之界 東跨海矣 其界蓋從岱山東歷密州 東北經海曲萊州 越海分遼東樂浪三韓之地 西抵遼水也】
G-6	고청주	**卷180,「州郡門」10, 古青州, 安東大都護府** 安東大都護府 舜分青州爲營州 置牧 宜遼水之東是也 已具注序篇 春秋及戰國並屬燕 秦・二漢曰遼東郡 東通樂浪【樂浪本朝鮮國 漢元封三年 朝鮮人斬其王而降 以其地爲樂浪・玄菟等郡 後又置帶方郡 並在遼水之東 浪音郎】晉因之 兼置平州【領郡國五 自樂浪理於此 自後漢末公孫度自號平州牧 及其子康 康子文懿 並擅據遼東 東夷九種皆服事之 魏置東夷校尉 居襄平 而分遼東・昌黎・玄菟・帶方・樂浪五郡爲平州 後還合幽州 及文懿滅後 有護東校尉居襄平 晉咸寧二年 分昌黎・遼東・玄菟・帶方・樂浪等郡國五置平州 以慕容廆爲刺史 逮屬永嘉之亂 爲棄所推 及其孫俊移都於薊】大唐置安東都護府 前上元中 移於所【今府於遼東城】

G-1은 후한대後漢代의 통치 현황 즉 영토의 한계선을 기술한 내용이다. 후한 관련 기록 중에서 마지막 부분에 배치되었으며, 동·서·남·북·서남東·西·南·北·西南의 방위마다 각각 군명郡名을 하나씩 기재하였다. 두우는 후한 영토의 동쪽 변경선으로 낙랑군樂浪郡을 설정하였다. 두우는 전한前漢의 영역에 대해 동서로 9,302리里에 이르고, 남북으로는 13,368리에 이른다고 하였다.[24] G-1에서는 후한의 영토가 전한의 영토와 같다고 하였다. 즉 한

---

24 『通典』卷171,「州郡門1」, 序目 上, 前漢, 4442쪽. "地東西九千三百二里 南北萬三千三百六十八里 此漢之極盛也."

대를 통틀어 낙랑은 동쪽 영토의 기준이 되었다. 여기에서 낙랑은 단순히 한대의 영토 기준에 머문 것이 아닌, 역대 중국 영토의 역사적 기준으로 활용되었다. 이러한 사실은 이후에 제시한 기록을 통해 알 수 있다.

G-2는 천보연간天寶年間, 742~756을 기준으로 당의 영토를 언급한 내용이다. '전한지성前漢之盛' 즉 전한의 전성기와 비교하여 동쪽으로는 미치지 못하고 서쪽으로는 넘어선다고 하였다. 문구 다음으로 협주를 달아서 상세한 내용을 기술하였다. 즉 한漢의 동경東境은 낙랑군이며, 당시를 기준으로 동쪽 경계는 안동부安東府라고 하였다. 두우는 낙랑군을 기준으로 동쪽 영토가 전한대에 미치는지, 혹은 미치지 않는지를 판단하였다. 이는 전한 영토에 대한 의미가 반영된 결과이다. 당은 전한대의 영역을 전성기로 파악하여 당대 영토 기준으로 삼았다.

G-3은 국國의 분야分野를 13개로 나누어 고찰한 내용으로, 『한사漢史』 즉 『한서漢書』 지리지의 기록을 반영한 것이다. 13개의 분야는 진지秦地 · 위지魏地 · 한지韓地 · 주지周地 · 조지趙地 · 연지燕地 · 위지衛地 · 송지宋地 · 제지齊地 · 노지魯地 · 초지楚地 · 오지吳地 · 월지越地이며, 이 중에서 연지는 미尾 · 기箕의 분야에 해당한다.[25] 한대漢代의 영토에서 굳이 낙랑과 현도가 연지에 속한다고 기재한 것은 과거 기록의 답습이라는 의미도 있지만,[26] 기존 기록을 토대로 당대에

---

25 분야(分野)는 『여씨춘추(呂氏春秋)』 등에서 하늘을 구야(九野)로 나누고 땅을 구주(九州)로 나누었던 관념에서 변형된 것이다. 구야가 28수(宿)를 어색하게 분할하는 것에서 벗어나서, 기존의 땅과 하늘을 연결시키는 관념은 받아들여 13개의 영역으로 구분하게 되었다. 이에 대해서는 『회남자(淮南子)』와 『사기(史記)』 · 『한서(漢書)』에서 구분 사례가 제시된다. 이후에는 13개에서 12개로 다시 변화하게 된다. 이문규, 『고대 중국인이 바라본 하늘의 세계』, 문학과지성사, 2000, 66~71쪽. 미(尾) · 기(箕)는 28수 중에서 동방의 별자리에 해당한다. 李容遠 解譯, 『한서 지리지 · 구혁지』, 자유문고, 2007, 218쪽, 주석 1.

26 『漢書』 卷28 下, 「地理志8 下」, 燕地, 1657쪽. "燕地 尾 · 箕分壄也 武王定殷 封召公於燕 其後三十六世與六國俱稱王 東有漁陽 · 右北平 · 遼西 遼東 西有上谷 · 代郡 · 雁門 南得涿郡之易 · 容城 · 范陽 · 北新城 · 故安 · 涿縣 · 良鄕 · 新昌 及勃海之安次 皆燕分也 樂浪 · 玄菟 亦宜屬焉."

투영하려는 의도도 있다.

G-4는 고기주 중에서 유주幽州의 연혁에 대한 기록이다. 그 연혁은 순舜까지 올라가며, 은殷·주周·연燕·진秦을 거쳐 한 고제漢高帝와 무제武帝 때의 연혁 다음으로 G-4 기록이 나온다. 한 무제가 13주州를 설치하고 유주로 칭한 이후에, 동변東邊에 대한 개척이 이뤄졌다면서 현도와 낙랑이 속하게 되었다고 밝혔다. 여기에서 현도와 낙랑은 요수遼水의 동쪽으로, 우공禹貢의 청주靑州에 해당한다고 밝혔다. 이와 관련한 기록은 G-5에서 다시 확인된다.

G-5는 『서경書經』의 「하서夏書」 우공을 인용하고, 거기에 두우가 협주를 단 것이다.[27] 두우는 「주군문」에서 각 주를 설명할 때마다 『서경』을 인용하고 시작하며, 각 지역의 연원을 설명하였다. 두우는 전한대의 인물인 공안국孔安國이 인지한 청주의 영역을 거론하고서, 바다 넘어서는 요동·낙랑·삼한의 땅이 나뉘어져 있다고 하였다. 여기에서 낙랑은 조선의 영역 즉 한반도 서북부 일대를 지칭하는 의미이다.

G-6은 안동대도호부安東大都護府에 대한 기록으로, 전前 상원연간上元年間, 674~676에 치소를 옮겼다는 내용으로 마무리되었다. 안동도호부의 설치와 운영 및 변천에 대해서는 『구당서舊唐書』의 기록이 주로 참고된다.[28] 이에 따르면 G-6과 유사하게 상원上元 3년676에 치소를 요동군고성遼東郡故城 즉 요동성遼東城으로 옮겼으며, 천보天寶 2년743에 요서고군성遼西故郡城으로 이동하였고 지덕연간至德年間, 756~758 이후에 폐지되었다.[29] 앞서 살펴본 기록 중에서

---

27 "海岱惟靑州"라는 문구에서 해(海)는 황해(黃海), 대(岱)는 태산(泰山)을 의미한다. 오늘날 산동성 일대, 즉 황해에서 태산에 이르는 지역을 의미한다. 이기동 譯解, 『서경강설』, 성균관대 출판부, 2011, 169쪽.

28 안동도호부의 설치와 이전 및 개칭, 위치 비정과 철폐 등의 변화는 다음의 연구서가 또한 참고된다. 金毓黻, 동북아역사재단 譯, 『김육불의 東北通史』下, 동북아역사재단, 2007, 518~542쪽

29 『舊唐書』卷39, 「地理志2」, 十道郡國 2, 河北道, 安東都護府, 1526~1527쪽. "安東都護府 總章元年

G-2는 천보연간을 시점으로 한 것이다. 『통전』의 발간 연대도 감안한다면, 두우는 당연히 안동도호부 폐지를 알고 있었다고 볼 수 있다. 그럼에도 불구하고 7세기 후반 시점까지만 기술하였다는 점은 다소 의아하다.

더구나 G-6의 기록을 보면 진秦과 이한二漢, 兩漢의 요동군에 해당하며 낙랑은 그 동쪽에 있다고 기술하였다. 이 기록에서는 영주營州와 평주平州가 주요 지명으로 등장하는데, 모두 요서지역에 해당한다.[30] 안동도호부의 이치移置를 상기한다면, 해당 기록은 안동도호부가 이동한 상황과 관련된 기록으로 볼 수 있다. 그럼에도 불구하고 두우는 안동도호부의 치소를 요동성이라고 협주에 기재하여 과거의 시점에 머물렀다. 이는 일시적인 시점만을 기재하고 끝난 것일 수도 있지만, 당이 생각하는 당의 영역으로서, 또한 당이 확보해야 할 영역으로서 요동성을 설정한 것으로도 해석할 수 있다.

두우가 「주군문」을 서술한 이유는 1차적으로 당의 행정구역을 상세하게 기술하고 그 연원을 정리하고자 하였기 때문이다. 이와 동시에 2차적으로는 과거 중국의 영역을 모두 포괄하여 기재하여, 그에 대한 소유권을 명확히 하려는 의도가 반영되었다고 볼 수 있다. 낙랑과 현도에 대한 기록들이 나타나는 것은 이 두 가지 이유 때문으로 이해된다.

두우는 과거의 중국과 현재의 중국이 서로 계승 관계에 있다고 생각하였다. 영토에 대한 관념 또한 마찬가지여서 과거 전한이 확보했던 영역을 당이 계승한다고 보았다. 영토가 기존과 동일하면 이는 큰 문제가 되지 않지만, 현재의 영토와 다르다면 문제가 된다. 즉 두우는 한대의 영토와 이곳을

九月 司空李勣平高麗 高麗本五部 一百七十六城 戶六十九萬七千 其年十二月 分高麗地爲九都督府 四十二州 一百縣 置安東都護府於平壤城以統之 用其酋渠爲都督・刺史・縣令 令將軍薛仁貴以兵二萬鎮安東府 上元三年二月 移安東府於遼東郡故城置 儀鳳二年 又移置於新城 聖曆元年六月 改爲安東都督府 神龍元年 復爲安東都護府 開元二年 移安東都護於平州置 天寶二年 移於遼西故郡城置 至德後廢."

30 津田左右吉, 정병준 譯, 「安東都護府考」, 『高句麗渤海硏究』 42, 고구려발해학회, 2012, 282~297쪽.

당대에 영유하였던 기억을 「주군문」의 기록을 통해 제시하였다. 이는 정보
전달의 차원을 넘어서서 추후 낙랑과 현도의 영역, 즉 구강舊疆의 영유권을
주장하려는 의도와 연관된다고 볼 수 있다.

　다만 단순하게 낙랑과 현도가 과거 일시적으로 자신의 땅이었기에, 이
곳이 미래에도 우리의 땅이 되어야 한다는 것은 설득력이 부족하다. 따
라서 이에 대한 역사적 근거가 더 체계적으로 제시될 필요가 있다. 두우
의 입장에서는 근본적으로 동이의 영역이 자신들과 연관된다는 것을 거
론한다면 당대의 실지失地에 대한 추후 영유권 주장이 더 설득력을 얻을
수 있다. 즉 자신의 통치 경험 이외에 해당 지역의 역사적 연고를 거론할
필요성이 생긴다. 두우는 이와 관련하여 「변방문」의 관련 기록을 제시하
였다.

2) 『통전』 「변방문」 동이목의 한국고대사 인식

　『통전通典』 「변방문邊防門」은 중국 이외의 이적夷狄에 대해 기술한 문門으로
제일 앞에 동이에 대해 서술하였다. 여기에서도 한국고대사를 중국사와 연
계시키는 두우의 경향이 지속적으로 확인된다. 「변방문」 동이목東夷目의 기
록 중에서 중국사와 관련된 한국 고대 국가의 기록 사례들을 정리하여 제시
하면 〈표 40〉과 같다.

　〈표 40〉에서 H-1~3은 서략序略에 기재된 내용이며, 이 외의 H-4~9는
예절濊節·변진절弁辰節·신라절新羅節·고구려절高句麗節·동옥저절東沃沮節에서
확인되는 내용을 간추린 것이다. H-1~6까지는 권185 즉 동이목 상上의 기
록이며, H-7~9는 권186 즉 동이목 하下의 기록이다. 두우는 동이에 대한
전체적인 인식을 동이목 서략에 기술하였다. 여기에는 선진시대先秦時代의

〈표 40〉『통전』「변방문」 동이목의 한국 고대 국가 인식 관련 기록

연번	구분	기록
H-1	서략	周初封商太師國於朝鮮 太師爲周陳洪範【其地 今安東府之東 悉爲東夷所據】
H-2	서략	秦幷天下 其淮・泗夷皆散爲人戶 其朝鮮歷千餘年 至漢高帝時滅
H-3	서략	高麗本朝鮮地 漢武置察 屬樂浪郡 時甚微弱 後漢以後 累代皆受中國封爵 所都平壤城 則故朝鮮國王險城也
H-4	예	濊亦朝鮮之地 南與辰韓 北與高句麗[盧奚反]・沃沮接 東窮大海 西至樂浪
H-5	변진	初 朝鮮王準爲衛滿所破 乃將其餘衆數千人走入海 攻馬韓 破之 自立爲韓王 準後滅絕 馬韓人復自立爲辰王
H-6	신라	其國在百濟東南五百餘里【亦在高麗東南 兼有漢時樂浪郡之地】
H-7	고구려	自東晉以後 其王所居平壤城 卽漢樂浪郡王險城【自爲慕容皝來伐 後徙國內城 移都此城】
H-8	고구려	其國恃此以爲天塹 水闊三百步 在平壤城西北四百五十里 遼水東南四百八十里【漢樂浪・玄菟郡之地 自後漢及魏 爲公孫氏所據 至淵滅 西晉永嘉以後 復陷入高麗 其不耐屯有・帶方・安市・平郭・安平・居就・文城皆漢二郡諸縣 則朝鮮濊貊・沃沮之地】
H-9	동옥저	東沃沮 後漢通焉 初 武帝滅朝鮮時 以其地爲玄菟郡 後爲夷貊所侵 徙郡於高句麗西北

동이도 함께 포함되어 있지만, 고구려를 비롯한 한국 고대 국가들의 전반적인 인식도 함께 기술되었다.

H-1은 동이 중에서 조선朝鮮에 대한 첫 기록이다. 두우는 본격적으로 동이의 여러 국가에 대해 기술하기에 앞서, 가장 먼저 주周 초에 상商의 태사太師를 조선이라는 나라에 봉封했다고 하였다. 그 아래의 협주夾註에서는 그 위치를 지금의 안동부安東府 동쪽으로, 모두 동이가 점거했다고 하였다. 이를 통해 두우는 조선과 동이의 관련성을 지역적인 측면으로 먼저 거론하였다. 조선을 앞에 둔 이유는 단순히 두우가 인식한 동이 최초의 국가이기 때문보다, 이를 세운 주체가 주의 책봉을 받은 기자箕子라는 데에 있었다. 아울러 여기에서의 조선은 기자조선箕子朝鮮을 의미하였다.

H-2에서는 조선이 천년이 지나 한 고제漢高帝 때에 이르러 멸망되었다고 하였다. 한 고제를 기준으로 삼았다는 것은 여기에서 말하는 조선이 기자조선임을 의미한다. 위만조선衛滿朝鮮을 의미하는 것이었다면 한 고제가 아닌

한 무제漢武帝로 기재되었어야 하였다. 즉 두우는 동이의 시작을 기자조선으로 설정하였다. 즉 위의 기록들에 따른다면 동이는 중국의 영향을 받아 정식으로 국가가 성립되었던 셈이 된다.

참고로 조선은 지리적 의미 즉 한반도 서북부를 지칭하는 의미로도 사용되었다. 이는 조선의 동남쪽에 백제百濟와 신라新羅가 있었다는 기술을 통해 알 수 있다.[31] 여기에서 의아한 점은 조선과 백제·신라는 역사적으로 동시에 존속하지 않았다는 사실이다. 두우는 동이목을 작성하면서 조선과 백제, 신라의 역사를 간략하게 정리하였기 때문에 이 사실을 모르지도 않았다. 그럼에도 불구하고 동시에 존재한 것처럼 지리적 비교를 기술한 점은 두 가지 가능성을 놓고 볼 수 있다. 하나는 단순한 오기誤記이거나, 혹은 의도적으로 조선을 고구려에 동치同値한 기술로 볼 수 있다. 이 중에서 저자는 두우의 의도적인 기술이 반영된 결과로 생각한다.

이와 관련하여 H-3을 면밀히 살펴볼 필요가 있다. H-3에서는 고구려가 본래 조선의 땅이라고 하였다. 이는 전통적인 중국의 관념이 아닌 당의 인식이 반영된 결과로 볼 수 있다. 『삼국지三國志』에서는 고구려와 조선이 지리적으로 구분되었기 때문이다.[32] 『통전』고구려절에서도 이러한 점을 인지하고 있었다.[33]

그럼에도 불구하고 서략에서 고구려가 본래 조선의 땅이었다고 기재하였다. 이처럼 서로의 인식이 다르게 나타나기 때문에 두우가 고구려와 조선

---

31 『通典』卷185「邊防門1」, 東夷 上, 序略, 4976쪽. "朝鮮之東南百濟·新羅 魏晉以後分王韓地."
32 『三國志』卷30,「魏書30」, 烏丸鮮卑東夷傳, 東夷, 高句麗, 843쪽. "高句麗在遼東之東千里 南與朝鮮·濊貊 東與沃沮 北與夫餘接."
33 『通典』卷186,「邊防2」, 東夷 下, 高句麗, 5002쪽. "其國在遼東之東千里 南與朝鮮·濊貊 東與沃沮 北與夫餘接 地方二千里."

의 관계를 두 가지 측면에서 보았다고 해석해야 한다. 즉 지리적 측면과 관념적 측면으로 구분할 수 있다. 지리적으로는 고구려절의 기록처럼 그 구체적인 위치는 일부 차이가 있지만, 관념적으로는 고구려와 조선이 서로 연관되는 관계로 파악한 것이다. 앞서 중국에서 조선을 기자조선으로 인식하였다는 점을 거론하였는데, 이 측면에서 본다면 고구려와 조선을 연계시킬 경우 고구려의 역사와 정통성이라는 것도 결국 중국에 귀속한다고 볼 수 있게 된다.[34] 두우의 기록은 이러한 의식을 반영하여 서술한 것이다.

두우는 고구려를 처음부터 한漢에 예속된 존재로 보았다. 그 시작을 고구려현高句麗縣으로 보았기 때문이다.[35] 아울러 한에 예속되었던 고구려가 중국에 대항하였다는 식의 프레임을 설정하였다. 평양성平壤城으로 천도하였을 때, 평양성을 왕험성王險城이라고 한 것 또한 단순히 지리적인 측면을 설명하려는 목적에 있지 않았다. 조선의 도읍이었던 왕험성으로 고구려가 수도를 옮기면서, 조선을 승계하였다는 인식을 부여한 것이다. 이러한 인식은 H-7의 기록에서도 다시금 확인된다.

H-7에서는 "即漢樂浪郡王險城"이라고 하여 왕험성을 낙랑군樂浪郡에 속한 것으로 기재하였다. H-3에서 "則故朝鮮國王險城也"라고 하여 왕험성이 고조선국故朝鮮國에 속했다고 기술한 것과는 차이를 보인다. 고구려절에서 굳이 평양성을 낙랑군의 왕험성이라고 기술한 것은 중국과의 연계성을 강화하여 서술하려는 의도가 담긴 것이다. H-3은 문맥상 고조선에 대한 설명이었기 때문에 그대로 조선국의 왕험성으로 기술하게 되었다. 아울러 '고

---

34 고구려와 기자조선의 관계 및 그 인식과 관련하여서는 다음의 논문이 참고된다. 송영대, 「高句麗 와 唐의 箕子朝鮮 認識 檢討」, 『역사와 경계』 100, 부산경남사학회, 2016.

35 중국에서는 고구려가 고구려현에서 출발하였다는 견해가 존재한다. 이에 대한 비판은 다음의 논문이 참고 된다. 기수연, 「中國 正史 속의 高句麗 – 중국의 고구려 귀속 논리에 대한 문헌사적 검토」, 『단군학연구』 10, 단군학회, 2004, 16~21쪽.

조선국故朝鮮國'이라는 명칭은 이에 상응되는 '신조선국新朝鮮國'의 존재를 염두에 둔 것이다. 이는 당에서 보장왕寶藏王을 조선왕朝鮮王으로 책봉하였던 사례를 떠올리게 한다.[36] 즉 당에서 설정한 조선과 대응하는 차원에서, 기존의 조선을 고조선국으로 서술한 것이다.

조선과 동이의 여러 국가들이 관련되어 있다는 인식은 서략에만 국한되지 않는다. H-4를 살펴보면 예濊 또한 조선의 땅이라고 하였으며, H-3의 내용과 유사하다. 이는 『후한서』의 인식을 반영한 것으로,[37] 『삼국지』와는 차이를 보이는 부분이다.[38] 두우는 『후한서』를 참고하여 조선의 영역을 기존보다 넓게 인지하여 반영하였다. 낙랑과 조선을 동일하게 여긴 것이 아닌 조선을 좀 더 큰 영역으로 파악한 것으로, 이는 H-4의 기록 중에서 서쪽으로 낙랑에 이른다는 기록을 통해서도 알 수 있다.

H-5는 변진절의 기록으로, 정확히는 삼한三韓의 연혁에 해당한다. 삼한의 연혁 기록 중에서 가장 먼저 제시된 것은 조선왕 준準이 위만에게 격파되고, 바로 쫓겨난 이들이 마한馬韓을 공격하여 한왕韓王에 올랐다는 내용이다. 이 기록은 삼한의 성립과 조선이 서로 연관된다는 것을 의미한다. 여기에서의 조선은 바로 기자조선이기 때문에 그 법통法統이 삼한에도 남았다는 것이 된다.[39] 즉 두우가 관념적인 측면에서 중국과 연계시키는 점을 보여주

---

36 『舊唐書』卷5, 「高宗紀」下, 儀鳳 2년, 102쪽. "二月丁巳 工部尚書高藏授遼東都督 封朝鮮郡王 遣歸安東府 安輯高麗餘衆";『舊唐書』卷199上, 「東夷傳」, 高麗, 5328쪽. "儀鳳中 高宗授高藏開府儀同三司·遼東都督 封朝鮮王 居安東 鎮本蕃爲主 (…중략…) 垂拱二年 又封高藏孫寶元爲朝鮮郡王."

37 『後漢書』卷85, 「東夷列傳」, 濊, 2817쪽. "濊及沃沮·句驪 本皆朝鮮之地也."

38 『三國志』卷30, 「魏書30」, 烏桓鮮卑東夷傳, 東夷, 濊, 848쪽. "濊南與辰韓 北與高句麗·沃沮接 東窮大海 今朝鮮之東皆其地也."

39 이와 관련하여 『삼국지』 동이전 한조(韓條)의 준왕(準王) 관련 서술을 전통적인 연고를 강조하려는 현실적인 입장이 반영된 결과이자, 중국 군현의 삼한 사회에 대한 직접적인 영향력 확보 내지는 통제력 행사라는 현실적 의도로 해석하는 견해도 있다. 문창로, 「『삼국지』 한전(韓傳)의 '삼한(三韓)' 인식」, 『동북아역사논총』 55, 동북아역사재단, 2017, 166쪽.

는 사례에 해당한다. 이 또한 기자조선과 고구려의 연계성을 통해 중국이 자신들의 연고권을 확보해놓는 것과 마찬가지로, 동이의 여러 국가들에도 유사한 작업을 수행한 것으로도 해석할 수 있다.

H-6에서는 신라의 위치를 백제를 통해 기술하고, 협주로 고구려와의 거리 관계를 서술하였다. 아울러 한대 낙랑군의 땅을 겸하고 있다고 기재하였다.[40] 일반적으로 낙랑군의 영역이라고 하면 고구려가 차지하였던 한반도 서북부 특히 평양 지역을 의미한다. 신라가 이곳을 차지하였다는 것은 대동강 이남의 영역을 확보하였던 통일신라시대의 정황을 반영한 것으로도 해석할 수 있다. 이는 앞서 신라절에서 신라 연혁에 대한 서술이 진덕여왕대眞德女王代까지만 기술된 것과는 차이를 보이는 부분이다. 아울러 낙랑군의 영역을 신라가 차지하고 있다는 것은 단순한 영토 설명에 그치는 것이 아니다. 신라의 영역에 대해서도 추후 당이 영유권을 주장하려는 명분이 얽힌 포석으로도 해석할 수 있다.

H-8에서 협주는 고구려의 영역을 종합적으로 정리한 것이다. 고구려의 땅이 중국과 관련된다는 사실을 강하게 주장하기 위하여, 본래 낙랑·현도의 땅이었다고 하였다. 이후 공손씨公孫氏가 차지하고 영가永嘉의 난 이후에 고구려가 차지하게 되었다고 하였다. 고구려의 여러 지역들이 2군郡의 여러 현縣에 해당하며 곧 조선·예맥·옥저의 땅이라 기술하였다.

이는 당 고조唐高祖와 배구裴矩·온언박溫彦博의 논의에서도 확인된다. 이들은 요동의 땅은 주周가 태사지국太師之國으로 삼은 곳이자 한대의 현도군玄菟郡으로, 위魏·진晉 이전까지는 봉역封域의 가까운 곳에 있었다고 하였다.[41] 이

---

40 신라와 낙랑의 연관성과 관련하여서는 다음의 연구가 참고가 된다. 文昌魯, 「新羅와 樂浪의 關係 －新羅史에 보이는 '樂浪'의 實體와 그 歷史的 意味를 중심으로」, 『한국고대사연구』 34, 한국고대사학회, 2004, 201~207쪽.

는 당의 고구려에 대한 주요 인식을 보여주는 내용에 해당하며, 결국 고구려의 땅은 한대의 땅이므로 회복해야 한다는 당위성과도 연관된다. 실제로도 이후 기록을 살펴보면 고구려와의 전쟁 기록으로 이어지는 경향이 보인다. 즉 고구려의 영토를 한대와 연관시키는 것은 전쟁의 주요 명분에 해당함을 의미한다.

실제로도 H-8 기록 다음에 고구려절을 보면 연개소문이 정변을 일으키고, 이후 고구려와 당의 전쟁 기록으로 이어진다. 즉 고구려와의 전쟁에서의 명분을 설정한 것이다. 당은 연개소문의 정변을 문제로 삼았지만, 실질적으로는 자신들이 잃어버렸다고 생각하였던 땅 즉 낙랑과 현도의 땅을 회복하는 것이 목표였다는 것이 H-8 기록을 통해 그대로 드러난다.[42]

H-9에서는 한 무제가 조선을 멸망시키고, 그 땅을 현도군玄菟郡으로 삼았다고 하였다. 이는『삼국지』의 기록을 참고하여 작성된 것이다.[43] 두우는 조선은 낙랑군으로, 옥저는 현도군으로 삼았다는 기록을 통해 한반도 북부 일대의 영유권이 중국에 있음을 지적한 셈이었다.

조선은 동이 국가들 중에서 가장 이른 시기부터 확인되는 국가이다.『사

---

41 『通典』卷186,「邊防門2」, 東夷 下, 高句麗, 5007쪽. "裴矩·溫彦博進曰 遼東之地 周爲太師之國 漢家之玄菟郡耳 魏晉以前 近在提封之內 不可許以不臣 若以高麗抗禮 四夷必當輕漢 且中國之於夷狄 猶太陽之於列星 理無降尊 俯同藩服 乃止."

42 현재의 중국 학계에서도 이러한 점에 입각하여 고구려와 당의 전쟁 원인을 파악하고 있다. 당의 고구려 공격은 당정고구려론(唐征高句麗論)이라고 하여 당에 의한 정벌(征伐)이라는 관점에서 연구가 진행되고 있다. 이러한 정벌론은 네 가지 명제에 의해 뒷받침되는데, 첫째는 중원 왕조와 고구려의 관계가 시족 종주(宗主)와 번속(蕃俗)의 관계였다는 것, 둘째는 고구려는 한의 군현을 둔 지역에서 건국하고 성장하였기에 당이 그 영토를 회복해야 한다는 것, 셋째는 고구려는 당에 순응해야 했지만 그렇지 않았다는 것, 넷째는 연개소문의 정변과 신라 공략으로 중화책봉체제(中華冊封體制)의 안정이 심각한 위협을 받게 되었다는 점이다. 이러한 중국 학계의 분석과 그에 대한 반론을 다룬 연구가 이행되어 참고가 된다. 李成制,「中國學界의 ‘唐征高句麗論’과 歷史認識의 諸問題」,『高句麗渤海研究』36, 고구려발해학회, 2010.

43 『三國志』卷30,「魏書30」, 烏桓鮮卑東夷傳, 東夷, 東沃沮, 846쪽. "漢武帝元封二年 伐朝鮮 殺滿孫右渠 分其地爲四郡 以沃沮城爲玄菟郡."

기史記』와 『한서』에서 그 실체가 확인되어 조선열전朝鮮列傳이라는 이름으로 입전立傳시켰다. 이후 시대가 지나면서 조선은 위만조선 외에 기자조선까지 일컫게 되었다. 『삼국지』와 『후한서』 단계에서는 조선을 동이의 여러 나라들과 연계시켜 인지하는 경향이 형성되었다. 이후 동이 지역은 고구려를 중심으로 여러 국가들이 존속하였으며, 백제와 신라 또한 주역으로 떠오르게 되었다. 두우는 이러한 동이의 역사를 보면서 조선을 정점頂點에 두고, 이후 고구려를 비롯한 여러 나라들이 뒤이어서 형성되었다는 인식을 보여주었다.

아울러 두우는 중국의 군현이 동이 지역에 있음을 강조하였다. 특히 낙랑을 대표적으로 거론하면서 한국 고대 국가와의 연계성을 지속적으로 거론하였다. 조선의 멸망 이후에 낙랑을 비롯한 한사군이 설치되었다는 점, 고구려가 있는 곳이 낙랑의 영역이었다는 점, 신라의 땅이 낙랑을 포함하고 있으며, 동옥저는 현도의 땅에 있다고 하였다. 이처럼 두우는 한국 고대 국가들의 지리적 연원을 중국과 관계시켰다. 이는 두우의 기저에 깔려있는 군현회복론이 반영된 결과로 볼 수 있다.

기존에 조선과 고구려의 연관성은 개인의 발언을 통해서 확인되었다. 이와 달리 『통전』에서는 공식적으로 주변국의 역사를 기술하면서 기자조선을 정점으로 하는 체계를 구축하였고, 후에 등장하는 동이의 국가 다수가 조선·낙랑·현도 등과 연관되는 식으로 구성하였다. 특히나 조선과 고구려의 연관성을 영토와 수도 등을 통해 설정하였다. 이러한 설정은 이후 한국 고대 국가에 대한 기록에서, 한국사를 바라보는 틀로 제시되었다.

3) 두우의 관념과 동이 인식

두우는 당의 재상으로 활동하면서 당의 입장을 대변하였다. 중국은 중화사상中華思想을 기초로 자국과 주변국을 구분하였고, 이에 맞춰 정책을 운용하였다. 두우 또한 중국인으로 중국의 시선에서 주변국을 바라볼 수 밖에 없었다. 『통전通典』을 통해 알 수 있는 두우의 대외관은 중화사상을 기본에 두고 살펴보아야 한다. 기존의 중화사상이 무엇인지 명확히 알아야, 두우의 사상이 기존과 어떤 공통점이 있고 차이점이 있는지를 알 수 있기 때문이다.

아울러 당시 당의 상황을 검토할 필요가 있다. 두우가 활동하던 시기이자 『통전』을 집필하던 시기는 8세기 중후반에 해당한다. 당시 당의 대내적 혹은 대회적인 상황을 파악하여야, 두우가 어떠한 대외관을 보였는지 알 수 있다. 이번 절에서는 중화사상에 따른 두우의 사상이 어떠하였는지를 살펴보고, 대외관에 어떻게 영향을 미쳤는지 살펴보도록 하겠다.

중화사상은 기본적으로 중화中華 즉 중국中國이 세계의 중심이 된다고 보는 사상이다. 최초의 중국 개념은 사방四方·사국四國에 대한 중읍中邑·경사京師의 의미였다. 주周의 정치·군사적 세력의 팽창과 함께 확대되어 주왕周王의 직접적인 정치·군사적 통치력이 행사되는 내복內腹 지역을 의미하게 되었다. 춘추전국시대春秋戰國時代에는 정치·군사적으로 분열과 대립하고 있었으나 공동의 제하諸夏 문화를 향유하고 있는 제하 열국列國의 전체 영역으로 확대되었다. 제하 열국 내지 제하 세계를 지칭하는 의미로 발달하였으며, 제하 문화를 기반으로 한 문화적 선진 우월지역으로 상징하게 되었다. 중국의 개념은 비중국非中國 또는 중외中外를 전제하고 있으며, 이는 문화가 우월한 화하華夏 세계와 문화가 열등한 이적夷狄·만이蠻夷의 세계 즉 화이華夷의

세계를 전제하고 형성된 개념이다.[44]

이 때문에 중화사상을 화이사상華夷思想이라고도 부르며 그 존재가 주대周代가 아닌 춘추春秋 중기中期 이후부터 확인된다고 보기도 한다. 이적이 정치적으로 성장하자, 이에 위협을 느낀 중국은 공동으로 대응해야 했으며, 문화 우위론이 고안되었다고 하였다. 특히 주의 문화를 복원하고자하는 유가儒家에 의해 문화 우위론은 더욱 견고해졌다.[45]

화이사상은 여러 요소로 구성되었다. 중국은 이적과 만이에 대한 적대감을 바탕으로 이들을 철저히 박멸撲滅해야한다는 양이론攘夷論을 펼쳤다. 반면 이적과 만이라도 중국 문화를 흠모하고 중국의 예법을 따른다면 화하세계의 일원으로 받아들여야한다는 수용론受容論도 있었다. 아울러 이적과 만이가 화하에 편입되었거나, 혈통이 화하열국인華夏列國人이라도 행위가 인륜人倫에 벗어난다면 이적과 만이로 폄하하고 축출해야한다는 권계론勸戒論도 있었다.[46] 즉 중화사상은 중국 문명을 기준으로 이에 감화·수용되는지에 따라 차별하는 관념이었다.

『시경詩經』「소아小雅」의 북산北山에는 "하늘 아래 땅은 모두 임금님의 땅이라네. 모든 땅에 사는 사람 임금님의 신하라네[溥天之下 莫非王土 率土之濱 莫非王臣]"라고 하는 구절이 있다.[47] 여기에서 주왕周王의 통치영역과 통치대상은

44　李春植, 『中華思想의 理解』, 신서원, 2002, 128쪽.
45　洪承賢, 「고대 중국 華夷觀의 성립과 성격─春秋三傳의 검토를 중심으로」, 『中國史研究』57, 중국사학회, 2008, 188쪽.
46　이춘식, 『중국 고대 역사와 문화』, 신서원, 2007, 250~251쪽.
47　『詩經』, 「小雅」, 北山. "溥天之下 莫非王土 率土之濱 莫非王臣." 본 구절은 '이기동 譯解, 『시경강설』, 성균관대 출판부, 2004, 498쪽'의 번역을 따랐다. 이 구절은 주(周) 천자(天子)의 통치영역은 지구상의 모든 땅과 바다를 포함한 천하 즉 전 세계이고, 거기에 거주하는 모든 백성은 주 천자의 백성임을 이념적으로 선포한 것으로 이해된다.(李春植, 『中華思想의 理解』, 신서원, 2002, 134~135쪽) 그렇지만 정작 해당 시(詩)의 전문(全文)을 보면 국가와 기득권층에 대한 비판적인 의식이 담겨있다는 점에서 다소 의아한 면이 있다.

전 세계 그리고 화이를 망라한 전 세계 백성들로 보았다. 주왕을 정점으로 한 '천天－천명天命－천자天子－천하天下'의 통치 사상이 수립되고, 주왕을 정점으로 한 천하일국일왕天下一國一王의 국가관과 세계관이 일치된 중국적 천하관이 형성되었다. 이는 유학儒學의 정치사상으로 전승되었으며, 한대漢代에 유학일존儒學一尊의 국학國學으로 채택됨에 따라 역대 왕조의 통치이념으로 확립되었다. 이후 중국적 천하관은 중국 군주들의 정치·군사적 팽창과 확대를 옹호하고 추진하는 이념적 원동력이 되었다.[48] 중국은 본래부터 이적을 포용하지 않았다. 전국시대에는 중국과 이적을 구분하면서 이적을 비하하였다. 한대에 들어 가의賈誼가 화이 분리에 입각한 왕화사상王化思想을 주장하였으며, 이에 대해 다양한 견해가 개진되었다. 이후 화이관은 중국의 이적 지배에 정당성을 가지는 것으로 완성되었다.[49]

중화사상은 정치적으로는 세계의 모든 민족과 국가를 중국의 외번外藩·외신外臣으로 전락시키고 중국 천자天子를 정점으로 한 천하일국天下一國의 보편국가 수립을 이념화하였다. 군사적으로는 막강했던 무력으로 천하일국의 보편국가상을 현실적으로 실천하려고 하였던 제국주의帝國主義의 이념적 원동력이 되었다. 문화적으로는 중국 문화의 우월성을 과시하고, 중국 천자의 덕치德治와 왕화王化로 주변에 중국 문화를 확산시켜 세계를 통일하려고 하였다. 때문에 중화사상은 강력한 정치적·군사적·문화적 민족주의라고 할 수 있다.[50] 천자는 천하의 유일한 지배자로서 중국뿐 아니라 이적의 지역까지 덕화德化를 미쳐야 한다는 책무를 지닌다고 여겨졌으며, 이에 의해 사이四夷는 천자가 이끄는 유덕有德의 세계에 포섭·동화 동화되어 중국의 일

---

48 李春植, 『中華思想의 理解』, 신서원, 2002, 135~136쪽.
49 홍승현, 「한대 華夷觀의 전개와 성격」, 『동북아역사논총』 31, 동북아역사재단, 2011, 193~196쪽.
50 李春植, 『中華思想의 理解』, 신서원, 2002, 151쪽.

원이 될 수 있다고 이해되었다. 이러한 입장에서 화이사상의 개념은 문화적 우월주의에 입각한 분리·차별주의만은 아니고, 우월한 중국에 의해 열등한 사이가 교화되어 신속臣屬·복종하는 것을 포함한다.[51]

중국은 스스로 문명화되었고 우월하다고 여겼기에, 언제나 스스로를 상위에 두고, 사이는 하위에 두었다. 그렇지만 이러한 인식이 언제나 현실에 부합되지는 않았다. 현실적으로 사방四方에 있는 동이東夷·서융西戎·남만南蠻·북적北狄의 세력은 위협적으로 다가왔다. 중국은 이들에게 적대하거나 혹은 자신들의 우월한 문화를 바탕으로 이적을 포섭해 나갔다.

중화사상에서는 내신內臣과 외신의 개념이 있다. 내신은 중국 내에 있는 신하들을 의미하고, 외신은 외국에 있는 존재 중에서 조공朝貢-책봉冊封 관계가 형성되어 있는 이들을 의미한다. 이러한 기준은 때로는 자의적恣意的인 경향이 강하였지만 외국에서는 중국과의 통교通交를 위해 그들의 입장을 형식적으로 받아들였다. 특히나 관련 기록들은 상당수가 중국의 입장에서 서술되었으며, 조공-책봉 관계를 지속할수록 서로의 질서 또한 고착화되었다.

당은 수를 이어 천하를 통일한 이후 세계 제국을 건설한 국가였다. 그렇지만 당의 영화榮華는 오래 가지 못하였다. 안사安史의 난으로 인하여 당은 심대한 타격을 입게 되었으며, 난이 겨우 평정된 8세기 중반 이후로 서서히 쇠퇴하게 되었다. 안사의 난을 계기로 당은 무력국가에서 재정국가로 변질되었다. 온갖 수단을 동원하여 재원財源을 확보하여 재정을 충족시켰으며, 이를 통해 당 왕조는 자주 엄습하는 곤란을 금전의 힘으로 벗어났다. 무력

---

51 洪承賢, 「고대 중국 華夷觀의 성립과 성격-春秋三傳의 검토를 중심으로」, 『中國史硏究』 57, 중국 사학회, 2008, 189쪽.

이 필요할 때에는 회흘回紇에게 의지하였으며 때로는 티베트의 토번을 이용하려고까지 했다. 그들의 환심을 지속시키기 위해, 천자의 딸을 화번공주和蕃公主로서 외국 군주에게 출가시켰으며, 막대한 지참금으로 번인蕃人의 마음을 완화시키고자 하였다.[52]

안사의 난은 당에게 경제적으로 큰 변화를 초래하였다. 균등부과均等賦課의 수취체계는 점점 껍데기만 남아 당은 계층분화에 대응할 새로운 수취체계를 마련해야 했고, 또 반란군에 대처하기 위해 난이 계속되는 와중에 번진제를 내지에도 도입하게 되었다.[53] 안사의 난 이후로도 당은 위태로웠다. 당 대종唐代宗 때 원조袁晁의 병란이 절동浙東 태주台州에서 발발하였으며, 이를 위해 진압부대가 투입되었다. 반란군 진압 이후 군대가 중앙으로 돌아오는 틈을 노려서 토번군은 보응寶應 2년763에 관중關中을 공격하였고, 위수渭水를 넘어 장안長安을 공격하였다. 대종은 우왕좌왕하다 장안을 버리고 섬주陝州로 도망쳤으며, 장안은 11일간 함락되는 수모를 겪게 되었다.[54] 이후 당 덕종唐德宗 정원貞元 6년790, 안서安西와 북정도호부北庭都護府도 토번에 의해 점령되었다. 남쪽에서는 지덕至德 원년756에 남조南詔가 청계관淸溪關을 함락하고, 대력大曆 14년779에는 남조와 토번의 연합군이 무주茂州로 진격하여 관구灌口에 도달하였다. 당 문종唐文宗 시기에 이르러 남조는 성도成都를 침략하기까지 하였다.[55]

두우는 당의 전성기 때 태어났지만 쇠퇴기로 접어드는 과정에서의 내란內亂과 외란外亂을 모두 체감하였다. 그는 격변하는 시대에서 어떻게 처신하

---

52 宮崎市定, 任仲爀·朴善姬 譯,『中國中世史』, 신서원, 1996, 311~315쪽.

53 布目潮渢·栗原益男·周藤吉之, 임대희 譯,『중국의 역사－수당오대』, 혜안, 2001, 239쪽.

54 任士英, 류준형 譯,『황제들의 당제국사』, 푸른역사, 2016, 230쪽.

55 宋昌斌, 이지연 譯, 葛劍雄 編,『천추흥망－수·당나라 중화문화의 절정기』, 따뜻한손, 2009, 251~252쪽.

며 국가를 운영해야 하는지에 대해 끊임없이 고민하였다.

『통전』의 기저基底에는 중화사상이 깔려 있다. 특히나 「변방문邊防門」은 중화사상이 가장 도드라진다. 명칭부터 변경 방어를 의미하기 때문이며, 여기에서 변경은 당연히 중국을 둘러싸고 있는 사이를 의미한다. 「변방문」 서序에서도 "覆載之內 日月所臨 華夏居土中"이라고 하여, 세상의 중심에 화하가 있다고 하였다.[56] 두우는 중화의 옛 모습이 오늘날 이적의 모습이라고 하였다. 이는 바꾸어 말하면 이적은 중화의 과거에 머물러 있다고 본 것이다. 이적이 중화와 같이 문명화되는 것은 어려울 것이라고 보았으며, 이 때문에 견제하는 태도를 견지해야하는 입장을 보였다.[57]

두우는 기존의 사관과 비교하여 진화론적 입장을 취했다는 점에서 긍정적으로 평가되긴 하지만,[58] 근본적으로 중화사상을 완전히 극복하지 못하였다. 오히려 중화사상이라는 측면에서는 중화와 이적을 엄격하게 구분하여 기존의 관념을 그대로 고수하였다.

두우는 『통전』「변방문」을 작성하면서 크게 두 가지 관점에서 이적에 대한 태도를 취하였다. 1차적으로는 방어의 대상으로 보았다는 점이다. 이는 '변방문邊防門'이라는 명칭을 통해서 명확하게 나타난다. 기존 중국 정사에서 이민족에 대한 내용은 주로 열전列傳에서 다루어졌으며 조선열전朝鮮列傳·동이열전東夷列傳·사이열전四夷列傳 등으로 명명되었다. 이와는 다르게 『통전』에서는 '변방邊防'이라고 하여, '변경 방어'라는 의미로 명명하였다. 이는 기본적으로 이적을 적대하고 경계하며, 중국에 위협이 된다는 인식이 내

---

56 『通典』卷185, 「邊防門1」, 序, 4969쪽. "覆載之內 日月所臨 華夏居土中 生物受氣正."
57 『通典』卷185, 「邊防門1」, 序, 4970~4971쪽. "紬惟古之中華 多類今之夷狄 (…중략…) 其地偏 其氣梗 不生聖哲 莫革舊風 詁訓之所不可 禮義之所不及 外而不內 疏而不戚 來則禦之 去則備之."
58 陳光崇, 金裕哲 譯, 「通典의 歷史思想」, 閔斗基 編, 『中國의 歷史認識』 上, 創作과批評社, 1985, 378~379쪽.

포된 명칭이다. 또한 공격의 대상보다 방어의 대상으로 생각하였기에 붙여진 명칭이기도 하다. 이는『통전』작성 시점을 기준으로 더 이상 중국이 외부의 세력을 압도하기 힘든 상황이라는 것을 의미하는 것이다.

2차적으로는 교화敎化의 대상으로 보았다는 점이다. 특히 동이에 대해서는 조선을 선두에 거론하여 교화의 대표적인 사례로 두었다. 이는 두우의 대외관과도 연관이 되는 부분이다. 당은 강한 무력을 앞으로 내세워 주변국을 제압하며 제국으로 성장하였다. 이는 춘추전국시대와 비견하여 패도정치覇道政治라고도 할 수 있었다. 그렇지만 시간이 지날수록 당의 전성기는 저물어갔으며, 안사의 난 이후로 당의 국력은 주변국에 비하여 약화되었다. 이런 상황에서 당의 대외정책은 당의 교화를 통해 평화를 유지하는 방향으로 나아갔다.

이는 맹자孟子의 왕도정치王道政治를 연상시키는 면이 강하다. 맹자는 무력을 가지고 인仁을 표방하는 것은 패도정치이며, 패도정치는 반드시 국력이 강해야한다고 하였다. 반면 덕德을 가지고 인을 행하는 것은 왕도정치이며, 왕도정치는 반드시 강대한 국력을 필요로 하지 않는다고 하였다. 무력을 가지고 남을 복종시키면 사람들이 마음에서 우러나서 복종하지 않고, 덕을 가지고 남을 복종시키면 사람들이 마음속으로 기뻐서 진정으로 복종하게 된다고 하였다.[59] 왕도王道는 인의도덕仁義道德으로 백성을 감화·심복시키는 정치로, 무력·경제력·정치권력 등으로 백성을 굴복시키는 패도정치와는 차이를 보였다.[60] 두우는 왕도정치의 관념과 유사하게 내정을 살피고, 외부와

---

59 『孟子』, 公孫丑章句上. "孟子曰 以力假仁者霸 霸必有大國 以德行仁者王 王不待大 湯以七十里 文王以百里 以力服人者 非心服也 力不贍也 以德服人者 中心悅而誠服也"; 李基東 譯解, 『맹자강설』, 성균관대 출판부, 2010, 175~177쪽.
60 송인창, 『천명(天命)과 유교적 인간학』, 심산, 2011, 230~231쪽.

의 관계를 온건하게 유지하는 것을 상책上策으로 여긴 것이다.

「변방문」은 정작 외부 세력을 막는 방도에 대한 내용이 제대로 기술되지 않았다. 이는 명실상부名實相符하지 않는다며 비판받을 수도 있는 부분이다. 그렇지만 다른 관점에서 생각하면 무력으로의 방어가 최선이 아닌 다른 방향으로의 방어 즉 주변국에 대한 교화가 더 최선일수도 있다는 의도를 담은 것이 아닌가 싶다. 교화를 통해 평화가 유지된다면, 본격적인 전쟁을 통해 중국과 이적이 서로 싸우게 될 여지가 크게 줄어들기 때문이다.

『통전』 동이목에서는 교화와 관련한 의미를 담은 기록들을 여럿 확인할 수 있다. 다양한 기록 중에서도 주목되는 기록은 왕의 내조來朝 즉 친조親朝에 대한 기록이다. 동이목에서 친조와 관련하여 변진절·신라절·부여절에서 관련 기록들이 확인된다.

변진절의 기록은 정확히는 삼한의 연혁에 대한 내용에 해당한다. 여기에서는 진 무제晉武帝 함녕연간咸寧年間, 275~279에 마한왕馬韓王이 내조하였다고 기록하였다.[61] 신라절에서는 정관貞觀 22년648에 신라왕新羅王 김춘추金春秋가 내조하여 장복章服을 화제華制에 따라 바꿀 것을 요청했다고 기록하였다.[62] 친조는 왕이 직접 나서서 중국에 복속한다는 의미를 지닌다. 아울러 의복을 바꾼다는 것은 복속의례이자 기존에 자신들이 가졌던 정체성을 포기한다는 의미를 지니기도 한다.[63] 변진절과 신라절의 기록은 모두 각 절의 마지

---

[61] 『通典』卷185, 「邊防門1」, 東夷 上, 弁辰, 4981쪽. "晉武帝咸寧中 馬韓王來朝 自是無聞 三韓蓋爲百濟·新羅所呑並."

[62] 『通典』卷185, 「邊防門1」, 東夷 上, 新羅, 4984쪽. "大唐貞觀二十二年 其王金春秋來朝 拜爲特進 請改章服以從華制."

[63] 의복을 바꾼 것에 대한 의미는 다음의 연구가 참고 된다. 李道學, 「衛滿의 頭髮과 服裝을 실마리로 한 한국 고대문화의 정체성 탐색」, 『溫知論叢』56, 온지학회, 2018, 156~157쪽. 해당 연구에서는 위만(衛滿)의 사례를 비롯하여 충주 고구려비(忠州高句麗碑)의 기록, 진덕여왕대(眞德女王代)의 기록, 남한산성(南漢山城)에서 인조(仁祖)가 초구(貂裘)를 착복(着服)한 사례를 들어 의복의 의미를 상세하게 설명하였다.

막 부분에 위치한다. 이는 우연의 일치가 아닌 의도적인 배치로 볼 수 있다. 삼한과 신라 모두 이후로도 여러 연혁이 있으며, 각종 사서에서 관련 내용들이 확인된다. 그럼에도 불구하고 두우는 내조를 통해 중국에 귀의歸依하여 교화된 것처럼 기술하였다.

특히 신라의 경우, 당과는 나당전쟁羅唐戰爭을 치렀으며 이후 한동안 양국 간의 관계가 악화되기도 하였다. 그럼에도 불구하고『통전』에서는 나당전쟁에 대한 언급이 한 차례도 나오지 않는다. 백제가 660년에 멸망하였던 것에 비해, 두우代까지 존속하였던 신라는 648년을 마지막으로 그 이상의 기록이 확인되지 않는다. 신라의 연혁을 기재할 사항이 충분함에도 불구하고 648년에 김춘추가 내조한 것, 더구나 김춘추를 왕으로 기술한 것은 모종의 의도가 반영된 결과물로 볼 수 있다.[64]

왕의 내조는 중화中華에 복속한다는 의미를 지닌다. 대업大業 3년607에 계민가한啓民可汗이 수 양제隋煬帝에게 찾아온 것도 일종의 내조이며 복속의 의미였다.[65] 마찬가지로 수 양제는 고구려왕에게도 내조를 요구하였으며, 이를 시행하지 않았다는 이유로 고구려를 공격하게 되었다.『통전』의「예문禮門」에서는 '번주내조이속백영로蕃主來朝以束帛迎勞'·'견사융번주견일遣使戒蕃主見日'·'번주봉견蕃主奉見'·'황제연번국주皇帝宴蕃國主'라는 절節이 편성되어,[66] 번주蕃主, 蕃國主가 내조하였을 때 대우하는 예법禮法이 체계적으로 정리되어 있었다.

---

64 이와 관련하여 중국 황제가 사는 궁전에 주변국의 왕(王)이 직접 입조(入朝)하는 것은 매우 드문 일일뿐만 아니라 그 나라가 중국에 복속함을 상징한다면서, 일개 재상 김춘추를 신라왕으로 표기한 것은 '위대한 대당제국에 입조한 신라왕과 당(唐)의 속국(屬國) 신라'라는 이미지를 만들기 위한 의도 때문으로 본 견해도 제기되었다. 최진열,「唐 前·後期 羅唐戰爭 서술과 인식 -『唐會要』와『通典』의 분석을 중심으로」,『동북아역사논총』56, 동북아역사재단, 2017, 176쪽.

65 수(隋)에 대한 계민가한의 내조 및 그 정황과 관련하여 다음의 논문이 참고 된다. 이정빈,「607년 고구려 동돌궐 교섭의 배경과 목적」,『歷史學報』225, 역사학회, 2015, 7~8쪽.

66 『通典』卷131,「禮門91」, 3355~3363쪽.

중국의 덕치에 감화感化·교화되어, 그 질서 아래에 순응하겠다는 것은 중국에게 있어 중요한 의미를 지닌다.

더구나 나당전쟁은 당의 패배로 끝난 전쟁이다. 당의 입장에서 나당전쟁을 언급하는 일은 불편한 사항이었기에 신라절에도 관련 내용을 기재하지 않았다. 때문에 일부러 신라가 자신들에게 복속되었다는 내용만 강조하여 기술함으로써, 중국으로서는 일종의 자기합리화를 꾀한 것으로 이해된다.

부여절에서는 후한 순제順帝 영화연간永和年間, 136~141에 부여왕夫餘王 시始가 내조하자 황문고취黃門鼓吹와 각저희角抵戲를 베풀었다고 기록하였다.[67] 부여는 전통적으로 중국과 우호 관계를 맺은 국가이며, 부여절 전체에서도 상호 간의 우호 관계를 중심으로 서술하였다. 부여왕의 내조는 마한왕이나 신라왕의 사례와는 달리 『후한서後漢書』의 기록이 원전으로 확인된다.[68] 외국의 왕이 포로가 아닌 정상頂上의 자격으로 내방來訪한 것은 매우 드문 사례였기 때문에 특기特記되었다. 중화사상의 측면에서 외국의 지도자가 중화를 흠모하여 교화된 직접적인 사례이기 때문에 중요한 기록으로 인지되었다.

앞서 신라절에서 김춘추는 당의 장복을 받아들였다고 기재되었다. 두발과 복식은 예로부터 종족의 정체성을 대변해주는 요소였다. 중국에서는 교화를 이루기 위한 방법의 하나로 의복衣服을 설정하였다. 때문에 오복五服이라고 하여 중국의 중심지로부터 복식이 달라진다고 하였으며, 황복지외荒服之外를 야만의 땅으로 여겼다. 야만이라고 하더라도 의복이 중국의 영향을 받거나 중국을 따르게 된다면, 이는 중화의 영향을 받아 변화하게 된 것으

---

67 『通典』卷185, 「邊防門1」, 東夷 上, 夫餘, 4988쪽. "順帝永和初 其王始來朝 帝作黃門鼓吹·角抵戲以遣之."

68 『後漢書』卷6, 「順帝紀」, 永和 원년, 265쪽. "永和元年春正月 夫餘王來朝";『後漢書』卷85, 「東夷列傳」, 夫餘國, 2812쪽. "其王來朝京師 帝作黃門鼓吹·角抵戲以遣之."

로 인지하였다.

왜절倭節의 기록을 보면 수 양제 때 왜倭에게 의관衣冠을 처음으로 사여했다고 하였다. 이어지는 기록에서 의복의 제도가 신라와 자못 동일하다고 기록되었다.[69] 이는 단순히 그 현상을 기술한 것이 아니다. 수隋에서는 문림랑文林郎 배세청裵世淸을 왜에 사신으로 보냈으며, 이를 계기로 왜는 견수사遣隋使와 견당사遣唐使를 보내며 중국의 문물을 수용하였다. 이 또한 당에 의한 교화와 연결되며, 신라가 복식을 수용하여 교화된 것처럼, 왜도 신라와 자못 같아졌다는 의미가 담긴 것으로 해석될 수 있다.

이처럼 「변방문」 동이목의 기록을 살펴보면 중국에 의해 주변국 특히 동이의 국가들이 교화되는 사례들이 여럿 등장한다. 이 중에서는 기존의 사서에서 확인되는 내용도 있지만, 『통전』을 통해 처음으로 확인되는 기록들도 존재한다. 변진절과 신라절의 사례가 대표적인 사례에 해당한다.

고구려절의 서술에서도 이러한 경향은 동일하게 확인된다. 고구려절의 기록을 살펴보면 방현령房玄齡의 고구려 정벌 중지에 대한 상소문이나 적인걸狄仁傑의 상소문이 비중 있게 다루어졌다. 반면 전쟁에 대한 기록은 『구당서舊唐書』와 『신당서新唐書』의 기록과 비교해 보았을 때 매우 소략한 편에 해당한다. 전쟁에 대한 반대의 내용을 담거나, 안동도호부安東都護府의 폐지를 주장하는 내용의 상소문이 좀 더 비중 있게 다루어졌다는 점은 두우의 의도가 반영된 결과로 해석할 수 있다. 두우는 불필요하게 외부와의 전쟁을 수행하거나 영토를 팽창하는 것에 대해 반대하는 성향을 보였다.

이러한 두우의 성향은 「변방문」 서序에서 이미 확인한 바 있다. 두우는

---

69 『通典』 卷185, 「邊防門1」, 東夷 上, 倭, 4987쪽. "其國跣足 以幅布蔽其前後 椎髻無冠帶 隋煬帝時始賜衣冠 令以綵錦爲冠飾 裳皆施襖[音饌] 綴以金玉 衣服之制頗同新羅."

개원연간開元年間, 713~741과 천보연간天寶年間, 742~756에 있었던 전쟁의 원인을 변장邊將이 총애를 받기 위해 훈벌動伐을 도모하였다고 하였다. 이 당시 탈라스전투를 비롯하여 사방에 있었던 전쟁을 거론하면서 결국 수십만의 사람들이 진몰盡沒 혹은 전몰全沒하였다고 지적하였다.[70] 개원·천보연간은 두우의 유년기와 청년기에 해당하며, 당시 전쟁에서의 패배는 당에게 있어 이는 뼈아픈 역사였다. 두우는 자신이 성장하는 과정에서 당의 주변국과의 무리한 전쟁을 수행하여 패배하는 것을 보고, 전쟁을 통한 주변국의 제어를 경계하게 되었다. 해당 내용이 「변방문」 서문의 마지막에 위치한다는 것 역시 변경의 방어가 원정遠征이 아닌 덕치를 통한 교화에 있음을 강조하기 위함이었다.

두우는 당이 더 이상 불필요한 전쟁을 수행하는 것을 원치 않았다. 특히나 당의 재상으로 활동하면서 이러한 생각은 더욱 굳어졌던 것으로 보인다. 두우는 왕도정치처럼 너그럽게 대하면서 주변 세력을 교화시키는 것을 이상적으로 생각하였으며, 이는 당시 현실과 연관된 대외관으로 작용하였다고 규정할 수 있다.

중국은 한국고대사를 자신들의 역사와 연관시켜서 이해하였다. 특히 기자조선의 존재를 서술하면서, 한국사의 시작을 중국과 연관되는 식으로 기술하였다. 때문에 수隋·당대唐代에는 고구려 정벌을 논의하는 과정에서 한국 고대 국가의 영역을 자신들이 다시 확보해야 한다는 주장으로 이어졌다. 이러한 인식이 기존에는 군신君臣의 논의 정도에서 기록에 남겨졌다면, 『통전』의 서

---

70 『通典』卷185, 「邊防門1」, 序, 4971~4972쪽. "我國家開元·天寶之際 宇內謠如 邊將邀寵 競圖動伐 西陲青海之戍 東北天門之師 磧西怛羅之戰 雲南渡瀘之役 沒於異域數十萬人【天寶中哥舒翰虹吐蕃青海 青海中有島 置二萬人戍之 旋爲吐蕃所攻 翰不能救而全沒 安祿山討奚·契丹於天門嶺 十萬衆盡沒 高仙芝伐石國 於怛邏斯川七萬衆盡沒 楊國忠討蠻閤羅鳳 十餘萬衆全沒】向無幽寇內侮 天下四征未息 離潰之勢豈可量耶 前事之元龜 足爲殷鑒者矣."

술에 와서는 중국과의 동이 국가들의 관계가 구체적으로 기재되었다.

두우는 「주군문州郡門」의 서술을 통해 중국사와 낙랑·현도의 관계를 지속적으로 기술하였다. 고조선을 멸망시키고 세운 낙랑이 중국사의 일부에 해당한다는 내용으로, 전한과 후한의 영토 기준을 당대의 영토 기준으로 삼았다. 아울러 당대에 낙랑과 현도의 영역을 차지하지 못하고 동이의 땅이 되었다는 식으로 표현하여, 한대漢代에 비해 당대唐代의 한계점을 거론하였다. 「변방문」에서는 이러한 인식이 더 상세하게 확인된다. 두우는 낙랑을 거론하며 한국 고대 국가와의 연계성을 지속적으로 기술하였다. 조선의 멸망 이후에 낙랑을 비롯한 한사군이 설치되었다는 점, 고구려가 있는 곳이 낙랑의 영역이었고, 신라의 땅이 낙랑을 포함하고 있으며, 동옥저는 현도의 땅에 있다고 하였다. 이러한 사항들은 동이의 역사를 중국 중심으로 파악하려는 자의적 기술로 규정할 수 있다.

『통전』에서는 동이의 역사를 기술하면서 기자조선을 정점으로 하는 체계를 구축하였다. 고조선 이후에 등장하는 동이의 국가 다수를 조선·낙랑·현도 등과 연관되는 방식으로 구성하여 서술하였다. 특히나 조선과 고구려의 연관성을 영토와 수도 등을 통해 설정하였다. 이러한 설정은 이후 한국 고대 국가에 대한 기록에서, 한국사를 바라보는 틀로 제시되었다.

중국은 전통적으로 중화사상을 기반으로 하는 대외관을 지녔다. 중국은 문화적 선진 우월지역으로, 주변의 이적을 힘으로 복속시키거나 감화시켜야한다는 사상을 표출하였다. 당은 국초國初부터 한대의 영토 회복을 목적으로 하여 주변국을 공격하여 복속시켜 직접 통치를 꾀하는 패권주의의 성향을 보였다. 그렇지만 곧 복속시킨 지역에서 저항이 이어졌고, 안사의 난을 계기로 주변 지역 제압이 불가능한 상황에 이르게 되었다. 이 상황에서 두우는 자신들의 문화적 우월성을 바탕으로 이적을 감화시키는 방침을 변방邊防의 수단으로 삼았다. 동이는 자신들이 주장하는 한사군의 영역이었지만, 그 영역을 확보한 것은 단기간에 불과하였다. 두우는 동이 지역의 연고권을 주장하기 위하여 기존의 기록들을 바탕으로 기자조선을 정점으로 하는 체계를 구축하였다. 이는 추후 중국이 한국고대사를 바라보는 틀로 기능하게 되었으며, 오늘날까지도 영향을 미치게 되었다.

2. 『통전』 이전의 기자조선과 고구려 인식

중국의 한국고대사 인식 중에서 가장 대표적인 사례로 기자조선箕子朝鮮을 들 수 있다. 기자조선은 중국의 교화敎化가 외방外方에 영향을 미친 사례로 일컬어진다. 수隋·당唐에서는 기자조선의 관념을 고구려高句麗와 연관하여 파악한 사례들이 확인된다. 본 장章에서는 기자조선에 대한 고구려와 당의 관념을 중점적으로 고찰하였다. 아울러 당에서의 기자조선 인식 체계의 완성을 『통전通典』으로 보았다. 『통전』에서는 고구려의 역사를 정리하면서 조선朝鮮과 연계시키는 성향이 보이며, 동이東夷 국가의 시원始原으로 기자조선을 두었기 때문이다. 이와 관련하여 고구려와 당의 인식을 고찰하여 살펴보면 다음과 같다.[71]

고구려의 보장왕寶藏王은 677년에 당에 의해 조선왕朝鮮王으로 임명되었다. 조선왕 책봉은 고구려와 조선이 상호 연관된다는 인식하에 이행된 것으

---

71 본 절은 저자의 논문인 '송영대, 「高句麗와 唐의 箕子朝鮮 認識 檢討」, 『역사와 경계』 100, 부산경남사학회, 2016'의 내용을 일부 수정하여 기재한 것임을 밝힌다.

로 여겨진다. 문제는 그 인식의 주체가 과연 당과 고구려 중 어디에 해당하고, 여기에서의 '조선朝鮮'이 단군조선檀君朝鮮·기자조선·위만조선衛滿朝鮮 중 어디에 해당하는가이다.

고구려와 조선의 연관성에 대해 그동안 심도 있는 연구가 진행되었다.[72] 주요 논거로 조선과 고구려의 건국 신화 및 고구려 고분벽화가 거론되었다.[73] 고구려의 조선 계승성을 역사적·고고학적·사상적 관점에서 복합적으로 고찰한 연구도 이행되었다.[74] 그렇지만 고분벽화 및 주몽설화朱蒙說話와 단군신화檀君神話의 유사성만을 가지고 조선과 고구려의 계승성을 논하기 힘들다는 비판도 제기되었다.[75]

보장왕의 조선왕 책봉冊封과 관련하여, 여기에서의 조선을 기자조선으로 보는 견해가 제기된 바 있다. 보장왕의 조선왕 책봉 외에도 기자신箕子神, 배구裴矩의 발언과 고구려 유민 묘지명 등이 주요 근거로 활용되어, 고구려가 기자조선의 계승자를 천명하였을 가능성이 제기되었다.[76] 특히 고구려 영역이 본래 고죽국孤竹國이었다는 배구의 주장은 학계의 주목을 받았다. 이 기록을 바탕으로 조선 멸망 이후 구려句麗 5족族과 고죽국의 유민들이 합심하였고, 고죽국의 유민들 주도하에 고구려를 건국하였다는 견해도 있다.[77]

---

72 조법종, 「한국 고대사회의 고조선·단군인식 연구 – 고조선·고구려시기 단군인식의 계승성을 중심으로」, 『선사와 고대』 23, 한국고대학회, 2005; 『고조선 고구려사 연구』, 신서원, 2006, 354~355쪽.

73 김성환, 「단군신화의 기원과 고구려의 전승」, 『단군학연구』 3, 단군학회, 2000; 「고구려 건국신화에서 보이는 고조선 인식의 검토」, 『韓國古代史探求』 13, 한국고대사탐구학회, 2013.

74 尹明喆, 「高句麗의 古朝鮮 繼承性에 關한 硏究 1」, 『高句麗硏究』 13, 고구려연구회, 2002; 윤명철, 「고구려의 고조선 계승성에 관한 연구 2 – 왜 고구려는 조선 계승성을 실현해야만 했을까?」, 『단군학연구』 14, 단군학회, 2006.

75 박찬흥, 「고조선·부여·고구려의 역사적 계승관계 연구」, 『史叢』 74, 고려대 사학회, 2011.

76 李道學, 「古朝鮮史의 몇 가지 問題에 관한 再檢討」, 『東國史學』 37, 동국사학회, 2002, 35~36쪽.

77 金容燮, 「고조선 기자정권의 쇠망과 그 유민들의 국가재건 – 부여와 고구려의 경우」, 『歷史敎育』 137, 역사교육연구회, 2016.

또한 수·당 군신君臣의 군현회복론郡縣回復論이라는 관점에서 고구려의 요서遼
西 진출과 고죽국을 연계하여 고찰한 연구도 있다.[78]

현전現傳하는 중국 사서史書에는 고구려와 기자조선의 연계성을 추측할만
한 기록이 확인된다. 특히 배구의 발언을 통해 수·당대부터는 고구려를 조
선과 일치시키는 인식이 등장하였다는 점을 알 수 있다. 즉 고구려와 조선
을 일치시키는 관념은 수·당의 고구려 공격 명분과 연관시켜 고찰할 필요
가 있다.

본 장에서는 수·당의 '고구려-조선'에 대한 연계 인식을 집중적으로 고
찰하여, 당시 중국인과 고구려인의 인식을 파악하는 것을 목적으로 한다.
이를 위해 우선 중국의 기자조선 인식 변천을 먼저 고찰하였다. 수·당 이전
과 이후로 구분하여 기자조선 인식을 검토하고, 수·당대를 기점으로 기자
조선을 고구려에 투영시키는 양상을 고찰하였다. 또한 고구려의 시각에서,
기자와 조선에 대한 인식을 고찰하였으며, 궁극적으로는 보장왕의 조선왕
책봉 문제에서의 인식 주체를 어디로 보아야 하는지 살펴보았다.

1) 수·당 이전 중국의 조선 인식

기자조선箕子朝鮮에 대해 그동안 문헌 자료와 고고학 자료 등을 이용하여
다양한 연구가 진행되었다. 한국에서는 기자조선의 존재를 부정하거나, 고
고학적인 증거를 통해 요서지역의 소국小國으로 존재했다고 지목하는 견해
가 많다. 반면 중국에서는 단군조선檀君朝鮮을 부정하고, 기자조선의 역사성
을 강조하는 경향이 강하다.[79]

---

78 윤용구, 「고구려와 요동·현도군─수당 군신의 '군현회복론' 검토」, 『초기 고구려역사 연구』,
    동북아역사재단, 2008.
79 기자조선(箕子朝鮮)에 대한 연구사는 다음의 논문이 주요 참고가 된다. 조원진, 「기자조선 연구

기자조선 관련 기록은 『상서대전尚書大傳』에서 가장 먼저 확인된다. 『상서대전』에서는 기자가 조선으로 이동하자 주 무왕周武王이 그를 조선에 봉封하였고, 이후 기자가 내조來朝하자 주 무왕이 그에게 홍범洪範을 물었다고 기록되었다.[80] 이전의 사서에서는 조선 관련 기록에서 기자가 언급되지 않았다. 즉 『상서대전』의 편찬이 완료된 전한대前漢代의 어느 시점까지는 기자조선설箕子朝鮮說이 아직 성립하지 않았다고 볼 수 있다. 기자조선설은 기족箕族의 하북성河北省 일대로의 집단 이주와 한漢의 조선 정벌이라는 두 역사적 사실이 결합된 결과로 볼 수 있다. 또한 그 창작創作 의도는 한의 조선 침략 명분과 한사군漢四郡 통치의 정당성 확립 때문으로 추측된다.[81]

『상서대전』에서 성립된 기자동래설箕子東來說은 후대 사서에 큰 영향을 미쳤다. 『사기史記』 송미자세가宋微子世家에서는 기자가 조선으로 도망가고, 이후 주周에 친조親朝하여 홍범을 전한 사항이 상세히 기록되었다.[82] 여기에서 기자는 조선의 통치자라는 측면보다는 은殷의 법통을 주에게 전달한 현인賢人이라는 이미지가 강하게 드러났다. 『한서漢書』 지리지地理志에서는 기자가 조선에서 교화를 편 사실이 서술되었다.[83] 반면 『사기』 조선열전朝鮮列傳과

　　의 성과와 과제」, 『고조선단군학』 20, 고조선단군학회, 2009; 조우연, 「중국학계의 '箕子朝鮮' 연구와 그 비판에 대한 검토」, 『고조선단군학』 26, 고조선단군학회, 2012.

80　『尚書大傳』 卷2, 「周書」, 洪範五行傳. "武王釋箕子之囚 箕子不忍周之釋 走之朝鮮 武王聞之 因以朝鮮封之 箕子旣受周之封 不得無臣禮 故於十二祀來朝 武王因其朝 而問洪範."

81　오현수, 「箕子 전승의 확대 과정과 그 역사적 맥락─중국 고대 문헌을 중심으로」, 『대동문화연구』 79, 성균관대 동아시아학술원, 2012, 153~163쪽.

82　『史記』 卷38, 「宋微子世家」, 1611~1621쪽. "武王旣克殷 訪問箕子 武王曰 於乎 維天陰定下民 相和其居 我不知其常倫所序 箕子對曰 (…중략…) 於是武王乃封箕子於朝鮮而不臣也 其後箕子朝周 過故殷虛 感宮室毀壞 生禾黍 箕子傷之 欲哭則不可 欲泣爲其近婦人 乃作麥秀之詩以歌詠之 其詩曰 麥秀漸漸兮 禾黍油油 彼狡僮兮 不與我好兮 所謂狡童者紂也 殷民聞之 皆爲流涕."

83　『漢書』 卷28下, 「地理志8下」, 燕地, 1658쪽. "玄菟樂浪 武帝時置 皆朝鮮濊貉句驪蠻夷 殷道衰 箕子去之朝鮮 教其民以禮義 田蠶織作 樂浪朝鮮民犯禁八條 相殺以當時償殺 相傷以穀償 相盜者男沒入爲其家奴 女子爲婢 欲自贖者 人五十萬 雖免爲民 俗猶羞之 嫁娶無所讎 是以其民終不相盜 無門戶之閉 婦人貞信不淫辟 其田民飲食以籩豆 都邑頗放效吏及內郡賈人 往往以杯器食 郡初取吏於遼東 吏見民

『한서』조선전朝鮮傳에서는 위만조선衛滿朝鮮만 확인되며 기자조선에 대한 언급은 없다. 즉 한대漢代에는 조선을 주로 위만조선으로 인식하였고, 기자조선에 대한 인식은 약하거나 없었던 것이다.

위진남북조시대魏晉南北朝時代의 조선 인식은 『삼국지三國志』를 통해 알 수 있다. 오환선비동이전烏丸鮮卑東夷傳의 예조濊條와 한조韓條에서 조선이 등장한다. 더불어 『위서魏書』 연연전蠕蠕傳에 언급된 조선의 존재도 주목된다.

『삼국지』 예조에서는 기자가 조선에 와서 팔조지교八條之敎를 행하였다는 내용과 조선의 역사를 간략하게 서술하였다.[84] 기자와 그 후손에 대한 기록 이후 부분은 『사기』와 『한서』의 조선전 내용을 요약한 경향이 강하다. 말미에는 조선의 땅을 나누어 한사군으로 삼았다는 내용으로 귀결된다. 즉 한반도 북부를 조선과 연계하여 인식하였다는 점을 알 수 있다. 이러한 인식은 『후한서後漢書』에서도 유사하게 확인되어 예濊 및 옥저沃沮와 구려句驪가 모두 조선의 땅에 해당한다고 적시되었다.[85] 즉 『삼국지』 예조를 계기로 한반도 북부의 상당수 영역의 근원을 조선으로 보는 견해가 형성된 것이다.

『삼국지』 한조에서는 준왕準王이 바다를 통해 한지韓地로 이동하였다는 내용이 기재되었으며, 후대에 배송지裴松之가 『위략魏略』을 인용하여 기자조선 역사를 상술하였다.[86] 이 기록은 기자조선의 후손들이 삼한三韓에 정착하였

無閉藏 及賈人往者 夜則爲盜 俗稍益薄 今於犯禁寖多 至六十餘條 可貴哉 仁賢之化也 然東夷天性柔順 異於三方之外 故孔子悼道不行 設浮於海 欲居九夷 有以也夫."

84 『三國志』卷30,「烏丸鮮卑東夷傳」, 濊, 848쪽. "昔箕子旣適朝鮮 作八條之敎以敎之 無門戶之閉而民 不爲盜 其後四十餘世 朝鮮侯準僭號稱王 陳勝等起 天下叛秦 燕齊趙民避地朝鮮數萬口 燕人衛滿 魋結 夷服 復來王之 漢武帝伐滅朝鮮 分其地爲四郡 自是之後 胡漢稍別."

85 『後漢書』卷85,「東夷列傳」, 濊, 2817쪽. "濊及沃沮句驪 本皆朝鮮之地也 昔武王封箕子於朝鮮 箕子 敎以禮義田蠶 又制八條之敎."

86 『三國志』卷30「烏丸鮮卑東夷傳」, 韓, 850쪽. "侯準旣僭號稱王 爲燕亡人衛滿所攻奪【魏略曰 昔箕子 之後朝鮮侯 見周衰 燕自尊爲王 欲東略地 朝鮮侯亦自稱爲王 欲興兵逆擊燕以尊周室 其大夫禮諫之乃 止 使禮西說燕 燕止之不攻 後子孫稍驕虐 燕乃遣將秦開攻其西方 取地二千餘里 至滿番汗爲界 朝鮮遂

다는 점에서, 본래 조선의 법통이 한반도 남부 지역에서 계승되었다고 이해할 수 있게 해준다. 『삼국지』 예조에서는 지리적인 영역이라는 측면으로, 한조에서는 법통의 계승이라는 측면에서 조선이 거론되었다. 즉 조선은 한반도 전체의 역사와 연관시켜 인식되었던 것이다.

『삼국지』 한조를 통해 알 수 있는 '조선朝鮮–삼한三韓' 연계 인식은 이후 『수서隋書』에도 영향을 미쳤다. 『수서』 지리지에서는 한 무제漢武帝가 동쪽으로 삼한을 정벌하였다고 적시하였다.[87] 이 기록은 그 자체로는 역사적 사실이 아니다. 그러나 삼한을 조선으로 치환한다면, 역사적 사실과 부합하게 된다.[88] 즉 『삼국지』와 『위략』의 인식이 기반이 되어 『수서』에서 '조선–삼한' 연계 인식이 형성된 것이다.

또한 한대에는 조선이 주로 위만조선을 지칭하였음에 반해, 위진남북조 시대에는 '기자조선→위만조선→한사군'으로의 조선 변천 인식이 성립되었음을 알 수 있다. 이러한 조선 변천 인식은 후대 중국 왕조에서 동이를 인식하는 주요 토대가 되었다. 또한 『삼국지』 이래의 중국 정사正史 동이전東夷傳의 서문序文이나 사론史論 부분에서 기자에 대한 언급은 자주 확인되는데, 대표적으로 『양서梁書』와 『북사北史』의 사례가 있다.[89] 주로 조선에 봉해진

弱 (…중략…) 滿誘亡黨 衆稍多 乃詐遣人告準 言漢兵十道至 求入宿衛 遂還攻準 準與滿戰 不敵也】將其左右宮人走入海 居韓地 自號韓王【魏略曰 其子及親留在國者 因冒姓韓氏 準王海中 不與朝鮮相往來】其後絶滅 今韓人猶有奉其祭祀者."

87 『隋書』卷29,「地理志」上, 806쪽. "逮于孝武 務勤遠略 南兼百越 東定三韓."

88 권덕영,「고대 동아시아의 삼한–삼국 계승의식의 정립 과정」,『역사와 경계』99, 부산경남사학회, 2016, 45쪽; 전진국,「三韓의 용례와 그 인식」,『韓國史研究』173, 한국사연구회, 2016, 12쪽.

89 『梁書』卷54「諸夷傳」, 東夷序, 800~801쪽. "東夷之國 朝鮮爲大 得箕子之化 其器物猶有禮樂云 魏時朝鮮以東馬韓辰韓之屬 世通中國 自晉過江 泛海東使 有高句驪百濟 而宋齊間常通職貢 梁興 又有加焉";『北史』卷94「倭傳」, 史論, 3138쪽. "論曰 廣谷大川異制 人生其間異俗 嗜欲不同 言語不通 聖人因時設教 所以達其志而通其俗也 九夷所居 與中夏懸隔 然天性柔順 無橫暴之風 雖綿邈山海 而易以道御 夏殷之世 時或來王 曁箕子避地朝鮮 始有八條之禁 疏而不漏 簡而可久 化之所感 千載不絶 今遼東諸國 或衣服參冠冕之容 或飲食有俎豆之器 好尚經術 愛樂文史 游學於京都者 往來繼路 或沒世不歸 非先哲之遺風 其孰

통치자와 동이의 교화라는 부분을 강조하여 기술된 경향을 보인다.

『위서』 연연전에서는 몽골고원에 있었던 연연 즉 유연柔然의 강역疆域이 기재되었다.[90] 이는『북사北史』 연연전과 『통전通典』「변방문邊防門」 북적목北狄目 연연절蠕蠕節에서도 유사한 내용이 확인된다.[91] 유연의 사방四方 영역 중에서 언기국焉耆國은 천산산맥 북쪽에 있는 카라샤르Karashahr를 의미하며, 한해瀚海는 호륜호呼倫湖나 패이호貝爾湖로, 대적大磧은 대체로 고비사막으로 비정된다.[92] 당시 조선은 국가로 존재하지 않았다. 그랬기에 『통전』에서는 '조선朝鮮'이 아닌 '조선고지朝鮮故地'로 표기되었다. 5세기 초 유연의 판도는 동북쪽으로 대흥안령大興安嶺의 지두우족地豆于族과 접하고, 동남쪽은 시라무렌 유역의 해奚·거란契丹과 이웃하였다고 인식된다.[93] 즉 조선은 대흥안령과 시라무렌 일대의 동쪽을 의미한다. 이로 볼 때 조선은 동이 혹은 중국 동쪽 지역을 일컫는 광의廣義의 범칭汎稱으로 해석할 수 있다.

조선을 행정 지명으로 파악한다면, 중국 동쪽 지역으로도 해석할 수 있다. 『위서』 지형지地形志에서는 평주平州 북평군北平郡의 영현領縣으로 조선현朝鮮縣이 확인된다.[94] 432년에 낙랑군樂浪郡을 이주시켜 다시 현縣으로 복구시

能致於斯也 故孔子曰 言忠信 行篤敬 雖蠻貊之邦行矣 誠哉斯言 其俗之可採者 豈楛矢之貢而已乎."

90 『魏書』卷103,「蠕蠕傳」, 2290~2291쪽. "其西北有匈奴餘種 國尤富强 部帥曰拔也稽 舉兵擊社崙 社崙逆戰於頰根河 大破之 後盡爲社崙所幷 號爲强盛 隨水草畜牧 其西則焉耆之地 東則朝鮮之地 北則 渡沙漠 窮瀚海 南則臨大磧 其常所會庭則敦煌張掖之北."

91 『北史』卷98,「蠕蠕傳」, 3250~3251쪽. "隨水草畜牧 其西則焉耆之地 東則朝鮮之地 北則渡沙漠 窮 瀚海 南則臨大磧 其常所會庭 敦煌張掖之北";『通典』卷196,「邊防門12」, 北狄 3, 蠕蠕, 5362쪽. "其西北有匈奴餘種 國尤富强 盡爲社崙所幷 號爲强盛 其西則焉耆之北 東則朝鮮故地之西 北則渡沙漠 窮瀚海 南則臨大磧 其常所會庭 則燉煌張掖之北."

92 동북아역사재단,『魏書 外國傳 譯註』, 동북아역사재단, 2010, 230~231쪽, 주석 51~54.

93 朴元吉,「高句麗와 柔然·突厥의 關係」,『高句麗研究』14, 고구려연구회, 2002, 11쪽; 姜仙,「北方民族史에서 본 高句麗의 正體性—鮮卑, 契丹, 柔然을 중심으로」,『高句麗研究』18, 고구려연구회, 2004, 154쪽.

94 『魏書』卷106上,「地形志5」, 平州 北平郡, 2497쪽. "北平郡秦置 領縣二 戶四百三十一千八百三十六 朝鮮【二漢晉屬樂浪 後罷 延和元年徙朝鮮民於肥如 復置屬焉】." 북위시대 조선현의 위치와 관련하여서는 다음의 연구가 참고된다. 공석구,「요서지역으로 옮겨간 낙랑군의 추이」,『白山學報』

킨 것으로, 북평군 조선현이 본래부터 고유 지명으로 존재한 것은 아니었다. 다만 낙랑樂浪은 조선과 연관되어 인식되었으므로, 조선현이라는 행정 지명이 복구된 것이다. 유연의 동쪽 강역으로서의 '조선朝鮮'을 '조선현朝鮮縣'으로 볼 수도 있다. 그러나 국경의 지표로 보기에는 그 규모가 협소하며, 기존부터 해당 지역에 존재한 지명 또한 아니다. 더구나 유연 동쪽 경계를 지두우地豆于로 본다면 조선현은 그 남쪽에 해당한다. 따라서 유연 경계로서의 조선은 동이의 범칭으로 해석하는 것이 자연스럽다.

2) 수·당의 기자조선 관념과 고구려에의 투영

수隋가 중국을 통일하면서, 주변 세력들에 대한 중국의 세계관이 크게 확대되었다. 한 무제가 사방을 평정한 것과 마찬가지로, 수는 주변국과의 관계를 재정립하여 사방으로부터 천자의 권위를 인정받고자 하였다. 뿐만 아니라 수는 이민족에 의해 통일제국이 붕괴되는 것을 극도로 경계하였다. 전한前漢은 흉노匈奴의 침공으로 국초國初부터 위태하였고, 서진西晉도 영가永嘉의 난을 계기로 급속히 붕괴되었다. 수의 입장에서 고구려는 한대의 흉노나 위진대魏晉代의 오호五胡와 마찬가지로 언제든지 위협이 될 수 있는 세력이었다.

고구려의 입장에서도 통일제국 수의 존재는 위협적이었다. 수가 중국 전역을 통일하자, 고구려는 군사를 훈련시키고 군량을 확충하는 등 만반의 준비를 하였다. 『수서隋書』에 의하면 수 문제隋文帝는 "만약 왕을 쫓아낸다면 그대로 비워둘 수 없으므로 결국 다시 관리를 뽑아 그곳에 가서 안무하게 해야 할 것이다", "왕은 요수遼水의 넓이가 장강長江과 비교하여 어떠하며, 고구려 인구의 많고 적음이 진陳과 비교하여 어떠하다고 여기는가?"[95]라는 식

115, 백산학회, 2019, 317~319쪽.

으로 발언하면서 겁박을 가했다고 기록되었다. 양국 사이에 긴장 관계가 조성되면서 전쟁 위협도 고조되었다.

역사적으로 전쟁을 앞둔 상황에서, 공격하는 측에서는 항상 명분을 앞세웠다. 전쟁의 명분이 정립되어야 군사 동원이 수월하였고, 신료들과 백성들 또한 적극적으로 협조할 수 있었기 때문이다. 더구나 수 문제의 고구려 공격이 실패하면서 명분의 중요성은 더욱더 증대되었다.

수의 고구려 공격 명분과 관련하여 『수서』 배구전裴矩傳의 기록이 주목된다. 계민가한啓民可汗의 장막에서 수 양제隋煬帝가 고구려 사신을 조우하였고, 이후 배구裴矩가 주장奏狀을 올린 내용이다.[96] 이와 유사한 기록은 『북사北史』 배구전과 『신당서新唐書』 배구전 및 『삼국사기三國史記』 영양왕嬰陽王 18년607 조에서도 확인된다. 이 사건을 계기로 수는 고구려를 극도로 경계하게 되었을 뿐만 아니라, 실제 고구려에 대한 제2차 침입을 강행하였다. 전쟁 수행에 있어 배구의 주장은 수에게 주요 명분으로 작용하였다.[97]

배구는 고구려의 영역을 고죽국孤竹國으로 설명하였다. 이에 대해 고구려의 요서 진출과 연관하여 해석하는 견해도 있다.[98] 다만 고죽국과 기자조선이 상호 밀접한 관계에 해당하였다.[99] 배구는 기자가 조선에 봉해졌고, 한

---

95 『隋書』卷81, 「東夷傳」, 高麗, 1815~1816쪽. "開皇初 頻有使入朝 及平陳之後 湯大懼 治兵積穀 爲守拒之策 十七年 上賜湯璽書曰 朕受天命 愛育率土 委王海隅 宣揚朝化 欲使圓首方足各遂其心 王每 遣使人 歲常朝貢 雖稱藩附 誠節未盡 (…중략…) 王謂遼水之廣何如長江 高麗之人多少陳國 朕若不存 含育 責王前愆 命一將軍 何待多力 慇懃曉示 許王自新耳 宜得朕懷 自求多福."

96 『隋書』卷67, 「裴矩傳」, 1581쪽. "從帝巡于塞北 幸啓民帳 時高麗遣使先通于突厥 啓民不敢隱 引之 見帝 矩因奏狀曰 高麗之地 本孤竹國也 周代以之封于箕子 漢世分爲三郡 晉氏亦統遼東 今乃不臣 別爲 外域 故先帝疾焉 欲征之久矣 但以楊諒不肖 師出無功 當陛下之時 安得不事 使此冠帶之境 仍爲蠻貊之 鄉乎 今其使者朝於突厥 親見啓民 合國從化 必懼皇靈之遠暢 慮後伏之先亡 脅令入朝 當可致也."

97 조원진, 「기자조선 연구의 성과와 과제」, 『고조선단군학』 20, 고조선단군학회, 2009, 400쪽.

98 윤용구, 「고구려와 요동·현도군 — 수당 군신의 '군현회복론' 검토」, 『초기 고구려역사 연구』, 동북아역사재단, 2008, 158~168쪽.

99 이형구, 「大凌河流域의 殷末周初 靑銅器文化와 箕子 및 箕子朝鮮」, 『韓國上古史學報』 5, 한국상고

대漢代와 진대晉代에도 중국이 조선을 통치하였다고 강조하였다. 즉 이 기록을 통해 중국인의 관념에 고구려를 기자가 봉해진 땅 내지는 기자의 교화를 받은 곳으로 보는 시각이 형성되었음을 알 수 있다.[100] 중국에게 있어 고구려는 중국 고유의 영토를 무단으로 점거하고 있는 세력이었기 때문에 정벌해야 한다는 여론이 일었다.

기존의 중국과 고구려는 '조공朝貢–책봉冊封' 관계이기는 하였지만 명분적인 외교적 관계에 불과하였다. 그러나 수는 양국 관계를 실질적인 관계로 조정하고자 했다. 수는 자신들의 주장 근거를 기자와 한사군에서 찾았다. 또한 고구려를 '요遼' 혹은 '요동遼東'으로 표현하여, 고구려의 땅이 본래 한漢의 군현郡縣에 속하였음을 강조하였다. 이 경우 고구려는 수·당이 회복해야 할 고토故土라는 인식이 저변에 자리하게 된다.[101]

배구의 주장은 당대에도 여전히 유효하였다. 당대의 '조선朝鮮–한사군漢四郡–고구려高句麗' 연계 인식 관련 기록들을 제시하여 표로 작성하면 〈표 41〉과 같다.

617년에 이밀李密은 위공魏公을 자칭하고, 수 양제의 10대代 죄목을 열거하며 비판하는 격문을 각 군현에 보냈다. I-1은 그 중 7번째 죄목으로, 수 양제의 고구려 원정을 비판한 내용이다. 여기에서는 요수遼水 동쪽을 '조선지지朝鮮之地'로 지칭하였다. 이곳은 석전石田만 있기 때문에 얻을 게 없는 계륵鷄肋 같은 곳이고, 전쟁으로 백성들이 피해를 보았다고 적시하였다. 위진 남북조시대에 조선은 동이에 대한 범칭으로 사용된데 반해, I-1에서 "遼水之東 朝鮮之地"라고 명기하여 조선의 영역이 요수의 동쪽으로 구체화되었

　　사학회, 1991, 27쪽.
100　전진국, 「三韓의 용례와 그 인식」, 『韓國史硏究』 173, 한국사연구회, 2016, 10~11쪽.
101　李道學, 「三國統一期 新羅의 北界 確定 問題」 『東國史學』 57, 동국사학회, 2014, 314쪽; 최진열, 『발해 국호 연구–당조가 인정한 발해의 고구려 계승 묵인과 부인』, 서강대 출판부, 2015, 75쪽.

〈표 41〉 당대의 '조선-한사군-고구려' 연계 인식 관련 사료

연번	출전	연대	기록
I-1	구당서	617년	卷53,「李密傳」 密復親率兵三萬逼東都 將軍段達虎賁郎將高毗劉長林等出兵七萬拒之 戰於故都城 隋軍敗走 密復下迴洛倉而據之 大修營壘 以逼東都 仍作書以移郡縣曰 (…중략…) 遼水之東 朝鮮之地 禹貢以爲荒服 周王棄而不臣 示以羈縻 達其聲教 苟欲愛人 非求拓土 又强弩末矢 理無穿於魯縞 衝風餘力 詎能動於鴻毛 石田得而無堪 雞肋啖而何用 而恃衆怙力 强兵黷武 惟在幷吞 不思長策 夫兵猶火也 不戢將自焚 遂令億兆夷人 隻輪莫返 夫差喪國 實爲黃池之盟 苻堅滅身 良由壽春之役 欲捕鳴蟬於前 不知挾彈在後 復矢相顧 鬒而成行 義夫切齒 壯士扼腕 其罪七也
I-2	통전	624년	卷186,「邊防門」2, 東夷 下, 高句麗 裴矩・溫彥博進曰 遼東之地 周爲太師之國 漢家之玄菟郡耳 魏晉以前 近在提封之內 不可許以不臣 若以高麗抗禮 四夷必當輕漢 且中國之於夷狄 猶太陽之於列星 理無降尊 俯同藩服 乃止
I-3	자치통감	641년	卷196,「唐紀」12, 唐 太宗 貞觀 15년 大德言於上曰 其國聞高昌亡 大懼 館候之勤 加於常數 上曰 高麗本四郡地耳 吾發卒數萬攻遼東 彼必傾國救之 別遣舟師出東萊 自海道趨平壤 水陸合勢 取之不難 但山東州縣彫瘵未復 吾不欲勞之耳
I-4	자치통감	644년	卷197,「唐紀」13, 唐 太宗 貞觀 18년 정월 玄奬諭使勿攻新羅 莫離支曰 昔隋人入寇 新羅乘釁侵我地五百里 自非歸我侵地 恐兵未能已 玄奬曰 旣往之事 焉可追論 至於遼東諸城 本皆中國郡縣 中國尙且不言 高麗豈得必求故地 莫離支竟不從
I-5	자치통감	645년	卷197,「唐紀」13, 唐 太宗 貞觀 19년 3월 丁亥 上謂侍臣曰 遼東本中國之地 隋氏四出師而不能得 朕今東征 欲爲中國子弟之讎 高麗雪君父之恥耳 且方隅大定 惟此未平 故及朕之未老 用士大夫餘力以取之
I-6	신당서	645년	卷220,「東夷傳」, 高麗 於是帝欲自將討之 召長安耆老勞曰 遼東故中國地 而莫離支賊殺其主 朕將自行經略之 故與父老約 子若孫從我行者 我能拊循之 毋庸卹也 卽厚賜布粟
I-7	신당서	696년	卷219,「北狄傳」, 渤海 祚榮卽幷比羽之衆 恃荒遠 乃建國 自號震國王 遣使交突厥 地方五千里 戶十餘萬 勝兵數萬 頗知書契 盡得扶餘沃沮弁韓朝鮮海北諸國 中宗時 使侍御史張行岌招慰 祚榮遣子入侍

다. 즉 수당교체기^{隋唐交替期}를 기점으로 조선을 고구려로 인식하는 경향이 성립되었음을 의미한다. 또한 각 군현에 보낸 내용이므로 동시대^{同時代}의 사람들 또한 고구려를 조선으로 인식하였다는 점도 알 수 있다.

I-2는 온언박^{溫彥博}과 배구가 당 고조^{唐高祖}에게 간언^{諫言}한 내용이다.『구당서^{舊唐書}』온언박전^{溫彥博傳}과 고려전^{高麗傳}에도 동일한 내용이 확인된다.『신당서』온언박전에서도 축약하여 기재하였다. 이 기록들은 고구려를 외신^外

臣으로 인정해야 되는지에 대한 논쟁이었다. 고구려가 수에게 칭신稱臣하였으나 실제로는 전쟁까지 이어졌던 만큼, 당에서는 고구려와의 관계를 억지로 군신君臣 관계로 설정할 필요가 없다는 주장이었다. 이에 온언박과 배구는 칭신하지 않는 것은 불가不可하다고 하였다.[102] 당시 온언박과 배구가 펼친 논리 기반은 요동이 주대周代에는 태사太師 즉 기자의 나라이자, 한대의 현도군玄菟郡이었다는 데 있었다. 배구가 수대隋代에 동일한 논리를 고구려 공격의 명분으로 삼았다는 점과는 상반되는 모습이다. 또한 '기자조선箕子朝鮮—한사군' 연계 인식이 뚜렷하게 확인된다. 이후의 고구려 정벌 명분에서는 기자조선 인식을 바탕에 두고, 한사군을 강조하는 경향을 보인다.

I-3은 진대덕陳大德이 고구려에서 귀환하여 당 태종唐太宗에게 보고하는 내용이다. 이와 유사한 기사는 『신당서』 고려전에 간략히 기재되었다. 당 태종의 발언이 주목되는데, 고려高麗를 본래 4군郡의 땅이라고 하면서 군대를 동원하여 얼마든지 이길 수 있다고 하였다. 이전까지는 주로 신료들이 고구려가 기자조선과 한사군 영역을 차지하였다고 주장한 반면, I-3에서는 황제가 직접 고구려가 4군의 땅이라고 주장한 것이다.

I-4는 상리현장相里玄奬과 연개소문淵蓋蘇文의 대화로, 요동이 본래 옛 중국의 군현이라고 하였다. 이 역시 『구당서』 고려전과 『신당서』 고려전에서 유사한 내용이 확인된다. 고구려 영역이 본래 중국 군현임에도 불구하고 과거의 일로 치부하는 상리현장의 발언을 주목하여, 결론적으로 고구려 영역을 인정해주었다는 견해도 있다.[103] 그렇지만 이후로도 고구려 영역이 본래

---

102 『新唐書』卷220,「東夷傳」, 高麗, 6187쪽. "帝謂左右曰 名實須相副 高麗雖臣於隋 而終拒煬帝 何臣之爲 朕務安人 何必受其臣 裴矩・溫彦博諫曰 遼東本箕子國 魏晉時故封內 不可不臣 中國與夷狄 猶太陽於列星 不可以降 乃止."

103 윤용구,「고구려와 요동・현도군—수당 군신의 '군현회복론' 검토」,『초기 고구려역사 연구』, 동북아역사재단, 2008, 152쪽.

중국 영토라고 주장하는 기록들이 지속적으로 확인된다. 그러므로 한 사례만을 놓고 중국에서 고구려 영역을 인정하였다고 단정짓기는 어렵다.

I-5는 당 태종이 고구려와의 전쟁 이전에 신료臣僚들을 설득하는 내용이다. 마찬가지로 I-6은 당 태종이 장안長安의 기로耆老를 불러 고구려와의 전쟁 필요성을 설득하는 내용이다. 당 태종은 공격 명분을 두 가지로 설정하였다. 즉 요동이 본래 중국 영역이라는 점과 연개소문의 임금 살해였다. 요동이 본래 중국 영역이라는 주장은 I-2의 사례로 볼 때 기자조선과 한사군 인식이 기반이 되었음을 알 수 있다.

I-7은 발해渤海의 영역에 대한 기술로 부여扶餘 · 옥저沃沮 · 변한弁韓 · 조선과 같은 해북海北 제국諸國을 모두 차지하였다는 내용이다. 전후맥락으로 볼 때 중국 입장에서 서술된 부분으로 여겨진다. 주지하듯이 발해는 고구려 영역을 차지하였다. 그럼에도 불구하고 위의 기록에서 유독 고구려만 생략되었다. 발해 무왕武王 때에 고구려 영역을 회복하였다고 기록된 『속일본기續日本紀』와는 차이를 보인다.[104] 즉 변한이나 조선이 고구려 영역을 의미한다고 볼 수 있기에, 당이 의도적으로 '고려高麗'라는 국명을 표기하는 것을 기피한 것으로 여겨진다.

당대 기록에서 조선은 당에 귀속되어야 하는 고구려 영역을 의미하였으며, 고구려 공격의 명분으로 활용하기 위해 사용된 경향이 강하였다. 조선을 기자와 연계시키는 경향이 강하였다. 즉 위진남북조시대 이래의 '기자조선 → 위만조선衛滿朝鮮 → 한사군'이라는 조선 변천 인식에, 고구려가 추가된 모습이 확인된다. 다만 위만조선보다 기자조선과 한사군을 강조하는 경향

---

[104] 『續日本紀』卷10, 聖武天皇 神龜 5년 春 正月 17日, "武藝忝當列國 濫摠諸蕃 復高麗之舊居 有扶餘之遺俗."

이 주로 확인된다.

당대唐代 묘지명墓誌銘에서도 조선이 언급된 사례들이 종종 확인되는데, 이를 간략하게 정리하면 〈표 42〉와 같다.[105]

〈표 42〉 조선이 명기된 수·당대 중국인 묘지명

묘지명	생몰년	내용
조흠묘지명 (曹欽墓誌銘)	594~667	公挺衝星之劍 迴駐日之戈 一呼而潰重圍 再擧而登万級 朝鮮遂衄 王旅用康 此又公之勳也
아사나충묘지명 (阿史那忠墓誌銘)	611~675	上肅雲辰 仰排星關 朝鮮旃入 疏勒麾還 蹊謠廣樹 △△雲攀.
장소묘지명 (張素墓誌銘)	625~680	去龍朔年中 屬三韓作梗 憑凌鯷海之隅 九種孤恩 旅拒狼河之外 君 乃負霜戈而報國 直下朝鮮 帶月羽以從軍 先摧玄菟
이충적묘지명 (李沖寂墓誌銘)	?~682	衛滿東亡 界朝鮮而爲役屬 乘興乃誅後至 討不庭 申命六事之人 以問三韓之罪 制曰 師出遼左 卿可爲北道主人
왕사눌묘지명 (王思訥墓誌銘)	?~695	幼而倜儻 便稱千里之駒 長而縱橫 卽學萬人之敵 往者三韓作梗 九種挺妖 君卽杖劍狼川 橫戈鯷壑 朝鮮之靜 君有力焉

「조흠묘지명曹欽墓誌銘」에는 고당전쟁高唐戰爭 정황과 조흠曹欽의 활약이 서술되었다. 본문을 종합해 보면 조흠이 요하遼河를 건너 의도蟻徒를 거느리고 영험독嬰險瀆에 오니 조선이 마침내 기세가 꺾였다는 내용이다. 「아사나충묘지명阿史那忠墓誌銘」에서 아사나충阿史那忠은 영휘연간永徽年間, 650~655에 사지절使持節 장잠도행군대총관長岑道行軍大總管으로 고구려 원정에 참여하였으며, 묘지명 말미의 사詞 부분에 조선이 언급되었다.

「장소묘지명張素墓誌銘」의 용삭연간龍朔年間, 661~663 기록에는 삼한三韓·조선·현도玄菟가 확인되므로, 고구려와의 전쟁을 기록한 것으로 보인다. 「이충적묘지명李沖寂墓誌銘」에는 삼한의 죄를 물어 요좌遼左에 출병하였다는 표현이 확인되며, 「왕사눌묘지명王思訥墓誌銘」 또한 삼한·구종九種·조선이 기록되었으므로, 고구려 원정에 대한 내용으로 여겨진다.

---

105 〈표 42〉의 각 묘주(墓主) 생몰년(生沒年)과 묘지명(墓誌銘) 내용은 '동북아역사재단, 『중국 소재 고구려 관련 금석문 자료집』, 동북아역사재단, 2005'를 참조하였다.

〈표 42〉에 수록된 묘지명의 묘주墓主는 모두 고당전쟁에 참전하였던 인물들이다. 묘지명에서 확인되는 삼한이나 조선은 전후 맥락으로 볼 때 고구려를 가리키는 호칭이었다. 여타의 당대 묘지명에서는 구종·현도玄菟, 玄免·요·동이東夷·요갈遼碣·조이鳥夷·진한辰韓 등이 고구려를 의미하는 표현으로 사용되었다. 당시 당에서 고려 표기를 기피했다는 점을 알 수 있다.[106] 즉 중국인들은 고구려를 조선에 투영시켜 인식하였으며, 이는 사서는 물론 묘지명을 통해서도 확인된다.

당의 '고구려-조선' 연계 인식은 당 고종唐高宗이 보장왕을 조선왕 혹은 조선군왕朝鮮郡王으로 책봉한 점을 통해 확연하게 드러난다. 의봉儀鳳 2년677에 당은 보장왕을 전면에 내세워 고구려인의 반감反感을 약화시키고자 하였다. 당은 보장왕을 고려왕이 아닌 조선왕으로 책봉하였다.[107] 이와 유사한 기사는 『구당서』 고종기高宗紀와 고려전 및 『신당서』 고려전에서도 확인된다. 보장왕을 조선왕으로 봉한 것은 중국의 고구려에 대한 조선 투영 의식 때문이다.

의봉 2년은 측천무후則天武后의 섭정기攝政期에 해당한다. 현경顯慶 원년656에 측천무후의 아버지인 무사확武士彠은 주국공周國公으로 추증되었다.[108] 상원上元 원년674에 당 고종은 천황天皇, 측천무후는 천후天后를 칭하게 되었으며,[109] 이듬해에는 당 고종과 더불어 이성二聖으로까지 일컬어지게 되었

---

106 최진열, 『발해 국호 연구 – 당조가 인정한 발해의 고구려 계승 묵인과 부인』, 서강대 출판부, 2015, 90쪽.

107 『資治通鑑』卷202, 「唐紀18」, 唐 高宗 儀鳳 2년, 6382~6383쪽. "二月 丁巳 以工部尙書高藏爲遼東州都督 封朝鮮王 遣歸遼東 安輯高麗餘衆 高麗先在諸州者 皆遣與藏俱歸 (…중략…) 藏至遼東 謀叛 潛與靺鞨通 召還 徙邛州而死 散徙其人於河南隴右諸州 貧者留安東城傍 高麗舊城沒於新羅 餘衆散入靺鞨及突厥 隆亦竟不敢還故地 高氏扶餘氏遂亡."

108 『舊唐書』卷4, 「高宗紀」上, 顯慶 원년, 75쪽. "二月 (…중략…) 辛亥 贈司空武士彠爲司徒周國公."

109 『舊唐書』卷5, 「高宗紀」下, 上元 원년, 99쪽. "秋八月壬辰 追尊宣簡公爲宣皇帝 懿王爲光皇帝 太祖武皇帝爲高祖神堯皇帝 太宗文皇帝爲文武聖皇帝 太穆皇后爲太穆神皇后 文德皇后爲文德聖

다.[110] 즉 보장왕이 조선왕으로 책봉된 677년의 시점에 당의 최고 권력자
는 사실상 측천무후였다.

측천무후는 690년에 국호國號를 주周로 개호改號하여 황제가 되었다. 측천
무후가 국호를 주로 바꾼 이유는 본인이 주 평왕周平王의 자손이고, 부친父親
이 주국공에 봉해졌으며, 주의 계승을 국가의 정통성으로 삼았기 때문이라
는 견해가 있다.[111] 측천무후는 혈통과 부친의 작위를 통해 주를 계승한다
는 관념을 일찍부터 지녔다고 여겨진다. 즉 측천무후는 스스로를 주 무왕周
武王에 견주어 기자를 조선에 봉한 것처럼, 보장왕을 조선왕으로 봉하였던
것이다. 이는 주 무왕의 이상 정치를 당이 재현하였다는, 일종의 정치적 행
위로 해석 할 수 있다. 또한 이전부터 고구려와 기자조선을 일치시킨 관념
이 형성되어 있었기 때문에 가능하였다.

『구당서』「예의지禮儀志」에서 당 현종唐玄宗 개원開元 13년725 1월에 시행한
봉선封禪 중 임진일壬辰日에 해당하는 기록에서는 봉선에 참여한 국가들을 열
거하고 다음으로 내신지번內臣之番을 열거하였다. 그 중 '고려조선왕高麗朝鮮王'
의 존재가 확인된다.[112] 고려조선왕은 고보장高寶藏·고련高連을 뒤이어 조선
군왕에 봉해진 고보원高寶元이거나 그 후손일 가능성이 있다. 즉 고구려 왕
족은 당에서 대대로 조선왕에 봉해지면서 명맥을 유지해 나간 것이다.

皇后 皇帝稱天皇 皇后稱天后 改咸亨五年爲上元元年 大赦."

110 『舊唐書』卷5,「高宗紀」下, 上元 2년, 100쪽. "三月丁未 日色如赭 丁巳 天后親蠶於邙山之陽
     時帝風疹不能聽朝 政事皆決於天后 自誅上官儀後 上每視朝 天后垂簾於御座後 政事大小皆預聞之
     內外稱爲二聖 帝欲下詔令天后攝國政 中書侍郎郝處俊諫止之."

111 胡阿祥,「武則革"唐"爲"周"略說」,『江蘇社會科學』2001年 第2期, 南京：江蘇省哲學社會科學
     界聯合會, 121~122쪽.

112 『舊唐書』卷23,「禮儀志3」, 封禪, 900쪽. "壬辰 玄宗御朝覲之帳殿 大備陳布 文武百僚 二王後
     孔子後 諸方朝集使 岳牧擧賢良及儒生文士上賦頌者 戎狄夷蠻羌胡朝獻之國 突厥頡利發 契丹奚等
     王 大食謝䫻五天十姓 崑崙日本新羅靺鞨之侍子及使 內臣之番 高麗朝鮮方王 百濟帶方王 十姓摩阿史
     那興昔可汗 三十姓左右賢王 日南西竺鑿齒雕題牂柯烏滸之酋長 咸在位."

아울러 당의 '고구려-기자조선' 연계 인식은 고구려 멸망 이후로도 존속하였던 것으로 보인다. 이는 당대 중반에 간행된 『통전通典』에서 그대로 확인할 수 있다. 『통전』에서 확인되는 '고구려-조선' 연계 인식과 '고구려-기자조선' 연계 인식은 다음의 사료를 통해 명확하게 확인된다.

J-1. ① 周初封商太師國於朝鮮【太師爲周陳洪範 其地 今安東府之東 悉爲東夷所據】時管蔡畔周 乃招誘淮夷作亂 周公征定之 其後徐夷僭號 穆王命楚滅之【徐偃王也】至楚靈王會申 亦來同盟 後越遷琅琊 遂陵暴諸夏 侵滅小國 秦並天下 其淮泗夷皆散爲人戶 ② 其朝鮮歷千餘年 至漢高帝時滅 武帝元狩中 開其地 置樂浪等郡 至後漢末 爲公孫康所有 魏晉又得其地 其三韓之地在海島之上 朝鮮之東南也 百濟新羅 魏晉以後分三韓地 新羅又在百濟之東南 倭又在東南[倭烏和反] 隔越大海 夫餘在高麗之北 挹婁之南 其倭及夫餘自後漢 百濟新羅自魏 歷代並朝貢中國不絶 而百濟 大唐顯慶中 蘇定方滅之 ③ 高麗本朝鮮地 漢武置縣 屬樂浪郡 時甚微弱 後漢以後 累代皆受中國封爵 所都平壤城 則故朝鮮國王險城也 後魏周齊漸強盛 隋文帝時寇盜遼西 漢王諒帥兵討之 至遼水遭癘疫而返 煬帝三度親征 初渡遼水敗績 再行 次遼水 會楊玄感反 奔退 又往 將達涿郡 屬天下賊起及饑饉 旋師 貞觀中 太宗又親征 渡遼破之 高宗總章初 英國公李勣遂滅其國[113]

J-2. 國人欲殺之 朱蒙棄夫餘 東南走渡普述水 至紇升骨城 遂居焉 號曰句麗 以高爲氏 及漢武滅朝鮮 以高句麗爲縣 屬玄菟郡 賜以衣幘朝服鼓吹 常從玄菟郡受之[114]

J-3. 其國恃此以爲天塹 水闊三百步 在平壤城西北四百五十里 遼水東南四百八十里【漢樂浪 ·玄菟郡之地 自後漢及魏 爲公孫氏所據 至淵滅 西晉永嘉以後 復陷入高麗 其不耐 屯有 ·

113 『通典』卷195,「邊防門1」, 東夷 上, 序略, 4975~4976쪽.
114 『通典』卷196,「邊防門2」, 東夷 下, 高句麗, 5001쪽.

J-1-①은 주 무왕이 기자를 조선에 봉한 사실을 적시한 것이다. 『통전』 동이목東夷目 서략序略은 범엽范曄의 『후한서後漢書』 동이전東夷傳 서문序文을 참고하여 작성하였지만, 『후한서』에는 기자에 대한 내용이 확인되지 않는다. J-1-①의 기자 관련 기록은 두우가 새로 기술한 것으로, 그의 인식이 반영된 결과물이다. 이 기사는 선진시대先秦時代 동이의 활동을 열거한 가운데에 확인된다. 조선의 존재를 자연스레 삽입시켰으며, 이를 통해 동이 최초의 국가인 조선이 태생부터 중국의 제후국이었다는 사실을 강조하였다.

J-1-②는 조선이 한 고조漢高祖 때 멸망하였다는 기록이다. 이는 『사기史記』에서 한 무제漢武帝 때 조선을 멸망시켰다는 역사적 사실과는 다른 인식이다. 이들은 각각 기자조선과 위만조선을 의미하는 것이다. 『통전』 동이목 서략에서는 위만조선의 존재를 기재하지 않고 넘어갔다. 오히려 멸망하였다는 표현으로 볼 때, 위만衛滿과 그의 후계자들은 중국에서 인정한 왕이 아닌 찬탈자이자 반란자로 간주되었다고도 볼 수 있다. 즉 한 무제가 낙랑 등의 군郡을 설치한 것은 멸망된 기자조선을 중국이 회복시켜 주었다는 의미로 해석할 수 있다.

J-1-③과 유사한 기록은 『후한서』・『양서梁書』・『북사』에서 확인된다.[116] 『후한서』 등에서는 현도군에 속하게 하였다고 기록하였는데, J-1-③에서는 낙랑군에 속하게 하였다고 기록하여 차이를 보인다. 또한 "高麗本朝鮮

---

115 『通典』卷196,「邊防門2」, 東夷 下, 高句麗, 5006쪽.

116 『後漢書』卷85「東夷列傳」, 高句驪, 2813쪽. "武帝滅朝鮮 以高句驪爲縣 使屬玄菟 賜鼓吹伎人"; 『梁書』卷94「高句麗傳」, 801쪽. "漢武帝元封四年 滅朝鮮 置玄菟郡 以高句麗爲縣以屬之"; 『北史』卷54「諸夷傳」, 東夷, 高句驪, 3111쪽. "漢武帝元封四年 滅朝鮮 置玄菟郡 以高句驪爲縣以屬之."

地"이라는 구절은 기존 정사에서는 확인되지 않는다. 평양성平壤城을 조선의 왕험성王險城이라고 기록한 것도 단순한 사실 적시로 해석할 수도 있지만, "高麗本朝鮮地"라는 구절과 맞물려서 '고구려-조선' 연계 인식을 강화시켜 주고 있다. J-1-②와 맞물려 해석한다면 문맥상 여기에서의 조선은 기자조선을 의미한다. 이전 정사에서 고구려와 조선을 연계시키는 기록이 제대로 확인되지 않는다는 점을 상기한다면, J-1은 당대의 '고구려-기자조선' 연계 인식을 반영한 것으로 규정할 수 있다.

J-2는 고구려 초기 기록에 해당한다. 여기에서는 주몽설화朱蒙說話 다음으로 조선에 대한 언급이 확인된다. 이는 고구려현高句麗縣의 존재를 언급하기 위해서이다. 주지하듯이 현도군의 수현首縣은 고구려현이었다. 현재 학계에서 고구려와 고구려현은 서로 별개의 존재로 해석하고 있지만, 두우는 두 존재를 동일시하였다. 한 무제가 조선을 멸망시켰다는 것은 J-1-②와는 다른 인식이다. 그렇지만 결과적으로 조선의 땅에 고구려현이 설치되었다는 점을 말하기 위해 해당 기록이 작성된 것으로 해석할 수 있다.

J-3은 고구려의 지리 정보와 관련하여 두우가 별도로 작성한 기록이다. 여기에서는 고구려의 땅이 한의 낙랑과 현도의 땅이었음을 밝히고 있다. 후한後漢과 조위曹魏에서는 공손씨公孫氏가 있었고 영가永嘉의 난 이후로 고구려가 땅을 차지하였다는 식으로 기재하였다. 영가의 난은 서진西晉 멸망의 계기일 뿐만 아니라 오호십육국시대五胡十六國時代의 시발점이기도 하였다. 즉 중국의 화북지방華北地方이 오호五胡의 세력하에 들어갔던 것과 마찬가지로, 고구려 또한 그 시점에 한사군과 공손씨의 영역을 차지하였다고 본 것이다. 이는 화북지방의 연장선으로 요동 일대가 포함된다고 인식했다고 해석할 수 있다. 아울러 고구려의 영역을 조선·예맥濊貊·옥저의 땅이라고 하였다.

고구려의 영역이 조선의 영역을 포함한다고 본 것으로, 이는 '고구려-조선' 연계 인식을 보여주는 사례라고 할 수 있다.

고구려와의 전쟁과 관련하여 수·당의 관료들과 황제는 공공연히 조선과 고구려가 상호 연계된다는 인식의 발언을 하였었다. 이러한 사항들은 후대 역사서를 통해 그대로 기술되었다. 그러한 인식이 확립되어 최초로 정리된 것이『통전』이라고 할 수 있다.『통전』은 기존 중국 정사와는 다르게 주변 국의 역사를 과거부터 당대까지 모두 정리하였으며, 동이 국가에서 조선의 존재를 중시하였다. 또한 이를 고구려와 연계하여 해석할 수 있도록 기술하였다. 이러한 서술은 당대 중반에 이르러 '고구려-조선' 연계 인식 특히 기자조선과의 관계 정리가 확립되었다는 것을 의미한다. 나아가『통전』의 서술은 후대의 정서政書와 사서史書에 영향을 미쳤으며, 그 과정에서 '고구려-조선' 연계 인식도 자연스럽게 투영되었다고 해석할 수 있다.

3) 고구려의 조선과 기자에 대한 인식

고구려와 조선의 연관성에 대한 연구는 다양하게 이행되었으나, 상호 관계를 유추할만한 자료는 많지 않다. 고구려와 조선의 연관성과 관련된 자료는 성격에 따라 고구려 자체의 자료, 중국 문헌의 기록, 고구려 유민 묘지명, 고려시대 이후의 자료 등으로 구분할 수 있다. 중국 문헌에서의 고구려와 조선 연관 자료는 이미 앞에서 자세히 고찰하였다. 고려시대 이후의 고구려와 조선 연관 자료는 동시대 자료가 아니기에 본서의 검토 대상에서 제외하였다.

고구려와 조선의 연관성과 관련된 고구려 자체의 자료로는 건국신화와 고분벽화가 거론된다. 단군신화檀君神話와 동명설화東明說話의 공통 요소를 바탕으로 고구려高句麗의 조선朝鮮 계승성이 보인다는 주장이 있다. 모두 천손신앙天孫信仰이 기저에 있고, 단군檀君의 계보가 '환인桓因 → 환웅桓雄 → 단군'이라는 3대 계보인 것처럼, 동명東明의 계보도 '천제天帝 → 해모수解慕漱 → 동명'이라는 3대 계보라는 것을 주요 근거로 든다. 또한 해모수解慕漱가 하백녀河伯女를 만난 곳이 웅신산熊神山이며, 금와金蛙가 유화柳花를 만난 곳이 태백산太白山이라는 점 또한 주요 근거이다. 단군신화에서 환웅이 강림한 곳이 태백산이며, 웅신熊神은 웅녀熊女를 의미하는 것으로 보고 있다.[117]

그러나 천손신앙은 한국인의 전유물이 아닌 전 세계적으로 보이는 신앙으로, 일본의 천조대신天照大神 사례를 통해서도 확인된다. 고대부터 하늘은 신성한 공간으로 여겨져서 숭배의 대상이 된 것이다. 3대 계보가 공통적이라는 것은 관념상 '3'이라는 숫자가 가장 안정적이고 일반적이기 때문으로, 중국의 삼황三皇이나 요堯-순舜-우禹 3대代도 유사한 사례로 볼 수 있다. 현재 단군신화는 『삼국유사三國遺事』의 기록이 최초인데, 원시적인 설화 형태가 남은 것은 사실이지만, 세부적인 요소에 있어서 후대의 윤색이 가미되었을 가능성도 있다. 즉 고려의 인식하에 조선과 고구려의 연관성이 존재했을 것이란 추측은 가능하지만, 고구려까지 소급 적용하는 것은 주저되는 면이 적지 않다.

고구려 고분벽화 중에서 각저총角抵塚 그림에 곰과 호랑이가 나무 아래에서 씨름을 구경하는 모습이 확인된다. 장천長川 1호분의 백희기악도百戲伎樂圖 중 중앙의 나무와 그 나무를 향한 여인의 모습에서 웅녀의 단군 잉태 기원 모습과 연결하는 견해도 있다. 특히 그림 좌측의 굴에 곰 같은 동물이 웅크

---

117   김성환, 「단군신화의 기원과 고구려의 전승」, 『단군학연구』 3, 단군학회, 2000, 119~120쪽, 125~127쪽.

리고 있는 모습이 단군신화와 연결된다고 지적된 바 있다. 그러나 집안集安 일대 외에 평양平壤과 황해도黃海道 일대의 고분벽화에서는 단군신화와 연관 될만한 고분벽화가 보이지 않으므로, 단군신화와 평양과의 관련성을 현재 까지 확인된 벽화로는 연결시킬 수 없다는 견해도 있다.[118] 대체로 고구려 고분벽화의 곰과 호랑이 그림은 고구려인의 내세관來世觀에 따른 장의葬儀 미 술로 그려진 것이며, 저승으로 가는 사자死者에 대한 진압의례를 표현하는 과정에서 그려진 것으로도 볼 수 있다.[119]

『구당서舊唐書』에서는 고구려의 풍속과 신앙을 기록하면서, 식사 때의 모 습을 기자의 유풍遺風으로 해석하고, 종교적으로는 기자신箕子神의 존재를 거 론하였다.[120] 『구당서』에서는 고구려의 신앙을 음사淫祀로 표현하였다. 『예 기禮記』에 따르면 음사란 제사를 지내지 말아야 할 곳에 제사를 지내는 것을 의미한다.[121] 즉 중국의 시각에서는 종교로 규정할 수 없는 것을 말하지만, 고구려의 관점에서는 자체적인 고유 신앙을 의미하는 것이다. 영성신靈星神 · 일신日神 · 가한신可汗神 · 기자신箕子神은 모두 고구려 신앙에 등장하는 신으 로 규정할 수 있으며, 대표적으로 명기된 것으로 보아 고구려 왕실王室과도 연계된다고 여겨진다. 이 중에서도 영성신은 『삼국지三國志』 고구려조高句麗條 에서도 그 존재가 확인되므로 연원이 오래되었다고 할 수 있다.[122] 일신은 주몽설화 및 동명설화에서 등장하는 태양과 연계하여 주몽의 아버지에 해

---

118 박찬홍, 「고조선·부여·고구려의 역사적 계승관계 연구」, 『史叢』 74, 고려대 사학회, 2011, 12쪽.
119 송호정, 「고조선-고구려의 역사귀속성 논란에 대한 하나의 제안−조법종의 『고조선 고구려 사 연구』(신서원)를 읽고」, 『韓國古代史硏究』 47, 한국고대사학회, 2007, 261쪽.
120 『舊唐書』 卷199上, 「東夷傳」, 高麗, 5320쪽. "食用籩豆·簠簋·罇俎·罍洗 頗有箕子之遺風 (… 중략…) 其俗多淫祀 事靈星神日神可汗神箕子神 國城東有大穴 名神隧 皆以十月 王自祭之."
121 『禮記』, 「曲禮」 下. "非其所祭而祭之 名曰淫祀."
122 『三國志』 卷30, 「烏丸鮮卑東夷傳」, 高句麗, 843쪽. "其俗節食 好治宮室 於所居之左右立大屋 祭 鬼神 又祀靈星社稷 (…중략…) 涓奴部本國主 今雖不爲王 適統大人 得稱古雛加 亦得立宗廟 祠靈 星社稷."

당하는 신으로도 추정할 수 있다.

가한신과 기자신은 서로 대비되는 존재로, 영성신과 일신 뒤에 명기되었으므로 상대적으로 낮은 차원의 신으로 추측된다. 당시 기자는 조선과 연관하여 인식하는 경향이 있었다. 즉 고구려에서는 기자신을 통해 조선을 고구려와 연관시켜 이해하였다고 볼 수 있다. 더불어 고구려에서 기자신 존재의 필요성을 긍정하였던 것이다.

『주서周書』와 『북사北史』에 따르면 고구려에서는 부여신夫餘神과 고등신高登神으로 대표되는 조상신 체계가 존재하였다.[123] 『구당서』 기록은 고구려 말기에 고구려 자체의 신앙이 확대된 것을 의미하며, 기자신은 가한신과 함께 새로이 합류한 신인 셈이다. 기자 신앙은 평양 지역 혹은 중국인들을 통해 존재하였던 것으로 추정되며, 고구려에서는 조선의 권위를 존중하여 자체 신앙에 편입시킨 것이다. 고구려 신앙 체계에서 기자신을 편입시키고자 노력한 주체는 평양 지역의 낙랑인樂浪人이었을 가능성이 크다. 고구려인들은 기자에 대한 거부감이 크지 않았기 때문에 고구려 신앙 체계로 수용한 것이며, 이는 향후 보장왕이 조선왕의 직책을 받아들인 것과도 연관된다.

고구려 유민 묘지명은 고구려인의 인식을 알 수 있는 주요 사료史料이다. 그 중에서 일부 묘지명에서는 조선과 기자가 언급되었다. 이를 간략하게 정리하면 〈표 43〉과 같다.[124]

---

[123] 『周書』卷49, 「異域傳」上, 高麗, 885쪽. "又有神廟二所 一曰夫餘神 刻木作婦人之象 一曰登高神 云是其始祖夫餘神之子 並置官司 遣人守護 蓋河伯女與朱蒙云"; 『北史』卷94, 「高句麗傳」, 3116쪽. "有神廟二所 一曰夫餘神 刻木作婦人像 一曰高登神 云是其始祖夫餘神之子 並置官司 遣人守護 蓋河伯女朱蒙云."

[124] 〈표 43〉의 각 묘지명(墓誌銘)은 '동북아역사재단, 『중국 소재 고구려 관련 금석문 자료집』, 동북아역사재단, 2005'와 '韓國古代社會研究所, 『譯註 韓國古代金石文 1 – 고구려·백제·낙랑 편』, 駕洛國事蹟開發研究院, 1997'의 원문을 참조하였다. 또한 제작년도는 '곽승훈·권덕영·권은주·박찬홍·변인석·신종원·양은경·이석현 譯註, 『중국 소재 한국 고대 금석문』, 한국학중앙연구원출판부, 2015'를 참고하였다.

묘지명	제작년도	내용
천남생묘지명 (泉男生墓誌銘)	679	遂能立義斷恩 同鄭伯之得儁 反禍成福 類箕子之疇庸 其年與英國公 李勣等凱入京都 策勳歙至
고자묘지명 (高慈墓誌銘)	700	公諱慈 字智捷 朝鮮人也 先祖隨朱蒙王平海東諸夷 建高麗國 已後代 爲 公侯宰相 至後漢末 高麗與燕慕容戰大敗 國幾將滅
고질묘지명 (高質墓誌銘)	700	公諱質 字性文 遼東朝鮮人也 青丘日域 聳曾構而凌霄 滄海谷王 廓長 源而繞地 白狼餘祉 箕子之苗裔寔繁 玄菟殊祥 河孫之波流彌遠
천남산묘지명 (泉男産墓誌銘)	702	君諱男産 遼東朝鮮人也 昔者東明感氣 蹴浿川而啓國 朱蒙孕日 臨淇 水而開都 (…중략…) 其詞曰 於廓靈海 百川注焉 東明之裔 實爲朝鮮 威胡制貊 通徐拒燕
천비묘지명 (泉毖墓誌銘)	733	屬有事於后土 授宣德郎 尋蒙放選 卽開府儀同三司朝鮮王高藏之外 孫 太子詹事太原 公王暕之子壻
고씨부인묘지명 (高氏夫人墓誌銘)	772	曾祖 皇朝鮮王 祖諱連 皇封朝鮮郡王 父震定州別駕
고진묘지명 (高震墓誌銘)	778	公諱震 字某 渤海人 祖藏開府儀同三司工部尙書朝鮮郡王柳城郡開 國公 禰諱連雲麾將軍右豹韜大將軍安東都護 (…중략…) 銘曰 其一曰 朝鮮貴族 磊葉稱王 裁剪獫夷 翊亮皇唐 盧龍柳塞 都護封彊

천남생泉男生은 연개소문淵蓋蘇文의 장남長男으로, 〈표 43〉에서 제시한 「천
남생묘지명泉男生墓誌銘」의 내용은 보장왕이 남건男建 등과 함께 당唐에 항복한
다음에 해당한다. 즉 고구려 멸망에 일조한 천남생의 업적을 기자가 공功을
세운 것에 비견하여 수사적으로 기록한 것이다.

고자高慈는 고구려 귀족으로 「고자묘지명高慈墓誌銘」에서는 출신을 조선인
朝鮮人으로 기재하였고, 뒤이어 선조들에 대한 연혁이 기재되었다. 선조先祖
에 대한 언급은 고구려 건국 이상으로 올라가지 않으므로, 조선은 고구려와
유관한 의미로 파악할 수 있다.

고질高質 역시 고구려 귀족으로 「고질묘지명高質墓誌銘」에서 출신을 '요동
조선인遼東朝鮮人'으로 기재하였다. 출신에 이어 선조들의 연혁을 서술했다.
그 사이에 기자의 묘예苗裔와 하손河孫을 언급하였다. '하손河孫'은 「부여융묘
지명扶餘隆墓誌銘」에서도 확인되므로,[125] 동명을 지칭하는 것으로 추측된다.

---

[125]　「扶餘隆墓誌銘」, "海隅開族 河孫效祥 崇基峻峙 遠派靈長."

천남산은 연개소문의 삼남三男으로, 「천남산묘지명泉男産墓誌銘」에서는 「고질묘지명」처럼 출신이 요동 조선인으로 기재되었다. 동명과 주몽에 대한 언급이 출신 뒤에 기재되었으며, 사詞에서도 동명의 후예가 조선을 세웠다고 기록되었다. 사에 기재된 내용으로 볼 때, 조선은 고구려와 동일한 의미로 파악된다. 또한 「고질묘지명」과 마찬가지로 동명과의 연계 관념이 있었음을 알 수 있다.

천비泉毖는 천남생의 증손자曾孫子로, 「천비묘지명泉毖墓誌銘」에는 보장왕이 조선왕으로 기록되었다. 보장왕이 조선왕으로 봉해진 사실은 『구당서』고려전高麗傳에서도 확인된다.[126]

고진高震의 넷째 딸인 고씨부인高氏夫人의 묘지명에서는, 증조曾祖 즉 보장왕은 조선왕으로, 조부祖父인 고련高連은 조선군왕朝鮮郡王으로 표기되었다. 보장왕의 손자이자 고씨부인의 아버지 격인 고보원高寶元은 조선군왕에 봉해진 바 있다.[127] 즉 보장왕 이래로 그 후손들은 대대로 조선군왕으로 봉해져 기록되었다.

「고진묘지명高震墓誌銘」에는 출신을 '발해인渤海人'으로 명기하였다. 가계도를 보면 '조부祖父 보장왕寶藏王 → 부친父親 고련高連'으로 되어 있으며, 보장왕을 조선군왕으로 기재하였다. 이는 『구당서』와 『신당서新唐書』에서도 확인된다.[128] 명銘에서는 고진을 '조선귀족朝鮮貴族'으로 명기하였다. 여기의 조선은 고구려와 동일한 의미임이 분명하다.

---

126 『舊唐書』卷199上, 「東夷傳」, 高麗, 5328쪽. "儀鳳中 高宗授高藏開府儀同三司遼東都督 封朝鮮王 居安東 鎭本著爲主."

127 『舊唐書』卷199上, 「東夷傳」, 高麗, 5328쪽. "垂拱二年 又封高藏孫寶元爲朝鮮郡王."

128 『舊唐書』卷5, 「高宗紀」下, 儀鳳 2년, 102쪽. "二月丁巳 工部尙書高藏授遼東都督 封朝鮮郡王 遣歸安東府 安輯高麗餘衆 司農卿扶餘隆熊津州都督 封帶方郡王 令往安輯百濟餘衆 仍移安東都護府於新城以統之";『新唐書』卷220, 「東夷傳」, 高麗, 6198쪽. "儀鳳二年 授藏遼東都督 封朝鮮郡王 還遼東以安餘民 先編僑內州者皆原遣 徙安東都護府於新城."

'요동遼東 조선인朝鮮人'으로 명기된 천남산·고질, '조선인朝鮮人'으로 명기된 고자와 더불어 고진 또한 '조선귀족朝鮮貴族'으로 기록되었다. 이를 통해 당시 유민들 사이에서 조선과 고구려가 동일한 의미로 사용되었음을 알 수 있다. 다만 고구려인이 스스로를 '조선인'으로 자처하였는지는 명확히 알 수 없다. 보장왕을 조선군왕으로 봉封하였던 의봉儀鳳 2년677 이후에 당에서 고구려인을 조선인으로 부르는 경향이 생성되었을 가능성도 있다. 이에 대해서 고찰하기 위하여 고구려 유민의 묘지명에서 출신지 및 거주지를 어떻게 표기하였는지 살펴보도록 하자. 이를 정리하면 〈표 44〉와 같다.[129]

〈표 44〉의 묘지명 제작년도는 730년을 기준으로 크게 2시기로 구분할 수 있다. 전자前者는 요동遼東을 포함시켜 책주柵州·평양·삼한三韓·조선 등의 명칭이 들어간 사례가 많다. 반면 후자後者는 선조의 출신지에 대한 언급이 많고 요동과 요해遼海 및 발해인을 지칭한 사례들이 다수 확인된다.

보장왕이 조선왕으로 봉해진 시점은 677년이다. 그 직후에 작성된 「이타인묘지명李他仁墓誌銘」에서는 출신을 '본 요동 책주인本遼東柵州人'으로, 「천남생묘지명」에서는 '요동군 평양성인遼東郡平壤城人'으로 기록하였다. 모두 '요동遼東'이 적혀있는 게 공통된다. 이 '요동' 뒤에는 구체적인 지명地名을 출신지로 명기했다.

그런데 700년에서 702년 사이에 작성된 「천남산묘지명」·「고자묘지명」·「고진묘지명」에서는 묘주墓主의 출신지가 '조선인'으로 기재되었다. 이 3명의 묘지명은 모두 무주시대武周時代, 690~705에 작성되었다. 조선인 표기는

---

129 〈표 44〉는 '최진열, 『발해 국호 연구―당조가 인정한 발해의 고구려 계승 묵인과 부인』, 서강대 출판부, 2015, 50쪽, 〈표 1〉'을 토대로 '곽승훈·권덕영·권은주·박찬흥·변인석·신종원·양은경·이석현 譯註, 『중국 소재 한국 고대 금석문』, 한국학중앙연구원출판부, 2015'를 참고하여 수정한 것이다.

〈표 44〉 고구려 유민 묘지명에 기재된 출신지 및 거주지

묘지명	제작년도	출신지 및 거주지 이전
고요묘묘지명(高鐃苗墓誌銘)	673	遼東人
고제석묘지명(高提昔墓誌銘)	674	本國內城人
이타인묘지명(李他仁墓誌銘)	677	本遼東柵州人 → 雍州之萬年縣
천남생묘지명(泉男生墓誌銘)	679	遼東郡平壤城人
고현묘지명(高玄墓誌銘)	692	遼東三韓人 → 西京赤縣
고족유묘지명(高足酉墓誌銘)	697	遼東平壤人 → 洛州永昌縣
고모묘지명(高牟墓誌銘)	699	安東人
고자묘지명(高慈墓誌銘)	700	**朝鮮人**
고질묘지명(高質墓誌銘)	700	**遼東朝鮮人**
천헌성묘지명(泉獻誠墓誌銘)	701	高句驪國人
천남산묘지명(泉男産墓誌銘)	702	**遼東朝鮮人**
고목로묘지명(高木盧墓誌銘)	730	渤海蓨人
이인덕묘지명(李仁德墓誌銘)	733	樂浪望族
천비묘지명(泉毖墓誌銘)	733	京兆萬年人
왕경요묘지명(王景曜墓誌銘)	735	其先太原人 → 海東 → 今爲京兆人
두선부묘지명(豆善富墓誌銘)	741	其先扶風平陵人 → 朔野 → 遼海
고덕묘지명(高德墓誌銘)	742	其先渤海人 → 遼陽△族
유원정묘지명(劉元貞墓誌銘)	744	其先出自東平憲王 → 馮燕 → 遼
고원망묘지명(高遠望墓誌銘)	745	先殷人 → 遼東
고흠덕묘지명(高欽德墓誌銘)	746	渤海人
고씨부인묘지명(高氏夫人墓誌銘)	772	齊之諸裔 → 渤海人
남단덕묘지명(南單德墓誌銘)	776	昔魯國大夫蒯之後 → 平壤 → 遼東
고진묘지명(高震墓誌銘)	778	渤海人
고요묘지명(高耀墓誌銘)	782	渤海 → 交河
사선의일묘지명(似先義逸墓誌銘)	850	或居遼東 或遷中部
상경묘지명(尙卿墓誌銘)	미상	其先遼東人

비교적 단기간에 국한되어 확인되나, 모두 고구려 중앙의 귀족에 해당한다. 이 시기에는 고구려 유민이 스스로를 조선인으로 인식하는 경향이 존재하여 묘지명에 반영되었다고 볼 수도 있다. 그렇지만 이러한 고구려 유민의 인식이 자의自意인지 타의他意인지는 명확히 알 수 없지만, 보장왕의 조선왕 책봉과 모종의 연관이 있다고 보는 게 자연스럽다.

기존 연구에서도 이러한 표기 방식에 관심을 갖고 여러 분석이 수행되었다. 「고씨부인묘지명」에서 발해인으로 기술한 사례에 대하여, 고구려 왕족이 당에 동화되어 가면서 중국의 명망 가문인 발해 고씨에 의탁해 들어간 것으로 해석한 연구가 있다.[130] 당대에 고구려 유민이 자신의 출신을 고구

려라고 직서直書하는 것은 예외적인 사례라고 하면서, 고구려 유민의 표기 방식을 세 가지로 구분하여 고찰한 연구도 있다. 즉 첫째로 요동 출신임을 명기한 사례, 둘째로 고구려와 관계없는 지역을 출신지로 명기한 사례, 셋째로 묘지 주인공이 당에서 실제 편적編籍되어 있던 곳을 출신지로 표기하거나 출신지를 생략한 경우로 구분하였다.[131]

당대 묘지의 삼국 표기는 중오심뿐만 아니라 삼국이 과거 중국 영토였다는 연고의식緣故意識이 강하게 표출된 결과물로 보고 있다. 고구려 별칭으로 현도玄菟 · 낙랑樂浪 · 조선 · 왕험王險 등을 사용하여 역사 속에서 사라진 명칭을 주로 사용하거나, 삼국삼한론三國三韓論에 기초하여 삼한으로 지칭한 사례도 다수 존재함을 지적하였다.[132]

고구려 유민은 요동 평양인遼東平壤人 · 요동 삼한인遼東三韓人 · 요동 조선인 등과 같이 본래의 출신을 고려로 기재하지 못하고, 고구려를 유추할 수 있는 다른 명칭으로 표기되었다. 이는 돌궐突厥 등 북방 유목민족들 또한 마찬가지였다. 돌궐 등 북방 유목민족들은 묘지명에 출신 혹은 본적을 표기할 때 국명이 출신지 표기에 거의 언급되지 않았다.

그 대신 '음산陰山' 혹은 '막북漠北'처럼 출신지를 막연하게 짐작할 수 있는 지명을 표기하는 식으로 표기되었다. 2세대 이후에는 현재 거주하는 지역의 군현명郡縣名을 본적으로 삼았다. 대표적으로 아사나충阿史那忠은 본래 '대인代人'이지만, 묘지명에서는 '경조 만년현京兆萬年縣'으로 기재되었다. 당의 입장에서 껄끄러운 관계였던 고구려와 돌궐 등 국가 출신 사람들에게는

---

130 宋基豪, 「고구려 유민 高氏夫人 墓誌銘」, 『韓國史論』 53, 서울대 국사학과, 2007, 490~491쪽.
131 李文基, 「墓誌로 본 在唐 高句麗 遺民의 先祖意識의 變化」, 『大丘史學』 100, 대구사학회, 2010, 20쪽.
132 권덕영, 「唐 墓誌의 고대 한반도 삼국 명칭에 대한 검토」, 『한국고대사연구』 75, 한국고대사학회, 2014, 130~131쪽.

정체성 말살을 시도하여 출신지를 고려나 돌궐로 표기하지 못하게 한 것이다. 반면 중앙아시아나 백제인百濟人들은 조국명祖國名을 묘지명에 그대로 표기하였다. 즉 정복하기 수월했거나 평화로운 관계였던 백제나 중앙아시아 출신들에게는 정체성을 인정하도록 허용했던 것이다.[133] 더구나 백제는 멸망 이후에도 '백제百濟'라는 국호로 당에서 재건되어 존재를 인정받았다.[134]

고구려 유민은 중국에서의 생활에 적응하기 위해 중국인의 관념을 수용해야 했다. 때문에 묘지명에서 본적지를 요동 평양인·요동 삼한인·요동 조선인 등으로 표기하였다. 보장왕과 그의 후손들이 대대로 조선왕과 조선군왕을 역임하였으므로 고구려 유민에게 조선은 이질적인 국명國名이 아니었다. 고려라는 국호를 묘지명에 출신지로 표기하지 못하는 현실 속에서 '조선'은 고구려 유민에게 현실적인 대안으로 떠올랐다.

무주시대武周時代에는 고구려 유민이 본인의 출신을 '조선인'으로 표기하는 경향이 나타났다. 이는 중국의 '고구려-기자조선箕子朝鮮' 투영 인식과 고구려인의 조선에 대한 관념이 맞물려 나타난 결과물로 해석할 수 있다.

『상서대전尚書大傳』의 기자동래설 기록 이후, 중국에서는 기자조선에 대한 관념이 형성되었다. 그러나 한대에는 조선을 위만조선으로 인식하는 경향이 강하였다. 위진남북조시대에 이르러 기자조선이 조선의 역사로 인지되기 시작하였으며, 이는 『삼국지』의 예조濊條와 한조韓條를 통해 알 수 있다. 즉 조선의 고지故地였던 한반도 북부뿐만 아니라 남부까지도 조선에 대한 인식이 확대되었고, 이와 더불어 '기자조선 → 위만조선衛滿朝鮮 → 한사군漢四郡'

---

133 최진열, 『발해 국호 연구─당조가 인정한 발해의 고구려 계승 묵인과 부인』, 서강대 출판부, 2015, 64~68쪽.

134 이도학, 「唐에서 再建된 百濟」, 『인문학논총』 15, 경성대 인문과학연구소, 2010, 114~115쪽.

의 조선 변천 인식이 정립되었다. 또한『위서魏書』연연전蠕蠕傳을 통해 '조선'이 동이 혹은 중국 동쪽 지역에 대한 광의廣義로 사용되었음을 알 수 있다.

수대 이래로 중국의 조선 인식에 변화가 확인된다. 대표적으로 배구는 고구려 정벌의 명분으로 군현회복론을 제기하였다. 이후 당대에 들어 온언박이나 당 태종도 배구의 인식과 유사한 형태로 고구려를 인지하였다. 당대의 묘지명에서도 '조선'의 존재가 모두 고당전쟁과 관련 있는 인물들에게서 확인된다.

중국의 '고구려-조선' 연계 인식은 기자조선시대로의 회귀 의식으로 귀결되었다. 그 결과 중국에서는 고구려를 멸망시키고 보장왕을 조선왕으로 봉하였다. 마침 이때는 측천무후의 섭정기로 주周에 대한 존숭尊崇 의식이 강한 시점이었다. 즉 측천무후는 주 무왕이 기자를 조선후朝鮮侯로 봉한 것처럼, 보장왕을 조선왕으로 봉하여 스스로를 주 무왕과 일체시키려고 한 것으로 보인다. 이후『통전通典』에서는 조선과 고구려의 역사 및 동이의 역사를 정리하면서 조선과 고구려가 연계된다는 사실을 명기하였다. 이는 후대의 정서政書와 사서史書에 영향을 미치게 되었으며, 하나의 관념으로 자리하게 되었다.

고구려에서는 조선을 계승하였다는 인식이 명확하게 확인되지 않았다. 고구려 건국설화나 고분벽화를 단군신화와 연계시켜 보는 견해들이 있었지만, 모두 역사적 사실로 납득하기에는 한계가 있다. 고구려 신앙에서는 기자신의 존재가 확인된다. 고구려가 기자신의 존재를 고구려 신앙 체계로 수용한 것은 조선을 자국과 연관시켜 이해하였고, 기자신 존재의 필요성을 긍정하였기 때문이다.

고구려 유민 중에서 '조선인'을 일컫는 사례도 보인다. 이는 보장왕이

'조선왕'으로 책봉되었던 정황이 영향을 미친 것이다. 중국인은 고구려의 영역을 '조선'으로 인식하고 있었다. 중국에서 삶을 영위해야 했던 고구려 유민은 당대의 인식을 수용해야만 했다. 그러한 상황에서 조선의 존재는 보장왕의 조선왕 책봉과 고구려 고유 종교 중 기자신의 존재 등으로 인하여, 이질적인 존재가 아니었다. 때문에 고구려 유민은 조선인이라는 인식 규정을 거부감 없이 수용할 수 있었다. 그 결과 무주시대 고구려 유민 묘지명 일부에서 자신의 출신을 '조선인'으로 기재한 경향이 확인된다.

3. 『통전』에 기재된 '동이지지' 의미 분석

『통전通典』 「변방문邊防門」 동이목東夷目의 기록을 살펴보다보면 다소 의아한 면이 있다. 당唐과 공존하였던 발해渤海의 존재가 보이지 않는다는 점이다.[135] 주지하듯이 『통전』은 천보연간天寶年間, 742~756까지의 역사적 사실을 기술하였음에 반해, 그 전에 건국되었고 두우杜佑가 살던 시대에도 온전하게 남아 있던 발해 역사가 외면하였던 것이다.[136] 당시 발해는 이미 동방의 강국으로 자리 잡고 존재감을 과시하고 있었기 때문에, 그 존재를 역사 서술에서 배제하는 것은 결코 쉬운 일이 아니었다.

그렇다면 『통전』에서 발해의 존재는 완전히 제외되었을까? 이번 절은 이

---

[135] 본 절은 저자의 논문 '송영대, 『通典』에 기재된 '東夷之地' 의미 분석」, 『한국동양정치사상사 연구』 18-2, 한국동양정치사상사학회, 2019, 37~66쪽'을 바탕으로 수정하여 기재한 것임을 밝힌다.

[136] 이와 관련해서는 기존 연구에서도 지적된 바 있다. 송영대, 「『通典』 「邊防門」 東夷篇의 구조 및 찬술 목적」, 『史林』 57, 首善史學會, 2016, 159~160쪽; 최진열, 「唐 前·後期 羅唐戰爭 서술과 인식-『唐會要』와 『通典』의 분석을 중심으로」, 『동북아역사논총』 56, 동북아역사재단, 2017, 175쪽.

에 대한 문제의식에서 출발하게 되었다. 발해와 관련된 기록들이 있지만, 변형된 형태로 나타난다면 그 자체로도 당의 발해에 대한 인식이 반영된 결과물로 해석할 수 있기 때문이다. 이와 관련하여 기록을 살펴보던 중 '동이지지東夷之地' 혹은 '동이소거東夷所據'에 대한 기록에 주목하게 되었다.

'동이지지東夷之地'는 말 그대로 '동이東夷의 땅'을 의미한다. 동이는 주지하듯이 중국을 기준으로 동방의 국가와 종족을 의미한다. 동이지지와 관련된 기록들은 주로 협주夾註의 형태로 나타난다. 동이지지 혹은 동이소거에 대한 기록들은 이 중에서도 세부적인 설명, 특히 두우 당대當代의 관점에서 부가적인 설명을 덧붙인 내용에 해당한다.

이번 절에서는 『통전』의 해당 기록들을 하나하나 면밀히 분석하여, 두우가 의도한 바가 무엇인지를 먼저 고찰하였다. 이후 관련 기록 즉 동이와 발해가 서로 연관성이 있는지에 대해 상세히 검토하였다. 『구당서舊唐書』와 『신당서新唐書』에서는 발해를 북적北狄으로 분류하였다. 이로 인하여 일각에서는 발해가 한국사에 포함되지 않는다는 논의로 연관시키기도 하였다. 당대唐代의 자료와 후대의 자료를 통해 발해를 동이로 보았는지, 북적으로 보았는지에 대해서도 살펴보았다. 이러한 작업들을 통해 발해의 종족적 정체성 부분도 고찰할 수 있었다.

1) 『통전』의 '동이지지' 관련 기록 분석

『통전通典』 「변방문邊防門」 동이목東夷目에서는 '동이지지東夷之地' 혹은 '동이소거東夷所據'라고 적힌 기록들이 종종 확인된다. 모두 협주에서 확인되는데, '금今'자字를 적어 두우를 기준으로 현재의 시점임을 밝힌 점이 특징이다. 이러한 기록은 「변방문」 외에 「주군문州郡門」에서도 확인된다. 본격적인 분석을 위하여 각 기록들을 표로 제시하면 〈표 45〉와 같다.

〈표 45〉『통전』에 기재된 '동이지지' 관련 기록

연번	구분	기록
K-1	주군문 서목	**卷172, 「州郡門」 2, 序目 下** 天寶初 又改州爲郡 刺史爲太守 大凡郡府三百二十有八 縣千五百七十有三 羈縻州郡不在其中【折衝府五百九十三 鎭二百四 戍三百九十三 關二十七 驛千三百八十八 寺五千一百八十五 觀一千八百五】其地東至安東都護府 西至安西都護府 南至日南郡 北至單于都護府 南北如前漢之盛 東則不及 西則過之【漢之東境有樂浪郡 西境有燉煌郡 今東極安東府 則漢遼東郡也 其漢之玄菟・樂浪二郡 並在遼東郡之東 今悉爲**東夷之地**矣 今西極安西府 其伊吾・交河・北庭・安西 則漢代戎胡所據 皆未得而詳】
K-2	동이목 서략	**卷185, 「邊防門」 1, 東夷 上, 序略** 周初封商太師國於朝鮮【太師爲周陳洪範 其地 今安東府之東 悉爲**東夷所據**】
K-3	조선	**卷185, 「邊防門」 1, 東夷 上, 朝鮮** 朝鮮人相與殺王右渠來降 遂以朝鮮爲眞蕃・臨屯・樂浪[音郞]・玄菟四郡【今悉爲**東夷之地**】
K-4	예	**卷185, 「邊防門」 1, 東夷 上, 濊** 魏齊王正始六年 不耐濊侯等擧邑降 四時詣樂浪・帶方二郡朝謁【並今**東夷之地**】
K-5	변진	**卷185, 「邊防門」 1, 東夷 上, 弁辰** 獻帝建安中 公孫康分屯有・有鹽縣【屯有・有鹽並漢遼東屬縣 並今**東夷之地**】以南荒地爲帶方郡 遣公孫模・張敞等收集遺民 興兵伐韓・濊 舊民稍出

K-1은 「주군문」의 서목序目에 기재된 내용이다. 당唐 천보天寶 초를 기준으로 그 영역을 설명하였다. 당은 행정구역 단위를 시기별로 바꾸었다. 수隋의 대업大業 3년607에 주州를 군郡으로 바꾸고 군에 태수太守를 두었는데, 무덕武德 원년618에 군을 주로 바꾸고 태수를 자사刺史로 고쳤다. 이후 천보 원년742에 다시 주를 군으로 고치고, 자사를 태수로 바꾸었다.[137] 즉 K-1의 기록은 대략 742년이나 그 이후를 기준으로 한 것임을 알 수 있다. 후술하는 『구당서舊唐書』의 기록과 비교해 보았을 때, 영토에 대한 내용은 천보 11년752을 기준으로 삼았다고 볼 수 있다.

---

137 『通典』卷33, 「職官門15」, 郡太守, 901쪽. "大業三年 又改州爲郡 郡置大守 大唐武德元年 改郡爲州 改太守爲刺史 加號持節 (…중략…) 天寶元年 改州爲郡 刺史爲太守."

각 행정구역의 수에 대한 기록 다음으로는 당시 당의 영역에 대한 언급이 나온다. 이 중에서 동쪽으로는 안동도호부安東都護府에 이른다고 기록되었다. 아울러 '전한지성前漢之盛' 즉 전한前漢 성대盛代와 비교하여 동쪽으로는 미치지 못하고 서쪽으로는 넘어선다고 기재하였으며 협주가 길게 달렸다. 협주의 내용을 보면 전한의 동경東境은 낙랑군樂浪郡이고, 당대의 동쪽 경계였던 안동부安東府는 한漢의 요동군遼東郡에 해당한다고 하였다.

주지하듯이 B.C.108년에 설치된 한사군漢四郡은 낙랑군樂浪郡 · 임둔군臨屯郡 · 진번군眞蕃郡 · 현도군玄菟郡인데, B.C.82년에 임둔군과 진번군은 낙랑군과 현도군에 포함되었다.[138] 두우도 이 점을 의식하여 주로 낙랑군과 현도군을 기준으로 고찰하였다. 낙랑군과 현도군은 요동군의 동쪽이라고 하면서, 지금은 모두 '동이지지'가 되었다고 하였다.

당대唐代 특히 천보연간天寶年間. 742~756을 기준으로 한 안동도호부의 위치는 당과 동이를 구분하는 주요 기준점이 되었다. 안동도호부의 위치는 시기별로 여러 차례 변동이 있었다.[139] 『구당서』에 따르면 안동도호부는 총장總章 원년668에 고구려를 멸망시키고서 그 땅에 설치되었다. 본래 고구려는 5부部 176성城 697,000호戶였는데, 12월에 그 땅을 나누어 9도독부都督府 42주州 100현縣을 두고 평양성平壤城에 안동도호부를 설치하였다. 이후 당 고종唐高宗 상원上元 3년676 2월에 안동부를 요동군고성遼東郡故城에 설치하였으며, 의봉儀鳳 2년677에는 신성新城으로 이치移置하였다. 개원開元 2년714에 평주平

---

138 『後漢書』卷85, 「東夷列傳」, 濊, 2817쪽. "至元封三年 滅朝鮮 分置樂浪 · 臨屯 · 玄菟 · 眞番四郡 至昭帝始元五年 罷臨屯 · 眞番 以幷樂浪 · 玄菟."

139 안동도호부의 연혁과 위치 이동에 대해서는 다음의 논저들이 참고가 된다. 金毓黻, 동북아역사재단 譯, 『김육불의 東北通史』下, 동북아역사재단, 2007, 518~532쪽; 津田左右吉, 정병준 譯, 「安東都護府考」, 『高句麗渤海研究』42, 고구려발해학회, 2012; 池內宏, 정병준 譯, 「高句麗의 滅亡과 安東都護府」, 『동국사학』56, 동국사학회, 2014.

州로 다시 옮겼으며, 천보 2년743에 요서고군성遼西故郡城으로 이동하였고, 지덕연간至德年間, 756~758 이후에 폐지하였다고 기록하였다.[140] 참고로 당 숙종唐肅宗 상원上元 2년761에 후희일侯希逸이 해奚의 침입으로 영주營州를 버린 것을 기점으로 안동도호부가 폐지되었다고 보기도 한다.[141]

요서지역으로 옮겨진 안동도호부는 안정적으로 운영되지 못했다. 이는 오래가지 못해 폐지되었다는 사실을 통해서도 알 수 있다. 천보연간은 당이 주변 세력의 압박으로 쇠퇴하기 직전에 해당한다. 당의 입장에서 안동도호부는 숙적 고구려를 멸망시키고 설치하였기 때문에, 쉽게 폐지시키기 어려웠다. K-1은 동방지역의 영유권이 약화되어가는 당의 고민이 깊어가는 시점을 기준으로 작성된 기록인 셈이다.

K-1의 기록은 752년을 시점으로 작성되었다. 당시 안동도호부는 요서지역으로 옮겨진 상황이었다. 두우는 안동부가 한대漢代의 요동군에 해당한다고 밝혔다. 요동군의 동쪽에 현도군과 낙랑군이 있으며, 모두 동이의 땅이 되었다고 하였다. 여기에서 요동군의 동쪽은 오늘날을 기준으로 할 때 의무려산醫巫閭山 동쪽에 해당한다. 그렇다면 K-1의 기록에서 말하는 동이가 과연 어떤 존재인지에 대해 고찰할 필요가 있다. K-1에서의 '동이지지'는 한대의 현도군과 낙랑군 일대에 해당하기 때문에 고구려의 고지故地로 규정할 수 있다.

K-2는 동이목 서략序略에서 조선의 영역을 거론한 것이다. 여기에서는

---

140 『舊唐書』卷39,「地理志2」, 十道郡國 2, 河北道, 安東都護府, 1526~1527쪽. "安東都護府 總章元年九月 司空李勣平高麗 高麗本五部 一百七十六城 戶六十九萬七千 其年十二月 分高麗地爲九都督府 四十二州 一百縣 置安東都護府於平壤城以統之 用其酋渠爲都督・刺史・縣令 令將軍薛仁貴以兵二萬鎭安東府 上元三年二月 移安東府於遼東郡故城置 儀鳳二年 又置於新城 聖曆元年六月改爲安東都督府 神龍元年 復爲安東都護府 開元二年 移安東都護於平州置 天寶二年 移於遼西故郡置 至德後廢."

141 金毓黻, 동북아역사재단 譯,『김육불의 東北通史』下, 동북아역사재단, 2007, 542쪽.

조선의 땅을 지금의 안동부 동쪽이라고 하였으며, 모두 동이가 의거依據하는 곳이라 하였다. 해당 구절의 의미를 파악하기 위해서는 전후 맥락을 먼저 알아보아야 한다. K-2의 내용은 두우가 동이에 대한 대략적인 설명을 하는 과정에서 기록되었다.

문제는 선진先秦의 동이와 한대 이래의 동이가 함께 거론되어 나타난다는 점이다. K-2의 기록 앞에는 "武乙衰弊 東夷寖盛 遂分遷淮·岱 漸居中土"라 하였으며, K-2의 기록 뒤에는 "時管·蔡畔周 乃招誘淮夷作亂 周公征定之"라고 하였다. 이들은 선진시대 동이에 대한 내용으로 정확히는 주대를 시점으로 한 것이다. 이 기록은 본디 『후한서後漢書』 동이열전東夷列傳 서문序文의 내용으로,[142] 두우가 내용을 일부 수정하고 상 태사商太史 즉 기자箕子에 대한 기록을 삽입하였다.[143]

즉 주대의 산동山東과 회하淮河 일대에 있던 동이를 설명하던 기록 사이에 조선에 대한 내용을 넣었으니, 서로의 지리적인 배경이 다르게 나타나게 된다. 두우는 독자들의 혼동을 미연에 방지하기 위해 협주를 기재하여 기자와 관련된 기록은 안동부의 동쪽임을 지적하였다. 즉 K-2에서 동이가 의거하고 있는 지역은 안동부의 동쪽 중에서도 조선 즉 고조선의 영역이며, 이는 K-1과 마찬가지로 고구려의 옛 땅에 해당한다.

K-3은 조선절朝鮮節에 수록된 기록이다. 조선이 멸망한 이후 조선의 땅에 진번·임둔·낙랑·현도 4군을 설치하였으며, 모두 지금은 동이의 땅에 해당한다고 기재하였다. 이 기록은 K-2와도 상통相通하는 내용이다. 또한 흉

---

142 『後漢書』卷85,「東夷列傳」, 序文, 2808쪽. "武乙衰敝 東夷瀮盛 遂分遷淮·岱 漸居中土 及武王滅
紂 肅愼來獻石砮·楛矢 管·蔡畔周 乃招誘夷狄 周公征之 遂定東夷."
143 『통전』과 『후한서』의 해당 기록 비교는 다음의 논문이 참고 된다. 송영대, 「『通典』「邊防門」
東夷篇의 구조 및 찬술 목적」, 『史林』57, 首善史學會, 2016, 146쪽.

노절匈奴節의 협주에서도 K-3의 인식과 유사한 기록이 확인된다.[144] 한사군
은 조선의 영역에 설치되었는데, 두우는 조선의 영역 변천을 크게 염두에
두지 않았다. 두우는 조선의 영역을 안동부의 동쪽 즉 요동 지역이나 한반
도 서북부 일대로 인지하였다. 즉 K-3에 기재된 '동이지지'는 한사군의 영
역이기 때문에 고구려의 옛 땅 즉 한반도 북부와 요동 일대에 해당한다고
볼 수 있다.

K-4는 예濊의 영역과 연관되는 내용이다. 낙랑樂浪과 대방帶方 2군에 조
알朝謁하였다는 내용 다음으로, 두 곳 모두 지금은 동이의 땅에 해당한다고
기재하였다. 일반적으로 낙랑과 대방의 영역은 한반도 서북부 일대를 의미
하는 것으로 보고 있다. 이곳은 고구려의 옛 땅에 해당하기도 하지만, 두우
의 시점에서는 신라의 영역이기도 하였다.[145] 때문에 앞서 살펴본 사례들과
는 다른 사례로도 볼 수 있다.

K-5는 변진절弁辰節에 수록된 기록이다. 정확히 말하자면 해당 부분은 삼
한의 연혁과 관련하여 언급되는 내용이다. 후한대後漢代에 공손강公孫康이 요
동군의 속현屬縣이었던 둔유현屯有縣과 유염현有鹽縣의 남쪽 황무지를 나누어
대방군을 설치하였다고 밝혔다. 대방은 지금의 황해도 일대에 해당하는 것
으로 보고 있으므로, 이 영역은 『통전』이 작성된 시점을 기준으로 신라新羅
의 영역이었다.

각 기록별로 제시된 '동이지지'에 대한 내용을 정리하자면 K-1은 한대
의 현도군과 낙랑군 즉 두우의 시점을 기준으로 고구려의 옛 땅을 의미하

---

144 『通典』卷194, 「邊防門10」, 北狄 1, 匈奴 上, 5302~5303쪽. "而單于終不肯爲寇於漢邊 數使使
好辭甘言求和親【是時漢東拔濊貊·朝鮮以爲郡 濊與穢同 眞番·臨屯·樂浪·玄菟四郡 並今安東
府之東】."
145 『通典』卷185, 「邊防門1」, 東夷 上, 新羅, 4983쪽. "其國在百濟東南五百餘里【亦在高麗東南 兼有
漢時樂浪郡之地】."

며, K-2는 조선의 영역으로 역시 고구려의 옛 땅을 의미하고, K-3은 한사군을 뜻하기에 이 또한 고구려의 옛 땅을 의미한다. K-4는 낙랑과 대방을 의미하기 때문에 고구려의 옛 땅도 일부 포함되나, 두우의 시점을 기준으로는 신라의 땅에도 해당된다. 아울러 K-5는 대방을 의미하기에 신라의 땅을 의미하는 것으로 볼 수 있다. K-1·2·3은 고구려의 옛 땅, K-4·5는 신라의 땅에 해당되는 셈이다.

두우의 시점 즉 8세기를 전후한 시기를 기준으로 '동이지지'는 신라의 영역도 포함되지만 상당수는 고구려의 옛 땅에 해당하였다. 다만 고구려는 이미 멸망된 상태였으며, 그 땅에는 고구려의 후신인 발해가 자리하고 있었다. 두우는 '동이지지'에 해당하는 지역들을 '신라지지新羅之地' 혹은 '고려지지高麗之地'나 '발해지지渤海之地'로 쓸 수 있었다. 실제로 『통전』 동이목에서는 '삼한지지三韓之地' 혹은 '예맥지지濊貊之地' 등의 표현들이 확인된다.[146] 그럼에도 불구하고 두우는 굳이 국명을 밝히지 않았다. 이렇게 된다면 '동이지지'라는 명칭이 일반적인 사례에 해당하는지에 대한 의문이 생긴다.

이와 관련하여 K-1과 관련된 다른 기록들을 대조해 볼 필요가 있다. K-1을 L-1로 재설정하고, 이와 유사한 맥락의 『구당서』와 『신당서新唐書』 기록을 표로 제시하고 주제별로 구분하면 〈표 46〉과 같다.

〈표 46〉 『통전』·『구당서』·『신당서』의 당대 지리 기사 비교

연번	구분	기록	주제
L-1	통전	卷172, 「州郡門」 2, 序目 下	

---

[146] 『通典』 卷185, 「邊防門1」, 東夷 上, 新羅, 4984쪽. "其先附屬於百濟 後因百濟征高麗 人不堪戎役 相率歸之 逐致强盛 因襲加羅·任那諸國 滅之【並三韓之地】"; 『通典』 卷185, 「邊防門1」, 東夷 上, 夫餘, 4988쪽. "國有故城 名濊城 蓋本濊貊之地."

연번	구분	기록	주제
		天寶初 又改州爲郡 刺史爲太守	주군 명칭 변경
		大凡郡府三百二十有八 縣千五百七十有三 羈縻州郡不在其中【折衝府五百九十三 鎭二百四 戌三百九十三 關二十七 驛千三百八十八 寺五千一百八十五 觀一千八百五】	군현 수량
		其地東至安東都護府 西至安西都護府 南至日南郡 北至單于都護府	당의 사방 영역
		南北如前漢之盛 東則不及 西則過之【漢之東境有樂浪郡 西境有燉煌郡 今東極安東府 則漢遼東郡也 其漢之玄菟・樂浪二郡 並在遼東郡之東 今悉爲東夷之地矣 今西極安西府 其伊吾・交河・北庭・安西 則漢代戎胡所據 皆未得而詳】	전한대와 비교
L-2	구당서	**卷38,「地理志」1**	
		今擧天寶十一載地理 唐土東至安東府 西至安西府 南至日南郡 北至單于府	당의 사방 영역
		南北如前漢之盛 東則不及 西則過之【漢地東至樂浪・玄菟・今高麗・渤海是也 今在遼東 非唐土也 漢境西至燉煌郡 今沙州 是唐土 又龜茲 是西過漢之盛也】	전한대와 비교
		開元二十八年 戶部計帳 凡郡府三百二十八 縣千五百七十有三 羈縻州郡 不在此數	군현 수량
L-3	신당서	**卷37,「地理志」1**	
		然擧唐之盛時 開元・天寶之際 東至安東 西至安西 南至日南 北至單于府	당의 사방 영역
		蓋南北如漢之盛 東不及而西過之	전한대와 비교
		開元二十八年戶部帳 凡郡府三百二十有八 縣千五百七十三 戶八百四十一萬二千八百七十一 口四千八百一十四萬三千六百九 應受田一千四百四十萬三千八百六十二頃	군현・호구량

L-1~3까지 각각 『통전』·『구당서』·『신당서』의 기록을 제시하고, 안동도호부나 '동이지지'와 관련된 기록은 개별적으로 표시하였다. 또한 각 주제별로 구분하여 기록을 제시하였다. L-1~3은 모두 당대의 동일한 기록을 원전으로 작성되었는데, 이는 각 기록의 구성을 통해 알 수 있다.

L-1은 천보연간 초를 기준으로 주군州郡 명칭 변경, 군현郡縣 수량, 당의 사방四方 영역, 전한대前漢代와의 비교를 기술하였으며, 전한대와의 비교에

협주를 달아서 세부적인 지명들을 제시하였다. L-2 역시 천보 11년752을 기준으로 당의 사방 영역, 전한대와의 비교, 개원 28년740을 기준으로 군현 수량을 기술하고, 여기에서도 역시 전한대와의 비교 다음으로 세부적인 지명들을 협주를 써서 제시하였다. L-3은 개원·천보연간開元·天寶年間, 713~756 을 기준으로 사방 영역, 전한대와의 비교, 개원 28년을 기준으로 군현 및 호구 수를 기술하였으며, 별도로 협주를 기재하지 않았다.

이처럼 L-1~3은 군현 수량, 사방 영역, 전한대와의 비교가 공통적으로 나타나며, 그 시기와 숫자도 동일하게 나타난다. 이는 모두 동일한 전거를 바탕으로 하거나, 『구당서』·『신당서』가 『통전』을 참고한 결과로 볼 수 있다. 공통되는 부분으로 고찰하였을 때 L-1이 가장 상세하게 기술되었으며, 그 다음이 L-2와 L-3 순이다.

L-1과 L-2에서는 한대의 동경과 서경西境에 대한 상세한 기술이 협주로 기술되었다. 이 중에서 동쪽 경계에 대한 기록을 살펴보면 L-1에서는 현도 와 낙랑 2군이 요동군의 동쪽으로 "今悉爲東夷之地矣"라고 기록하였다. 이 와 유사한 표현이 N-2에서도 확인되는데, 여기에서는 낙랑과 현도가 "今高 麗·渤海是也"라면서 지금은 요동에 있고 "非唐土也"라고 기록하였다. 즉 '동이지지'와 '고려·발해高麗·渤海'가 동일하게 쓰였음을 알 수 있다.

앞서 살펴본 K-1~3의 동이지지는 고구려의 옛 땅에 해당된다. 이를 L-2의 기록과 대조하여 적용한다면, '동이지지'는 곧 '고려지지高麗之地' 혹 은 '발해지지渤海之地'로도 치환置換할 수 있다. 『구당서』에서는 8세기 중반을 기준으로 하여 안동도호부의 동쪽이 막연하게 동이의 땅이라고 하지 않고, 고구려와 발해의 땅이라고 명확히 기재하였다. 더구나 그 뒤에 그 영역을 구체적으로 '요동遼東'이라 밝혔다. N-1과 N-2는 기록의 구성으로 보아 서로 동일한 전거를 바탕으로 작성되었음을 알 수 있다. 즉 '동이지지'와 '고려·발해' 중 한 기록은 인위적으로 수정된 내용에 해당한다.

2) '동이지지'와 발해의 연관성 검토

두우는 왜 『구당서舊唐書』처럼 '고려·발해高麗·渤海'라 기재하지 않고 '동이지지東夷之地'라고 썼을까? 이와 관련하여 몇 가지 고려해야 할 사항이 있다. 우선 '동이지지'에 해당하는 영역 즉 요동지역이 발해의 영역에 해당하는지의 문제이다. 아울러 발해를 동이東夷로 분류해야하는지, 혹은 북적北狄으로 분류해야하는지의 문제가 있다. 이는 발해의 족원族源을 고구려로 보는지 혹은 말갈靺鞨로 보는지의 문제와도 연관된다.

『통전通典』과 『구당서』에서 천보연간天寶年間, 742~756을 기준으로 한 당토唐土에 대한 기록에서 『통전』의 "今悉爲東夷之地矣"는 『구당서』에서는 "今高麗·渤海是也"로 기재되었다. 즉 '동이지지'와 '고려·발해'가 서로 동일하다는 명제가 성립된다. 아울러 8세기 중반을 시점으로 고구려는 멸망한 국가였기 때문에 사실상 '동이지지'는 발해의 영역을 의미하는 말로도 이해할 수 있다.

그렇다면 발해는 진정 '동이지지'를 확보하였을까? 이와 관련하여 '동이지지'에 해당하는 지역이 구체적으로 어디를 의미하는지를 먼저 살펴볼 필요가 있다. 앞서 살펴본 K-1~5의 기록을 다시 검토하여 '동이지지'가 무엇을 의미하는지를 N-1~5로 정리하면 〈표 47〉과 같다.

〈표 47〉에 제시된 기록 중에서 가장 큰 비중을 차지하는 대상은 낙랑樂浪이다. 낙랑은 N-1과 N-3·4에서 해당하는 지역이다. 아울러 현도玄菟는 N-1과 N-3에서, 대방帶方은 N-4와 N-5에서 확인된다. N-2에서 조선朝鮮

<표 47> 『통전』의 '동이지지' 의미 지역과 근거 사료

연번	'동이지지' 의미 지역	근거 사료
N-1	현도·낙랑	其地東至安東都護府 (…중략…) 南北如前漢之盛 東則不及 (…중략…) 【漢之東境有樂浪郡 (…중략…) 今東極安東府 則漢遼東郡也 其漢之玄菟·樂浪二郡 並在遼東郡之東 今悉爲東夷之地矣】
N-2	조선	朝鮮【(…중략…) 其地 今安東府之東 悉爲東夷所據】
N-3	진번·임둔·낙랑·현도	朝鮮爲眞蕃·臨屯·樂浪·玄菟四郡【今悉爲東夷之地】
N-4	낙랑·대방	四時詣樂浪·帶方二郡朝謁【並今東夷之地】
N-5	둔유·유염현(대방군)	公孫康分屯有·有鹽縣【屯有·有鹽並漢遼東屬縣 並今東夷之地】 以南荒地爲帶方郡

은 전후맥락으로 보아 N-3과 동일한 지역을 의미하는 것으로도 볼 수 있으므로, 결과적으로는 N-1·2·3·4 모두 낙랑과 연계되는 셈이다.

'동이지지東夷之地'는 안동도호부安東都護府 즉 안동부安東府의 영역과도 연관성이 확인된다. N-1과 N-2에서는 '동이지지'가 안동부의 동쪽을 의미함이 명확하게 기재되었다. 아울러 N-2와 N-3의 조선은 서로 동일한 국가를 의미하며, 이 역시 안동부를 기준으로 한 것임을 알 수 있다. 즉 N-1·2·3은 안동부를 기점으로 동쪽에 소재한 지역을 의미하며, 그 영역은 조선과 한사군의 영역에 대응한다. N-4와 N-5는 대방을 포함하고 있기 때문에 통일신라의 영역과 연관된다고 볼 수 있다. 다만 『통전』에서는 "樂浪本朝鮮國"이라고 하여,[147] 낙랑군을 조선과 동일한 영역으로 인지한 면도 있다. 때문에 N-4·5의 낙랑군은 지리적으로 조선 전체의 영역 혹은 적어도 한반도 서북부 일대를 의미하는 것으로 해석할 수 있다.

N-1~5는 중국을 기준으로 모두 자기들의 영역이었다는 뜻을 내포하고 있다. 수대 이후로 중국은 이른바 '군현회복론郡縣回復論'을 주장하였다.[148]

---

[147] 『通典』卷180,「州郡門10」, 古靑州, 安東府, 4767쪽. "安東大都護府 舜分靑州爲營州 置牧 宜遼水之東是也【已具注序篇】春秋及戰國並屬燕 秦·二漢曰遼東郡 東通樂浪【樂浪本朝鮮國 漢元封三年 朝鮮人斬其王而降 以其地爲樂浪·玄菟等郡 後又置帶方郡 並在遼水之東 浪音郎】."

[148] 군현회복론(郡縣回復論)에 대한 논의는 다음의 논문이 주요 참고가 된다. 윤용구, 「隋唐의 對外政策과 高句麗 遠征－裴矩의 '郡縣回復論'을 중심으로」, 『북방사논총』 5, 고구려연구재단, 2005.

고구려가 차지하고 있는 영역이 중국의 영역이며, 고구려와의 전쟁은 고토故土를 회복하려는 노력이라는 의미이다. 이는 고구려와의 전쟁에 있어 중요한 명분이자 정당성이 되었다. 때문에 고구려의 영역을 일부러 한사군의 영역과 유사한 의미로 파악하려고 하였다. 이는 당이 고구려를 공격한 명분임을 넘어서서, 8세기 중반 이후를 기준으로 고구려 영역을 일종의 미수복지未收復地로 인지하는 관념이 부여되었음을 의미한다.

앞서 안동도호부의 위치와 관련하여 668년에 평양성에 치소治所가 설치되었고, 지속적으로 변동되었다고 설명하였다. 이를 다시 정리하면 '668년 평양성平壤城→676년 요동군고성遼東郡故城 즉 요양遼陽→677년 신성新城 즉 무순撫順 고이산성高爾山城→714년 평주平州 즉 조양朝陽→743년 요서고군성遼西故郡城 즉 의현義縣→758년 이후 폐지'로 정리할 수 있다. 즉 한반도 서북부를 시작으로 요동지역으로 이동하고서, 다시 요서지역으로 옮겨지고 이후 폐지된 것이다. 안동도호부가 소재하였던 지역들은 N-1~5에 해당하는 지역들과 서로 일치한다. 즉 안동도호부의 본래 위치와 '동이지지'는 서로 무관하지 않고, 도리어 밀접한 연관이 있다.

현재까지 파악한 점으로 볼 때 '동이지지'는 적어도 요동지역과 한반도 서북부지역을 의미한다. 또한 『구당서』 기록과의 대조를 통해서 최소한 고구려의 옛 영토를 의미하고, 조선의 영역이자 한사군의 땅을 뜻한다고도 볼 수 있다. 이렇게 된다면 적지 않은 범위, 사실상 고구려의 주요 영역이 '동이지지'에 해당한다는 해석이 가능하다.

그렇다면 안동도호부가 요서遼西로 이동한 이후, 요동지역은 어느 세력이 점거하였을까? '동이지지'를 액면 그대로 받아들인다면 '동쪽의 이민족들이 사는 땅'이 되므로 특정 국가나 세력이 존재하지 않는다고도 생각할 수 있다. 이러한 관점은 발해의 요동지역 점거 문제와 관련하여, 발해가 요동에 진출하지 않았다고 보는 '요동공백지론遼東空白地論'과 연관되어 해석할 수 있다.

발해가 요동 확보 여부에 대해서 다양한 연구가 이행되었다. 요동이 발해의 영토였다고 보는 견해는 『요사遼史』 지리지地理志에서의 발해 주요 지역 비정 및 소고구려小高句麗의 실존 여부와 관련되어 논의되었다. 다만 『요사』 지리지는 사료적으로 문제가 많고, 소고구려는 725년 태산泰山 봉선封禪에서 고려조선왕高麗朝鮮王이 내신지번內臣之蕃으로 참석하였다는 점에서 문제가 있다. 결국 이 사항들은 발해가 요동을 차지하였다는 근거로 보기 어렵다는 지적이 제기되었다.[149]

요동지역을 당과 발해, 신라의 완충지대로 보기도 한다. 본래 당은 압록강鴨綠江 이북 일대를 자신의 영역으로 삼고, 임진강臨津江 이서~압록강 이남은 신라와 당의 완충지대로 보았다. 아울러 안동도호부가 요서로 밀려난 이후로 요동지역은 발해와 당의 완충지대가 되었다고 보았다. 이러한 질서는 당·발해·신라의 3자 간에 형성되어 10세기까지 지속되었고, 이후 거란契丹이 요동으로 진출하면서 질서가 깨지게 되었다는 견해가 있다.[150] 그렇지만 고구려의 중심지이자 넓은 영역에 해당하는 요동지역이 지나치게 긴 기간 어느 세력의 힘도 미치지 못하는 공백지空白地로 유지되는 게 과연 가능한가에 대해서는 의구심이 든다. 더구나 안사安史의 난 이래로 당의 세력이 약화되었다는 사실을 상기한다면 더더욱 의문이 든다.

---

149 발해의 요동 진출 여부에 대한 연구사 정리는 다음의 논문들이 참고된다. 김종복, 「발해시대 遼東지역의 귀속 문제」, 『史林』 31, 首善史學會, 2008, 136~143쪽; 윤재운, 「발해 강역 연구의 현황과 전망」, 『白山學報』 110, 백산학회, 2018, 55~59쪽.

150 김종복, 「완충지대로서의 요동을 통해 본 신라·발해·당의 관계」, 『한국고대사연구』 88, 한국고대사학회, 2017, 286~287쪽.

국가 간의 완충지대緩衝地帶는 존재할 수 있다. 현대와는 달리 고대에는 굳이 국가들이 생산력이 떨어지는 땅으로 영역을 확장하고, 그 상태에서 서로 국경을 맞대고 치열하게 대립할 이유는 없기 때문이다. 그렇지만 7세기 중반까지 활발한 생산이 이루어지고 수많은 인구가 있었던 드넓은 땅이 어느 순간부터 공백지로 남아 10세기까지 이르렀다는 사실은 쉬이 납득하기 어렵다. 더구나 요대遼代에 이르러 요동지역은 동경東京 요양부遼陽府의 핵심 지역이 되었다. 마치 당대에만 이 일대의 역사가 도려내어지고 공백지가 된 듯한 인상이다.

더구나 현재 이 일대의 영역화 여부는 전적으로 중국의 자료를 통해 참고하고 연구되고 있다. 주로 당에 의해 작성된 사료가 위주가 되는데, 여기에는 단순히 역사적 사실을 모두 기재하기보다도 당대의 관념이 일정 부분 반영되었을 가능성도 배제할 수 없다. 즉 당이 안동도호부의 설치 이후 요동지역의 영유권을 주장하거나 혹은 차후 영유해야 할 땅으로 인지하고, 그에 대한 다른 국가나 세력의 소유권을 무시하였다고 볼 수 있다. 이 경우 요동지역은 이른바 '관념상의 영토'가 된다.

당·발해·신라 간에 공백지로 여겨졌던 지역은 대동강 이북 즉 한반도 서북부에서 요동지역에 이른다. 이 영역은 고구려의 중심지이다. 또한 중국에서 인지하고 있었던 한사군의 영역과도 서로 일치한다. 즉 『통전』에 기재된 '동이지지'의 영역에도 해당된다.

당에서는 천보연간을 기준으로 영토를 기술하면서 전한지성前漢之盛 즉 전한의 전성기와 비교하였다. 당에게 있어서 전한지성은 과거의 영광 그 이상의 의미를 가졌다. 남북국시대를 지나면서 중국은 분열되었고, 수대에 이르러 통일을 이루게 되었다. 수가 중국을 통일한 이후, 그들은 과거 한대의 영광을 회복하고자 하였다. 그에 대한 외면상의 성과는 한대의 영토를 회복하는 것이었다. 이러한 의도는 군현회복론으로 나타났으며, 고구려와의 전쟁에 임하게 되는 근본적인 이유에 해당하였다. 수隋의 뒤에 들어선 당도 예외는 아니었다. 때문에 막대한 국력을 소모하고도 한대의 영토를 확보하고자 노력하였다. 결국 고구려를 멸망시키고 안동도호부를 설치하여 당이 한대의 영광을 확보하였다는 점을 천명하였다.

그렇다면 요동 지역을 발해가 실질적으로 확보하였을까? 이와 관련하여 『요사』와 『거란국지契丹國志』의 천경天慶 6년1116 기록이 주목된다. 이에 따르면 동경東京은 옛 발해의 땅으로, 태조太祖가 20여 년간 싸워서 이를 얻었다고 기재되었다.[151] 이 기록과 관련하여 발해가 요동을 점령하고 있었기 때문에 요동을 확보하려는 노력이 반영된 것으로 평가하는 견해도 있고, 반대로 요동은 관념적인 표현으로 야율아보기耶律阿保機가 발해를 점령하려는 의도를 반영한 기록으로 보는 견해도 있다. 다만 기록을 의미 그대로 받아들인다면, 거란이 요동을 공략하기 이전에 발해가 이 일대를 확보하였던 것이 된다. 또한 적어도 거란은 발해와 요동을 연관되게 파악하고 인지하였다. 즉 보수적으로 접근한다고 해도 발해가 10세기 초반에 요동지역을 확보하고 있었던 것은 사실로 받아들일 수 있다.

그렇다면 발해는 언제, 어디까지 요동을 확보하였던 것일까? 이와 관련하여 다양한 의견들이 개진되었다. 개중에는 『통전』의 기록을 근거로 제시한 연구도 있다. 즉 앞서 살펴본 L-1에서 요동지역이 '동이지지'가 되었다는 표현 및 고구려의 옛 국토가 말갈에 귀속되었다는 기록을 바탕으로,[152]

151　『遼史』卷28,「天祚皇帝紀2」, 天慶 6년 정월, 334쪽. "東京故渤海地 太祖力戰二十餘年乃得之"; 『契丹國志』卷10,「天祚皇帝」上, 丙申 天慶 6년 春, "東京乃渤海故地 自阿保機力戰二十餘年始得之 建爲東京."

요동이 발해의 영역이 되었다고 보는 것이다. 즉 말갈은 당시 발해를 크게 이르는 명칭이고, 『통전』에서 말갈을 동이로 구분하였으며, 거란·해奚·실위室韋를 북적의 범주에 넣었다고 지적하였다.[153]

앞서 살펴본 발해와 거란의 싸움에 대한 기록을 통해 발해가 요동을 확보하였고, 거란의 요동 진출이 발해의 요동 점령과 상충相衝되지 않고 서로 연관된 기록이라 지적한 견해가 있다. 아울러 8세기 중반에 일본으로 파견된 발해 사신의 지방관地方官 직명職名이 요동과 연관된다고 하였다. 이를 토대로 발해가 요동 전체는 아니지만 적어도 요양·심양瀋陽·무순撫順 일대까지 확보하였다고 보는 견해가 제시되었다.[154]

이와 관련하여 고고학적 연구 성과 또한 주목을 요한다. 무순 시가고분군施家古墳群과 심양 석대자산성石台子山城 주변의 고분군, 환인桓仁 봉명석실분鳳鳴石室墳은 고구려 고분으로 추정되었지만, 발해 고분으로 보는 견해도 있다. 이 견해에 따르면 고분 구조와 다인합장多人合葬과 같은 장속葬俗, 부장품副葬品 내용에서 발해와 유사한 양상을 보인다고 한다. 아울러 고분 출토 유물과 공반 유물의 정황으로 볼 때 8세기 후반경 정도로 추정하였다.[155]

이렇듯 요동의 전체까지는 아니더라도 요동의 일부는 8세기 중후반을 시점으로 발해의 영역이 되었을 가능성이 있다. 요동 지역은 당의 입장에서는 자기들이 한사군 때부터 소유하였으며, 회복해야 할 목적이 있는 땅이었다. 그렇지만 현실은 달랐다. 발해와 거란을 비롯한 주변 세력의 압박이 위

---

152 『通典』卷186,「邊防門2」, 東夷 下, 高句麗, 5010쪽. "其後餘衆不能自保 散投新羅·靺鞨舊國 土盡入於靺鞨 高氏君長遂絶."

153 방학봉, 『발해의 강역과 지리』, 정토출판, 2012, 244쪽.

154 조영광, 「고구려 멸망 후 요동 지역의 동향−안동도호부 및 치청 번진과의 관계를 중심으로」, 『大丘史學』133, 대구사학회, 2018, 13~20쪽.

155 강현숙, 「高句麗 故地의 渤海 古墳−中國 遼寧地方 石室墳을 中心으로」, 『한국고고학보』72, 한국고고학회, 2009, 172~182쪽.

낙 강고하였고, 개원지치開元之治 이후로 당의 전성기는 서서히 저물어가고 있었다. 주변 영토를 확보하여 다스리기에는 여러모로 한계가 있었다.

결국 당은 당장은 힘들더라도, 차후에 한대의 영토를 회복하고자 하였다. 때문에 '동이지지'는 일종의 미수복지가 되며, 일부러 구체적인 대상이 명시되지 않았다. 『통전』에서 '동이지지'와 같이 사이四夷에 '~지지之地'를 더한 표현은 중국의 영역과 연관되는 지역에 사용되었다. '북적지지北狄之地'라는 표현은 1차례 확인되는데 주천酒泉·장액張掖·진창군晉昌郡의 북쪽이 본래 중국의 땅이었지만 현재 북적의 땅이었다는 데에서 사용되었다.[156] 서융지지西戎之地는 본래 서역西域의 땅이었지만 중국의 땅이 된 지역에 사용되었다.[157] '동이지지'도 당의 입장에서 중국의 땅이었다고 생각되는 지역에 사용된 표현이며, 전한시대의 영토와 비교한 것은 추후 이를 다시 확보하려는 의지가 반영된 결과로 해석할 수 있다.

아울러 '동이지지'와 관련한 표현이 신라절新羅節과 백제절百濟節에서 확인되지 않는다는 점도 상기할 필요가 있다. 앞서 언급하였듯이 동이지지는 낙랑의 영역과 같이 중국과 직접적으로 연관되는 지역에 사용되었다. 신라와 백제의 영역은 중국의 입장에서 자신들의 연고권緣故權이 확실하지 않은 지역이었다. 때문에 당의 영역과 관련된 상세한 고찰을 협주로 기술하면서, 신라와 백제에 적용하기 어려웠던 것이다.

---

156 『通典』卷10,「食貨門10」, 漕運, 224쪽. "煬帝大業元年 發河南諸郡男女百餘萬 開通濟渠 自西苑 引穀·洛水達於河 又引河通於淮海 自是天下利於轉輸 (···중략···) 五年 於西域之地 置西海·鄯善·且末等郡 逐吐谷渾得其地 並在今酒泉·張掖·晉昌郡之北【今悉爲<u>北狄之地</u> 鄯音善 且 子餘反】謫 天下罪人 配爲戍卒 大開屯田 發四方諸郡運糧以給之."

157 『通典』卷174,「州郡門4」, 安西府, 天水郡 秦州, 4532~4533쪽. "秦州【今理上邽縣】古<u>西戎之地</u> 秦國始封之邑【周孝王封爲附庸】今有秦亭·秦谷是也【周平王東遷 秦襄公救周有功 始賜岐酆之 地 列爲諸侯也, 酆音岐】春秋時屬秦 秦平天下 是爲隴西郡 漢武分隴西置天水郡";『通典』卷176, 「州郡門6」, 古梁州下, 同昌郡 扶州, 4607쪽. "扶州【今理同昌縣】歷代<u>西戎之地</u> 西魏逐吐谷渾 於此 置鄧州橡鄧寧郡 隋初改曰扶州 又改曰同昌郡 大唐因之 或爲同昌郡 領縣四"

3) 발해의 동이·북적 구분 문제

앞의 절에서는 '동이지지東夷之地'와 발해渤海의 연관성에 대해 고찰하였다. '동이지지'와 발해의 연관성을 거론하면서 한 가지 의문이 제기된다. 현재 『구당서舊唐書』와 『신당서新唐書』에서 발해는 동이東夷가 아닌 북적北狄으로 분류되는데, 왜 '동이지지'에 발해가 포함된다고 보아야 하는가라는 문제이다. 발해를 동이로 보느냐 북적으로 보느냐의 문제는 발해의 종족 정체성이라는 문제와도 연관된다. 때문에 발해의 동이·북적으로의 분류 문제에 대해서 집중적으로 살펴보면 다음과 같다.

발해의 종족 정체성과 관련하여서는 한국은 물론 중국에서도 다양한 연구가 이행되었다. 발해의 귀속 문제 때문에 중국에서는 자신들에게 유리한 방향으로 해석하려는 경향이 강하다. 기존 중국의 발해 연구와 관련하여 고찰한 연구에서는 발해의 족원族源 문제와 관련하여 동이와 북적 중 어디로 보아야 하느냐에 대한 논쟁이 있음이 거론되었다. 즉 『구당서』에 발해말갈渤海靺鞨과 고려高麗가 서로 다르게 구분되어 「북적전北狄傳」과 「동이전東夷傳」에 수록되었으므로, 편찬자가 대조영大祚榮이 속한 말갈족靺鞨族을 고려족高麗族과 명확히 구분하였다는 주장이 있다.[158]

실제로 이러한 주장은 중국과 일본의 연구에서 확인된다. 주로 『구당서』의 기록을 근거로 삼으며, 대조영이 말갈인 혹은 고려별종高麗別種으로 기록되어 있다고 하였다. 그렇지만 발해말갈전이 북적전에 기재되어 있기 때문에 『구당서』에서는 발해국의 족속族屬을 북적 말갈인으로 파악한 것이라 주장하였다. 아울러 『신당서』에서도 이러한 시각에서 발해를 말갈 계통

---

158 김정희, 「중국학계의 발해국, 발해사의 정체성 인식」, 『韓國史論 40 ─ 중국의 동북공정 논리와 그 한계』, 국사편찬위원회, 2004, 41쪽.

으로 파악한 것이라 보았다.[159] 즉 고구려와 발해가 각각 동이전과 북적전에 기재되어 서로 다른 모습을 보이기 때문에, 두 나라는 다른 계통의 국가로 보았다.[160]

이러한 주장은 발해와 신라의 종족이 서로 다르다는 주장에서도 활용되었다. 즉 신라와 발해가 서로 다르게 동이전과 북적전에 기재되었기 때문에, 둘은 완전히 다른 민족 정권이라는 주장이다.[161] 또한 『신당서』를 기준으로 북적전에 입전立傳된 국가를 동호東胡 계통과 숙신肅慎 계통으로 나누어서, 발해를 흑수말갈黑水靺鞨과 함께 숙신 계통으로 분류하기도 했다.[162]

발해의 족원 문제와 관련하여 『통전通典』의 기록을 고찰한 연구도 있다. 이에 따르면 『통전』이 작성된 시기는 발해가 가장 강성할 때라고 하면서, 두우가 발해를 말갈로 인식하였다고 보았다.[163] 그렇지만 이러한 지적은 수용하기 어렵다. 『통전』 동이목東夷目에서 말갈에 대한 기록은 물길절勿吉節에 그치는데, 여기에서는 수대隋代에 활동한 도지계度地稽까지 기록되고, 말갈국은 당에 성화聖化되어 조공을 바쳤다는 내용만 남아 있기 때문이다.[164] 즉 발해의 흔적이 확인되지 않기 때문에, 『통전』의 말갈이 발해와 동일하다고

---

159   姜守鵬, 「再談渤海國的族屬問題」, 『社會科學戰線』 2001年 第3期, 長春 : 吉林省社會科學院, 160쪽.

160   王仁學, 「從《舊唐書·渤海傳》中"別種"的提法看渤海王族族屬關係」, 『東疆學刊』 1989年 第3期, 延吉 : 延邊大學, 62쪽.

161   韓東育, 「東アジア研究の問題点と新思考」, 『北東アジア研究』 別冊 第2号, 浜田 : 島根県立大学 北東アジア地域研究センター, 2013, 155쪽.

162   王文光·曾亮, 「《新唐書·北狄傳》研究三題」, 『中央民族大學學報－哲學社會科學版』 2015年 第2期, 北京 : 中央民族大學, 49쪽.

163   姜守鵬, 「從古代文獻看渤海國的族屬問題獲取全文在線閱讀」, 『求是學刊』 1980年 第3期, 哈爾濱 : 黑龍江省教育廳, 46쪽; 王承禮, 『中國東北的渤海國與東北亞』, 長春 : 吉林文史出版社, 2000, 39쪽.

164   『通典』 卷186, 「邊防門2」, 東夷 下, 勿吉, 5014쪽. "煬帝初 其渠帥度地稽率其部來降 居之柳城 遼東之役 度地稽率其徒以從 每有戰功 從帝幸江都 尋放歸柳城【今郡地】大唐聖化遠被 靺鞨國頻使貢獻 詳考傳記 挹婁·勿吉·靺鞨俱肅慎之後裔."

확언하기 어렵다.

이처럼 발해가 『구당서』와 『신당서』에서 북적으로 분류된 사항은 발해가 고구려와 말갈 중에서 어디를 계승하였는지의 논쟁으로까지 확대되었다. 더구나 동북공정東北工程 이후로 중국에서는 고구려와 발해를 중국사의 하나로 편입하려고 노력하였고, 그에 대한 근거 중 하나로 발해와 북적의 관계에 대한 내용이 제시되었다.

발해는 북적과 동이 중 어느 분류에 해당할까? 이와 관련하여 가장 많이 언급되는 『구당서』와 『신당서』의 내용을 간략하게 비교하여 표로 제시하면 〈표 48〉과 같다.

〈표 48〉 『구당서』와 『신당서』의 동이전과 북적전 비교

서적명	발간 시점	분류	해당 국가
구당서	후진 개운 2년(945)	권199상 동이	高麗 · 百濟國 · 新羅國 · 倭國 · 日本國
		권199하 북적	鐵勒 · 契丹 · 奚國 · 室韋 · 靺鞨 · 渤海靺鞨 · 霫 · 烏羅渾
신당서	북송 가우 5년(1060)	권219 북적	契丹 · 奚 · 室韋 · 黑水靺鞨 · 渤海
		권219 동이	高麗 · 百濟 · 新羅 · 日本 · 流鬼

〈표 48〉에서 제시하였듯이 동이에는 고려 즉 고구려를 비롯하여 한국사와 관련된 주요 국가와 일본 관련 국가가 제시되었다. 반면 북적은 철륵鐵勒과 거란을 비롯하여 중국 북방에 위치한 국가들이 포함되었으며, 발해도 그 안에 포함되었다.

다만 이와 관련하여 한 가지 유의해야 할 사항이 있다. 바로 양당서兩唐書의 발간 시점이다. 모두 당이 멸망한 907년 이후에 편찬되었다. 당의 멸망과 『구당서』 발간 시점 사이에는 세계사적으로 중요한 사건이 있었다. 바로 916년 야율아보기耶律阿保機의 요遼 건국 즉 거란제국契丹帝國의 탄생이다. 주지하듯이 이후 거란은 발해를 926년에 멸망시켰으며 사방으로 영역을 확

장하면서 중국의 위협이 되었다. 더구나 후진後晉 고조高祖 석경당石敬瑭은 거란족을 이용하여 후당後唐을 멸망시켰고, 그 대가로 937년에 연운燕雲 16주州를 거란에게 할양하였다.[165]

『구당서』 북적전에서 포함된 국가로는 위에서 제시하였듯이 "철륵鐵勒·거란契丹·해국奚國·실위室韋·말갈靺鞨·흑수말갈渤海靺鞨·습霫·오라혼烏羅渾"이 있다. 이 국가들 중에서 철륵을 제외하고,[166] 모두 거란과 연관된다. 해국奚國·실위室韋·말갈靺鞨·발해 모두 거란에 병합되었고, 각국의 사람들은 거란의 주민이 되었기 때문이다. 참고로 습霫·오라혼烏羅渾은 말갈·거란과 접하고 있었던 종족으로, 북적전에는 각각 정관貞觀 3년629과 6년632까지의 기록이 남아 있다.[167]

거란은 중국에게 현실적으로 위협이 되는 국가였다. 거란이 점령한 영토에 있었던 국가들은 곧 거란과 동일하게 여겨졌으며, 이 때문에 발해가 동이가 아닌 북적으로 분류된 것이다.[168] 즉 동이와 북적의 분류는 당의 입장이라기보다 후진과 북송北宋의 입장과 인식이 반영된 결과로 보아야 한다.

아울러 발해의 족원을 말갈로 보아야 하는지에 대해서는 다양한 문제제기와 반론이 이루어졌다.[169] 비록 『신당서』에서는 발해가 고려에 부속된

---

165 이근명 編譯, 『中國歷史 하권』, 신서원, 1993, 59쪽.
166 철륵(鐵勒)은 수·당대에 돌궐(突厥)을 제외하고 그의 지배하에 있었던 투르크계 유목민을 지칭하는 총칭으로, 당 후기에 가면 개별 유목 부락에 대한 이해가 심화되면서 사용되지 않았다. 정령(丁零)·고차(高車) 등으로 일컬어졌으며, 바이칼호수로부터 중앙아시아와 몽골 초원 등지에 거주하였다. 동북아역사재단, 『舊唐書 外國傳 譯註』下, 동북아역사재단, 2011, 637쪽, 주석 1.
167 『舊唐書』卷199下, 「北狄傳」, 霫, 5363쪽. "霫 匈奴之別種也 居于潢水北 亦鮮卑之故地 其國在京師東北五千里 東接靺鞨 西至突厥 南至契丹 北與烏羅渾接 地周二千里 (…중략…) 貞觀三年 其君長遣使貢方物";『舊唐書』卷199下, 「北狄傳」, 烏羅渾國, 5364쪽. "烏羅渾國 蓋後魏之烏洛侯也 今亦謂之烏羅護 其國在京師東北六千三百里 東與靺鞨 西與突厥 南與契丹 北與烏丸接 風俗與靺鞨同 貞觀六年 其君長遣使獻貂皮焉."
168 송영대, 「『通典』『邊防』門 東夷篇의 구조 및 찬술 목적」, 『史林』57, 首善史學會, 2016, 156쪽.

속말말갈粟末靺鞨이라 하였지만, 『신당서』를 제외한 여러 사서 즉 『구당서』·『당회요唐會要』·『오대회요五代會要』·『책부원귀冊府元龜』·『신오대사新五代史』에서는 대조영의 족속을 고려별종 혹은 고려종高麗種이라고 하여 대조영이 고구려의 후예임을 밝혔다.[170]

그렇다면 중국에서는 줄곧 발해를 북적으로 분류하고 인식하였을까? 이와 관련하여 『문헌통고文獻通考』를 비롯하여 청대淸代에 편찬된 속삼통續三通 즉 『속통전續通典』·『속통지續通志』·『속문헌통고續文獻通考』의 존재가 주목된다. 『통전』의 영향을 받아 『통지通志』와 『문헌통고』가 발간되어 중국사학사中國史學史에서는 이를 삼통三通이라 지칭한다. 속삼통은 남송대南宋代와 명대明代에 삼통의 후속으로 발간된 서적들이다.[171] 즉 삼통 이후부터 송·명대宋·明代까지의 정황을 반영하였으며, 변방邊防 즉 사이와 사예四裔에 대한 정보들이 수록되었다.

『문헌통고』 사예고四裔考는 권324부터 권348까지 총 25권으로 구성되었으며, 이 중에서 동쪽 즉 동예東裔가 총 4권 즉 권324부터 권327까지로 구성되었다. 『문헌통고』는 기본적으로 『통전』의 체례體例와 내용을 따르며, 『통전』과 비교하여 많은 정보들이 보완되었다. 이 중에서 특기할만한 사항은 발해가 동이에 포함되었다는 점이다. 권324에는 조선·예·마한·진한·변진·부여, 권325에는 고구려가 수록되었으며, 권326에는 백제·신라·옥저 등을 비롯하여 물길 다음으로 발해가 수록되었다.

『구당서』와 『신당서』와 달리 『문헌통고』에서 발해를 동이에 포함시킨

---

169 김기흥, 「발해의 종족적 연원」, 『동북아역사논총』 33, 동북아역사재단, 2011; 김기흥, 「발해 건국집단의 역사적 정체성」, 『역사학보』 210, 역사학회, 2011.

170 최진열, 『발해 국호 연구－당조가 인정한 발해의 고구려 계승 묵인과 부인』, 서강대 출판부, 2015, 147~151쪽.

171 高國抗, 오상훈·이개석·조병한 譯, 『중국사학사』 下, 풀빛, 1998, 21쪽.

것은 마단림馬端臨이 발해가 고구려·말갈과 연관된다고 판단했기 때문이다. 마단림은 두우의 인식을 최대한 반영하여 『문헌통고』를 집필하였는데, 『통전』에서 두우가 발해를 동이와 연관시켜 보았다고 생각하여, 북적이 아닌 동이에 발해를 배치하게 된 것이다. 마단림이 『문헌통고』에서 발해를 동이로 분류한 것은 이후 속삼통에도 그대로 영향을 미치게 되었다.

『속통전』은 『통전』과는 다른 방식으로 사이를 구분하였다. 4방方이 아닌 8방으로 각 종족들을 구분하였는데, 정동正東을 시작으로 시계방향으로 여러 국가와 종족을 살펴보았다. 즉 '정동→동남東南→정남正南……'식으로 배치되었으며 마지막에 동북東北이 온다. 권147부터 권150까지 변방문이 마련되었는데, 권147에 정동, 권150에 동북이 배치되었다. 정동에는 조선·예·탐라·신라 등이, 정북에는 발해를 비롯하여 정안定安과 실위 등이 수록되었다. 『속통전』은 『통전』편찬 즉 당대 이후부터 송대宋代까지의 상황이 반영되어, 그 전까지 존재하였던 여러 국가들이 언급된 것이다. 중국을 중심으로 한 방위상으로 보았을 때 정동이나 정북으로의 분류는 실제와 크게 어긋나지 않는다.

『속통지』의 사이전四夷傳은 권635부터 권640까지 총 6권으로 구성되었다. 이들은 동이·북적으로 명칭이 부여되지는 않았지만, 내용 구성으로 볼 때 권635는 동이 관련 국가들, 권636은 북적 관련 국가들로 분류되었다. 권635에는 고려·백제·신라·탐라와 함께 발해가 수록되었다. 이는 당시 중국인들이 발해의 지리적 위치를 동방으로 보고 고려와의 연관성이 있다고 판단한 결과라 생각된다. 참고로 해와 실위 제부락諸部落은 권636에 배치되었다는 점에서 『구당서』·『신당서』와는 차이를 보인다.

『속문헌통고』는 권237부터 권250까지 사예고가 마련되었다. 기존의

『문헌통고』와 비교하였을 때, 동이와 동남이東南夷를 구분하고 서남이西南夷의 비중을 높이는 방식으로 배치가 수정되었다. 동이는 권237에만 수록되었으며, 여기에는 고려·일본과 함께 발해가 수록되었다. 아울러 발해에 신라·말갈·예맥이 부가附加되었다는 점도 주목된다.

『문헌통고』·『속통전』·『속통지』·『속문헌통고』의 기술은 『구당서』·『신당서』에 비해 모두 후대後代의 관념에 해당한다. 그렇지만 중국에서 일방적으로 발해를 북적으로 보지 않았다는 점을 증명하는 사례이기도 하다. 『문헌통고』를 비롯한 정서는 관료들에게 있어서 사서보다 유용한 공구서工具書였기 때문에 실질적인 비중이 컸다. 이러한 책들은 중국인들이 고금古今의 정황을 상세히 따지고 다양한 자료를 섭렵하여 발간된 서적들이기 때문에, 그 인식 또한 의미가 있다고 평가할 수 있다.

『구당서』·『신당서』에서는 발해를 북적으로 분류하였으며, 이 때문에 발해를 고구려의 후예가 아닌 말갈과 관련된 국가로 파악하는 견해들이 있었다. 『구당서』·『신당서』에서 발해가 북적으로 분류된 것은 거란이 발해의 영토를 차지하면서 자연스럽게 동북쪽의 여러 세력들이 거란의 분류에 맞춰 북적으로 구분되었기 때문이다. 정작 『문헌통고』·『속통전』·『속통지』·『속문헌통고』와 같이 『통전』의 체례를 따른 정서류政書類에서 발해는 동이 혹은 동쪽과 관련되어 인식되었다. 이는 '동이지지'를 '고려·발해'로 동치同値시키는 인식과도 유사한 맥락으로 이해할 수 있다.

『통전』「변방문邊防門」은 당대의 두우가 주변국의 역사를 간략하게 작성한 것이다. 두우는 당의 재상으로서, 당唐 조정朝廷의 입장을 대변하는 인물이기도 하였다. 두우가 활동하던 시점은 8~9세기이며, 이때 발해는 당과 공존하며 전성기를 구가하였다. 그럼에도 불구하고 『통전』에서는 발해의 존재가 제대로 드러나지 않는다. 이에 대해 의문을 가지고 살펴보다보니, 동이에 대한 기록들이 산견散見됨을 발견하였다.

동이는 중국을 기준으로 동쪽에 있는 국가와 종족들을 의미한다. 『통전』에서 기록된 동이 관련 기록 특히 '동이지지'에 대한 기록은 포괄적인 의미로 '동이'라는 명칭을 사용한 것으로 생각할 수도 있다. 그렇지만 이에 대해 의문이 드는 점은 실제 국명이나 종족명을 기재할 수 있음에도 불구하고 굳이 동이로 기재하였다는 점이다.

두우는 '동이지지'와 관련된 기록을 5건 정도 작성하였으며, 이는 모두 협주에서 확인된다. 협주로 확인된다는 것은 두우가 자신의 시점에서 별도로 작성한 기록으로 볼 수 있다. 그런데 당의 천보연간 영토 기술과 관련하여 『구당서』의 기록이 주목된다. 여기에서는 '동이지지'라는 기록 대신 '고려·발해'로 기술되었다. 즉 '동이지지'라는 기술은 당이 의도적으로 고구려 국호를 회피하거나 발해의 존재를 무시하기 위해서로 해석할 수 있으며, 본래는 '고려·발해지지高麗·渤海之地'로 인식하는 것이 합당하다.

'동이지지'는 단순히 동이의 땅이라는 의미만 의미하고 있지 않다. '동이지지'는 주로 요동지역과 한반도 서북부에 해당하는데, 이곳은 한사군과 연관되는 지역이며, 안동도호부가 관할하던 곳이기도 하다. 즉 당의 입장에서 '동이지지'는 일종의 미수복지에 해당한다. 당은 고구려를 계승하고 고구려의 땅을 차지한 발해를 일부러 외면하였으며, 때문에 '동이지지'라는 식으로 발해를 회피하는 용어를 사용하였다. 또한 안동도호부 이후 발해가 요동지역 일부를 차지하였을 가능성도 여러 연구를 통해 제기되었기 때문에, '동이지지'에서 '동이'가 '발해'를 의미한다고 볼 수 있다.

『구당서』와 『신당서』에서는 발해를 동이가 아닌 북적으로 구분하였다.

이는『구당서』와『신당서』가 편찬된 시대의 정황과도 연관된다. 당시 발해는 거란에 의해 멸망된 상황이었으며, 발해 주변의 여러 종족들도 마찬가지였다. 중국의 시선에서 이들은 거란의 영토에 해당하였으므로 북적으로 분류되었다. 아울러『문헌통고』를 비롯하여『통전』의 체례를 따른 정서에서는 발해를 동이 계통으로 구분하였다는 점에서 차이를 보인다. 이는 '동이지지'가 기실 '고려·발해'를 의미한다고 보는 것과 상통하는 인식이다.

'동이지지'는 단순히 '동이의 땅'을 의미하는 것이 아니다. 당대의 상황과 관련하여 다양한 인식이 결부되어 사용된 표현이다. 즉 그 기저에는 고구려의 후예 발해의 존재를 회피하려는 당의 정세 인식과 자신들의 실지失地를 회복하겠다는 의지가 내포된 것이다.

제5장

『통전』이『삼국사기』와『삼국유사』에 미친 영향

『삼국사기三國史記』와『삼국유사三國遺事』는 국내에서 가장 오래되고 한국 고대사에 대한 상세한 정보를 제공한다는 점에서, 한국고대사 연구의 필수 적인 사서로 높게 평가된다. 그렇지만 두 사서는 고려시대에 편찬되었다는 점에서 한계가 있다. 두 사서는 기존의 사료들을 모아서 편집한 서적들이 다. 그 사료들의 원전은 제각각으로, 국내의 문헌과 국외 특히 중국의 문헌 을 바탕으로 작성되었다.[1]

수많은 역사학자들이 사학사적 관점에서『삼국사기』·『삼국유사』를 고찰 하기 위하여, 사료의 기원 즉 원전에 대해 다양한 연구를 진행하였다. 『삼국 사기』의 경우 대표적인 사례로 1993년 10월에 한국정신문화연구원 인문과 학연구부에서 수행한 '『三國史記』의 사료적 검토'라는 학술대회가 있었다.[2] 『삼국사기』의 전거와 형성과 관련하여 상세하게 연구가 이행되어 관련 연구

---

1 본 장은 저자의 논문 '송영대, 「『삼국사기』·『삼국유사』 찬자의『통전』 활용과 인식 고찰」, 『한 국사연구』186, 한국사학회, 2019'의 내용을 바탕으로 수정하여 작성되었음을 밝힌다.

2 이후 1995년에 해당 연구 논문들을 모아 연구서를 발간하였다. 鄭求福·文明大·申東河·盧重國·南 豊鉉·金泰植·權悳永·金英云·金知見·金都鍊, 『三國史記의 原典 檢討』, 韓國精神文化研究院, 1995.

서가 간행되었다.[3] 한국고대사학회에서는 2006년에 '『三國史記』의 원전 및 사료가치'라는 주제로 학술대회를 진행하고 특집호를 발간하였다.[4] 최근에는 『삼국사기』 본기의 원전을 심도 있게 분석한 연구서가 간행되었다.[5] 해외에서도 『삼국사기』의 중국 사서 인용과 관련하여 상세한 검토가 이루어졌다.[6]

『삼국유사』의 원전에 관해서도 여러 연구가 이루어졌다. 대표적으로 『삼국유사』의 편찬과 간행 및 사료 비판을 중점으로 분석한 연구가 있다.[7] 『삼국유사』의 체제와 내용, 사료적 가치, 사학사적 성격 등을 종합적으로 고찰한 연구서도 간행되었다.[8] 『삼국유사』 기이편에 수록된 기사들을 각종 전거와 비교 고찰한 작업이 이행되었다.[9] 『삼국유사』의 형성과 관련하여 『삼국사기』에서 인용한 사례가 86회임을 밝히고, 국내외의 사료와도 비교를 이행한 연구도 제시되었다.[10]

현재까지의 연구를 살펴보면 『삼국사기』와 『삼국유사』의 기록을 중국 정사와 직접 비교한 사례들이 많으며, 『자치통감資治通鑑』이나 『책부원귀冊府元龜』를 참고하여 보완된 내용이 있음도 확인된다. 김부식은 『삼국사기』 저술을 위해 다양한 사료를 확보하였으며, 앞서 거론한 사서 외에도 다양한

---

3 李康來, 『三國史記 典據論』, 民族社, 1997; 이강래, 『三國史記 形成論』, 신서원, 2007.
4 정구복, 「삼국사기의 원전 자료와 사료비판」, 『한국고대사연구』 42, 한국고대사학회, 2006; 임기환, 「고구려본기 전거 자료의 계통과 성격」, 『한국고대사연구』 42, 한국고대사학회, 2006; 강종훈, 「삼국사기 백제본기의 사료 계통과 그 성격」, 『한국고대사연구』 42, 한국고대사학회, 2006; 선석열, 「신라본기의 전거자료 형성과정」, 『한국고대사연구』 42, 한국고대사학회, 2006; 이강래, 「삼국사기 열전의 자료 계통」, 『한국고대사연구』 42, 한국고대사학회, 2006.
5 전덕재, 『三國史記 본기의 원전과 편찬』, 주류성, 2018.
6 田中俊明, 「三國史記中國史書引用記事の再檢討」, 『朝鮮學報』 104, 奈良 : 朝鮮學會, 1982.
7 河廷龍, 『삼국유사 사료비판』, 民族社, 2005.
8 김두진, 『삼국유사의 사학사적 연구』, 일조각, 2014.
9 김성수, 「『三國遺事』 卷第1 紀異第1의 引用文獻에 관한 書誌記錄的 分析」, 『人文科學論集』 30, 청주대 한국문화연구소, 2005.
10 金福順, 「『삼국유사』 속의 『삼국사기』 – 국내외서적 인용사례를 중심으로」, 『동국사학』 62, 동국역사문화연구소, 2017.

사서를 참고하였을 가능성이 크다.

저자는 중국 정사 이외의 사서 중에서 『통전通典』의 존재를 주목하였다. 당대唐代 이래로 관료들은 기존의 제도를 참고하기 위하여 『통전』을 참고하였으며, 이는 고려와 조선 또한 마찬가지였다. 이를테면 목은牧隱 이색李穡이 소감少監 김경숙金敬叔에 보낸 편지에 수록된 시를 보면 여러 서적들에 대한 찬사가 기재되었는데, 이 중에서 『통전』이 포함되었다. 아울러 『고려사高麗史』에 따르면 해인사海印寺에서 『통전』을 보관하였으며, 백문보白文寶가 이를 필요할 때 참고하였다고 기록되었다. 조선시대의 정약용丁若鏞도 『목민심서牧民心書』에서 수령이 반드시 읽어야 할 책 중 하나로 『통전』을 꼽았다.[11] 이처럼 고려와 조선의 문신 관료들은 각종 제도의 연혁을 참고하기 위해 『통전』을 크게 참고하였다.

『통전』은 그 중요성에도 불구하고 사학사적 연구가 활발하게 이루어지지 않았다. 특히 『삼국사기』와 같은 한국고대사 관련 사서에 미친 영향에 대해서는 제대로 연구된 바가 없다. 본서에서는 이러한 점에 착안하고 『통전』이 고려시대 사서 즉 『삼국사기』와 『삼국유사』에 미친 영향을 고찰하고자 한다. 특히 『삼국사기』는 직접 인용과 간접 인용의 사례를 나누어서 상세히 검토하고자 한다. 『삼국유사』에 대해서는 『통전』과 어떤 연관성이 있는지, 혹은 그 인용이 제대로 된 것인지를 명확하게 분석하고자 한다. 이러한 작업을 통해 『삼국사기』와 『삼국유사』의 사료 형성 과정을 심화하여 이해하고, 나아가 고려시대의 『통전』 활용과 인식도 고찰하고자 한다.

---

11 『牧民心書』「禮典」, 第4條 興學, 修葺堂廡 照管米廩 廣置書籍 亦賢牧之所致意也, "俗之所以荒昧 學之所以鹵莽 以無書籍也 十三經注疏·二十三代史·三國史·高麗史·國朝寶鑑 杜佑通典 鄭樵通志 馬端臨通考 王圻續通考 吾東之文獻備考 此數帙書籍 不可以不具也 牧宜竭力經紀 以圖購置 嚴其鎖鑰 時其曝曬 出納看閱 皆其條例 使之遵守焉 可也."

1. 『삼국사기』에 인용된 『통전』 기록 분석

『통전通典』은 『삼국사기三國史記』의 여러 부분에서 인용되었다. 그 인용 형태는 크게 직접 인용과 간접 인용으로 구분할 수 있다. 직접 인용은 "通典云……"이라는 형태로 서술된 사례를 말하며, 실제 『통전』의 내용과 비교하였을 때 대동소이大同小異한 사례가 많다. 반면 간접 인용 사례는 『통전』이라는 서명書名을 직접 거론하지는 않지만, 그 내용을 분석하였을 때 『통전』에서 참고한 정황이 확인되는 사례에 해당한다.

본 장에서는 『삼국사기』에서의 『통전』이 직접 인용된 사례와 간접 인용된 사례를 살펴보도록 하겠다. 아울러 인용 과정에서 수정된 사항이 무엇이 있는지, 그 이유가 무엇인지에 대해서도 검토하도록 하겠다.

1) 직접 인용 사례

『삼국사기三國史記』에서 『통전通典』을 직접 인용된 사례를 찾아보면 총 6가지가 확인된다. 이 기록들은 『삼국사기』의 「잡지雜志」 항목, 정확히는 「악지樂志」·「색복지色服志」·「지리지地理志」에서 구체적인 사례들을 찾아볼 수 있다. 해당 기록들은 『통전』의 「악문樂門」과 「변방문邊防門」의 내용을 참고하여 서술된 것이다. 『통전』의 본래 기록과 『삼국사기』의 기록을 비교하여 제시하면 〈표 49〉와 같다.[12]

〈표 49〉에서 밝혔듯이 『삼국사기』에서 『통전』의 인용 사례를 살펴보면

---

[12] 표에 인용된 『삼국사기(三國史記)』의 기록은 현전(現傳)하는 『통전(通典)』을 통해 교감(校勘)한 기록이 아닌, 본래 『삼국사기』에 기술된 내용을 제시한 것이다. 편의상 각 기록별로 연번을 매겼으며, 『삼국사기』의 기록을 왼쪽에 『통전』의 기록을 오른쪽에 배치하였다. 각 기록의 출전은 해당 기록의 위에 배치하였으며, 기록의 유사성을 한눈에 파악할 수 있도록 『삼국사기』와 『통전』에서 서로 동일하게 나타나는 기록에 음영을 표시하였다.

연번	『삼국사기』	『통전』
M-1	卷32, 「雜志」 1, 樂, 高句麗樂 高句麗樂 通典云 樂工人紫羅帽 飾以鳥羽 黃大袖 紫羅帶 大口袴 赤皮鞾 五色縚繩 舞者四人 椎髻於後 以絳抹額 飾以金璫 二人黃裙襦·赤黃袴 二人赤黃裙襦·袴 極長其袖 鳥皮鞾 雙雙併立而舞 樂用 彈箏一 搊箏一 臥箜篌一 竪箜篌一 琵琶一 五絃一 義觜笛一 笙一 橫笛一 簫一 小篳篥一 大篳篥一 桃皮篳篥一 腰鼓一 齋鼓一 檐鼓一 唄一 大唐武大后時 尙二十五曲 今唯能習一曲 衣服亦寖衰敗 失其本風	卷146, 「樂門」 6, 四方樂, 東夷二國 東夷二國【高麗·百濟】 高麗樂 工人紫羅帽 飾以鳥羽黃大袖 紫羅帶 大口袴 赤皮鞾 五色綯繩 舞者四人 椎髻於後 以絳抹額 飾以金璫 二人黃裙襦 赤黃袴 二人赤黃裙 襦袴 極長其袖 鳥皮鞾 雙雙併立而舞 樂用彈箏一 搊箏一 臥箜篌一 竪箜篌一 琵琶一 五絃琵琶一 義觜笛一 笙一 橫笛一 簫一 小篳篥一 大篳篥一 桃皮篳篥一 腰鼓一 齊鼓一 擔鼓一 貝一 大唐武太后時尙二十五曲 今唯能習一曲 衣服亦寖衰敗 失其本風
M-2	卷32, 「雜志」 1, 樂, 百濟樂 百濟樂 通典云 百濟樂 中宗之代 工人死散 開元中 岐王範爲大常卿 復奏置之 是以音伎多闕 舞者二人 紫大袖·裙襦 章甫冠 皮履 樂之存者箏·笛·桃皮篳篥·箜篌 樂器之屬 多同於內地	卷146, 「樂門」 6, 四方樂, 東夷二國 百濟樂 中宗之代 工人死散 開元中 岐王範爲太常卿 復奏置之 是以音伎多闕 舞者二人 紫大袖裙襦 章甫冠 皮履 樂之存者箏· 笛·桃皮篳篥·箜篌·歌
M-3	卷33, 「雜志」 2, 色服, 百濟 通典云 百濟其衣服 男子略同於高麗 婦人衣似袍而袖微大	卷185, 「邊防門」 1, 東夷 上, 百濟 其衣服 男子略同於高麗 拜謁之禮以兩手據地爲敬 婦人衣似袍而袖微大
M-4	卷34, 「雜志」 3, 地理 1, 新羅疆界 古傳記不同 杜佑通典云 其先本辰韓種 其國在百濟·高麗二國東南 東濱大海	卷185, 「邊防門」 1, 東夷 上, 新羅 新羅國 魏時新盧國焉 其先本辰韓種也 辰韓始有六國 稍分爲十二 新羅其一也【初曰新盧 宋時曰新羅 或曰斯羅】 其國在百濟東南五百餘里【亦在高麗東南 兼有漢時樂浪郡之地】 東濱大海
M-5	卷37, 「雜志」 6, 地理 4, 高句麗 按通典云 朱蒙以漢建昭二年 自北扶餘東南行 渡普述水 至紇升骨城居焉 號曰句麗 以高爲氏	卷186, 「邊防門」 2, 東夷 下, 高句麗 高句麗 後漢朝貢 云本出於夫餘先祖朱蒙 朱蒙母河伯女 爲夫餘王妻 爲日所照 遂有孕而生 及長 名曰朱蒙 俗言善射也 國人欲殺之 朱蒙棄夫餘 東南走渡普述水 至紇升骨城 遂居焉 號曰句麗 以高爲氏
M-6	卷37, 「雜志」 6, 地理 4, 百濟 通典云 百濟南接新羅 北距高麗 西限大海	卷185, 「邊防門」 1, 東夷 上, 百濟 南接新羅 北拒高麗千餘里 西限大海 處小海之南

「악지」에 기재된 M-1·2, 「색복지」에 기재된 M-3, 「지리지」에 기재된 M-4·5·6이 있다. 해당 기록은 모두 『통전』에 실재하는 기록들로 M-1·2 는 『통전』 「악문」에서, M-3·4·5·6은 「변방문」에서 확인된다. 양측의 기록을 비교하면 상당수 유사한 부분들이 확인되지만, 일부 사례에서는 차이

점도 확인된다. 각 사례를 개별적으로 검토하면 다음과 같다.

M-1은 고구려악高句麗樂에 대한 기록이다. 『삼국사기』에서 고구려악에 대한 기록은 크게 2개의 서적, 즉 『통전』과 『책부원귀冊府元龜』를 인용하여 저술되었다. 참고로 M-2의 백제악百濟樂 역시 2개의 서적 즉 『통전』과 『북사北史』를 참고하여 작성되었다.[13]

『통전』 「악문」의 사방악목四方樂目의 동이이국절東夷二國節에서는 고려악高麗樂과 백제악이 함께 다루어졌다. 『삼국사기』에서 인용된 『통전』의 내용과 『통전』에 수록된 내용을 살펴보면 일부 자형字形에서 차이를 보일 뿐,[14] 거의 유사한 내용으로 되어 있다. 즉 기존 기록을 고스란히 습록襲錄한 것이다. 차이점을 군이 거론하자면 『통전』의 '오현비파五絃琵琶'를 『삼국사기』에서는 '오현五絃'으로만 기록한 점 정도를 들 수 있다.[15]

M-2는 백제악에 대한 기록으로, 고구려악과 마찬가지로 『삼국사기』에서 인용된 『통전』의 내용과 『통전』의 본래 기록이 서로 유사한 형태로 나타난다. 군이 차이점을 거론하자면 『통전』에서는 각종 악기를 언급한 다음에 '가歌'의 존재도 거론한 반면, 『삼국사기』에서는 이를 제외하였다는 점을 들 수 있다. 아울러 "樂器之屬 多同於內地"이라는 내용이 『삼국사기』에

---

13 참고로 『삼국사기(三國史記)』 악지(樂志)의 내용과 『통전』과의 비교는 다음의 연구들이 주로 참고된다. 宋芳松, 「三國史記 樂志의 音樂學的 研究－史料의 性格을 中心으로」, 『韓國音樂研究』 11, 한국국악학회, 1981, 123~125쪽; 이용식, 「『삼국사기』 악지의 백제악에 관한 재고」, 『호남문화연구』 64, 전남대 호남학연구원, 2018; 이용식, 「『삼국사기』 악지의 고구려 음악에 대한 재고」, 『동양음악』 45, 서울대 동양음악연구소, 2019.

14 자형(字形)의 차이와 관련하여 기존 연구에서 비교작업을 이행한 바 있다. 이와 관련해서는 한국정신문화연구원에서 간행된 '정구복·노중국·신동하·김태식·권덕영, 『역주 삼국사기 1－감교원문편』, 한국학중앙연구원출판부, 2011, 463쪽'이 주요 참고가 된다.

15 이와 관련하여 『삼국사기』에서 『수서(隋書)』와 『북사(北史)』의 원사료를 참고하여 수정한 결과로 보는 견해가 있다. 宋芳松, 「三國史記 樂志의 音樂學的 研究－史料의 性格을 中心으로」, 『韓國音樂研究』 11, 한국국악학회, 1981, 125쪽.

첨부되어 있다. 이는『통전』「악문」의 동이이국절이 아닌「변방문」의 백제
절百濟節에 기재된 내용이다.[16] 즉 김부식이 별도로「악문」과「변방문」의 기
록을 함께 참고하여 반영한 사례에 해당한다.

M-3은 백제의 복식에 대한 기록이다.『삼국사기』에서 백제의 복식에 대
한 기록은 고구려의 복식과 함께 다루어졌다. 해당 기록을 보면 김부식이
중국 역대 사서를 참고하여 상고詳考하였다고 밝혀 놓았다. 고구려의 복식
은『북사』·『신당서新唐書』·『책부원귀』를 참고하여 기재하였으며, 백제의
복식은『북사』·『수서隋書』·『구당서舊唐書』·『통전』을 참고하였다고 기재하
였다. M-3에서는 남자와 부인의 사례를 구분하여 기술하였다.『통전』「변
방문」백제절의 기록을 참고한 것인데, 해당 기록은 사실『주서周書』의 기록
을 두우가 습록하여 작성한 것이다.[17] 김부식은『통전』인용 과정에서 "拜
謁之禮以兩手據地爲敬"이라는 문구를 삭제하였다.

M-4는 신라 강계疆界에 대한 기록이다. 김부식은『통전』을 비롯하여『구
당서』·『신당서』·『사이술四夷述』및『한서漢書』·『후한서後漢書』를 참고하여
신라의 강계를 고찰하였다.『통전』의 기록을 선두에 둔 것은 신라의 영역을
가장 명확하게 보여준다고 판단했기 때문이라 생각된다.『통전』에서 해당
기록은『통전』「변방문」신라절新羅節에서 확인된다. 다만 그 내용을 서로
비교하면 기록 배치에서 차이가 큰 편이다.

『통전』에서는 신라가 진한辰韓에서 기원하였다는 점을 서술한 다음, 그
변화과정을 기술하고 신라의 강역을 서술하였다.『삼국사기』에서는 신라
의 변화 과정에 대한 내용을 삭제하고 위치에 대한 내용을 서술하였다. 이

---

16 『通典』卷185,「邊防門1」, 東夷 上, 百濟. "樂器之屬多同於內地."
17 송영대,「『通典』百濟節의 서술과 인식」,『사학연구』133, 한국사학회, 2019, 95쪽,〈표 3〉의
C-1.

과정에서 신라가 백제의 동남쪽 500여리에 있다는 내용도 변경하여, 백제와 고구려 2국의 동남쪽에 신라가 있다고만 서술하였다. 즉 김부식은 『통전』의 내용 중에서 본인이 서술하고자 하는 내용을 재구성하여 인용한 셈이다.

이러한 경향은 고구려의 지리 서술에 대한 내용 즉 M-5에서 더욱 두드러진다. 『삼국사기』에서는 고구려의 지리와 관련하여 『통전』을 선두에 두고, 『고기古記』·『한서』·『구당서』를 참고하여 작성되었다.[18] 『통전』에서 해당 기록은 『통전』 「변방문」 고구려절高句麗節에서 확인된다. 『통전』을 인용하여 서술한 내용을 살펴보면, 주몽이 한漢 건소建昭 2년B.C.37에 북부여에서 동남쪽으로 행차하였다는 기록이 있다.

문제는 이 내용은 『통전』에서 확인되지 않는다는 점이다. 『통전』에서는 주몽이 탈출한 곳을 부여로 서술하였지 북부여로 기술하지 않았으며, 그 시점 또한 정확하게 밝히지 않았다. 즉 김부식이 『삼국사기』 「고구려본기高句麗本紀」를 서술하면서 주몽의 행적을 서술한 것을, 「지리지」에서 『통전』을 인용하며 반영한 것이다.

M-6은 백제의 지리 서술에 대한 내용이다. 김부식은 『후한서』·『북사』·『통전』·『구당서』·『신당서』·『고전기古典記』를 참고하여 백제의 지리를 고찰하였다. 『통전』에서 해당 기록은 『통전』 「변방문」 백제절에서 확인되며, 『수서』와 『북사』의 내용을 조합하여 작성된 것이다.[19] 『삼국사기』의 기록과 『통전』의 본래 기록을 비교해보면, 북쪽으로 고려와 천여 리

---

18 참고로 이 기록과 관련하여 『위서(魏書)』가 아닌 『통전』이 비교 대상이 되었다는 점에서, 고구려 본기의 찬자와 지리지의 찬자가 서로 다르다는 근거로 제시한 견해도 있다. 이강래, 『三國史記 形成論』, 신서원, 2007, 366쪽.

19 송영대, 「『通典』 百濟節의 서술과 인식」, 『사학연구』 133, 한국사학회, 2019, 90쪽, 〈표 1〉의 A-6.

떨어져 있다는 내용과 소해小海의 남쪽에 있다는 내용이 『삼국사기』에서 생략되었다.

이처럼 『삼국사기』에서는 『통전』을 직접 인용하면서 그 내용을 고스란히 반영하거나 일부 수정하여 인용하였다. 수정하여 인용할 때에는 김부식이 판단하여 내용 서술에 불필요한 부분을 제외하기도 하였지만, 일부 내용은 『통전』에 없는 내용을 인용한 사항도 있다. 본래 사서 편찬 때 기존 사서의 기록을 고스란히 반영하지 않고, 일부 가필加筆이 이루어지기도 한다. 그렇지만 아예 없는 내용을 인용문처럼 기술한 점은 독자에게 혼동을 초래한다는 점에서 다소 아쉽게 여겨진다. 그렇지만 중국 정사의 기록들과 동등한 위치에서, 혹은 선두에 위치시켜 『통전』을 인용하였다는 사실은 김부식이 『통전』의 가치를 높게 평가하였기 때문으로 받아들일 수 있다.

2) 간접 인용 사례

위에서는 『삼국사기三國史記』에서 『통전通典』을 직접적으로 인용한 사례를 살펴보고, 그 내용에 대해 간략한 고찰을 실시하였다. 이번에는 『통전』 인용을 직접 밝히진 않았지만 그 영향을 받은 것으로 판단되는 내용을 살펴보도록 하겠다. 『통전』의 영향을 받은 것으로 생각되는 기록은 네 가지로 주로 「본기本紀」에서 확인된다. 해당 내용을 정리하여 제시하면 다음과 같다.

O-1. (奈勿尼師今 26年) 遣衛頭入苻秦 貢方物 苻堅問衛頭曰 卿言海東之事與古不同 何耶 答曰 亦猶中國 時代變革 名號改易 今焉得同

O-2. (故國川王 元年) 漢獻帝建安初 拔奇怨爲兄而不得立 與消奴加 各將下戶三萬餘口 詣公孫康降 還住沸流水上

O-3. (東川王) 二十一年 春二月 王以丸都城經亂 不可復都 築平壤城 移民及廟社【平壤者本
　　　仙人王儉之宅也 或云王之都王險】

O-4. (長壽王) 元年 遣長史高翼入晉奉表 獻赭白馬 安帝封王高句麗王樂浪郡公

　　O-1은 「신라본기新羅本紀」, O-2·3·4는 모두 「고구려본기高句麗本紀」에 기
록된 내용이다. 이들은 모두 『통전』은 물론 중국사서의 기록과 유사하게 기
록된 사례들이다. 그 내용을 상세히 고찰하기 위하여 각 기록을 제시하고
비교·고찰을 시행하겠다. 우선 O-1의 사례부터 살펴보면 〈표 50〉과 같다.

〈표 50〉 O-1과 『태평어람』·『통전』의 기록 비교

연번	사서명	내용
O-1	삼국사기	卷3, 「新羅本紀」3, 奈勿尼師今 26년 遣衛頭入苻秦 貢方物 苻堅問衛頭曰 卿言海東之事與古不同 何耶 答曰 亦猶中國 時代變易 名號改易 今焉得同
O-1-①	태평어람	卷781, 「四夷部」2, 東夷 2, 新羅 秦書曰 符堅建元十八年 新羅國王樓寒遣使衛頭獻美女 國在百濟東 其人多美髮 髮長丈餘 又曰 符堅時 新羅國王樓寒遣使衛頭朝貢 堅曰 卿言海東之事 與古不同 何也 答曰 亦猶中國 時代變革 名號改易
O-1-②	통전	卷185, 「邊防門」1, 東夷 上, 新羅 苻堅時 其王樓寒遣使衛頭朝貢 堅曰 卿言海東之事與古不同 何也 答曰 亦猶中國 時代變革 名號改易 今焉得同

　　O-1은 나물이사금奈勿尼師今 26년381에 위두衛頭를 사신으로 삼아 부진苻秦
즉 전진前秦으로 보냈다는 기록이다. 신라가 최초로 중국과 접촉을 하였다
는 기록인데, 기존 중국 정사에서 확인되지 않는다는 점에서 주목받았던 기
록이다. 이 기록은 그동안 O-1-①을 참고하여 작성된 것으로 인식되었
다.[20] O-1-①에 『진서秦書』가 인용되었기 때문에, 김부식이 이를 참고하여

20　金晹玉, 「三韓의 形成과 文化的 背景－弁·辰韓을 중심으로」, 『國史館論叢』 13, 국사편찬위원회,
　　1990, 7쪽; 정구복·노중국·신동하·김태식·권덕영, 『역주 삼국사기 3－주석편(상)』, 한국
　　학중앙연구원출판부, 2012, 86쪽, 주석 21.

작성한 것으로 보았다.

O-1-①의 기록이 실린 『태평어람太平御覽』에서는 사이부四夷部의 동이목東夷目 신라절新羅節을 서술하면서 『진서』·『남사南史』·『북사北史』·『당서唐書』를 참고하였다. 이 중에서 『진서』에 해당하는 기록을 보면 크게 2개의 기록이 확인되며, "又曰"이라 하여 구분하였다. 두 기록 모두 부견符堅 때를 기준으로 한 것인데 앞의 기록은 건원建元 18년382으로, 이후의 기록은 별도의 시기를 기재하지 않았다. 다만 신라국왕 누한樓寒이 보낸 사자 위두가 두 기록 모두 확인된다는 점에서, 동일한 시점이라고 볼 수 있다. 참고로 나물이사금 26년381과는 1년의 시간차가 확인되는데, 이는 칭원법稱元法에 따른 기년 차이로 생각된다.

O-1은 O-1-①에서 인용된 『진서』의 2번째 기록을 바탕으로 작성되었다. 그 내용을 비교하면 일부 표현을 제외하고는 유사하게 구성되었다. 다만 O-1에서는 "名號改易" 다음에 "今焉得同"이라고 기재되었지만, 『태평어람』에서는 이 내용이 보이지 않고, "名號改易"로 해당 기록이 종결된다.

"今焉得同"이라는 기록은 다름 아닌 O-1-②에서 확인된다. 사실 O-1은 명확하게 『진서』를 참고했다고 밝히지 않았다. 물론 연대가 유사하다는 점이 주목되지만 이는 O-1-①에 남겨진 『진서』의 일문逸文 덕택으로 볼 수 있다. 김부식이 『삼국사기』를 저술하면서 『통전』을 참고하였음은 앞에서 다룬 『삼국사기』의 『통전』 직접 인용 사례를 통해 설명이 되었다. 즉 김부식은 O-1의 기술과 관련하여 O-1-①을 참고한 것은 사실이지만, 문장 구성으로 보았을 때, O-1-②를 참고하였다고 보는 게 자연스럽다.[21] 아울러

---

[21] 이와 관련하여 『통전(通典)』과 『태평어람(太平御覽)』을 모두 참조하여 찬술되었다고 본 견해가 제시되었다. 전덕재, 『三國史記 본기의 원전과 편찬』, 주류성, 2018, 73~74쪽.

『태평어람』이 송대宋代에 발간되었다는 점을 상기한다면, 『태평어람』 또한 『통전』을 참고하였을 가능성도 배제할 수 없다. 실제로 『태평어람』에서는 『통전』이 인용된 사례가 수십 건이 확인된다.

〈표 51〉 O-2와 『삼국지』·『통전』의 기록 비교

연번	사서명	내용
O-2	삼국사기	卷16, 「高句麗本紀」 4, 故國川王 원년 漢獻帝建安初 拔奇怨爲兄而不得立 與消奴加 各將下戶三萬餘口 詣公孫康降 還住沸流水上
O-2-①	삼국지	卷30, 「魏書」, 烏丸鮮卑東夷傳, 高句麗 建安中 公孫康出軍擊之 破其國 焚燒邑落 拔奇怨爲兄而不得立 與消奴加 各將下戶三萬餘口 詣康降 還住沸流水
O-2-②	통전	卷186, 「邊防門」 2, 東夷 下, 高句麗 獻帝建安中 拔奇怨爲兄而不得立 與消奴加 各將下戶三萬餘口 詣公孫康降 還住沸流水

O-2는 고국천왕故國川王 원년179에 발기拔奇가 난을 일으켰다는 내용이다. 이 기록은 『삼국지三國志』 즉 O-2-①의 기록이 원전原典이었다고도 볼 수 있다.[22] 전반적으로 O-2와 O-2-①은 서로 유사한 내용으로 되어 있다. 차이점을 들자면 O-2에서는 "建安初"라고 한 반면 O-2-①에서는 "建安中"이라고 하였다는 점이 있다. 또한 O-2-①의 "公孫康出軍擊之 破其國 焚燒邑落"이라는 기록이 B-2에서는 생략되었다는 점 또한 차이점에 해당한다. 아울러 O-2-①의 '연노가消奴加'를 O-2에서 '소노가消奴加'로 기술하였다는 점도 차이점으로 들 수 있다.

이와 관련하여 O-2-②의 기록이 주목된다. 전반적인 문장 구조 및 '소노가'의 표기 등이 O-2와 흡사하다. 아울러 발기가 공손강公孫康에게 항복한 기록을 O-2-①에서는 "詣康降"이라고 하여 공손강의 성姓을 생략한 반

---

22 기존 연구에서도 해당 구절이 『통전』을 참고하여 기술되었다고 지적한 바 있다. 申東河, 「三國史記 高句麗本紀의 引用資料에 관한 一考」, 『三國史記의 原典 檢討』, 韓國精神文化研究院, 1995, 36쪽; 전덕재, 『三國史記 본기의 원전과 편찬』, 주류성, 2018, 235~236쪽.

면, O-2와 O-2-②에서는 "詣公孫康降"이라고 하여 서로 동일하게 기록되었다. 즉 O-2의 기록은 O-2-①을 원전으로 작성된 O-2-②의 기록을 참고하여 저술되었다고 볼 수 있다. 기존 연구에서도 이 기록과 관련하여 『통전』이 『삼국지』의 내용보다 일치하는 부분이 많으므로, 『통전』을 바탕으로 작성되었다고 지적하였다.[23]

다만 이 기록과 관련하여 『삼국사기』에서 그 시점을 "漢獻帝建安初"로 기술한 것은 다소 의문스럽다. 고국천왕 원년인 179년은 후한後漢 영제靈帝의 광화光和 2년179에 해당하며, 후한 헌제獻帝의 건안연간建安年間, 196~220 초는 고국천왕의 말년 혹은 산상왕 원년197에 더 가깝기 때문이다. 즉 『삼국사기』에서 발기拔奇와 발기發歧의 존재를 혼동하면서 고국천왕과 산상왕의 기록에 둘 다 집어넣었고, 그 과정에서 시기가 맞지 않는 오류를 범한 것으로 이해할 수 있다.

〈표 52〉 O-3과 『통전』서략·고구려절의 기록 비교

연번	사서명	내용
O-3	삼국사기	卷17, 「高句麗本紀」 5, 東川王 21년 二十一年 春二月 王以丸都城經亂 不可復都 築平壤城 移民及廟社【平壤者本仙人王儉之宅也 或云王之都王險】
O-3-①	통전	卷185, 「邊防門」 1, 東夷 上, 序略 高麗本朝鮮地 漢武置縣 屬樂浪郡 時甚微弱 後漢以後 累代皆受中國封爵 所都平壤城 則故朝鮮國王險城也
O-3-②	통전	卷186, 「邊防門」 2, 東夷 下, 高句麗 自東晉以後 其王所居平壤城【即樂浪郡王險城 自爲慕容皝來伐 後徙國內城 移都此城】亦曰長安城 隨山屈曲 南臨浿水 在遼東南千餘里 城內唯積倉儲器械 寇賊至 方入同守

O-3은 동천왕東川王이 평양平壤으로 백성과 묘사廟社를 이전시켰다는 기록이다. 이 기록은 협주에서 평양이 선인仙人왕검王儉의 택宅이라고 하였다는

---

23 정구복·노중국·신동하·김태식·권덕영, 『역주 삼국사기 3 — 주석편(상)』, 한국학중앙연구원출판부, 2012, 468쪽, 주석 25.

점에서 주목을 받았다. 선인왕검은 단군왕검檀君王儉을 지칭한다고 보는 게 일반적이다. 이 협주는 김부식이 조사하여 덧붙인 기록일 수도 있지만, 『통전』의 영향을 받은 것으로도 볼 수 있다.

『통전』에서 평양과 관련된 기록은 O-3-①과 O-3-②에서 각각 확인된다. O-3-①은 고구려가 도읍을 평양성으로 삼았으니 옛 조선국의 왕험성이라는 기록이며, O-3-②는 동진 이후 수도를 국내성에서 평양성으로 옮겼는데 한 낙랑군의 왕험성이라는 기록이다. 『통전』의 두 기록 모두 평양이 왕험성이라고 하였는데, 이는 B-3의 협주에서 평양이 본래 선인왕검의 택이라고 한 것과 왕의 도성都城인 왕험이라고 밝힌 것과 상통한다.

김부식이 선인왕검을 거론한 것은 고려시대 단군에 대한 지식이 반영된 결과이다. 그렇지만 기존 중국 정사에서 평양이 왕험성王險城, 王儉城이라는 기록이 보이지 않기 때문에, O-3에서 평양과 왕검성이 동일하다고 기재된 것은 『통전』의 기록을 반영한 결과로 보는 게 자연스럽다.

O-4는 『통전』의 간접적인 영향력이 확인되는 내용이다. 장수왕長壽王 원년413에 장사長史 고익高翼을 동진東晉에 보내고, 장수왕이 고구려왕高句麗王 '낙랑군공樂安郡公'으로 책봉된 사실이 기록되었다. 다만 이 기록은 O-4-②~④에서 확인되는 바와 같이 '낙랑군공'으로 보는 것이 합당하다.[24] 진대晉代의 사실이 기재된 O-4-①에서는 정작 이 사건이 구체적으로 기록되어 있지 않고 단지 여러 사신과 함께 고구려 사신이 와서 방물을 바쳤다고만 기재하였다.

---

24 한국학중앙연구원에서 발간한 『삼국사기』 원문에서도 해당 내용을 『남사(南史)』와 『삼국사절요(三國史節要)』에 의거하여 '낙랑군공(樂浪郡公)'으로 수정하였다. 정구복·노중국·신동하·김태식·권덕영, 『역주 삼국사기 1−감교원문편』, 한국학중앙연구원출판부, 2011, 291쪽, 주석 32.

연번	사서명	내용
O-4	삼국사기	卷18, 「高句麗本紀」 6, 長壽王 원년 元年 遣長史高翼入晉奉表 獻赭白馬 安帝封王高句麗王樂安郡公
O-4-①	진서(晉書)	卷10, 「安帝紀」, 義熙 9년 是歲 高句麗·倭國及西南夷銅頭大師並獻方物
O-4-②	송서	卷97, 「夷蠻傳」, 東夷, 高句驪國 晉安帝義熙九年 遣長史高翼奉表獻赭白馬 以璡爲使持節·都督營州諸軍事·征東將軍·高句驪王·樂浪公
O-4-③	통전	卷186, 「邊防門」 2, 東夷 下, 高句麗 至孫高璉 東晉安帝義熙中 遣長史高翼獻赭白馬 以璡爲營州諸軍事·高麗王·樂浪郡公
O-4-④	책부원귀	卷963, 「外臣部」 8, 封冊 義熙九年 高麗國王高璉【一作高連】遣長史高翼奉表獻赭白馬 以璡爲高麗王·樂浪郡公

O-4와 유사한 기록은 O-4-②에서 확인된다. 다만 O-4-②에서는 '낙랑군공'이 아닌 '낙랑공樂浪公'으로 기록되었다는 점에서 차이를 보인다. '낙랑군공'으로 기재된 사례는 O-4-③과 O-4-④에서 확인된다. O-4-④의 기록은 O-4와 전반적으로 유사한 모습을 보인다. "奉表"라는 표현이 공통적으로 보이는 점과 "營州諸軍事"가 기재되지 않았다는 점에서, O-4-④가 O-4에 영향을 미쳤다고 볼 수 있다.

다만 O-4-④는 O-4-③ 이후에 작성되었다. O-4-④의 문장 구조는 O-4-②를 축약한 것이지만, '낙랑군공'으로 기재한 사례는 O-4-③에서 확인된다. O-4-④에서는 장수왕의 이름을 고련高璉이라고 하면서, 한자를 달리하여 고련高連이라고도 쓴다고 하였다. 이는 O-4-④가 하나의 사서가 아닌 여러 사서를 참고하며 작성되었음을 말한다. 즉 O-4-④ 즉 『책부원귀冊府元龜』는 『송서宋書』와 『통전』의 해당 기록을 참고하여 기술되었으며, 추후 김부식은 『책부원귀』를 참고하여 O-4에 반영하게 되었다.

이처럼 『삼국사기』에서 『통전』을 직접 인용한 사례는 6건, 간접 인용한 사례는 4건이 확인된다. 직접 인용한 경우는 모두 「잡지雜志」에서 서명을 밝힌 사례이다. 반면 간접 인용한 사례는『삼국사기』「본기本紀」에서 주로 확인된다.『삼국사기』「본기」는「잡지」와는 달리 출전을 밝히지 않고 여러 사서를 참고하여 서술되었다. 김부식은『통전』을 중국 정사와 같은 반열에 두고 참고 자료로 삼았으며, 다양한 부분에서 그 내용을 인용하며『삼국사기』를 저술했다고 할 수 있다.

2.『삼국유사』에 인용된『통전』기록 분석

일연은『삼국유사三國遺事』를 저술하면서 국내외의 다양한 서적들을 섭렵하였다. 이 과정에서 현전現傳하지 않는 사서와 현전하는 사서를 여럿 인용하였다. 현전하는 사료 중에서『삼국사기三國史記』와 함께 중국 정사는 주요 참고대상으로 사용되었다.『통전通典』또한 예외가 아니어서 총 4군데에서 인용되었다. 일연이 인용한『통전』기록을 제시하면 다음과 같다.

> P-1. 唐裴矩傳云 高麗本孤竹國【今海州】周以封箕子爲朝鮮 漢分置三郡 謂玄菟樂浪帶方【北帶
> 方】通典亦同此說【漢書則眞臨樂玄四郡 今云三郡 名又不同 何耶】
>
> P-2. 通典云 朝鮮之遺民 分爲七十餘國 皆地方百里
>
> P-3. 通典云 渤海本粟末靺鞨 至其酋祚榮立國 自號震旦 先天中【玄宗壬子】始去靺鞨號 專稱
> 渤海 開元七年【己未】祚榮死 諡爲高王 世子襲位 明皇賜典冊襲王 私改年號 遂爲海東
> 盛國 地有五京十五府六十二州 後唐天成初 契丹攻破之 其後爲丹所制
>
> P-4. 通典云 百濟南接新羅 北距高麗 西限大海

P-1~4는 모두『삼국유사』「기이紀異」에 수록된 내용들이다. P-1~3까지는 권1, P-4는 권2에 수록되었다는 점에서 차이를 보인다. 이 중에서 P-1은 당唐 배구전裴矩傳에 수록된 기록으로『통전』에도 해당 내용이 기술되어 있다고 밝혔다. P-2~4는 모두 "通典云……"이라는 형태로 적혀 있어서『통전』을 인용한 기록임을 알 수 있다. 각 기록의 내용을『통전』및 중국 사서와 비교하여 고찰하도록 하겠다. 우선 P-1의 기록을 살펴보면 〈표 54〉와 같다.

〈표 54〉 P-1과『구당서』·『신당서』·『통전』의 기록 비교

연번	사서명	내용
P-1	삼국유사	卷1,「紀異」2, 古朝鮮 唐裴矩傳云 高麗本孤竹國【今海州】周以封箕子爲朝鮮 漢分置三郡 謂玄菟樂浪帶方【北帶方】通典亦同此說【漢書則眞臨樂玄四郡 今云三郡 名又不同 何耶】
P-1-①	구당서	卷63,「裴矩傳」 矩因奏曰 高麗之地 本孤竹國也 周代以之封箕子 漢時分爲三郡 晉氏亦統遼東 今乃不臣 列爲外域 故先帝欲征之久矣 但以楊諒不肖 師出無功 當陛下時 安得不有事於此 使冠帶之境 仍爲蠻貊之鄉乎 今其使者朝於突厥 親見啓民從化 必懼皇靈之遠暢 慮後服之先亡 脅令入朝 當可致也 請面詔其使還本國 遣語其王令速朝覲 不然者 當率突厥即日誅之 帝納焉
P-1-②	신당서	卷100,「裴矩傳」 矩因奏言 高麗本孤竹國 周以封箕子 漢分三郡 今乃不臣 先帝疾之 欲討久矣 方陛下時 安得不事 今其使朝突厥 及見啓民 舉國臣服 脅令入朝 可致也 請面詔其使 令歸語王 有如旅拒 方率突厥誅之 帝納焉
P-1-③	통전	卷186,「邊防門」2, 東夷 下, 高句麗 裴矩·溫彦博進曰 遼東之地 周爲太師之國 漢家之玄菟郡耳 魏晉以前 近在提封之內 不可許以不臣 若以高麗抗禮 四夷必當輕漢 且中國之於夷狄 猶太陽之於列星 理無降尊 俯同藩服 乃止

P-1은 고조선古朝鮮에 대한 기록으로 당 배구전을 인용하여 저술되었다. 배구의 전기가 기록된 사서로는『수서隋書』·『북사北史』·『구당서舊唐書』·『신당서新唐書』가 있다. 일연이 당의 배구전이라고 하였으므로 비교대상으로『구당서』와『신당서』의 배구전을 설정하였으며, 이를 각기 P-1-①과 P-1-②의 기록으로 구분하였다. P-1-①·②는 수대隋代의 대업大業 3년607

에 계민가한啟民可汗의 장막에서 수 양제隋煬帝와 고구려 사신이 마주친 이후에, 배구가 진언進言한 내용을 기재한 것이다.

배구는 고구려의 영역이 본래 고죽국孤竹國이라고 하면서 주대周代에 기자箕子가 분봉分封된 땅이고, 한대漢代에 3군이 설치된 곳이라고 하였다. 즉 고구려 땅이 본래 중국의 영역이었다는 영유권을 주장한 것으로, 이러한 주장은 흔히 군현회복론郡縣回復論으로 일컬어진다.[25] P-1과 P-1-①·②의 기록을 비교하면, 일연이 인용을 한 내용은 "高麗本孤竹國 周以封箕子爲朝鮮 漢分置三郡"임을 알 수 있다. 이 문구는 P-1-①보다 P-1-②에서 유사성이 더 크게 나타난다. 즉 일연은 『삼국유사』 고조선조를 저술하면서 『신당서』 배구전을 참조한 것이다.

P-1-③ 또한 배구가 황제에게 진언을 한 것은 동일하나, 그 시점과 대상이 P-1-①·②와 다르다. P-1-③은 무덕武德 8년625에 배구裴矩와 온언박溫彦博이 당 고조唐高祖에게 진언한 것이다. 다만 수대에 진언한 것과 내용이 통하므로 일연은 서로 동일한 것으로 인지하고 기재하게 되었다. 참고로 이는 『구당서』와 『신당서』에서도 확인되며,[26] 『당회요唐會要』에서도 관련 기록이 나타난다.[27]

일연은 P-1-③이 배구가 했던 말이고, 기존 사례와 동일한 내용을 담는다고 판단하여 인용한 것이다. 다만 P-1-③의 기록을 살펴보면 세부적인

---

25 윤용구, 「고구려와 요동·현도군 – 수당 군신의 '군현회복론' 검토」, 『초기 고구려역사 연구』, 동북아역사재단, 2008.

26 『舊唐書』卷199上, 「東夷傳」, 高麗. "侍中裴矩·中書侍郎溫彦博曰 遼東之地 周爲箕子之國 漢家玄菟郡耳 魏·晉已前 近在提封之內 不可許以不臣 且中國之於夷狄 猶太陽之對列星 理無降尊 俯同藩服 高祖乃止"; 『新唐書』卷220, 「東夷傳」, 高麗. "裴矩·溫彦博諫曰 遼東本箕子國 魏晉時故封內 不可不臣 中國與夷狄 猶太陽於列星 不可以降 乃止."

27 『唐會要』卷95, 「高句麗傳」. "八年三月十一日 (…중략…) 裴矩溫彦博進曰 遼東之地 周爲箕子之國 漢家元菟郡耳 魏晉以前 近在提封之內 不可許以不臣 若與高麗抗禮 四夷必當輕漢 且中國之於夷狄 猶太陽之於列星 理無降尊 俯同藩服 乃止."

표현에서는 P-1은 물론 P-1-①·②와 차이를 보인다. 이를테면 고구려가 본래 고죽국이었다는 내용을 P-1-③에서는 요동지지遼東之地라고만 기록하였으며, 기자 혹은 조선이라는 말 대신 주周의 태사지국太史之國이라고만 기재하였다. 더구나 P-1-③에서는 '삼군三郡'이라는 표현을 사용하지 않았다. 대신 P-1-③에서는 '현도玄菟'를 거론하였다는 점에서 P-1과 유사점을 보인다.

P-1의 기록은 『구당서』와 『신당서』를 인용하며, 『통전』을 거론한 것이다. 때문에 『통전』의 내용과 P-1이 크게 일치하지는 않는다. 다만 일연은 『통전』의 권위를 중시하였기 때문에 일부러 『구당서』·『신당서』의 다음에 언급하여 자신이 파악한 바를 증빙하고자 하였다. 이 점은 『통전』의 사료적 가치가 인정받고 있는 상황에서 가능한 것이므로, 고려인들의 『통전』에 대한 인식을 엿볼 수 있다.

일연은 72국에 대한 기록에서 『통전』과 『후한서後漢書』를 인용하였다.[28] P-2는 이 중에서 『통전』을 인용한 기록이다. 문제는 해당 내용은 『통전』에서 동일한 기록이 확인되지 않는다는 점이다. 일연이 『통전』에 없는 내용을 『통전』의 이름으로 인용하였기에 다소 의아함을 주며, 기존 연구에서도 이 점이 지적된 바 있다.[29]

P-2의 기록과 유사한 기록을 『통전』에서 찾아보면 2개의 기록을 확인할 수 있다. P-2-①의 마한절馬韓節과 P-2-②의 변진절弁辰節이 이에 해당한다. C-2-①은 마한절의 문두文頭에 있는 내용으로, 마한이 54개국, 진한이 12개국, 변진이 12개국으로 도합 78개국이라 기재되었다. 이 내용은 『삼국유

---

28 일연은 조명(條名)을 '칠십이국(七十二國)'이라 서술하였으나, 그 내용을 살펴보면 78국(國)이 옳다. 본서에서는 본래의 조명에 맞게 72국이라고 기재하였음을 밝힌다.
29 최광식·박대재 譯註, 『삼국유사-기이』, 고려대 출판부, 2014, 110쪽, 주석 1.

연번	사서명	내용
P-2	삼국유사	卷1,「紀異」2, 七十二國 通典云 朝鮮之遺民 分爲七十餘國 皆地方百里
P-2-①	통전	卷185,「邊防門」1, 東夷上, 馬韓 馬韓 後漢時通焉 有三種 一曰馬韓 二曰辰韓 三曰弁辰 馬韓在西 五十有四國 其北與樂浪・南與倭接 辰韓在東 十有二國 其北與濊貊接 弁辰在辰韓之南 亦十有二國 其南亦與倭接 凡七十八國 或云百濟是其一國焉 大者萬餘戶 小者數千家 各在山海間 地合方四千餘里
P-2-②	통전	卷185,「邊防門」1, 東夷上, 弁辰 初 朝鮮王準爲衛滿所破 乃將其餘衆數千人走入海 攻馬韓 破之 自立爲韓王 準後滅絶 馬韓人復自立爲辰王

사』72국조에도 확인된다. 즉 P-2에서 "分爲七十餘國"이라는 기록은 P-2-①에서 "凡七十八國"라고 한 기록을 바탕으로 작성되었다고 볼 수 있다.

P-2-②는 조선왕朝鮮王 준準이 위만에게 쫓겨난 이후에 무리를 이끌고 바다를 건너 마한으로 건너와 한왕韓王이 되었다는 내용이다. P-2에서 조선의 유민에 대한 언급이 보이는데, 이게 준왕이 마한으로 이동한 것과 연관 지을 수 있다. 다만 P-2에서는 70여 국의 영역을 "皆地方百里"라고 하였다. 이는 『통전』에서 그대로 확인되지 않으므로 서로 정확하게 부합하지는 않는다. 대신 P-2-①에서는 "地合方四千餘里"라고 하여 간극이 크게 나타난다.

이처럼 P-2의 기록은 『통전』에 없는 내용임에도 불구하고 출전이 『통전』으로 기재되었으며 내용이 서로 맞지 않게 나타난다. 이와 관련하여 남구만南九萬은 그의 저서 『약천집藥泉集』의 동사변증東史辨證에서 P-2의 기록을 거론하며 『삼국유사』의 부정확함을 강도 높게 비판하였다.[30]

P-2의 성립은 크게 두 가지 가능성을 생각할 수 있다. 즉 일연이 『통전』에 나오지 않는 기록임에도 불구하고 『통전』의 권위를 이용하고자 『통

---

30 『藥泉集』卷29,「雜著」, 東史辨證, 眞番, "遺事且曰通典云朝鮮之遺民 分爲七十餘國 皆地方百里 後漢書云西漢以朝鮮舊地 初置爲四郡 後置二府 法令漸煩 分爲七十八國各萬戶 今按通典與後漢書 皆無此說 凡遺事所記 多妄而難信 此亦可見矣."

전』을 언급한 가능성, 혹은 『통전』의 여러 기록을 조합하여 작성하였으므로 출전을 『통전』으로 밝혔을 가능성이다. 전자의 가능성과 관련하여 P-3 기록의 존재를 주목할 필요가 있다.

〈표 56〉 P-3과 『신당서』·『문헌통고』의 기록 비교

연번	사서명	내용
P-3	삼국유사	卷1, 「紀異」 2, 渤海靺鞨 通典云 渤海本粟末靺鞨 至其酋祚榮立國 自號震旦 先天中【玄宗壬子】始去靺鞨號 專稱渤海 開元七年【己未】祚榮死 諡爲高王 世子襲位 明皇賜典冊襲王 私改年號 遂爲海東盛國 地有五京十五府六十二州 後唐天成初 契丹攻破之 其後爲丹所制
P-3-①	신당서	卷219, 「北狄傳」, 渤海 渤海本粟末靺鞨附高麗者 姓大氏 (…중략…) 是時仲象已死 其子祚榮引殘痍遁去 楷固窮躡 度天門嶺 祚榮因高麗·靺鞨兵拒楷固 楷固敗還 於是契丹附突厥 王師道絶 不克討 祚榮即幷比羽之衆 恃荒遠 乃建國 自號震國王 遣使交突厥 地方五千里 戶十餘萬 勝兵數萬 (…중략…) 睿宗先天中 遣使拜祚榮爲左驍衛大將軍·渤海郡王 以所統爲忽汗州 領忽汗州都督 自是始去靺鞨號 專稱渤海 玄宗開元七年 祚榮死 其國私諡爲高王 子武藝立 斥大土宇 東北諸夷畏臣之 私改年曰仁安 帝賜典冊襲王幷所領 (…중략…) 初 其王數遣諸生詣京師太學 習識古今制度 至是遂爲海東盛國 地有五京·十五府·六十二州
P-3-②	문헌통고	卷326, 「四裔考」 3, 東夷 3, 渤海 渤海 本粟末靺鞨附高麗者 姓大氏 (…중략…) 時仲象已死 其子祚榮引殘痍遁去 楷固窮躡 度天門嶺 祚榮因高麗·靺鞨兵拒楷固 楷固敗還 於是契丹附突厥 王師道絶 不克討 祚榮節幷比羽之衆 恃荒遠 乃建國 自號震國王 遣使交突厥 地方五千里 戶十餘萬 勝兵數萬 (…중략…) 玄宗先天二年 遣使拜祚榮爲左驍衛大將軍·渤海郡王 以所統爲忽汗州都督 自是始去靺鞨號 專稱渤海 元宗開元七年 祚榮死 其國私諡爲高王 子武藝立 斥大土宇 東北諸夷畏臣之 私改年曰仁安 帝賜典冊襲王並所領 (…중략…) 初 其王數遣諸生詣京師大學 習識古今制度 至是遂爲海東盛國 地有五京·十五府·六十二州 (…중략…) 三年 及天成元年 俱遣使入貢 進兒口·女口 先是 契丹大首領邪律阿保機兵力雄盛 東北諸蕃多臣屬之 以渤海土地相接 常有呑並之志 是歲 率諸番部攻渤海國夫餘城 下之 改夫餘城爲東丹府 命其子突欲留兵鎭之 未幾 阿保機死 命其弟率兵攻夫餘城 不克而還

『삼국유사』에서는 발해渤海를 서술하면서 『통전』을 인용하였으며, 이 기록을 앞에서 P-3으로 제시하였다. 문제는 『통전』에서는 발해를 절節로 다룬 적이 없다는 것이다. 『통전』 전체를 살펴보아도 발해라는 국가를 언급한 사례는 안동부安東府의 위치를 설명하면서 거론되는 정도이다.[31] 발해는 당

과 병존하였던 국가이며, 두우杜佑가 살던 시기에도 존재하고 있었다. 그럼에도 불구하고 앞서 언급한 기록과 지명地名, 해명海名 이외에, 국명國名으로의 발해가 언급되어 있지 않다는 점은 두우가 의도적으로 발해를 다루지 않은 것으로도 의심할 수 있는 부분이다.[32]

『삼국유사』에서 『통전』을 인용하여 발해를 서술한 P-3은 일연의 착각으로 인한 오인용誤引用으로 규정할 수 있다. 아울러 P-3의 기록에 대해 『신당서』를 참고하여 작성된 것으로 보는 견해가 많다.[33] 실제로 『신당서』 즉 P-3과 P-3-①의 기록을 비교하면, 서로 유사한 내용들이 여럿 확인된다. 때문에 상호 영향관계에 있다고 생각할 수 있다. 다만 P-3-①과 유사한 내용은 P-3-②에서도 확인된다. 더구나 P-3-①은 당대까지를 다루었음에 비해, P-3-②는 후당대後唐代 천성연간天成年間, 926~930까지 다루었다는 점이 주목된다.

P-3-② 즉 『문헌통고文獻通考』를 줄여서 『통고通考』라고도 한다. 중국에서는 전통적으로 3통通이라고 하여 각종 전장제도를 기재한 세 가지 책이 있는데, 두우의 『통전』과 정초鄭樵의 『통지通志』, 마단림馬端臨의 『문헌통고』가 여기에 해당한다.[34] 『문헌통고』 즉 『통고』에는 발해절渤海節이 기술되어 있다. 『통전』과 『통고』의 서적 성격과 명칭이 유사하기 때문에 일연이 착오를 범했을 가능성이 있다.

---

31 『通典』卷180,「州郡門10」, 古青州, 安東府 安東大都護府. "安東府【東至越喜部落二千五百里 南至柳城郡界九十里 西至契丹界八十里 北至渤海一千九百五十里 東南到……西南到魚胞柵五十里 西北到契丹衙帳一千里 東北到契丹界八十里 去西京五千三百二十里 去東京四千四百四十里 戶……口】."

32 송영대,「『通典』「邊防門」東夷篇의 구조 및 찬술 목적」,『史林』57, 首善史學會, 2016, 159~160쪽.

33 李康來,『三國史記 典據論』, 民族社, 1997, 154쪽; 金福順,「『삼국유사』 속의 『삼국사기』 – 국내외서적 인용사례를 중심으로」,『동국사학』62, 동국역사문화연구소, 2017, 381쪽.

34 신승하,『중국사학사』, 고려대 출판부, 1996, 147쪽, 주석 41.

P-3-②의 기록은 P-3과 비교하여 매우 상세한 편이며, 서로 공통되는 기록이 많다. 두 기록을 비교하자면 P-3-②를 참고하여 P-3을 서술하였다고 볼 수 있다. P-3에서 협주로 달려있는 내용은 일연이 임의로 연대를 표기한 것이며, 일부 표현에서 차이를 보이기긴 하지만 전반적인 내용은 유사하다. 다만 P-3-②에서는 부여성夫餘城이 점령되어 동단부東丹府로 바뀌게 되었다는 내용이 기재된 반면, P-3에서는 거란에 의해 발해가 멸망하게 되었다고 마무리되었다는 점에서 차이를 보인다. 이는 마단림과 일연이 발해의 멸망과 관련하여 참고한 기록이 송대宋代의 것인지 혹은 요대遼代의 것인지에 따라 다르게 나타나는 부분이라 생각된다.

P-3은 일연의 착각으로 『통고』를 『통전』으로 기재한 결과로 볼 수 있다. 다만 인용 과정에서 임의로 본래의 내용을 축약하여 기술하였으며, 마무리가 다른 것을 보아 다른 기록 또한 참고하여 반영했다고 볼 수 있다. P-2에서는 『통전』의 여러 기록을 조합하여 새로운 기록을 만들었다면, P-3에서는 서적명을 오인誤認하여 기재記載한 것이라고 할 수 있다.

〈표 57〉 P-4와 『삼국사기』・『통전』의 기록 비교

연번	사서명	내용
P-4	삼국유사	卷2, 「紀異」 2, 南扶餘・前百濟・北扶餘 通典云 百濟南接新羅 北距高麗 西限大海
P-4-①	삼국사기	卷37, 「雜志」 6, 地理 4, 百濟 通典云 百濟南接新羅 北距高麗 西限大海
P-4-②	통전	卷185, 「邊防門」 1, 東夷 上, 百濟 南接新羅 北距高麗 千餘里 西限大海 處小海之南

P-4는 『통전』을 인용하여 백제의 영역을 서술한 내용이다. 『삼국유사』 남부여・전백제・북부여 조에서는 백제의 지리적 위치와 관련하여 백제지리지百濟地理志를 참고했다고 밝혔다. 이는 『삼국사기』 「지리지地理志」의 백제

조를 의미한다. 『삼국사기』 「지리지」에서는 백제의 지리와 관련하여 『후한서』·『북사』·『통전』·『구당서』·『신당서』·『고전기古典記』를 인용하여 설명하였다. 일연은 이 중에서 지리와 직접적인 연관성이 떨어지는 『고전기』를 제외하고, 『후한서』·『북사』·『통전』·『구당서』·『신당서』를 인용하였다.

이 과정에서 P-4의 기록은 P-4-①과 동일하게 기재되었다. 다만 이 기록은 앞서 M-6의 기록을 다루면서 언급하였듯이, 본래 『통전』의 기록과 차이가 있다. 『통전』의 원래 기록은 P-4-②에 해당하며, 일부 내용에서 P-4나 P-4-①과 차이를 보인다. 즉 일연은 『삼국사기』를 참고하여 『통전』의 내용을 재인용하였지만, 그 과정에서 본래의 기록을 확인하지 않았다. 그 결과 『삼국사기』에서 수정된 기록을 습록하여 P-4로 작성하게 되었다.

일연은 『삼국유사』를 작성하면서 『통전』을 수차례 거론하며 인용하였다. 그렇지만 그 내용을 면밀히 분석해 본 결과 원문을 그대로 반영하지는 못했다. P-1은 다른 사서와 『통전』의 기록이 유사하다는 점 정도로 언급한 정도이며, P-2는 『통전』의 여러 기록을 조합하여 재구성하였다. P-3은 『통전』이 아닌 『문헌통고』의 기록을 인용하는 오류를 범한 것이며, P-4는 『통전』을 직접 인용하지 않고 『삼국사기』를 재인용한 것이다. 즉 일연은 『통전』의 사료적 권위를 인정하였지만, 내용을 제대로 확인하지 않고 서술하여 다소 아쉬운 모습을 보이게 되었다.

3. 고려시대의 『통전』 활용과 인식

『통전通典』은 당대唐代 이후로 관료들에게 필독서가 되었다. 역대의 각종 제도에 대한 정보를 모두 주제별로 정리하여 요긴하게 사용되었기 때문이다. 『통전』의 영향을 받아서 이와 유사하거나 법통을 계승한 책들도 등장하였다. 대표적인 서적이 『통지通志』와 『문헌통고文獻通考』이며, 앞서 말했듯이 이들은 3통通으로 지칭되며 널리 읽혀졌다.

고려시대에 『통전』은 널리 읽혀졌던 책이었다. 『고려사高麗史』를 비롯한 여러 서적에서 『통전』을 인용한 사례들이 확인된다. 고려 후기의 문신 민지閔漬는 충선왕忠宣王의 세자 시절에 함께 원元에 가서 활동하였으며, 이 과정에서 몽골의 일본 정벌이 불필요하다는 것을 주장한 것으로 잘 알려져 있다. 당시 민지는 두씨杜氏의 『통전』에서 위징魏徵이 당 태종에게 "高麗如石田 得之無益"이라고 했다는 내용을 보았다. 민지는 이 기록을 첨원僉院 홍군상洪君祥에게 보여주면서 일본 정벌의 무익無益을 주장하였다.[35] 실제 이와 유사한 기록은 『통전』 고구려절高句麗節에서 확인된다. 다만 당시 이 발언을 한 인물은 위징이 아닌 적인걸狄仁傑이라는 점에서 차이를 보인다.[36]

고려 후기의 문신인 백문보白文寶는 『통전』의 중요성을 명확히 인지하였다. 그는 공민왕恭愍王이 환도還都한 이후 환안도감還安都監의 일을 주관하였다. 그는 참고할만한 전적이 없자 사관史官 남영신南永伸을 해인사의 사고史庫로

---

35 『高麗史』卷107, 「列傳」, 諸臣, 閔漬. "漬偶閱杜氏通典 及唐太宗征高麗 魏徵諫曰 高麗如石田 得之無益 乃示僉院洪君祥因語曰 倭之於大元 豈啻若唐之於高麗乎 況往歲之役 本國民力竭矣 今若不寢 乃吾民何 惟公圖之."

36 『通典』卷186, 「邊防門2」, 東夷 下, 高句麗. "武太后聖曆二年 鸞臺侍郎·平章事狄仁傑上表請拔安東 復其君長 曰 臣聞先王疆理天下 (…중략…) 且中國之與蕃夷 天文自隔 遼東所守 已是石田 鞁鞢遐方 更爲雞肋."

보내 「삼례도三禮圖」와 『통전』을 갖고 오게 하였다. 이후 백문보는 『통전』을 모방하고 침원서寢園署의 급사給事 박충朴忠의 말을 참작하여 의제儀制를 만들었다.[37] 이렇듯 고려시대 후기에 전장제도의 전범典範으로 『통전』의 존재가 잘 알려져 있었기에, 다방면에서 참고가 되었음을 확인할 수 있다.

이규보李奎報의 『동국이상국집東國李相國集』에 기재된 「동명왕편東明王篇」 서문에서도 『통전』의 존재가 거론되었다. 이규보는 동명왕東明王의 사적事跡을 알아보고자 『위서魏書』와 『통전』을 읽었으나 그 내용이 간략했다며 아쉬워하였다.[38] 실제로 『통전』 고구려절에는 주몽설화가 간략하게 기재되어 있다.[39] 당시 관료들에게 『통전』은 참고 될만한 내용이 많은 서적이었기에, 이규보 또한 주몽설화를 『통전』을 통해 파악하고자 했던 것이다.

이 외에도 목은牧隱 이색李穡이 쓴 시에서도 『통전』에 대해 높게 평가한 내용이 확인된다. 이색이 소감少監 김경숙金敬叔에게 보낸 편지에 시가 포함되었는데, "『문선文選』·『문수文粹』·『송문감宋文鑑』과 『통전』·『문헌통고』는 정수함이 가득 쌓여서, 은미한 말과 오묘한 뜻이 남김없이 드러났고, 정밀한 감식과 해박한 채택이 서로 장단을 이뤘네"라고 기술되었다.[40] 이색이 언급한 책들 중에서 『문선』·『문수』·『송문감』은 중국의 역대 명문名文을 집성한 책이다. 『통전』·『문헌통고』는 전장제도를 체계적으로 정리하였기에, 이색은 "精鑑博採相乘除"라는 시문詩文을 통해 이들을 높이 평가한 것이다.

---

37 『高麗史』卷115, 「列傳」, 諸臣, 白文寶. "初王還都 權置廟主于彌陁寺 設還安都監 文寶與平陽伯金敬直 主其事 稽緩踰月 王怒督之 對以無典籍可稽 遣史官南永伸 詣海印史庫 取三禮圖·杜祐通典至 文寶倣通典 又探寢園老給事朴忠語爲儀制 忠不識字 多出於臆計."

38 『東國李相國集』卷3, 「古律詩」, 東明王篇. "及讀魏書通典 亦載其事 然略而未詳 豈詳內略外之意耶."

39 『通典』卷186, 「邊防門2」, 東夷 下, 高句麗. "高句麗 後漢朝貢 云本出於夫餘先祖朱蒙 朱蒙母河伯女 爲夫餘王妻 爲日所照 遂有孕而生 及長 名曰朱蒙 俗言善射也 國人欲殺之 朱蒙棄夫餘 東南走渡普述水 至紇升骨城 遂居焉 號曰句麗 以高爲氏."

40 『牧隱詩藁』卷10, 「詩」, 寄贈金敬叔少監. "文選文粹宋文鑑 通典通考精英儲 微辭奧義盡呈露 精鑑博採相乘除."

『고려사』「지리지地理志」에서도『통전』의 흔적이 확인된다. 서경유수관西京留守官 평양부平壤府의 연혁에 대한 내용 중에서 대성산大城山 관련 기록이 있다. 여기에서는 대성산을 노양산魯陽山이라고도 한다면서,『문헌통고』를 인용하여 평양성의 동북쪽에 위치한다고 기술하였다.[41] 실제로『문헌통고』를 보면 해당 기록에 영향을 미친 기록이 확인된다.[42] 다만 이 기록의 본래 원전은『통전』에 해당한다.『통전』「변방문邊防門」고구려절에서도『문헌통고』에서 확인되는 기록과 동일한 기록이 나타난다.[43] 즉『고려사』「지리지」의 서술에 있어서도『통전』의 기록이 간접적으로 영향을 미치는 사례가 구체적으로 확인되고 있다. 참고로 이 기록을 바탕으로 평양성 동북쪽의 노성魯城을 대성산성으로, 평양성은 장안성을 의미하는 것으로 보는 견해가 제기되었다.[44]

『선화봉사고려도경宣和奉使高麗圖經』에서도『통전』은 여러모로 참고되는 서적이었다. 서긍徐兢은 고려와 고구려가 동일한 국가라고 생각하였으며, 고려의 지리에 대한 사항들을『통전』을 통해 인지하였다. 서긍은 고려의 지리와 관련하여 압록수鴨綠水와 염난수鹽難水에 대해 설명하였다.[45] 해당 기록은 기본적으로『통전』고구려절의 지리에 대한 설명을 참고하여 작성한 것으로, 세밀한 표현에서 일부 차이를 보일 뿐 거의 동일한 내용으로 되어 있다.[46]

---

41 『高麗史』卷58,「地理志3」, 北界, 西京留守官 平壤府."有大城山【一云九龍山 一云魯陽山 文獻通考云 平壤城東北 有魯陽山 卽謂此也 山頂有三池】."

42 『文獻通考』卷325,「四裔考2」, 東夷 2, 高句麗."又平壤城東北有魯陽山 魯城在其上."

43 『通典』卷186,「邊防門2」, 東夷 下, 高句麗."又平壤城東北有魯陽山 魯城在其上."

44 李道學,「『三國史記』의 高句麗 王城 記事 檢證」,『한국고대사연구』79, 한국고대사학회, 2015, 163쪽.

45 『宣和奉使高麗圖經』卷3, 封境."鴨綠之水 原出靺鞨 其色如鴨頭 故以名之 去遼東五百里 經國內城 又西與一水合 卽鹽難水也 二水合流 西南至安平城入海 高麗之中 此水最大 波瀾淸澈 所經津濟 皆艤巨艦 其國恃此 以爲天塹 水闊三百步 在平壤城西北四百五十里 遼水東南四百八十里."

46 『通典』卷186,「邊防門2」, 東夷 下, 高句麗."馬訾水[則移反]一名鴨綠水 水源出東北靺鞨白山 水色

이후 『선화봉사고려도경』에서는 요수遼水의 동쪽을 거란이 차지하였다가, 금金이 현재는 길목으로만 삼았다고 하였다. 그 다음으로 백랑수白浪水와 황암수黃嵒水가 언급되고, 정관연간貞觀年間, 627~649에 이적李勣이 요원遼源을 탐색한 내용이 기술되었다.[47] 이 내용 역시 『통전』 고구려절에서 확인되는 내용이며, 이적에 관한 기록도 정관 21년[647]으로 그 시점이 확인된다.[48]

현재 남아 있는 기록으로 보았을 때, 고려에서 『통전』은 『삼국사기三國史記』를 통해 본격적으로 그 존재가 확인된다. 나아가 고려 후기에는 지식인층에 널리 알려져 있었다는 사실을 알 수 있다. 다만 이보다 더 앞선 시기부터 고려에 『통전』이 전래되었을 가능성을 제기한 연구도 있다. 이에 따르면 고려 성종대成宗代에 도입된 3성6부제가 당 현종대唐玄宗代의 『당육전唐六典』을 기본 골격으로 마련된 것이며, 이는 『통전』을 참고하였을 가능성이 높다고 지적하였다.[49]

995년에 성종이 내린 교서敎書에 보면 여러 관사官司의 체제가 예전禮典을 따랐지만 액명額名은 임시로 부르는 것이 있기에, 전상典常을 살펴보아 수정하라고 한 내용이 있다.[50] 이 기록에서 나오는 전상을 일부 연구에서는 『통전』으로 파악하고 있다.[51] 당시 고려에 『통전』이 전래되었는지를 명확하

似鴨頭 故俗名之 去遼東五百里 經國內城南 又西與一水合 即鹽難水也 二水合流 西南至安平城 入海 高麗之中 此水最大 波瀾淸澈 所經津濟 皆貯大船 其國特此以爲天塹 水闊三百步 在平壤城西北四百五十里 遼水東南四百八十里."

47 『宣和奉使高麗圖經』卷3, 封境. "自遼已東 卽舊屬契丹 今虜衆已亡 大金以其地不毛 不復城守 徒爲往來之道而已 鴨綠之西 又有白浪黃嵓二水 自頗利城行數里 合流而南 是爲遼水 唐正觀間 李勣大破高麗 於南蘇 旣渡 怪其水淺狹問之 云是遼源 以此知前古未嘗恃此水以爲固 此高麗所以退保鴨綠之東歟."

48 『通典』卷186, 「邊防門2」, 東夷 下, 高句麗. "二十一年 李勣復大破高麗於南蘇 班師至頗利城 渡白狼 · 黃巖二水 皆由膝已下 勣怪二水狹淺 問契丹遼源所在 云 此二水更行數里 合而南流 卽稱遼水 更無遼源可得也 旋師之後 更議再行."

49 김대식, 「고려 초기 중앙관제의 성립과 변화」, 『역사와 현실』 68, 한국역사연구회, 2008, 47쪽.

50 『高麗史』卷3, 「世家3」, 成宗 14년 5월 戊午. "今以諸官司 事體雖遵於禮典 額名頗有所權稱 考厥典常."

게 확인할 수는 없지만, 앞서 거론한 정황으로 보아 고려시대 초기부터 『통전』이 전래되었을 가능성이 높다.

『통전』은 통치에 요긴한 도움을 주는 서적이다. 특히 국가를 운영하는 각종 제도에 대한 내용을 섭렵하고 있으므로, 문인들과 관료들이 크게 선호하였던 책이었다. 고려 초기부터 『통전』이 활용되었을 가능성이 있으며, 『삼국사기』가 저술되던 당시에는 지식인들에게도 잘 알려져 있었다고 볼 수 있다. 이러한 경향은 고려 후기에도 이어지며, 다양한 분야에서 참고되는 서적으로 활용되었다.

『삼국유사三國遺事』 또한 『통전』의 권위를 인정하였으며, 이를 활용하고자 하였다. 그렇지만 일연은 역사서술을 할 때 원사료의 전문을 충실히 인용하지 않거나 오독誤讀이 발생하는 사례가 여럿 있었다.[52] 애석하게도 일연은 다른 사서의 인용과 마찬가지로 『통전』을 제대로 참고하고 활용하지 못하였으며, 그 권위를 빌려 서술에 활용하는 데에 그치고 말았다.

『삼국사기』와 『삼국유사』의 찬자는 『통전』의 가치를 잘 알고 있었다. 그렇지만 이들은 기존에 자신들이 참고하였던 중국 사서와 비슷한 맥락에서 『통전』을 바라보고 인지하였다. 고려시대 지식인들 사이에서 활용되었던 『통전』의 가치에 김부식은 공감하였고, 이를 다른 사서와 동일한 반열에서 활용하고자 하였다. 반면 일연은 『통전』의 권위를 잘 알고 있었지만, 이를 제대로 참고하지 못하였다. 그렇지만 이러한 사례들은 『삼국사기』와 『삼국유사』의 찬자 모두가 『통전』의 가치와 권위를 인정하였고, 우리 역사의 서술에 최대한 활용하였음을 보여주는 사례에 해당한다.

---

51 김대식, 「고려 초기 중앙관제의 성립과 변화」, 『역사와 현실』 68, 한국역사연구회, 2008, 53쪽.
52 李基白, 「三國遺事의 史學史的 意義」, 李佑成·姜萬吉 編, 『韓國의 歷史認識』 上, 創作과批評社, 1976, 123쪽.

한국고대사를 연구하는 데 있어서 가장 필수적인 자료는 단연『삼국사기』와『삼국유사』이다. 두 사서는 고려시대까지 남아 있던 국내의 사료는 물론 중국의 사료도 참고하여 작성되었다. 이번 장에서는 중국의 사료 중에서『통전』의 존재를 주목하였다. 그동안의 연구는 주로 중국 정사가『삼국사기』와『삼국유사』에 미친 영향을 중점으로 연구되었지만,『통전』과 같은 정서政書의 영향에 대해서는 활발한 연구가 이루어지지 않았기 때문에 이렇게 살펴보게 되었다.

『통전』의 기록을『삼국사기』·『삼국유사』와 비교한 결과, 흥미로운 결과를 도출할 수 있었다. 우선『삼국사기』의 경우『통전』을 직접 인용하거나 혹은 간접적으로 인용한 사례들이 확인된다. 직접 인용한 사례는 총 6건이며, 「잡지雜志」에서 각 사서를 인용하면서 주요 사서 중 하나로『통전』이 인용되었다. 반면 출전을 밝히지 않았으나 인용한 사례들도 있었으며, 이를 간접 인용으로 규정하였다. 간접 인용에 해당하는 사례는 총 4건이며, 주로 「본기本紀」에서 발견된다는 점에서, 직접 인용의 사례와 차이를 보인다. 직접 인용의 경우『통전』 본래의 문구를 거의 그대로 사용하였으며, 간접 인용 또한 마찬가지로 유사한 경향을 보여준다.

『삼국유사』에서는『통전』이 인용된 사례가 총 4건이 확인된다. 다만 그 내용을 살펴보면『삼국사기』처럼『통전』의 내용을 그대로 적시하지 않고, 약간의 수정을 거쳐 인용하는 방식을 보인다. 이는『삼국유사』의 사료 활용 방법과 연관시켜서 인식할 수 있다. 비록 정확도는 떨어지지만『통전』의 권위를 인지하였기 때문에, 일부러 일연이『통전』을 인용하여 관련 기록들을 서술하였다고 볼 수 있다.

고려시대에『통전』은 어떤 의미가 있는 서적이었을까?『통전』은『삼국사기』의 인용을 통해 알 수 있듯이 적어도 고려 중기부터 지식인들에게 알려진 서적이었다. 근래의 연구에서는 아예 고려 초기부터『통전』이 활용되었을 것으로 분석한 사례도 있다. 고려 후기의 기록을 보면『통전』을 활용하는 사례가 다양하게 나타난다. 이는『통전』이 역대 왕조들의 전장제도를 정리해 놓았기 때문에, 관료들로서는 매우 요긴하게 활용할 수 있는 책이라는 특성 때문이었다.

　『삼국사기』와『삼국유사』의 찬자 또한 이러한『통전』의 가치와 권위를 주목하였다.『통전』은 중국 역대의 제도는 물론 한국사와 관련된 다양한 자료를 수록하였으며, 그 중에서는 음악이나 지리에 대한 내용도 포함되었다. 김부식은 이를 다른 사서와 비슷한 반열에 두고 비교하며 역사 서술에 반영하였다. 일연은『통전』의 권위에 동의하였고, 역사서술에서『통전』의 이름을 활용하였다.『삼국사기』와『삼국유사』찬자의『통전』활용은 고려 지식인들 사이에서 형성되었던『통전』의 가치에 동의하여 이루어진 것이었다. 이러한 활용과 인식은 결과적으로 한국고대사 서술의 폭을 넓히는데 공헌하였다고 평가할 수 있다.

제6장

『통전』이 후대에 미친 영향과 한국고대사 인식

『통전通典』을 통해 성립된 정서체政書體는 후대의 서적들에 여러 영향을 미쳤다. 역사서를 기존의 기전체紀傳體가 아닌 다양한 방식으로 서술하려는 경향이 늘어나게 되었다.[1] 이러한 당대唐代 사학史學의 발전 결과 송대宋代에는 사학 연구의 범위가 확대되고, 사서의 새로운 체제가 고안되었으며 사서 수량이 급속히 증가하는 등 고대 사학의 극성시기極盛時期를 이루게 되었다.[2]

송대에 새로이 등장하게 된 사서 체제로는 회요체會要體가 있다. 『당회요唐會要』의 사례가 대표적이라고 할 수 있다. 『당회요』는 본래 당대의 소면蘇冕, 734~805이 편찬하기 시작한 것이며, 이후 송대에 들어 완성하게 되었다. 『당회요』는 『통전』의 체제를 참고하여 작성되었으며, 전체적으로 보았을 때 유사한 부분이 여럿 확인된다.

---

1 본 장은 저자의 논문 '송영대, 「『唐會要』의 한국고대사 기사 비교와 분석」, 『동아시아고대학』 60, 동아시아고대학회, 2020'과 '송영대, 「한국고대사 서술을 통한 『통전』과 『통지』·『문헌통고』의 비교 고찰」, 『한국연구』 11, 한국연구원, 2022'의 내용을 바탕으로 수정하여 작성되었음을 밝힌다.

2 이계명, 『中國史學史綱要』, 전남대 출판부, 2003, 161쪽.

앞에서는『통전』이 어떤 사서의 영향을 받아 한국고대사 서술을 하게 되었는지를 중심으로 살펴보았다. 이번 장에서는『통전』의 서술이 후대의 중국 사서에 미친 영향에 대해 살펴보고자 한다. 그에 대한 예시로『당회요』를 들어서 해당 사항을 살펴보도록 하겠다.

아울러『통전』이후 각종 정서류가 등장하게 되었다. 대표적인 정서로는 송대에 편찬된『통지通志』와 원대元代에 편찬된『문헌통고文獻通考』가 있다. 이들은『통전』과 더불어서 삼통三通으로 일컬어질 정도로 대표적인 정서로 일컬어진다. 또한 이후에는 속續과 청조淸朝가 제목에 삽입되어『통전』·『통지』·『문헌통고』가 간행되는 등 삼통 자체가 정서의 기준이 되었다.

『통전』을 계승하였다고 전해지는『통지』와『문헌통고』에 대해서도 살펴볼 필요가 있다. 특히「변방문邊防門」과 같은 항목을 어떻게 기술하였으며, 여기에서 한국고대사 인식이 어떻게 나타나는지를 살펴볼 필요가 있다.

본 장에서는『통전』이『당회요』에 미친 영향 및『통지』와『문헌통고』에 미친 영향을 고찰하는 것을 목표로 하였다. 아울러 해당 서적에서 한국고대사에 대한 인식이 어떻게 나타났는지에 대해 살펴보았다. 이를 통하여『통전』의 인식이 후대에 어떠한 영향을 미치게 되었는지를 직접적으로 살펴볼 수 있을 것이라 생각한다.

1.『당회요』에 미친 영향과 한국고대사 인식

중국에서는 정사正史 이외에 다양한 사서史書가 편찬되었다. 특히 당대唐代와 그 이후에는 기존의 기전체紀傳體 사서와는 다르게 전장제도典章制度를 정리한 정서체政書體 사서가 등장하였는데, 대표적으로 유질劉秩의 『정전政典』과 두우杜佑의 『통전通典』이 있다. 이 외에도 한 왕조의 전장제도와 각종 관문서官文書를 시대별로 정리한 서적도 등장하였다. 이러한 서적을 회요체會要體로 분류하며, 정서체 사서와 마찬가지로 각 부문별로 구분하여 기술한 점이 특징이다. 여기에 수록된 자료 중에서는 정사에 기재되지 않은 것이 많아, 역대의 제도사를 연구하는데 상당한 참고가치가 있는 것으로 평가된다.

회요체 서적 중에서 최초로 편찬된 회요會要가 『당회요唐會要』이다. 『당회요』는 본래 당대의 소면蘇冕이 국조의 정사를 모아 『회요』 40권을 편찬하여 당 고조唐高祖에서 당 덕종唐德宗에 이르기까지 9조祖의 전장제도 연혁과 증감을 기재하였다. 당 선종唐宣宗 때에 소면의 『회요』를 이어 찬수하였으며, 양소복楊紹復 등이 당 덕종 이후 852년까지를 계속 정리하고 재상 최현崔鉉이 감수하여 『속회요續會要』 40권을 지었다. 송宋 초에 이르러 왕부王溥, 922~982가 소면의 『회요』와 최현의 『속회요』를 합한 후 부족하고 빠진 부분을 보충해서 『당회요』 100권을 편찬하였다.[3]

『당회요』를 편찬한 왕부의 자字는 제물齊物이며, 병주并州 기인祁人이다. 오대五代 후한後漢의 건우연간乾祐年間, 948~950에 진사進士 갑과甲科 출신으로 비서랑秘書郎을 지냈다.[4] 후주後周 때에는 중서시랑中書侍郎·평장사平章事·우복야右僕射를 역임하였다. 왕부는 『당회요』를 보완한 다음 『오대회요五代會要』 30권도 완성하였다.[5] 송 조정에서는 회요의 발간을 중시하여 회요소會要所를 설치하였는데, 이는 국사원國史院·실록원實錄院·일력소日曆所와 함께 4대 역사 편찬 기구 중 하나였다.[6]

---

3 高國抗, 오상훈·이개석·조병한 譯, 『중국사학사』下, 풀빛, 1998, 48쪽.
4 『宋史』卷249, 「王溥傳」, "王溥字齊物 并州祁人 (…중략…) 溥 漢乾祐中擧進士甲科 爲秘書郎."
5 신승하, 『중국사학사』, 고려대 출판부, 2011, 200쪽.

『당회요』의 내용과 체례體例는『통전』에 가까우나, 당대 제도의 연혁에 대한 기재가 더욱 상세하게 기술되었고,『구당서舊唐書』와『신당서新唐書』에 기재되지 않은 사실이 많이 있다.[7]『당회요』100권을 크게 13문門으로 나누어서, 제계帝系 · 예禮 · 궁전宮殿 · 여복輿服 · 악樂 · 학교學校 · 형刑 · 역상曆象 · 봉건封建 · 불도佛道 · 관제官制 · 식화食貨 · 사예四裔로 구분하고, 이를 다시 571목目으로 세분하기도 한다.[8]

『당회요』는 송대宋代에 발간된 서적이나, 당대의 관문서를 망라하고 저술하였다는 점에서 역사적 의의를 지닌다. 국내에서『당회요』와 관련하여 일부 연구가 이행되었는데,『당회요』의 내용을 분석한 연구와 역주譯註 작업의 수행이 있다. 음악사音樂史의 관점에서『당회요』의 당속악조唐屬樂調와『삼국사기三國史記』의 신라악조新羅樂調, 오늘날 한국의 범패악조梵唄樂調를 비교하여 분석한 연구가 있다.[9]『통전』과『당회요』를 비롯한 여러 사서들의 구태仇台 기록을 대조하여, 그 의미를 탐색한 시도가 있었다.[10] 나당전쟁羅唐戰爭을 주요 주제로 삼아서, 당唐 전 · 후기의 인식을『통전』과『당회요』중심으로『삼국사기』 · 『구당서』 · 『신당서』와 비교하여 고찰한 연구도 수행되었다.[11]

또한『당회요』 · 『통전』 · 『신당서』의 절도사節度使 기록의 역주가 이행되었는데, 이 중에서『당회요』의 권78에서 '절도사節度使: 매사관내군부(每使管內軍附)'와 '친왕요령절도사親王遙領節度使', '재상요령절도사宰相遙領節度使'가 다루어

---

6 朱維錚,『中國史學史講義稿』, 上海 : 復旦大學出版社, 2015. 234쪽.
7 趙國璋 · 王長恭 · 江慶栢, 이동철 譯,『문사공구서개론』, 한국고전번역원, 2015, 216~217쪽.
8 王樹民,『中國史學史綱要』, 北京 : 中華書局, 1997, 118~119쪽. 571목(目)이 아닌, 514목으로 분류하는 견해도 있으며, 목 아래에 항목(項目)을 나누었다고 보았다. 趙國璋 · 王長恭 · 江慶栢, 이동철 譯,『문사공구서개론』, 한국고전번역원, 2015, 216~217쪽.
9 全仁平,「唐會要의 唐俗樂調와 韓國 佛敎音樂의 樂調」,『溫知論叢』 11, 온지학회, 2004.
10 尹日求,「仇台의 백제건국기사에 대한 재검토」,『百濟研究』 39, 충남대 백제연구소, 2004.
11 최진열,「唐 前 · 後期 羅唐戰爭 서술과 인식－『唐會要』와『通典』의 분석을 중심으로」,『동북아역사논총』 56, 동북아역사재단, 2017.

졌다.[12] 당·오대唐·五代의 법전法典 편찬과 관련하여 『당회요』 권39 정격령定格令과 『오대회요』 권9의 정격령을 역주하고 비교한 작업도 있다.[13] 『당회요』 권6의 화번공주和蕃公主 및 잡록雜錄을 역주한 사례도 있다.[14] 이렇듯 국내에서의 『당회요』 연구는 일부 내용을 활용한 사례가 소수 존재하고, 일부 역주 작업이 이루어졌기 때문에 시작 단계에 해당한다고 볼 수 있다.

중국에서는 『당회요』와 관련하여 다양한 연구가 진행되었다. 근래의 대표적인 연구를 거론하면 다음과 같다. 우선 『당회요』에 대한 중국과 일본의 연구 성과를 중심으로 판본과 유전流傳, 궐권闕卷과 보유補遺, 초본 조사, 점교點校와 집일輯佚을 고찰한 연구가 수행되었다.[15] 『당회요』의 성서成書와 개작改作 정황을 파악한 사례도 있다.[16] 『당회요』의 역사적 가치와 관련하여 그 특징을 파악하고, 회요체 사서 성립의 의의에 대해 설명하고 편집사상編輯思想을 고찰한 연구가 있다.[17] 『당회요』의 판본版本 문제와 관련하여 구초본舊抄本 3종種, 사고전서본四庫全書本, 무영전취진판본武英殿聚珍版本으로 구분하여 고찰한 연구가 있다.[18] 또한 『당회요』의 각종 판본들을 제시하고, 이에 대한 보찬補撰과 보궐補闕, 산개刪改와 증보增補에 대해 살펴본 사례도 있다.[19]

---

12 정병준, 「『唐會要』·『通典』·『新唐書』의 '節度使' 기사 검토」, 『中國古中世史研究』 28, 중국고중세사학회, 2012.

13 鄭炳俊, 「唐·五代 法典 編纂 形式의 변화와 그 성격－『唐會要』·『五代會要』 '定格令' 譯註」, 『中國古中世史研究』 35, 중국고중세사학회, 2015.

14 唐嘉唯, 「『唐會要』 권6, 和蕃公主 및 雜錄 譯註」, 『동국사학』 67, 동국역사문화연구소, 2019.

15 劉安志·李艶靈·王琴, 「《唐會要》整理與研究成果述評」, 『中國史研究動態』 2017年 第4期, 北京 : 中國社會科學院歷史研究所.

16 卓越, 「《唐會要》的成書及改作析因」, 『淮北師範大學學報－哲學社會科學版』 32, 2011年 第3期, 淮北 : 淮北師範大學.

17 卓越, 「論王溥《唐會要》的歷史編纂學成就」, 『史學史研究』 134, 2009年 第2期, 北京 : 北京師範大學.

18 古畑徹, 羅亮 譯, 劉安志 校, 「《唐會要》的諸版本」, 『山西大學學報－哲學社會科學版』 40, 2017年 第1期, 太原 : 山西大學.

19 劉安志, 「清人整理《唐會要》存在問題探析」, 『歷史研究』 2018年 第1期, 北京 : 中國社會科學院.

『당회요』에 기록된 사례四裔에 대해서도 일부 연구가 이루어졌다. 갈라록국葛邏祿國에 대한 기록을 분석하여 649년부터의 연혁을 살펴보고, 세력의 위치 및 변천 등의 역사에 대해 고찰하였다.[20] 『당회요』에 기재된 돌궐突厥과 토욕혼吐谷渾의 기록에 오류가 많으며 특히 기년 문제에서 당대의 기록과 충돌이 많다는 점을 지적하고, 이 내용을 『자치통감강목資治通鑑綱目』과 비교하여 분석한 사례도 있다.[21] 이처럼 『당회요』의 주변국 기술에 대한 분석은 서융西戎으로 일컬어지는 서방의 세력들이 주로 다루어졌다.

『당회요』에서는 한국 고대 국가와 관련된 내용들도 여럿 확인된다. 특히 『당회요』 권94~100에 수록된 사례에 대해 기술한 부분에서 한국 고대 국가에 대한 여러 기록들이 존재한다. 해당 기록들은 당대에 기술된 내용을 고스란히 반영하였다는 점에서 1차 사료의 가치를 갖는 역사적 의의가 있다. 이와 관련하여 당대에 편찬된 『통전』과 좋은 비교가 된다. 『통전』은 당대에 서술된 것으로, 당대의 관념이 반영되었으며, 이는 『당회요』 역시 마찬가지이다. 두 사서는 모두 당대까지 확보된 지식을 바탕으로 저술되었으며, 이 중에서는 동이東夷에 대한 관념도 반영되었다고 할 수 있다.

다만 두 사서는 완성 시점이 각각 당대 중반과 송대 초반이라는 점에서 차이를 보인다. 『통전』은 당 중반에서도 안사安史의 난 이후 당이 쇠퇴하기 시작하는 시점에 작성되었다. 이에 반해 『당회요』의 저술 배경은 오대십국시대五代十國時代라는 전란戰亂을 마무리하고 새롭게 웅비하는 송 건국 초반에 당대의 사적을 정리하는 차원에서 집필되었다는 점에서 명백한 차이를 보인다. 이러한 두 사서와 중국 정사를 함께 비교 분석하면, 『당회요』가 어떤

---

20 李樹輝, 「《唐會要 · 葛邏祿國》疏證辨誤」, 『中國藏學』 107, 2013年 第2期, 北京 : 中國藏學研究中心.
21 吳玉貴, 「《唐會要》突厥 · 吐谷渾卷補撰考」, 『文史』 111, 2015年 第2期, 北京 : 中華書局.

방향으로 작성되었으며, 어떠한 의식이 반영된 결과인지를 파악할 수 있을 것으로 생각한다.

이번 절에서는 『당회요』의 사료적 가치를 탐구하고, 『통전』을 비롯한 여러 중국 정사 동이열전東夷列傳 기록과의 비교를 수행하고자 한다. 특히나 중국 정사 중에서는 『당회요』 이전에 편찬되었던 『수서隋書』까지의 사서는 물론, 『당회요』와 유사한 시기 혹은 그 이후에 간행되었던 『구당서』와 『신당서』도 주요 비교 대상에 두었다. 이번 절에서는 먼저 『당회요』의 사예에 대한 서술 방식을 살펴보고, 이를 바탕으로 한국 고대 국가들에 대한 서술 양상을 파악하였다. 이후 동이 각국 소개 기록의 형성을 고찰하기 위해 다양한 사료를 대조하며 분석하였다. 이를 통하여 『당회요』가 어떤 사서를 참고하여 작성되었으며, 해당 내용이 어떠한 의미를 지녔는지에 대해 파악하였다.

1) 『당회요』의 동이 기록 구성과 체제

『당회요唐會要』의 동이 기록 구성을 본격적으로 살펴보기에 앞서, 『당회요』의 이민족 기술 구성 체제를 먼저 살펴보았다. 『당회요』의 내용을 보면 별도의 문목門目 구분은 없지만, 편의상 이민족에 대해 주로 서술한 권 94~100을 「사예문四裔門」으로 지칭하겠다. 「사예문」에는 북돌궐北突厥을 시작으로 당대唐代에 존재하였던 주요 주변국들에 대해 서술하였다. 각 권별로 수록된 국가 목록을 제시하면 〈표 58〉과 같다.

〈표 58〉에서 확인되듯이 각 권에 배치된 국가들은 사예四裔의 방위에 따라 서술되지 않고 다양하게 뒤섞여서 배열되었다. 기존의 중국 정사 사이열전四夷列傳에서는 주로 동이東夷를 선두에 두고 서술하였던 것과는 다른 모습에 해당한다. 중국과 접촉이 많은 국가를 우선으로 불규칙적인 방위에 따라

권 수	수록 국가
권94	北突厥 西突厥 沙陀突厥 吐谷渾
권95	高昌 高句麗 百濟 新羅
권96	契丹 奚 室韋 靺鞨 渤海 鐵勒 薛延陀
권97	吐蕃
권98	迴紇 西爨 昆彌國 林邑國 眞臘國 白狗羌 曹國 殊柰國 拔野古國 霫㳄國 黨項羌
권99	東謝蠻 西趙蠻 羘牁蠻 南平蠻 南詔蠻 東女國 婆利國 倭國 大羊同國 烏羅渾國 女國 石國 吐火羅國 曇陵國 康國 盤盤國 朱俱婆國 甘棠國 罽賓國 流鬼國 史國 拂菻國 烏萇國 耨陀洹國
권100	悉匿國 悉立國 求拔國 俱蘭國 骨利幹國 訶陵國 婆登國 波斯國 都播國 結骨國 天竺國 葛邏祿國 泥婆羅國 大食國 火辭彌國 駮馬國 金利毗迦國 多摩萇國 蝦夷國 哥羅舍分國 日本國 師子國 多蔑國 多福國 耽羅國 拘蔞蜜國 驃國 占卑國 雜錄 歸降官位

각국을 배치하였다. 동서남북의 방위에 따라 구분한다면 권94는 서북쪽의 4개국, 권95는 서북쪽과 동쪽의 4개국, 권96은 동북쪽과 북쪽의 7개국, 권 97은 서쪽의 토번吐蕃 1개국을 기술하였다. 이후부터는 서융西戎과 남만南蠻 을 중심으로 하되 일부는 방위와 무관하게, 권98에서는 11개국, 권99에서 는 24개국, 권100에서는 28개국을 포함하였다. 즉 권94부터 권100까지의 7권에는 모두 79개국이 수록되었다.

이렇게 중국 주변의 이민족들을 질서정연한 방위 구분 없이 배치한 방식 은 기존에도 확인된다. 당대 초반까지 편찬된 중국 정사 중에서『위서魏書』, 『주서周書』이역열전異域列傳,『북사北史』사이열전四夷列傳의 사례가 있으며, 송 대에 편찬된『구오대사舊五代史』외국열전外國列傳,『신오대사新五代史』사이부 록四夷附錄에서도 여러 국가들을 뒤섞어 배치한 편집체제를 보인다.『당회 요』또한 이런 사서들과 마찬가지로 각국을 명확한 순서로 배열하지 않고 「사예문」에 수록하였다.[22]

---

22 혹은『당회요(唐會要)』의 국가 배치를 기존의 사예(四裔)즉 사이(四夷) 중심 배치에서 팔방(八 方) 배치로 전환한 것으로도 볼 수 있다. 후대에 발간된『속통전(續通典)』의「변방문(邊防門)」은 권147부터 권150까지 4권으로 구성되었는데, 이 중에서 권147에는 정동(正東)・동남(東南), 권148에서는 정남(正南)・남서(西南), 권149에서는 정서(正西)・서북(西北), 권150에서는 정

〈표 58〉에 수록된 국가 중에서 한국사에 해당하는 국가로는 권95의 고구려高句麗·백제百濟·신라新羅와 권96의 발해渤海, 권100 탐라국耽羅國이 있다. 발해는 『통전通典』에서 별도로 입전立傳되지 않았던 것에 비해, 『당회요』에서는 정식 국가 중 하나로 배치되었다. 탐라국 또한 기존 사서에서는 별도로 수록되지 않았음에 비해, 『당회요』에서는 하나의 국가로 다루어졌다는 점에서 의의가 있다.

왜국倭國과 일본국日本國은 그동안 중국 정사의 동이열전東夷列傳에서는 동이의 주요 국가로 수록되어 함께 배치되고 기록의 비중이 높았다. 그에 비하여 『당회요』에서는 각각 권99와 권100에 배치되었으며, 비중이 크지 않게 서술되었다는 점에서 차이를 보인다. 말갈靺鞨의 경우에는 『수서隋書』와 『북사』의 동이열전에서 다루어졌는데, 『당회요』 권96에서는 비록 발해가 있지만 거란契丹과 설연타薛延陀 등 북방의 국가들과 함께 다루어졌다. 이는 중국 동북쪽에 위치한다는 지리적 특성을 감안한 것이며, 추후 『구당서舊唐書』와 『신당서新唐書』에서 발해가 북적열전北狄列傳에 배치되는 것과 비슷한 맥락으로 여겨진다.[23]

『당회요』 「사예문」에 수록된 각국은 어떠한 방식으로 서술되었을까? 전반적으로 보았을 때 각 국에 대한 소개가 먼저 간략하게 제시되며, 이후 당唐과의 교류를 중심으로 해당국의 연혁이 기술되었다. 다만 일부의 경우에는 연혁과 국가 소개가 혼재되어 배치되거나, 수대隋代의 연혁도 함께 제시

북(正北)·동북(東北)의 8방(方)으로 배치되었다. 『당회요』에서는 비록 순서가 불규칙적으로 되어 있지만, 국가 배치의 양상이 기존의 동서남북 방위 배치와는 다르다는 점에서, 후대 정서(政書)에 수록된 외국 배치의 시원적(始原的) 형태로 추정할 수 있다.

23 『구당서(舊唐書)』와 『신당서(新唐書)』 등에서 발해가 동이(東夷)가 아닌 북적(北狄)으로 구분된 이유는 당의 입장이라기보다 후진(後晉)과 북송(北宋)의 입장과 인식이 반영된 결과로 보인다. 송영대, 「『通典』에 기재된 '東夷之地' 의미 분석」, 『한국동양정치사상사연구』 18-2, 한국동양정치사상사학회, 2019, 58쪽.

되는 사례가 있다. 연혁은 중국과의 교류나 전쟁 등이 기재되는데, 모두 중국의 입장에서 서술되며, 사신이 오간 사례를 중심으로 기술되는 경향이 강하다.

그렇다면 한국사와 관련된 국가들의 서술은 어떻게 나타날까? 이 또한 크게 보았을 때 국가 소개와 연혁의 구조로 나타난다. 한국 고대 국가의 서술 양상을 알아보기 위하여, 각국의 국가 소개와 연혁이 얼마나 비중을 차지하는지 자수字數를 통해 파악하였다. 이후 각국의 연혁이 어떠한 연대年代로 기록되었는지를 대략적으로 정리하여 제시하면 다음의 표와 같다.[24]

5개 국가 즉 고구려·백제·신라·발해·탐라국은 모두 당대唐代에 존재했던 국가들이다. 『당회요』는 당대의 문서를 집약하였다는 점에서 단대사적斷代史的 성격을 지니고 있기 때문에, 주로 당대의 연혁을 위주로 정리된 경향을 보인다.

〈표 59〉를 통해 알 수 있듯이 고구려·신라·발해는 국가 소개의 비중이 연혁에 비해 1/10도 안될 정도로 적은 비중을 차지한다. 백제는 소개와 연혁의 비중이 서로 비슷하게 나타나며, 탐라의 경우에는 국가 소개의 비중이 더욱 크게 나타난다. 연혁의 상세도에 따라 비중에서 차이를 보이는 것으로 나타나는 셈이나, 전쟁 기록이 다수 포함된 고구려절이 가장 상세하게 서술되었다.

기존 중국 정사 동이열전 중에서도 고구려는 가장 많은 비중을 차지하였으며, 특히 국가 소개 관련 내용은 매우 상세하게 제시되었다. 반면 〈표 59〉에 나타나듯이 『당회요』에서는 고구려 국가 소개를 매우 소략하게 제

---

24 〈표 59〉에 수록된 국가 소개와 연혁의 구분은 해당국 서술 내용 중 연대 표기를 기준으로 삼았음을 밝힌다.

시하였다. 연혁은 무덕武德 7년618 이후로부터 고당전쟁高唐戰爭 및 상호간 교류에 대한 기록이 매우 상세하게 기술되었다.[25]

<table>
<tr><td colspan="7" align="center">〈표 59〉 『당회요』에 수록된 한국 고대 국가의 자수와 연혁</td></tr>
</table>

국가명	자수			연혁 중 연대 목록
	국가 소개	연혁	전체	
고구려	41자 (1.5%)	2,689자 (98.5%)	2,730자	武德 7년(624)·8년(625), 貞觀 18년(644)·19년(645)·21년(647)·22년(648), 龍朔 원년(661), 乾封 3년(668), 總章 원년(668), 儀鳳年間(676~679), 聖曆 2년(699), 元和 13년(818)
백제	168자 (42.6%)	226자 (57.4%)	394자	武德 4년(621), 貞觀 16년(642), 顯慶 5년(660), 麟德 3년(666)
신라	88자 (4.7%)	1,792자 (95.3%)	1,880자	永徽 원년(650)·5년(654), 顯慶 원년(656), 龍朔 원년(661)·3년(663), 麟德 2년(665), 上元 원년(674)·2년(675), 開耀 원년(681), 長壽 2년(693)·3년(694), 神龍 3년(707), 先天 원년(713), 開元 10년(722)·12년(724)·20년(732)·21년(733)·22년(734)·23년(735)·25년(737)·28년(740), 天寶 3년(744)·7년(748), 寶應 2년(763), 大曆 2년(767)·3년(768)·7년(772)·8년(773), 建中 4년(783), 貞元 원년(785)·14년(798)·16년(800)·17년(801), 永貞 원년(805), 元和 원년(806)·3년(808)·4년(809)·5년(810)·7년(812)·11년(816)·15년(820), 長慶 2년(822), 寶曆 원년(825), 太和 4년(830)·5년(831), 開成 원년(836)·2년(837)·5년(840), 會昌 원년(841)
발해	22자 (6.4%)	320자 (93.6%)	342자	先天年間(712~713), 貞元 8년(792)·10년(794)·11년(795)·14년(798), 開元 26년(738), 天寶年間(742~756), 寶應 원년(762), 大曆年間(766~779), 元和 원년(806)·7년(812)·8년(813)·10년(815)·11년(816)
탐라국	75자 (88.2%)	10자 (11.8%)	85자	龍朔 원년(661)

고구려절高句麗節의 내용은 고구려 멸망을 전후로 구분할 수 있다. 고구려

---

25 고구려의 연혁을 보면 용삭(龍朔) 원년(661) 기록 다음으로, 건원(乾元) 3년(760)의 기록이 이어진다. 『唐會要』 卷95, 高句麗. "乾元三年 李勛攻拔扶餘城 遂與諸軍相會." 그렇지만 이후에 보이는 기록의 시기가 총장(總章) 원년(668)으로 나타난다. 『唐會要』 卷95, 高句麗. "總章元年夏四月 彗星見於五車 許敬宗以爲星孛於東北 王師問罪 此高麗將滅之徵." 전후 맥락이나 시기로 보아 '건원삼년(乾元三年)'은 '건봉삼년(乾封三年)'의 오기(誤記)로 판단된다. 〈표 59〉에서는 이 점을 감안하여 '乾元 3년(760)'을 '乾封 3년(668)'으로 수정하여 기재하였다.

멸망 이전의 기록은 당唐과의 전쟁에 대한 내용이 주를 이룬다. 특히 정관貞觀 18년644~22년648까지의 전쟁 기록은 매우 상세하게 기술되어, 당시 전쟁의 양상을 파악하는 데 도움을 준다. 멸망 이후의 기록을 보면 의봉연간儀鳳年間, 676~679에 고장高藏 즉 보장왕寶藏王을 조선왕朝鮮王에 책봉한 것과 성력聖曆 2년699에 덕무德武를 안동도독安東都督으로 삼았으며 이후 인구가 점차 줄어들다가 고씨高氏 군장君長이 끊어지게 되었다는 기록이 보인다. 이후 원화元和 13년818의 기록[26]은 당시 회흘迴紇과 발해渤海 등이 조공을 바친 일을 기록한 것이며,[27] 이 기록을 바탕으로 소고구려국小高句麗 혹은 요동고구려국遼東高句麗國의 존재를 언급하는 연구도 있다.[28]

백제절百濟節은 다른 국가에 비해 국가 소개가 가장 상세한 편에 해당한다. 반면 연혁 기록은 일부에만 국한되었다. 백제는 당에게 있어 고구려와 신라에 못지않게 중요한 나라였다. 때문에『당회요』에서는 백제 소개 문구를 상세하게 기술하여, 앞뒤에 배치된 고구려절이나 신라절에 비해 빈약한 기록에 균형을 가한 것으로 보인다.

백제절에서의 연혁 기록은 주로 당의 백제 공격과 관련된 내용을 위주로 편성되었다. 정관 16년642에서는 신라의 말을 들은 당의 입장에서 백제를 판단하였으며, 백제가 두 마음을 품고 있다고 의심하고 조공이 끊어졌기 때문에, 현경顯慶 5년660에 백제를 공격하였다는 식으로 기술되었다. 인덕麟德 3년666 이후 백제의 땅이 신라와 말갈에 의해 나뉘어졌고, 백제의 종種은 끊어지게 되었다고 하였는데, 이는 웅진도독부熊津都督府 이치移置 이후의 해체

---

26 『唐會要』卷95, 高句麗. "元和十三年四月 其國進樂物兩部."
27 『舊唐書』卷15,「憲宗紀」下, 元和 13년. "是歲 迴紇·南詔蠻·渤海·高麗·吐蕃·奚·契丹·訶陵國 並朝貢."
28 이와 관련하여서는 다음의 연구가 주요 참고가 된다. 徐光錫,「高句麗 滅亡 後 遼東에 再建된 高句麗」,『中國史研究』114, 중국사학회, 2018.

를 의미하는 것으로 보는 연구가 있다.[29]

신라절新羅節에서의 국가 소개는 고구려절보다는 상세하나, 백제절에 비해서는 간략한 편이다. 신라의 연혁은 영휘永徽 원년650의 기록을 비롯하여 상원上元 원년674과 2년675의 나당전쟁羅唐戰爭에 대한 기록이 수록되었고, 이후 통일신라와 당의 교류에 관한 기록들이 이어진다. 연혁 기록은 회창會昌 원년841까지 이어졌다.[30]

신라절에서는 삼국통일 과정에 대한 내용이 제대로 기재되지 않았다. 백제 멸망에 대한 내용은 아예 빠져 있으며, 고구려 멸망 또한 기록하지 않았다. 나당전쟁과 관련하여 왜 전쟁이 일어나게 되었는지에 대한 내용이 포함되었으며, 신라에서 사신을 보내 죄를 청하였다는 등 모두 당의 관점에서 유리하게 기술되었다. 『당회요』의 나당전쟁 관련 기록은 최근에도 연구가 이행된 바 있다.[31]

발해절渤海節에서는 발해를 발해말갈渤海靺鞨이라 지칭하였으며 대조영大祚榮의 국가 건립 경위와 함께 선천연간先天年間, 712~713에 발해군왕渤海郡王으로 봉封했다고 하였다.[32] 풍습과 관련된 기록 없이 전반적으로 연혁 위주로 간략하게 기술한 점이 특징이다. 발해절에서의 연혁은 선천연간에 발해군왕으로 책봉되었다는 내용과 대조영의 아들 대무예大武藝에 대한 언급을 제외하고 살펴보면, 크게 3단段으로 구분할 수 있다. 연대별로 구분하면 정원貞元

---

29 이도학, 「唐에서 再建된 百濟」, 『인문학논총』 15, 경성대 인문과학연구소, 2010.

30 『당회요』의 연혁 기록을 바탕으로 흥덕왕(興德王)의 즉위 시점에 대해 고찰한 연구가 이행되기도 하였다. 李基東, 「新羅 興德王代의 政治와 社會」, 『國史館論叢』 21, 국사편찬위원회, 1991, 114쪽.

31 최진열, 「唐 前·後期 羅唐戰爭 서술과 인식-『唐會要』와 『通典』의 분석을 중심으로」, 『동북아역사논총』 56, 동북아역사재단, 2017.

32 『唐會要』 卷96, 渤海. "渤海靺鞨 本高麗別種 後徙居營州 其王姓大氏 名祚榮 先天中 封渤海郡王 子武藝."

8년792에서 14년798, 개원開元 26년738부터 대력연간大曆年間, 766~779, 원화
원년806부터 11년816까지로 나눌 수 있다.

　8세기 후반에서 9세기 초반의 연혁 사이에, 8세기 전반에서 중반까지 기
록이 삽입된 형태로 서술되었다. 이는 홀한주도독忽汗州都督과 발해군왕 계승
에 대한 언급 과정에서 개원 26년738에 대무예가 책봉되었다는 사실을 언
급하면서, 이후 관위官位 변화를 기술하였기 때문이다.[33] 이러한 배치는 발
해가 대대로 중국으로부터 봉호封號를 받았다는 사실을 강조하기 위하여 의
도적으로 그 내력來歷을 삽입한 것으로, 이 또한 중국의 입장에서 발해의 역
사를 기술한 것이다.

　탐라절에서는 국가 소개가 상대적으로 상세하게 기술되었으며, 지리적
위치와 왕의 성명姓名, 주거 형태, 호구戶口와 무기 및 풍습에 대해 기록하였
다. 연혁은 용삭龍朔 원년661에 사신을 보낸 기록만 확인된다.[34] 탐라절의
기록은 중국 사서에서 탐라에 대해 본격적으로 기술한 비교적 이른 시기의
자료라는 점에서 사료적 의의가 있다.[35]

　중국 정사正史에서 탐라에 대해 기술한 것은 『북사』에서 확인된다. 문림
랑文林郎 배세청裴世淸이 왜倭로 가는 행선로行船路에서 백제와 죽도竹島를 지나
남쪽으로 탐라국을 바라보고 도사마국都斯麻國을 지나간다고 하였다.[36] 『구
당서舊唐書』 유인궤전劉仁軌傳을 보면 부여충승扶餘忠勝과 부여충지扶餘忠志가 사

---

33 『唐會要』卷96, 渤海. "以開元二十六年襲其父武藝忽汗州都督 渤海郡王 左金吾大將軍."
34 『唐會要』卷100, 耽羅國. "耽羅在新羅武州海上 居山島上 周迴並接於海 北去百濟可五日行 其王姓儒
李 名都羅 無城隍 分作五部落 其屋宇爲圓牆 以草蓋之 戶口有八千 有弓刀楯鞘 無文記 唯事鬼神 常役
屬百濟 龍朔元年八月 朝貢使至."
35 삼국시대의 탐라 관련 기록의 성격에 대해 분석한 논고가 간행되어, 기존의 탐라 기록에 대한
이해에 참고가 된다. 鄭雲龍, 「三國時代의 耽羅 關聯 史料」, 『新羅史學報』 49, 신라사학회, 2020.
36 『北史』卷94, 「四夷列傳」上, 倭. "明年 上遣文林郞裴世淸使倭國 度百濟 行至竹島 南望耽羅國 經都斯
麻國 逈在大海中."

녀士女 및 왜중倭衆, 탐라국사耽羅國使와 일시에 함께 항복했다고 하였으며,[37]
『당회요』신라절의 인덕 2년665에 대방주자사帶方州刺史 유인궤가 거느린 국
사國使로 신라·백제·왜와 함께 탐라가 언급되었다.[38]

이처럼 한국 고대 국가를 대상으로 다룬 5개의 절은 국가 소개와 연혁의
구조가 기본이 되어 작성되었다. 다른 국가들과 마찬가지로 작성된 셈이나,
국가 소개와 연혁의 비중이 서로 다르게 나타나는 경향을 보인다. 당의 입
장에서 잘 알려져 있던 국가들에 대해서는 국가 소개를 간략하게 기술하나,
그렇지 않은 경우 혹은 균형을 이뤄야 하는 경우에는 상세하게 기술하는 경
향을 보인다. 다만 각 기사마다 주요 기술 방향은 서로 다르게 나타나며, 국
가 소개 또한 공통된 요소를 보이기보다 차이점들이 크게 나타난다.

2) 『당회요』와 각종 사서의 주요 기록 비교

『당회요唐會要』는 『통전通典』을 비롯하여 선찬先撰된 다양한 중국 정사를
참고하여 작성되었을 것으로 보인다. 혹은 당대에 역사서 편찬을 위해 모아
놓은 자료들을 바탕으로 수정하면서 서적을 간행했다고 볼 수 있다. 이번
절에서는 『당회요』가 어떤 과정을 거쳐서 서술되었는지에 대해 한국 고대
국가의 기록을 통해 분석하였다.

이를 위해 『위서魏書』에서 『수서隋書』에 이르는 당대唐代 이전 혹은 당대 초반
의 중국 정사와, 『구당서舊唐書』와 『신당서新唐書』로 대표되는 『당회요』 편찬 전
후의 중국 정사를 동등한 비교 대상으로 놓고 검토하였다. 특히 유사한 사료
적 성격을 지닌 『통전』에 수록된 고구려절과 백제절, 신라절의 기록을 주된

---

37 『舊唐書』卷84, 「劉仁軌傳」. "僞王子扶餘忠勝·忠志等率士女及倭衆并耽羅國使 一時並降."
38 『唐會要』卷95, 新羅. "麟德二年八月 法敏與熊津都督扶餘隆盟于百濟之熊津城 其盟書藏于新羅之廟
   于是帶方州刺史劉仁軌領新羅·百濟·耽羅·倭人四國使 浮海西還 以赴大山之下."

비교 대상으로 설정하였으며, 각국 소개 기록을 중심으로 고찰을 진행하였다.

① 고구려절 기록 비교

〈표 60〉『당회요』와 『통전』 및 중국 정사의 고구려절 비교

연번	사서명	기록
Q-1	당회요	**卷95, 高句麗** ①高句麗者 出自扶餘氏 ②其後有朱蒙孫莫來 因滅扶餘 ③都平壤 即元菟之故地 ④俗頗知書記 恆西與中國通
Q-2	통전	**卷186,「邊防門」2, 東夷 下, 高句麗** ①高句麗 後漢朝貢 云本出於夫餘先祖朱蒙 (…중략…) ③自東晉以後 其王所居平壤城[即漢樂浪郡王險城 自爲慕容皝來伐 後徙國内城 移都此城] (…중략…) ④其國中書籍 有五經・三史・三國志・晉陽秋・玉篇・字統・字林
Q-3	위서	**卷100,「高句麗傳」** ①高句麗者 出於夫餘 自言先祖朱蒙 (…중략…) ②如栗死 子莫來代立 乃征夫餘 夫餘大敗 遂統屬焉 (…중략…) ③敘至其所居平壤
Q-4	주서	**卷49,「異域列傳」上, 高麗** ①高麗者 其先出於夫餘 自言始祖曰朱蒙 (…중략…) ②其孫莫來漸盛 擊夫餘而臣之 (…중략…) ③治平壤 (…중략…) ④書籍有五經・三史・三國志・晉陽秋
Q-5	북사	**卷94,「四夷列傳」上, 高句麗** ①高句麗 其先出夫餘 (…중략…) ②朱蒙死 子如栗立 如栗死 子莫來立 乃并夫餘 (…중략…) ③敘至其所 居平壤城 (…중략…) ④書有五經・三史・三國志・晉陽秋
Q-6	수서	**卷81,「東夷列傳」, 高麗** ①高麗之先 出自夫餘 (…중략…) ②朱蒙死 子閭達嗣 至其孫莫來興兵 遂并夫餘 (…중략…) ③都於平壤城 亦曰長安城
Q-7	구당서	**卷199上,「東夷列傳」, 高麗** ①高麗者 出自扶餘之別種也 ③其國都於平壤城 即漢樂浪郡之故地 (…중략…) ④俗愛書籍 (…중략…) 其書有五經及史記・漢書・范曄後漢書・三國志・孫盛晉春秋・玉篇・字統・字林 又有文選 尤愛重之
Q-8	신당서	**卷220,「東夷列傳」, 高麗** ①高麗 本扶餘別種也 (…중략…) ③其君居平壤城 亦謂長安城 漢樂浪郡也
Q-9	구오대사	**卷138,「外國列傳」2, 高麗** ①高麗 本扶餘之別種 ③其國都平壤城 即漢樂浪郡之故地
Q-10	신오대사	**卷74,「四夷附錄」3, 高麗** ①高麗 本扶餘人之別種也 (…중략…) ④高麗俗知文字 喜讀書

Q-1의 내용은 크게 네 가지로 구분할 수 있다. 즉 고구려의 출자出自 문제①高句麗者 出自扶餘氏, 막래莫來의 부여 멸망②其後有朱蒙孫莫來 因滅扶餘, 도읍 평양③都平壤 即元菟之故地, 고구려의 기록문화와 중국과의 교류④俗頗知書記 恆西與中國通이

다. 전반적으로 기존 중국 정사의 내용에 비해서는 다소 소략하게 작성된 점이 특징이다.

Q-1은 Q-2와 전반적으로 대응되나, Q-2에는 Q-1-②에 해당하는 내용이 없다. 아울러 Q-1과 유사한 기록으로 Q-3~10이 있는데, 이 중에서 Q-3~6 즉 『위서魏書』·『주서周書』·『북사北史』·『수서隋書』는 『당회요唐會要』보다 앞서 저술된 책에 해당하며, Q-7~10 즉 『구당서舊唐書』·『신당서新唐書』·『구오대사舊五代史』·『신오대사新五代史』는 『당회요』가 초작初作된 시점 이후에 작성되었다는 점에서 차이를 보인다. 즉 Q-7~10은 『당회요』의 영향이 반영되었을 가능성이 있는 사서들이다.

Q-1-①에서는 고구려가 부여에서 기원했다고 하였으며, Q-2-①에서도 이와 유사하게 부여에서 선조先祖 주몽朱蒙이 나왔다고 하였다. 이러한 내용은 Q-3~10-①에서 모두 확인된다.[39] 이는 다시 두 가지로 구분이 가능한데, Q-3~6에서는 출자가 부여夫餘라고 하였으며, Q-7~10-①에서는 부여扶餘의 별종別種이라고 기록하였다. '부여夫餘'와 '부여扶餘' 표기 문제나, 별종으로의 기록 여부에서 차이를 보인다.

Q-1은 고구려에 대해 서술하면서 상당 내용을 축약하여 기술하였다. 때문에 별종에 대한 언급은 군이 하지 않았다. 다만 당대唐代 이후의 인식을 반영하여, '부여夫餘'가 아닌 '부여扶餘'로 기술하였다. 이는 Q-2와의 차이점으로 꼽을 수 있다. Q-2의 저자 두우杜佑는 『통전通典』 「변방문邊防門」 동이목東夷目의 부여절夫餘節을 기술하면서 백제의 사례에서도 '부여夫餘'로 표기를 통일하였기 때문에 군이 '부여扶餘'로 쓰지 않았다. 반면 Q-1-①을 비롯한

---

39 참고로 『양서(梁書)』에서는 출자가 동명(東明)으로 나온다. 이 또한 다른 기록과 비교해 볼 때 결국 고구려의 출자가 부여임을 의미한다. 『梁書』 卷54, 「諸夷列傳」, 東夷, 高句麗, "高句驪者 其先 出自東明 東明本北夷槖離王之子."

Q-7~10-①은 백제 왕성王姓이 '부여扶餘'라는 점에 착안하여 '부여扶餘'로 기술하게 되었다. 이는 백제절百濟節에서 살펴보듯이 고구려와 백제의 기원이 동일하다는 전제가 반영된 점으로 볼 수 있다.

Q-1-②의 내용 즉 막래의 부여 멸망에 대한 내용은 Q-2에서 확인되지 않는다. 『통전』 고구려절高句麗節에서는 주몽 다음으로 궁宮에 대해 기술하였다는 점에서 차이를 보인다.[40] 『위서』를 통해 알 수 있듯이, 중국에서 고구려 왕 계보는 '주몽朱蒙 → 여달閭達 → 여율如栗 → 막래莫來' 순으로 이어진다.[41] Q-1-②에서는 이러한 계보를 알고 있지만, 여달과 여율을 제외하고서 축약하여 서술한 것이다. 이와 마찬가지로 막래에 대해 기술한 사료로 Q-3~6-②가 확인된다. 이 사료들은 Q-3-② 즉 『위서』의 내용을 참고하여 반영한 것이며, Q-1-② 또한 『위서』를 전거로 삼아 기술된 것임을 알 수 있다.

Q-1-③은 '평양平壤'과 '원도지고지元菟之故地'로 구분할 수 있다. 고구려 도읍으로 평양을 언급한 사례는 Q-2-③을 비롯하여 Q-3~9-③을 들 수 있다. 이 중에서 Q-3-③과 Q-5-③은 원외산기시랑員外散騎侍郎 이오李敖를 고구려에 보냈을 때 평양성에 간 내용을 담고 있다. Q-1-③에서는 특이하게도 '현도玄菟'가 아닌 '원도元菟'라 기록하였다. 『당회요』 전체에서 현도를 원도로 기록한 사례는 고구려절에서만 확인되는데, Q-1-③과 함께 당 고조唐高祖 때 배구裴矩와 온언박溫彦博이 진언進言한 사례에서 '한가원도군漢家元菟郡'이라 기술하였다.[42] 이 기록들 외에 현도는 별도로 기록되지 않았다.[43]

---

40 『通典』 卷186, 「邊防門2」, 高句麗. "至其王宮 生而開目能視 國人憎之 及長勇壯 和帝時 頻掠遼東玄菟 等郡."

41 『魏書』 卷100, 「高句麗傳」. "朱蒙死 閭達代立 閭達死 子如栗代立 如栗死 子莫來代立 乃征夫餘."

42 『唐會要』 卷95, 高句麗. "裴矩溫彦博進曰 遼東之地 周爲箕子之國 漢家元菟郡耳 魏晉以前 近在提封 之內 不可許以不臣."

Q-7~9-③에서는 평양에 대해 기술하면서 현도의 고지故地가 아닌 한 낙랑군漢樂浪郡의 고지라고 하였다. 즉『구당서』이래의 서적에서는 고구려를 낙랑군과 연계시키는 의식이 보편적이었음을 알려준다.『삼국지三國志』·『후한서後漢書』·『북사』에서 고구려가 현도군에 속해 있었다고 기술한 것과는 차이를 보인다. 반면『양서梁書』와『송서宋書』에서는 한漢의 현도군이라고 하여, Q-1-③과 공통점을 보인다.[44] Q-1-③에서 고구려를 현도군이라고 한 것은 위에서 언급한 배구와 온언박의 발언 때문으로 여겨진다. 수·당대隋·唐代에는 군현회복론郡縣回復論의 관점에서 고구려를 중국의 고토故土라고 주장하는 사례가 여럿 있었으며,[45]『통전』에도 이에 대한 기록이 그대로 남아 있다.[46] 아울러『통전』에서는 두우가 주석을 달아 고구려가 "漢樂浪·玄菟郡之地"라고 하여,[47] Q-1-③과 유사한 의식을 보여준다.

---

43 여기에서 '현(玄)'자를 피휘(避諱)하여 '원(元)'자로 쓴 것으로 볼 수도 있다. 그렇지만 '현(玄)'의 오기(誤記)로 '원(元)'을 썼을 가능성도 배제할 수 없다. 피휘일 가능성은 송 진종(宋眞宗) 대중상부(大中祥符) 5년(1012)에 조씨(趙氏) 시조(始祖)를 송 성조(宋聖祖)로 삼았다는 데에 있다.(『宋史』卷8,「眞宗紀」, 大中祥符 5년. "閏月己巳 上聖祖尊號 辛未 謝太廟") 송 성조의 명(名)이 '현랑(玄朗)'이므로, 이후 '현(玄)'을 피휘하였으며, 대자(代字)로 '원(元)'을 사용하였다. 許樹棟,『歷代避諱字滙典』, 鄭州 : 中州古籍出版社, 1997, 508~515쪽. 다만『당회요』의 성서(成書) 시점은 961년이라 더 앞서는 편이며,『당회요』에서 동한(東漢)의 정현(鄭玄)을 정원(鄭元)이 아니라 그대로 '정현(鄭玄)'으로 표시하였다는 점 때문에 '원도(元菟)'는 '현도(玄菟)'의 오기로 볼 수도 있다.『唐會要』卷9上, 雜郊議 上. "永徽二年 太尉長孫無忌等奏議曰 據祠令及新禮 並用鄭玄六天之義 圜丘祀昊天上帝 南郊祀太微感帝 明堂祭太微五天帝 臣等謹案鄭玄此義." 다만 후대의 정서(政書)인『통지(通志)』와『문헌통고(文獻通考)』에서는『당회요』와 마찬가지로 '원도(元菟)'로 기술한 사례들이 확인된다.『통지』와『문헌통고』의 저자가 송대(宋代) 인물이라는 점과 두 서적 모두 1012년 이후의 저작이라는 점에서 '원도(元菟)'를 피휘로 볼 수도 있지만,『당회요』의 오류를 반영하였을 가능성 역시 배제할 수 없다.

44 『梁書』卷54,「諸夷列傳」, 東夷, 高句麗. "其國 漢之玄菟郡也 在遼東之東 去遼東千里."

45 군현회복론(郡縣回復論) 문제와 관련하여서는 다음의 연구들이 참고된다. 윤용구,「隋唐의 對外政策과 高句麗 遠征－裴矩의 '郡縣回復論'을 중심으로」,『북방사논총』5, 동북아역사재단, 2005; 김수진,「隋·唐의 高句麗 失地論과 그 배경－對高句麗戰 명분의 한 측면」,『韓國史論』54, 서울대 국사학과, 2008.

46 『通典』卷186,「邊防門2」, 東夷 下, 高句麗. "裴矩·溫彦博進曰 遼東之地 周爲太師之國 漢家之玄菟郡耳 魏晉以前 近在提封之內 不可許以不臣."

47 『通典』卷186,「邊防門2」, 東夷 下, 高句麗. "其國恃此以爲天塹 水闊三百步 在平壤城西北四百五十

Q-1-④에서는 자못 서기書記할 줄 알고 항상 서쪽으로 중국과 통했다고 하였다. Q-2-④에서는 이와 완전히 유사하지 않지만, 고구려에서 확보한 서적으로 "五經·三史·三國志·晉陽秋·玉篇·字統·字林"을 거론하였다. Q-4·5-④에서는 "五經·三史·三國志·晉陽秋"라고 하여 더 수량이 적은 것으로 나타난다. 반면 Q-7-④에서는 Q-2-④에서 거론된 서적이 동일하게 나타난다. 더구나 Q-10-④에서는 고려가 문자文字를 알고 독서讀書를 좋아한다고 밝혔는데, 이는 Q-1-④의 기록 방향과 가장 유사하다. 즉 Q-1-④의 기록이 후대 사서에 영향을 미친 것으로 해석할 수 있다.

고구려가 중국과 통했다고 한 부분은 고구려의 전체 연혁을 바탕으로 판단하여 기록한 것으로 보인다. Q-2-①과 『통전』 「변방문」 동이목 서략序略에서는 고구려가 후한後漢,東漢 이래로 중국의 봉작封爵을 받았다고 하였는데,[48] Q-1-④도 이러한 맥락에서 작성된 것으로 여겨진다. 즉 『당회요』의 찬자撰者가 고구려와 중국의 관계가 유구悠久하다는 점을 드러내고자 끼워넣은 기록인 것이다.

고구려절의 국가 소개는 기존의 중국 정사에 비해 매우 소략한 편이다. 각 기록을 보면 기존 중국 정사와 유사한 내용도 있지만, 『구당서』와 유사한 부분들도 여럿 확인된다. 부여 표기 문제의 경우에는 『통전』과는 다르게 『구당서』·『신당서』에서 기재한 것처럼 '부여扶餘'로 표기하였다. 막래에 대한 내용은 『위서』의 내용을 축약하여 제시한 것이다. 고구려 수도 평양을 언급하면서 낙랑의 땅이었다고 기재한 부분은 수·당대에 제기된 군현회복론의 영향 때문으로 보이며, 『통전』에서도 유사한 인식을 보였다. 글을 쓸

里 遼水東南四百八十里【漢樂浪·玄菟郡之地 自後漢及魏 爲公孫氏所據】."
48 『通典』 卷185, 「邊防門1」, 東夷 上, 序略. "高麗本朝鮮地 漢武置縣 屬樂浪郡 時甚微弱 後漢以後 累代 皆受中國封爵 所都平壤城 則故朝鮮國王險城也."

줄 안다는 내용은 기존 정사에서도 유추되지만 『구당서』의 내용과 유사한 성격으로 보이며, 이는 『당회요』에 수록된 내용 혹은 그 전거가 후대의 사서에 영향을 미쳤을 가능성을 보여준다. 국가 소개 이후로 전개되는 고구려의 연혁은 고구려와 당의 전쟁을 상세하게 기술하고 있다는 점에서 다른 사서와 중요한 비교 대상이 된다는 점에서 또한 의의가 있다.

② 백제절 기록 비교

〈표 61〉 『당회요』와 『통전』 및 중국 정사의 백제절 비교

연번	사서명	기록
R-1	당회요	卷95, 百濟 ①百濟者 本扶餘之別種 當馬韓之故地 其後有仇台者 爲高麗所破 以百家濟海 因號百濟焉 ②大海之北 小海之南 東北至新羅 西至越州 南渡海至倭國 北渡至高麗 ③其王所居 有東西兩城 ④新置內官佐平 掌宣納事 內頭佐平 掌庫藏事 內法佐平 掌禮儀事 衛士佐平 掌宿衛兵事 朝廷佐平 掌刑獄事 兵官佐平 掌在外兵馬事 又外置六帶方 管十郡 ⑤其用法 叛逆者死 殺人者以奴婢二人贖罪 官人受財及盜者 三倍追贓 ⑥餘與高麗同
R-2	통전	卷185, 「邊防門」 1, 東夷 上, 百濟 ①百濟 卽後漢末夫餘王尉仇台之後【後魏時百濟王上表云 臣與高麗先出夫餘】初以百家濟海 因號百濟 (…중략…) 自晉以後 呑并諸國 據有馬韓故地 ②其國東西四百里 南北九百里 南接新羅 北拒高麗千餘里 西限大海 處小海之南 (…중략…) ③其都理建居拔城 (…중략…) ④官有十六品 左平一品 達率二品 (…중략…) 統兵以達率・德率・扞率爲之 人庶及餘小城咸分隷焉 ⑥其衣服 男子略同於高麗 拜謁之禮以兩手據地爲敬
R-3	위서	卷100, 「百濟國傳」 ①百濟國 其先出自夫餘 ②其國北去高句麗千餘里 處小海之南 (…중략…) ⑥其衣服飮食與高句麗同
R-4	주서	卷49, 「異域列傳」 上, 百濟 ①百濟者 其先蓋馬韓之屬國 夫餘之別種 有仇台者 始國於帶方 ②故其地界東極新羅 北接高句麗 西南俱限大海 東西四百五十里 南北九百餘里 ③治固麻城 (…중략…) ④官有十六品 左平五人 一品 達率三十人……(中略)……郡將三人 以德率爲之 方統兵一千二百人以下 七百人以上 城之內外民庶及餘小城 咸分隷焉 ⑥其衣服 男子畧同於高麗
R-5	남사	卷79, 「夷貊列傳」 下, 百濟 ①百濟者 其先東夷有三韓國 一曰馬韓 二曰辰韓 三曰弁韓 弁韓・辰韓各十二國 馬韓有五十四國 大國萬餘家 小國數千家 總十餘萬戶 百濟卽其一也 (…중략…) ③號所都城曰固麻 謂邑曰檐魯 如中國之言郡縣也 其國土有二十二檐魯

연번	사서명	기록
		皆以子弟宗族分據之 (…중략…) ⑥言語服章略與高麗同
R-6	북사	**卷94,「四夷列傳」上, 百濟** ①百濟之國 蓋馬韓之屬也 出自索離國 (…중략…) 東明之後有仇台 篤於仁信 始立國于帶方故地 漢遼東太守公孫度以女妻之 遂爲東夷強國 初以百家濟 因號百濟 ②其國東極新羅 北接高句麗 西南俱限大海 處小海南 東西四百五十里 南北九百餘里 ③其都曰居拔城 亦曰固麻城 (…중략…) ④官有十六品 左平五人 一品 (…중략…) 方有十郡 郡有將三人 以德率爲之 統兵一千二百人以下 七百人以上 城之內外人庶及餘小城 咸分隷焉 (…중략…) ⑥其飮食衣服 與高麗略同
R-7	수서	**卷81,「東夷列傳」, 百濟** ①百濟之先 出自高麗國 其國王有一侍婢 忽懷孕 王欲殺之 (…중략…) 名曰東明 及長 高麗王忌之 東明懼 逃至淹水 夫餘人共奉之 東明之後 有仇台者 篤於仁信 始立其國于帶方故地 漢遼東太守公孫度以女妻之 漸以昌盛 爲東夷強國 初以百家濟海 因號百濟 (…중략…) ②其國東西四百五十里 南北九百餘里 南接新羅 北拒高麗 ③其都曰居拔城 ④官有十六品 長曰左平 次大率 (…중략…) 畿內爲五部 部有五巷 士人居焉 五方各有方領一人 方佐貳之 方有十郡 郡有將 (…중략…) ⑥其衣服與高麗略同
R-8	구당서	**卷199上,「東夷列傳」, 百濟** ①百濟國 本亦扶餘之別種 嘗爲馬韓故地 ②在京師東六千二百里 處大海之北 小海之南 東北至新羅 西渡海至越州 南渡海至倭國 北渡海至高麗 ③其王所居 有東西兩城 ④所置內官曰內官佐平 掌宣納事 內頭佐平 掌庫藏事 內法佐平 掌禮儀事 衛士佐平 掌宿衛兵事 朝廷佐平 掌刑獄事 兵官佐平 掌在外兵馬事 又外置六帶方 管十郡 ⑤其用法 叛逆者死 籍沒其家 殺人者 以奴婢三贖罪 官人受財及盜者 三倍追贓 仍終身禁錮 ⑥凡諸賦稅及風土所産 多與高麗同
R-9	신당서	**卷220,「東夷列傳」, 百濟** ①百濟 扶餘別種也 ②直京師東六千里而嬴 濱海之陽 西界越州 南倭 北高麗 皆踰海乃至 其東 新羅也 ③王居東・西二城 ④官有內臣佐平者宣納號令 內頭佐平主稼穡 內法佐平主禮 衛士佐平典衛兵 朝廷佐平主獄 兵官佐平掌外兵 有六方 方統十郡 (…중략…) ⑤其法 反逆者誅 籍其家 殺人者 輸奴婢三贖罪 吏受賕及盜 三倍償 錮終身 ⑥俗與高麗同

R-1의 기록은 여섯 가지로 구분할 수 있다. 즉 ① 백제의 기원百濟者 本扶餘之別種 當馬韓之故地 其後有仇台者 爲高麗所破 以百家濟海 因號百濟焉, ② 지리적 위치大海之北 小海之南 東北至新羅 西至越州 南渡海至倭國 北渡至高麗, ③ 도성其王所居 有東西兩城, ④ 관제新置內官佐平 掌宣納事 內頭佐平 掌庫藏事 內法佐平 掌禮儀事 衛士佐平 掌宿衛兵事 朝廷佐平 掌刑獄事 兵官佐平 掌在外兵馬事 又外置六帶方 管十郡, ⑤ 법제도其用法 叛逆者死 殺人者以奴婢二人贖罪 官人受財及盜者 三倍追贓, ⑥ 고구려와의 풍습 동질성餘與高麗同으로 나눌 수 있다. R-2와 비교하면

이 중에서 법제도에 대한 내용 이외의 요소들은 공통적으로 확인된다. 다만 세부적인 내용 면에서는 여러 부분에서 차이점들이 나타난다.

R-1-①에서는 백제의 기원과 관련하여 '부여扶餘'와 '마한지고지馬韓之故地', '구태仇台'와 '백가제해百家濟海' 등이 기술되었다. R-2-①에서도 백제의 기원에 대해 부여왕夫餘王 위구태尉仇台의 후손이라 언급하고 '백가제해'로 인하여 국명이 유래하였다고 했으며, '마한고지馬韓故地'도 언급되었다. 즉 R-1-①과 유사한 요소를 바탕으로 백제의 기원을 설명하였지만, 두우의 자체적인 판단에 따라 '부여扶餘의 후손 구태仇台'를 '부여왕夫餘王 위구태尉仇台'로 설정하였다는 점에서 차이점을 보인다.

중국 정사에서 백제의 기원과 관련하여 위에 말한 요소들이 주로 확인된다. R-3-①에서는 '부여夫餘', R-4-①에서는 '마한지속국馬韓之屬國', 부여夫餘와 구태 및 대방帶方이 기재되었으며, R-5에서는 마한의 소국 중 하나였다고 기록하였다.[49] 또한 R-6-①에서는 '마한지속馬韓之屬'과 색리국索離國, 동명東明의 후예 구태와 '백가제百家濟', R-7-①에서는 고려국高麗國과 동명의 후예 구태, '백가제해百家濟海'가 언급되었다. 이처럼 당대 초까지 작성된 사서를 살펴보면, 사서마다 백제 선조의 국적을 일부 다르게 기록한 사례들이 보인다. 이 중에서 R-4-① 즉 『주서周書』의 기술이 R-1-①과 가장 가까우며, 백가제해에 대한 언급은 R-7-① 즉 『수서隋書』와 유사함을 알 수 있다.

다만 백가제해百家濟海하게 된 원인을 R-1-①에서는 고려의 침입으로 격파되었기 때문이라고 작성함에 비해, R-2-①을 비롯한 R-6·7-①에서는 초初에 백가제해하게 되었다고 하였다는 점에서 차이를 보인다. R-1-①의

---

49 이는 『양서(梁書)』의 기록을 참고한 결과로 볼 수 있다. 『梁書』 卷54, 「諸夷列傳」, 百濟. "百濟者 其先東夷有三韓國 一曰馬韓 二曰辰韓 三曰弁韓 弁韓·辰韓各十二國 馬韓有五十四國 大國萬餘家 小國數千家 總十餘萬戶 百濟即其一也 後漸强大 兼諸小國."

기록은 『통전通典』에서 고구려 때문에 남한지南韓地로 천거遷居하게 되었다는 기록을 연상시킨다.[50] 『당회요唐會要』의 찬자撰者 또한 고구려와 백제의 역학 관계에 초점을 맞추면서 백가제해를 해석하게 되었다고 보는 것이 자연스럽다. 또한 R-1-①에서는 '부여지별종扶餘之別種'이라고 하였는데, 이는 R-8·9-①의 사례와 같다. 즉 『통전』과는 달리 당대 후반의 사료에서는 백제의 사례를 의식하여 부여扶餘로 표기하고 있음을 알 수 있다.

R-1-①은 Q-1-①의 기록과도 비교된다. Q-1-①에서는 "高句麗者 出自扶餘氏"라고 하여 부여 기원을 거론하였는데, 이는 R-1-①의 "百濟者 本扶餘之別種"를 통해 알 수 있듯이 백제의 부여 기원과 서로 대비된다. 즉 『당회요』의 찬자는 고구려와 백제가 부여에서 기원했다는 사실을 명확하게 인지하였던 것이다. 이는 기존 중국 정사의 내용을 반영한 것임과 동시에, 고구려와 백제의 주장을 당에서 반영하여 기록으로 남긴 것으로 볼 수 있다.[51]

R-1-②에서는 백제의 지리적 위치를 기술하여, 대해大海와 소해小海 및 동서남북으로 신라新羅 · 월주越州 · 왜국倭國 · 고려高麗가 있다고 하였다. R-2-②에서는 영토의 크기를 언급하고서, 남북으로 신라와 고구려, 대해와 소해를 언급하였다. 중국 정사에서도 기본적으로 백제 영토 크기를 언급하거나 동서남북에 있는 세력 혹은 바다를 거론하는 방식으로 기술되었다. 당대 초반 이전의 사서에서 서쪽 경계로 월주를 언급한 사례는 보이지 않으며, 대신 R-8·9-②에서 월주와 왜가 기준이 되었다. 이는 백제의 지리 정보를 당이

---

50 『通典』卷185,「邊防門1」, 東夷 上, 百濟. "後其王牟大爲高句麗所破 衰弱累年 遷居南韓地."

51 백제의 부여 계승 문제는 지속적으로 논란이 되는 소재이다. 이와 관련하여 2020년 10월 22일에 한성백제박물관에서 학술회의가 진행된 바 있다. 한성백제박물관, 『백제는 부여를 계승하였나 -2020년 제17회 쟁점백제사 학술회의』, 한성백제박물관, 2020.

상세하게 파악하고, 이를 기록에 반영한 결과라고 할 수 있다.

이어지는 R-1-③에서는 백제의 왕성이 동서東西 양성兩城이라고 하였다. 백제 도성은 기록마다 엇갈리게 기록되었는데, R-2-③에서는 건거발성建居拔城, R-4·5-③에서는 고마성固麻城, R-6-③에서는 거발성居拔城, 固麻城, R-7-③에서는 거발성으로 기록하였다. R-8·9-③에서는 R-1-③과 마찬가지로 동서 양성이라고 하여, 기존 중국 정사와는 차이를 보인다.

R-1-④는 관제 중에서도 좌평佐平을 중심으로 기술한 것에 해당한다. 기존에도 백제의 관제는 R-2-④를 비롯하여, R-4~7-④의 사례를 통해 알 수 있듯이 16품品으로 설명되었다. 이 중에서 1품이 좌평左平이고 5인人으로 기재되었다. 반면 R-1-④와 R-8·9-④에서는 좌평의 직무를 내관內官·내두內頭·내법內法·위사衛士·조정朝廷·병관兵官의 6인으로 구분하였고, 밖에는 6방方,帶方 10군郡을 둔다고 하였다. 즉 R-1-④는 R-2-④나 기존 중국 정사와는 달리 변화한 관제를 기재하였고, 차후 사서에도 참고가 되었거나 동일한 사료를 전거典據로 삼은 결과로 볼 수 있다.

R-1-⑤는 백제의 법제도 중에서도 반역자, 살인자, 뇌물 받은 관인官人이나 도자盜者에 대한 처벌 규정에 대한 것이다. 기존 중국 정사나 『통전』에서는 법제도에 대한 내용을 다루진 않았으며, R-8·9-⑤에서는 R-1-⑤의 내용과 전반적으로 유사하게 기술되었다.

R-1-⑥은 나머지는 고구려와 동일하다는 내용이다. 여기에서 나머지라는 것이 제대로 특정되지 않았다. 앞서 Q-1에서 살펴보았듯이 고구려 국가 소개 내용은 비중이 적은 편이며 41자字에 불과하다. 그럼에도 불구하고 백제 풍습의 나머지는 고구려와 동일하다고 한 점은 다소 어색하다. 백제와 고구려가 서로 동일하다는 내용은 R-2-⑥에서는 남성의 의복과 관련하여

확인된다. R-3·6-ⓑ에서는 의복과 음식, R-4·7-ⓑ에서는 남성의 의복, R-5-ⓑ에서는 언어와 복장으로 기록되었다. 또한 R-8-ⓑ에서는 여러 부세賦稅와 풍토風土, 산물이 고구려와 동일하다고 하였으며, R-9-ⓑ에서는 풍속이 고구려와 동일하다고 하였다.

R-1-ⓑ에서는 의복과 음식 혹은 풍토와 산물이 유사하다는 의미로서 고구려와 동일하다고 기록된 것으로 여겨진다. 다만 고구려절에서 이에 대해 제대로 기록하지 않았음에도 고구려와 동일하다고 언급한 점은 쉬이 이해가 되지 않는다. 이는 당대의 저본底本을 『당회요』가 수록하는 과정에서 해당 내용을 그대로 전사傳寫한 것으로 이해할 수 있다. 당대에는 『기거주起居注』와 『시정기時政記』를 편찬하여 사관史館으로 보냈으며, 이를 바탕으로 실록實錄과 국사國史를 편찬하였다.[52] 사관에 수집된 자료들은 역사 편찬의 저본으로 활용되었으며, 『당회요』나 『구당서舊唐書』도 이러한 저본을 참고하여 작성되었다고 볼 수 있다.

『당회요』와 『통전』의 내용을 비교하면 전체적으로 유사한 내용을 다루었지만, 세부적인 내용에서 차이가 많다는 점을 알 수 있다. 백제의 기원 관련 기록은 부여와 마한, 구태를 언급한 점은 비슷하나, 『통전』의 저자 두우의 자체적인 해석으로 인하여 기록에서 일부 차이를 보인다. 부여의 후손이면서 '백가제해百家濟海'를 언급한 것으로 보아 『당회요』와 『통전』의 찬자는 동일한 전거를 참고하되, 기록을 달리한 것으로 볼 수 있다. 또한 영토·도성·관제·법제도 등의 문제는 『구당서』와 유사한 부분들이 많이 보이는데, 이는 961년에 편찬된 『당회요』와 945년에 편찬된 『구당서』가 사관에 보관된 동일 성격의 당대 전거를 바탕으로 작성되었기 때문으로 추측된다.

---

52 신승하, 『중국사학사』, 고려대 출판부, 2011, 128~129쪽.

③ 신라절 기록 비교

〈표 62〉『당회요』와 『통전』 및 중국 정사의 신라절 기록 비교

연번	사서명	기록
S-1	당회요	**卷95, 新羅** ①新羅者 本弁韓之地 ②其風俗衣服 與高麗百濟略同 而朝服尚白 ③好祭山神 國人多金朴兩姓 異姓不爲婚姻 重元日 每其日拜日月鬼神 人髮長美 ④其先出高麗 魏將毋邱儉之破高麗也 其衆遁保沃沮 後歸故國 其留者號新羅
S-2	통전	**卷185, 「邊防門」1, 東夷 上, 新羅** ①新羅國 魏時新盧國焉 其先本辰韓種也 (…중략…) ④魏將毋丘儉討高麗 破之 奔沃沮 其後復歸故國 留者遂爲新羅焉 故其人雜有華夏・高麗・百濟之屬 兼有沃沮・不耐・韓・濊之地 其王本百濟人 自海逃入新羅 遂王其國 (…중략…) ②風俗・刑政・衣服略與高麗・百濟同
S-3	양서	**卷54, 「諸夷列傳」, 東夷, 新羅** ①新羅者 其先本辰韓種也 辰韓亦曰秦韓 相去萬里 傳言秦世亡人避役來適馬韓 馬韓亦割其東界居之 以秦人 故名之曰秦韓 (…중략…) ②其拜及行與高驪相類 無文字 刻木爲信 語言待百濟而後通焉
S-4	북사	**卷94, 「四夷列傳」上, 百濟** ①新羅者 其先本辰韓種也 地在高麗東南 居漢時樂浪地 辰韓亦曰秦韓 (…중략…) ④或稱魏將毋丘儉討高麗破之 奔沃沮 其後復歸故國 有留者 遂爲新羅 亦曰斯盧 其人雜有華夏・高麗・百濟之屬 兼有沃沮・不耐・韓・濊之 (…중략…) ②風俗・刑政・衣服略與高麗・百濟同 ③每旦相賀 王設宴會 班賚羣官 其日拜日月神主 八月十五日設樂 (…중략…) ②服色尚素 ③婦人辮髮繞頭 以雜綵及珠爲飾 婚嫁禮唯酒食而已 輕重隨貧富
S-5	수서	**卷81, 「東夷列傳」, 新羅** 新羅國 在高麗東南 居漢時樂浪之地 或稱斯羅 ④魏將毋丘儉討高麗 破之 奔沃沮 其後復歸故國 留者遂爲新羅焉 故其人雜有華夏・高麗・百濟之屬 兼有沃沮・不耐・韓・濊之地 其王本百濟人 自海逃入新羅 遂王其國 (…중략…) ②風俗・刑政・衣服 略與高麗・百濟同 ③每正月旦相賀 王設宴會 班賚羣官 其日拜日月神 至八月十五日 (…중략…) ②服色尚素 ③婦人辮髮繞頭 以雜綵及珠爲飾 婚嫁之禮 唯酒食而已 輕重隨貧富
S-6	구당서	**卷199上, 「東夷列傳」, 新羅** ①新羅國 本弁韓之苗裔也 (…중략…) ②其風俗・刑法・衣服 與高麗・百濟略同 而朝服尚白 ③好祭山神 其食器用柳桮 亦以銅及瓦 國人多金・朴兩姓 異姓不爲婚 重元日 相慶賀燕宴 每以其日拜日月神 又重八月十五日 設樂飲宴 賚羣臣 射其庭 婦人髮繞頭 以綵及珠爲飾 髮甚長美
S-7	신당서	**卷220, 「東夷列傳」, 新羅** ①新羅 弁韓苗裔也 (…중략…) ②朝服尚白 ③好祠山神 八月望日 大宴賚官吏射 (…중략…) 王姓金 貴人姓朴 民無氏有名 食用柳桮若銅・瓦 元日相慶 是日拜日月神 男子褐袴 婦長襦 見人必跪 則以手据地爲恭 不粉黛 率美髮以繚首 以珠綵飾之 男子翦髮鬻 冒以黑巾

신라절 즉 S-1은 크게 네 부분으로 나눌 수 있다. 즉 ① 신라와 변한^{新羅者}本弁韓之地, ② 풍속과 의복^{其風俗衣服 與高麗百濟略同 而朝服尚白}, ③ 신앙과 풍습^{好祭山神}國人多金朴兩姓 異姓不爲婚姻 重元日 每其日 拜日月鬼神 人髮長美, ④ 신라 기원의 다른 견해^其先出高麗 魏將母邱儉之破高麗也 其衆遁保沃沮 後歸故國 其留者號新羅 로 구분이 가능하다.

신라의 기원에 대한 기술은 크게 진한^{辰韓}과 변한^{弁韓}으로 엇갈린다. S-1-①에서는 변한이라 하였지만, S-2-①에서는 진한종^{辰韓種}이라고 하였다. 기존의 중국 정사 즉 S-3-①과 S-4-①에서도 진한종으로 기록하였기에, S-2-①도 기존 기록을 반영한 결과라고 볼 수 있다. 반면 S-6-①과 S-7-①에서는 변한의 묘예^{苗裔}라고 하여, S-1-①과 동일한 입장을 보이고 있다. 삼한 중에서 백제를 마한으로 보는 의식은 앞서 살펴본 R-1을 통해서 알 수 있지만, 신라를 변한으로 볼지 진한으로 볼지는 중국에서도 당대 초반과 중반을 기점으로 엇갈리는 모습을 보였다.

S-1-②는 풍속과 의복이 고구려·백제와 닮았으며 조복^{朝服}이 백색^{白色}이라는 내용이다. S-2-②에서도 이와 유사한 기록이 보이는데, 여기에서는 의복은 물론 풍속^{風俗}·형정^{刑政}이 고구려와 백제와 동일하다는 내용이었다. 앞서 R-6의 사례에서 보았듯이 중국에서 한국 고대 국가에 대해 기술할 때 고구려와 백제, 신라는 서로 유사한 국가로 판단하여, 유사한 풍습을 전술^前述하였으면, 이후에는 동일하다고 기재하는 사례가 많다. 이 또한 그러한 기록의 일환으로 볼 수 있다.

S-3-②에서는 배^拜와 행^行이 고려^{高驪}와 서로 유사하다고 했으며, S-4·5-②에서는 S-2-②와 동일하게 기재하였고, 거리를 두고서 조복이 소색^素色이라 하였다. 반면 S-6-②에서는 풍속과 형정, 의복이 고구려와 백제와 동일하고 조복이 백색이라고 하여, 형정에 대한 내용 외에는 S-1-②와 동

일하게 기재되었다.

S-1-③은 제사와 신앙, 국인國人의 성姓과 혼인, 장발長髮 등 다양한 풍속 기록으로 구성되었다. S-2에서는 이에 대한 내용은 확인되지 않는다. 기존 중국 정사 즉 S-4·5-③에서는 서로 공간을 두고 제사와 신앙 관련 기록, 두발과 혼인에 대한 기록이 서로 나뉘어져서 제시된 점과는 차이를 보인다. S-6·7-③에서는 국인의 성에 대한 내용이 더 확인된다. 성과 관련하여 『양서梁書』에서는 왕성王姓이 '모募'이고 명名이 '진秦'이라 하였고,[53] 『남사南史』에서는 왕성이 '모募'이고 명이 '태泰'라 하였는데,[54] 이는 법흥왕法興王을 일컫는 것으로 보고 있다.[55] S-6-③은 S-1-③과 유사하게 기재되었지만 이성異性끼리는 결혼하지 않는다고 하였고, S-7-③에서는 왕성은 김金이고 귀인貴人의 성은 박朴이라고 하여 서로를 구분하였다.

S-1-④는 신라의 건국 기원에 대한 이설異說로, S-1-①에서 본래 변한의 땅이라고 한 것과 차이를 보인다. S-1-④와 유사한 기록은 S-2-④는 물론 S-4·5-④에서도 확인되며, 이를 기반으로 저술된 것으로 보인다. 다만 S-2·4·5-④에서는 그 왕이 본래 백제인百濟人이라고 하였으나, S-1-④에서는 이에 대한 내용이 제외되었다. 또한 S-1-④와 관련된 내용은 S-6·7에서 보이지 않는다. 신라와의 잦은 교류를 통하여 해당 내용이 정정되어 수록되지 않았던 것으로 볼 수 있으며, S-1-④는 기존 기록을 참고하여 반영하면서 일부 내용을 제외하고 수록한 것으로 여겨진다.

---

53 『梁書』卷54, 「諸夷列傳」, 新羅. "普通二年 王姓募名秦 始使使隨百濟奉獻方物."
54 『南史』卷79, 「夷貊列傳」下, 新羅. "梁普通二年 王姓募名秦 始使使隨百濟奉獻方物."
55 國史編纂委員會, 『中國正史朝鮮傳 譯註』2, 國史編纂委員會, 2004, 32쪽, 주석 3; 정구복·노중국·신동하·김태식·권덕영, 『역주 삼국사기 3 − 주석편(상)』, 한국학중앙연구원출판부, 2012, 110쪽, 주석 39.

『당회요唐會要』와『통전通典』의 신라절 기록은 공통점과 차이점이 함께 드러난다. 신라절에서 기원 문제를『통전』과 기존 정사에서는 진한으로 기재하였음에 비해,『당회요』에서는 변한으로 보았다. 관구검毌丘儉의 고구려 공격 당시에 밀려온 사람들이 신라를 건국했다는 내용은 두 사서에서 동일하게 보이나,『통전』에서 백제인이 왕이 되었다는 사실은『당회요』에서는 제외되었다. 풍속과 의복은 고구려와 백제와 동일하다고 한 것은『북사北史』·『수서隋書』의 내용을 답습하여『통전』에서도 확인되지만, 흰 조복은 당대唐代의 기록을『당회요』가 반영한 결과로 보인다. 신앙과 혼인 등을 비롯한 다양한 부문에 대한 기록은 기존에도 있었지만『구당서舊唐書』의 내용과 가장 가깝기에, 동일한 전거를 참고한 결과로 여겨진다. 이처럼 신라절은 기존 기록과 당대의 기록을 두루 적용하여 당시까지 확보된 정보를 간략하게 요약하여 정리되었다.

『당회요』는 당대 중반부터 수집한 각종 관문서들을 종합하여 편찬한 회요체會要體 사서이다. 당조唐朝라는 단대斷代의 서류들을 주로 다루기 때문에, 각 분야별로 전체적인 양상을 파악하는 데에는 한계가 있지만, 당대의 다양한 사건들과 정보를 손쉽게 찾아볼 수 있다는 장점이 있다. 때문에『당회요』와『오대회요五代會要』가 성립된 이후, 중국에서는 지속적으로 회요會要를 집필하게 되었다.

『당회요』 전체 100권 중에서 이민족에 대한 내용은 권94~100까지의 7권에서 다뤄졌다. 일반적인 중국 정사가 동서남북의 방위에 따라 동이東夷를 우선으로 각 국가와 세력을 배치하여 설명하였던 것과는 다르게, 여러 방위가 서로 혼재하여 배치된 방식으로 수록되었다. 이 중에서 한국 고대사 관련 국가는 권95에 고구려·백제·신라, 권96에 발해, 권100에 탐라가 있다. 전체적으로 그 분량은 간략한 편이며, 국가별로 국가 소개와 연혁의 비중이 서로 다르게 나타난다. 연혁이 많을수록 자연스럽게 국가소개의 비중이 적게 나타나는데, 고당전쟁高唐戰爭으로 인한 상황 기술 및 통일신라와 당의 교류 때문에, 고구려와 신라의 기록이 다소 많고 연혁도 상세하게 기술되었다.

『당회요』는 당대의 기록을 그대로 반영하였다는 점에서 『통전』과 비교된다. 『통전』은 801년경에 저술한 정서체政書體 사서로 당대 중반을 포함하여 역대의 전장제도典章制度를 주제별로 정리하여 기술하였다. 『당회요』와 『통전』 모두 당대의 의식을 반영한 서적이라는 점에서 의미가 있다. 다만 두 서적은 편찬 시점에서 차이를 보이는데, 『당회요』가 최초로 작성되기 시작한 시점은 9세기 초반부터이지만, 최종적으로는 왕부王溥가 961년에 완성하였다. 즉 『통전』이 당대 중반까지의 자료를 참고하였다면, 『당회요』는 당대 후반까지의 자료를 포괄하였던 것으로 볼 수 있다. 이는 신라절에 수록된 연혁 기사 중 마지막에 해당하는 것이 회창會昌 원년841이라는 점을 통해서도 알 수 있다. 때문에 『당회요』와 『통전』은 동일한 전거를 참고하였거나, 『당회요』가 더 많은 전거를 참고하여 기사를 작성했다고 볼 수 있다. 아울러 『통전』은 당대 중반 안사의 난 이후에 작성되어 당의 영광에 대한 향수가 반영되었다. 반면 『당회요』는 오대십국시대의 혼란을 이겨내고 새롭게 건국된 송 초에 기술되어 당대의 사적을 정리하는 의미를 가진다는 점에서, 사료 편찬 분위기가 서로 다르게 나타난다.

이번 절에서는 고구려절·백제절·신라절을 통해 『당회요』와 『통전』의 기록을 비교하고, 이 외에 당대 초반까지 편찬되었던 『수서』까지의 중국 정사와 당대 이후에 발간된 『구당서』와 『신당서新唐書』를 비롯한 중국 정사도 함께 비교하며 고찰하였다. 『구당서』·『신당서』의 기록을 살펴보면 『수서』까지의 중국 정사와 비교하여 삼국에 대해 다르게 기술한 내용이 많다. 이는 고구려와 백제의 멸망 및 통일신라와의 교류를 통해 고대 한국에 대한 정보가 보강된 결과로 볼 수 있다.

『통전』의 경우에는 일부 보완된 내용이 있지만 『수서』까지의 정사와 유사한 내용들이 주를 이루고 있다. 반면 『당회요』는 삼국의 내력이 좀 더 보완된 경향을 보이기에 『구당서』의 내용과 유사한 면이 더러 확인된다. 『구당서』는 945년에 발간되었기 때문에, 사실상 『당회요』와 동시기同時期라고 할 수 있으며 동일한 전거를 참고하였을 가능성이 크다. 당대의 사관史館에서는 각종 역사 자료를 수집하여 실록實錄과 국사國史를 편찬하였으며, 이로 인하여 『통전』이나 『회요』의 편찬이 가능하였다. 당대의 역사자료는 지속적으로 수집되고 보완되었다. 『당회요』가 9세기 초반부터 작성되기 시작했다는 점과 이미 소면의 『회요會要』와 최현의 『속회요續會要』가 발간되었던 상황이었다는 점을 떠올려 본다면, 『구당서』와 『신당서』가 사관의 자료 혹은 기존 『당회요』의 자료를 참고하여 기술되었을 가능성도 배제할 수 없다.

사관에서는 당대 각국各國에 대한 정보를 수집하여 체계적으로 정리한 사료가 있었고, 『당회요』나 『구당서』는 이를 참고하면서 취사선택하여 글을 작성하였다. 이 사실은 백제절에 수록된 "餘與高麗同"을 통해서도 알 수 있다. 이는 본디 고구려절에서 고구려의 각종 풍습을 상세하게 써놓았을 때, 백제절에서 동일한 내용이 나오는 것을 생략하기 위한 것으로 보아야 한다. 문제는 고구려절에서 국가 소개에 대한 내용이 백제절에 비해 더 소략하게 기술되었다는 점이다. 즉 이는『당회요』가 별도의 자료를 참고하고서 풍속을 간략하게 작성할 때 기존 사료의 내용을 그대로 전사傳寫한 흔적으로 볼수 있다. 이는 당대의 저본 자료가 지속적으로 작성되었으며, 그 전거는『통전』편찬 이후에도 보완되었고『당회요』와『구당서』모두 이러한 자료를 참고하여 편찬되었다는 점을 알 수 있다.

『당회요』는 기존 중국 정사와『통전』, 또한 당의 조정에서 작성한 각종자료를 참고하여 현재의 모습을 갖추게 되었다. 연혁에 대한 내용은 기존중국 정사를 참고하면서도, 찬자의 판단에 따라 새로운 자료들을 보완하여수록하였다. 두우는 동이·북적·남만·서융에 대해 자신만의 관점을 지니고 판단하였음에 비해,『당회요』는 자료 모음의 성격이 강했다. 때문에『당회요』의 찬자는 두우와는 달리 동이에 대해 사감私感을 갖고 서술하지는 않았다. 대신 기존에 알려진 내용을 요약하면서도 당대의 연혁, 즉 한국 고대국가와 당과의 관계를 최대한 반영하려는 시도가 이루어졌다고 볼 수 있다.

2.『통지』·『문헌통고』에 미친 영향과 한국고대사 인식

『통전通典』은 역대의 전장제도典章制度를 최초로 정리한 정서政書이다. 후대의 여러 정서들은 통전을 전범典範으로 삼아 편찬되었다. 대표적인 정서로는『통지通志』와『문헌통고文獻通考』가 있으며,『통전』과 함께 삼통三通으로 일컬어진다. 두 정서는『통전』을 모범으로 두되 기존의 체제와 내용을 일부수정하거나, 시대의 흐름에 따라 보완하여 작성되었다.

삼통이 완성된 이후 실용적인 목적에서 정서의 중요성은 더욱더 강조되었다. 후대에 『속통전續通典』·『속통지續通志』·『속문헌통고續文獻通考』와 같은 여러 속편續編이 간행되다. 청대淸代에는 『청조통전淸朝通典』·『청조통지淸朝通志』·『청조문헌통고淸朝文獻通考』가 간행되었다. 이러한 『통전』·『통지』·『문헌통고』·『속통전』·『속통지』·『속문헌통고』··『청조통전』·『청조통지』·『청조문헌통고』를 모두 합쳐서 구통九通이라고 일컬으며, 여기에 『청조속문헌통고淸朝續文獻通考』까지 포괄하여 십통十通이라고도 일컫는다.[56]

정서들은 중국은 물론이고 동아시아에서 관료들의 필독서로 통했다. 각종 정책과 제도를 비롯하여 다양한 정보들이 상세하게 정리되었으므로 통치에 유용한 참고 자료로 활용되었다. 우리나라도 고려시대부터 『통전』을 비롯하여 『통지』와 『문헌통고』를 참고하는 사례가 여럿 확인된다. 대표적으로 목은牧隱 이색李穡이 소감少監 김경숙金敬叔에게 보낸 편지에 보면 "『문선文選』·『문수文粹』·『송문감宋文鑑』과 『통전』·『문헌통고』는 정수함이 가득 쌓여서, 은미한 말과 오묘한 뜻이 남김없이 드러났고, 정밀한 감식과 해박한 채택이 서로 장단을 이뤘네"라고 하여,[57] 그 내용의 상세함과 정밀함에 대해 높이 평가하였다.

당대唐代에 간행된 『통전』은 역대 중국의 전장제도를 정리하였으며, 그 속에 주변국의 간략한 역사를 정리하였다는 점에서 주목을 받았다. 이는 두우杜佑가 중국의 각종 제도를 정리하면서, 외신外臣으로 인지한 외부 정보를 집약한 결과였다. 이러한 두우의 정리는 중국의 대외 인식에 있어 주요 기준이 되었으며, 한국사를 바라보는 주요 틀로도 작용하게 되었다.

『통전』·『통지』·『문헌통고』는 문헌적 가치가 높으므로 이전부터 주목

---

56 신승하, 『중국사학사』, 고려대 출판부, 1996, 147쪽, 41번.
57 『牧隱詩藁』卷10, 「詩」, 寄贈金敬叔少監. "文選文粹宋文鑑 通典通考精英儲 微辭奧義盡呈露 精鑑博採相乘除."

을 받았다. 그렇지만 국내에서 이에 대해 세부적으로 연구된 사례는 소수에 불과하다. 중국사학사中國史學史의 측면에서 관련 내용이 국내에 소개된 사례가 있는데, 주요 역사 인식이나 사학사적인 측면에서의 서적 소개가 이루어졌다.[58] 『통전』·『통지』·『문헌통고』에 대한 활발한 연구가 진행되려면 각 사서에 대한 분석과 역주 작업이 이루어져야 한다. 다만 역주 작업은 사서 전체가 아닌 일부분이 선별하여 번역되었다.[59]

중국에서는 정초鄭樵의 『통지』와 마단림馬端臨의 『문헌통고』와 관련하여 다양한 연구가 이루어졌다. 『통지』의 학술적 가치에 주목하여 그 서술 방식에 대해 여러 연구가 진행되었다.[60] 『통지』의 핵심이라 할 수 있는 20략略에 대해 집중적인 연구 성과가 있는데, 「교수략校讎略」에 대한 연구가 다수 확인되며,[61] 음악사적 측면의 고찰을 비롯하여,[62] 이 외의 약略에 대해서 여러 연구가 이행되었다.[63]

---

58 閔斗基 編, 『中國의 歷史認識』上, 創作과批評社, 1985; 신승하, 『중국사학사』, 고려대 출판부, 1996; 高國抗, 오상훈·이개석·조병한 譯, 『중국사학사』下, 풀빛, 1998; 이계명, 『中國史學史綱要』, 전남대 출판부, 2003; 李宗侗, 조성을 譯, 『중국사학사』, 혜안, 2009.

59 충청남도역사문화연구원, 『百濟史資料譯註集－中國篇』, 충청남도역사문화연구원, 2008; 杜佑, 이민홍 譯, 『通典－樂典』, 박문사, 2011; 윤용구·김락기·조우연·김영준·김경화·장종선, 『濊貊 史料集成 및 譯註』, 백산자료원, 2012; 김형종 편역, 『서문으로 보는 중국의 역사 사상』, 위더스북, 2017.

60 燕永成, 「試論鄭樵對本朝述的著錄及運用」, 『圖書館理論與實踐』2013年 第10期, 銀川：寧夏回族自治區圖書館; 張瑞中, 「從《通志二十略》看鄭樵的學術創新」, 『卷宗』2016年 第4期, 成都：四川省科學技術資訊研究所.

61 于建松, 「對《通志·校讎略》的一處質疑－談等韻學史的一個書證問題」, 『河北大學學報(哲學社會科學版)』2012年 第4期, 保定：河北大學; 李明娟, 「從《通志·校讎略》看鄭樵的檔案文獻編纂思想」, 『黑龍江史志』2016年 第7期, 哈爾濱：黑龍江省地方志辦公室; 王震, 「《通志·校讎略》與《四庫全書總目·凡例》目錄學思想之比較」, 『國家圖書館學刊』2019年 第1期, 北京：中國國家圖書館.

62 喻意志, 「《通志·樂略》的史源學考察」, 『中國音樂學』2005年 第2期, 北京：中國藝術研究院; 王邦維, 「鄭樵《通志·七音略》中的"胡僧"及其他」, 『四川大學學報(哲學社會科學版)』, 2013年 第2期, 成都：四川大學; 丁国俊, 「鄭樵－中國音樂圖像研究不該忘記的人」, 『交響－西安音樂學院學報』2018年 第2期, 西安：西安音樂學院.

63 周雲逸, 「鄭樵《通志·昆蟲草木略》的本草學淵源及價值－以草類為研究中心」, 『復旦學報(社會科學版)』2014年 第2期, 上海：復旦大學; 侯賽華·布仁圖, 「鄭樵及其《通志·藝文略》淺識」, 『山西廣播

마단림의 『문헌통고』에 대해서도 수많은 연구가 이루어졌다. 『문헌통고』와 마단림의 역사 사상 및 판본 등에 대한 연구가 이행되었다.[64] 「경적고經籍考」와 관련하여 그 의의 및 내용 분석과 관련하여 여러 연구가 수행되었으며,[65] 이 외에도 호구戶口나 제계帝系 등 다양한 분야에 대한 연구도 있다.[66] 「사예고四裔考」에 대한 연구도 진행되었는데, 다른 사서와 비교하여 사료적 가치를 분석한 사례가 확인된다.[67] 이처럼 『통지』와 『문헌통고』에 대해서는 여러 연구가 진행되었지만, 주변국의 역사나 관계와 관련해서 심도 있는 분석은 확인되지 않는다.

『통전』은 정서를 통한 외국 인식 서술을 처음으로 정립하였다는 점에서 의의가 있다. 정서는 관료들에게 있어 참고 자료로 직접 활용되었던 서적이기에, 사서史書보다 접근성이 높았으며 자주 탐독耽讀되었다. 때문에 정서에 기재된 외국의 정보를 바탕으로 해당 국가에 대한 인식이 형성되었다고 볼

電視大學學報』 2017年 第1期, 太原 : 山西廣播電視大學; 林通, 「《通志·圖譜略》辨識」, 『四川圖書館學報』 2021年 第2期, 成都 : 四川圖書館學會.

64 馮月香·羅茹, 「馬端臨及其文獻觀」, 『圖書館理論與實踐』 2001年 第4期, 銀川 : 寧夏回族自治區圖書館; 潘潔, 「黑水城出土《文獻通考》版本考」, 『圖書館理論與實踐』 2009年 第7期, 銀川 : 寧夏回族自治區圖書館; 張鑑戈, 「《文獻通考》中馬端臨史學思想探析」, 『蘭台世界』 2016年 第11期, 潘陽 : 遼寧省檔案局.

65 楊寄林·董文武, 「《文獻通考·經籍考》廣納群說的文化取向」, 『華中師範大學學報(人文社會科學版)』 2004年 第6期, 武漢 : 華中師範大學; 溫志拔, 「論《文獻通考·經籍考》的重出與互著」, 『圖書館理論與實踐』 2010年 第10期, 銀川 : 寧夏回族自治區圖書館; 柳燕, 「《文獻通考·經籍考·集部》對宋代文學的闡說」, 『湖北大學學報(哲學社會科學版)』 2012年 第5期, 武漢 : 湖北大學; 連凡, 「《文獻通考·經籍考》經部分類淵源及其調整」, 『成都大學學報(社會科學版)』 2019年 第2期, 成都 : 成都大學.

66 李聞, 「《文獻通考·戶口考》的史學貢獻」, 『荷澤學院學報』 2012年 第6期, 荷澤 : 荷澤學院; 劉長寬, 「對《文獻通考·學校考》書院部分之一理解的再理解」, 『南昌師範學院學報』 2014年 第5期, 南昌 : 南昌師範學院學報; 龍坡濤, 「《文獻通考·帝系考》疑誤考釋」, 『晉圖學刊』 2017年 第3期, 太原 : 山西省教育廳.

67 梁雲, 「早期拓跋鮮卑基本史料比較研究-《魏書》與《北史》《通典》《文獻通考》關係辨析」, 『內蒙古社會科學』 2015年 第2期, 呼和浩特 : 內蒙古自治區社會科學院; 錢雲, 「再論《宋史·外國傳》的史源與書寫」, 『青海社會科學』 2020年 第5期, 西寧 : 青海省社會科學院.

수 있다.

본 절은『통전』에 기재된 한국 고대 국가에 대한 인식은 후대의 정서에 어떤 영향을 미쳤는지에 대해 살펴보려는 목적에서 작성하게 되었다. 주요 정서 즉『통전』과『통지』·『문헌통고』에 수록된 한국고대사 서술을 비교하고, 이를 통해 한국고대사에 대한 상像이 어떻게 형성되고 변화하였는지를 살펴보고자 하였다.『통전』에 대해서는 앞에서 심도 있게 고찰되었기에, 이번 절에서는『통지』·『문헌통고』을 중심으로 분석하였다. 우선『통지』와『문헌통고』의 사료적 가치를 살펴보고 각 정서의 체제를 먼저 비교하여 분석하였다. 이후 각 서적에 수록된 동이 관련 서문의 내용을 비교하여 살펴보았다. 이를 통하여『통전』이『통지』와『문헌통고』의 한국고대사 서술에 어떻게 영향을 미쳤고, 어떠한 변화와 수정이 있었는지 그 경로를 탐색하였다.

1)『통전』·『통지』·『문헌통고』의 체제 분석

『통전通典』·『통지通志』·『문헌통고文獻通考』의 구성체제는 모두 각 주제별로 구분하여 독자들이 참고하기 용이하게 작성되었다. 각 정서의 체제 분석을 통해 각 정서가 어떤 목적에서 성립되었고, 어떠한 사항을 제시하기 위해 작성되었는지 알 수 있다. 정서의 체제는『통전』에서 최초로 마련되었지만, 이후『통지』와『문헌통고』에 의해 정서 구성은 변화를 맞이하게 되었다. 이는 시대적 변화와 기존보다 더 많아진 자료 때문으로 볼 수 있다. 대략적으로 각 정서의 체제가 어떻게 구성되고, 어떠한 변화를 보였는지, 또한 그 세부적인 내용에서는 기존과 어떤 차이를 보이는지 살펴보는 것이 전반적인 틀을 살펴보는데 도움이 될 것이라 생각한다.

『통전』의 경우 크게 8문門 혹은 9문으로 구성되었는데, 8문으로 구분할 경우 「식화문食貨門」·「선거문選擧門」·「직관문職官門」·「예문禮門」·「악문樂門」·「형문刑門」·「주군문州郡門」·「변방문邊防門」이 있으며, 9문으로 구분할 경우 「형문」을 다시 「병문兵門」과 구분하는 방식이다. 이 중에서 한국고대사에 대한 인식은 주로 「변방문」을 통해 확인할 수 있다.

남송南宋의 정초鄭樵는 『통지』를 편찬하였다. 『통지』는 『사기史記』의 영향을 받아 삼황三皇에서 수 공제隋恭帝까지의 역사를 기전체紀傳體로 작성하였다. 정초는 본래 서명書名을 『통사通史』로 하였다가 뒤에 『통지』로 바꾸었다. 그는 단대사斷代史가 역사를 끊어 놓는 것이 단점이라며 『한서漢書』를 비판하고, 『사기』의 편찬 체계가 역사 발전을 이해하는데 용이하다고 주장하였다.[68]

『통지』는 「제기帝紀」 18권, 「후비전后妃傳」 2권, 「연보年譜」 4권, 「약략」 52권, 「세가世家」 3권, 「종실전宗室傳」 8권, 「열전列傳」 98권, 「재기載記」 8권, 「사이전四夷傳」 7권으로 모두 200권이다. 이러한 체제를 다시 크게 연보, 20략略, 기전紀傳의 3부분으로 파악하여 백과전서식百科全書式 통사로 구성되었다고 보는 견해도 있다.[69] 『통지』와 『사기』는 거의 동일한 체재를 갖추고 있는데, 차이점으로는 표表를 보譜로, 서書를 약略으로 개칭하고, 『진서晉書』의 재기를 본따서 첨부하였다는 점을 들 수 있다.[70] 정초는 천하의 대학술을 총괄하여 그 강목을 분류하여 20략으로 나누었는데, 이는 「씨족략氏族略」·「육서략六書略」·「칠음략七音略」·「천문략天文略」·「지리략地理略」·「도읍략都邑略」·「예략禮略」·「시략諡略」·「기복략器服略」·「악략樂略」·「직관략職官略」·「선거략擧略」·「형법략刑法略」·「식화략食貨略」·「예문략藝文略」·「교수략校讎略」·「도보략圖譜略」·「금석략金石略」·「재상략災祥略」·「곤충초목략昆蟲草木略」으로 구분할 수 있다.[71]

---

68 신승하, 『중국사학사』, 고려대 출판부, 1996, 187~193쪽.
69 高國抗, 오상훈·이개석·조병한 譯, 『중국사학사』 下, 풀빛, 1998, 151~164쪽.
70 崔京玉, 「鄭樵《通志》의 性格과 會通史觀」, 『釜山史學』 16, 부산사학회, 1989, 85쪽.

남송시대에 태어나 원대元代에도 활동하였던 마단림은 『문헌통고』를 편찬하였다. 마단림은 기존의 전장제도에 관한 서술이 너무 간단하고, 역대 왕조의 흥망성쇠 교훈을 종합하기 어렵다고 생각하여 『문헌통고』를 집필하게 되었다. 마단림은 스스로 『통전』에다가 천보天寶 이후의 사적事跡을 보충하고 사마광司馬光의 『자치통감資治通鑑』에서 기전체 사적의 기紀와 지志를 보완하기 위해 썼다고 하였다. 실제로 이한은 「통전 서通典序」에서 『통전』의 시간 범위를 천보 말까지로 설정하였다고 밝혔기에, 마단림은 그 이후의 역사를 정리하려는 목적에서 『문헌통고』를 작성하게 된 것이다.[72] 이러한 『문헌통고』는 『통전』의 기초 위에 『통지』의 성과를 흡수한 것으로 평가된다.[73]

마단림의 『문헌통고』는 모두 348권이며 24고考 즉 「전부고田賦考」·「전폐고錢幣考」·「호구고戶口考」·「직역고職役考」·「정각고征榷考」·「시적고市糴考」·「토공고土貢考」·「국용고國用考」·「선거고選擧考」·「학교고學校考」·「직관고職官考」·「교사고郊社考」·「종묘고宗廟考」·「왕례고王禮考」·「악고樂考」·「병고兵考」·「형고刑考」·「경적고經籍考」·「제계고帝系考」·「봉건고封建考」·「상위고象緯考」·「물이고物異考」·「여지고輿地考」·「사예고四裔考」로 나누었다. 이 중에서 「경적고」·「제계고」·「봉건고」·「상위고」·「물이고」는 『통전』에도 없는 논술로 마단림이 새롭게 더한 것으로 평가된다.[74] 마단림은 과거의 변화와 확장·축소의 내력을 연구하려는 목적에서 『문헌통고』를 작성하였다. 그는 역사기술에 있어서 전시대를 유형별로 분류하는 것에 만족하지 않고 역대 문물제도와 통치체제 변혁과 성쇠의 원인에 더욱 주의하여, 복잡하게 얽힌 것을 이해하고 근원을 규

71 高國抗, 오상훈·이개석·조병한 譯, 『중국사학사』 下, 풀빛, 1998, 152~153쪽.
72 李翰, 「通典 序」, "故採五經群史 上自黃帝 至於我唐天寶之末 每事以類相從."
73 신승하, 『중국사학사』, 고려대 출판부, 1996, 213~217쪽.
74 高國抗, 오상훈·이개석·조병한 譯, 『중국사학사』 下, 풀빛, 1998, 186~191쪽.

명하고자 하였다.[75]

『통전』·『통지』·『문헌통고』는 모두 정서로 분류되긴 하지만, 『통지』는 『통전』·『문헌통고』와 비교하여 체례體例에서 차이점이 크게 나타난다. 『통지』는 기전체 사서의 체례를 따라 서술하였던 것에 비하여, 『통전』과 『문헌통고』는 기전체 서술 중 서書 즉 지志에 대해 깊게 조사하여 정리한 경향이 강하다. 『통지』에서 「약略」이 기존의 서와 지의 역할을 하지만, 총 52권이기에 『통전』과 『문헌통고』에 비해 그 분량이 소략하다.

『통지』는 기전의 비중이 높기 때문에 『통전』·『문헌통고』와 직접 비교하기에는 무리가 있다. 때문에 『통지』 중에서 20략을 『통전』·『문헌통고』와 비교하는 것이 적절하다. 삼통의 체례를 비교하여 제시하면 〈표 63〉과 같다.

〈표 63〉 『통전』·『통지』 20략·『문헌통고』의 체례 비교

분류	『통전』	『통지』 20략	『문헌통고』
경제	食貨門	食貨略	田賦考·錢幣考·戶口考·職役考·征榷考·市糴考·土貢考·國用考
임용	選擧門	選擧略	選擧考·學校考
벼슬	職官門	職官略	職官考
예학	禮門	禮略·諡略·器服略	郊社考·宗廟考·王禮考
음악	樂門	七音略·樂略	樂考
법·군사	刑門·兵門	刑法略	兵考·刑考
지리	州郡門	地理略·都邑略	輿地考
경적		六書略·校讎略	經籍考
천재지변		災祥略	象緯考·物異考
계보		氏族略·圖譜略	帝系考·封建考
분류 외		天文略·藝文略·金石略·昆蟲草木略	
대외관계	邊防門	四夷傳	四裔考

---

75 白壽彝, 金裕哲 譯, 「文獻通考의 歷史觀-『通志』와의 비교를 통하여」, 閔斗基 編, 『中國의 歷史認識』 上, 1985, 395~403쪽.

전반적으로 보았을 때 『통전』의 체례를 기본으로 두고, 세부적으로 구분하거나 새롭게 편제한 항목이 있음이 확인된다. 『문헌통고』에서는 경제에 대한 사항들을 화폐와 세금 등의 항목으로 다양하게 분류하였다. 『통지』와 『문헌통고』에는 『통전』에 포함시키지 않은 경적·천재지변·계보 등의 항목이 기록되었으며, 이 외에 다양한 서술들도 구분되었다.

『통전』·『통지』·『문헌통고』에는 모두 사이四夷에 대한 서술이 수록되었다. 이를 『통전』에서는 「변방문」, 『통지』에서는 「사이전」, 『문헌통고』에서는 「사예고」라고 하였다. 『통지』에서는 20략이 아닌 「후비전」·「종실전」·「열전」과 같이 별도의 전傳의 체례를 따라 「사이전」을 기술하였다. 『통전』에서 체계를 성립한 이후 후대의 정서들도 그 전례에 맞춰 사이에 대하여 서술하게 된 것이다. 또한 중국의 입장에서 내치內治에 대해 다루었으니, 대외관계 즉 외치外治를 기술하여 마무리해야겠다는 의식이 반영되어 전체 체제의 마지막에 관련 내용이 배치되었다.

『통전』에서 「변방문」으로 제목을 붙인 것과 달리 『통지』에서는 「사이전」, 『문헌통고』에서는 「사예고」라고 한 점도 주요 차이점이다. 이는 서술 목적과 연관하여 해석할 수 있다. 두우는 국내 통치를 주안점에 두고, 변방邊方의 방어防禦를 중시하였기에 변방邊防이라는 제목을 붙인 것이다. 다만 그 내용을 보면 군사적인 방어보단 상대방에 대한 정보를 미리 습득하여, 교화를 통해 평화롭게 방비해야한다는 내용이 중심이다. 이와 달리 『통지』와 『문헌통고』는 중국 정사의 입장에 맞춰 사이 혹은 사예四裔에 대해 다루었다는 점에서 명칭을 부여하게 되었다.

『통전』·『통지』·『문헌통고』에서 사이 서술 중 한국사와 관련된 내용은 동이로 구분하였다. 각 서적의 동이편東夷篇 체제를 파악하기 위하여, 권별로 구분하여 수록 국가를 정리하면 〈표 64〉와 같다.

〈표 64〉『통전』·『통지』·『문헌통고』의 동이 부문 비교

서명	권	구분	분류
『통전』	권185「변방문」1	동이 상	序略 朝鮮 濊 馬韓 辰韓 弁辰 百濟 新羅 倭 夫餘 蝦夷
	권186「변방문」2	동이 하	高句麗 東沃沮 挹婁 勿吉【靺鞨】扶桑 女國 文身 大漢 流求 閩越
『통지』	권194「사이전」1	동이	東夷序略 朝鮮 濊 馬韓 辰韓 弁韓 弁辰 百濟【耽牟羅國】新羅 倭 夫餘 高句麗 東沃沮【北沃沮】挹婁 勿吉[靺鞨] 扶桑【女國】文身【大漢】流求 閩粵
『문헌통고』	권324「사예고」1	동(東) 1	東夷總序 朝鮮 濊 馬韓 辰韓 弁辰 夫餘 倭【日本】
	권325「사예고」2	동 2	高句麗
	권326「사예고」3	동 3	豆莫婁 百濟 新羅 沃沮 挹婁 勿吉【黑水靺鞨】渤海 蝦夷
	권327「사예고」4	동 4	扶桑 女國 文身 大漢 侏儒國 長人國 琉球 女眞 定安

『통전』은 전권全卷 200권으로, 「변방문」은 권185부터 권200까지 총 16
권에 해당한다. 『통지』 역시 전권 200권으로, 「사이전」은 권194부터 권
200까지 총 7권에 해당한다. 『문헌통고』는 전권 348권으로, 「사예고」는
권324부터 권348까지 총 48권에 해당한다. 『통전』은 중국 정사正史의 내용
중에서 여러 국가들을 분류하고 그에 대한 사적을 간략하게 작성하였다.
『통지』는 이를 간략하게 정리하여 대강의 상황을 파악할 수 있게 하였다.
반면 『문헌통고』는 기존 서술을 보강하는 차원에서 여러 권으로 구분하면
서 상세하게 작성되었으며, 시간적 범위도 남송대南宋代까지 확대된 점에서
차이를 보인다.

『통전』과 『통지』는 거의 유사한 내용으로 작성되었다. 국가별 배치 순서
마저도 거의 동일한 것으로 보았을 때, 『통지』가 『통전』의 체례를 그대로

참고한 것임을 알 수 있다. 다만 일부 차이점도 확인된다. 『통전』과 다르게 『통지』에서는 변한弁韓과 변진弁辰이 구분되었고, 하이蝦夷가 제외되었다. 또한 백제전百濟傳에 탐모라국耽牟羅國, 동옥저전東沃沮傳에 북옥저北沃沮, 물길전勿吉傳에 말갈靺鞨, 부상전扶桑傳에 여국女國, 문신전文身傳에 대한大漢이 부가 서술되었다는 점도 주요 차이점으로 거론할 수 있다.

『통전』은 각국에 대한 정보를 당대 전반기까지로 설정하여 서술하였다. 『통지』는 일반적으로 수대隋代까지의 사실을 기록했다고 전해지지만, 세부적인 내역은 각 전傳마다 차이를 보인다. 백제의 경우에는 멸망이 제대로 기술되지 않고, 수隋 대업大業 10년614에 조공한 기록까지만 확인된다.[76] 신라는 『통전』과 마찬가지로 김춘추金春秋가 당唐 정관貞觀 23년649에 내조內朝하였다는 기록으로 마무리되었다.[77] 고구려는 멸망 이후 함형연간咸亨年間, 670~673 초에 검모잠劍牟岑과 안순安舜이 고구려 재건을 도모하였다가 실패한 기록까지 확인된다.[78]

정초는 『문헌통고』에서 백제 기록을 수대에 해당하는 무왕대武王代까지만 작성하였지만, 신라와 고구려는 『통전』의 기록대로 당대唐代까지 서술하였다. 다만 백제의 경우도 "後天下亂 使命遂絶"라고 하여, 멸망에 대해 구체적으로 밝히지 않은 방식으로 서술하였다. 고구려는 중국에게 있어 장기간 전쟁을 치렀던 주요 국가였기 때문에 멸망을 상세하게 서술하였다. 신라는 "唐貞觀二十三年 其王金春秋 來朝拜爲特進 請改章服 以從華制"라고 하여

---

76 『通志』 卷194, 「四夷傳1」, 東夷, 百濟. "十年 復遣使朝貢 後天下亂 使命遂絶."
77 『通志』 卷194, 「四夷傳1」, 東夷, 新羅. "唐貞觀二十三年 其王金春秋來朝 拜爲特進 請改章服 以從華制."
78 『通志』 卷194, 「四夷傳1」, 東夷, 高句麗. "咸亨初 其餘類 有酋長劍牟岑者 率叛人 立高藏外孫安舜爲王 詔左衛大將軍高偘討平之 自是餘衆不能自保 散投新羅靺鞨等國 其土地盡 入于靺鞨 高氏君長遂絶."

『통전』의 서술처럼 신라가 중화中華에 교화되었음을 강조하는 방향에 방점을 찍었다.

『문헌통고』는 원대에 편찬되었으므로 수록한 시대 범위가 더욱 넓게 나타난다. 고구려에 대한 기록이 특히 길어졌는데, 이는 고려高麗 관련 기록도 포함되었기 때문이다. 후당後唐 장흥연간長興年間, 930~933에 권지국사權知國事 왕건王建을 고려국왕高麗國王으로 봉하였다는 기록 이래로,[79] 남송 경원연간慶元年間, 1195~1200까지 이어진다. 『문헌통고』에서는 고구려와 고려를 동일한 국가로 인지하였으며 자연스럽게 계승한 것으로 파악하고 있다. 신라는 장흥長興 4년933에 권지국사 김부金溥가 사신을 보냈으며, 후진後晉 이후로 다시 오지 않았다고 하였다.[80] 『통전』·『통지』와 달리 『문헌통고』는 통일신라까지의 정황이 기록되었지만, 구체적으로 언제 멸망하였는지까지 상세히 기록하진 않았다. 이처럼 『문헌통고』는 기존의 기록들을 보완하는 모습을 보인다.

『문헌통고』역시 『통전』을 바탕으로 작성된 모습을 보인다. 다만 4권으로 분량이 확대되면서 여러 국가가 추가로 수록되고, 세부 기록 또한 더욱 더 상세하게 기술된 경향을 보인다. 『통지』와는 달리 변한과 변진을 합쳐서 변진으로만 기술한 점이 특징이다. 삼한三韓은 주지하듯이 마한馬韓과 진한辰韓과 변한弁韓, 弁辰으로 기록되는데, 『삼국지三國志』에서는 변한과 변진이 함께 기록된 반면,[81] 『후한서後漢書』에서는 변진으로만 기록하였다.[82] 『통전』과

---

79 『文獻通考』卷325, 「四裔考2」, 東 2, 高句麗. "長興中 權知國事王建承高氏之位 遣使朝貢 以建爲玄菟州都督 充大義軍使 封高麗國王."

80 『文獻通考』卷325, 「四裔考2」, 東 2, 高句麗. "長興四年 權知國事金溥遣使來 朴英·溥次卒立 史皆失記 自晉以後不復至."

81 『三國志』卷30, 「魏書30」, 烏丸鮮卑東夷傳, 東夷, 韓. "有三種 一曰馬韓 二曰辰韓 三曰弁韓 (…중략…) 弁辰亦十二國, 又有諸小別邑 (…중략…) 弁辰與辰韓雜居 亦有城郭."

82 『後漢書』卷85, 「列傳75」, 東夷列傳, 三韓. "韓有三種 一曰馬韓 二曰辰韓 三曰弁辰."

408   『통전』의 한국고대사 인식 연구

『문헌통고』는 『후한서』의 기록을 준용하여 변진으로만 기록한 반면, 『통지』는 『삼국지』를 참고하여 변한과 변진 모두를 기록한 것이다.

『문헌통고』는 『통전』이나 『통지』와 달리 두막루豆莫婁·발해渤海·주유국侏儒國·장인국長人國·여진女真·정안定安을 새롭게 추가하였다. 주유국은 『통전』에서는 왜절倭節에 수록되긴 하였지만, 별도로 입전立傳되지는 않았었다. 두막루는 『북사北史』와 『위서魏書』에 입전되었지만, 『통전』에서는 확인되지 않는다. 발해는 『구당서舊唐書』와 『신당서新唐書』에서는 북적北狄에 포함되었으며, 정안定安은 『송사宋史』 외국전外國傳에서 유구·발해·일본·탕구트黨項 함께 수록되었다. 여진은 중국 정사에 별도로 입전되지 않았지만, 『문헌통고』에서는 별도로 다루어졌다는 점이 특기할만 하다. 장인국長人國은 『신당서』 신라전新羅傳에서 그 존재가 확인된다. 이처럼 『문헌통고』는 『통전』·『통지』의 내용을 참고하면서 보완하여 작성한 점이 주요 특징이다.

『통전』은 후대에 편찬한 『통지』와 『문헌통고』의 체제 구성에 있어 전범典範이 되었다. 『통지』는 기전체의 형식으로 작성되었기에 『통전』에서 다룬 내용을 20략으로 약술略述하여 작성하였다. 반면 『문헌통고』는 남송대의 지식까지 풍부하게 활용하면서 기존보다 다양한 측면에서 보완하였다. 『통지』는 수대까지의 내용을 다룬다는 원칙으로 작성되었으나, 모든 사례에서 동일하게 적용되진 않았다. 『문헌통고』는 고려시대까지 포괄하면서 『통전』과 『통지』의 내용을 보완하는 모습을 보여준다.

2) 각 사서의 동이 서문 구성과 내용 비교

『통전通典』·『통지通志』·『문헌통고文獻通考』에서 대외관계 즉 사이四夷에 대한 기록은 모두 각 서적의 제일 뒤쪽에 배치되었다. 이는 중국 정사에서 외국전을 제일 뒤에 배치하는 전통을 따른 것이면서, 내치內治 외에 외치外治에도 신경써야 한다는 의식이 반영된 결과이다. 외국에 대한 정보를 서술하기 앞서 각 서적에서는 서문을 배치하였다. 사이와 관련되어 작성된 서문은 크게 2종류가 있다. 하나는 각 문門, 즉『통전』「변방문邊防門」,『통지』「사이전四夷傳」,『문헌통고』「사예고四裔考」에 서술 목적과 저자의 인식이 반영된 서문이 있으며, 다른 하나는 동이목東夷目과 동이전東夷傳 앞에 배치하여 동이에 대한 인식과 구성에 대해 서술한 서문이 있다.

『통전』에서는「변방문」을 본격적으로 다루기 전에 변방 서邊防序를 배치하였다. 이른바 총서總序를 두어서 변방에 대한 두우의 인식과 관념을 고스란히 보여주었다. 이와 달리『통지』에서는「사이전」서문序文을 두지 않고 곧바로 동이서략東夷序略을 제시하였다.『문헌통고』의 경우에는『통전』총서 즉「변방문」서문을 인용하면서 글을 시작하였다. 그 내용을 보면『통전』과 비교하여 큰 차이점이 보이지 않고 거의 동일하게 구성되어 있다.[83]

더구나 일부 연대年代 표기의 경우에도 동일하게 나타난다. 이를테면『통전』에서는 "我國家開元・天寶之際 宇內謐如 邊將邀寵 競圖勳伐"라는 문구가 보이는데, 이는『문헌통고』에서도 동일하게 나타난다.[84] 주지하듯이 개원開元, 713~741과 천보天寶, 742~756는 당 현종唐玄宗의 연호이기 때문에, 남송대의 마단림이 사용하기에는 다소 어색한 표현이라 할 수 있다. 즉 마단림

---

83 『문헌통고(文獻通考)』「사예고(四裔考)」의 서문(序文)은『통전(通典)』「변방문(邊防門)」의 서문과 거의 일치한다. 그 일문(逸文)을 제시하면 다음과 같다.『文獻通考』卷324,「四裔考1」, 東 1. "通典・總序曰 覆載之內 日月所臨 華夏居土中 生物受氣正【李淳風云 談天者八家 其七家甘氏・石氏・渾天之類 以度數推之 則華夏居天地之中也 歷代史 倭國一名日本 在中國東 扶桑復在倭國東 約去中國三萬里 近日出處 貞觀中 骨利幹國獻馬使云 國在京師西北二萬餘里 夜短晝長 從天色暝時煮羊足 才熟而東方已曙 蓋近日入處 今崖州直南水行 便風十餘日到赤土國 其國到五月亭午 物影却在南 一日三food飯皆旋炊 不然 遂巡過時 即便臭敗 熱氣時特甚 蓋去日較近 其地漸遠轉寒 蓋去日稍遠 則洛陽告成縣土圭居覆載之中明矣 唯釋氏一家 論天地日月怪誕不可知也】."
84 『文獻通考』卷324,「四裔考1」, 東 1. "我國家開元・天寶之際 宇內謐如 邊將邀寵 競圖勳伐"

은 기존에 작성된 두우의 글을 크게 수정하지 않고 그대로 수용한 것으로 볼 수 있다. 이는 『통전』 「변방문」의 편찬 취지를 동조한 결과로 해석할 수 있으나, 연대 표현 수정을 하지 않은 것은 문제점으로 지목할 수 있다.

『통전』·『통지』·『문헌통고』에서는 모두 동이 서문이 기재되었다. 이를 통해 각 서적에서 동이에 대한 관념이 어떠하였는지를 살펴볼 수 있다. 『통전』 「변방문」 동이목 서문의 내용에 대해서는 기존 연구에서 이미 분석되었기 때문에, 이번 항에서는 『통지』·『문헌통고』에 기재된 동이 서문의 내용을 살펴보도록 하겠다.

『통지』 동이전 서문과 『문헌통고』 동이총서의 내용을 보면 공통점도 있지만 차이점도 크게 나타난다. 두 기록을 상호 비교하기 위하여 〈표 65〉를 작성하였다. 서로 동일하게 확인되는 기록은 음영을 넣어 표시하였다.[85]

〈표 65〉 『통지』와 『문헌통고』의 동이 서문 비교

연번	『통지』 동이전 서문(A)	『문헌통고』 동이총서(B)	내용 구분
T-1	王制云 東方曰夷 夷者抵也 言仁而好生 萬物抵地而出 故天性柔順 易以道御 至有君子不死之國焉【山海經曰 君子國衣冠帶劍 食獸 使二文虎在旁 外國圖曰 去琅邪三萬里 山海經曰 不死人在交脛東 其爲人黑色 壽不死 並在東方也】夷有九種曰 畎夷·千夷·方夷·黑夷·白夷·赤夷·元夷·風夷·陽夷 故孔子欲居九夷也 九夷率皆土著 意飮酒歌舞 或冠弁衣錦 器用俎豆 所謂中國失禮 求之四夷	東夷【白虎通云 夷者蹲也 言無禮儀 或云夷者抵也 言仁而好生 萬物抵地而出 故天性柔順 易以道禦】有九種 曰畎夷·方夷·黃夷·白夷·赤夷·玄夷·風夷·陽夷·千夷 率皆土著[遲略切] 喜[許判切]飮酒·歌舞 或冠弁衣錦 器用俎豆 所謂中國失禮 求之四夷者也【凡蠻·夷·戎·狄總名曰夷者 猶公·侯·伯·子·男皆號諸侯】	동이 개념 구이(九夷)

---

85 여기에서 제시하는 『통지(通志)』는 漢リポ Kanseki Repository(https://www.kanripo.org)에서 제공하는 원문과 중국철학서전자화계획(中國哲學書電子化計劃, http://www.ctext.org)에서 제공하는 절강대학도서관(浙江大學圖書館) 이조당사고전서회요(摛藻堂四庫全書薈要) 영인본(影印本) 및 동북아역사넷에서 제공하는 『고조선단군부여자료집』의 원문을 참고하였다. 『문헌통고』는 중국철학서전자화계획의 명가정보욱당간본(明嘉靖寶旭堂刊本) 원문과 홍콩중문대학도서관(香港中文大學圖書館)의 영인본을 참고하였음을 밝힌다. 『통전』의 경우에는 중국철학서전자화계획에서 제공하는 원문과 2016년 중화서국(中華書局)에서 출간한 『통전』 점교본(點校本)을 참고하였다.

연번	『통지』동이전 서문(A)	『문헌통고』동이총서(B)	내용 구분
	者也		
T-2	昔堯命羲仲宅嵎夷 曰暘谷 蓋日之所出也, 夏后氏太康失德 夷人始畔 自少康已後 世服王化 逐賓於王門 獻其樂舞 桀爲暴虐 諸侯內侵 殷湯革命 伐而定之 至於仲丁 藍夷作冠 自是或服或畔 三百餘年 武乙衰敝 東夷寖盛 逐分遷淮·岱 漸居中土	昔堯命羲仲宅嵎夷 曰暘谷 蓋日之所出也, 夏后氏大康失德 夷人始叛 其後知后發即位 賓於王門 獻其樂舞 桀爲暴虐 諸侯內侵 商湯革命 伐而定之 至於仲丁 藍夷作冠 自是或服或叛 三百餘年 武乙弊 東夷浸盛 逐分遷淮·岱 漸居中土	주대 이전의 동이
T-3	及武王滅紂 肅愼来獻石砮楛矢 管·蔡畔周乃招誘夷狄 周公征之 逐定東夷 康王之時 肅愼後至 後徐夷僭號 乃率九夷 以伐宗周 西至河上 穆王畏其方熾 乃分東方諸侯 命徐偃王主之 偃王處潢池東地方五百里 行仁義 陸地而朝者三十有六國 穆王後得驥騄之乘 乃使造父御以告楚 令伐徐 一日而至 於是楚文王大擧兵而滅之 偃王仁而無權 不忍鬪其人 故致於敗 乃北走彭城武原縣東山下 百姓随之者以萬數 因名其山爲徐山 厲王無道 淮夷入寇 王命虢仲征之 不克 宣王復命召公伐而平之 及幽王滛亂 四夷交侵 至齊桓修霸 攘而郤焉 及楚靈會申 亦来豫盟 後越遷琅邪 與共征戰 逐陵暴諸夏 侵滅小邦 秦并六國 其淮·泗夷皆散爲民戶	周初 封商太師國於朝鮮【太師爲周陳洪範 其地今安東府之東 悉爲東夷所據】時 管·蔡畔周 乃招誘淮夷作亂 周公征定之 其後徐夷僭號 穆王命楚滅之【徐偃王也】至楚靈王會申 亦來同盟 後越遷琅邪 逐陵暴諸夏 侵滅小國 秦并天下 其淮·泗夷皆散爲人戶	주대부터 선진의 동이
T-4	陳涉起兵 天下崩潰 燕人衛滿避地朝鮮 因王其國 百有餘歲 武帝滅之 於是東夷始通上京 王莽篡位 貊人冠邊 建武之初 復来朝貢 時遼東太守祭肜威讐北方 聲行海表 於是濊·貊·倭·韓萬里朝獻 故章·和已後 使聘流通 逮永初多難 始入冠抄 桓靈失政 漸滋蔓焉 漢末公孫氏據遼東五十年 魏·晉又得其地 其三韓之地 在海島之上 朝鮮之東 南百濟·新羅 魏·晉以後 分王韓地	其朝鮮歷千餘年 至漢高帝時滅 武帝元狩中 開其地 置樂浪等郡 至後漢末爲公孫康所有 魏·晉又得其地 其三韓之地 在海島之上 朝鮮之東南百濟·新羅 魏·晉以後分五韓地	진·한대의 동이 고조선과 삼한
T-5		新羅又在百濟之東南 倭又在東南[倭 烏和反] 隔越大海 夫餘在高麗之北 挹婁之南 其倭及夫餘自後漢 百濟·新羅自魏 歷代並朝貢中國不絕 而百濟 唐顯慶中蘇定方滅之	신라·왜·부여·백제
T-6	高麗本朝鮮地 漢武置縣屬樂浪郡 時甚微弱 東漢以後 累代皆受中國封爵 所都平壤城 則故朝鮮國王險城也 後魏·周	高麗本朝鮮地 漢武置縣 屬樂浪郡 時甚微弱 後漢以後 累代皆受中國封爵 所都平壤城 則故朝鮮國王險城也 後魏·周	고구려

연번	『통지』 동이전 서문(A)	『문헌통고』 동이총서(B)	내용 구분
	・齊漸以疆盛 隋文帝時 冠遼西 漢王諒 帥兵討之 至遼水遭癘疫而返 煬帝三度 親征 初渡遼水敗績 再行 次遼水 會楊玄 感反奔退 又往將達涿郡屬 天下賊起及 饑饉 旋師 唐貞觀中 太宗親征遼破之 高 宗總章初 英國公李勣逐滅其國	・齊漸强盛 隋文帝時 冠盜遼西 漢王諒 帥兵討之 至遼水遭癘疫而返 煬帝三度 親征 初渡遼水敗績 再行 次遼水 會楊元 感反 奔退 又往將達涿郡屬 天下賊起及 饑饉 旋師 貞觀中 太宗又親征 度遼破之 高宗總章初 英國公李勣逐滅其國	
T-7	古之肅慎疑 即魏時挹婁 自周初貢楛矢 ・石砮 至魏常道鄕公末 東晉元帝初 及 石虎時 並皆獻之 後魏以後 曰勿吉國 唐 則曰靺鞨焉 大抵東夷書文與華夏並同 其閩越之地 秦平天下以爲郡 及秦亂其 帥又自稱王於故地 武帝元封初 樓船將 軍楊僕滅其國 遷其人於江淮間 而虛其 地 自後雖人庶復集 遂爲郡縣矣	古之肅慎 宜卽魏時挹婁 自周初貢楛矢 ・石砮[楛音戶] 至魏常道鄕公末 東晉 元帝初 及石季龍時 始皆獻之 後魏以後 曰勿吉國 今則曰靺鞨焉 大抵東夷書文 並同華夏 其閩越之地 秦平天下以爲郡 及秦亂 其 帥又自稱王於故地 武帝元封初 楊僕滅 其國 遷其人於江淮 虛其地 自後 雖人庶 復集 遂爲郡縣矣	숙신・밀월
T-8		范曄論曰 王制云 東方曰夷 夷者 抵也 言 仁而好生 萬物抵地而出【事見風俗通】故 天性柔順 易以道御 至有君子・不死之國 焉 山海經曰 君子衣冠帶劍 食獸 使二文 虎在傍 外國圖曰 去瑯琊三萬里 山海經 曰 不死人在交脛東 其國人黑色 壽不死 並在東方 昔箕子逢衰殷之運 避地朝鮮 始其國俗未有聞也 及施八條之約 使人知 禁 遂乃邑無淫盜 門不夜局[局 關也]回頭 薄之俗 就寬略之法 行數百千年 故東夷 通以柔謹爲風 異乎三方者 苟政之所暢 則道義存焉 仲尼懷憤 以爲九夷可居 或 疑其陋 子曰 君子居之 何陋之有 亦徒有 以焉爾 其後遂通接商賈 漸交上國 而燕 人衛滿擾雜其風[擾 亂也] 於是從而澆異 焉 老子曰 法令滋彰 盜賊多有 若箕子之 述文條而用信義 其得聖賢作法之原矣	동이관 (東夷觀)

　〈표 65〉에서는 『통지』 동이전東夷傳 서문을 A, 『문헌통고』 동이총서東夷總
序를 B로 구분하고 T-1~8번까지 번호를 부여하였다. 각 서적에 기재된 순
서대로 기록을 제시하되, 해당 내용의 주제를 간략하게 구분하여 표시하였
다. 전반적으로 8개의 주제로 구분할 수 있는데, 이 중에서 T-A-5와
T-A-8은 내용 구성상 T-B-5・8에 상응하는 것이 없어 A의 해당 부분을

공란으로 두었다.

A와 B는 자체적으로 작성한 기록보다 다른 서적의 영향을 크게 받아 작성되었다. T-A는『후한서後漢書』동이열전東夷列傳 서序의 영향을 크게 받아 작성하였는데, T-A-1~4는『후한서』의 기록과 거의 일치한다. T-A-4 일부와 T-A-6·7은『통전』「변방문」동이목東夷目 서문의 영향을 크게 받아 작성되었다. B의 경우 특히 T-B-1~7은『통전』「변방문」동이목 서문의 내용과 거의 일치한다. T-B-8은 마단림이 자체적으로 작성하되, 앞부분은『후한서』를 크게 참고하였으며, 이후에는 본인이 확보한 자료를 바탕으로 작성한 것이다.

T-A-1과 T-B-1은 공통점도 있지만 차이점도 여럿 확인된다. T-A-1은『예기禮記』왕제편王制篇과『산해경山海經』·『외국도外國圖』가 주요 전거典據로 제시되었으며『후한서』의 기록을 거의 그대로 제시하였다.[86] 반면 T-B-1은『백호통白虎通』이 전거로 활용되고 있으며『통전』을 거의 그대로 제시하였다.[87] 다만『통전』조차도 동이에 대한 개념 설명은『후한서』를 참고하여 작성된 것이므로, 결국 모두『후한서』를 원전原典으로 삼는다고 할 수 있다.

다만 T-A-1과 T-B-1에서 구이九夷의 명칭이 약간 다르게 기술된 점도 주목된다. 둘 다 견이畎夷·방이方夷·백이白夷·적이赤夷·풍이風夷·양이陽夷는

86『後漢書』卷85,「列傳75」, 東夷列傳.“王制云 東方曰夷 夷者 柢也 言仁而好生 萬物柢地而出【事見風俗通】故天性柔順 易以道御 至有君子 不死之國焉【山海經曰 君子國衣冠帶劒 食獸 使二文虎在旁 外國圖曰 去琅邪三萬里 山海經又曰 不死人在交脛東 其爲人黑色 壽不死 並在東方也】夷有九種【竹書紀年曰 后芬發即位三年 九夷來御也】曰畎夷·于夷·方夷·黃夷·白夷·赤夷·玄夷·風夷·陽夷【竹書紀年曰 后泄二十一年 命畎夷·白夷·赤夷·玄夷·風夷·陽夷 后相即位二年 征黃夷 七年 于夷來賓 後少康即位 方夷來賓也】故孔子欲居九夷也.”

87『通典』卷185,「邊防門1」, 東夷 上, 序略.“東夷【白虎通云 夷者蹲也 言無禮儀 或云 夷者柢也 言仁而好生 萬物柢地而出 故天性柔順 易以道禦】有九種 曰畎夷·方夷·于夷·黃夷·白夷·赤夷·玄夷·風夷·陽夷 率皆土著[遲略反] 喜飲酒[喜 許利反]·歌舞 或冠弁衣錦 器用俎豆 所謂中國失禮 求之四夷者也【凡蠻·夷·戎·狄 總名四夷者 猶公·侯·伯·子·男 皆號諸侯】.”

동일하게 기재되었지만, T-A-1에서는 천이千夷·흑이黑夷·원이元夷, T-B-1
에서는 우이于夷·황이黃夷·현이玄夷로 기록되었다. 『후한서』의 경우 B-1과
동일하게 적혀 있으며, 이는 『통전』도 마찬가지이다. A-1에서 천이·원이
는 우이·현이의 오자誤字 혹은 자형字形의 차이로 볼 수 있지만, 황이를 흑이
로 작성한 것은 쉬이 이해되지 않는다. 아무래도 이 점은 정초가 『산해
경』을 언급하며 "不死人在交脛東 其爲人黑色"라고 한 기록에 착안하여 수
정한 것이 아닌가 생각된다.

　마지막 부분에는 음주가무飮酒歌舞를 즐긴다는 것과 조두俎豆를 사용한다
는 기록이 보이는데, 이는 『후한서』에서는 보이지 않으며, 『통전』의 기록
을 바탕으로 한 것이다.[88] 동이의 성정性情을 설명하기 위한 의도로 작성된
것이며, 이를 통해 T-A-1이 일방적으로 『후한서』만 참고한 것이 아닌, 필
요에 따라 『통전』의 내용을 반영하여 작성하였음을 알 수 있다.

　T-A-2와 T-B-2는 요堯부터 상대商代 무을武乙까지의 동이에 대한 기록
이다. 일부 내용 즉 소강少康과 후발后發에 대해서는 서로 차이가 나긴 하
지만 전체적으로 유사한 맥락에서 작성되었다. 전체적으로 유사하게 기록된
이유는 B-2가 『통전』을 거의 그대로 제시하였는데,[89] 그 『통전』이 『후한
서』의 영향을 받은 것이고, 마찬가지로 T-A-2는 『후한서』의 기록을 거의
그대로 반영하였기 때문이다.[90] T-A-2와 T-B-2의 서술 대상은 선진시대

---

88 『通典』 卷185, 「邊防門1」, 東夷 上, 序略. "或冠弁衣錦 器用俎豆 所謂中國失禮 求之四夷者也【凡蠻·
　　夷·戎·狄 總名四夷者 猶公·侯·伯·子·男 皆號諸侯】."
89 『通典』 卷185, 「邊防門1」, 東夷 上, 序略. "昔堯命羲仲宅嵎夷 曰暘谷 蓋日之所出也 夏后氏太康失德
　　夷人始叛 其後至后發即位 賓于王門 獻其樂舞 桀爲暴虐 諸夷內侵 商湯革命 伐而定之 至於仲丁 藍夷作
　　寇 自是或服或叛 三百餘年 武乙衰弊 東夷浸盛 遂分遷淮·岱 漸居中土."
90 『後漢書』 卷85, 「列傳75」, 東夷列傳. "昔堯命羲仲宅嵎夷 曰暘谷 蓋日之所出也 夏后氏太康失德 夷人
　　始畔 自少康已後 世服王化 遂賓於王門 獻其樂舞 桀爲暴虐 諸夷内侵 殷湯革命 伐而定之 至于仲丁 藍
　　夷作寇 自是或服或畔 三百餘年 武乙衰敝 東夷濅盛 遂分遷淮·岱 漸居中土."

先秦時代 동이에 해당하는데, 지리적으로는 현재 산둥성山東省 중남부의 산악
지대와 그 주변의 구릉 및 평원에 있었던 주민과 정치체였다.[91] 『후한서』를
작성한 범엽范曄은 동이에 대해 중국 본토에 있던 종족을 주로 일컬었으며,
이러한 의식이 『통지』에도 그대로 반영된 것으로 볼 수 있다.

T-A-3과 T-B-3은 주대周代 이후부터 진대秦代까지의 동이에 대해 다루
었다는 점에서는 공통되나, 내용 면에서는 차이점이 크게 나타난다. 둘 다
주周 초의 무왕武王에 대한 언급이 앞부분에 배치되었다. 다만 기록의 초점
이 다르게 되어 있는데, T-A-3에서는 숙신肅愼이 석노石砮와 호시楛矢를 바친
내용을 거론하였다면, T-B-3에서는 상 태사商太師 즉 기자箕子를 조선朝鮮에
봉封했다고 하였다. 두우는 고조선古朝鮮의 중요성 때문에 기자를 서문에 언
급하였고, T-B-3은 그러한 두우의 기록을 그대로 답습하였다. 이 과정에
서 협주夾註도 그대로 반영하였는데, T-B-3에서 "其地今安東府之東"라고
작성한 점은 문제점으로 지목할 수 있다. 이는 두우가 당대唐代의 시점에서
'금今'이라고 하였는데 마단림이 수정 없이 반영하였기 때문이다.

이 외에 관숙管叔과 채숙蔡叔의 난, 주공周公의 정벌, 서이徐夷가 왕을 칭한
것, 주 목왕周穆王에 대한 기록은 모두 동일하게 보인다. 다만 서언왕徐偃王에
대해 T-B-3은 간략하게 작성한 것에 비해 T-A-3은 상세하게 작성하여
차이를 보인다. 서언왕의 활동 범위는 회수淮水와 사수泗水 유역으로 볼 수
있는데,[92] 두우는 회이淮夷를 동이와 관련하여 크게 중요하지 않게 여겨 관
련 기록을 상당수 삭제하였고, 이는 T-B-3에 그대로 반영되었다.

T-A-4와 T-B-4는 둘 다 고조선에 대한 언급이 확인된다는 점에서 의

---

91 김정열, 「西周時代의 東夷」, 『崇實史學』 32, 숭실사학회, 2014, 230쪽.
92 金庠基, 「東夷와 淮夷・西戎에 對하여(續・完)」, 『東方學志』 2, 연세대 국학연구원, 1955, 19쪽.

의가 있다. 다만 T-A-4에서는 위만衛滿에 초점을 맞춘 반면, T-B-4에서는 한 고제漢高帝 때 멸망했다고 하여 기자조선箕子朝鮮에 중점을 두었다.[93] 이 역시 『후한서』와 『통전』의 관점 차이 때문에 기록이 다르게 된 것으로 볼 수 있다. 아울러 기자조선에 대한 개념이 제대로 정립되었는지에 대한 여부에서 비중이 다르게 기록된 것으로도 해석할 수 있다.

T-A-4에서는 한 무제漢武帝가 고조선을 멸망시킨 이후로 동이가 상경上京과 통하게 되였으며, T-B-4에서는 한 무제 때에 낙랑樂浪 등의 군郡을 설치하였다고 기재하였다. T-A-4에서는 이후 중국의 관점에서 왕망王莽 때와 후한後漢 때의 정황을 기록하였다. 후한 말의 공손씨公孫氏에 대한 서술을 보면 T-A-4에서는 50년간 요동遼東을 점거했다고 하였는데, 이는 『후한서』가 아닌 정초가 직접 서술한 내용에 해당한다. 『후한서』는 후한대後漢代까지의 역사를 서술하였기 때문에, T-A-4와 T-B-4에서 위魏·진晉 이후의 기록은 『통전』의 기록을 따라 서술하게 되었다. 다만 T-B-4에서는 위·진 이후 삼한 지역 서술에서 "分五韓地"라고 하여 T-A-4의 "分三韓地"와는 차이를 보이는데, 이는 '삼三'과 '오五'의 자형이 비슷하다보니 생긴 오각誤刻이다.

T-B-5에 대응되는 기록은 『통지』에서 확인되지 않는다. 이는 정초가 의도적으로 기록을 제외한 것이다. 정초는 범엽의 동이관東夷觀을 따라 『후한서』에 작성된 것처럼 선진先秦의 동이를 중심으로 작성하였다. 때문에 한반도 일대를 중심으로 하는 동이에 비중을 크게 두지 않았던 것으로 보인다. 더구나 백제는 『통지』 백제전百濟傳에서 기재하였듯이 수대隋代까지만 서술

---

93 송영대, 「『通典』「邊防門」東夷篇의 구조 및 찬술 목적」, 『史林』 57, 수선사학회, 2016, 149쪽.

하였다. T-B-5처럼 당대까지 작성된 서술을 피하려는 의도에서 관련 기록을 제시하지 않은 것으로도 해석할 수 있다. 반면 T-B-5에서는 『통전』을 따라 신라·왜·부여·백제에 대하여 간략하게 서술하였다.

T-A-6과 T-B-6은 고구려에 대한 기록이다. 고구려는 중국의 입장에서 중요한 국가였기에 두 서적 모두에서 비중 있게 다루어졌다. 둘 다 당대에 고구려가 멸망한 사실이 기재되었다. T-A-6 즉 『통지』는 본래 수대까지를 대상으로 기록할 의도로 작성되었으나, 고구려의 중요성에 착안하여 멸망까지 기록한 것으로 보인다. T-B-6은 「사예고」 고구려절高句麗節에서 고려高麗까지 다루고 있다는 점과 비교하여, 고려의 정황이 기술되지 않은 점은 한 계점으로 지목할 수 있다.

T-A-6은 『통전』의 기록을 그대로 제시하였지만, 시점에는 수정을 가하였다. 즉 T-B-6에서 '후한後漢'이라 작성한 것을 '동한東漢'으로 고친 것이다.[94] 이와 달리 T-B-6은 기존에 두우가 서술한 것을 그대로 제시하면서 별다른 수정을 가하지 않았다. 다만 양현감楊玄感의 이름을 T-A-6에서는 그대로 표시하였음에 비해, T-B-6에서는 피휘避諱하여 양원감楊元感으로 작성하였다는 점에서 차이를 보인다.[95]

T-A-7과 T-B-7은 거의 동일한 내용으로 되어 있다. 일부 세부적인 표현에서 약간의 차이를 보일 뿐, 두 기록 모두 『통전』을 바탕으로 하였으며, 숙신과 민월閩越에 대한 간략한 사항을 제시하고 있다. 이 기록에서도 시점

---

94 일반적으로 동한(東漢)은 오대십국시대(五代十國時代)에 후한(後漢)이 존재하기 때문에 서로를 구분하려는 의도로 작성된 것으로 일컬어진다. 참고로 동한의 용례(用例)는 당대(唐代) 초에 간행된 『남사(南史)』에서부터 확인된다. 『南史』 卷75, 「列傳65」, 隱逸 上, 顧歡. "案道經之作 著自西周 佛經之來 始乎東漢."

95 송 진종(宋眞宗) 대중상부(大中祥符) 5년(1012)에 조씨(趙氏) 시조(始祖)의 이름인 현랑(玄朗)을 피휘하여, 이후 각종 문헌에서는 '현(玄)'의 대자(代字)로 '원(元)'을 사용하였다. 王彦坤 編著, 『歷代避諱字彙典』, 鄭州 : 中州古籍出版社, 1997, 508~510쪽.

에 따른 차이가 보이는데, T-B-7에서는 "今則曰靺鞨焉"이라고 한 문구가, T-A-7에서는 "唐則曰靺鞨焉"이라 기재되었다. 이 역시 두우의 시점에서 '금今'이라 한 것을 T-B-7에서는 수정 없이 따른 것이고, T-A-7에서는 '당唐'으로 수정한 것이다. 아울러 T-A-7에서는 양복楊僕 앞에 누선장군樓船將軍이라는 장군호將軍號가 추가되었는데, 이는 정초의 지식을 반영하여 수정한 것으로 볼 수 있다.

T-B-8은 마단림이 추가적으로 작성한 글에 해당한다. "范曄論曰"에서 시작하여 "並在東方"이라 기재한 부분까지는 『후한서』의 내용을 제시한 것이다. 마단림은 『문헌통고』를 작성하면서 『통전』과 『통지』를 모두 참고하였는데, 동이총서에서는 『통전』의 기록만 제시하였다. 사료 인용이 일방적으로 치우치는 것을 보완하는 차원에서 『통지』에서처럼 『후한서』의 내용을 거론하며 보충한 것이다.

마단림은 "昔箕子逢衰殷之運"이라고 하면서 기자가 동이에 간 사실에 주목하였다. 공자가 "九夷可居"라고 한 내용은 기자에 의해 동이에 유근柔謹의 풍조가 생성되어, 도의道義가 남게 되었다고 보았기 때문이었다. 이와 대비되도록 위만에 의해 요잡擾雜한 풍조가 나타났다면서 노자老子를 언급하였다.

『통지』와 『문헌통고』의 동이 서문을 통해 정초와 마단림의 동이관을 엿볼 수 있다. 『통전』을 포함하여 모두 『후한서』를 작성한 범엽의 동이열전 서문의 영향을 크게 받은 것으로 나타난다. 다만 『통전』의 경우에는 『후한서』의 기록을 그대로 제시하기보다 본인의 지식을 바탕으로 수정하면서 내용을 재구성하는 모습을 보여주었다. 특히 『후한서』가 선진시대 동이에 대한 기록이 주가 된다는 점을 착안하여, 후한 이후 당대까지의 동이에 대한 정보를 간략하게 정리하여 제시하는 것에 주안점을 두었다.

이와 달리『통지』는 후한대 이전까지의 기록은 거의『후한서』를 그대로 반영하여 작성한 모습을 보인다. 일부 세부적인 표현에서는 차이가 있긴 하지만, 전반적인 맥락은『후한서』와 동일하다. 후한대 이후부터는『통전』의 기록을 그대로 반영하여 작성하는 경향을 보이지만, 정초의 입장에서 남송대라는 시점을 인지하면서 수정 사항을 반영하였다.『후한서』의 내용을 그대로 반영하였다보니 동이에 대한 관념이 한반도와 만주보다도 중국 동부 지역에 있던 선진시대 동이에 좀 더 초점이 맞춰졌다.

『문헌통고』는『통전』의 내용을 거의 그대로 반영하였다. 마단림의 경우『후한서』와『통지』역시 참고한 것으로 보이지만, 동이 국가들에 대한 서술을 위해서는『통전』의 내용을 제시하는 것이 적절하다고 판단한 것으로 보인다. 다만 이 과정에서 일부 수정이 되어야 할 내용이 제대로 수정되지 않은 모습을 보인다. 다만 서문 마지막 부분에『후한서』를 인용하고, 자신의 지식을 바탕으로 동이에 대한 추가적인 설명을 기입한 점이 눈에 띈다.『문헌통고』에서 다루는 시대가 남송대南宋代까지라는 점을 상기한다면, 당대까지의 지식이 포함된『통전』동이목 서문 이상의 내용을 적극적으로 개작改作하지 않은 점은 한계점으로 여겨진다.

3)『통지』·『문헌통고』의 동이 서술과『통전』의 영향

『통지通志』와『문헌통고文獻通考』는『통전通典』과 함께 삼통三通으로 일컬어지지만, 서술 목적은 서로 차이가 있다.『통지』는『사기史記』와 같은 통사通史의 완성을 목적으로 작성되었으며,『문헌통고』는『자치통감資治通鑑』의 미비한 부분을 보완하여『통전』과 같은 책을 편찬하겠다는 목적이 반영되었다. 또한 서술 범위가 각각『통전』·『통지』는 수대隋代까지라는 점인데 반해,

『문헌통고』는 남송대南宋代까지라는 점에서 차이를 보인다.

『통전』「변방문邊防門」동이목東夷目에는 서략序略을 비롯하여 20개국 즉 조선朝鮮·예예濊·마한馬韓·진한辰韓·변진弁辰·백제百濟·신라新羅·왜倭·부여夫餘·하이蝦夷·고구려高句麗·동옥저東沃沮·읍루挹婁·물길勿吉·부상扶桑·여국女國·문신文身·대한大漢·유구流求·민월閩越이 서술되었으며, 부가적으로 물길절勿吉節에서 말갈鞨鞨이 다루어 졌다. 『통지』는『통전』과 유사한 국가 배치가 이루어졌으며, 『문헌통고』는 이보다 국가의 수가 더 확대 기술되었다.

이번 항에서는『통지』와『문헌통고』에서 동이를 어떻게 서술하였는지 그 차이점을 파악하고자 한다. 둘 다『통전』의 영향을 받은 것으로 짐작되며, 기사 구성의 형태에 따라 영향 관계를 확인할 수 있을 것으로 생각된다. 다만 모든 국가들을 다루기에는 무리가 있으므로 한국고대사와 관련된 주요 국가 즉 조선·삼한·백제·신라·고구려에 대해 주로 살펴보았다.

① 『통지』의 주요 동이 국가 서술

『통지通志』동이전東夷傳은 동이서략東夷序略을 비롯하여 18개국 즉 조선·예·마한·진한·변한·변진·백제·신라·왜·부여·고구려·동옥저·읍루·물길·부상·문신·유구·민월이 서술되었다. 여기에 추가적으로 부가되어 서술된 국가로 탐모라국耽牟羅國·북옥저北沃沮·말갈鞨鞨·여국女國·대한大漢의 5개국이 있다. 『통전通典』과 비교하면 변한·탐모라국·북옥저가 추가된 반면, 하이가 빠졌으며 배치 순서는 거의 동일하다.

『통지』조선절朝鮮傳은『통전』조선절朝鮮節에서 협주夾註를 제외하고 작성하였으며, 초반부의 기자조선箕子朝鮮에 대한 내용을 비롯하여 전한前漢 초의 혜제惠帝와 고후高后 때까지의 기록은 거의 비슷하다.[96] 다만 위만조선衛滿朝鮮

에 대해『통전』에서는 간략하게 작성한 것과는 달리,『사기史記』조선열전朝鮮列傳의 기록을 참고하여 고조선과 전한의 전쟁을 상세하게 기술하였다. 또한 마지막 부분에는『한서漢書』조선전을 참고하여 진번眞番·임둔臨屯·낙랑樂浪·원도元菟의 4군郡을 설치했다고 하였다.[97] 즉 기본적인 구조는『통전』을 참고하되 위만조선에 대한 사항은『사기』와『한서』를 참고하여 작성하였음을 확인할 수 있다.

삼한은『삼국지三國志』에서 마한馬韓·진한辰韓·변한弁韓으로 기록되었으며,『후한서後漢書』에서는 마한·진한·변진弁辰으로 기록하였다. 다만『삼국지』를 보면 본문에서는 변진으로 기록되어 있음이 확인된다. 정초는 변한과 변진을 모두 수용하여 각각 별도로 입전하였다.『통전』에서 삼한에 대한 서술은 간략하게 작성하여, 각 소국小國의 명칭도 열거하지 않았다. 반면『통지』는『삼국지』를 참고하여 각국의 명칭을 열거하는 등 상세하게 작성한 모습을 보인다.

『통지』마한전馬韓傳의 마지막 부분을 보면 비리등십국裨離等十國이 수록되었다.『진사晉史』즉『진서晉書』를 인용하여 작성한 것인데, 본래『진서』에서는 왜인전倭人傳 뒤쪽에 수록되었다. 내용을 보더라도 숙신과 위치 관계상 연관되는데,[98] 그럼에도 불구하고 마한전에 배치한 점은 다소 의아하게 여겨진다. 이는 마한전에 동이교위東夷校尉 하감何龕이 등장하는데, 비리국 주변의 여러 나라에서도 동이교위 하감에게 사신을 보내 귀화를 청하였다는 연관성이 있기 때문에 마한전에 부가적으로 배치한 것으로 여겨진다.

---

96 『通志』卷194,「四夷傳1」, 東夷, 朝鮮. "會孝惠·高后時 天下初定 遼東太守即約滿爲外臣 保塞外."
97 『通志』卷194,「四夷傳1」, 東夷, 朝鮮. "故遂定朝鮮 爲眞番·臨屯·樂浪·元菟四郡." 여기에서도 현도(玄菟)를 원도(元菟)로 피휘한 양상이 확인된다.
98 『通志』卷194,「四夷傳1」, 東夷, 馬韓. "晉史載 裨離等十國云 裨離國在肅愼西北 馬行可二百日 領户二萬."

『통지』 변한전弁韓傳은『삼국지』의 변진 기록을 수정한 것으로,[99] 본래의 기록과 비교하여 변진에서 변한으로의 명칭만 바뀌어졌다.[100] 정초는『삼국지』에서 "一曰馬韓 二曰辰韓 三曰弁韓"이라 기록한 것 때문에,『통지』에서 변한을 별도의 국가로 구분하게 되었다.『통지』 변진전弁辰傳의 내용은 『삼국지』의 변진에 대한 기록과 동일하게 되어 있다.[101] 정초는 변한과 변진을 별도로 구분하는 게 옳다고 판단하여『삼국지』의 기사를 나누어서 별도로 입전하였다.『통지』 마한·진한·변한·변진전은『통전』보다『삼국지』와의 공통점이 크게 나타나며 각 기사를 나누어 입전하는 방식으로 서술하고, 여기에 다시『진서』를 참고하여 보완한 것으로 볼 수 있다.

『통지』 백제전百濟傳은『통전』 백제절百濟節과 비교하여 유사한 기록으로 시작한다. 특히『통전』에서는 고구려가 요동을 경략하였을 때, 백제도 요서遼西와 진평晉平 2군郡을 점거하였다면서, 당시 시점으로 유성柳城과 북평北平 사이라고 하였다.[102] 이와 동일한 기록이『통지』에도 있다는 점에서 주목된다.[103] 다만 백제의 지리적 위치에 대한 설명 이후로는 중국 정사를 참고하면서 작성한 것으로 보이며, 황칠黃漆에 대한 기사는 확인되지 않는다.

---

99 『三國志』卷30,「魏書30」, 烏丸鮮卑東夷傳, 東夷, 韓. "弁辰亦十二國 又有諸小別邑 各有渠帥 大者名臣智 其次有險側 次有樊濊 次有殺奚 次有邑借."

100 『通志』卷194,「四夷傳1」, 東夷, 弁韓. "弁韓亦十二國 又有諸小別邑 各有渠帥 大者名臣智 其次有險側 次有樊濊 次有殺奚 次有邑借."

101 『三國志』卷30,「魏書30」, 烏丸鮮卑東夷傳, 東夷, 韓. "弁辰與辰韓雜居 亦有城郭 衣服居處與辰韓同 言語法俗相似 祠祭鬼神有異 施竈皆在戸西 其瀆盧國與倭接界 十二國亦有王 其人形皆大 衣服絜清 長髮 亦作廣幅細布 法俗特嚴峻";『通志』卷194,「四夷傳1」, 東夷, 弁辰. "弁辰與辰韓雜居 亦有城郭 衣服居處與辰韓同 言語法俗相似 祠祭鬼神有異 施竈皆在戸西 其瀆盧國與倭接界 十二國亦有王 其人形皆大 衣服潔清 長髮 亦作廣幅細布 法俗特嚴峻."

102 『通典』卷185,「邊防門1」, 東夷上, 百濟. "晉時句麗既略有遼東 百濟亦據有遼西·晉平二郡【今柳城·北平之間】."

103 『通志』卷194,「四夷傳1」, 東夷, 百濟. "晉時高句麗既略有遼東 百濟亦據有遼西·晉平二郡【今柳城·北平之間】."

『통전』과 『통지』의 백제 서술 중에서 가장 큰 차이점은 백제왕百濟王이 중국에 사신을 보낸 연혁이다. 『통전』에서는 기존 정사正史에 비하여 간략하게 작성하여 최소한의 내용을 전달하는데 그쳤다. 이와 달리 『통지』에서는 구체적인 연호와 연대를 제시하면서 백제왕이 사신을 보냈다는 다양한 기록들을 제시하고 있다. 특히 여장餘璋 즉 무왕대武王代의 연혁이 제시되었는데, 그 연대로는 대업大業 3년607·7년611·8년612·10년614의 기록이 제시되었다. 수대까지의 정보를 수록하겠다는 목적이 반영된 것으로 보이지만, 이후 멸망하였다는 사실을 내포한 기록으로 마무리되었다.[104] 『통전』에 비해 연혁은 더욱 상세하게 기록되었지만, 멸망 관련 내용을 제대로 수록하지 않았다는 점은 한계점으로 지목할 수 있다.

『통지』 신라전新羅傳은 『통전』 신라절新羅節을 전반적으로 참고하여 작성되었다. 다만 일부 내용은 정초가 좀 더 내용을 보완하거나 글의 순서를 바꾸기도 하였다. 예를 들어 신라가 본래 백제에 속했다는 것과 가라임나伽羅任那를 정벌하였다는 기록이 있다. 이 기록은 『통전』에서는 진평왕眞平王에 대한 언급 다음에 위치하며, 이후 관등官等 기사가 배치되었다.[105] 반면 『통지』에서는 본래 신라의 왕이 백제왕이었다는 기록 뒤에 해당 기사를 수록하였고, 이후 중국과의 통교通交를 서술하였다.[106] 기사 내용은 거의 동일하나 좀 더 내용이 자연스럽게 연결되도록 수정한 것이다.

---

104 『通志』卷194,「四夷傳1」, 東夷, 百濟. "十年 復遣使朝貢 後天下亂 使命遂絶."
105 『通典』卷185,「邊防門1」, 東夷 上, 新羅. "其王姓金名眞平【隋東蕃風俗記云 金姓相承三十餘葉】文帝拜爲樂浪郡公·新羅王【其王至今亦姓金 按梁史云姓慕 未詳中間易姓之由】其先附屬於百濟 後因百濟征高麗 人不堪戎役 相率歸之 遂致強盛 因襲加羅·任那諸國 滅之【並三韓之地】其西北界 犬牙出高麗·百濟之間 官有十六等."
106 『通志』卷194,「四夷傳1」, 東夷, 新羅. "其王本百濟人 自海逃入新羅 遂王其國 初附属於百濟 後因百濟伐高麗 人不堪戎役 相率歸之 遂致彊盛 因襲伽羅任那諸國 滅之 其西北界犬牙出高麗·百濟之間 先是 其國小 不能自通使聘."

관등 기사에서는 『양사梁史』 즉 『양서梁書』를 언급하면서 내용을 보완하는 협주를 추가하기도 하였다. 신라전은 당唐 정관貞觀 23년649에 그 왕 김춘추金春秋가 내조하여 장복章服을 바꿀 것을 청하고 화제華制를 좇았다는 내용으로 마무리되었는데, 이는 『통전』의 기록을 따른 것이다.[107] 전반적으로 신라전은 『통전』을 바탕으로 하되 글의 순서를 바꾸거나 내용을 일부 보완하는 작업을 하였으며, 백제절과 달리 당대唐代 초반까지의 기록을 수록하였음을 확인할 수 있다.

『통지』 고구려전高句麗傳은 『통전』 고구려절高句麗節과 비교하여 여러 차이점이 확인된다. 둘 다 주몽설화朱蒙說話로 시작한다는 공통점이 있지만, 『통지』에서는 설화가 상세하게 작성되었다. 또한 『통전』의 기록 순서 중에서 어색한 부분을 수정하는 양상도 보인다. 예를 들어 5족族에서 5부部로의 명칭 변화가 『통전』에서는 서로 거리를 두고 배치되었는데, 『통지』에서는 이를 협주夾註로 처리하는 식으로 내용을 수정하였다.[108]

고구려전에서는 고구려의 멸망기록까지도 수록하였다. 멸망 이후의 정황도 기록되었는데 당 고종唐高宗 함형연간咸亨年間, 670~673 초에 검모잠과 안

---

107 『통전(通典)』에서 김춘추를 신라왕으로 표현한 것과 관련하여 중화사상에서 황제의 권위를 높이려는 의도로 후대의 사실을 소급하여 적용하였다고 볼 수 있다. 송영대, 「『通典』「邊防門」 東夷篇의 구조 및 찬술 목적」, 『史林』 57, 수선사학회, 2016, 159쪽. '위대한 대당제국에 입조한 신라왕과 당의 속국(屬國) 신라'라는 이미지를 만들기 위한 의도로 파악하기도 한다. 최진열, 「唐 前・後期 羅唐戰爭 서술과 인식－『唐會要』와 『通典』의 분석을 중심으로」, 『동북아역사논총』 56, 동북아역사재단, 2017, 176쪽. 이와 달리 최근에는 『태평환우기(太平寰宇記)』의 사례를 들어 '견(遣)'자를 출입 문제로 보는 견해도 제시되었다. 김희만, 「『通典』「邊防」 신라條의 구성과 찬술자의 신라 인식」, 『신라문화』 60, 동국대 신라문화연구소, 2022, 192쪽. 『통지(通志)』에서는 『통전』을 일방적으로 따르지 않고 필요한 사항들은 적극 수정하며 작성하였다. 반면 해당 기록은 동일하게 확인되는데, 이 점에서 정초 또한 두우의 견해에 찬동하였음을 알 수 있다.

108 『通志』 卷194, 「四夷傳1」, 東夷, 高句麗. "凡有五族 有消奴部・絶奴部・順奴部・灌奴部・桂婁部 【唐時 高麗五部 一曰內部 一名黃部 即桂婁部也 二曰北部 一名後部 即絶奴部也 三曰東部 一名左部 即順奴部也 四曰南部 一名前部 即灌奴部也 五曰西部 一名右部 即消奴部也】."

순이 고구려를 재건하려다 실패한 기록까지 기재되었다.[109] 고구려의 군장君長이 점차 끊어지게 되었다는 표현은 『통전』에서도 확인된다. 다만 두우의 경우에는 측천무후則天武后 성력聖曆 2년699에 적인걸狄仁傑이 올린 상소문上疏文을 기재한 것에 비하여, 정초는 이를 제외하였다. 이는 정초의 판단에 고구려의 내력을 설명하기에는 다소 불필요한 자료라고 생각하였기 때문으로 보인다.

『통지』는 전반적으로 『통전』의 체제를 따랐으며, 내용 구성에서도 유사한 부분이 다수 확인된다. 다만 주요 국가 기록을 통해 확인하였듯이 모든 국가가 『통전』과 동일하게 작성된 것은 아니었다. 중국 정사 중에서 정초의 판단에 좀 더 사실에 부합하는 기록들을 배치하기도 하였다. 다만 이 과정에서 변진과 변한을 구분한 점은 다소 아쉬운 부분이라 할 수 있다. 『통전』의 내용 중에서 구성 면에서 철저하지 않은 부분은 정초에 의해 다시 조정되기도 하였다. 이처럼 정초는 두우의 인식에 전반적으로 동의하면서도, 본인의 생각에 따라 일부분을 수정하거나 재배치하였으며, 불필요한 부분은 과감하게 삭제하는 면모를 보이기도 하였다.

② 『문헌통고』의 주요 동이 국가 서술

『문헌통고文獻通考』 동이목東夷目은 동이총서東夷總序를 비롯하여 25개국 즉 조선·예·마한·진한·변진·부여·왜·고구려·두막루·백제·신라·옥저·읍루·물길·발해·하이·부상·여국·문신·대한·주유국·장인국·유구·여진·정안이 서술되었다. 여기에 부가되어 서술된 국가로 일본日本과 흑수말

---

109 『通志』 卷194, 「四夷傳1」, 東夷, 高句麗. "咸亨初 其餘類 有酋長劍牟岑者 率叛人 立高藏外孫
      安舜爲王 詔左衛大將軍高侃討平之 自是餘衆不能自保 散投新羅靺鞨等國 其土地盡 入于靺鞨
      高氏君長遂絶."

갈黑水靺鞨 2개국이 있다. 『통전通典』과 비교하여 두막루·발해·주유국·장인국·여진·정안이 추가되었으며 민월은 제외되었다. 배치 순서는 전반적으로 비슷하지만, 기록의 분량에 따라 다르게 배열된 사례들이 확인된다. 예를 들어 고구려는 「사예고四裔考」 권2에 단독으로, 백제와 신라는 「사예고」 권3에 6개국과 함께 배치되었는데, 이는 해당 국가의 분량이 다소 많기 때문에 조정한 것으로 볼 수 있다.

『문헌통고』 조선절朝鮮節은 『통전』 조선절朝鮮節을 참고하되 기존 내용보다 여러모로 보완된 모습이 보인다. 예를 들어 『전서前書』 즉 『한서漢書』를 인용하여 팔조지교八條之敎의 내용을 협주로 추가하였다.[110] 동이총서에서 『통전』의 시점을 수정 없이 제시하였는데, 『문헌통고』는 이와 달리 『통전』에서는 '금今'으로 시점 표시한 것을 '당唐'으로 표시하는 등의 변화를 보였다.[111] 이러한 양상은 한사군漢四郡 설치에 대한 언급에서도 '금今'을 '후後'로 바꾼 것을 통해 알 수 있다.[112]

또한 『삼국지三國志』에 수록된 『위략魏略』을 인용하여 위만조선에 대한 내용도 상세하게 기술하였다. 위만조선에 대한 상세한 기술은 『통전』보다는 『통지通志』의 영향을 받은 것으로 여겨진다. 즉 도입부는 『통전』을 활용하였지만 이후 내용이 전개되면서 『한서』·『삼국지』 등 다양한 자료를 활용하면서 내용을 보충한 모습을 보인다. 총서와는 달리 마단림이 여러 기록을

---

110 『文獻通考』 卷324, 「四裔考1」, 東 1, 朝鮮. "箕子教以禮義·田蠶 又制八條之教【前書曰 其法相殺者 以當時償殺 相傷者以穀償 相盗者 男沒入爲其家奴 女子爲婢 欲自贖者 人五十萬 音義曰 八條不具見也】."

111 『通典』 卷185, 「邊防門1」, 東夷 上, 朝鮮. "秦滅燕 屬遼東外徼【秦遼東郡 今安東府之東地 及秦亂中國人往避地者數萬口】"; 『文獻通考』 卷324, 「四裔考1」, 東 1, 朝鮮. "秦滅燕 屬遼東外徼秦遼東郡【唐安東府之東地 及秦亂 燕·齊·趙人往避地者數萬口】."

112 『通典』 卷185, 「邊防門1」, 東夷 上, 朝鮮. "四時詣樂浪·帶方二郡朝謁【並今東夷之地】"; 『文獻通考』 卷324, 「四裔考1」, 東 1, 朝鮮. "遂定朝鮮爲眞番·臨屯·樂浪玄菟四郡【後悉爲東夷之地】."

보완하였다는 사실을 확인할 수 있다.

삼한三韓에 대한 기록을 보면『통전』보다는『삼국지』와『후한서後漢書』를 주로 참고하면서 관련 내용들을 서술한 것을 확인할 수 있다.『통전』에서는 간략한 서술을 추구하여 각 소국의 명칭이나 연혁에 대해 상세하게 나오지 않지만,『문헌통고』에서는 다양한 기록들을 추가로 기입하여『통전』보다 보완된 모습을 보이고 있다. 예를 들어 진한절辰韓節을 보면 각종 풍습 기록 다음으로 진 무제晉武帝 태강연간太康年間, 280~289에 3차례에 걸쳐 조공하였다는 연혁이 추가되었다. 시점 관련 기록에서도『통전』에서 '금今'으로 쓴 표현을『문헌통고』에서는 '당唐'으로 수정하였으며,[113]『통전』 변진절弁辰節의 기록을『문헌통고』에서는 마한절馬韓節로 배치하는 식의 변동이 이루어졌다.

『통지』에서는 변한弁韓과 변진弁辰을 구분하는 문제점이 보였지만,『문헌통고』에서는 변진으로 일원화하여 혼란이 초래되지 않도록 하였다. 대신 이 과정에서『통전』 변진절弁辰節에 비하여 그 내용이 축약되었다. 또한『통지』에서 비리등십국에 대한 기사를 수록한 것과 다르게,『문헌통고』에서는 이를 제외하였다. 즉『통전』에 비해 내용을 대폭 보완하고,『통지』와 비교하여 불필요한 부분을 삭제하는 수정이 이루어졌음을 알 수 있다.

『문헌통고』고구려절高句麗節은「사예고」에서 동이를 다룬 4권 중에서 1권 전체를 차지하고 있다. 이는 기존의『통전』이나『통지』에 비해 분량이 많이 늘어났기 때문이다. 분량이 늘어난 원인은 크게 두 가지를 지목할 수

---

113 『通典』卷185,「邊防門1」, 東夷 上, 弁辰. "獻帝建安中 公孫康分屯有·有鹽縣【屯有·有鹽並漢遼東屬縣 並今東夷之地】以南荒地爲帶方郡 遣公孫模·張敞等收集遺民 興兵代韓·濊 舊民稍出";『文獻通考』卷324,「四裔考1」, 東 1, 馬韓. "獻帝建安中 公孫康分屯有·有鹽縣【屯有·有鹽並漢遼東屬郡 唐並爲東夷地】以南荒地爲帶方郡 遣公孫模·張敞等收集遺民 興兵伐韓·濊 舊民稍出."

있는데, 하나는 기존 고구려절에 비해 기록 보완이 상당수 이루어졌다는 점이며, 다른 하나는 고구려뿐만 아니라 고려에 대한 기록도 포함되었기 때문이다. 『문헌통고』가 작성된 남송南宋-원대元代를 기점으로 할 때 고려는 현존現存하는 국가였으며, 중국과 잦은 교류가 있었기 때문에 다양한 사료가 남을 수 있었다.

고구려高句麗 관련 기록 중에서는 『통지』처럼 주몽설화가 상세하게 기재된 점이 눈에 띈다. 또한 고구려의 여러 왕들에 대한 연혁도 상세하게 기술되었다. 『통지』와 마찬가지로 고구려의 5족族이 5부部로 바뀌게 되었으며 그 명칭도 열거하였다. 『통지』에서 고구려에 대한 기록은 고씨高氏 군장이 모두 끊어지게 되었다는 것으로 마무리되며, 『통전』에서는 적인걸狄仁傑의 상소문이 여기에 추가되었다. 『문헌통고』에서는 이후 고구려 왕족 후손들이 조선군왕朝鮮郡王과 충성국왕忠誠國王, 안동도독安東都督을 역임하게 되는 상황까지 기재되었다.[114]

본격적으로 고려高麗에 대한 기록이 보이는 것은 후당後唐 동광同光 원년 923 기록이다. 당唐 말에 중원中原에 여러 일이 있었고, 스스로 군장을 세우게 되었다고 하면서 고씨 성을 가진 왕이 사신을 보냈으니 그 이름을 역사에 기록되지 않았다고 하였다. 이후 천성연간天成年間, 926~930을 지나, 장흥연간長興年間, 930~933에 권지국사 왕건이 고려의 왕으로 등장하게 된다.[115] 이후 고려와 중국, 특히 북송北宋과 남송과의 교류 사실에 대한 기록이 주를

---

114 『文獻通考』卷325, 「四裔考2」, 東 2, 高句麗. "舊城往往入新羅 遺人散奔突厥·靺鞨 由是高氏君長皆絕 垂拱中 以藏孫寶元爲朝鮮郡王 聖歷初 進左鷹揚衛大將軍 更封忠誠國王 使統安東舊部 不行 明年 以藏子德武爲安東都督 後稍自國 至元和末 遺使者獻樂工云."

115 『文獻通考』卷325, 「四裔考2」, 東 2, 高句麗. "唐末 中原多事 遂自立爲君長 後唐同光元年 遣使奉貢 其王姓高氏 名字史失不紀 天成中 復入貢 長興中 權知國事王建承高氏之位 遣使朝貢 以建爲玄菟州都督 充大義軍使 封高麗國王."

이루게 된다. 고려의 기록은 남송 경원연간慶元年間, 1195~1200까지 이어지며,[116] 마지막에는 고려와 남송의 교류에 대해 기술한 것으로 마무리되었다. 마단림은 당시 본인이 확보하였던 고구려와 고려 관련 기록을 정리하여 제시한 것이며, 고구려와 고려의 계승성을 자연스럽게 인지하는 모습이 확인된다. 이는 나아가 송대宋代에 널리 편찬된 유서類書들에 고구려와 고려 계승 관계 지식이 포함되면서 최종적으로 보편적, 대중적인 지식으로 자리잡았다고 할 수 있다.[117]

백제百濟와 신라新羅에 대한 기록은 「사예고」 권3에 기재되었다. 백제절百濟節의 시작 부분을 보면 『통전』과 유사한 방식으로 서술되었지만, 군데군데 내용을 보완한 모습이 확인된다. 『통전』에서 백제가 요서와 진평을 점거하였다는 기록에 시점이 '금今'으로 기재된 것을 '당唐'으로 기재하는 등 시점의 변화가 확인된다.[118]

『문헌통고』는 『통전』과 비교하여 역대 왕들의 연혁 기록이 크게 증가한 모습을 보여준다. 『통지』에서는 수대隋代까지의 기록만 서술한 반면에, 『문헌통고』에서는 백제의 멸망 과정을 상세하게 기술하였다. 멸망 이후 백강白江전투를 비롯하여 백제의 조국 회복운동을 상세하게 기록하였다. 『신당서新唐書』의 서술을 주로 참고하였으며, 측천무후則天武后 이후에 점차 사라지게 된 정황에 대해 기록하는 것으로 마무리되었다.[119]

116　『文獻通考』 卷325, 「四裔考2」, 東 2, 高句麗. "慶元閒 詔禁商人博易銅錢入高麗 朝廷亦絶之也."

117　정동훈, 「고려는 어쩌다가 고구려를 계승한 나라로 인식됐을까」, 『역사와 현실』 121, 2021, 244쪽.

118　『通典』 卷185, 「邊防門1」, 東夷 上, 百濟. "晉時句麗既略有遼東 百濟亦據有遼西·晉平二郡【今柳城·北平之間】"; 『文獻通考』 卷326, 「四裔考3」, 東 3, 百濟. "晉時 句驪既略有遼東 百濟亦略有遼西·晉平【唐柳城·北平之間】."

119　『新唐書』 卷220, 「列傳145」, 東夷, 百濟. "武后又以其孫敬襲王 而其地已爲新羅·渤海靺鞨所分 百濟遂絶"; 『文獻通考』 卷326, 「四裔考3」, 東 3, 百濟. "武后又以其孫敬襲王 而其地已爲新羅·渤海靺鞨所分 百濟遂絶."

신라절新羅節의 시작 부분 역시 백제절처럼 『통전』을 주로 참고하여 작성한 것으로 보인다. 다만 제1골骨과 제2골을 언급하면서 골품제도骨品制度에 대한 내용이 추가되었는데, 이는 『신당서』를 참고하여 보완한 것이다.[120] 신라왕의 연혁은 주로 당대唐代의 기록이 주를 이루고 있다. 김춘추金春秋의 내조來朝에 대해 『통전』과 『통지』에서는 그 신분을 왕王으로 밝혔지만, 『문헌통고』에서는 김문왕金文王과 김춘추가 내조하였다고 기재하였다.[121]

신라절에서는 통일신라統一新羅의 여러 연혁들을 소개하는 모습도 보인다. 장보고張保皐와 정년鄭年에 대해서도 기록하고, 회창연간會昌年間, 841~846 이후에 조공이 오지 않았다고 하였는데, 이는 『신당서』를 주로 참고하여 작성한 것이다.[122] 이후 후당과의 관계는 『신오대사新五代史』를 참고하여 동광 원년 923과 장흥長興 4년933에 신라의 사신이 온 것을 기록하였다.[123] 즉 『통전』의 기록을 바탕으로 하되, 중국 정사와 비교하여 서로 맞지 않은 부분들은 수정하고, 통일신라시대까지 포괄하여 다루었다.

이 외에 『문헌통고』에서는 발해渤海와 정안定安과 같은 한국사와 관련된 국가들을 다루었다. 『구당서舊唐書』나 『신당서』에서는 발해를 북적北狄의 범주로 구분하였지만, 마단림은 동이의 범주에 포함된다고 판단하였다. 또한

120　『文獻通考』卷326, 「四裔考3」, 東 3, 新羅, "官以親屬爲上 其族第一骨・第二骨以自別 兄弟女・姑・姨・從姊妹 皆聘爲妻 王族第一骨 妻亦其族 生子皆爲第一骨 不娶第二骨女 雖娶 常爲妾媵"; 『新唐書』卷220, 「列傳145」, 東夷, 新羅, "其建官 以親屬爲上 其族名第一骨・第二骨以自別 兄弟女・姑・姨・從姊妹 皆聘爲妻 王族爲第一骨 妻亦其族 生子皆爲第一骨 不娶第二骨女 雖娶 常爲妾媵."

121　『文獻通考』卷326, 「四裔考3」, 東 3, 新羅, "善德卒 妹眞德襲王 明年 遣子文王・弟子春秋等來朝 因請改章服 從中國制 內出珍服賜之."

122　『文獻通考』卷326, 「四裔考3」, 東 3, 新羅, "王逢召保皐爲相 以年代守淸海 會昌後 朝貢不復至"; 『新唐書』卷220, 「列傳145」, 東夷, 新羅, "王逢召保皐爲相 以年代守淸海 會昌後 朝貢不復至."

123　『文獻通考』卷326, 「四裔考3」, 東 3, 新羅, "後唐同光元年 王金朴英遣使來朝貢 長興四年 權知國事金溥遣使來 朴英・溥世次卒立 史皆失記 自晉以後不復至"; 『新唐書』卷220, 「列傳145」, 東夷, 新羅, "同光元年 新羅國王金朴英遣使者來朝貢 長興四年 權知國事金溥遣使來 朴英・溥世次卒立 史皆失其紀 自晉已後不復至."

특기할만한 점은 여진女眞에 대해서도 별도로 다루었다는 점이다. 중국 정사에서는 여진전女眞傳이 없는데, 이는 『송사宋史』·『요사遼史』·『금사金史』가 원대에 편찬되면서, 금金을 세운 여진을 별도로 입전하기 어려웠기 때문이다. 반면 마단림은 남송인南宋人이기에 여진은 이민족이었고, 사찬私撰으로 『문헌통고』를 편찬하였기에 여진절女眞節을 별도로 두게 된 것이다.

『문헌통고』는 『통전』이나 『통지』와는 달리 남송대南宋代까지를 시대적 범위로 두고 있었다. 때문에 기존의 기록과 비교하여 다루는 범위가 넓고, 다양한 자료를 활용하게 되었다. 『통전』의 체례를 본딴 사례도 있지만, 중국 정사를 참고하여 보완한 모습이 여럿 확인된다. 한국고대사와 관련해서는 고려가 고구려를 계승하였다고 파악한 모습이 주목된다. 이후의 중국 정사를 비롯한 다양한 서적들이 이러한 『문헌통고』의 인식을 계승하였기 때문이다. 동이총서와는 달리 시점이나 이견異見이 있는 기록은 정사를 기준으로 수정을 한 모습이 보이며, 이를 통해 각국에 대한 정보를 좀 더 수월하게 파악할 수 있도록 하였다.

중국에서는 삼통三通으로 불리는 정서 즉 『통전』·『통지』·『문헌통고』가 있다. 중국의 전장제도를 고찰할 수 있다는 점에서 중국사학사中國史學史에서 높은 평가를 받는 서적들이다. 전통시대 관료들은 통치와 내정을 위해서는 기존의 제도를 참고할 필요가 있었다. 삼통은 그러한 제도 운용과 관련하여 참고되는 서적이었기 때문에 중국에서 널리 읽혀졌으며, 고려와 조선시대에도 자주 읽혀졌다. 삼통의 후반부에는 사이에 대해 다루고 있는데, 동이를 선두로 배치되어 구성되었다. 당시 관료들은 이러한 삼통의 사이 서술을 보면서 외국에 대한 간략한 정보를 파악하였다.

이번 절에서는 『통전』·『통지』·『문헌통고』가 어떤 성격을 지닌 서적이며, 각각의 「변방문邊防門」·「사이전四夷傳」·「사예고四裔考」가 어떻게 구성되어 있는지를 살펴보았다. 또한 각 서적의 서문을 통해 동이에 대해 어떻게 인식하였는지 살펴보았다. 각 서문의 분석 결과, 『통지』와 『문헌통고』에서 중심이 되는 전거典據는 『통전』과 『후한서』라는 것을 확인하였다. 『통지』의 경우에는 선진시대 동이에 대해 『후한서』의 인식을 따르면서, 이후 한반도와 만주의 동이에 대해서는 『통전』을 참고하여 서술하였다. 반면 『문헌통고』는 『통전』을 거의 그대로 반영하고, 일부분은 『후한서』를 참고하고 마단림 본인의 생각을 정리하는 식으로 작성하였음을 알 수 있었다.

『통지』와 『문헌통고』에서 동이의 주요 국가 즉 조선·삼한·백제·신라·고구려가 어떻게 서술되었는지에 대해 간략하게 살펴보았다. 『통지』와 『문헌통고』 모두 『통전』을 기본 전거로 활용하면서 작성하였지만, 세부적인 내용에서는 전반적으로 중국 정사를 활용하면서 보완하여 작성하는 모습을 보인다. 『통전』은 전반적으로 각국의 연혁을 간략하게 작성한 것에 비하여, 『통지』와 『문헌통고』에서는 좀 더 상세하게 기술하였다. 또한 『통전』의 기사 배치가 다소 어색한 부분들을 조정하거나, 불필요하다고 생각되는 부분을 『통지』와 『문헌통고』에서는 삭제하기도 하였다.

『문헌통고』는 동이총서에서 『통전』의 당대 연대표기를 그대로 적용하여 작성하는 모습을 보였다. 반면 각국에 대한 개별적인 설명에서는 마단림 때를 기준으로 수정한 양상들이 확인된다. 『문헌통고』에서는 고려가 고구려를 계승하였다는 것을 자연스럽게 인지할 수 있도록 기재되었으며, 이는 후대의 사서史書와 정서政書는 물론, 『문헌통고』를 참고하는 관료들에게도 영향을 미치게 되었다는 점에서 역사적 의의가 있다. 또한 발해와 정안과 같은 국가를 북적이 아닌 동이東夷로 구분하여 한국사 국가들의 위치 관계를 명확히 하였음을 알 수 있다.

　『통전』은 기존의 중국 정사와는 다르게 통사通史의 측면에서 한국고대사를 다루고 중화사상에 입각한 동이관을 보여주었다.『통전』의 서술은 이후 『통지』와『문헌통고』에도 영향을 미치게 되었다. 삼통은 관료들의 필독서였기 때문에 널리 탐독되었으며, 이후 십통十通으로까지 확대되었다. 이번 연구를 통해 정서에서의 외국 서술이 어떤 양상으로 전개되었는지 살펴보았다. 삼통은 관료들과 대중들에게 있어 한국사에 대한 인식의 기준점이 되었다는 점에서 역사적 의의가 있으며, 이는 오늘날 중국의 인식에도 영향을 미친 것으로 볼 수 있다. 추후에는 정사 이외의 회요會要나 유서에서의 한국사 인식의 양상을 고찰하고, 후대의 관념에 미친 영향을 살펴볼 필요가 있다.

제7장

나가며

　『통전通典』은 역대歷代의 전장제도典章制度를 체계적으로 정리한 서적으로, 당唐의 재상을 역임하였던 두우杜佑가 저술한 정서政書이다.『통전』은 중국사학사中國史學史에 있어 각 분야를 통사적通史的 관점에서 서술하였다는 점에서 높은 평가를 받았으며, 당대唐代는 물론 후대의 관료들의 주된 참고가 되었다.『통전』은「식화문食貨門」·「선거문選擧門」·「직관문職官門」·「예문禮門」·「악문樂門」·「병문兵門」·「형문刑門」·「주군문州郡門」·「변방문邊防門」의 총 9문門으로 구성되었다. 기존 중국 정사正史와는 달리 기전체紀傳體 중에서 지志의 체계를 참고하여 작성되었다. 9문 중에서 상당수는 내치內治와 관련된 사항이라면, 가장 마지막의「변방문」은 외치外治에 대한 내용으로 볼 수 있다.「변방문」은 변경邊境 방어防禦라는 의미를 지니며, 이는 기본적으로 두우가 사이四夷를 경계의 대상으로 규정하였기 때문이다.

　「변방문」은 동이목東夷目·남만목南蠻目·서융목西戎目·북적목北狄目의 순서로 배치되었다. 이 중에서 동이목에는 한국 고대 국가를 비롯하여, 중국을 기준으로 그 동쪽에 있었던 왜倭와 숙신肅愼 등 여러 세력들이 수록되었다. 두우의 사이에 대한 인식은 「변방문」 서序의 내용을 통해 알 수 있다. 그는 중국이 성인聖人의 교화敎化가 이루어졌지만, 사이는 교화가 이루어지지 않았기 때문에 중국의 옛 모습에 머물러 있다고 보았다. 두우는 외부 세력을 먼저 교화로 다스려야 하며, 통하지 않을 경우 방어를 해야 한다는 목적에서 「변방문」을 작성하게 되었다.

동이목 서략序略은 『후한서後漢書』 「동이열전東夷列傳」의 서序를 크게 참고하여 작성되었다. 『후한서』에서는 선진시대先秦時代의 동이를 중심으로 서술되었다. 두우는 선진시대에 기자箕子의 존재를 삽입하여 조선朝鮮 관련 기록을 수록하였다. 이는 기자가 조선에 책봉되어, 동이에 중국의 교화가 이루어졌다는 주장을 펼치려는 목적이 반영된 것이다. 또한 당의 군현회복론郡縣回復論이라는 관점과 관련하여, 이미 선진시대부터 동이의 주요 지역이 중국사와 밀접한 관련이 있다는 것을 주장하기 위한 포석이었다. 한대漢代 이후에 대한 서술은 한국 고대의 주요 국가와 중국과의 관계를 중심으로 서술하였으며, 고구려의 비중이 높게 나타난다.

두우는 8~9세기의 인물로, 그에게 있어서 고구려·백제·신라에 대한 사적事蹟은 근래의 일에 해당하였다. 그는 당의 재상을 역임하였기 때문에 당 조정을 대표하는 위치에 있었다. 때문에 그의 사상을 통해 당의 한국고대사 인식을 엿볼 수 있다. 본서에서는 당의 한국고대사 인식을 고찰하고자 하였으며, 이를 위해 우선 동이목을 상세하게 분석하는 작업을 이행하였다. 동이목의 여러 세력 중에서 한국 고대사의 주요 국가로 조선·삼한三韓·백제百濟·신라新羅·부여夫餘·고구려高句麗를 선정하였다. 이후 개별 절節의 내용을 중국 정사 및 여러 사서史書와 비교·대조하면서 공통점과 차이점을 파악하는 작업을 수행하였다.

이 과정에서 저자는 '기록 유사도 분석 방법'을 통해 분석을 수행하였다. '기록 유사도 분석 방법'은『통전』의 기록을 기준으로 기존에 편찬된 중국 사서의 기록을 직접 대조하면서 유사점을 찾는 분석법이다. 자수字數를 일일이 대조하면서 각 사서의 유사도를 구분하고, 이를 백분율百分率로 계산하는 방식을 취하였다. 이를 통해 유사도의 높음·중간·낮음을 구분하고, 유사도가 낮을 경우 두우가 새롭게 파악한 자료이거나 기존 자료를 조합하여 재구성한 기록임을 확인하게 되었다. 두우는『통전』을 작성하면서 단순히 하나의 자료에만 의존하는 것이 아닌, 당시 그가 구할 수 있는 최대한의 자료를 취합하였다. 두우는 취합한 자료를 재조합하면서 가급적이면 간략하면서 뜻이 확실하게 서술하였고, 풍습과 연혁을 구분하여 고찰할 수 있게 하였다. 다만 역사가 긴 경우 연혁 순서대로 변화 양상을 알 수 있도록 수정하면서 통사通史의 체계를 갖추게 되었다.

조선절朝鮮節의 경우 두우는『사기史記』를 주된 사료로 활용하고,『후한서』를 참고하여 내용을 보완하였다. 이를 통해 '기자조선箕子朝鮮 → 위만조선衛滿朝鮮 → 한사군漢四郡' 순으로 중국사와의 밀접한 관련성을 강조하며 계승 관계를 명확하게 설정하였다. 이는 차후 여러 역사서의 동이와 조선 인식에 큰 영향을 미치게 되었다. 또한 기존에 비하여 전쟁에 대한 기술을 대폭 축소한 양상을 보이며, 이는 동이목 전체에도 적용되었다.

마한절馬韓節·진한절辰韓節·변진절弁辰節은 삼한이라는 큰 틀 속에서 상호 유기적인 연관 관계가 확인된다. 두우는『후한서』를 크게 참고하여 각국의 위치와 풍습에 대한 기록을 서술하고,『삼국지三國志』도 참조하면서 보완하였다. 전체 연혁은 변진절에 함께 서술하였으며, 마한왕馬韓王의 내조 기록을 마지막 부분에 기술하였다. 이는 다른 사서에서 보이지 않는 점에서 주목된다.

백제절百濟節은 다른 절에 비해 다양한 사료를 참고하여 기술된 점이 특징이다. 여러 사서 중에서도 『주서周書』를 가장 크게 참고하였는데, 주로 풍습 관련 기록에서 공통점들이 다수 확인된다. 『수서隋書』도 백제절 전반에 걸쳐 여러 기록에서 공통점이 확인된다. 기존 사서에서 확인되지 않는 기록들도 여럿 확인되는데, 특산물, 지리 기록, 당대의 기록 등이 있다. 두우는 백제의 위치 변화가 유동적이라고 판단하였으며, 본인의 역사지리학적歷史地理學的 지식을 위치 관련 기록에 반영하여 기술하였다.

신라절新羅節은 『수서』와 『양서梁書』를 비중 있게 참고하여 기술되었다. 신라절의 마지막 기록은 신라왕 김춘추金春秋가 내조하고 장복章服을 하사받았다는 내용이다. 주지하듯이 이후 신라는 삼국을 통일하고 당과 전쟁을 하였다. 또한 통일신라시대의 여러 왕들이 즉위하였고 당과 지속적으로 교류하였다. 그럼에도 불구하고 신라절에서는 통일 이전 내용까지만 기술하였다. 이는 나당전쟁에서 당이 패배하였기 때문에, 의도적으로 서술을 회피한 것으로 해석된다.

부여절夫餘節은 『삼국지』를 주요 참고 사료로 활용하여 서술되었다. 연혁에 따라서 『후한서』와 『진서晉書』를 참고한 사례도 확인된다. 진대晉代 이후로는 부여에 대한 소식이 끊어졌다고 하였는데, 그 전에는 중국의 도움으로 나라가 복구된 사례를 기술하였다. 즉 중국의 은혜를 강조한 내용까지만 서술되고 마무리한 것이며, 이 또한 의도적인 것으로 생각된다.

고구려절高句麗節은 동이목에서 가장 많은 분량을 차지하며, 중국과 오랜 관계를 거치면서 가장 비중 있는 국가로 인지되었다. 고구려에 대한 기록이

긴 만큼 두우는 다양한 사서를 참조하여 고구려절을 서술하였다. 여러 사서 중에서도 『후한서』의 참고 비중이 가장 크며, 그 다음으로는 『삼국지』·『고려기高麗記』·『북사北史』의 순으로 참고하였다. 고구려절의 내용을 살펴보면 절반은 기존 사서를 재조합하여 서술한 것이며, 절반은 두우가 당대에 새롭게 확보한 자료를 바탕으로 서술한 것이다. 당대의 전쟁 관련 기록은 후대의 사서 즉 『구당서舊唐書』·『신당서新唐書』에 비해서는 소략한 편이다. 대신 전쟁 반대 혹은 안동도호부 폐지와 관련된 상소문이 상세하게 기술되었다는 점에서 차이를 보이는데, 이는 두우의 의도와 부합되기 때문으로 판단된다.

군현회복론은 수·당隋·唐 교체기에 형성되었으나 주요 인물의 발언을 통해서 확인되는 정도였다. 이러한 한국고대사에 대한 인식은 『통전』을 통해 구체화되었다. 『통전』의 「주군문」과 「변방문」에서는 한국고대사와 관련한 인식이 여럿 확인된다. 주로 낙랑樂浪과 현도玄菟, 기자와 조선을 바탕으로 한국 국가를 인식하였으며, 그 과정에서 군현회복론과 관련된 기록들이 다수 확인된다. 한대의 영토로 낙랑과 현도를 줄곧 거론하는 것은 단순히 과거의 사실을 표기하기 위함이 아닌, 낙랑 지역 확보의 정당성 확보와도 연관되는 것으로 여겨진다. 다만 두우는 적극적으로 낙랑 영토 회복을 주장하지는 않았다.

두우는 전쟁 보다는 현상 유지의 평화를 원하였다. 이는 당시 당의 상황과도 연관이 있었다. 당은 건국 이래로 패도정치覇道政治에 준할 정도로 주변국을 압박하고 영토를 확장하였다. 이를 통해 자신들의 권위를 세우고 과거 한대의 전성기를 회복하고자 하였다. 두우가 재상으로 있던 시절에는 안사安史의 난과 내부 분열의 여파로 현실적으로 과거의 영광을 회복하기 어려운 상황에 놓였다. 때문에 두우는 왕도정치王道政治의 관념과 유사하게 주변국을 교화로 다스리고자 하였다. 그렇지만 후대의 국력 회복을 염두에 두어 영토 회복의 정당성을 확보하는 작업을 하였다. 이러한『통전』의 한국고대사 서술은 후대에 영향을 미쳤다. 두우는 기자조선을 정점으로 하고, 이후 위만조선을 거친 다음 '한사군 → 고구려 → 안동도호부'로 이어진다고 보았다. 후대의 역사가들은 고구려와 고려를 동일한 국가로 인지하고, 나아가 조선으로의 계승을 설정하였다.

『통전』에서는 당대의 한국고대사에 대한 인식이 여러 기록을 통해 확인된다. 중국에서는 한국고대사를 주로 고조선 즉 조선과 연계시켜 인식한 경향이 있었다. 『상서대전尚書大傳』에서 기자동래설箕子東來說을 기록한 이후로, 중국에서는 기자조선의 존재를 설정하였고 사실성을 부여하였다. 기자조선에 대한 기록은 점차 살이 붙여져서, 조선에 대한 인식을 변화시켰다. 본래 한대에는 조선을 위만조선으로 인지하였지만, 점차 기자조선을 앞세우기 시작하였으며『삼국지』단계에 들어서는 한반도 북부는 물론 남부까지도 조선과 관련시키는 기록들이 확인된다.

수대隋代에 배구裴矩는 군현회복론을 제기하여 고구려 정벌의 명분으로 삼았다. 즉 고구려의 땅이 본래 한漢의 군현郡縣이기 때문에 이를 회복해야한다는 논리였으며, 이는 수와 당에게 전쟁의 정당성으로 작용하였다. 당대에서도 온언박溫彦博과 당 태종唐太宗이 배구와 유사한 주장을 펼치는 모습이 확인된다. 중국에서는 꾸준히 고구려의 영역과 조선을 연계시키는 관념이 확인되며, 그 결과 고구려가 멸망된 이후 보장왕寶藏王을 조선왕朝鮮王으로 봉하게 되었으며, 고구려인도 조선인朝鮮人으로 지칭되는 사례들이 확인된다. 정작 고구려에서는 조선을 계승하였다는 인식이 명확하게 보이지 않는다. 고구려인에게 있어 기자는 고구려 신앙 체계에 속해있는 존재 정도로만 확인된다. 당에서는 고구려의 명칭을 회피하였고, 고구려인에게 조선은 이질적인 존재가 아니었기 때문에 조선인이라는 명칭을 사용하게 되었다.

『통전』「변방문」에서는 '동이지지東夷之地' 혹은 '동이소거東夷所據'와 같은 표현이 확인된다. 이 문구는 협주로 기술되었으며 '금今'자字를 써서 두우가 살던 시대임을 밝혀놓았다. '동이지지'는 말 그대로 '동이가 사는 땅'이라는 의미지만, 그 이상의 의미가 포함된 것으로 생각된다. '동이지지' 관련 기록 중에서「주군문」에 기재된 천보연간天寶年間의 영토 관련 기사는『구당서』에서도 유사한 기사가 확인된다. 여기에서는『통전』의 '동이지지'와 동일한 구절을 '고려高麗·발해渤海'로 표기하였다. 즉『통전』에서 '동이지지'라는 기록은 고구려나 발해를 지칭하지 않으려는 의도가 내포된 결과물로 해석할 수 있다.

'동이지지'와 관련된 지역은 주로 요동지역과 한반도 서북부 일대에 해당한다. 이곳은 한사군과 연관되는 곳이며 동시에 안동도호부의 관할지역이기도 하였다. 요동지역의 경우 발해의 확보 여부에 논란이 있지만, 문헌사료와 고고학적 근거로 보아 요동 일부를 차지하였을 가능성이 확인되었다. 즉 '동이지지'에서 동이는 발해를 의미하는 것으로 볼 수 있다. 발해의 족원族源 문제와 관련하여 북적전北狄傳에 입전된 이유로, 고구려보다는 말갈과 연계하여 인식하는 견해도 있다. 『구당서』와『신당서』에서의 발해 배치는 도리어 이 사서들이 편찬된 시점과 연관성이 있을 가능성이 크다. 당시 거란契丹이 발해 영토를 확보하였고, 이 사항이 사서에 반영되면서 북적으로 분류되었다고 볼 수 있다. '동이지지'의 사례나 이후『통전』의 체례를 계승한『문헌통고文獻通考』등의 서적에서는 발해를 동이로 분류하는 모습이 확인된다.

『통전』은 후대의 여러 사서와 정서에 영향을 미쳤다. 국내의 사서에도 영향을 미쳤는데, 한국고대사를 연구하는 주요 자료인『삼국사기三國史記』와『삼국유사三國遺事』에서 인용 사례가 확인된다.『삼국사기』에서는 직접 인용된 사례와 간접 인용된 사례가 함께 확인된다. 직접 인용된 사례는 6건으로「잡지雜志」에서 여러 사서들과 함께 인용되었다. 간접 인용된 사례는 4건 정도로 확인되며, 주로「본기本紀」에서 그 흔적을 확인할 수 있다. 직접 인용과 간접 인용 사례 모두『통전』의 본래 문구를 거의 그대로 사용한 경향이 나타난다.

『삼국유사』에서는 4건의 기록에서『통전』을 인용한 것으로 나타난다. 그렇지만 해당 기록을 확인해보면『통전』과는 다른 내용들이 다소 확인된다. 애초에 존재하지 않거나 수정을 거친 기록을 인용한 사례도 있다. 발해에 대한 기록은『통전』이 아닌『통고通考』즉『문헌통고』를 참고한 것으로 확인하였다. 일연이 굳이『통전』을 인용하였다고 기록한 것은『통전』의 사료적 권위를 인정하였기 때문으로 생각된다. 고려시대에『통전』은 관료들에게 크게 참고되는 책이었다. 고려 성종대成宗代에『통전』이 정책에 참고되었을 것으로 보는 견해가 있으며, 적어도 고려 중기『삼국사기』편찬 단계에서는『통전』이 주요 참고자료로 활용되었다.『통전』은 역대의 전장제도를 체계적으로 정리하였기에 그 가치를 인정받았으며,『삼국사기』와『삼국유사』의 찬자撰者도 이러한 가치와 권위에 공감하여 주요 사료로 인용하게 되었다.

『당회요唐會要』는 당대 중반부터 수집한 각종 관문서官文書를 종합하여 편찬한 회요체會要體 사서이다. 본래는 당대의 소면蘇冕이『회요會要』40권을 편찬하였고, 이를 이후 최현崔鉉이 감수하여『속회요續會要』40권을 지었으며,

송宋 초에 왕부王溥가 이를 합치고 보충하여 『당회요』100권을 편찬하였다. 『당회요』에는 고구려·백제·신라·발해·탐라에 대한 정보가 수록되었다. 본서에서는 『당회요』와 『통전』을 비롯하여 각종 중국 정사도 함께 비교하여 고찰하였다. 『당회요』는 『수서』까지의 중국 정사보다, 『구당서』의 기록과 더 유사한 점이 많다. 이는 당대 중후반까지의 자료를 섭렵하면서 내용이 보강된 결과이며, 당대의 사관史館에서 확보한 각종 자료가 전거典據가 되었을 것으로 보인다.

『통전』·『통지通志』·『문헌통고』는 삼통三通으로 일컬어지는 중국 전장제도를 정리한 서적들이다. 중국의 관료들은 통치와 내정의 참조를 위해 정서를 탐독하였으며, 고려와 조선의 관료들도 이를 크게 참조하였다. 당시 관료들은 삼통의 사이四夷 서술을 참고하며 외국에 대한 정보를 파악하였다. 본서에서는 『통전』·『통지』·『문헌통고』의 사료적 성격을 파악하고, 사이 서술 구성을 고찰하기 위하여 서문을 분석하였다. 그 결과 『통지』는 『통전』과 『후한서』를 참고하였고, 『문헌통고』는 『통전』의 기록을 바탕으로 서문을 작성하였음을 확인하였다. 또한 『통지』와 『문헌통고』에서 동이의 주요 국가 즉 조선·삼한·백제·신라·고구려의 서술을 살펴보았다. 『통전』은 기본 전거로 사용되었지만, 『통지』와 『문헌통고』에서는 기존 기록을 보완하여 상세하게 기술하고, 불필요한 부분을 삭제하는 조정을 하였다. 『문헌통고』는 고려高麗의 고구려 계승을 자연스럽게 인지하도록 기술되었으며, 발해渤海와 정안定安을 동이東夷로 분류하였다.

『통전』은 한국고대사와 동일한 시대인 당대에 서술되었다. 고구려와 백제의 멸망에 개입한 당의 기록이기 때문에, 당의 입장을 반영한다는 점에서 사료적 가치가 크다. 다만 현재까지는 『통전』을 일부 활용하는 사례는 있지만, 적극적으로 사료적 의의를 파악하여 적용하는 사례는 많지 않았다. 『통전』은 활용도가 높기 때문에 관료들이 주로 참고하였던 서적이며, 자연스럽게 「변방문」의 내용도 참고하게 되었다. 실제 고려시대에도 「변방문」의 기록을 참고한 사례들도 여럿 확인된다. 『통전』 「변방문」 동이목에 기술된 한국고대사에 대한 인식은 중국뿐만 아니라 한국에도 영향을 미쳤다.

중국에서는 수·당대의 군현회복론 형성 이후, 『통전』의 편찬을 계기로 한국 고대 국가 인식의 체계를 갖추게 되었다. 이러한 인식은 단순히 과거의 인식으로만 남게 된 것이 아닌, 오늘날까지도 영향을 미쳐 동북공정東北工程의 기반이 되었다. 중국의 동북공정은 오랜 기간 동안 형성된 역사 인식이 기반이 되었으며, 그 과정에서 수차례 한국 고대사에 대한 인식 정리가 있었다. 당대 이후로 요동지역은 중국 본토보다는 거란과 여진의 영역이 되었으므로, 후대의 중원 왕조들은 당의 인식을 고스란히 받아들이게 되었다.

중국의 역사 인식 형성은 자국사에 유리한 방향으로 설정되었으며, 이는 후대에 왜곡된 역사관을 전파하게 되는 뿌리가 되었다. 오늘날에 중국의 부당한 역사 인식에 대항하기 위해서는 그 근본을 따지고, 과정을 살펴볼 필요가 있다. 『통전』에 대한 연구는 역사 인식 형성과 경과를 고찰할 수 있는 계기를 마련하며, 추후 학계에서 이 연구를 바탕으로 보다 넓고 깊은 범위의 연구를 진행할 수 있게 되기를 기원한다.

참고문헌

1. 사료

『史記』(司馬遷 撰, 裵駰 集解, 司馬貞 索隱, 張守節 正義, 臺北 : 鼎文書局, 1981).

『漢書』(班固 撰, 顏師古 注, 臺北 : 鼎文書局, 1986).

『後漢書』(范曄 撰, 李賢 等注, 司馬彪 補志, 臺北 : 鼎文書局, 1981).

『三國志』(陳壽 撰, 裵松之 注, 臺北 : 鼎文書局, 1980).

『晉書』(房玄齡 等撰, 臺北 : 鼎文書局, 1980).

『宋書』(沈約 撰, 臺北 : 鼎文書局, 1980).

『南齊書』(蕭子顯 撰, 臺北 : 鼎文書局, 1980).

『梁書』(姚察·謝炅·魏徵·姚思廉 合撰, 臺北 : 鼎文書局, 1980).

『魏書』(魏收 撰, 臺北 : 鼎文書局, 1980).

『周書』(令狐德棻 等撰, 臺北 : 鼎文書局, 1980).

『南史』(李延壽 撰, 臺北 : 鼎文書局, 1981).

『北史』(李延壽 撰, 臺北 : 鼎文書局, 1980).

『隋書』(魏徵 等撰, 臺北 : 鼎文書局, 1980).

『舊唐書』(劉昫 撰, 臺北 : 鼎文書局, 1981).

『新唐書』(歐陽修·宋祁 撰, 臺北 : 鼎文書局, 1981).

『舊五代史』(薛居正 等撰, 臺北 : 鼎文書局, 1981).

『新五代史』(歐陽修 撰, 徐無黨 注, 臺北 : 鼎文書局, 1980).

『宋史』(脫脫 等撰, 臺北 : 鼎文書局, 1980).

『遼史』(脫脫 等撰, 臺北 : 鼎文書局, 1980).

『通典』(杜佑 撰, 北京 : 中華書局, 2016).

『唐會要』(王溥 撰, 京都 : 中文出版社, 1978).

『翰苑』(張楚金 撰, 서울 : 亞細亞文化社, 1974).

『冊府元龜』(王欽若 等撰, 南京 : 鳳凰出版社, 2006).

『資治通鑑』(司馬光 撰, 胡三省 音註, 北京 : 中華書局, 1976).

『建康實錄』(許嵩 撰, 北京 : 中華書局, 1986).

『太平御覽』(李昉 等撰, 北京 : 中華書局, 1995).

『太平寰宇記』(樂史 撰, 北京 : 中華書局, 2007).

『東坡志林』(蘇軾 撰, 趙學智 校注, 西安 : 三秦出版社, 2003).

『詩經』『周易』『禮記』『老子』『孟子』『尙書大傳』『白虎通德論』『孔子家語』『春秋左氏傳』『水經注』『乙巳占』『文獻通考』『通志』『續通典』『續通志』『續文獻通考』『貞觀政要』『宣和奉使高麗圖經』『契丹國志』『全唐文』『三國史記』『三國遺事』『高麗史』『東國李相國集』『牧隱詩藁』『世宗實錄』『宣祖實錄』『藥泉集』『東史綱目』『常變通攷』『牧民心書』『續日本紀』「扶餘隆墓誌銘」「李他仁墓誌銘」「泉男産墓誌銘」「高慈墓誌銘」「高震墓誌銘」

2. 연구서

高國抗, 오상훈·이개석·조병한 譯, 『중국사학사』上·下, 풀빛, 1998.

곽승훈·권덕영·권은주·박찬홍·변인석·신종원·양은경·이석현 譯註, 『중국 소재 한국 고대 금석문』, 한국학중앙연구원출판부, 2015.

國史編纂委員會, 『中國正史朝鮮傳 譯註』1~4, 國史編纂委員會, 2004.

宮崎市定, 任仲爀·朴善姬 譯, 『中國中世史』, 신서원, 1996.

김두진, 『삼국유사의 사학사적 연구』, 일조각, 2014.

김만원 譯, 『백호통의 역주』, 역락, 2018.

金毓黻, 동북아역사재단 譯, 『김육불의 東北通史』下, 동북아역사재단, 2007.

김형종 편역, 『서문으로 보는 중국의 역사 사상』, 위더스북, 2017.

老子, 김경수 譯註, 『老子 譯註』, 문사철, 2010.

동북아역사재단, 『중국 소재 고구려 관련 금석문 자료집』, 동북아역사재단, 2005.

_____, 『魏書 外國傳 譯註』, 동북아역사재단, 2010.

_____, 『周書·隋書 外國傳 譯註』, 동북아역사재단, 2010.

_____, 『舊唐書 外國傳 譯註』下, 동북아역사재단, 2011.

_____, 『新唐書 外國傳 譯註』中, 동북아역사재단, 2011.

동북아역사재단 한국고중세사연구소 編, 『譯註 翰苑』, 동북아역사재단, 2018.

杜佑, 이민홍 譯, 『通典－樂典』, 박문사, 2011.

班固, 신정근 譯, 『백호통의』, 소명출판, 2005.

방학봉, 『발해의 강역과 지리』, 정토출판, 2012.

송인창, 『천명(天命)과 유교적 인간학』, 심산, 2011.

宋昌斌, 이지연 譯, 葛劍雄 編, 『천추흥망-수・당나라 중화문화의 절정기』, 따뜻한손, 2009.

신승하, 『중국사학사』, 고려대 출판부, 1996.

兪尙根, 『韓國古代政治史研究-參考文獻解說(補正版)』, 明志大學校 出版部, 1986.

윤용구・김락기・조우연・김영준・김경화・장종선, 『濊貊 史料集成 및 譯註』, 백산자료원, 2012.

李康來, 『三國史記 典據論』, 民族社, 1997.

이강래, 『三國史記 形成論』, 신서원, 2007.

이계명, 『中國史學史綱要』, 전남대 출판부, 2003.

이기동 譯解, 『시경강설』, 성균관대 출판부, 2004.

_____, 『대학・중용강설』, 성균관대 출판부, 2010.

_____, 『맹자강설』, 성균관대 출판부, 2010.

_____, 『서경강설』, 성균관대 출판부, 2011.

이근명 編譯, 『中國歷史』 하권, 신서원, 1993.

이도학, 『한국고대사 최대 쟁점 백제 요서경략』, 서경문화사, 2021.

이문규, 『고대 중국인이 바라본 하늘의 세계』, 문학과지성사, 2000.

李容遠 解譯, 『한서지리지・구혁지』, 자유문고, 2007.

李宗侗, 조성을 譯, 『중국사학사』, 혜안, 2009.

李春植, 『中華思想의 理解』, 신서원, 2002.

이춘식, 『중국 고대의 역사와 문화』, 신서원, 2007.

任士英, 류준형 譯, 『황제들의 당제국사』, 푸른역사, 2016.

임상선 편, 『한국고대사 계승 인식 I-전근대 편』, 동북아역사재단, 2019.

_____, 『한국고대사 계승 인식 II-근현대 편』, 동북아역사재단, 2019.

임종욱, 『중국역대인명사전』, 이회문화사, 2010.

張舜徽, 오항녕 譯, 『역사문헌교독법』, 한국고전번역원, 2015.

전덕재, 『三國史記 본기의 원전과 편찬』, 주류성, 2018.

정구복・노중국・신동하・김태식・권덕영 譯註, 『개정증보 역주 삼국사기』 1~5, 한국학 중앙연구원 출판부, 2011.

정구복・文明大・申東河・盧重國・南豊鉉・金泰植・權悳永・金英云・金知見・金都錬, 『三國史記의 原典 檢討』, 韓國精神文化研究院, 1995.

趙國璋·王長恭·江慶柏, 이동철 譯, 『문사공구서개론』, 한국고전번역원, 2015.

조법종, 『고조선 고구려사 연구』, 신서원, 2006.

최광식·박대재 譯註, 『삼국유사-기이』, 고려대 출판부, 2014.

최진열, 『발해 국호 연구-당조가 인정한 발해의 고구려 계승 묵인과 부인』, 서강대 출판부,
　　　2015.

충청남도역사문화연구원, 『百濟史資料譯註集-中國篇』, 충청남도역사문화연구원, 2008.

布目潮渢·栗原益男·周藤吉之, 임대희 譯, 『중국의 역사-수당오대』, 혜안, 2001.

河延龍, 『삼국유사 사료비판』, 民族社, 2005.

韓國古代社會研究所, 『譯註 韓國古代金石文 1-고구려·백제·낙랑 편』, 駕洛國事蹟開發
　　　研究院, 1997.

한국고전용어사전 편찬위원회, 『한국고전용어사전』 1~5, 세종대왕기념사업회, 2001.

한성백제박물관, 『백제와 요서지역』, 한성백제박물관, 2015.

＿＿＿＿＿＿, 『백제는 부여를 계승하였나-2020년 제17회 쟁점백제사 학술회의』, 한
　　　성백제박물관, 2020.

郭鋒, 　『杜佑評傳』, 南京：南京大學出版社, 2004.

金毓黻, 『中國史學史』, 石家莊：河北敎育出版社, 2000.

金靜庵, 『中國史學史』, 臺北：鼎門書局, 1974.

王樹民, 『中國史學史綱要』, 北京：中華書局, 1997.

王承禮, 『中國東北的渤海國與東北亞』, 長春：吉林文史出版社, 2000.

王彦坤 編著, 『歷代避諱字匯典』, 鄭州：中州古籍出版社, 1997.

朱維錚, 『中國史學史講義稿』, 上海：復旦大學出版社, 2015.

何根海·汪高鑫, 『中國古代史學思想史』, 合肥：合肥工業大學出版社, 2004.

增井經夫, 『中國の歷史書-中國史學史』, 東京：刀水書房, 1984.

許樹棟, 『歷代避諱字滙典』, 鄭州：中州古籍出版社, 1997.

3. 연구논문

姜仙, 「北方民族史에서 본 高句麗의 正體性-鮮卑, 契丹, 柔然을 중심으로」, 『高句麗研究』
　　　18, 고구려연구회, 2004.

강종훈, 「『삼국사기』 백제본기의 사료 계통과 그 성격」, 『한국고대사연구』 42, 한국고대사

학회, 2006.

강준영, 「中國의 高句麗史 認識이 韓中關係에 미치는 影響－"東北工程"을 둘러싼 양국의 歷史 認識을 중심으로」, 『中國研究』 36, 한국외대 중국연구소, 2005.

姜必任, 「唐 文人의 新羅에 대한 認識 樣相 小考」, 『中國文學研究』 38, 한국중문학회, 2009.

강현숙, 「高句麗 故地의 渤海 古墳－中國 遼寧地方 石室墳을 中心으로」, 『한국고고학보』 72, 한국고고학회, 2009.

高柄翊, 「儒敎思想에 있어서 進步觀」, 『史觀이란 무엇인가』, 청람, 1988.

공석구, 「요서지역으로 옮겨간 낙랑군의 추이」, 『白山學報』 115, 백산학회, 2019.

권덕영, 「唐 墓誌의 고대 한반도 삼국 명칭에 대한 검토」, 『한국고대사연구』 75, 한국고대사학회, 2014.

_____, 「고대 동아시아의 삼한－삼국 계승의식의 정립 과정」, 『역사와 경계』 99, 부산경남사학회, 2016.

權兒遠, 「百濟의 社會構造와 生活文化系統」, 『百濟研究』 26, 충남대 백제연구소, 1996.

기수연, 「『後漢書』 「東夷列傳」에 나타난 韓國古代史의 인식」, 『단군학연구』 7, 단군학회, 2002.

_____, 「中國 正史 속의 高句麗－중국의 고구려 귀속 논리에 대한 문헌사적 검토」, 『단군학연구』 10, 단군학회, 2004.

_____, 「중국학계의 고조선, 한사군 인식에 대한 비판적 검토」, 『단군학연구』 23, 단군학회, 2010.

김기흥, 「발해의 종족적 연원」, 『동북아역사논총』 33, 동북아역사재단, 2011.

_____, 「발해 건국집단의 역사적 정체성」, 『역사학보』 210, 역사학회, 2011.

김대식, 「고려 초기 중앙관제의 성립과 변화」, 『역사와 현실』 68, 한국역사연구회, 2008.

金炳坤, 「中國 正史 新羅傳에 記錄된 新羅 初期 王系 및 主要 集團의 出自」, 『史學研究』 91, 한국사학회, 2008.

金福順, 「『삼국유사』 속의 『삼국사기』－국내외서적 인용사례를 중심으로」, 『동국사학』 62, 동국역사문화연구소, 2017.

김성수, 「「三國遺事」 卷第1 紀異第1의 引用文獻에 관한 書誌記錄的 分析」, 『人文科學論集』 30, 청주대 한국문화연구소, 2005.

김성환, 「단군신화의 기원과 고구려의 전승」, 『단군학연구』 3, 단군학회, 2000.

_____, 「고구려 건국신화에서 보이는 고조선 인식의 검토」, 『韓國古代史探求』 13, 한국고

대사탐구학회, 2013.

김수진, 「隋・唐의 高句麗 失地論과 그 배경 - 對高句麗戰 명분의 한 측면」, 『韓國史論』 54, 서울대 국사학과, 2008.

金暘玉, 「三韓의 形成과 文化的 背景 - 弁・辰韓을 중심으로」, 『國史館論叢』 13, 국사편찬 위원회, 1990.

金容燮, 「고조선 기자정권의 쇠망과 그 유민들의 국가재건 - 부여와 고구려의 경우」, 『歷史教育』 137, 역사교육연구회, 2016.

金庠基, 「東夷와 淮夷・西戎에 對하여(續・完)」, 『東方學志』 2, 연세대 국학연구원, 1955.

김정열, 「西周時代의 東夷」, 『崇實史學』 32, 숭실사학회, 2014.

김정희, 「중국학계의 발해국, 발해사의 정체성 인식」, 『韓國史論 40 - 중국의 동북공정 논리와 그 한계』, 국사편찬위원회, 2004.

김종복, 「발해시대 遼東지역의 귀속 문제」, 『史林』 31, 首善史學會, 2008.

_____, 「완충지대로서의 요동을 통해 본 신라・발해・당의 관계」, 『한국고대사연구』 88, 한국고대사학회, 2017.

金鍾完, 「『翰苑』의 문헌적 검토 - 夫餘・三韓・高句麗・新羅・百濟傳 기사의 검토」, 『한중관계 2000년』, 소나무, 2008.

김지은, 「통일신라 黃漆의 일본 전래와 金漆」, 『신라문화』 41, 동국대 신라문화연구소, 2013.

김지현, 「『通典』「邊防典」高句麗 條의 考察」, 『東아시아古代學』 43, 동아시아고대학회, 2016.

김진한, 「嬰陽王代 高句麗의 政局動向과 對隋關係」, 『高句麗渤海研究』 33, 고구려발해학회, 2009.

김희만, 「『通典』「邊防」신라條의 구성과 찬술자의 신라 인식」, 『신라문화』 60, 동국대 신라문화연구소, 2022.

唐嘉唯, 「『唐會要』 권6, 和蕃公主 및 雜錄 譯註」, 『동국사학』 67, 동국역사문화연구소, 2019.

文昌魯, 「新羅와 樂浪의 關係 - 新羅史에 보이는 '樂浪'의 實體와 그 歷史的 意味를 중심으로」, 『한국고대사연구』 34, 한국고대사학회, 2004.

文昌魯, 「『삼국지』 한전(韓傳)의 '삼한(三韓)' 인식」, 『동북아역사논총』 55, 동북아역사재단, 2017.

박경철, 「中國 古文獻 資料에 비쳐진 韓國古代史像」, 『先史와 古代』 29, 한국고대학회, 2008.

박선미, 「동북공정에 나타난 고조선사 인식논리 검토」, 『高句麗硏究』 29, 고구려연구회, 2007.

朴元吉, 「高句麗와 柔然·突厥의 關係」, 『高句麗硏究』 14, 고구려연구회, 2002.

박찬흥, 「고조선·부여·고구려의 역사적 계승관계 연구」, 『史叢』 74, 고려대 사학회, 2011.

方香淑, 「5~7世紀 中國王朝들의 百濟에 대한 認識과 外交 戰略의 變化」, 『百濟硏究』 57, 충남대 백제연구소, 2013.

白壽彛, 金裕哲 譯, 「文獻通考의 歷史觀－『通志』와의 비교를 통하여」, 閔斗基 編, 『中國의 歷史認識』 上, 1985.

徐光錫, 「高句麗 滅亡 後 遼東에 再建된 高句麗」, 『中國史硏究』 114, 중국사학회, 2018.

徐盛, 「당대 문인의 신라 인식－당시 속에 나타난 신라 관련 시를 중심으로」, 『中國學論叢』 36, 고려대 중국학연구소, 2012.

선석열, 「신라본기의 전거자료 형성과정」, 『한국고대사연구』 42, 한국고대사학회, 2006.

篠原啓方, 「중국 학계의 韓國上古史 인식－古朝鮮史·夫餘史를 중심으로」, 『先史와 古代』 29, 한국고대학회, 2008.

宋基豪, 「고구려 유민 高氏夫人 墓誌銘」, 『韓國史論』 53, 서울대 국사학과, 2007.

宋芳松, 「三國史記 樂志의 音樂學的 硏究－史料的 性格을 中心으로」, 『韓國音樂硏究』 11, 한국국악학회, 1981.

송영대, 「『通典』 「邊防門」 東夷篇의 구조 및 찬술 목적」, 『史林』 57, 首善史學會, 2016.

_____, 「『通典』 百濟節의 서술과 인식」, 『사학연구』 133, 한국사학회, 2019.

_____, 「『삼국사기』·『삼국유사』 찬자의 『통전』 활용과 인식 고찰」, 『한국사연구』 186, 한국사연구회, 2019.

_____, 「『通典』에 기재된 '東夷之地' 의미 분석」, 『한국동양정치사상사연구』 18-2, 한국동양정치사상사학회, 2019.

_____, 「『通典』의 한국고대사 인식과 杜佑의 중화사상」, 『한국고대사탐구』 35, 한국고대사탐구학회, 2020.

송영대, 「『唐會要』의 한국고대사 기사 비교와 분석」, 『동아시아고대학』 60, 동아시아고대학회, 2020.

_____, 「한국고대사 서술을 통한 『통전』과 『통지』·『문헌통고』의 비교 고찰」, 『한국연구』 11, 한국연구원, 2022.

송호정, 「고조선-고구려의 역사귀속성 논란에 대한 하나의 제안-조법종의 『고조선 고구려사 연구』(신서원)를 읽고」, 『韓國古代史研究』 47, 한국고대사학회, 2007.

申東河, 「三國史記 高句麗本紀의 引用資料에 관한 一考」, 『三國史記의 原典 檢討』, 韓國精神文化研究院, 1995.

양종국, 「백제 의자왕대의 정치와 對中外交 성격 검토」, 『百濟文化』 47, 공주대 백제문화연구소, 2012.

여호규, 「6세기 말~7세기 초 동아시아 국제질서와 고구려 대외정책의 변화-대수관계(對隋關係)를 중심으로」, 『역사와 현실』 46, 한국역사연구회, 2002.

_____, 「중국의 東北工程과 高句麗史 인식체계의 변화」, 『韓國史研究』 126, 한국사연구회, 2004.

_____, 「7세기 중엽 국제정세 변동과 고구려 대외관계의 추이」, 『大丘史學』 133, 대구사학회, 2018.

오현수, 「箕子 전승의 확대 과정과 그 역사적 맥락-중국 고대 문헌을 중심으로」, 『대동문화연구』 79, 성균관대 동아시아학술원, 2012.

禹成旼, 「唐詩를 중심으로 본 唐代 文人들의 高句麗, 渤海에 대한 認識」, 『中國史研究』 120, 중국사학회, 2019.

유원재, 「「百濟略有遼西」 記事의 分析」, 『百濟研究』 20, 충남대 백제연구소, 1989.

_____, 「백제의 대외관계」, 『신편 한국사 6-삼국의 정치와 사회 II 백제』, 국사편찬위원회, 2002.

尹明喆, 「高句麗의 古朝鮮 繼承性에 關한 研究 1」, 『高句麗研究』 13, 고구려연구회, 2002.

_____, 「고구려의 고조선 계승성에 관한 연구 2-왜 고구려는 조선 계승성을 실현해야만 했을까?」, 『단군학연구』 14, 단군학회, 2006.

尹用求, 「仇台의 백제건국기사에 대한 재검토」, 『百濟研究』 39, 충남대 백제연구소, 2004.

_____, 「隋唐의 對外政策과 高句麗 遠征-裴矩의 '郡縣回復論'을 중심으로」, 『북방사논총』 5, 고구려연구재단, 2005.

_____, 「고구려와 요동·현도군-수당 군신의 '군현회복론' 검토」, 『초기 고구려역사 연구』, 동북아역사재단, 2008.

尹用求, 「『翰苑』 蕃夷部의 注文構成에 대하여」, 『百濟文化』 45, 공주대 백제문화연구소,

2011.

윤재운, 「발해 강역 연구의 현황과 전망」, 『白山學報』 110, 백산학회, 2018.

尹辉鐸, 「現代 中國의 高句麗・渤海 認識과 限界」, 『한국독립운동사연구』 23, 독립기념관 한국독립운동사연구소, 2004.

李基東, 「新羅 興德王代의 政治와 社會」, 『國史館論叢』 21, 국사편찬위원회, 1991.

李基白, 「三國遺事의 史學史的 意義」, 李佑成・姜萬吉 編, 『韓國의 歷史認識』 上, 創作과批評社, 1976.

이강래, 「삼국사기 열전의 자료 계통」, 『한국고대사연구』 42, 한국고대사학회, 2006.

李道學, 「古朝鮮史의 몇 가지 問題에 관한 再檢討」, 『東國史學』 37, 동국사학회, 2002.

_____, 「唐에서 再建된 百濟」, 『인문학논총』 15, 경성대 인문과학연구소, 2010.

_____, 「公山城 出土 漆甲의 性格에 대한 再檢討」, 『인문학논총』 28, 경성대 인문과학연구소, 2012.

_____, 「三國統一期 新羅의 北界 確定 問題」 『東國史學』 57, 동국사학회, 2014.

_____, 「『三國史記』의 高句麗 王城 記事 檢證」, 『韓國古代史研究』 79, 한국고대사학회, 2015.

_____, 「衛滿의 頭髮과 服裝을 실마리로 한 한국 고대문화의 정체성 탐색」, 『溫知論叢』 56, 온지학회, 2018.

李文基, 「墓誌로 본 在堂 高句麗 遺民의 先祖意識의 變化」, 『大丘史學』 100, 대구사학회, 2010.

李成珪, 「先秦 文獻에 보이는 '東夷'의 성격」, 韓國古代社會研究所 編, 『韓國古代史論叢』 1, 駕洛國史蹟開發研究院, 1991.

李成制, 「中國學界의 '唐征高句麗論'과 歷史認識의 諸問題」, 『高句麗渤海研究』 36, 고구려발해학회, 2010.

이용식, 「『삼국사기』 악지의 백제악에 관한 재고」, 『호남문화연구』 64, 전남대 호남학연구원, 2018.

_____, 「『삼국사기』 악지의 고구려 음악에 대한 재고」, 『동양음악』 45, 서울대 동양음악연구소, 2019.

이정빈, 「570년대 후반~580년대 전반 요서지역의 情勢와 고구려의 대외관계」, 『동북아역사논총』 44, 동북아역사재단, 2014.

이정빈, 「607년 고구려 동돌궐 교섭의 배경과 목적」, 『歷史學報』 225, 역사학회, 2015.

李貞子, 「魏晉時代 高句麗-中國 관계 인식」, 『忠北史學』 14, 충북사학회, 2005.

_____, 「고구려에 대한 중국 정사의 이중인식문제 연구-남북조시대를 중심으로」, 『숭실사학』 23, 숭실대 사학회, 2009.

李鍾洙, 「中國의 夫餘史 認識과 研究現況 檢討」, 『高句麗研究』 28, 고구려연구회, 2007.

이준성, 「동북공정 종료 후 중국학계의 고구려 '대외관계사' 연구 동향」, 『先史와 古代』 53, 한국고대학회, 2017.

이형구, 「大凌河流域의 殷末周初 靑銅器文化와 箕子 및 箕子朝鮮」, 『韓國上古史學報』 5, 한국상고사학회, 1991.

임기환, 「南北朝期 韓中 冊封・朝貢 관계의 성격-고구려・백제의 冊封・朝貢에 대한 인식을 중심으로」, 『한국고대사연구』 32, 한국고대사학회, 2003.

_____, 「고구려본기 전거 자료의 계통과 성격」, 『한국고대사연구』 42, 한국고대사학회, 2006.

張榮芳, 「唐代 史書의 百濟에 對한 記錄과 認識」, 『百濟研究』 21, 충남대 백제연구소, 1990.

全仁平, 「唐會要의 唐俗樂調와 韓國 佛敎音樂의 樂調」, 『溫知論叢』 11, 온지학회, 2004.

전진국, 「三韓의 용례와 그 인식」, 『韓國史研究』 173, 한국사연구회, 2016.

정구복, 「삼국사기의 원전 자료와 사료비판」, 『한국고대사연구』 42, 한국고대사학회, 2006.

정동준, 「『한원(翰苑)』 백제전(百濟傳) 인용 『괄지지(括地志)』의 사료적 성격」, 『동아시아 속의 백제 정치제도』, 일지사, 2013.

_____, 「의자왕대 백제에 대한 당의 인식 변화-외교문서의 분석을 중심으로」, 『사림』 55, 수선사학회, 2016.

_____, 「6세기 동아시아에서의 책봉호의 정치적 의미-국제정세의 변동과 백제의 책봉호에 반영된 인식을 중심으로」, 『사림』 66, 수선사학회, 2018.

정동훈, 「고려는 어쩌다가 고구려를 계승한 나라로 인식됐을까」, 『역사와 현실』 121, 2021.

정병준, 「『唐會要』・『通典』・『新唐書』의 '節度使' 기사 검토」, 『중국고중세사연구』 28, 중국고중세사학회, 2012.

_____, 「唐・五代 法典 編纂 形式의 변화와 그 성격-『唐會要』・『五代會要』 '定格令' 譯註」, 『中國古中世史研究』 35, 중국고중세사학회, 2015.

정병준, 「당의 한반도 정책과 대응」, 『新羅史學報』 45, 신라사학회, 2019.

全仁平, 「唐會要의 唐俗樂調와 韓國 佛敎音樂의 樂調」, 『溫知論叢』 11, 온지학회, 2004.

鄭雲龍, 「中國 正史 4史에 보이는 韓國古代史 認識」, 『先史와 古代』 29, 한국고대학회, 2008.

_____, 「三國時代의 耽羅 關聯 史料」, 『新羅史學報』 49, 신라사학회, 2020.

조법종, 「한국 고대사회의 고조선·단군인식 연구-고조선·고구려시기 단군인식의 계승성을 중심으로」, 『선사와 고대』 23, 한국고대학회, 2005.

_____, 「중국학계의 고조선연구 검토-동북공정 전후시기 연구를 중심으로」, 『韓國史學報』 25, 고려사학회, 2006.

_____, 「2000년대 이후 중국학계의 고조선연구-단군, 기자조선 연구를 중심으로」, 『先史와 古代』 54, 한국고대학회, 2017.

조영광, 「고구려 멸망 후 요동 지역의 동향-안동도호부 및 치청 번진과의 관계를 중심으로」, 『大丘史學』 133, 대구사학회, 2018.

조우연, 「중국학계의 '箕子朝鮮' 연구와 그 비판에 대한 검토」, 『고조선단군학』 26, 고조선단군학회, 2012.

조원진, 「기자조선 연구의 성과와 과제」, 『고조선단군학』 20, 고조선단군학회, 2009.

Cho Seong Ik, 「Historical Geographic Network archived in Tongdian(通典)」, 『대한원격탐사학회 2002년도 Proceedings of International Symposium on Remote Sensing』, 대한원격탐사학회, 2002.

池內宏, 정병준 譯, 「高句麗의 滅亡과 安東都護府」, 『동국사학』 56, 동국사학회, 2014.

陳光崇, 金裕哲 譯, 「通典의 歷史思想」, 閔斗基 編, 『中國의 歷史認識』 上, 創作과批評社, 1985.

津田左右吉, 정병준 譯, 「安東都護府考」, 『高句麗渤海硏究』 42, 고구려발해학회, 2012.

崔京玉, 「鄭樵《通志》의 性格과 會通史觀」, 『釜山史學』 16, 부산사학회, 1989.

최광식, 「동북공정 이후 중국 연구서에 보이는 고구려·발해 인식」, 『先史와 古代』 29, 한국고대학회, 2008.

최진열, 「唐 前·後期 羅唐戰爭 서술과 인식-『唐會要』와 『通典』의 분석을 중심으로」, 『동북아역사논총』 56, 동북아역사재단, 2017.

洪思俊, 「文獻에 나타난 百濟産業-黃漆·人蔘·苧에 對하여」, 『百濟硏究』 3, 충남대 백제연구소, 1972.

洪承賢, 「고대 중국 華夷觀의 성립과 성격-春秋三傳의 검토를 중심으로」, 『中國史硏究』

57, 중국사학회, 2008.

_____, 「한대 華夷觀의 전개와 성격」, 『동북아역사논총』 31, 동북아역사재단, 2011.

姜守鵬, 「從古代文獻看渤海國的族屬問題獲取全文在線閱讀」, 『求是學刊』 1980年 第3期, 哈爾濱 : 黑龍江省教育廳.

_____, 「再談渤海國的族屬問題」, 『社會科學戰線』 2001年 第3期, 長春 : 吉林省社會科學院.

古畑徹, 羅亮 譯, 劉安志 校, 「《唐會要》的諸版本」, 『山西大學學報－哲學社會科學版』 40, 2017年 第1期, 太原 : 山西大學.

駱玉安, 「從《通典》看杜佑的編輯思想」, 『河南社會科學』 2015年 5期(15), 鄭州 : 河南省社會科學界聯合會.

潘潔, 「黑水城出土《文獻通考》版本考」, 『圖書館理論與實踐』 2009年 第7期, 銀川 : 寧夏回族自治區圖書館.

徐晨峰, 「淺析《後漢書》和《通典》有關羌的若干異同問題」, 『文物鑑定與鑑賞』 2017年 11期, 北京 : 文物鑑定與鑑賞雜志社.

宋永華·張慧, 「從《通典》的編纂看杜佑的主要思想」, 『編輯學刊』 2012年 6期, 上海 : 上海市編輯學會.

楊寄林·董文武, 「《文獻通考·經籍考》廣納群說的文化取向」, 『華中師範大學學報(人文社會科學版)』 2004年 第6期, 武漢 : 華中師範大學.

梁雲, 「早期拓跋鮮卑基本史料比較研究－《魏書》與《北史》《通典》《文獻通考》關係辨析」, 『內蒙古社會科學』 2015年 第2期, 呼和浩特 : 內蒙古自治區社會科學院.

黎文麗, 「杜佑《通典》體現的編輯思想」, 『渭南師範學院學報』 24, 2009年 3期, 渭南 : 渭南師範學院.

連凡, 「《文獻通考·經籍考》經部分類淵源及其調整」, 『成都大學學報(社會科學版)』 2019年 第2期, 成都 : 成都大學.

燕永成, 「試論鄭樵對本朝述的著錄及運用」, 『圖書館理論與實踐』 2013年 第10期, 銀川 : 寧夏回族自治區圖書館.

吳玉貴, 「《唐會要》突厥·吐谷渾卷補撰考」, 『文史』 111, 2015年 第2期, 北京 : 中華書局.

溫志拔, 「論《文獻通考·經籍考》的重出與互著」, 『圖書館理論與實踐』 2010年 第10期, 銀川 : 寧夏回族自治區圖書館.

王文光・曾亮, 「《新唐書・北狄傳》研究三題」, 『中央民族大學學報－哲學社會科學版』 2015
年 第2期, 北京：中央民族大學.

王邦維, 「鄭樵《通志・七音略》中的“胡僧”及其他」, 『四川大學學報(哲學社會科學版)』,
2013年 第2期, 成都：四川大學.

王仁學, 「從《舊唐書・渤海傳》中“別種”的提法看渤海王族族屬關係」, 『東疆學刊』 1989年 第
3期, 延吉：延邊大學.

王震, 「《通志・校讎略》與《四庫全書總目・凡例》目錄學思想之比較」, 『國家圖書館學刊』
2019年 第1期, 北京：中國國家圖書館.

于建松, 「對《通志・校讎略》的一處質疑－談等韻學史的一個書證問題」, 『河北大學學報(哲
學社會科學版)』 2012年 第4期, 保定：河北大學.

尤學工, 「從《通典・兵典》看杜佑的軍事思想」, 『廊坊師範學院學報(社會科學版)』 2015年 5
期(31), 廊坊：廊坊師範學院.

龍坡濤, 「《文獻通考・帝系考》疑誤考釋」, 『晉圖學刊』 2017年 第3期, 太原：山西省教育廳.

劉雅倩・馬曉娟, 「略談司馬遷與杜佑著史思想之差異－從《史記》與《通典》“匈奴”記載比較
談起」, 『六盤水師範學院學報』 2017年 6期(29), 六盤水：六盤水師範學院.

劉安志・李艷靈・王琴, 「《唐會要》整理與研究成果述評」, 『中國史研究動態』 2017年 第4期,
北京：中國社會科學院歷史研究所.

_____, 「清人整理《唐會要》存在問題探析」, 『歷史研究』 2018年 第1期, 北京：中國社會科
學院.

柳燕, 「《文獻通考・經籍考・集部》對宋代文學的闡說」, 『湖北大學學報(哲學社會科學版)』
2012年 第5期, 武漢：湖北大學.

喻意志, 「《通志・樂略》的史源學考察」, 『中國音樂學』 2005年 第2期, 北京：中國藝術研究
院.

劉長寬, 「對《文獻通考・學校考》書院部分之一理解的再理解」, 『南昌師範學院學報』 2014年
第5期, 南昌：南昌師範學院學報.

李聞, 「《文獻通考・戶口考》的史學貢獻」, 『菏澤學院學報』 2012年 第6期, 菏澤：菏澤學院.

李錦繡, 「《通典・邊防典》“吐火羅”條史料來源與《西域圖記》」, 『西域研究』 2005年 4期, 烏
魯木齊：新疆社會科學院.

李丹, 「論《通典》中杜佑的經濟思想」, 『黑龍江史志』 2013年 12期, 哈爾濱：黑龍江省地方
志辦公室.

李明娟, 「從《通志·校讎略》看鄭樵的檔案文獻編纂思想」, 『黑龍江史志』2016年 第7期, 哈爾濱: 黑龍江省地方志辦公室.

李樹輝, 「《唐會要·葛邏祿國》疏證辨誤」, 『中國藏學』107, 2013年 第2期, 北京: 中國藏學研究中心.

李榮輝, 「六世紀中葉到九世紀蒙古高原-北亞族群研究-以《通典·北狄》記述族群爲中心」, 呼和浩特: 內蒙古大學 博士學位論文, 2017.

李翠玉, 「杜佑理道致用經濟思想淺說」, 『濰坊學院學報』2011年 1期(11), 濰坊: 濰坊學院.

林通, 「《通志·圖譜略》辨識」, 『四川圖書館學報』2021年 第2期, 成都: 四川圖書館學會.

張瑞中, 「從《通志二十略》看鄭樵的學術創新」, 『卷宗』2016年 第4期, 成都: 四川省科學技術資訊研究所.

張文俊, 「從《通典·邊防》看杜佑民族思想」, 『唐山師範學院學報』2009年 6期(31), 唐山: 唐山師範學院.

張雲, 「《通典·吐蕃傳》的史料價值」, 『中國邊疆史地研究』2002年 3期, 北京: 中國社會科學院.

張軻風, 「《通典》與《政典》淵源考辨」, 『雲南大學學報(社會科學版)』2017年 6期(16), 昆明: 雲南大學.

張鳳英, 「略論杜佑的《通典》」, 『湘潭師範學院學報』2000年 1期(21), 湘潭: 湘潭師範學院.

張艦戈, 「《文獻通考》中馬端臨史學思想探析」, 『蘭台世界』2016年 第11期, 瀋陽: 遼寧省檔案局.

錢雲, 「再論《宋史·外國傳》的史源與書寫」, 『青海社會科學』2020年 第5期, 西寧: 青海省社會科學院.

丁同俊, 「鄭樵-中國音樂圖像研究不該忘記的人」, 『交響-西安音樂學院學報』2018年 第2期, 西安: 西安音樂學院.

丁俊麗, 「杜佑《通典》的民本思想」, 『湖北廣播電視大學學報』2007年 3期(27), 武漢: 湖北廣播電視大學.

趙楊, 「《通典·邊防典》研究」, 合肥: 安徽大學 碩士學位論文, 2012.

卓越, 「論王溥《唐會要》的歷史編纂學成就」, 『史學史研究』134, 2009年 第2期, 北京: 北京師範大學.

卓越, 「《唐會要》的成書及改作析因」, 『淮北師範大學學報-哲學社會科學版』32, 2011年 第3期, 淮北: 淮北師範大學.

趙偉,　「淺論《通典》對《管子》的繼承」,『阜陽師範學院學報(社會科學版)』, 2011年 1期, 阜陽 : 阜陽師範學院.

周雲逸,　「鄭樵《通志・昆蟲草木略》的本草學淵源及價值－以草類爲研究中心」, 『復旦學報(社會科學版)』2014年 第2期, 上海 : 復旦大學.

陳俊文,　「《通典》與《後漢書》不同視角下的杜佑政治・邊防思想」, 『文物鑑定與鑑賞』2017年 11期, 北京 : 文物鑑定與鑑賞雜志社.

崔京玉,　「唐宋史書的禮治思想－以『通典』與『資治通鑑』爲中心」, 臺北 : 中國文化大學 博士學位論文, 1997.

崔蘭海,　「《通典・州郡典》硏究」, 合肥 : 安徽大學 碩士學位論文, 2010.

馮月香・羅茹,　「馬端臨及其文獻觀」, 『圖書館理論與實踐』2001年 第4期, 銀川 : 寧夏回族自治區圖書館.

韓昇,　「杜佑及其名著《通典》新論」, 『傳統中國硏究集刊』2006年 1期(2), 上海 : 上海社會科學院.

許佳,　「《通典・高句麗》硏究」, 福州 : 福建師範大學 碩士學位論文, 2014.

邢永革,　「《唐會要》成書考略」, 『古籍整理硏究學刊』2004年 4期, 長春 : 東北師範大學古籍整理硏究所.

胡阿祥,　「武則天革"唐"爲"周"略說」, 『江蘇社會科學』2001年 第2期, 南京 : 江蘇省哲學社會科學界聯合會.

侯賽華・布仁圖,　「鄭樵及其《通志・藝文略》淺識」, 『山西廣播電視大學學報』2017年 第1期, 太原 : 山西廣播電視大學.

尾崎康,　「通典の諸版本について」, 『斯道文庫論集(森武之助先生退職記念論集)』14, 東京 : 慶應義塾大學附屬硏究所, 1977.

古橋紀宏,　「『通典』に見える『礼記』の解釈－雑記下「大功之末 可以冠子 可以嫁子」の一節の鄭注について」, 『中國文化論叢』10, 大阪狭山 : 帝塚山學院大學 中國文化硏究會, 2001.

高橋未来,　「杜牧撰『注孫子』の故事と杜佑撰『通典』に関する一考察(松岡榮志教授 退職記念号)」, 『學藝國語國文學』48, 東京 : 東京學藝大學國語國文學會, 2016.

大木康,　「漢籍の「卷」と「冊」再考－北宋版『通典』をめぐって」, 『圖書寮漢籍叢考』(宮內廳書陵部藏漢籍硏究會 編著), 東京 : 汲古書院, 2018.

服部一隆,「日本における天聖令研究の現状－日本古代史研究を中心に」,『古代學研究所紀要』12, 東京：明治大學 日本古代學研究所, 2010.

副島一郎,「『通典』の史學と柳宗元」,『日本中國學會報』47, 東京：日本中國學會, 1995.

北川俊昭,「『通典』編纂始末考－とくにその上獻の時期をめぐって」,『東洋史研究』57-1, 京都：東洋史研究會, 1998.

＿＿＿＿,「『通典』礼にみえる評について」,『富山商船高等專門學校 研究集録』36, 富山：富山商船高等專門學校, 2003.

＿＿＿＿,「杜佑の軽重論」,『富山商船高等專門學校 研究集録』40, 富山：富山商船高等專門學校, 2007.

＿＿＿＿,「『通典』職官序試釈」(上),『富山商船高等專門學校 研究集録』41, 富山：富山商船高等專門學校, 2008.

＿＿＿＿,「『通典』職官序試釈」(下),『富山商船高等專門學校 研究集録』42, 富山：富山商船高等專門學校, 2009.

西村元佑,「唐天宝年間の戸等と受田・墾田について－杜佑通典食貨賦税の戸税・地税記事とその自註にもとづいて(北村博士還暦記念特集)」,『龍谷史壇』79, 京都：龍谷大學史學會, 1981.

松井秀一,「中國律令制期の蚕桑に関する若干の問題について－栽桑の規模と夏蚕の飼養を中心に」,『史學雜誌』90-1, 東京：史學會, 1981.

田中俊明,「三國史記中國史書引用記事の再檢討」,『朝鮮學報』104, 奈良：朝鮮學會, 1982.

池田知正,「「西突厥」起源説再考－前近代における漢文史書を中心として」,『史學雜誌』108-11, 東京：史學會, 1999.

坂野純子,「杜牧『注孫子』と杜佑『通典』兵門について」,『二松學舍大學大學院紀要』13, 二松：二松學舍大學 大學院 文學研究科, 1999.

韓東育,「東アジア研究の問題点と新思考」,『北東アジア研究』別冊 第2号, 浜田：島根県立大学北東アジア地域研究センター, 2013.

4. 인터넷 사이트

동북아역사넷(http://contents.nahf.or.kr/index.do).

한국사데이터베이스(http://db.history.go.kr/).

한국고전종합DB(http://db.itkc.or.kr/).

維基文庫(https://zh.wikisource.org/zh-hant/Wikisource).

中國哲學書電子化計劃(https://ctext.org/zh).

漢籍電子文獻資料庫(http://hanchi.ihp.sinica.edu.tw/ihp/hanji.htm).

漢籍 Repository(http://www.kanripo.org/).

찾아보기

(재)한국연구원

신진한국학연구총서 목록